장기

20

세기

The Long Twentieth Century, New and Updated Edition
by Giovanni Arrighi

First published by Verso 1994.
This new and updated edition published by Verso 2010.
© Giovanni Arrighi 1994, 2010
New Material © Giovanni Arrighi 2010.
All rights reserved.
Korean translation copyright © Greenbee Publishing Co. 2014.
This edition published by arrangement with Verso through Shinwon Agency.

장기 20세기 _ 화폐, 권력, 그리고 우리 시대의 기원

초판1쇄 펴냄 2008년 12월 25일
개정판1쇄 펴냄 2014년 05월 20일
개정판3쇄 펴냄 2021년 03월 08일

지은이 조반니 아리기
옮긴이 백승욱
펴낸이 유재건
펴낸곳 그린비
주소 서울시 마포구 와우산로 180, 4층
대표전화 02-702-2717 | **팩스** 02-703-0272
홈페이지 www.greenbee.co.kr
원고투고 및 문의 editor@greenbee.co.kr

주간 임유진 | **편집** 홍민기, 신효섭, 구세주 | **디자인** 권희원 | **마케팅** 유하나
물류유통 유재영, 한동훈 | **경영관리** 유수진

이 책의 한국어판 저작권은 신원에이전시를 통해 저작권자와 독점 계약한 (주)그린비출판사에 있습니다.
저작권법에 의해 한국 내에서 보호를 받는 저작물이므로 무단전재와 무단복제를 금합니다.
책값은 뒤표지에 있습니다. 잘못 만들어진 책은 구입처에서 바꿔 드립니다.
ISBN 978-89-7682-782-1 04300

學問思辨行 독자의 학문사변행을 돕는 든든한 책

그린비 철학, 예술, 고전, 인문교양 브랜드
엑스북스 책읽기, 글쓰기에 대한 거의 모든 것
곰세마리 책으로 통하는 세대공감, 가족이 함께 읽는 책

그린비 크리티컬 컬렉션 09

|개정판|

장기 20세기

화폐, 권력, 그리고 우리 시대의 기원

조반니 아리기 지음 | **백승욱** 옮김

그린비

1979~94년 빙엄턴 소재 뉴욕주립대학에서
나와 함께 지낸 대학원생들에게

한국어판 서문

『장기 20세기』는 1994년에 처음 영어로 발표된 후 포르투갈어, 이탈리아어, 에스파냐어, 터키어, 중국어, 러시아어, 일본어로 번역되었다. 한국어판 출간을 환영하면서 나는 이 기회에 이 책의 핵심 주장들을 분명히 하고, 또 그 이후의 전지구적 정치경제의 전개에 비추어 그 주장들의 타당성을 평가해 보고자 한다. 이 책의 주장들을 분명히 해둘 필요가 있는 이유는 놀라울 정도로 많은 독자들이 『장기 20세기』가 하지 않은 두 가지 주장을 이 책이 했다고 여기고 있었기 때문이다. 첫번째 주장은, 마이클 하트와 안토니오 네그리의 말을 빌리자면, "순환을 강조하는 아리기의 주장의 맥락에서는 체계의 단절, 패러다임 교체, 사건 등을 인식하는 것이 불가능하다. 대신 만물은 항상 회귀해야 하고, 자본주의 역사는 이렇게 해서 동일물의 영원회귀가 된다"는 주장이다.[1] 그리고 또 다른 주장은 일본이 새로운 헤게모니 국가로서 미국을 대체하도록 제시되었다는 주장이며, 이 주장은 1990년대의 일본경제의 위기와 미국경제의 부흥에 비추어

---

1) Hardt and Negri(2000: 239). 같은 노선에 서 있는 더 최근의 비판으로는 Detti(2003: 551~2)를 보라.

기각된다는 것이었다.[2]

사실 『장기 20세기』는 이 두 가지 주장 중 어느 것도 제시한 적이 없었다. 이 책의 핵심 주제들 중 하나는 네 번의 체계적 축적 순환을 분별하고, 그 각각이 실물적 팽창 국면과 금융적 팽창 국면으로 구성됨을 밝히는 것이었다. 그러나 이처럼 체계 수준의 금융적 팽창의 반복을 강조한다고 해서, 체계의 단절들과 패러다임의 교체들을 인식 못하는 것도 아니고, 이것이 자본주의 역사를 동일물의 영원회귀로 그려 보이는 것도 아니다. 반대로, 이는 정확히 "동일물"(체계 수준의 반복되는 금융적 팽창들의 형태로)이 회귀하는 듯 보이는 바로 그 시점에 그 체계의 근본적 재편이 발생함을 보여 주려는 것이다. 더욱이, 이 책은 연이은 체계의 재편들을 비교함으로써, 시간이 지나면서 어떻게 세계자본주의의 동학이 바뀌어 와서, 핵심적 측면에서 20세기 말의 금융적 팽창을 새롭게 만들었는지 보여 주고 있다.

가장 중요한 새로움은 금융력과 군사력이 전례 없이 분기한 것이었다. 소련이 붕괴하자 미국은 유일한 군사 초강대국으로 남았다. 그러나 동시에 소련의 퇴조에 동반해 브루스 커밍스가 동아시아 "자본주의 군도"라고 부른 곳들이 부상하였다.(Cumings 1993: 25~6) 이 군도의 "섬들" 중 가장 큰 섬은 일본이었다. 다른 섬들 중 가장 중요한 곳은 도시국가인 싱가포르와 홍콩, 요새국가인 타이완, 그리고 반(半)민족국가인 남한이었다. 통상적 기준에서 볼 때 이 중 어떤 국가도 강력하지 않았다. 홍콩과 타이완은 주권국도 아니었으며, 두 개의 더 큰 국가인 일본과 남한은 군사적 보호뿐 아니라 대부분의 에너지와 식량 공급, 그리고 그 제조

---

[2] 여러 글들 중에서 Benigno(2003: 557)과 Maione(2003: 564~5)를 보라.

품의 수익성 있는 처분까지 모두 절대적으로 미국에 의존하였다. 이들 중 어느 국가도 헤게모니 국가로서 미국을 대체할 위치에 있지 않았지만, 세계의 새로운 "작업장"이자 "금고"로서 군도의 집합적 경제력이 커졌기 때문에 자본주의 권력의 전통적 중심지들——서유럽과 북아메리카——은 그들 자신의 산업, 경제, 그리고 생활방식을 구조조정하고 재편해야 했다.(Arrighi 1994: 22)

나는 군사력과 경제력 사이의 이런 분기가 자본주의 연대기에 전례가 없는 일이며, 이 때문에 서구는 앞선 5백 년간 그 운세를 구성한 두 가지 핵심적으로 중요한 요소 중 하나를 박탈당했다고 주장했는데, 그것은 바로 잉여자본에 대한 통제력이었다. 왜냐하면 잇따른 각각의 체계적 축적 순환들은 앞선 블록보다 세계자본주의체계의 공간적·기능적 범위를 증대시킬 수 있도록 더 큰 역량이 부여된 훨씬 더 강력한 정부·기업 조직 블록을 형성하는 것을 전제로 했기 때문이다. 나는 이런 진화과정이 한계에 도달하고 있다고 주장했는데, 그 이유는 "자본주의 서구의 전통적 권력 중심지들의 국가형성-전쟁형성 역량이 너무 확대되어 이제는 진정으로 전지구적 세계제국을 형성해야만 그 역량을 확대할 수 있게 되었기 때문"이다. 그러나 그런 제국을 "실현하려면, 세계 잉여자본의 가장 비옥한 원천을 통제할 수 있어야 하는데, 그 원천은 현재 바로 동아시아에 자리 잡고 있다." 내가 보기에 "어떤 수단을 동원해 서구의 전통적 권력 중심지들이 이런 통제력을 확보해 유지할 수 있을지" 분명하지 않았다.(Arrighi 1994: 353~5)

그래서 나는 책을 끝맺으면서 진행 중인 미국 축적체제 위기의 가능한 결과물로 한 개 대신 세 개의 매우 상이한 시나리오를 제시했다. 미국과 유럽 동맹국들이 군사적 우월성을 활용하여 동아시아의 떠오르는 자본주의 중심지들로부터 "보호에 대한 보상금"을 뽑아 내려 시도할 수도 있을 것이다. 그 시도가 성공한다면, 세계역사상 처음으로 진정 전지구적인 제국이 존재하게 될 수도 있을 것이다. 그런 시도를 아예 하지 못하거나 아니면 그런 시도가 성공하지 못한다면, 시간이 지나면서 동아시아는 세계시장 사회의 중심지가 될 수도 있으며, 과거처럼 우월한 군사력이 이를 지탱하는 것이 아니라 세계 문화와 문명들의 상호 존중이 이를 뒷받침할 것이다. 그렇다 해도 분기는 끝없는 세계적 수준의 카오스로 귀결될 수도 있을 것이다. 거기서 내가 조지프 슘페터의 말을 이용해 말했듯이, 인류애는 서구 중심의 전지구적 제국이나 동아시아 중심의 세계시장 사회의 지하감옥(또는 낙원)에서 질식당하기(또는 만개되기) 전에, "냉전 세계질서의 청산이 수반한 폭력의 확대라는 공포(또는 영광) 속에서 불타 없어질 수도 있을 것이다."(Arrighi 1994: 354~6, Schumpeter 1954: 163의 글을 일부 수정)

5년 후 출판된 『근대세계체계의 카오스와 거버넌스』라는 제목의 공동저작에서 비벌리 실버와 나는 『장기 20세기』에서 규명한 금융력과 군사력의 분기의 중요성을 확인하고서, 1990~2년의 폭락에서 일본 경제가 회복할 능력이 없는 것과 1997~8년 이 지역 전체에 걸친 금융 위기, 이런 일들 자체가 동아시아의 부상이 신기루였다는 결론을 지지하지는 않는다고 주장했다. 우리는 앞선 헤게모니 이행들에서 세계적 규모의 자본축적과정의 새롭게 떠오르는 중심지들이 바로 금융 위기를 가장 심각하게 겪은 곳이었다고 주장했는데, 그 이유는 그들의 금융기량이 그들의 지배권역을 드나드는 거대한 양의 이동자본을 규제할 수 있는 제도적 역량을 능가했기 때문이었다. 18세기 말 런던과 잉글랜드가 그랬고, 1930년대의 뉴욕과 미국이 훨씬 더 그랬다. 1929~31년의 월가 폭락 및 그에 뒤이은 미국 대불황을 이유로 20세기 전반기에 전지구적 자본축적과정의 진원지가 영국에서 미국으로 교체되고 있지 않았다고 주장할 사람은 없을 것이라고 우리는 주장했다. 1990년대 동아시아 금융위기로부터도 그와 유사한 결론을 이끌어 내서는 안 된다.(Arrighi and Silver 1999: 특히 1장과 결론)

그러나 동시에, 1990년대에 중국이 비슷한 인구 규모를 보유한 영토에서는 비근한 사례도 없고 전례도 없는 속도로 경제 팽창을 지속하자, 우리는 동아시아 부상에서 일본 요소의 중요성을 덜 강조하고, 중국 상승의 심층적 뿌리를 강조하게 되었는데, 그 뿌리는 냉전 시기 공산주의 하에서 중국의 사회적·정치적 재구성에 닿아 있을 뿐 아니라, 중국이 유럽 중심의 국가 간 체계에 종속적으로 편입되기 이전 청나라 말 중국의 국가 형성-민족경제 형성의 성과에도 닿아 있다. 이런 관점에서 보자면, 이 지역의 경제 통합과 경제 팽창의 촉진에서 중국과 중국 화교의 중심성이 커진 것은 군주들 사이의 관계와 군주와 신민 사이의 관계를 조절하기 위해 서구보다 훨씬 더 강하게 교역과 시장에 의존하고 있던 동아시아의 오래된 관행 위에서 구축된 것으로 이해되었다. 이런 관행은 중국 중심의 지역체계를 전지구화하는 유럽 중심의 체계의 구조 속에 강제적으로 복속시키는 것을 막지 못하는 심각한 장애물이었다. 그러나 시간이 흐르자, 이는 미국헤게모니 하에서 등장한 매우 통합된 전지구적 시장에서 경쟁력을 재생시키는 기반이 되었다.(Arrighi and Silver 1999: 특히 4장; Arrighi, Hamashita and Selden 2003: 특히 서론과 7장)

동아시아 경제 내에서 중국 중심성의 증가와 전지구 경제 내에서 동아시아 경제의 중심성 증가를 이렇게 해석하는 것은 진행 중인 미국 헤게모니의 위기의 예상되는 결과와 관련해 두 가지 중대한 함의를 던져 준다. 첫째로, 이런 경향들이 실로 지역 특수적인 역사적 유산의 표현인 만큼, 세계 다른 곳에서도 복제될 수 있는 정책들과 행위들의 단순한 귀결일 때보다 그 경향들이 훨씬 더 강렬해질 것으로 예상될 수 있다. 둘째로, 중국의 인구 규모를 고려하면, 그 경제 팽창의 지속은 앞선 동아시아 경제 "기적들"을 모두 합한 것보다 전지구적인 부의 계서제에 훨씬 더 전복적인 의미를 지닌다. 왜냐하면 이 모든 기적들(일본의 경우를 포함해)은 근본적으로 안정적인 계서제 내에서의 상승 이동의 사례들이었기 때문이다. 이 계서제는 세계 인구의 대략 1/20인 한 줌의 동아시아 국가들(그 중 둘은 도시국가)의 상승 이동을 수용할 수 있었고, 실제 수용해 냈다. 그러나 그 자체로 대략 세계 인구의 1/5을 차지하는 한 국가의 상승 이동을 수용하는 것은 전혀 다른 문제이다. 이는 바로 그 계서제의 그 피라미드 구조를 근본적으로 전복함을 뜻한다.[3]

중국의 지속적 경제 팽창이 지니는 구조적으로 전복적인 속성을 강조하면서, 우리는 더욱 공평한 세계질서로 비-파국적으로 이행하는 데서 부딪히는 두 가지 주요한 장애물을 지적했다. 가장 즉각적인 것은 적응과 수용을 거부하는 미국의 저항일 것으로 보았다. 데이비드 칼레오의 말을 활용해, 나는 네덜란드 중심의 세계체계와 영국 중심의 세계체계가 두 가지 경향들의 충격 아래 무너졌다고 주장했는데, 그 두 경향은 공세적인 새로운 국가의 등장, 그리고 쇠퇴하는 헤게모니국이 적응과 수용을 회피하려 시도하면서 그 자신의 약화되는 우월성을 착취적 지배로 바꾸어 공고화시킨 것이었다. 우리는 다음과 같이 주장하였다.

---

3) 실로, 세계 소득 불평등에 대한 최근 조사 결과에 따르면 통계적으로 1980년 이후 국가 간 불평등의 감소 추세가 관찰되는데, 이는 전적으로 중국의 급속한 경제성장 때문이다. 무엇보다 Berry(2005)를 보라.

〔오늘날〕 미국 중심 세계체계의 붕괴에 도발할 그럴 법한 새로운 공세적 국가는 없지만, 미국은 한 세기 전 영국이 그랬던 것보다 쇠퇴하는 헤게모니를 착취적 지배로 개조할 수 있는 훨씬 더 거대한 역량을 보유하고 있다. 결국 이 체계가 붕괴한다면, 이는 무엇보다 적응과 수용을 거부하는 미국의 저항 때문일 것이다. 그리고 반대로, 떠오르는 동아시아 지역의 경제력에 미국이 적응하고 이를 수용하는 것은 새로운 세계질서로 비-파국적으로 이행하기 위한 필수 조건이다.(Arrighi and Silver 1999: 288~9, Calleo 1987: 142의 말을 활용)

덜 즉각적이지만 못지않게 중요한 것이 두번째 장애물로, 이는 "지금 궁지에 몰린 발전 경로를 근본적으로 벗어나, 그 자신과 세계를 위한 새로운 발전 경로를 열어 줄" 동아시아 경제 팽창 수행주체들의 미확인 역량이다. 이는 "동아시아 국가들의 지배적 집단들이 아직 제대로 착수조차 시작하지 않은 인상적인 과제"라고 우리는 주장했다.

과거 헤게모니 이행들에서 지배적 집단들은 아래로부터의 저항 운동과 자기 보호 운동의 첨예한 압력이 나타난 후에야 비로소 새로운 세계질서를 주조해 내는 과제를 성공적으로 맡았다. 이런 아래로부터의 압력은 한 이행에서 다른 이행으로 가면서 확대되었고, 각각의 새로운 헤게모니에서 더 확대된 사회 블록을 이끌어 냈다. 이렇듯, 우리는 사회적 모순들이 현재 전개 중인 이행을 형성해 내고, 또 임박한 체계의 카오스로부터 벗어나 결국 출현할 어떤 새로운 세계질서를 형성해 내는 데 그 어느 때보다 훨씬 더 결정적 역할을 수행할 것이라고 예측할 수 있다. 그러나 이 운동들이 대체로 폭력이 증폭에 뒤따라 그 폭력에 의해 형체를 갖출지(과거 이행들에서처럼) 아니면 그에 앞서 체계의 카오스를 봉쇄하는 방향으로 효과적으로 작동할지는 열려진 질문이다. 궁극적으로 그 대답은 운동들의 손에 달려 있다. (Arrighi and Silver 1999: 289)

이 글을 쓰고 일 년 후 미국 중심의 "신경제"의 거품이 꺼졌다. 그 직후에는 2001년 9.11의 충격이 다가왔다. 잠시 동안 미국은 아프가니스탄 전쟁을 통해서, 테러와의 전쟁에서 다양한 정부와 비정부 세력을 동원하여 자신의 전지구적 헤게모니 역할을 강화할 수 있던 것처럼 보였다. 그러나 미국은 한 해도 안 지나, 이라크전쟁을 개시하는 데서 거의 완전히 고립되었음이 드러났는데, 이라크 전쟁은 테러와의 전쟁과 무관하며 또한 일반적으로 합의된 국가 간 관계의 규칙과 규범을 위반하였다고 널리 인식되었다. 『장기 20세기』와 『근대세계체계의 카오스와 거버넌스』가 모두 파악하였듯이, 미국의 벨에포크는 종식되었고, 미국 헤게모니는 그 최종적 위기로 판명날 수 있는 시기에 진입하였다. 미국은 단연코 세계 최강국으로 남아 있지만, 이제 나머지 세계에 대한 미국의 관계를 가장 잘 보여 주는 말은 헤게모니 없는 지배이다.[4]

『근대세계체계의 카오스와 거버넌스』에서 파악했듯이, 이런 변형은 새로운 공세적 국가의 등장 때문이 아니라, 적응과 수용을 거부하는 미국의 저항 때문에 발생하였다. 사담 후세인의 이라크를 새로운 공세적 국가로 그리려는 미국의 시도는 그다지 신뢰를 얻지 못한 반면, 9.11에 대응해 부시 정부가 채택한 국가적 안보 전략은 『장기 20세기』와 『근대세계체

---

4) 헤게모니 없는 지배 개념에 대해서는 Guha(1992)와 Arrighi(2007: 150~1)를 보라.

계의 카오스와 거버넌스』에서 파악한 어느 것보다 훨씬 더 극단적인 형태로 미국이 적응과 수용에 저항한 것이었다. 실로, 앞선 헤게모니 이행들보다 훨씬 더 심하게, 미국 헤게모니의 최종적 위기——이것이 만일 우리가 목도하고 있는 것이라면——는 강대국 "자살"의 경우에 해당했다.

이런 전개는 역사적 가능성으로서『장기 20세기』마지막에서 제시한 포스트-미국 헤게모니의 세 가지 시나리오 어느 것도 배제하지 않는다. 부시 정부가 채택한 〈새로운 미국 세기를 위한 프로젝트〉(Project for a New American Century)가 완전히 실패했지만, 그렇다고『장기 20세기』에서 파악한 세계제국 프로젝트가 실패한 것은 아니다.『장기 20세기』에서 가능한 포스트-미국 헤게모니 시나리오라고 파악한 세계제국은 서구의 집합적 구성이었다. 미국 혼자서 사실상 그런 구성에 착수할 것이라는 생각은 고려할 가치도 없는 바보 같은 생각이었다. 놀라울 것도 없이, 이런 방책이 실패했다고 해서, 재건된 서구의 동맹이 더 현실적인 다자적 제국 프로젝트에 종사할 가능성이 사라지는 것은 아니다. 실로, 미국의 일방적 프로젝트의 실패는 미국과 서유럽 모두에서 그런 일이 수행될 더욱 우호적인 조건들을 만들어 낼 수 있을 것이다.

서구가 지배하는 보편적 제국이 역사적 가능성으로 남아 있는 동시에, 오늘날 전지구적 정치경제의 진행 중인 변환의 결과로 13년 전보다 동아시아 중심의 세계시장 사회는 훨씬 더 큰 가능성을 가지고 있는 것 같다. 내 최근 저작인『베이징의 애덤 스미스 : 21세기의 계보』에서 자세하게 주장했듯이, 중국은 그 이후 점점 더 동아시아 지역과 그 너머까지 미국 지도력에 대한 믿을 만한 역사적 대안으로 부각되고 있다. 미국이 이라크의 수렁에 빠진 사이, 중국은 계속해서 빠른 속도로 성장했고, 금융 보유고를 늘렸으며 전세계에서 미국이 잃은 친구들을 재빠르게 자기 친구로 끌어들였다. 중국경제의 핵심 부분들이 아직 미국시장에 대한 수출에 크게 의존하고 있지만, 중국산 저가 상품 수입 및 중국의 미국 국채 매입에 대한 미국의 부와 권력의 의존은 그보다 크지는 않더라도 비등한 수준이다. 더 중요한 점은, 중국이 동아시아와 그 너머 지역에서 미국을 대체해 상업적 팽창과 경제 팽창의 핵심 동력이 되기 시작했다는 점이다.(Arrighi 2007: 특히 7장, 10장, 12장)

전지구적 정치경제에서 중국의 경제적 위상이 높아진다고 하여 그 자체로 세계 문화와 문명들의 상호 존중에 기반한 동아시아 중심의 세계 시장 사회의 등장이 보증되는 것은 아니다. 동아시아가 중국의 지도력 하에 그 자신이 전지구적 정치경제의 새로운 중심이 되는 데 성공하고, 또 지속적인 서구 지배에 대한 더 공평한 대안을 전지구적 남(南)의 국가들에 대해 제공하는 데 성공한다면, 이는 서구 지배의 보편적 제국을 추구하기 위한 서구의 응집력을 재생시키는 촉매가 될 수도 있을 것이다. 그리고 이번에는 이런 대응이 성공하든가, 아니면 세계를 길게 지속되는 가혹한 체계의 카오스의 시기로 밀어 넣는 것으로 끝맺음할 수도 있을 것이다. 영국 헤게모니에서 미국 헤게모니로 이행기에 평화주의적 사회세력들은 장기의 전쟁과 체계의 카오스의 시기로 미끄러져 들어가는 것을 막을 수 없었다. 과거에 불가능했던 것이 지금 가능할지는 열린 질문이며, 그 대답은 우리의 집합적 인간 행위자들에 의해 결정될 것이다.

조반니 아리기

서문과 감사의 글

이 책의 출발점은 거의 15년 전, 1970년대의 세계경제 위기를 연구하던 시점으로 거슬러 간다. 그 위기는 세계적 규모의 미국 자본축적체계가 상승, 완전한 팽창, 그리고 쇠퇴로 규정되는 단일한 역사과정에서 세번째이자 최종적 계기에 들어선 것으로 이해되었다. 다른 두 번의 계기는 1873~96년의 대공황과 1914~45년의 30년 위기였다. 이 세 번의 계기를 한데 묶음으로써, 장기 20세기는 자본주의 세계경제 발전의 특수한 시대 또는 단계로 규정되었다.

내가 처음 이 책을 구상했을 당시는 장기 20세기만이 단일 주제였다. 물론 나는 처음부터 미국체계의 등장을 이해하려면 반드시 영국체계의 쇠락과 연결시켜야만 한다는 점을 알고 있었다. 그러나 나는 19세기 후반 이전으로 분석을 밀고 갈 어떤 필요나 욕구도 느끼지 않았다.

몇 해가 지나면서 나는 생각을 바꾸었고, 이 책은 "[근대] 시기의 상호 연관된 두 지배적 과정들"로 지칭되어 온 것, 즉 "민족적 국가들의 체계의 탄생과 세계적인 자본주의체계의 형성"(Tilly 1984: 147)에 대한 연구로 전환되었다. 이런 사고 전환을 자극한 것은 바로 1980년대에 전개된 세계경제 위기였다. 레이건 시대가 도래하자, 1970년대 세계경제 위기의 여러 특징 중 하나이던 자본의 "금융화"가 이 1980년대 위기의 절대적으로 압도적인 특징이 되었다. 이미 80년 전 영국체계의 쇠락과정에서 그랬듯이, 평론가와 학자들은 또 다시 "금융자본"이 세계자본주의의 최고 최후 단계라고 환호하기 시작했다.

내가 이 책의 토대를 이룬 해석틀을 페르낭 브로델의 삼부작 『물질문명과 자본주의』 II권과 III권에서 발견한 것은 바로 이런 지적 분위기 속에서였다. 이 해석틀에서 보면, 금융자본은 세계자본주의의 특정 단계가 아니며, 최고 최후 단계는 더더구나 아니다. 오히려 금융자본은 유럽의 중세 말 근대 초 자본주의의 첫 출발기 이래 자본주의 시대를 특징지어 온 되풀이되는 현상이다. 자본주의 전 시대에 걸쳐 금융적 팽창은 하나의 세계적 규모의 축적체제가 또 다른 세계적 규모의 축적체제로 이행하는 것을 알리는 신호였다. 금융적 팽창은 "낡은" 체제가 되풀이해서 파괴되는 동시에 "새로운" 체제가 탄생하는 필수적 측면이다.

나는 이런 발견에 비추어 장기 20세기를 세 국면의 구성으로 재개념화했다. (1) 19세기 말 20세기 초의 금융적 팽창. 이 과정에서 "낡은" 영국체제의 구조가 파괴되었고, "새로운" 미국체제의 구조가 탄생했다. (2) 1950년대와 1960년대의 실물적 팽창. 이 시기에는 무역과 생산의 세계적 팽창 속에서 "새로운" 미국체제의 우위가 관철되었다. (3) 현재의 금융적 팽창. 이 과정에서 이제 "낡은" 체제가 된 미국체제의 구조는 파괴되고 있고, "새로운" 체제의 구조가 탄생하고 있는 것으로 보인다. 더욱 중요한 점은, 내가 브로델에서 도출한 해석틀에 따르면, 오늘날의 장기 20세기는 각각 근대자본주의 세계체계의 특수한 발전단계를 구성하는, 유사한 구조를 갖는 네 개의 장기 세기들 중 가장 최근의 것으로 출현했다는 것이다. 장기 20세기 자체에 대한 심층적 분석보다, 연이은 이런 장기 세기들에 대한 비교분석이 현재 위기의 동학과 미래의 예측되는 결과에 대해 더욱 많은 것을 드러내 보여 줄 것이 내게 분명해졌다.

이처럼 연구를 훨씬 더 긴 시간틀로 재조정하자, 이 책에서 장기 20세기에 대한 본격적인 논의가 차지하는 분량은 3분의 1로 축소되었다. 그럼에도 나는 나의 과거여행이 순전히 도구적 성격을 가지고 있음을 강조하기 위해 이 책의 원제목을 유지하기로 마음먹었다. 즉, 앞선 세기의 금융적 팽창들을 재구성한 유일한 목적은 자본주의 세계체계의 특정 발전 단계 ─ 장기 20세기가 포괄하는 단계 ─ 의 종결적 계기로서의 현행 금융적 팽창에 대한 이해를 심화하려는 것이었다.

이런 과거여행의 결과 나는 세계역사 분석이라는 위태위태한 땅에 들어섰다. 찰스 틸리는 내가 영감을 얻은 브로델의 대작을 논평하면서 이런 땅에 들어서는 위험에 대해 사려 깊은 경고를 하고 있다.

일관성이 평범한 이들을 괴롭히는 요괴라면, 브로델은 별 어려움 없이 악마에게서 벗어날 것이다. 브로델이 우리의 일관성 요구에 사로잡히지 않을 때, 그는 …… 우유부단의 행진을 벌인다. 『물질문명과 자본주의』 II권 전체에 걸쳐 브로델은 자본가와 국가형성자 사이의 관계를 다루는 것으로 반복적으로 시작하지만, 곧 방향을 튼다. …… 대화의 범위가 너무나 광범해졌다는 바로 그 이유 때문에, III권의 주제를 되돌아보면 놀라지 않을 수 없다. 인구, 음식, 복식, 기술 같은 I권의 거대 테마들은 거의 완전히 사리져 버렸다! …… 브로델 같은 성향을 지닌 사람에게 우리가 다른 것을 기대했어야 할까? 그가 어떤 문제에 접근하는 방식은 그 문제의 요소들을 열거하고, 그 아이러니, 모순, 그리고 복잡성을 가지고 놀기를 즐기고, 학자들이 제기하는 각종 이론들과 대면

하며, 각 이론에 역사적 평가를 내리는 식이다. 모든 이론의 합산은 놀랍게도 어떤 이론도 아니다. …… 브로델이 이 일에 성공할 수 없다면, 누가 가능하겠는가? 아마도 어떤 다른 이가 자본주의의 전체 발전과 유럽 국가체계의 성장 전반을 설명하는 "전체사"를 성공적으로 서술하게 될지도 모른다. 적어도 당분간 우리는 브로델의 대작을 분석의 모델보다는 영감의 원천으로 바라보는 편이 나을 것이다. 거기에 큰 힘을 실을 줄 아는 브로델 같은 이가 아니라면, 너무 크고 복잡한 배는 멀리 떨어진 해안에 다다르기도 전에 난파해 버릴 것만 같다. (Tilly 1984: 70~1, 73~4)

틸리는 우리에게 전체 세계체계보다는 좀더 다룰 만한 분석단위를 찾으라고 권고하고 있다. 그가 선호하는 더 다룰 만한 단위들이란 국가들 주위에 밀집해 있는 강제망과 지역적 생산양식들 주위에 밀집해 있는 교환망 같은 특정 세계체계들의 구성요소들이다. 이런 구성요소들을 체계적으로 비교함으로써 우리는 "특정 세계체계들 내의 종별적(specific) 구조와 과정에 대한 설명을 그런 세계체계들에 관한 역사적으로 근거 있는 일반화와 연결시킬" 수 있을 것이다(Tilly 1984: 63, 74).

이 책에서 나는 세계자본주의와 근대 국가간체계의 본격적 발전을 설명하는 데서 부딪친 어려움을 피해 갈 다른 길을 찾아냈다. 세계역사적 분석이라는 브로델의 배에서 뛰어내리는 대신, 나는 배에 남아서 선장의 지적 기질상 하지 않을 일이지만 내 침침한 눈과 힘없는 다리로 해볼 수 있는 일을 찾아냈다. 나는 브로델이 나를 위해 세계역사적 사실의 높은 파도를 가르고 나가도록 하였고, 내 스스로는 무한히 공급되는 그의 추측과 해석들을 자본주의 세계체계의 등장과 전면적 팽창에 대한 경제적이고, 일관되며, 그럴 법한 설명으로 가공하는 더 작은 과제를 떠맡았다.

금융적 팽창을 주요 자본주의 발전의 종결 국면으로 보는 브로델의 이해방식 덕에 나는 자본주의 세계체계의 전 생애(브로델의 장기지속)를 더 쉽게 다룰 만한 분석단위로 분할할 수 있게 되었으며, 이를 체계적 축적 순환이라고 불렀다. 비록 내가 그 체계의 특정 구성요소(제노바, 홀란트, 영국, 미국)를 따서 이 순환들에 이름을 붙이긴 했지만, 이 순환들 자체는 그 구성요소에 관련된 것이 아니라 체계 전체와 관련된 것이다. 이 책에서 비교하고자 하는 것은 상이한 단계에 놓인 자본주의 세계체계 전체의 발전구조와 발전과정들이다. 우리가 제노바, 네덜란드, 영국, 미국 정부 행위자와 기업 행위자의 전략과 구조에 초점을 맞추는 이유는 무엇보다도 이 각 단계를 구성할 때마다 이들이 연이어 중심에 있었기 때문이다.

명백하게 이 관심사는 아주 협소하다. 내가 서론에서 설명하듯이, 체계적 축적 순환은 자본주의 세계경제의 "감제고지"―브로델이 말하는 "자본주의의 자기 영역[진정한 고향]"―에서 전개되는 과정이다. 이처럼 관심사를 협소하게 잡은 덕에 나는 세계자본주의에 대한 브로델의 연구에 다소의 논리적 일관성과 추가적 시간대―브로델의 여행이 끝난 1800년으로부터 우리를 떼어 놓은 두 세기―를 덧댈 수 있었다. 그러나 관심사를 협소하게 잡은 대가 또한 크다. 계급투쟁, 그리고 중심과 주변 지역들로의 세계경제 양극화―내 최초의 장기 20세기 이해에서는 둘 다 두드러진 역할을 했다―는 거의 완전히 구도에서 배제되었다.

이런 그리고 여타의 생략에 많은 독자들이 당황하거나 충격까지 받을 수 있을 것이다. 그들에게 내가 해줄 수 있는 말은, 여기서 제시한 건축물은 장기 20세기에 대한 똑같이 타당하지만 반드시 똑같이 적합성이 있다고는 할 수 없는 여러 가지 설명들 중 단지 하나일 뿐이라는 것이다.

다른 곳에서 나는 계급투쟁과 중심-주변 관계에 초점을 맞추어 장기 20세기에 대한 해석을 제시한 바 있다(Arrighi 1990b를 보라). 이 책을 마치고 나니 이전의 해석에 **덧붙이고** 싶은 많은 새로운 통찰력을 얻었다. 그렇지만 내가 **바꾸려** 한 것은 거의 없다. 이 책의 설명은 나름의 관점에서 타당하다고 할 수 있겠다. 그러나 이 책의 부제에서 보듯이, 이 책이 제시한 설명은 화폐와 권력 사이의 관계가 우리 시대를 어떻게 형성해 왔는지를 이해하는 데 더 적합하다.

보잘것없는 내 나름의 브로델의 배가 20세기 말이라는 멀리 떨어진 해안에 잘 다다르도록 하기 위해, 나는 내가 둘러도 보고 습격을 감행하기도 한 전문적인 지식의 섬들에서 벌어진 논란과 논쟁에서 발을 빼기로 서약해야 했다. 아르노 메이어처럼(Mayer 1981 : x), "나는 욕심 많은 '분열자' 이자 파괴자가 되기보다는 기꺼이 열렬한 '하역인부' 이자 도편수가 되려 했다." 그리고 그와 마찬가지로, 내가 할 수 있는 일이라고는 "'인내심을 가지고 경청' 해 주길 바라는 것과 이 책이 부분부분으로서가 아니라 '**전체**로서 수용되고 판단' 받게 되기를 바라는 것뿐이다".

장기 20세기에 관한 책을 써야겠다는 것은 내 생각이 아니라 페리 앤더슨의 생각이었다. 벌써 오래 전인 1981년에, 1970년대 세계경제 위기에 관해 내가 작성한 여러 편의 긴 논문들 중 하나를 놓고 벌인 열띤 토론 끝에, 그는 내가 마음에 담고 있는 구성물을 만들려면 두툼한 책 한 권을 써야 한다는 확신을 내게 심어 주었다. 그 후로 그는 내가 여러 세기를 방황하며 오가는 것을 관심을 가지고 지켜보았으며, 내가 무엇을 해야 하고 무엇을 해서는 안 되는지에 대해 항상 좋은 충고를 해주었다.

페리 앤더슨이 나를 이런 야심만만한 기획에 빠져들게 만든 주범이라면, 이매뉴얼 월러스틴은 이 기획을 처음 생각한 것보다 훨씬 더 야심

차게 만든 주범이다. 탐구의 시간 지평을 브로델의 **장기지속**을 포괄하도록 확대하면서 나는 사실 그의 발걸음을 뒤따랐다. 페르낭 브로델 센터의 일상적 작업 속에서 그는 나의 장기 20세기의 추세와 정세들이 16세기 이후 정착된 구조와 과정들을 반영하는 것일 수 있다는 주장을 폈고, 그 생각이 나를 상당히 동요시켜 나는 그 주장의 정당성을 확인해 보게 되었다. 이를 확인해 보면서, 나는 그와는 다른 것들을 찾아내었고, 심지어 같은 것을 발견할 때조차, 그것을 그가 『근대세계체계』에서 한 것과는 다르게 다루고 적용시켜 보았다. 그렇지만 역사적 자본주의의 장기지속이야말로 내가 마음에 두고 있는 구성물을 위한 적합한 시간틀이라고 주장할 때 그는 전적으로 옳았다. 그의 지적인 자극과 도전이 없었더라면 나는 지금 같은 방식으로 이 책을 쓸 생각조차 하지 못했을 것이다.

내가 빙엄턴 소재 뉴욕주립대학에서 보낸 15년간 운좋게도 함께 일했던 대학원생들의 이례적인 공동체가 없었더라면, 이런 책의 구상과 실제 집필 사이의 심연을 결코 넘어서지 못했을 것이다. 이 공동체의 성원들은 알게 모르게 이 책의 핵심을 구성하는 대다수의 질문과 많은 해답을 내게 제공해 주었다. 집합적으로 볼 때 이들은 거인이고, 나는 다만 그들의 어깨에 걸터앉았을 뿐이다. 이 책을 이들에게 헌정하는 것은 당연한 일이다.

테렌스 홉킨스는 빙엄턴 소재 뉴욕주립대학의 사회학과 대학원 프로그램의 지휘자로서 빙엄턴을 내가 이 책을 쓸 수 있을 유일한 공간으로 만드는 큰 기여를 하였다. 내가 사용한 모든 쓸 만한 방법론은 모두 그의 기여가 있는 것들이다. 나의 가장 날카로운 비판자이자 가장 강력한 후원자인 비벌리 실버는 이 책이 세상에 나오는 데 결정적인 역할을 하였다. 그녀의 지적인 인도가 없었더라면 나는 길을 잃었을 것이다. 그녀의 심리적 후원이 없었더라면 나는 내가 해낸 것보다 훨씬 적은 것에 만족하는 것으로 작업을 마쳤을지도 모른다.

1장의 이전 원고는 1989년 9월 케임브리지의 엠마뉴엘 칼리지에서 개최된 서구의 구조적 변동에 관한 경제사회연구협의회(ESRC) 2차 대회에서 발표되었고, 이어서 『리뷰』(1990년 여름호)와 길의 책(Gill 1993)에 재수록되었다. 2장과 3장의 일부 절들은 1990년 9월 엠마뉴엘 칼리지에서 개최된 같은 주제의 ESRC 3차 대회에서 발표되었다. 이 두 대회의 참석자들과 그에 앞서 1988년 9월에 열린 대회의 참석자들은 난파했을지도 모를 내 배에 힘을 실어 주었다. 나는 ESRC 대회의 전 시리즈에 나를 초청해 준 프레드 할러데이와 마이클 만에게 매우 감사드리며, 이 대회를 잘 조직해 준 존 홉슨, 그리고 자극이 넘치는 토론에 참석해 준 다른 참가자들 모두에게도 감사드린다.

페리 앤더슨, 고팔 발라크리슈난, 로빈 블랙번, 테렌스 홉킨스, 레사트 카사바, 래비 팰릿, 토머스 라이퍼, 비벌리 실버, 그리고 이매뉴얼 월러스틴은 최종 수정 이전에 이 책의 초고를 읽고 논평을 해주었다. 그들의 상이한 전공과 지적 시각은 내가 이런 모험찬 기획의 생산물에서 수정 가능한 것을 찾아내 고치는 데 큰 도움이 되었다. 토머스 라이퍼는 마지막 순간에 참고문헌과 인용문을 확인하는 데도 도움을 주었다. 통상적인 것보다 더 큰 이유에서, 고치지 못하고 확인하지 못한 것에 대한 모든 책임은 나에게 있다.

마지막으로 나의 아들 안드레아에게 특별히 감사의 말을 전한다. 내가 이 작업을 시작했을 때 그는 막 고등학교에 입학하였다. 내가 마지막 초고를 쓰고 있을 때 그는 밀라노 국립대학 철학과를 졸업했다. 시종일관 그는 정말 최고의 아들이었다. 그러나 이 작업이 마무리되어 가고 있는 시점에 그는 또한 매우 훌륭한 편집 조언자가 되기도 했다. 이 책이 역사학과 사회과학 전공자 바깥에서 독자를 발견하게 된다면, 모두 그의 덕분이다.

1994년 3월

조반니 아리기

::차례

한국어판 서문 7
서문과 감사의 글 17

서론 29

1장_역사적 자본주의의 세 번의 헤게모니 71

　헤게모니, 자본주의, 영토주의 73
　근대 국가간체계의 기원들 87
　영국 헤게모니와 자유무역 제국주의 104
　미국 헤게모니와 자유기업체계의 등장 122
　새로운 연구 의제를 향하여 145

2장_자본의 등장 161

　체계적 축적 순환의 선행자들 163
　고도금융의 발생 180
　첫번째 (제노바) 체계적 축적 순환 201
　두번째 (네덜란드) 체계적 축적 순환 229
　국가와 자본의 변증법 258

3장_산업, 제국, 그리고 "끝없는" 자본축적 281

　세번째 (영국) 체계적 축적 순환 283
　자본주의와 영토주의의 변증법 307
　자본주의와 영토주의의 변증법 (계속) 340
　반복과 예고 369

4장_장기 20세기 411

　시장과 계획의 변증법 413
　네번째 (미국) 체계적 축적 순환 457
　전지구적 위기의 동역학 503

에필로그_자본주의는 성공적으로 살아남을 수 있을까? 543
개정판 후기　594

참고문헌 617
옮긴이 해제 648
찾아보기 670

| 일러두기 |

1 이 책은 Giovanni Arrighi, *The Long Twentieth Century* (New and Updated Edition, Verso, 2010)를 완역한 것이다.

2 본문에 인용된 각종 문헌의 자세한 서지사항은 '참고문헌'에 일괄적으로 정리했다. 본문에는 해당 인용 부분에 '(지은이 발행연도 : 쪽수)'만 명기했다. 해당문헌의 국역본이 있는 경우, '/한글 저자명 국내출간연도 : 쪽수'를 덧붙이고, 참고문헌의 원저작 서지정보 뒤에 국역본의 자세한 서지정보를 덧붙여 명기했다. 국역본이 있는 인용문의 경우, 국역본의 번역을 그대로 따르지는 않았다.

3 한국어판 서문에서 인용되거나 언급된 문헌들의 자세한 서지사항은 '참고문헌'의 끝에 '한국어판 서문 참고문헌'으로 구분하여 일괄적으로 정리했다.

4 본문 중에 나오는 대괄호([ ])는 독자들의 이해를 돕기 위해 옮긴이가 추가한 부분이다. 인용문 중 원저자인 조반니 아리기가 덧붙인 말은 '―지은이'라고 명기하여 구분했다.

5 한국어판 서문의 각주는 모두 원저자가 붙인 것이며, 그 외 이 책 본문의 모든 각주는 옮긴이가 붙인 주석이다.

6 일본 인명의 경우 원문에는 '이름, 성' 순으로 표기되어 있으나 이 책에서는 '성, 이름' 순으로 표기했다.

7 외국의 인명이나 지명, 그리고 작품명은 〈국립국어원〉에서 2002년에 펴낸 '외래어 표기법'에 근거해 표기했다.

8 책과 정기간행물의 제목은 겹낫표(『』)로, 논문·기사의 제목은 낫표(「」)로 표시했다.

장기 20세기

서론

미국 월가의 모습
대단히 느슨한 화폐정책을 통해서 전후 경제 붐의 계기를 유지하려던 미국과 영국 정부의 노력은 1960년대 말에는 다소 성공을 거두었지만 1970년대 초반에 역습을 맞았다. 경직성은 더욱 커졌고, 실질 성장은 중단되었으며, 인플레이션 경향은 통제를 벗어났고, 전후 팽창을 지탱시키고 조절해 온 고정 환율제는 붕괴하였다. 그 이후 모든 국가들이 금융적 규율의 손아귀에 놓이게 되었는데, 어떤 경우에는 자본 도피에 의해, 어떤 경우에는 직접적인 제도적 압력에 의해서 그렇게 되었다.

지난 사반세기 동안 자본주의 작동 방식에는 무엇인가 근본적인 변화가 발생하였다. 1970년대에는 많은 이들이 위기를 이야기했다. 1980년대에는 대부분의 사람들이 구조조정과 개편을 이야기했다. 1990년대에 더 이상 1970년대의 위기가 진정으로 해결되었다고 확신하지 못하며, 자본주의 역사가 결정적인 전환점에 놓여 있을지도 모른다는 견해가 확산되기 시작하였다.

우리는 자본주의의 역사가 참으로 결정적인 전환점에 놓여 있지만, 상황은 처음 보기처럼 그렇게 전례 없는 것은 아니라는 테제를 주장하려 한다. 자본주의 세계경제의 역사에서 보자면 1950년대와 1960년대에 발생한 것 같은 특정한 발전 경로를 따르는 전반적 팽창의 짧은 계기들보다는 오랜 기간에 걸친 위기, 구조조정, 개편, 간단히 말해서 불연속적 변동이 훨씬 더 전형적이었다. 과거에 이런 오랜 기간의 불연속적 변동의 막바지는 자본주의 세계경제가 새롭게 확장된 기반 위에서 재구성되는 것으로 종결되었다. 무엇보다 우리 탐구의 목표는 이런 종류의 새로운 재구성이 일어날 체계적 조건을 밝혀내고, 만일 그것이 일어난다면 어떤 형태가 될지를 밝혀내는 일이다.

1970년 무렵 이후 자본주의의 국지적·전지구적 작동 방식상의 변화는 널리 주목 받았다. 그 변화의 정확한 속성에 대해서는 아직도 논쟁이 계속되고 있기는 하지만, 빠르게 늘어나고 있는 연구 결과들 모두 그 변화가 근본적이라는 점에는 공감하고 있다.

자본축적과정의 공간적 형세에 변화가 있었다. 1970년대에는 자본축적과정이 고소득 국가·지역에서 저소득 국가·지역으로 재배치되는 것이 우세한 경향으로 보였다(Fröbel, Heinrichs, and Kreye 1980; Bluestone and Harrison 1982; Massey 1984; Walton 1985). 이와 대조적으로 1980년대에는 자본이 고소득 국가·지역으로 재집중하는 것이 우세한 경향으로 보였다(Gordon 1988). 그러나 움직임의 방향을 불문하고, 1970년 이후의 경향은 자본의 지리적 이동성이 더욱 커진 것이었다(Sassen 1988; Scott 1988; Storper and Walker 1989).

이는 생산과정 및 교환과정 조직의 변화와 긴밀하게 결합된 것이었다. 어떤 논자들은 "포드주의" 대량생산(이는 전문화한 기계들의 체계에 토대를 두고서, 수직적으로 통합되고 관료제적으로 관리되는 거대기업의 조직 영역 내에서 작동한다)의 위기가 "유연 전문화" 체계(이는 소단위 장인 생산에 토대를 두고 있으며, 시장적 교환과정의 조정을 받는 중소 규모 기업 단위들에 의해 수행된다)의 부활에 특이한 기회를 만들어 주었다고 주장했다(Piore and Sable 1984; Sable and Zeitlin 1985; Hirst and Zeitlin 1991). 다른 논자들은 소득 유발 활동에 대한 법률적 규제에 초점을 맞추어, 계속 늘어나는 경제 생활의 "공식화"(즉, 생산과정 및 교환과정 조직에 대한 법률적 규제가 확산된 것)가 어떻게 "비공식화"(즉, 이런 저런 "개별적" 또는 "가족적" 기업가 활동을 통해 법률 규제를 우회하는 소득 유발 활동이 확산된 것)라는 대립적 경향을 발생시켰는지를 부각시켰다(Lomnitz 1988; Portes, Castells, and Benton 1989; Feige 1990; Portes 1994).

부분적으로 이런 연구서들과 중복되지만, 수많은 연구들이 프랑스 "조절학파"의 발걸음을 뒤따라 현재의 자본주의 작동양식상의 변화를 그들이 포드주의-케인스주의적 "축적체제"라고 부른 것의 구조적 위기로 해석하였다(그러한 연구의 예로 Boyer 1990; Jessop 1990; Tickell and Peck 1992를 보라). 이 축적체제는 자본주의 발전의 특정 국면을 구성하는 것으로, 그리고 이 국면은 생산성과 대중소비의 정연한 증가의 잠재력을 키워 주는 고정자본에 대한 투자라는 특징을 갖는 것으로 이해되었다.

이 잠재력을 실현하기 위해서는 적절한 방식의 정부 정책과 행동, 사회제도들, 행위자 규범과 습관("조절양식")이 요구되었다. "케인스주의"는 형성 중이던 포드주의 체제의 잠재력을 완전히 실현시킬 수 있었던 조절양식으로 묘사된다. 케인스주의는 이번에는 1970년대 위기의 기저에 놓인 원인으로 이해된다(Aglietta 1979b; De Vroey 1984; Lipietz 1987; 1988).

대체로 "조절이론가들"은 누가 포드주의-케인스주의의 계승자가 될 것인지에 대해, 또는 참으로 적합한 조절양식을 갖춘 또 다른 축적체계가 나타날 수 있을지에 대해 불가지론자들이다. 비슷한 방식으로, 그러나 상이한 개념 장치를 사용하여 클라우스 오페(Offe 1985), 그리고 더 분명하게 스카트 래시와 존 어리(Lash and Urry 1987)는 "조직자본주의"의 종언과 "탈조직자본주의"의 출현을 이야기하였다. 기업권력이 점점 더 공간적·기능적으로 탈집중화하고 탈중심화함에 따라 경영 계서제와 정부 공무원들이 국민경제를 관리하고 의식적으로 조절한다는 "조직자본주의"의 핵심 특징이 위기에 빠지고 있다고 보이며, 이 때문에 자본축적과정은 치유 불가능해 보이는 "탈조직화" 상태에 빠져든다.

이처럼 현대자본주의 이해에서 응집력보다 해체를 강조하는 견해에 맞서, 데이비드 하비(Harvey 1989)는 자본주의가 사실 포드주의-케인스주의에서 새로운 축적체제로 "역사적 이행" 와중에 있을 수 있다는 주장을 펴는데, 그는 이를 잠정적으로 "유연적 축적"이라고 부른다. 그는 자본주의의 내재적 모순을 봉쇄하지 못하는 포드주의와 케인스주의의 난점이 1965년에서 1973년 사이에 더욱더 뚜렷해졌다고 주장한다. "겉보기에 이런 어려움을 한 단어로 아주 잘 포착할 수 있는데, 그것은 경직성이다." 대량생산체계의 장기·대규모 투자상의 경직성 문제, 규제된 노동시장과 계약의 경직성 문제, 그리고 수혜권과 국방 프로그램에 대한 국가 책임의 경직성 문제가 있었다.

> 이런 특정한 모든 경직성 배후에는, 거대 노동, 거대 자본, 거대 정부들을 점점 더 매우 협소하게 규정된 기득권에 역기능적으로 얽매어 두는 훨씬 더 버겁고 외관상 더 고정적인 정치권력 및 호혜 관계의 형세가 있어, 자본축적을 보장하기보다는 훼손한다. (Harvey 1989: 142)

대단히 느슨한 화폐정책을 통해서 전후 경제 붐의 계기를 유지하려 한 미국과 영국 정부의 노력이 1960년대 말에는 다소 성공을 거두었지만 1970년대 초반에는 역습을 맞았다. 경직성은 더욱 커졌고, 실질 성장은 중단되었으며, 인플레이션 경향은 통제를 벗어났고, 전후 팽창을 지탱시키고 조절해 온 고정 환율제는 붕괴하였다. 그 이후 모든 국가들이 금융적 규율의 손아귀에 놓이게 되었는데, 어떤 경우에는 자본 도피에 의해, 어떤 경우에는 직접적인 제도적 압력에 의해서 그렇게 되었다. "물론 자본주의 하에서 금융권력과 국가권력 사이에는 항상 섬세한 균형이 존재했지만, 포드주의-케인스주의의 와해는 분명하게 민족국가에 대한 금융자본의 권한 강화를 뜻했다"(Harvey 1989: 145, 168).

이런 추세는 이번에는 "새로운 금융수단과 금융시장의 폭발"로 이어졌으며, 이는 "전지구적 규모의 매우 복잡한 금융조정체계의 등장과 동시적으로 진행되었다". 하비가 주저없이 1970년대와 1980년대 자본주의의 진정한 새로움으로, 그리고 떠오르고 있는 "유연적 축적" 체제의 핵심적인 특징으로 들고 있는 것은 바로 이런 "금융시장의 대단한 융성과 변모"이다. 하비의 견해에 따르면, 생산과정과 축적과정의 공간적 개조, 장인

생산과 개별/가족 기업망의 재등장, 기업 및 정부의 계획화를 희생하는 대가로 확산되는 시장적 조정, 이 모두는 새로운 유연적 축적체제로의 이행이 보여 주는 상이한 면모들이다. 그러나 그는 이를 자본주의 위기 경향에 대해 금융적 해결책을 추구한 표현으로 보고 싶어한다(Harvey 1989: 191~4).

하비는 유연적 축적으로의 이행 ─ 자본주의가 실제로 그것을 경험하고 있다고 주장하면서 ─ 을 이론화하는 어려움을 잘 알고 있으며, 몇 가지 "이론적 딜레마"를 지적한다.

> 우리가 그 이행의 필연성까지는 아니라 하더라도, 그 논리를 파악할 수 있을까? 생산력과 사회관계 양자 모두에서 발생하고 있는 급진적 개편과 구조조정에 비추어 자본주의의 동학에 대한 과거와 현재의 이론적 정식화는 어느 정도 수정되어야 하는가? 우리가 계속 중인 혁명으로 보이는 것들의 개연적 과정과 함의들을 파악하기 위해 현행 체제를 충분히 잘 표상할 수 있을까? 포드주의에서 유연적 축적으로의 이행은 …… 모든 이론들에 심각한 난점을 제기한다. …… 유일한 일반적 동의점은 1970년 무렵부터 자본주의의 작동 방식에 유의미한 어떤 변화가 나타났다는 것이다.(Harvey 1989: 173)

이 책의 연구 방향을 제시하는 질문들은 하비의 질문과 유사하다. 그러나 그에 대한 해답의 추구는, 세계체계로서 역사적 자본주의의 전 생애에 걸친 반복과 진화의 양상들에 비추어 본 현재의 경향들에 대한 탐구 속에서 이루어진다. 일단 우리가 우리의 관찰과 이론적 추론의 시공간적 지평을 이런 방식으로 확장하면, 새롭고 예측불가능한 것처럼 느껴지던 경향들이 친밀해 보이기 시작한다.

더 특정화해서 말하자면, 우리 탐구의 출발점이 된 것은 페르낭 브로델의 주장, 즉 **장기지속** 속의 — 즉 그 전 생애에 걸쳐 — 역사적 자본주의의 핵심 특징은 상이한 공간과 시간 속에서 자본이 취한 구체적 형태들이 아니라 자본의 "유연성"과 "절충성"이라는 주장이었다.

이 점이 자본주의 전체사에서 핵심적인 성질이라는 것을 강조할 필요가 있다. 시련이 있을 때마다 드러내는 유연성, 변환과 **적응**의 능력이 그것이다. 13세기 이탈리아로부터 오늘날의 서양 세계에 이르기까지 자본주의에 일정한 통일성이 있다면 — 나는 그런 것이 있다고 생각한다 — 바로 이 점에서 그 통일성을 찾아내고 관찰할 수 있을 것이다.(Braudel 1982: 433/브로델 1996: 612~3, 강조는 원문)

19세기처럼 어떤 시대에 자본주의는 심지어 장기간 동안 "전문화"하는 것처럼 보였으며, 이때 자본주의는 "눈에 띄게 새로운 공업 세계로 옮겨 갔다". 이런 전문화 때문에 "역사가는 대개 …… 공업을 자본주의에 '참된' 동일성을 부여한 최종적 개화지로 보게 되었다". 그러나 이는 단기적 관점이다.

최초의 기계화 붐이 지나간 이후, 가장 선진적인 자본주의는 다시 절충성으로, 말하자면 이해관계의 불가분성으로 전환하였다. 자크 쾨르(14세기의 대부호)의 시대와 마찬가지로 오늘날에도 경제의 감제고지에 서는 특징적 이점은 정확히 자신을 단일의 선택에 가두지 **않고**, 두드러진 적응력을 갖추고, 따라서 비전문화하는 데 있는 것 같다.(Braudel

1982: 381/브로델 1996: 536, 강조는 원문; Wallerstein 1991: 213에 제시된 것처럼 번역을 수정)

내가 보기에 이 구절은 칼 마르크스가 자본의 일반 정식으로 말한 MCM′을 재서술한 것으로 읽힐 수 있다. 화폐자본(M)은 유동성, 유연성, 선택의 자유를 뜻한다. 상품자본(C)은 이윤을 기대하고 특정한 투입-산출 조합에 투자된 자본을 뜻한다. 따라서 그것은 구체성, 경직성, 그리고 선택의 협소화 또는 폐쇄를 뜻한다. M′은 **확대된** 유동성, 유연성, 그리고 선택의 자유를 뜻한다.

이렇게 이해하면, 마르크스의 정식은 우리에게 자본주의 행위자들이 유연성과 선택의 자유를 잃으면서까지 특정한 투입-산출 조합에 투자하는 것 그 자체를 목적으로 화폐를 투자하지는 않는다는 것을 말해 준다. 오히려 그들은 미래 어떤 시점에 더 큰 유연성과 선택의 자유를 얻으려는 목적 달성의 **수단**으로 그렇게 한다. 마르크스의 정식은 또한 우리에게 자본주의 행위자의 입장에서 그들의 선택의 자유가 커질 것이라는 기대가 없거나 그 기대가 체계적으로 달성되지 못한다면, 자본이 더욱 유연한 투자형태, 무엇보다 화폐형태로 전환되는 **경향이 있다**는 것을 말해 준다. 달리 말하자면, 자본주의 행위자들은 유동성을 "선호"하고, 그들의 현금 흐름의 대단히 큰 몫을 유동적 형태로 보유하는 경향이 있다.

이런 두번째 독해는 브로델이 "금융적 팽창"을 특정 자본주의 발전의 성숙의 징후로 특징짓는 데서 암묵적으로 드러난다. 18세기 중엽 네덜란드가 상업에서 철수하여 "유럽의 은행가"가 된 것에 대해 논의하면서 브로델은 이런 철수가 세계체계의 되풀이되는 경향이라고 주장한다. 일찍이 15세기 이탈리아에서 제노바의 자본주의 과두제가 상품에서 은행업으로 전환하였을 때, 그리고 16세기 후반에 에스파냐 국왕에 대한 공식 대부자이던 제노바의 노빌리 베키(nobili vecchi; 구귀족)가 점차 상업에서 철수했을 때 이런 동일한 경향이 분명하게 드러난 바 있다. 네덜란드를 이어 영국이 19세기 말에서 20세기 초에 이 경향을 복제하였는데, 당시 "산업혁명의 환상적 모험"이 종료하자 화폐자본의 과잉공급 상태가 발생했다(Braudel 1984: 242~3, 246).

이른바 포드주의-케인스주의의 똑같은 환상적 모험에 이어 1970년대와 1980년대에 미국 자본이 유사한 경로를 걸었다. 브로델은 우리 시대의 금융적 팽창에 대해서는 논의하지 않는데, 우리 시대에 그 계기가 나타난 것은 브로델의 『물질문명과 자본주의』 3부작 완간 이후의 일이었다. 그럼에도 우리는 최근의 이런 금융자본의 "재생" 속에서, 과거 주요 자본주의 발전의 성숙과 연관되었던 "절충성"으로 반전하는 또 다른 사례를 선뜻 찾아낼 수 있다. "이런 순서를 따르는 모든 자본주의 발전은 금융적 팽창의 단계에 도달하면 어떤 의미에서 그 성숙성을 알린 것 같다. 이는 **가을의 표지**이다"(Braudel 1984: 246, 강조를 추가).

따라서 마르크스의 자본의 일반 정식(MCM′)은 개별 자본가의 투자 논리뿐 아니라 세계체계로서 역사적 자본주의의 반복 양상 또한 묘사하고 있는 것으로 해석될 수 있다. 이런 양상의 핵심 측면은 실물적 팽창 시기(자본축적의 MC 국면)와 금융적 재생과 팽창 국면(CM′ 국면)의 교대이다. 실물적 팽창 국면에서 화폐자본은 더욱더 많은 상품량(상품화한 노동과 천혜의 산물들을 포함해)을 "가동시킨다." 그리고 금융적 팽창 국면에서는 더욱더 늘어난 대량의 화폐자본이 상품형태에서 "스스로를 해방"시키며, 축적은 금융거래를 거친다(마르크스의 축약된 정식 MM′처럼). 합쳐진 두 개의 시기 또는 두 개의 국면이 온전한 하나의 **체계적 축적 순환**을 구성한다(MCM´).

우리의 탐구는 본질적으로 연이은 체계적 축적 순환들에 대한 비교 분석을 통해 다음과 같은 것을 규명하기 위한 작업이다. (1) 현재의 금융적 팽창과 체계의 구조조정 국면에서 재생산되는 반복과 진화의 양상들. (2) 과거에 나타난 반복과 진화의 양상들과 선을 긋게 될 수 있을 현행 금융적 팽창 국면의 변칙성. 네 번의 체계적 축적 순환이 규명될 것이며, 각각은 세계적 차원의 자본축적과정의 주된 행위자 및 구조의 근본적 통일체로 특징지어질 것이다. 그것은 15세기에서 17세기 초의 제노바 순환, 16세기 말에서 18세기 대부분 시기에 걸친 네덜란드 순환, 18세기 후반에서 20세기 초에 걸친 영국 순환, 그리고 19세기 말에 시작해 현행 금융적 팽창 국면으로 지속되고 있는 미국 순환이다. 이런 대략적이고 예비적인 시기구분이 함의하듯이, 연이은 체계적 축적 순환은 중복되며, 비록 그 지속기간이 점점 더 단축되긴 하지만, 이들은 모두 한 세기 이상 지속된다. 따라서 "장기 세기"라는 관념이 제기되며, 이는 세계적 규모의 자본축적과정 분석에서 기본적 시간 단위로 채택될 것이다.

이러한 순환들은 브로델이 상당한 중요성을 부여하는 "장기 순환" (secular cycles)이나(또는 '가격 로지스틱스' 나) 그보다 짧은 콘드라티에프 순환과는 상당히 다르다. 장기 순환과 콘드라티에프 순환 둘 다 관찰된 상품 가격의 장기 변동에서 도출된 불확실한 이론적 입장에서 만들어진 경험적 구성물이다(관련 문헌 연구로는 Barr 1979; Goldstein 1988을 보라). 장기 순환은 우리의 체계적 순환과 놀라운 유사성을 보인다. 둘 다 네 번 등장하며, 한 세기 이상 지속되고, 점점 더 짧아진다(Braudel 1984: 78). 그러나 장기 가격 순환과 체계적 축적 순환은 시간적으로는 완전히 불일치한다. 금융적 팽창은 장기 (가격) 순환이 처음, 중간 또는 마지막에 모두 나타날 수 있다(이 책[370쪽]의 〈도표 10〉을 보라).

브로델은 금융적 팽창──우리의 체계적 축적 순환의 시기구분은 여기에 기반한다──에 대한 그의 시기 설정과 장기 (가격) 순환에 대한 그의 시기 설정 사이의 이런 불일치를 화해시키려 하지 않는다. 우리도 그러려 하지 않을 것이다. 이런 두 가지 종류의 순환에 직면해 우리는 그 대신 체계적 순환을 선택했는데, 그 이유는 이것이 장기 순환이나 콘드라티에프 순환에 비해 근대세계체계를 종별적으로(specifically) 자본주의적인 것으로 밝혀 주는 훨씬 더 타당하고 신뢰성 있는 지표이기 때문이다.

사실 가격의 장기 변동──로지스틱스건 콘드라티에프건 간에──이 무엇을 보여 주는지에 대해 문헌상 일치점은 없다. 이는 확실히 근대세계체계에서 종별적으로 자본주의적인 것의 모순과 팽창을 밝혀 주는 신뢰성 있는 지표는 아니다. 수익성은, 그리고 인적자원과 자연자원에 대한 자본의 지배는 하강기나 상승기 언제든지 감소할 수도 증가할 수도 있다. 이는 누구의 경쟁이 가격을 상승 또는 하락시키는가에 달려 있다. 자본가를 무엇이라 규정하건 간에 "자본가들" 자신이 그들에 대한 "비자본주의적" 공급자나 고객보다 더(덜) 첨예한 경쟁을 벌이고 있다면, 가격의 전반적 경향이 상승하건 하락하건 관계없이 수익성은 하락(상승)할 것이고, 자원에 대한 자본의 지배는 하락(상승)할 것이다.

가격 로지스틱스와 콘드라티에프는 종별적으로 자본주의적 현상으로 보이지도 않는다. 흥미롭게도, 조슈아 골드스틴이 장기파동 연구의 경험적 발견과 이론적 토대를 종합할 때, "자본주의"라는 관념은 어떤 역할도 하지 못한다. 그는 가격과 생산의 장기파동이 통계적으로는 주로 그가 "열강 전쟁"이라고 부르는 것의 치열성에 의해 설명된다는 것을 발견한다. 자본주의에 대해서 말하자면, 그 출현과 팽창의 쟁점은 바로 그의 탐구 범위를 벗어난다(Goldstein 1988: 258~74, 286).

자본주의의 등장과 장기적 가격변동 사이의 관계라는 쟁점은 첫 출발점부터 세계체계 연구를 괴롭혔다. 니콜 부스켓(Bousquet 1979: 503)은 가격 로지스틱스가 1500년보다 훨씬 앞선다는 점에 "당황"했다. 같은 이유에서 앨버트 버지슨(Bergesen 1983: 78)은 가격 로지스틱스가 "봉건제와 자본주의 중 어느 동역학을 표상하는지, 아니면 둘 다 표상하는지" 의문을 가졌다. 심지어 중국 제국도 유럽과 비슷한 파동형 현상을 경험한 것 같다(Hartwell 1982; Skinner 1985). 가장 난감하게도, 배리 길스와 안드레 군더 프랑크는 "세계체계의 근본적인 순환적 리듬과 장기추세는 세계체계적 접근과 장기파동적 접근의 관습적 이해 방식인 5백 년이 아니라 5천여 년 동안 지속되어 왔음을 인정해야 한다"고 주장했다(Gills and Frank 1992: 621~2).

간단히 말해서, 브로델의 장기 순환과 자본의 **자본주의적** 축적 사이의 관계에는 어떤 분명한 논리적이거나 역사적인 근거가 없다. 이에 비해 체계적 축적 순환이라는 관념은 자본주의를 교역 세계 계서제의 "비전문화"된 최상층으로 보는 브로델의 자본주의관에서 직접 도출된다. 이 최상층은 "대규모 이윤"이 만들어지는 곳이다. 여기서 이윤은 거대한데, 그 이유는 단지 자본가층이 가장 수익성 있는 사업노선을 "독점"하기 때문만은 아니다. 훨씬 더 중요한 점은 자본가층이 수익이 체감하는 사업노선으로부터 그렇지 않은 노선으로 계속 투자를 옮겨가는 데 필요한 유연성을 갖추고 있다는 사실이다(Braudel 1982: 22, 231, 428~30).

마르크스의 자본의 **일반** 정식(MCM´)에서처럼, 브로델의 자본주의 정의에서도 어떤 행위자나 사회계층을 자본주의적으로 만드는 것은 특정 상품(예를 들어 노동력)이나 활동 영역(예를 들어 공업)에 대한 그 투자 성향이 아니다. 어떤 행위자가 자본주의적이 되는 것은 특정 시점에 우연히 매개물이 된 특정 상품이나 활동의 속성과 무관하게 그의 화폐가 체계적으로 그리고 지속적으로 "증식력"(마르크스의 표현)을 부여받게 된 덕이다. 되풀이되는 금융적 팽창에 대한 브로델의 역사적 관찰에서 우리가 도출한 체계적 축적 순환이라는 관념은 이렇게 자본주의가 교역과 생산의 세계에 대해 엄밀하게 도구적 관계를 맺고 있다는 사실의 논리적 귀결이며, 이를 강조하고 있다. 즉, 금융적 팽창은 교역과 생산의 팽창을 위한 화폐 투자가 더 이상 자본가층에게 순수한 금융 거래만큼 효과적으로 현금 흐름을 증가시키는 목적을 달성해 주지 못하는 상황을 보여 주는 징후로 읽힌다. 이런 상황이 되면, 마르크스가 MM′이라는 축약된 정식으로 표현한 것처럼 교역과 생산에 투자된 자본은 화폐형태로 전환되어 더욱 직접적으로 축적되는 경향이 있다.

이처럼 가격 로지스틱스나 콘드라티에프와 달리 체계적 축적 순환들은 본래적으로 자본주의적 현상이다. 이 순환들은 근대 세계적 규모의 자본축적과정에 근본적 연속성이 있음을 알려 준다. 그러나 또한 이 순환들은 여러 세기에 걸쳐 이 과정들을 만들어 온 전략과 구조들이 갈라지는 근본적 단절점을 구성하고 있기도 하다. 콘드라티에프 파동을 개념화한 게르하르트 멘쉬(Mensch 1979), 데이비드 고든(Gordon 1980), 카를로타 페레즈(Perez 1983)의 작업에서처럼, 우리의 순환들은 연속적 변화 국면과 불연속적 변화 국면이 교대됨을 강조하고 있다.

이렇듯 부분적으로 서로 중복되는 우리의 체계적 순환들의 연쇄는 멘쉬의 사회경제 발전의 "변형 모델"과 형태상 매우 유사하다. 멘쉬(Mensch 1979: 73)는 "경제가 파동을 그리며 발전한다는 관념"을 버리고, "경제는 일련의 간헐적인 혁신의 추동력을 통해 전개되며, 이는 연이

도표 1. 멘쉬의 변형 모델

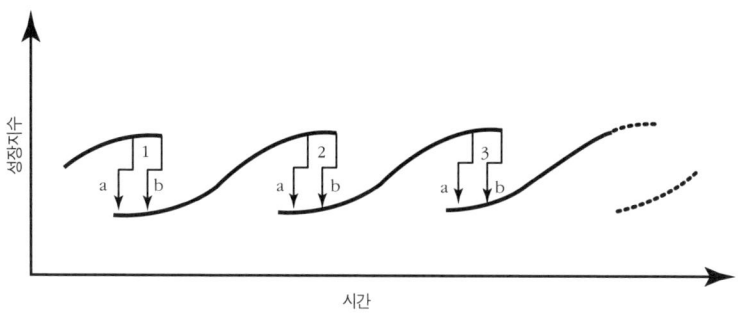

출처 : Mensch(1973 : 73).

은 S자형 순환들의 형태를 취한다는 이론을 선호한다"(《도표 1》). 그의 모델은 분명한 단일 경로를 따른 안정적 성장 국면들이 위기, 구조조정, 교란 국면들로 교대되고, 이는 결국 안정적 성장 조건을 재창출함을 그려내고 있다.

　멘쉬의 모델은 본래 특정 산업이나 국민경제의 성장과 혁신에 준거하고 있고, 그렇기 때문에 그대로는 우리 탐구에 직접적 적합성이 없다. 그렇지만, 단일 경로를 따른 연속적 변화의 국면들이 한 경로에서 다른 경로로 나아가는 불연속적 변화의 국면들로 교대되면서 순환들이 형성된다는 생각은 우리의 체계적 축적 순환 연쇄의 기저에 깔린 생각이다. 차이점이라면 우리 모델에서 "발전"하는 것은 특정 산업이나 국민경제가 아니라 전 생애에 걸친 자본주의 세계경제 전체라는 것이다. 이렇듯 실물적(MC) 팽창 국면들은 연속적 변하이 국면들로 구성되며, 이 시기에 자본주의 세계경제는 단일 발전 경로를 따라서 성장함을 보여 준다. 그리고 금융적(CM′) 팽창 국면들은 기존 경로를 따른 성장이 한계에 도달했거나 도달하고 있어, 급진적인 구조조정과 개편을 거쳐서 자본주의 세계경제가 또 다른 경로로 "교체"되는 불연속적 변화의 국면들로 구성되어 있음을 보여 준다.

역사적으로 볼 때, 단일 발전 경로를 따른 성장과 한 경로에서 다른 경로로의 교체가 발생한 것은 단지 세계경제 내의 분할된 존재인 다수의 공동체들과 개인들이 그 시기에 자율적으로 수행한 무수히 많은 행위들의 의도치 않은 결과 때문은 아니었다. 그보다는 오히려, 자본주의 세계경제의 되풀이되는 팽창과 구조조정은 특정 정부 및 기업 행위자 공동체와 블록들의 지도력 하에 발생하였는데, 이들은 특이하게 좋은 위치를 차지한 덕에 다른 행위자들 행위의 의도치 않은 결과를 자기 자신에게 유리하게 전환시킬 수 있었다. 이런 선도적 행위자들이 자본주의 세계경제의 팽창이나 구조조정을 촉진하고, 조직하고, 규제하는 전략과 구조들을 우리는 세계적 규모의 축적체제라고 이해할 것이다. 체계적 순환 개념의 주 목적은 중세 말 하위체계의 맹아로부터 현재의 전지구적 차원까지 자본주의 세계경제가 그것을 통해 팽창해 온, 연이은 체제들의 형성, 공고화, 그리고 해체를 묘사하고 밝혀내는 것이다.

논의의 전체 골조는 세계체계로서의 역사적 자본주의의 형성과 확대재생산을, 한편에서는 국가형성과정에 연결시키고, 다른 한편에서는 시장형성과정에 연결시키는 브로델의 비상투적인 관계형성관에 의존하고 있다. 사회과학, 정치 담론, 그리고 대중매체의 상투적 견해는 자본주의와 시장경제가 다소 동일한 것이고, 국가권력은 양자 모두의 반명제라는 것이다. 이와 대조적으로 브로델은 자본주의의 출현과 팽창이 절대적으로 국가권력에 의존하고 있으며, 자본주의는 시장경제의 반명제를 구성한다고 보고 있다(cf. Wallerstein 1991: 14~5장).

더 한정해 말하자면, 브로델은 자본주의를 삼층구조의 최상층으로 인식했는데, 이 구조에서는 "다른 모든 계서제와 마찬가지로, 상위층들은 그것이 의존하고 있는 아래층들 없이 존재할 수 없다". 가장 아래에 놓여 있으며 아주 최근까지도 가장 광범한 층은 가장 기초적이고 가장 자급자족적인 경제층이다. 더 나은 표현을 찾지 못해서 브로델은 이를 **물질생활**의 층이라고 불렀는데, 이는 "비경제의 층위이자, 자본주의가 뿌리를 뻗어 내리지만 결코 뚫고 들어갈 수 없는 토양"이다(Braudel 1982: 21~2, 229).

이 최하층 위에 **시장경제**의 영역이 수평적으로 여러 다양한 시장과의 소통을 늘려 간다. 이곳에는 어느 정도의 자동성이 있어서 수요와 공급과 가격을 연결해 준다. 마지막으로 이 시장경제라는 층의 옆에, 차라리 그 위에, **반(反)시장**의 영역이 있다. 이곳은 가장 약삭빠르고 가장 강력한 자가 지배하는 세상이다. 바로 이곳이 **자본주의**의 영역이다. 그것은 산업혁명 이전이나 이후나, 예전이나 오늘날이나 마찬가지이다. (Braudel 1982: 229~30/브로델 1996: 323, 강조 추가)

상이한 시장들 사이의 많은 수평적 교통들이라는 의미에서 **세계**시장경제는 세계체계-자본주의가 시장경제의 층위 위로 솟아오르기 훨씬 이전에 기저에 놓인 물질생활 층위의 심연에서 출현하였다. 재닛 아부-루고드가 보여 주었듯이(Abu-Lughod 1989), 유라시아와 아프리카 주요 시장들 사이의 느슨하지만 분명히 인식 가능한 수평적 교통체계는 이미 13세기에 자리잡았다. 그리고 이 수평적 교통체계가 사실 수천 년 전에 출현했다고 주장하는 길스와 프랑크가 아마 옳을지도 모른다.

그렇다 해도 우리 연구와 직접 연관된 질문은 언제 어떻게 세계시장경제가 원형적 일상생활 구조 위로 솟아올랐는가 하는 것은 아니다. 우리의 질문은 언제 어떻게 자본주의가 기존 세계시장경제 위로 솟아올랐는지, 그리고 시간이 지나면서 언제 어떻게 전세계의 시장과 삶들을 새롭게 짜는 힘을 얻게 되었는지이다. 브로델이 지적하듯이(Braudel 1984: 92), 유럽을 "세계사의 끔찍한 형성자"로 바꾸어 놓은, 1500년 이후 벌어진 변형은 간단한 이행은 아니었다. 오히려 이는 "일련의 단계들과 이행들이며, 그 첫번째 단계와 이행은 보통 15세기 말 '유일한' 르네상스로 알려진 것보다 훨씬 앞선다".

이런 일련의 이행들의 가장 결정적인 계기는 자본주의적 사업 분자들이 유럽 전역으로 확산된 것이 아니었다. 이런 종류의 분자들은 유라시아 교역체계 전체에서 발생하였으며, 결코 서유럽에만 한정된 것은 아니었다.

> 우리는 이집트에서부터 일본에 이르기까지 자본가, 상업자금 융자인, 대상인 그리고 대리인, 중개인, 외환 거래업자, 은행가와 같은 실무 집행인들을 보게 된다. 그리고 교환의 도구, 가능성, 혹은 안정성 등의 관점에서 보더라도 이 상인들 집단 중 누구도 서유럽의 상인들에게 뒤지지 않는다. 인도 내외에서 타밀나두, 벵골, 구자라트 등지의 상인들은 긴밀한 결사를 이루고 있었고 이들의 사업과 계약은 마치 유럽에서 피렌체인으로부터 루카인, 제노바인, 남부 독일인, 영국인 등에게로 전달되듯이 한 집단에게서 다른 집단으로 전해졌다. 심지어 중세 전기에는 카이로, 아덴 그리고 페르시아 만의 여러 항구들에 상업상의 제왕들이 생겼다.(Braudel 1984: 486/브로델 1997: 677)

유럽 이외에 어디서도, 세계영토를 정복하여 막강하고 진정 전지구적인 자본주의 세계경제를 형성하도록 유럽 국가들을 부추긴 것처럼, 자본주의적 분자 세력을 이렇게 강력한 하나의 합체로 묶어내진 않았다. 이 시각에서 볼 때, 규명되어야 할 진정 중요한 이행은 봉건제에서 자본주의로의 이행이 아니라 분산된 권력으로부터 집적된 자본주의 권력으로의 이행이다. 이처럼 너무나 무시된 이행의 가장 중요한 측면은 국가와 자본의 독특한 융합인데, 유럽 말고 이것이 자본주의에 더 유리하게 실현된 곳은 없다.

자본주의는 그것이 국가와 동일시되었을 때, **그것이 국가일 때**만 승리를 거둔다. 그 첫 국면인 이탈리아 도시국가 베네치아, 제노바, 피렌체 국면에서 권력은 화폐를 보유한 엘리트 수중에 있었다. 17세기 홀란트에서는 레헨트층(Regents)이 기업가, 상인, 대출업자의 이익에 따라, 그리고 심지어 이들의 명령에 따라서 통치를 수행했다. 마찬가지로 영국에서는 1688년 명예혁명이 홀란트와 유사한 재계의 즉위를 알렸다. (Braudel 1977: 64~5, 강조는 추가)

이 과정의 이면은 이동자본(mobile capital)을 둘러싼 국가 간 경쟁이었다. 막스 베버가 『일반경제사』에서 지적하였듯이, 중세 말기와 마찬가지로 고대 유럽 도시들은 "정치적 자본주의"의 온상이었다. 두 시기 모두 이런 도시들의 자율성을 침식한 것은 더 큰 성지+조였다. 그렇지만, 고대에 이런 자율성의 상실은 정치적 자본주의의 종언을 뜻했지만, 근대 초기에 이는 자본주의가 새로운 종류의 세계체계로 팽창한 것을 뜻했다.

고대에 도시들의 자유를 제거한 것은 더 이상 그 내부에 정치적 자본주의를 위한 장소를 남겨 주지 않는 관료적으로 조직된 세계제국이었다. …… 고대와 대조적으로 〔근대 시기에 도시들은〕 평시건 전시건 간에 권력을 향해 항구적으로 투쟁하는 조건 하에서 상호 경쟁하는 민족국가들의 권력 아래 놓이게 되었다. 이런 경쟁적 투쟁이 근대 서구 자본주의에 최대의 기회를 제공하였다. **개별 국가들은 이동자본을 얻기 위해 경쟁해야 했고, 이동자본은 그 이동자본이 개별 국가들을 도와 권력을 얻게 될 조건들을 강제하였다.** …… 따라서 자본주의에 발전 기회를 부여한 것은 폐쇄된 민족적 국가였다. 그리고 민족적 국가가 세계제국에 자리를 내주지 않는 한 자본주의 또한 지속될 것이다.(Weber 1961: 247~9, 강조는 추가)

베버는 『경제와 사회』에서 같은 논점을 제시하면서(Weber 1978: 353~4) 더 나아가, 이렇게 주장했다. "거대하면서도, 대체로 비슷비슷하고 순전히 정치적인 구조들" 사이에서 벌어진 이런 이동자본을 둘러싼 경쟁이,

떠오르는 국가들과 주목받는 특권적 자본주의 권력들 사이의 기념비적인 동맹을 낳았으며, 이 동맹이 근대자본주의 탄생의 주된 요인이었다. …… 지난 5백 년 동안 유럽 국가들 사이의 이런 특이한 경쟁과 "균형" 없이는 …… 근대 국가의 교역도, 통화정책도 이해될 수 없다.

우리의 분석은 국가 간 경쟁이 각각의 그리고 모든 금융적 팽창 국면의 핵심적 구성요소였고, 또한 연이은 실물적 팽창 국면들에서 자본주의

세계경제를 이끌어 온 정부조직과 기업조직 블록 형성의 주된 요인이었다는 것을 보여 줌으로써 위의 주장에 실체를 불어넣을 것이다. 그러나 베버의 테제를 부분적으로 수정하여, 우리의 분석은 특정한 정부 및 기업 행위자들 블록 수중으로 권력이 **집적**된 것이 "대체로 비슷비슷한" 정치구조들 사이의 경쟁에서 본질적이었던 것만큼이나 자본주의 세계경제에서 되풀이해 나타난 **실물적** 팽창에서도 본질적이었다는 것 또한 보여 줄 것이다. 통상, 주요한 실물적 팽창이 일어난 때는 새로운 지배블록이 국가 간 경쟁을 우회하거나 넘어설 수 있을 위치에 있을 뿐 아니라 이를 통제하여 최소한의 국가 간 협조를 확보할 위치에 있을 만큼의 세계권력을 획득하였을 때뿐이었다. 달리 말하자면, 지난 5백 년간 자본주의 세계경제의 거대한 팽창을 촉진한 것은 국가 간 경쟁 그 자체가 아니라, 세계체계 전체에서 자본주의 권력 집적의 계속적인 증가와 결합한 국가 간 경쟁이었다.

근대세계체계에서 자본주의 권력 집적이 계속 증가한다는 생각은 칼 마르크스가 『자본』에서 주목한 양상에서 암묵적으로 나타난다. 베버와 마찬가지로 마르크스는 중세 말 제노바와 베네치아가 창안한 국채체계가 근대자본주의의 첫 팽창을 촉진시키는 데서 수행한 역할에 매우 큰 중요성을 부여하였다.

전제국가이든 입헌국가이든 공화제국가이든 국채 —즉 국가의 양도— 는 자본주의 시대를 특징짓는다. …… 마치 마술 지팡이로 치는 것처럼 공채는 비생산적인 화폐에 생산적인 힘을 부여하고 그것을 자본으로 전환시키는데, 이때 이 화폐는 산업에 투자할 때나 심지어는 고리대금업에 투자할 때에도 반드시 수반되는 위험과 민잡을 겪을 필요가 전혀 없다. 국가에 대한 채권자들은 현실적으로는 아무것도 주지 않는다. 왜냐하면, 그들이 대부한 금액은 쉽게 양도될 수 있는 공채증서로 전환되며, 이것은 현금과 조금도 다름없이 그들의 수중에서 기능하기 때문이다. (Marx 1959: 754~5/마르크스 2001: 1038)

마르크스는 자본축적의 국내적 측면에 초점을 맞추었기 때문에, 끊임없이 서로 경쟁하는 국가들의 체계에서 권력을 추구하는 국가가 자본가의 도움을 얻으려 할 때 국채가 지속적으로 어떤 중요성을 갖는지 제대로 평가하지 못했다. 마르크스에게 국가의 자산과 미래 수입의 양도는 단지 "원시 축적"의 한 측면일 뿐이었으며, 이는 애덤 스미스의 "선행 축적"이고, "자본주의 생산양식의 결과가 아닌 그 출발점인 축적"이었다(Marx 1959: 713). 그렇지만, 마르크스는 국가 간 경쟁의 표현으로서가 아니라 자본가 간 "보이지 않는" 협조의 수단으로서 국채가 갖는 지속적 중요성은 인정했으며, 이는 자본주의 세계경제의 개시점부터 그 자신의 시대까지 그 시공간에 걸쳐서 계속해서 자본축적을 "출발시켰다"고 보았다.

국채와 더불어 국제신용제도가 발생하였는데, 이것은 이러저러한 국민의 시초축적의 은폐된 원천의 하나이다. 예컨대, 베네치아의 추악한 강탈제도는 홀란트의 풍부한 자본의 비밀 원천의 하나를 형성했다. 왜냐하면, 베네치아는 그 몰락의 시기에 거액의 화폐를 홀란트에 대부해 주었기 때문이다. 이러한 관계는 홀란트와 영국 사이에서도 볼 수 있다. 이미 18세기 초에는 …… 홀란트는 월등한 상공업국이 아니게 되었다. 그러므로 1701~76년 기간에 홀란트의 주요한 사업의 하나로 된 것은 방대한 자본의 대부업무, 특히 자기의 강력한 경쟁국인 영국에 대한 대부업무였다. 유사한 관계가 현재 영국과 미국 사이에도 있다. (Marx 1959: 755~6/마르크스 2001: 1039~40)

그러나 마르크스는 이 구절에서 윤곽이 제시된 주도적 자본주의 국가들의 순서가 점점 더 그 규모, 자원, 세계권력이 커지는 단위들 순서라는 점에는 주목하지 못했다. 베네치아, 연합주〔네덜란드〕, 연합왕국〔영국〕, 합중국〔미국〕 이 네 국가는 연이어진 시대의 열강들로, 그 각 시기에 통치 집단들은 국가형성과정과 동시에 자본축적과정에서 주도자 역할을 맡았다. 그러나 순서대로 놓고 보면, 네 국가는 서로 아주 상이하면서 크기는 점점 더 커지는 순서로 배열된 열강들로 보인다. 우리의 연구과정에서 자세히 살펴보겠지만, 이 순서에 따라 등장한 각 국가의 중심적(metropolitan) 영역은 그에 앞선 경우보다 더 큰 영토와 더 다양한 자원을 포괄하였다. 더욱 중요한 점은, 권력망과 축적망—문제의 국가들이 이에 힘입어 자신들이 그 속에서 활동하는 세계체계를 재조직하고 통제할 수 있던—의 규모와 범위는 이 순서에 따라 더 커졌다는 것이다.

이렇듯 지난 5백 년간의 자본주의 권력의 팽창은 베버가 강조했듯이 이동자본을 둘러싼 국가 간 경쟁과 결부될 뿐 아니라, 세계적 규모의 자본축적의 사회·정치 환경을 통제할 수 있는, 훨씬 광대하고 복잡한 조직 역량을 지닌 정치 구조의 형성과도 결부되었다. 지난 5백 년간 자본주의 팽창의 기저에 깔린 이 두 가지 조건은 서로 병행해 지속적으로 재창출되었다. 특정 시점에 제도화된 세계적 규모의 자본축적과정이 한계에 이를 때마다 장기에 걸친 국가 간 투쟁이 이어졌고, 이 투쟁의 시기에는 또한 가장 풍성한 잉여자본 원천을 통제했거나 통제하게 된 국가가 그에 앞선 국면보다 더 거대한 규모와 범위로 새로운 자본주의 팽창 국면을 촉진하고 조직하고 조절하는 데 필요한 조직 역량을 획득하는 경향이 있었다.

보통, 이런 조직 역량을 얻게 되는 것은 혁신 그 자체보다는 계속 변경되는 자본주의 세계경제의 공간적 형세 속에서 위치상의 우위를 차지한 결과였다. 브로델(Braudel 1977: 66~7)은 체계적 축적과정의 중심지가 연이어 공간적으로 교체될 때 혁신은 아무 역할도 하지 못했다고까지 말한다. "암스테르담은 베네치아를 복제했고, 마찬가지로 이어서 런던은 암스테르담을 복제할 것이고, 어느 날 뉴욕은 런던을 복제할 것이다." 우리가 살펴보게 될 것이지만, 이런 모방과정은 여기서 윤곽을 그린 단순한 연쇄가 함의하는 것보다 훨씬 더 복잡했다. 매번의 교체는 자본주의 팽창의 주도적 행위자의 전략 및 구조상의 진정한 "조직혁명"과 연결되었음을 보게 될 것이다. 그렇지만, 이런 교체들이 "규모의 대(大)변화"와 결합된 "다른 지역에 대한 한 지역의 승리"를 반영한다는 브로델의 주장은 유효할 것이다.

마르크스가 주목한, 쇠퇴하는 중심지로부터 상승하는 중심지로 움직이는 자본의 흐름은 쇠퇴하는 중심지가 새로운 중심지로 모이는 대량의 잉여에 대해서 권리를 주장하기 위해 사용한 수단이었다. 이런 종류의 흐름은 과거 모든 금융적 팽창의 특징이었다. 이에 비해 현재의 금융적 팽창은 이런 양상에서 어긋난다고들 한다.

우리가 에필로그에서 보게 되겠지만, 현재의 금융적 팽창에서는 일본, 그리고 그보다 작은 동아시아 국가들이 폭발적으로 성장하여 세계적 규모의 자본축적과정의 새로운 중심지가 되고 있다. 그러나 1980년대에는 쇠퇴하는 중심지에서 이렇게 등장하는 중심지로 자본이 크게 흘러들고 있다는 증거는 거의 없었다. 반대로, 쇠퇴하는 자본축적과정의 주도자들이 그의 계승자에게 제공하는 "은밀한" 지원을 묘사한 마르크스의 문구를 인용한 후 조엘 코트킨과 기시모토 요리코가 지적했듯이(Kotkin and Kishimoto 1988: 123), "마르크스 금언과 놀라울 정도로 반대되게도, 미국은 다른 자본수출 제국들(베네치아, 홀란트, 영국)의 양상을 따르지 않고, 현재 새로운 해외투자 물결을 끌어당기고 있다". 그들이 보기에 이런 반전이 나타난 이유는 무엇보다 미국에서 외국인 기업 활동에 대한 상대적인 통제의 부재, 인구 증가, 물리적으로 광활한 공간, 방대한 자원, 그리고 "세계에서 가장 부유하고 가장 발전한 대륙 국가의 지위" 등이 외국 자본에 대해 흡인력으로 작용했기 때문이다. 그들은 이런 주장을 다소 뒷받침하기 위해 일본 은행의 수석 경제분석가이자 "잘 알려진 경제 민족주의자"인 다케우치 히로시의 견해를 인용하는데, 그에 따르면 미국은 일본이 결코 지닐 수 없는 규모와 자원을 보유하고 있다. 그 결과 19세기 말 영국의 잉여가 미국에 흘러들었듯이, 일본의 잉여는 미국으로 흘러 들어갔다. "일본의 역할은 우리 돈을 수출하여 당신들을 도와 미국 경제를 재건하는 일이 될 것이다. 이것은 우리 경제가 근본적으로 취약하다는 증거이다. 당신들이 근본적으로 강하기 때문에 우리 돈이 미국으로 건너가는 것이다"(Kotkin and Kishimoto 1988: 122~3에서 재인용).

일본 권력과 미국 권력을 비교하는 다케우치의 관점은 1979년 일본을 주제로 하버드에서 열린 세미나에서 새뮤얼 헌팅턴이 제기한 관점과 기본적으로 동일하다. 브루스 커밍스의 기록에 따르면(Cumings 1987: 64), 에즈라 포겔이 "나는 일본 권력 부상의 결과를 생각할 때 매우 곤혹스럽다"면서 세미나를 시작하자, 헌팅턴은 일본은 사실 "대단히 약한 나라"라고 응대하였다. 일본의 최대 약점은 "에너지, 식량, 군사 안보"였다.

이런 평가는 무엇보다 상대적 크기, 자급력, 군사력을 국가 간 권력의 구성요소로 보는 상투적 견해에 기반하고 있다. 이런 견해는 자본수의의 "권력기술"——마이클 만의 표현을 빌리자면(Mann 1986)——이 영토주의와 매우 달랐다는 사실을 완전히 무시하고 있다. 앞서 인용한 구절에서 베버가 강조하듯이, 그리고 우리의 탐구가 내용을 채워 보여 줄 것이지만, 크긴 하지만 대략 균등한 정치구조들 사이에서 이동자본을 둘러싸고 벌어진 경쟁은 근대 시기 자본주의 권력을 등장시키고 팽창시킨 가장 핵심적이고 지속적인 요인이었다. 만일 우리가 경쟁하는 국가들의 권력에 대해 이런 경쟁이 끼친 효과를 고려하지 않는다면, 그리고 서로 싸우고 있는 이들 국가들을 경제적으로 지원하는 국가·비국가 조직들의 권력에 대해 이런 경쟁이 끼친 효과를 고려하지 않는다면, 세계체계의 세력관계에 대한 우리의 평가에는 근본적 결함이 생기지 않을 수 없다. 일부 이탈리아 도시국가들이 중세 말 근대 초에 수세기 동안 유럽의 거대 영토권력들을 군사적으로 견제하고 이들에 대해 정치적 영향력을 끼칠 수 있는 역량을 지녔던 일은 우리 시대 가장 크고, 가장 자급적이었고, 두번째 군사강국이던 소련이 1980년대 말 1990년대 초 급작스럽게 붕괴되어 해체된 것만큼이나 이해할 수 없는 일이 될 것이다.

코트킨과 기시모토가 주목한, 마르크스 금언의 외관상 반전이 프레드 할러데이(Halliday 1986)가 제2차 냉전이라고 한 미국과 소련 사이의 군비경쟁과 정치-이데올로기 투쟁의 급작스런 격화 와중에 발생했다는 것은 우연이 아니다. 1970년대와 1980년대의 금융적 팽창이 바로 이처럼 대립이 급작스럽게 격화된 시기에 가장 번성기를 구가한 것도 우연은 아니다. 마르크스의 말을 빌리자면, 미국 국가의 양도가 가장 빠르게 진행된 것은 바로 이 시기였다. 베버의 말을 빌리자면, 이동자본을 둘러싼 두 세계 최강의 정치구조 사이의 경쟁이 자본주의에 대단히 새로운 자기팽창의 기회를 만들어 준 것은 바로 이 시기였다.

1980년대 초 일본에서 미국으로 자본이 유입된 것은 이런 맥락에서 이해되어야 한다. 다케우치의 주장에서 간취해 볼 수 있듯이, 일본이 미국의 세계권력에 의존적이고 종속되어 있기 때문에 정치적 고려를 하지 않을 수 없었고, 이런 정치적 고려가 일본 자본이 권력투쟁의 격화과정에서 미국을 돕게 된 핵심적 요인이었다는 점에는 의심의 여지가 없다. 그럼에도, 이어진 사건들이 보여 주었듯이, 정치적 고려는 이윤에 대한 고려와 뗄 수 없는 관계에 있었다.

이러한 측면에서 보자면, 일본에서 미국으로 자본이 유입된 것은 코트킨과 기시모토가 생각하는 것처럼 변칙적인 일은 아니었다. 이는 떠오르는 자본주의 권력(미국)이 쇠퇴하는 자본주의 권력(영국)에게 두 차례의 세계대전에서 금융지원을 했던 것과 다소 유사한 일이었다. 물론 영-독 대립은 1980년대 미-소 대립과 달리 "냉"[전]이 아니라 "열"[전]이었다. 그러나 그럼에도 두 차례의 대립에 필수적이던 금융적 요건들, 그리고 승자를 "후원"함으로써 기대할 수 있는 이윤은 서로 비견할 만한 것이었다.

두 차례 세계대전에서 미국이 영국을 금융적으로 지원한 것과 제2차 냉전에서 일본이 미국을 금융적으로 지원한 것 사이의 주요한 차이는 그 결과에 있다. 미국은 엄청난 혜택을 누린 반면, 일본은 그렇지 못했다. 우리가 4장에서 살펴보듯이, 두 차례 세계대전과 그에 이어진 시기는 영국에서 미국으로 자산 재배분이 이루어진 결정적 계기로, 이는 체계적 자본축적과정을 이끄는 지도력의 교체를 촉진하였다. 이에 비해, 제2차 냉전 기간 중 또는 그 후에는 이에 비견할 만한 재배분이 없었다. 사실, 일본은 돈을 회수하지 못하였다.

거대한 손실은 1985년 이후 미국 달러 가치가 하락했기 때문에 발생했다. 이는 빌릴 때는 대폭 평가절상된 달러로 빌렸던 돈의 이자와 원금을 이번에는 평가절하된 달러로 갚는다는 것을 뜻했다. 달러 평가절하로 일본 자본이 입은 손실이 컸기 때문에 일본의 재계와 정부는 그전에 미국 정부에 대해 무조건적으로 제공하던 금융지원을 철회하였다. 1987년 중반에는 1980년대 초 이래 처음으로 일본의 사적 투자자가 미국에 대한 그들의 자본 수출의 방향을 반전시켰다. 그리고 1987년 10월 주식시장 폭락 이후 일본 대장성(MOF)은 1987년 11월의 중요한 미국 국채 경매에서 금융 중개업자들이 이 국채를 사도록 독려하는 어떤 노력도 하지 않았다(Helleiner 1992: 434).

일본이 미국으로부터 일본의 통제 아래로 자산을 재배분하기 위해 잉여자본에 대한 통제권을 확대하는 데서 난점에 부딪힌 이유는, 미국의 공적·사적 행위자들이 세계 금융시장에서 수요와 공급, 이자율, 환율을 합심하여 조종할 수 있는 역사적으로 전례 없는 권력을 지녔기 때문만은 아니었다. 미국에서 실물 자산 획득 자체의 난점이 드러났다. 일본 자본에 관해 말하자면, 코트킨과 기시모토의 생각처럼, 세계에서 가장 부유하고 가장 발전한 대륙 국가는 외국 경제력에 대한 통제력을 결여하고 있지는 않다고 판명되었다.

이런 "통제력"은 공식적이기보다는 비공식적이었지만, 그럼에도 결코 실질적이지 않은 것은 아니었다. 문화장벽이 있었는데, 이는 일본 자본이 뉴욕 록펠러 센터를 사들였을 때 미국 미디어가 촉발시킨 히스테리적 반응에서 잘 집약되어 나타났다. 일본인이 미국 부동산을 구입하는 것은 유럽, 캐나다, 오스트레일리아 인이 구입하는 것에 비해 보잘것없는 수준이기 때문에, 그에 대한 반응으로 일본 돈은 유럽계 외국인의 돈과 완전히 동등한 미국 자산 획득 "권리"를 갖지 못한다는 메시지가 구매자와 판매자 모두에게 전달되었다.

　일본 자본에 미국 자산이 이전되는 것을 막는 문화장벽을 세운 주인공이 대중매체였다면, 정치장벽을 세우는 역할을 맡은 것은 미국 정부였다. 미국 정부는 일본 돈이 미국 적자와 공공 채무를 메워 주고 미국에 일자리를 창출할 생산 설비를 세우고 미국의 국제수지 적자를 줄여 주는 것은 환영했다. 그러나 미국 정부는 같은 돈이 수익성은 있지만 전략적으로 민감한 기업의 인수에 쓰이는 것은 가로막았다. 1987년 3월, 캐스퍼 와인버거 국방부 장관과 맬컴 볼드리지 상무부 장관의 항의를 듣고 나자, 후지츠는 페어차일드 반도체 인수 시도를 철회하는 편이 현명하겠다고 확신하게 되었다. 그러나 스티븐 크래스너(Krasner 1988: 29)가 말했듯이, "페어차일드는 프랑스 회사 슐룸베르거 소유였기 때문에, 단순히 외국인 소유 여부가 쟁점은 아니었다."

　문화장벽과 정치장벽이 중단시킬 수 없던 것을 바로 미국 법인자본주의 구조에 내장된 진입장벽이 중단시켰다. 일본 돈에게는 문화적 적대성과 정치적 불신보다 미국 법인기업 활동의 복잡성이 더욱 넘어설 수 없는 장벽임이 입증되었다. 미국에서 일본의 최대 인수건인 1989년 소니의 컬럼비아 영화사 인수와 그 이듬해 마쓰시타의 MCA 인수는 그 목표 달성에서 완전히 실패했다. 소니의 거래가 성사되자 미디어는 과민반응을 보였고, 『뉴스위크』 커버스토리는 일본의 할리우드 "침공"을 떠들어댔다. 그러나 빌 에모트가 『뉴욕타임스』 사설에서 썼듯이,

　위협과 과장이 틀렸다는 것이 드러나는 데에는 2년도 채 걸리지 않았다. …… 일본의 미국 사업 "침공" 같은 일은 없었다. 일본의 최상 기업들조차 손실이 큰 엄청난 실수를 저질렀고, 그들이 시들인 기업조차 동

제하지 못했는데, 그들이 사들인 문화와 기술은 말할 것도 없었다. (*New York Times* 1993년 11월 23일자: A19. Emmott 1993도 보라)

간단히 말해서, 현 금융적 팽창 시기의 미-일 관계의 변칙성은 1980년대 초에 일본 자본이 미국에 유입되었다는 점이 아니다. 그보다는, 소련과의 냉전이 마지막으로 격화할 때 일본 자본이 경제적으로 미국을 지원한 데서 너무 얻은 것이 없다는 점이다. 이런 변칙성은 지난 6백 년간 자본주의 국가의 팽창을 촉진하고 지탱해 온, 이동자본을 둘러싼 국가 간 경쟁의 기제에 근본적 변화가 생겼다는 징후일까?

이 기제에는 분명한 내생적 한계가 있다. 세계체계에서 자본주의 국가의 팽창은 그것이 의존하는 이동자본을 둘러싼 국가 간 경쟁을 침식하지 않고서는 무한히 진행될 수 없다. 이런 경쟁에 대응하려고 형성된 국가권력과 자본권력 사이의 동맹이 조만간 너무나 강력해지는 지점에 이르러, 이 동맹이 경쟁 자체를 제거하고, 따라서 더 고차적 질서의 새로운 자본주의 권력이 등장할 가능성까지 제거해 버린다. 부상 중인 일본 자본주의 구조가 이동자본을 둘러싼 국가 간 경쟁에서 이윤을 못 얻는 난점은 이런 지점에 이미 도달했거나 도달하려 한다는 징후일까? 또는 달리 말하자면, 미국 자본주의 구조는 6세기에 걸친 과정, 자본주의 권력이 현재의 포괄적 규모와 범위로 보이는 것을 획득하게 된 이 과정의 궁극적 한계를 나타내는 것일까?

이런 질문들에 대한 타당해 보이는 해답을 찾으려면, 근대 시기 고도 금융의 역할에 관한 베버와 마르크스의 상보적 통찰력을 세계시장 형성 과정에 관한 애덤 스미스의 통찰력으로 보완해야만 한다. 스미스는 그에 뒤이은 마르크스와 마찬가지로, 유럽의 아메리카 대륙 "발견"과 희망봉을 돌아 동인도로 가는 항로의 "발견"에서 세계사의 결정적 전환점을 찾아냈다. 그렇지만 그는 이런 사건들이 인류에게 궁극적으로 어떤 혜택을 가져다줄지에 관해서는 마르크스보다 덜 낙관적이었다.

그것들의 성과는 이미 너무나 큰 것이었다. 그러나 그 발견 이래 아직 2~3세기밖에 지나지 않았으므로 그것들의 성과의 모든 크기가 나타나는 것은 불가능하다. 어떠한 인간 지혜도 장차 이 위대한 사건들로부터 인류에게 어떠한 이익·불행이 생길지를 예견할 수는 없다. 세계에서 가장 멀리 떨어져 있는 지역들을 어느 정도 결합시키고, 서로의 부족분을 경감시킬 수 있게 하며, 서로의 즐거움을 증대시킬 수 있게 하고, 서로의 산업을 북돋우게 함으로써 그 발견들의 일반적 경향은 이로운 것 같다. 그러나 동·서인도의 원주민들에게는, 그 발견들로부터 생길 수 있었던 모든 상업적 이익들이 무서운 불행 속에서 상실되었다. 그렇지만 이러한 불행은 그 발견들 자체의 속성에 있는 어떤 것들로부터 발생한 것이 아니라 우연히 생긴 것처럼 보인다. 이러한 발견들이 이루어졌던 특정 시점에서 우연히 유럽인 쪽이 **힘이 월등해** 멀리 떨어진 나라들에서 온갖 불의를 저지를 수 있었던 것이다. 장차, 그 나라들의 주민이 더 강하게 되거나 유럽 주민들이 더 약하게 되어, 세계 모든 지역의 주민들이 용기·힘의 균형상태에 도달해 상호의 공포심을 고무시킴으로써 독립국들이 불의를 저지르지 않고 서로서로의 권리를 존경할 수 있게 될 것이다. 이러한 힘의 균형을 확립하는 방법으로서는, 나라들 사이의 광범한 교역이 자연히 또는 필연적으로 가져오게 될 지식·온갖 종류의 개량들의 상호교류가 가장 확실한 방법인 것 같다.(Smith 1961: II, 141/스미스 2007: 770~1, 강조는 추가.)

이 구절이 묘사하는 과정은 자본주의 세계경제 형성에 관한 다음과 같은 브로델의 견해와 다소 놀라울 정도로 일치한다. 정복자 서구의 행운과 피정복자 비서구의 불운이 단일 역사과정의 결합된 결과로서 나타난다는 점, 이런 단일 역사과정의 결과를 서술하고 평가하기 위해서 장기적 지평이 필요하다는 점, 그리고 현재 우리 목적에서 가장 중요한 점은 시장경제 참여자들 사이에서 비용과 이득의 배분을 결정할 때 "힘"이 중심적이라는 점.

물론 스미스는 "자본주의"라는 용어를 사용하지는 않았다. 이 용어가 사회과학에 도입된 것은 20세기가 되어서였다. 그러나 정복자 서구가 이른바 대발견의 결과 수립된 더 광범한 시장경제의 이득 대부분을 얻을 수—그리고 피정복자 비서구에 그 대부분의 비용을 부과할 수—있게 된 가장 중요한 요인이 "힘의 우위"였다는 스미스의 평가는 시장경제의 층위 위에서 그리고 시장경제 층위에 대한 반명제로서 뚜렷한 자본주의 층위가 출현하는 데 불가결한 구성요소가 국가와 자본의 융합이었다는 브로델의 평가와 일치한다. 우리가 3장에서 살펴보겠지만, 스미스의 사고틀에서는 일정 기간 동안 거대 이윤이 획득될 수 있는 경우는 오직 국가권력이 지탱해 주는 제약 관행(restrictive practices)이 있을 때뿐인데, 이는 시장경제의 "자연스런" 작동을 제약하고 교란시킨다. 브로델의 사고틀에서처럼 이 사고틀에서도 "일반적으로 최대 자본을 끌어모으고 그들의 부유함 덕에 최대의 공공 관심을 얻게 되는"(Smith 1961: I, 278) 상인과 제조업자 상층은 진정 "반(反)시장"(anti-market), 브로델의 '콩트르-마르셰'(contre-marché)이다.

그러나 시장경제와 그 자본주의적 반명제 사이의 관계에 대한 브로델과 스미스의 인식은 한 가지 중요한 측면에서 차이점이 있다. 브로델에게 그 관계는 근본적으로 정적이다. 그는 "명제"와 "반명제" 사이의 투쟁에서 어떤 종합도 발견하거나 예견하지 않는다. 이에 비해 스미스는 세계시장 형성과정 자체의 영향 하에 힘의 불균형이 사라지면서 그런 종합이 생겨난다고 본다. 위의 구절 마지막 문장이 말해 주듯, 스미스는 세계시장경제에서 교환이 확대되고 심화되면 이것이 서구와 비서구 사이의 세력관계에서 막을 수 없는 균형자로 작동할 것이라 생각했다.

역사과정에 대한 더 변증법적인 이해가 덜 변증법적인 이해보다 반드시 더 정확하지는 않다. 사실로 드러났듯이, 세계시장 형성과정이 서구 힘의 우위를 침식하는 영향을 끼친다는 스미스의 테제가 제시된 후 150년 동안 서구와 비서구 사이 힘의 불평등은 감소하지 않고 오히려 증가하였다. 세계시장 형성과 비서구에 대한 군사 정복은 동시에 이루어졌다. 1930년대가 되면 오직 일본만이 서구에 정복당하는 불운에서 완전히 벗어나지만, 그 스스로 정복자 서구의 영광스런 일원이 됨으로써 그럴 수 있었을 뿐이다.

그 다음에, 제2차세계대전 중과 그 이후에 방향이 전환되었다. 아시아와 아프리카 전역에서 구 주권체들이 재수립되었고, 수십 개의 새로운 주권체들이 탄생했다. 확실히, 대대적인 탈식민화에 동반하여, 세계역사상 가장 영향력 크고 잠재적으로 가장 파괴적인 서구 힘의 장치가 수립되었다. 제2차세계대전 중과 그 이후 미국이 세운 광대한 유사-영구적 해외 군사기지망은 "역사적 전례가 없으며, 예전에 어떤 국가도 평화시에 그렇게 많은 수의 자기 군대를 그렇게 오랫동안 나쁜 국가의 주권 영토에 주둔시킨 적은 없다"고 크래스너는 강조한다(Krasner 1988: 21). 그러나 인도차이나의 전장에서는, 이처럼 세계를 포괄하는 군사장치가 지구상 가장 빈곤한 민족 중 하나에 그 의지를 강요히는 임무 수행에 선석으로

부적절함이 입증되었다.

　베트남 민중들의 성공적 저항은 1917년 러시아혁명에서 시작된 과정의 극점을 보여 주었다. 러시아혁명은 서구와 비서구로 나뉜 패를 다시 섞어, 제1세계, 제2세계, 제3세계라는 세 집단으로 재분류했다. 역사적 비서구는 거의 전적으로 제3세계로 묶인 반면, 역사적 서구는 세 가지 상이한 구성요소로 분할되었다. 가장 번영한 구성부분(북아메리카, 서유럽, 오스트레일리아)과 일본이 결합해 제1세계를 구성하게 되었다. 덜 번영한 구성요소들 중 하나(소련과 동유럽)가 제2세계를 구성하게 되었으며, 다른 하나(라틴 아메리카)가 비서구와 결합해 제3세계를 구성하였다. 역사적 서구가 이렇게 삼분할된 부분적인 원인이자 부분적인 결과로서, 제2차세계대전 종전부터 베트남전쟁 때까지 비서구의 운세는 상승세를 탄 것처럼 보였다.

　미국의 베트남 철수 결정 직후에 『국부론』 출간 200주년 기념으로 쓴 글에서 파올로 실로스-라비니(Sylos-Labini 1976: 230~2)는 스미스의 전망이 실현되고 있는지에 대해 숙고해 보았다. 다시 말해서 "세계 모든 지역의 주민들이 용기와 힘의 균형상태에 도달해 상호의 공포심을 고무시킴으로써 독립국들이 불의를 저지르지 않고 서로서로의 권리를 존경할 수 있게 겁박할" 시간이 마침내 도래했는지 말이다. 경제 정세 또한 세계체계 전체에서 세력관계의 다소간의 균등화가 임박했다는 신호를 알리는 것처럼 보였다. 제3세계 나라들이 보유한 천연자원에 대한 수요가 대폭 늘었고, 이들의 풍부한 저임금 노동에 대한 수요 또한 대폭 늘었다. 제1세계 은행가의 대리인들이 제3세계(그리고 제2세계) 정부들의 접견 대기실에 줄서 기다리며, 본국에서 수익성 있는 투자처를 찾지 못해 넘쳐나는 자본을 염가로 제공하려 했다. 교역조건은 자본주의 서구에 크게 불리해졌고, 제1세계와 제3세계 나라들 사이의 소득격차는 좁혀지고 있는 듯했다.

그렇지만 지속적인 세계시장 형성과정에서 세계 각국 국민들이 혜택을 누릴 기회가 즉각 균등화된다는 희망(또는 두려움)이 참으로 성급했다는 것이 분명해지는 데 6년도 걸리지 않았다. 미국이 제2차 냉전의 비용을 대고 또 세금을 감면해 국내 유권자들을 '매수' 할 비용을 대기 위해 세계화폐시장에서 이동자본을 놓고 벌이는 경쟁에 뛰어드는 바람에, 갑자기 제2, 3세계 나라들에 유입되던 자금 공급이 고갈되고, 세계 구매력이 크게 위축되었다. 교역조건은 1970년대에 신속하고 엄청나게 자본주의 서구에 불리하게 바뀌었던 것만큼이나 신속하고 엄청나게 자본주의 서구에 유리하게 바뀌었고, 자본주의 서구와 나머지 세계 사이의 소득격차는 이전보다 훨씬 더 커졌다(Arrighi 1991).

그렇지만 역습이 이전 상태를 복원시킨 것은 아니었다. 한편에서, 자본주의 서구의 힘의 우위는 전보다 훨씬 더 커진 것 같아 보였다. 제2차 냉전에 시달리고 세계경제의 교란이 점점 더 커진 데 영향받아 진로를 잃고 지리멸렬해진 소련은 "열강 사업"에서 밀려났다. 제3세계 나라들은 두 열강을 서로 대립시켜 이득을 얻는 대신, 이제 자본주의 서구의 시장과 자원에 대한 접근권을 얻는 일에서 소련 제국의 파편들과 경쟁해야 했다. 그리고 미국의 주도 하에 자본주의 서구는 이 상황을 이용해, 정당한 폭력 사용의 사실상의 전지구적 "독점"을 강화하기 위해 신속하게 움직여 갔다.

다른 한편에서, 힘의 우위와 자본주의적 자본축적이 전례 없이 지정학적으로 분리되는 듯이 보였다. 소련 권력의 쇠퇴와 맞물려, 브루스 커밍스(Cumings 1993: 25~6)가 적절하게 동아시아와 동남아시아의 "자본주의 군도"라 부른 것이 출현하였다. 이 군도는 여러 개의 자본주의 "섬들"로 이루어졌는데, 이 섬들은 거대한 이윤과 고부가가치 활동을 자기 영역 내에 집중함으로써 국지적·세계적 시장들 사이의 수평적 교환의 "바다" 위로 솟아올랐다. 이 바다 아래에는 동아시아와 동남아시아 지역 전체의 엄청난 수의 매우 근면한 저임금 근로 대중이 자리잡고 있었다. 자본주의 "섬들"은 이 속에 뿌리를 뻗고 있지만 이들이 "수면"으로 부상하거나 또는 그 위로 솟아오르는 데 필요한 수단을 제공하지는 않는다.

일본은 이 자본주의 "섬들" 사이에서 가장 크다. 자본주의 군도의 그보다 작은 "섬들"로는 도시국가인 싱가포르와 홍콩, 요새 국가인 타이완, 그리고 반(半) 민족국가인 남한이 있다. 이 중 어떤 국가도 관례적 기준에서 볼 때 강력하지는 않다. 홍콩은 완전한 주권조차 보유하고 있지 않았으며, 그렇게 될 것 같지도 않다. 그보다 더 큰 세 국가—일본, 남한, 타이완—는 군사보호뿐 아니라 대부분의 에너지와 식량공급, 그리고 그들의 공산품을 이윤 남겨 처분하는 일까지도 미국에 완전히 의존하고 있다. 그러나 집합적으로 볼 때, 새로운 "세계의 공장"으로서 동아시아와 동남아시아의 자본주의 군도가 지닌 경쟁력이야말로 전통적 자본주의 권력의 중심지인 서유럽과 북아메리카가 그들 자신의 산업, 경제, 그리고 생활방식을 구조조정하고 개편하지 않을 수 없게 한 가장 중요한 단일 요인이다.

전문가의 눈으로 보더라도 분간하기 쉽지 않은 이런 권력은 대체 어떤 종류의 권력인가? 이는 새로운 종류의 "힘의 우위"인가, 아니면 지난 5백 년간 서구 자본주의 운세의 근간이던 힘의 우위가 종료되기 시작한 것인가? 막스 베버가 상상한 것처럼 지속적인 힘의 우위에 기반한, 진정한 전지구적 세계제국이 수립되어 자본주의 역사가 막 끝나려 하고 있는

가, 아니면 애덤 스미스가 상상한 것처럼 세계시장경제가 형성되고 그 속에서 서구의 힘의 우위가 소멸하여 자본주의 역사가 끝나게 될 것인가?

우리는 이런 질문에 대해 타당해 보이는 대답을 찾으려 노력하면서 근사치들을 계속해서 열거해 볼 것이다. 1장은 세계권력의 일차적 소재지로서 근대 국가간체계의 형성과 팽창과정에 초점을 맞춘다. 이 과정의 최초 출발점은 중세 말 유럽에서 자본주의 도시국가들의 북부 이탈리아 하위체계가 형성된 시기로 거슬러 올라갈 것이다. 이 하위체계는 해체 중이던 중세 유럽 통치 양식 ─ 교황과 황제의 이중 권력체계에 종속된, 그리고 그와 더불어 존속한 군벌의 한 형태 ─ 속의 고립지(enclave)였고, 고립지로 남았다. 그렇지만 이 하위체계는 두 세기 후 민족국가들로 구성된 그보다 더 큰 베스트팔렌 체계의 출현을 예시하였고, 또 의도치 않게 그 출현을 위한 조건들을 만들어 냈다.

이어, 이 체계의 전지구적 팽창이 일련의 이행들로 구성되며, 그 이행과정에서 그 전에 제도화한 체계가 붕괴되어, 그것이 더 광범한 사회적 기반 위에서만 재구성됨을 보게 될 것이다. 이런 예비적 분석은 확장되고 완전히 변형된 베스트팔렌 체계의 20세기 말 위기와 더불어 끝난다. 현 위기의 징후들을 진단하면서, 정부의 "장소의 공간"(space-of-places)이 아니라 경제 조직의 "흐름의 공간"(space-of-flows)에 더 직접 초점을 맞춘 새로운 조사 의제가 정식화될 것이다. 바로 이 지점에서 체계적 축적 순환을 구성하고 비교하는 우리의 작업이 시작될 것이다.

체계적 축적 순환의 구성을 통해 진행될 비교분석은 필립 맥마이클(McMichael 1990)이 "통합적 비교"(incorporating comparison)라고 부른 절차를 따른다. 사실적으로나 이론적으로 볼 때 순환들은 가정되는 것이 아니라 구성되는데, 그 명시적 목적은 현재의 금융석 팽창의 논리, 그리고 그 결과라 할 만한 것을 어느 정도 이해해 보려는 것이다. 비교는 바로 연구 문제에 대한 정의 속에 **통합되며**, 비교는 질문들이 아니라 질문 실체를 구성한다. 질문을 통해 등장한 순환들은 미리 설정된 전체에 종속된 부분들이 아니며, 한 조건의 독립적 사례들(instances)도 아니다. 순환들은 자본주의 팽창이라는 **단일** 역사과정의 상호연결된 사례들로, 이 역사과정을 구성하고 수정한다.

2장은 이런 자본주의 팽창의 단일 역사과정의 처음 두 사례를 구성하는데, 제노바 순환과 네덜란드 순환이 바로 그것이다. 3장은 이 과정에 새로운 무대를 추가하여, 세번째 (영국) 순환을 정의하고 이것을 앞의 둘과 비교한다. 3장의 결론부에서는 처음 세 가지 순환의 비교분석을 통해 밝혀진 반복과 진화의 양상을 분명히 정리하고 이에 대해 타당해 보이는 해석을 제시해 보았다. 4장에서는 네번째 (미국) 체계적 축적 순환 구성을 위한 무대가 마련되었는데, 이는 앞선 순환들의 결과이자 우리 시대의 모체로 제시된다. 에필로그에서는 우리가 이 서론에서 제기한 질문들로 되돌아 갈 것이다.

자본주의 역사에 대한 이런 재구성은 그 자체로 한계가 있다. 우리가 말했듯이 체계적 축적 순환이라는 용어는 자본주의를 교역 세계 최상층으로 보는 브로델의 자본주의관에서 직접 도출된 것이다. 따라서 우리의 분석적 구성물은 상층에 초점을 맞추고, 시장경제의 중간층과 물질생활의 하위층에서 진행되는 것들에 대해서는 한정된 견해만을 제공한다. 이는 우리 구성물의 주된 강점인 동시에 주된 약점이다. 그것이 주된 강점인 이유는 상층이 "자본주의의 진정한 영역[고향]"인 동시에 시장경제라는 중간층보다 덜 투명하고 덜 탐구되었기 때문이다. 시장경제층을 구성하는 활동의 투명성과 이러한 활동이 낳는 풍부한 자료(특히 양적 자료)

때문에 이 중간층은 역사적 사회과학과 경제학의 "특권적 경기장"이 되었다. 그 대신 시장경제의 위와 아래의 층들은 "불투명한 영역"(zones d'opacité)이다. 물질문명이라는 하위층의 생활은 "적절한 역사 문헌이 없기 때문에 살펴보기 어렵다." 이에 비해 상층은 이를 구성하는 활동의 실질적 비가시성 또는 복잡성 때문에 살펴보기 어렵다(Braudel 1981: 23~4; Wallerstein 1991: 208~9).

18세기의 암스테르담 상인이나 16세기의 제노바 상인은 이처럼 상층에 자리잡고서 원거리로부터 유럽경제나 세계경제의 전 분야를 뒤흔들 수 있었다. 그리하여 이 특권적인 주인공 집단은 일반인이 모르는 유통과 계산을 수행했다. 예를 들면 환업무는 원거리 무역과 신용수단의 복잡한 운용과 연결되어 있어서 기껏해야 일부 특권적인 사람에게만 개방된 정교한 기술이었다. 시장경제의 투명성 위에 위치하면서 그 시장경제에 대해서 일종의 상방(上方) 한계를 이루는 이 두번째의 불투명한 영역은 나에게는 특히 다름 아닌 자본주의의 영역이었다. 시장경제 없이 자본주의는 생각할 수 없다. 자본주의는 시장경제에 자리잡고 그곳에서 번영한다. (Braudel 1981: 24/브로델 1995: 13)

체계적 축적 순환은 그것 없이는 "자본주의를 생각할 수 없는" 이 불투명한 영역에 다소 빛을 던져 주려는 것이다. 체계적 축적 순환은 그 자체의 동학에 직접적으로 적실성 있는 경우를 빼고는 아래층들에서 어떤 일이 벌어지고 있는지 우리에게 알려 주려 하지 않는다. 물론 이는 세계체계 연구의 특권적 영역인 중심-주변과 노동-자본 관계를 포함해 많은 것을 관심 밖에 두거나 어둠 속에 남겨 둔다. 그러나 우리가 모든 일을 한

꺼번에 할 수는 없다.

마르크스는(Marx 1959: 176/마르크스 2003: 230) 우리를 "모든 것이 표면에서 진행되고 또 누구의 눈에나 쉽게 띄는 이 소란스러운 유통분야를 잠시 벗어나, 화폐 소유자 및 노동력 소유자를 따라서 '관계자 외 출입 금지'라고 입구에 쓰인 은밀한 생산의 장소로 들어가 보도록" 초청한다. 여기서 그는 "이윤 창조의 비밀도 드디어 폭로되고 말 것"이라고 약속하였다. 브로델 또한 우리를 잠시 시끄럽고 투명한 시장경제라는 영역에서 벗어나, 화폐 소유자를 따라서 또 다른 숨겨진 거처에 들어가 보도록 초청했는데, 이 숨겨진 거처는 관계자만 들어갈 수 있는 곳이지만, 이곳은 시장공간 한 층 아래가 아니라 한 층 위이다. 여기서 화폐 소유자는 노동력 소유자와 만나는 것이 아니라 정치권력 소유자와 만난다. 그리고 브로델은 여기에서 생산이라는 숨겨진 거처에 들어서기 전과 후에 지난 5~6백 년간 자본주의의 번영과 "끝없는" 팽창을 가능하게 한 그 거대한 정상적(regular) 이윤 창조의 비밀이 폭로될 것임을 약속했다.

이는 서로 보완되는 기획이지, 서로 대체되는 기획은 아니다. 그러나 우리가 최상층과 최하층을 동시에 들어갈 수는 없다. 여러 세대의 역사가들과 사회과학자들은 마르크스의 초청을 수용해, 최하층을 집중 탐구하였다. 그럼으로써 그들은 자본주의의 산업적 국면에서 이윤 창조의 "유일한" 비밀을 찾아내지는 못했을지 모르지만, 확실히 여러 가지 비밀들은 찾아냈다. 그 다음 종속이론과 세계체계의 이론가와 실천가들은 우리를 시장경제라는 중간층을 다시 살펴보도록 초청하여, 그 "법칙들"이 생산의 숨겨진 거처를 어떻게 중심부 지역과 주변부 지역으로 양극화하는 경향이 있는지를 보여 주었다. 이런 방식으로 더 많은 이윤 창조의 비밀이 폭로되었다. 그러나 브로델의 과장법을 빌려 쓰자면, "거대한 약탈자들이 거닐고 있고, 정글의 법칙이 지배하는" 곳이며 또한 역사적 자본주의의 장기지속의 비밀들이 숨어 있는 곳인 "반(反)시장"이라는 최상층에 감히 올라가 보려는 사람들은 거의 없다.

오늘날 세계자본주의가 물질생활과 시장경제라는 아래층들에 깊게 뿌리를 뻗는 대신 거기서 뿌리를 거두어들였다는 이유 때문에 번성하고 있는 듯 보이는데, 이 오늘날은 그 어느 때만큼이나 브로델의 초청을 받아들여 교역 가옥 최상층의 자본주의의 진정한 영역[고향]을 탐구해 보기에 딱 좋은 때이다. 그것이, 그리고 그것만이 우리가 해보려 하는 일이다.

그래서 우리의 구성물은 부분적인 동시에 불확정적이다. 그것이 부분적인 까닭은, 우리가 세계시장경제와 세계물질문명들의 수준에서 그 자체의 흐름과 법칙 하에 진행되는 운동을 추상한 채로 현행 금융적 팽창의 논리를 이해해 보려 하기 때문이다. 같은 이유에서 이는 다소 불확정적이다. 최상층의 논리는 낮은 층들의 논리에서 상대적으로만 자율적일 뿐이며, 그 논리는 이런 다른 논리들과의 관계 속에서만 충분히 이해될 수 있다.

확실히, 우리 구성물을 따라가다 보면, 처음에는 단순히 역사적 우연으로 보이던 것들이 구조적 논리를 반영하는 것으로 보이기 시작할 것이다. 그럼에도, 두 가지 종류의 외양 사이의 긴장은 우리의 조사 의제의 한계 내에서는 완전히 해소될 수 없다. 그 긴장을 완전히 해소하려면 — 그것이 가능하다면 —, 최상층으로 가는 이 책의 여행에서 얻은 지식과 질문을 가지고 다시 아래로 내려가 시장경제와 물질생활이라는 아래층들을 탐구할 필요가 있다.

장기 20세기

1장
역사적 자본주의의
세 번의
헤게모니

제노바 환전상
리옹에 도착한 이탈리아인들이 그곳에 정착하는 데에는 단지 테이블과 종이 한 장이면 족했는데 이것은 프랑스인들을 놀라게 했다. 이것은 이들이 유럽 각지에 자연히 관계를 맺게 되는 동료들, 정보를 가져다주는 사람, 보증인 그리고 대리인을 가지고 있었기 때문이다. 간단히 말해서 한 상인의 신용을 이루어 주는 모든 것을 미리 갖추고 있었던 셈인데, 이것은 보통의 경우라면 그렇게 되기까지 오랜 시간이 소요되었을 것이다.

헤게모니, 자본주의, 영토주의

1970년 이후 미국의 세계권력이 쇠퇴하자 "헤게모니"(Hopkins and Wallerstein 1979; Bousquet 1979; 1980; Wallerstein 1984), "중심부 헤게모니 국가"(Chase-Dunn 1989), "세계권력 또는 전지구권력"(Modelski 1978; 1981; 1987; Modelski and Thompson 1988; Thompson 1988; 1992), "중심부"(Gilpin 1975), "강대국"(Kennedy 1987)의 등장과 쇠퇴에 관한 연구의 물결이 일었다. 이 연구들은 그 연구 목표, 방법론, 그리고 결론들이 매우 달랐지만, 두 가지 특징을 공유하였다. 첫째, 그들이 "헤게모니"라는 용어를 사용하거나 사용할 때, 이는 "우세"(dominance)를 의미하였으며(cf. Rapkin 1990), 둘째, 그들이 초점을 맞추어 강조한 것은 체계의 기본적 불변성이라 주장된 것으로, 한 국가권력은 그 불변성 내에서 등장하고 쇠퇴한다.

이들 연구 대부분은 국가들의 상대적 역량을 규정할 때 "혁신"과 "지도력" 같은 관념에 의존한다. 모델스키는 체계적 혁신과 지도력이 "세계권력"을 이끌어 가는 주요 원천이라 가정한다. 그러나 모델스키를 포함해 이 모든 연구들은 체계의 혁신들이 국가간체계에서 권력 부침의 기본 기제들을 변화시킨다고 보지는 않는다. 사실, 일반적으로 이런 기제들의 불변성이 국가간체계의 핵심 특징의 하나라 주장된다.

이에 비해서, 이 책에서 채택하는 "세계헤게모니"는 종별적으로 (specifically), 주권국가들의 체계에 대하여 한 국가가 행사하는 지도력과 거버넌스(governance) 기능을 지칭한다. 원칙적으로 이런 권력은 특정 시기에 제도화된 그런 체계의 일상적인 관리만을 포괄할 수도 있을 것이다. 그러나 주권국가들의 체계에 대한 통치는 역사적으로 늘 일종의 변형 행위를 포괄하였으며, 이는 근본적으로 그 체계의 작동 양식을 변경시켰다.

이런 권력은 순수하고 단순한 "우세"(dominance) 이상이며 그것과는 다른 것이다. 이 권력은 우세와 결합된 권력으로 "지적·도덕적 지도력"의 행사를 통해 확장된 것이다. 안토니오 그람시가 국가적 수준에서 헤게모니를 지칭하며 강조했듯이,

> 한 사회집단의 우월함(supremacy)은 "지배"와 "지적·도덕적 지도력"이라는 두 방식으로 표출된다. 한 사회집단은 적대적 집단들을 지배하며, 이 집단은 적대적 집단들을 "일소"하거나 아마도 심지어 무장력을 사용해 복종시키는 경향을 갖는다. 이 집단은 동종 집단이나 동맹집단을 지도한다. 한 사회집단은 통치력을 획득하기 전에 이미 "지도력"을 행사할 수 있고, 참으로 행사해야만 한다(이는 참으로 그런 권력을 획득하기 위한 주요 조건들 중 하나이다). 그 집단은 권력을 행사할 때 종국적으로 지배적이 되지만, 그 권력을 굳건히 장악하고 있더라도 계속해서 "지도"를 해야만 한다. (Gramsci 1971: 57~8)

이는 권력을 동의와 강제의 결합으로 보는 마키아벨리의 관점을 재정식화한 것이다. 강제는 힘의 사용 또는 확실한 힘의 위협을 의미한다. 동의는 도덕적 지도력을 의미한다. 이런 이분법에서는 지불수단의 통제라는, 자본주의 권력의 가장 뚜렷한 도구를 위한 여지는 없다. 권력에 대한 그람시의 개념화에서 강제와 동의 사이에 놓인 회색지대를 차지한 것은 "부패"와 "협잡"이다.

동의와 강제 사이에는 부패/협잡(이는 헤게모니 기능을 수행하기는 어렵지만 힘을 사용하기에는 위험부담이 있는 특정 상황의 특징이다)이 있다. 이는 그 성원들을 교란하고 혼란시키기 위해 그 지도자들을 매수—은밀하게, 또는 위험성이 절박할 때에는 공개적으로—함으로써 적대자(또는 적대자들)의 기운을 빼고 마비시키려는 것이다. (Gramsci 1971: 80n)

우리의 구도에서는 강제와 동의 사이의 회색지대에 부패와 협잡 이상의 것이 놓인다. 그러나 체계적 축적 순환들을 구성하여 우리가 이 지대를 탐구하기 전에는, 강제와 동의 사이에 자율적인 어떤 세계권력의 원천도 놓여 있지 않다고 주장할 것이다. 우세는 주로 강제에 의존하는 것으로 인식될 것이며, 반면 헤게모니는 갈등이 일어나는 모든 쟁점들을 "보편적" 지평에서 제기할 수 있는 역량이 있기 때문에 지배집단이 얻게 되는 **부가적** 권력으로 이해될 것이다.

국가가 특정 집단을 최대로 확장시키는 데 유리한 조건을 만들어 내도록 되어 있는, 그 집단의 기관으로 간주된다는 것은 사실이다. 그러나 그 특정 집단의 발전과 확장은 전체 "민족" 에너지의 보편적 확장·발전의 추동력으로 인식되고 제시된다. (Gramsci 1971: 181~2)

일반 이익을 대표한다는 지배집단의 주장은 항시 다소 기만적이다. 그렇지만, 그람시를 따라서 우리는 그런 주장이 적어도 부분적으로 사실이고 지배집단의 권력에 무언가가 부가될 때만 헤게모니를 논할 것이다. 일반 이익을 대표한다는 지배집단의 주장이 순전히 기만적인 상황은 헤게모니 상황이 아니라 헤게모니 실패의 상황으로 규정될 것이다.

보통, "지도력"이라는 어원적 의미와 "우세"라는 파생적 의미를 담고 있는 헤게모니라는 단어는 국가들 사이의 관계를 지칭하는 것이기 때문에, 사회집단들 사이의 관계를 분명히 하기 위해 그람시가 국가들 사이의 관계에 비유하여 그 용어를 은유적으로 사용하고 있다는 것은 충분히 가능한 일이다. 사회 헤게모니에 대한 그람시의 개념을 국가 내 관계로부터 국가 간 관계로 이항함으로써 — 무엇보다 분명하게 아리기(Arrighi 1982), 콕스(Cox 1983; 1987), 코헤인(Keohane 1984a), 길(Gill 1986; 1993), 길과 로(Gill and Law 1988)에서 그랬듯이 —, 우리는 그람시의 지적 경로를 간단히 거슬러 짚어 갈 수 있을 것이다. 그렇게 함으로써 우리는 두 가지 문제에 직면한다.

첫번째는 "지도력"의 이중의 의미와 관련되는데, 특히 이를 국가들 사이의 관계에 적용할 때 그렇다. 하나의 지배 국가가 헤게모니 기능을 행사한다는 것은, 국가들의 **체계**를 바라는 방향으로 이끌어 가고, 그럼으로써 일반 이익을 추구하는 것으로 인지된다는 것이다. 지배 국가를 헤게모니적으로 만드는 것은 바로 이런 종류의 지도력이다. 그러나 하나의 지배 국가는 다른 국가들이 그 자신의 발전 경로를 따르게 이끈다는 의미에서도 지도력을 행사할 수 있다. 조지프 슘페터의 표현을 빌리자면(Schumpeter 1963: 89), 이런 두번째 종류의 지도력은 "자기 자신의 의지에 반하는 지도력"으로 지칭될 수 있는데, 왜냐하면 시간이 흐르면 이는 헤게모니국(hegemon)의 권력을 증진시키는 것이 아니라 권력을 향한 경쟁을 증진시키기 때문이다. 이런 두 종류의 지도력이 적어도 일정 기간 동안 공존할 수도 있다. 그러나 어떤 상황을 헤게모니적이라고 규정해 주는 것은 첫번째 의미의 지도력뿐이다.

두번째 문제는 일반 이익을 정의하는 것이 개별 국가 수준에서보다 국가간체계의 수준에서 훨씬 더 어렵다는 사실과 관련된다. 개별 국가의 수준에서는 다른 국가들에 대해 그 국가의 권력이 증가하느냐가 성공적인 일반(즉 국가) 이익 추구의 중요한 구성요소이자 그 자체로 그것을 재는 척도가 된다. 그러나 정의상, 이런 의미의 권력은 국가들의 체계 전체에서는 증가할 수 없다. 물론 다른 모든 국가를 희생시키고 그 대가로 특정 국가들로 이루어진 집단에서 권력이 증가할 수 있지만, 그 집단 지도자의 헤게모니는 기껏해야 "지역적"이거나 "제휴적"이지 진정한 세계헤게모니는 아니다.

여기서 이해된 세계헤게모니는 상호적 관계 속에서 국가들의 권력추구가 국가 행위의 유일한 목표가 아닐 때만 발생할 수 있다. 사실, 국가간체계에서 권력추구는 조직으로서 국가들의 전략과 구조를 규정하는 동전의 양면 중 한 면일 뿐이다. 동전의 다른 면은 피지배자들(subjects)에 대한 권력의 극대화이다. 따라서 한 국가는 자신이 피지배자들에 대한 통치자들의 **집합적** 권력을 일반적으로 확장하는 동력이라고 신뢰감 있게 주장할 수 있기 때문에 세계헤게모니적이 될 수 있을 것이다. 또는 반대로, 한 국가는 일부 국가들 또는 심지어 모든 다른 국가들에 대해 그 국가 권력을 확장하는 것이 모든 국가의 피지배자들의 일반 이익이 된다고 신뢰감 있게 주장할 수 있기 때문에 세계헤게모니적이 될 수 있을 것이다.

이런 주장이 가장 진실되고 신뢰성 있어 보이는 것은 "체계의 카오스"(systemic chaos)라는 조건에서일 것이다. "카오스"는 "아나키"와 동일한 것이 아니다. 비록 두 용어가 서로 자주 대체되어 사용되지만, 세계헤게모니 체계의 기원을 이해하려면 두 가지를 서로 구분할 필요가 있다.

"아나키"는 "중심적 통치의 부재"를 지칭한다. 이런 의미에서, 근대적 주권국가체계나 그것을 출현시킨 중세 유럽의 통치체계는 아나키체계라고 부를 수 있다. 그러나 이런 두 체계 모두 그 자체에 고유한 묵시적이고 명시적인 원칙, 규범, 규칙, 절차들을 가지고 있었거나 지금도 가지고 있으며, 그 때문에 이들을 "질서 있는 아나키"나 "아나키적 질서"라고 언급하는 것은 정당하다.

"질서 있는 아나키" 개념을 처음 도입한 사람은 인류학자들로, 이들은 "부족"체계를 관찰하였을 때 갈등에서 질서를 탄생시키는 경향을 발견하고 이를 해명하기 위해 이 용어를 사용하였다(Evans-Pritchard 1940; Gluckman 1963: 1장). 이런 경향은 중세와 근대 통치체계에서도 작동해 왔는데, 왜냐하면 이 체계들에서도 "중심적 통치의 부재"는 조직화가 없었음을 뜻하지 않았으며, 제한적으로나마 갈등은 질서를 낳는 경향이 있었다.

"카오스"와 "체계의 카오스"는 조직화가 완전히, 그리고 명백히 치유 불가능할 정도로 부재하는 상황을 가리킨다. 이런 상황이 발생하는 이유는, 갈등이 강력한 상쇄 경향들의 작동 범위를 넘어 증폭되기 때문이거나, 아니면 새로운 행위 규칙·규범군이 낡은 규칙·규범군을 대체하지 않고 그 위에 부과되거나 그 내부에서 성장하기 때문, 또는 이 두 가지 환경이 결합되기 때문이다. 체계의 카오스가 증가하면, 질서 — 구질서, 신질서, 어떤 질서든! — 에 대한 요구가 점점 더 통치자들 사이에서나 피지배자들 사이에서, 또는 양자 모두에게서 일반적이 되는 경향이 있다. 체계 전체에 걸친 이런 질서의 요구를 충족시킬 위치에 있는 어떤 한 국가 또는 국가들의 집단도 세계헤게모니적이 될 기회를 얻게 된다.

역사적으로 볼 때, 성공적으로 이 기회를 장악한 국가들이 그럴 수 있던 이유는 새롭게 확대된 기반 위에서 세계체계를 재구성하여 국가 간 협력의 일정한 표준을 복원시켰기 때문이었다. 다시 말해서, 세계헤게모니들이 불변의 구조——그것을 어떻게 규정하건——의 토대 위에 놓여 독립적으로 확대된 세계체계에서 "부상"하고 "쇠퇴"한 것은 아니었다. 오히려 근대세계체계 자체는 잇따른 헤게모니 국가들이 주도하고 지배한, 되풀이된 근본적 구조조정을 통해 형성되었고, 그 기초 위에서 확대되었다.

이런 구조조정은 중세 유럽 통치체계의 쇠락과 최종적 해체 속에서 출현한 근대 통치체계의 특징적 현상이다. 존 러기가 강조했듯이, 근대 (유럽) 통치체계와 중세 (유럽) 통치체계 사이에는 근본적 차이가 있다. 둘 다 "아나키적"이라고 특징지을 수 있지만, 이때 "중심적 통치의 부재"라는 의미의 아나키는 체계의 단위들을 서로 분리시키는 원리들에 따라 상이한 의미를 갖는다. "아나키가 정치체계란 조각난 영역이라는 것을 우리에게 알려 준다면, 분화는 **어떤 토대 위에서** 조각들이 결정되는지를 우리에게 알려 준다." (Ruggie 1983: 274, 강조는 원문)

중세 통치체계는 조건부 소유와 사적 권위의 혼합물이라는 토대 위에 놓인 주군-가신 관계의 사슬로 구성되어 있었다. 그 결과 "서로 다른 사법적 심급들이 지리적으로 서로 얽히고 층화되었으며, 복수의 충성관계, 비대칭적 영주권, 그리고 변칙적 고립지들(enclaves)이 넘쳐났다" (Anderson 1974: 37~8). 게다가 통치엘리트는 매우 이동성이 높아서, 서로 중복되는 이런 정치적 관할권역의 공간을 **가로지르며** "대륙의 이쪽 끝에서 저쪽 끝까지 주저하거나 어려움 없이 여행하고 통치할 수 있었다". 마지막으로, 이런 통치체계에 "정당성을 부여해 준 것은 법률, 종교, 관습의 공통체(common bodies)로, 이는 그 구성단위들에 의해 형성된 사회적 총체성에 속한 포괄적 자연권을 표현하"였다 (Ruggie 1983: 275).

정리하자면, 이는 철저하게 조각난 통치체계였다. 이는 아나키였다. 그러나 이는 근대적 주권 개념이 보여 주는 소유성과 배타성의 함의를 가지지 않는 조각난 영토적 통치 형태였다. 이는 영토에 대한 권리와 주장을 펼치는——정치적 공간의——타율적 조직을 대표하였다.(Ruggie 1983: 275)

중세체계와 대조적으로, "근대 통치체계는 상호 배타적인 관할 영역 내의 공적 권위의 제도화로 구성된다"(Ruggie 1983: 275). 사적소유권과 공적 통치권은 절대적이 되고 분명해졌다. 정치적 사법권은 배타적이 되었고, 국경에 의해 명확하게 구획된다. 정치적 관할권역을 넘나드는 통치 엘리트의 이동성은 줄어들고 마침내 중단되었다. 법률, 종교, 관습은 "민족적"이 되었는데, 다시 말해서 주권 외의 어떤 정치적 권위에도 종속되지 않게 되었다. 에티엔 발리바르가 지적했듯이(Balibar 1990: 337),

민족 형태와 이를 향해 진행된 다른 모든 현상들 사이의 조응성은 정치적 실체들 사이의 세계 영토와 인구(그리고 따라서 자원)의 완전하고 ("누락"이 없이) 중복되지 않는 분할을 그 전제조건으로 갖는다. ……각 개인에게는 민족이, 각 민족에게는 그 "국민"이.

이런 근대 통치체계의 "생성"은 이매뉴얼 월러스틴이 근대세계체계를 자본주의 세계경제로 개념화하면서 강조했듯이, 세계적 규모의 자본축적체계로서 자본주의의 발전과 긴밀히 연관되었다. 월러스틴의 분석에서, 근대 국가간체계의 등장과 팽창은 끝없는 자본축적의 주요 원인이자 결과이다. "자본주의는 세계경제가 그 경계 내에 단일 정치체계가 아니라 복수의 정치체계를 지녔다는 바로 그 이유 때문에 번성할 수 있었다"(Wallerstein 1974a: 348). 동시에, 자본가집단들이 세계경제에서 그들의 경쟁지위를 향상시키기 위해 각자의 국가를 동원하는 경향이 있었기 때문에, 분절된 정치 지역들이 자족적으로 구분된 지배권역으로 재생산되었다(Wallerstein 1974b: 402).

여기서 제시된 구도에서, 자본주의와 근대 국가간체계 사이에 존재하는 긴밀한 역사적 연계성은 통일성의 연계성인 동시에 모순의 연계성이다. 우리는 "자본주의와 민족국가들이 함께 성장했고, 어떤 식으로든 상호 의존했지만, 자본가들과 자본축적의 중심지들이 종종 합력해서 국가권력의 확장에 저항했다"(Tilly 1984: 140)는 사실을 염두에 두어야만 한다. 우리가 볼 때, 세계경제가 서로 경쟁하는 정치적 지배권역으로 분할된 것이 반드시 자본주의적 자본축적에 유리한 것은 아니다. 그런지 그렇지 않은지는 대체로 경쟁의 형태와 강도에 달려 있다.

국가 간 경쟁이 첨예하면서도 오래 늘어진 무장투쟁 형태를 띤다면, 자본주의 기업들이 떠안는 국가 간 경쟁의 비용이 집중된 세계제국의 권력 하에서 감당해야 했을 비용을 넘어서지 말라는 법도 없다. 반대로, 그런 상황 하에서는 점점 더 자원이 군수기업으로 몰린 결과, 그리고/또는 자본주의 기업들이 잉여를 전유해 그 잉여를 이윤으로 전화하는 생산망과 교환망이 점점 더 붕괴한 결과, 자본주의 기업의 수익성이 침식되고 결국 파괴되는 것은 아주 당연하다.

동시에, 자본주의 기업들 간의 경쟁이 반드시 정치 영역을 분리된 지배권역으로 계속해서 분절화하는 것을 촉진하는 것도 아니다. 여기서도 이는 대체로 경쟁의 형태와 강도에 달려 있는데, 이 경우 특히 자본주의 기업들 사이의 경쟁이 중요하다. 만일 이런 기업들이 밀도 높은 초국가적 생산망과 교환망에 얽혀 있다면, 이 망을 흩어진 정치권역들로 분절하는 것은 비자본주의 제도에 대해 경쟁우위에 있는 개별 자본주의 기업 그리고 모든 자본주의 기업들에게 손해가 될 것이다. 이런 상황이라면 자본주의 기업들이 정부를 부추겨 세계경제의 정치적 분할을 증가시키거나 재생산하기보다 감소시키는 것이 당연할 것이다.

달리 말하자면, 국가 간·기업 간 경쟁의 형태는 달라질 수 있으며, 그 형태는 근대세계체계 ─ 통치양식이자 축적양식으로서 ─ 의 작동 방식 또는 작동하지 않는 방식에 중요한 결과를 낳는다. 국가 간 경쟁과 기업 간 경쟁의 역사적 연계성을 강조하는 것으로는 충분하지 않다. 우리는 그 형태가 무엇이며 시간이 흐르면서 어떻게 바뀌는지도 자세히 설명해야 한다. 이렇게 할 때에만 우리는 근대세계체계의 진화적 속성을 온전하게 평가할 수 있고, 연이은 세계헤게모니들이 "끝없는" 자본축적과 상대적으로 안정적인 정치공간의 조직화 사이의 반복되는 모순을 해결하기 위해 근대세계체계를 형성하고 재형성하는 데서 어떤 역할을 해왔는지 온전하게 평가할 수 있을 것이다.

이렇게 이해해 볼 때 핵심적인 것은 대립적 통치양식 또는 대립적 권력 논리로서 "자본주의"와 "영토주의"라는 규정이다. 영토주의적 통치자는 권력을 세력판도의 범위 및 인구 수와 동일시하며, 부/자본을 영토적 팽창 추구의 수단 또는 부산물로 인식한다. 이에 비해 자본주의 통치자는 권력을 희소자원에 대한 통제 범위와 동일시하며, 영토 획득을 자본축적의 수단이자 부산물로 간주한다.

마르크스의 자본주의 생산의 일반 정식(MCM′)을 활용하여, 우리는 두 가지 권력 정식 사이의 차이를 각각 TMT′와 MTM′이라는 정식으로 표시할 수 있을 것이다. 첫번째 정식에 따르면, 추상적 경제 지령 또는 화폐

(M)는 추가적 영토 획득(T´-T=+*Δ*T)을 목표로 하는 과정에서 수단 또는 중간 고리이다. 두번째 정식에 따르면, 영토(T)는 추가적 지불수단의 획득(M´-M=+*Δ*M)을 목표로 하는 과정에서 수단 또는 중간 고리이다.

이 두 가지 논리의 차이는 또한 국가를 "권력의 용기"(container)로 규정하는 은유법으로도 표현할 수 있다(Giddens 1987). 영토주의적 통치자는 용기의 크기를 늘림으로써 권력을 증진시키는 경향이 있다. 반대로, 자본주의적 통치자는 작은 용기 속에 부를 쌓음으로써 권력을 증진시키며, 자본축적의 요구에 의해 정당화될 경우에만 용기의 크기를 늘리는 경향이 있다.

자본주의적 권력 논리와 영토주의적 권력 논리 사이의 이율배반을 찰스 틸리가 말하는 국가형성과 전쟁형성의 "강제-집약적", "자본-집약적", 그리고 그 중간의 "자본화된 강제" 양식의 구분법과 혼동해서는 안 된다. 틸리가 설명하듯이(Tilly 1990: 30), 이런 양식들은 서로 다른 권력 "전략들"을 보여 주지는 않는다. 오히려 이런 양식들은 영토/인구나 지불수단에 대한 통제력 확보에 관한 한 동일한 목표를 지향할 것으로 보이는 국가형성과 전쟁형성 과정에서 강제와 자본이 어떻게 상이하게 조합되는지를 보여 준다. 이 "양식들"은 국가형성과정에서 이것들이 기여할 목적에 관해서는 중립적이다.

이에 비해, 여기서 규정하는 자본주의와 영토주의는 국가구성의 서로 다른 전략을 보여 준다. 영토주의 전략에서는 영토와 인구에 대한 통제가 국가형성과 전쟁형성의 목표이고, 이동자본에 대한 통제는 그 수단이다. 자본주의 전략에서는 목적과 수단 사이의 관계가 전도되어, 이동자본에 대한 통제가 목표이고, 영토와 인구에 대한 통제는 수단이다. 어떤 전략을 택하건 권력추구에 사용되는 강제의 강도에 대해서 이 이율배반이 말해 주는 바는 없다. 우리가 살펴보겠지만, 권력의 정점에 있을 때 베네치아 공화국은 가장 분명한 자본주의 권력 논리의 구현자인 동시에 가장 분명한 강제-집약적 국가형성 경로의 구현자였다. 이 이율배반을 통해 알 수 있는 것은, 베네치아 국가의 구성과 베네치아가 속한 도시국가체계의 구성과정의 참으로 혁신적 측면은 이 과정이 얼마나 강제에 의존했는가가 아니라, 이 과정이 얼마나 영토 및 인구 병합보다는 자본축적을 지향했는가 하는 점이다.

영토 획득과 자본축적에 관한 국가 행위의 논리구조를 실제 결과와 혼동해서는 안 된다. 역사적으로, 권력의 자본주의적 논리와 영토주의적 논리는 서로 분리되어 작동하지 않았고, 특정 시공간 맥락에서 서로 연결되어 작동하였다. 그 결과, 실제 결과는 추상적으로 인식된 각각의 논리에서 함축된 바와는 상당히 달랐거나, 심지어 정반대였다.

이렇듯 역사적으로 볼 때, 영토 확장을 향한 가장 강력한 경향은 가장 발전하고 가장 잘 확립된 영토주의 제국(중국)의 자리에서 나온 것이 아니라 정치적 자본주의(유럽)의 묘판에서 자라 나왔다. 이런 불일치는 최초 역량의 차이 때문은 아니었다. 폴 케네디(Kennedy 1987: 7)가 말하듯, "역사학자와 고고학자들이 정허(鄭和) 함대의 규모, 힘, 그리고 항해 적합성에 대하여 말해 주는 바에 따르면, 중국인들은 항해왕자 엔리케(Henrique)가 세우타 남쪽으로 본격적으로 탐험을 개시하기 수십 년 전에 아프리카를 돌아 포르투갈을 '발견'했을지도 모른다".[1] 그러나 정허 제독의 성공적인 인도양 탐사가 끝나자 중국 명나라는 그 함대를 철수시키고, 해상 무역을 제약하고, 해외 국가들과의 관계를 중단시켰다. 재닛 아부-루고드에 따르면, "명나라가 단호한 발걸음을 내딛어 유라시아 세계체계의 진정한 헤게모니가 되는 대신 왜 그렇게 결정했어야 했는지"에 대해 적어도 지난 1백여 년간 진지한 학자들은 당혹에 빠졌다——그 중에는 실로 실망한 사람들도 있었다. 더 구체적으로 말하자면,

> 중국이 지구상의 중요한 부분에 대해서 막 지배력을 행사하고, 평화 시기의 생산만이 아니라 해군과 육군에서도 기술적인 우월함을 누리려고 하던 때, …… 왜 중국은 물러섰고 함대를 후퇴시켰으며, 그로 인해서 거대한 권력의 공백을 남겨 두었을까? 국가의 해군력에 의한 지원을 받고 있지 않던 이슬람 상인들은 그 공백을 메울 준비가 전혀 되어 있지 않았지만, 그들의 유럽측 상대는 약 70년의 휴지기 후에 좀더 의욕과 능력을 가지게 되었다. (Abu-Lughod 1989: 321~2/아부-루고드 2006: 351)

그 뒤를 이어 유럽 국가들이 곧바로 에너지와 자원을 집중하기 시작한 세계의 "발견"과 정복을 중국 명나라가 왜 의도적으로 떠맡지 않으려 했는지에 대한 대답은 사실 단순하다. 에릭 울프가 지적했듯이, 로마 시대부터 아시아는 유럽의 공물수취 계급에게 귀중품을 공급하는 조달자였고, 그 결과 유럽 귀금속의 강력한 흡인처였다. 이런 유럽과 동아시아 교역의 구조적 부조화 때문에 유럽 정부들과 사업가들이 서양에서 동양으로 엄청나게 쓸려 나가는 구매력을 만회하기 위한 방법과 수단을 교역이

---

1) 정허(1371~1433?)는 명나라 영락제 때의 환관으로, 1405년부터 1433년까지 영락제의 명을 받아 7회에 걸쳐 내선단을 지휘하여 동남아시아에서 서남아시아를 거쳐 아프리카 케냐 스와힐리에 이르는 30여 국에 원정하였다. 1405년 제1차 원정 때에는 317척의 선단에, 길이가 120여 미터에 이르는 보선(寶船)만 62척이었고 장병 2만 7,800여 명을 인솔하는 대규모였다. 항해왕자 엔리케(1394~1460)는 포르투갈 아비즈 왕조의 창립자인 주앙 1세의 아들이다. 북서아프리카의 세우타를 확보하고 카나리아·아조레스·마데이라 제도(諸島)에 대한 식민사업을 하였다.

나 정복을 통해 찾으려는 유인이 생겨났다. 찰스 대버넌트가 17세기에 관찰했듯이, 아시아 교역을 장악한 자가 "전 상업세계를 지배할 수 있는" 위치에 있게 되었다(Wolf 1982: 125).

당연히 포르투갈 및 여타 유럽 국가들이 동양으로의 직항로를 발견하고 통제함으로써 예상되는 이득은 중국 국가가 서양으로의 직항로를 발견하고 통제함으로써 예상되는 이득과 비교할 수 없을 만큼 컸다. 크리스토퍼 콜럼버스가 아메리카 대륙에 도착한 것은 그와 그의 카스티야 후원자들이 동양에서 찾아낼 보물이 있었기 때문이었다. 정허에게는 그런 행운이 따르지 않았는데, 서양에서 찾아낼 보물이 없었기 때문이었다.

달리 말하자면, 유럽인들이 나중에 하게 될 일을 하지 않기로 한 결정은, 제국의 영토적·상업적 팽창에 몰입하여 국가형성과 전쟁형성에 자원을 추가로 쏟아부을 때 예상되는 이득, 비용, 위험을 주의깊게 형량하는 영토주의 권력 논리의 관점에서 보면 완벽하게 이해가능하다. 이런 연관성에서 보자면, 전자본주의 국가구성체들이 "분명한 공리주의적인 한계가 없는 어쩔 수 없는 팽창——즉, 반합리적, 비합리적이고, 전쟁과 정복을 향한 순전히 본능적인 성향——으로 나아가는, 목표 없는" 강력한 경향성을 갖는다는 조지프 슘페터의 주장(Schumpeter 1955: 64~5)은 중국 제국의 경우에 이치에 맞지 않는다는 점에 주의해야 한다. 슘페터에게는 미안한 일이지만, 여기서 개념화한 대로 전근대와 근대 시기 중국 제국이 전형적 이상을 보여 준 엄밀한 영토주의적 권력 논리는 엄밀한 자본주의적 권력 논리보다 더 "합리적"이지도 덜 "합리적"이지도 않다. 오히려 그것은 상이한 논리로, 여기서는 영토와 인구에 대한 통제가 금전적 이윤 추구를 위한 단순한 수단이 되는 것이 아니라 그 자체로 국가형성과 전쟁형성 활동의 목표가 된다. 그러한 통제가 그 자체 목적으로 추구된다고 해서 그 팽창이 "분명한 공리주의적인 한계"의 지배를 받지 않음을 뜻하지는 않는다. 또한 이는 권력의 측면에서 예상되는 이득이 이런 저런 "제국적 과도확장"에 연루된 위험성을 감당할 수——부정적이건 긍정적이건 관계없이——없을 정도로 아무 생각 없이 팽창이 일어난다는 것을 뜻하지도 않는다.

폴 케네디는 서구 열강이 연이어 최종 몰락한 이유를 과도 확장의 덫에서 찾았는데, 사실 중국은 이 덫에 빠지지 않은 영토주의 조직의 가장 분명한 역사적 사례이다. 엄밀한 영토주의적 권력 논리라는 점에서 볼 때, 가장 놀라운 것은 중국 명나라에 팽창주의 동력이 결여되어 있었다는 점이 아니라 15세기 후반기부터 유럽 국가들에서 고삐풀려 보이는 팽창주의가 등장했다는 점이다. 유럽 국가들과 사업체들이 아시아 내부 교역과 아시아와의 교역을 장악함으로써 엄청난 이득을 얻게 되었다는 점이 부분적인 설명이 된다. 그럼에도 이는 다음과 같이 서로 긴밀하게 맞물린 세 가지 질문에 대한 답은 되지 못한다. (1) 이런 전례 없는 팽창주의는 왜 그 시점에 시작되었는가 (2) 왜 이는 유럽의 한 국가 한 국가의 몰락으로 방해받지 않았고, 마침내 유럽인의 후예들은 지구의 거의 전 지표면을 정복하기에 이르렀는가 (3) 동일한 시기에 축적과 통치의 세계체계로서 자본주의가 구성되고 폭발적으로 팽창한 것과 이 현상은 서로 연관이 있었는가, 그리고 연관이 있다면 어떤 연관인가.

근대 국가간체계의 기원들

근대 국가간체계의 기원들, 구조, 전개를 살펴보면, 이 질문에 대한 예비적 대답을 추적하여 찾아낼 수 있을 것이다. 이 근대 국가간체계의 핵심 특징은 권력의 자본주의적 논리와 영토주의적 논리의 지속적 대립, 그리고 그 시대의 주도적 자본주의 국가에 의한 세계 정치-경제 공간의 재편을 통해 그 모순을 반복적으로 해소한 것이었다. 자본주의와 영토주의의 이런 변증법은 17세기의 범유럽 국가간체계의 수립보다 시기적으로 앞선다. 그 기원들은 중세 통치체계 내에서 북부 이탈리아의 자본주의 도시국가의 지역적 하위체계가 구성된 데 연원한다.

처음에 북부 이탈리아에서 출현한 자본주의 도시국가의 지역적 하위체계는 앞서 우리가 인용한 구절에서 페리 앤더슨이 상기시켰듯이, 중세 통치체계의 정치 공간에서 흔하던 "변칙적 고립지"의 하나였을 뿐이다. 그러나 중세 통치체계의 몰락 속도가 빨라지자, 북부 이탈리아 자본주의 고립지는 세력균형 원칙과 밀도 있고 광범한 상주 외교망을 통해 한데 묶인, 별도의 독립적인 정치적 지배권역들을 갖춘 하위체계로 조직되었다. 매팅리(Mattingly 1988), 콕스(Cox 1959), 레인(Lane 1966: 1979), 브로델(Braudel 1984: 2장), 그리고 맥닐(McNeill 1984: 3장)이 상이하지만 보완적인 방식으로 강조하듯이, 로버트 로페즈(Lopez 1976: 99)가 "4강"이라고 부른 베네치아, 피렌체, 제노바, 밀라노를 중심으로 한 이런 도시국가 하위체계는 근대 국가 간 체계의 핵심적 특징들 대부분을 두 세기 이상 앞지른다. 러기가 말하듯이(Ruggie 1993: 166), 유럽인들은 근대 국가를 한 번이 아니라 두 번 발명했는데, "한 번은 이탈리아 르네상스의 선구 도시들에서, 그리고 그 후 알프스 북부 왕국들에서 다시 한 번."

근대 국가간체계의 네 가지 주요 특징들이 북부 이탈리아 도시국가 하위체계에서 미리 모습을 드러냈다. 첫번째로, 이 하위체계는 본질적으로 자본주의적 전쟁형성과 국가형성 체계를 구성하였다. 이 하위체계에서 가장 강력한 국가인 베네치아는 그런 국가의 "완벽한 실례"이자 "미래의 예를 보여 주는 모델"이라는 이중의 의미에서 자본주의 국가의 진정한 원형이다. 상인 자본가 과두제는 국가권력을 견고하게 손아귀에 쥐고 있었다. 영토 획득은 신중한 비용-이득 계산 하에 놓였으며, 이는 보통 국가권력을 행사하는 자본주의 과두제의 사업수익성을 증진시키는 목적에 봉사하는 수단이 될 경우에만 추진되었다(Cox 1959: 2~5장; Lane 1966: 57; Braudel 1984: 120~1; Modelski and Modelski 1988: 19~32).

좀바르트에게는 미안한 일이지만, 국가의 집행자가 『공산당 선언』의 자본주의 국가의 기준("전체 부르주아지의 공통의 일을 처리하는 집행위원회에 불과한"—Marx and Engels 1967: 82)을 충족시키는 국가가 있다면, 그것이 바로 15세기 베네치아였다. 이런 관점에서 볼 때, 이후 시대의 주요 자본주의 국가들(연합주[네덜란드], 연합왕국[영국], 합중국[미국])은 여러 세기 이전에 베네치아가 실현한 이념적 기준을 점점 더 희석시킨 판본으로 나타난 것처럼 보인다.

둘째로, 중세체계 내에서 이런 자본주의 통치의 고립지의 발전을 강화할 때, 세 가지 상이한 층위에서 "세력균형"의 작동이 핵심적 역할을 하였다. 중세체계의 중앙권력들(교황과 황제) 사이의 세력균형은 북부 이탈리아—그런 세력균형의 지정학적 장소—에서 자본주의의 조직된 고립지가 출현하는 데 도움이 되었다. 북부 이탈리아 도시국가들 자체 사이의 세력균형은 그들의 상호적 격리성과 자율성을 유지하는 데 도움이 되었다. 그리고 부상하는 서유럽 왕국들 사이의 세력균형은 유럽 통치체계 내에서 영토주의 논리가 자본주의 논리 등장의 싹을 꺾지 않도록 하는 데 도움이 되었다(cf. Mattingly 1988; McNeill 1984: 3장).

이렇듯 세력균형은 항상 통치양식으로서 자본주의 발전에 통합적 부분이었다. 사실, 세력균형은 자본주의 국가들이 이 수단을 활용해 개별적으로나 집단적으로 보호비용을 절대적으로 줄일 수 있는, 그리고 그들의 경쟁자와 경합자에 비해 보호비용을 상대적으로 줄일 수 있는 기제로 이해될 수 있다. 그러나 세력균형이 그런 기제가 되어 그 상태로 유지되려면, 자본주의 국가(들)는 아무도 통제 못하거나 또는 다른 누군가 통제하는 기제 속의 톱니바퀴(들)가 되지 않고, 세력균형을 자신(들)에게 유리한 방향으로 조종할 수 있는 위치에 있어야 한다. 만일 반복되는 고비용 전쟁을 통해서만 세력균형이 유지될 수 있다면, 그 사업에 뛰어드는 것은 자본주의 국가(들)의 목적을 저버리는 것이 되는데, 왜냐하면 그런 전쟁의 금전적 비용이 결국 그로부터 얻는 금전적 이득을 넘어서는 경향이 있기 때문이다. 자본주의 성공의 비결은 남들이 자신을 대신해 자신의 전쟁을 수행하도록 하되, 비용은 가능한 들이지 말고, 그것이 불가능하다면 가능한 최저 비용을 들이는 것이다.

셋째로, 프레더릭 레인이 "보호생산 산업"이라고 적절하게 부른 (Lane 1979) 전쟁형성과 국가형성 분야에서 임금노동 관계를 발전시킴으로써 이탈리아 도시국가들은 적어도 부분적으로 그들의 보호비용을 수익으로 전환시켜 냈고, 이리하여 전쟁 자체를 수익사업으로 만들어 냈다.

> 부유한 이탈리아 도시들에서 다량의 화폐가 유통되고 있었기 때문에 시민들이 스스로 세금을 거두어 무장한 이방인에게 용역을 맡길 수 있었다. 용병들이 급료를 소비하면 세금은 다시 시민들에게 돌아왔다. 따라서 용병들의 소비지출은 애초에 이 도시들이 무장폭력의 상업화에 호소할 수 있도록 해주었던 시장교환을 더욱 강화하게 만들었다. 새롭게 등장하고 있던 이 시스템은 자기지속성을 띠게 되었다.(McNeill 1984: 74/맥닐 2005: 106)

사실 이렇게 출현한 체계는 어느 정도만 자기지탱할 수 있었다. 이런 특징에 따르자면, 이탈리아 도시국가들은 일종의 소규모 "군사 케인스주의"──군사비 지출이 그 지출을 부담하는 국가 시민들의 소득을 끌어올리고, 그럼으로써 조세 수입을 늘리고 새로운 군사비 지출을 지불할 능력을 상승시키는 관행──를 수행하였다. 그러나 이후 모든 군사 케인스주의와 마찬가지로, 다른 지배권역으로의 영구적인 유효수요 누출 때문에, 또 비용 인플레이션 때문에, 그리고 점점 더 늘어나는 군사비 지출의 기타 재분배 효과들이 이런 목적을 위한 자본가 계층의 조세 납부 의지를 꺾기 때문에, 군사비 지출의 "자기 팽창"은 엄격하게 제한된다.

마지막 네번째로, 북부 이탈리아 도시국가들(다시 말하지만 베네치아가 전면에 선다)의 자본주의 통치자들은 밀도 있고 광범한 상주외교망을 주도적으로 발전시켰다. 이런 상주외교망을 통해 이들은 다른 통치자들(그들이 활동하는 더 광범한 중세 통치체계의 영토주의적 통치자들을 포함해)의 야심과 역량에 관한 지식과 정보를 획득하였는데, 이는 보호비용을 최소화하기 위한 세력균형 조종에 필수적이었다. 원거리 무역의 수익성이 가능한 최대의 경제공간에 대한 정보를 준독점적으로 통제하는 데 결정적으로 의존했던 것과 마찬가지로, 자신에게 유리하게 세력균형을 이끌어 갈 수 있는 자본주의 통치자들의 역량은 다른 통치자들의 의사결정 과정에 대한 준독점적 지식에, 그리고 그것을 감시할 수 있는 역량에 결정적으로 의존하였다.

이것이 상주외교의 기능이었다. 영토주의 통치자들과 비교해 볼 때, 자본주의 통치자들은 이런 상주외교 발전을 촉진하는 더 강력한 동기와 더 많은 기회를 지니고 있었다. 더 강력한 동기를 지녔던 이유는 다른 통치자들의 야심과 역량에 관한 뛰어난 정보는 세력균형을 관리하는 데 핵심적이었고, 이 세력균형은 다시 국가형성과 전쟁형성 비용을 절약하는 데 핵심적이었기 때문이다. 그러나 더 많은 기회를 가졌던 이유는 자본주의 과두제가 통제하는 원거리 무역망이 외교망을 건립할 수 있는, 잘 짜여지고 비용을 스스로 충당하는 기반을 제공하였기 때문이다(Mattingly 1988: 58~60). 어쨌건, 북부 이탈리아 도시국가체계의 공고화 과정에서 얻어진 외교의 성과——가장 두드러진 것은 로디 화약(1454)[2]——는 두 세기 후 유럽 민족국가체계 구성의 모델이 되었다(Mattingly 1988: 178).

원거리 무역과 고도금융에 의한 자본축적, 세력균형의 관리, 전쟁의 상업화, 그리고 상주외교의 발전은 이렇게 서로서로를 보완하면서 한 세기 이상에 걸쳐서 북부 이탈리아 도시국가를 통치한 과두제의 수중에 부와 권력을 대대적으로 집중시켰다. 1420년경이 되면 선도적인 이탈리아 도시국가들은 유럽 정치에서 강대국으로 작동하였을 뿐 아니라(McNeill 1984: 78), 서유럽과 북서유럽의 가장 성공적 왕국들의 수입에 비견할 만한 수입을 누렸다(Braudel 1984: 120). 이렇게 이들 국가들은 작은 영토만 가지고 있더라도 영토와 신민들을 얻으려 하는 대신 일방적으로 부의 축적을 추구함으로써 거대한 권력의 용기(container)가 될 수 있음을 보여 주었다. 그 후 "풍요로움의 중시"가 유럽 전역에서 "권력의 중시"의 핵심이 되었다.

그러나 이탈리아 도시국가들은 개별적으로나 집합적으로 중세 통치체계를 의도적으로 변환시키려 시도하지는 않았다. 나중에 그 이유가 분

---

[2] The Peace of Lodi. 밀라노 통치권 상속 문제를 계기로 벌어진 전쟁의 종결을 위해 밀라노와 베네치아 사이에 체결된 조약으로, 이를 계기로 양국 간의 국경이 확정되고, 밀라노에서 프란체스코 스포르차의 통치가 확립되었다. 또한 세력균형이 본격적으로 작동하여 이탈리아 도시국가들 사이의 전쟁을 그 후 40년간 중지시켰고, 이탈리아 르네상스의 조건을 형성하였다.

명해지겠지만, 이들은 그런 변환 행위를 수행할 의욕도 역량도 없었다. 새로운 종류의 자본주의 국가인 연합주가 출현해 유럽 통치체계를 세계적 규모의 자본축적의 요구에 걸맞는 방식으로 변환할 기회를 부여받고 그 기회를 장악하기까지는 두 세기——1450년경에서 1650년경까지(브로델의 "장기" 16세기)——가 더 지나야 했다.

이런 새로운 상황이 출현한 것은 유럽 권력투쟁에서 도약이 발생했기 때문인데, 이를 촉진한 것은 영토주의적 통치자들이 그들의 세력 하에 이탈리아 도시국가들의 부와 권력을 병합하려 하거나, 아니면 남들이 그렇게 병합하지 못하도록 막으려 한 시도였다. 직접적 정복은 불가능함이 드러났는데, 주요한 이유는 영토주의 통치자들 사이의 경쟁 때문이었다. 그러나 불가능성을 위한 이 투쟁에서 일부 영토국가들——특히 에스파냐와 프랑스——은 새로운 전쟁형성 기술(에스파냐의 테르시오,[3] 직업적 상비군, 이동식 공성포, 새로운 요새체계 등등)을 발전시켰는데, 이로써 이 나라들은 중세 통치체계의 국가상위적·국가하위적 권력체들을 포함하여 다른 통치자들에 대해 결정적인 힘의 우위에 서게 되었다(cf. McNeill 1984: 79~95).

유럽의 권력투쟁의 격화에 곧바로 뒤이어 유럽의 지리적 팽창이 나타났는데, 이는 일부 영토주의 통치자들이 그들 세력 하에 이탈리아 도시국가들의 부와 권력을 병합하기 위한 우회로를 찾아나섰기 때문이었다. 이 도시국가들을 합병하는 대신에, 또는 합병에 덧붙여 이 통치자들은 이 도시국가의 부와 권력의 원천인 원거리 무역 회로를 정복하려 하였다.

---

3) tercios. 창병과 머스킷 총병이 서로를 지원하도록 결합한 에스파냐식의 독특한 보병편제로, 진을 짤 때 대형의 중심에 창병을 배치하고 그것을 빙 둘러싼 머스킷 총병을 배치하여 머스킷 총병이 탄알을 장전하는 동안 창병이 그들을 엄호하게 한 것이었다.

더 특정화해서 말하자면, 이탈리아 도시국가 일반, 그리고 특별히 베네치아의 부는 무엇보다 이슬람 세계를 경과해 서유럽을 인도와 중국에 연결시키는 상업교환 사슬의 결정적 고리를 독점적으로 통제하는 데 의존하였다. 어느 영토국가도 그런 독점을 행사할 만큼 강하지 않았지만, 일부 영토주의 통치자들은 화폐 흐름과 공급을 베네치아 회로로부터 자신들의 무역 회로로 전환시키기 위해 서유럽을 인도와 중국에 바로 연결시키는 더 직접적인 고리를 형성할 수 있었고 또 그러려고 시도하였다. 지중해의 가장 이윤 높은 사업에서 베네치아에게 밀려난 제노바의 자본가들이 이끌고 후원한 포르투갈과 에스파냐가 선두에 섰다. 포르투갈이 성공한 반면 에스파냐는 실패했지만, 에스파냐는 완전히 새로운 부와 권력의 원천인 아메리카 대륙을 건졌다.

유럽의 권력투쟁이 격화하고 전지구적으로 팽창하자 이는 상승작용을 일으켰고, 더 대량의 자원과 더 복잡하고 비용이 드는 국가형성 및 전쟁형성 기법이 권력투쟁에 이용되는 악순환/선순환——희생자들에게는 악순환, 수혜자들에게는 선순환——이 나타났다. 유럽 내의 투쟁에서 발전한 기법들이 유럽 밖의 영토들과 공동체들을 복속시키는 데 이용되었다. 그리고 유럽 밖의 영토와 공동체들을 복속시킨 데서 유래한 부와 권력이 유럽 내의 투쟁에 이용되었다(McNeill 1984: 94~5, 100ff).

처음에 이 악순환/선순환에서 가장 수혜를 받은 국가는 에스파냐였는데, 에스파냐는 유럽 전선과 유럽 외부의 전선 모두에서 권력투쟁을 동시적으로 전개한 유일한 국가였다. 16세기 전체 시기에 에스파냐의 힘은 다른 모든 유럽 국가들을 크게 앞질렀다. 그러나 이 힘은 근대 통치체계로의 순탄한 이행을 관리하는 데 사용되지 않고, 대신 해체되는 중세 통치체계로부터 합스부르크 황가와 교황이 무엇인가 건질 만한 것을 건져

내는 데 사용되었다.

사실 건질 수 있던 것은 거의 없거나 전혀 없었는데, 왜냐하면 15세기 중반 이후 유럽 권력투쟁에서 도약이 발생해 중세체계의 해체는 이미 되돌릴 수 있는 지점을 넘어섰기 때문이었다. 이런 투쟁으로부터 영토주의 논리 속에 자본주의 권력 논리를 다양하게 끌어들인 새로운 권력 실체들이 북서부 유럽에서 출현하였다. 그 결과 조밀한 미니 제국들이 형성되었는데, 프랑스, 잉글랜드, 스웨덴 왕국이 그 대표적 예들이다. 이들 미니 제국들은 개별적으로는 에스파냐의 힘에 맞설 수 없었지만, 집단적으로 보면 어떤 신구의 집중적 정치권력에도 종속될 수 없었다. 교황 및 합스부르크 황가와 연합하여 이런 새로운 권력체들을 무너뜨리거나 종속시키려 했던 에스파냐의 시도는 실패했을 뿐 아니라, 체계의 카오스 상황을 초래하여 네덜란드 헤게모니를 등장시키고 중세 통치체계를 최종적으로 청산시키는 조건을 만들어 냈다.

왜냐하면 갈등이 중세 통치체계의 규제역량을 넘어 빠르게 증폭되었고, 그 중세 통치체계의 제도들은 새로운 수많은 갈등의 원인이 되었다. 그 결과 유럽의 권력투쟁은 네거티브섬 게임이 되었으며, 모든 또는 대부분의 유럽 통치자들은 이런 투쟁이 계속되면 이 게임에서 얻을 것은 없고 모든 것을 잃게 되리라고 깨닫기 시작하였다. 여기서 가장 중요한 요인은 체계 전반에 걸친 사회 갈등이 급작스레 증폭되어 유럽 통치자들의 집합적 권력에 심대한 위협이 된 것이었다.

마르크 블로흐가 언급한 적이 있듯이, "근대 초 유럽에서 농민 반란은 오늘날 산업사회의 파업만큼이나 흔했다"(Parker and Smith 1985에서 인용). 그러나 16세기 말, 그리고 무엇보다 17세기 전반에 이런 농촌 소요는 전례 없는 규모로 도시 반란과 뒤섞였는데, 이런 반란의 대상은 "고용주"가 아니라 국가 자체였다. 영국 청교도 혁명은 농촌과 도시 반란의 이런 폭발적 결합의 가장 극적인 일화였지만, 거의 모든 유럽 통치자들이 사회적 격변에 직접적으로 충격을 받았고 심각하게 위협을 느꼈다(Parker and Smith 1985: 12ff).

이처럼 체계 전반에 걸쳐 사회 갈등이 첨예해진 것은 앞선 시기 그리고 이 시기에 통치자들 사이의 군사적 갈등이 증폭된 결과였다. 1550년경에서 1640년경 사이에 유럽 열강이 동원한 군인 수는 두 배 늘었고, 1530년에서 1630년 사이에 군인 한 명을 전장에 보내는 비용은 평균 다섯 배 늘었다(Parker and Smith 1985: 14). 이렇게 보호비용이 증가하자 피지배자들에 대한 재정 압박이 크게 증가하였고, 이는 다시 17세기의 수많은 반란을 촉발시켰다(Steensgaard 1985: 42~4).

이런 보호비용 상승과 더불어, 이데올로기 투쟁도 증폭되었다. 중세 통치체계가 계속해서 무너지자, '지역을 통치하는 자가 종교를 결정한다'(cuius regio eius religio)[4]는 원리를 따르는 위로부터의 종교혁신과 종교복고(religious restorations)가 결합되어 나타났는데, 이는 둘 다에 대한 대중적 분노와 반역을 불러일으켰다(Parker and Smith 1985: 15~8). 통치자들이 종교를 자신들의 상호 권력투쟁 도구로 전환하자, 피지배자들은 나름대로 종교를 통치자에 반대하는 봉기 도구로 전환시켰다.

덜 중요한 것은 아니지만 마지막으로, 통치자들 사이의 군사적 갈등이 증폭되자 그들의 전쟁수단 획득과 피지배자들의 생계가 의존하고 있던 범유럽 교역망이 붕괴하였다. 정치적 지배권역들을 가로질러 재화를

---

4) 슈말칼덴 동맹을 중심으로 한 루터의 사상을 따르는 종교개혁파와 그에 대립한 교황과 신성로마제국 황제 연합 간의 싸움의 타협의 결과로 1555년 아우크스부르크 종교화의에서 채택된 절충적 입장.

이동하는 데 드는 비용과 위험부담이 극적으로 증가하였으며, 주요 공급물이 생계수단 제공에서 전쟁수단 제공으로 바뀌었다. 17세기 정당성의 일반적 위기의 사회적·경제적 배경이 되는 방랑의 급격한 악화라는 문제와 "생계위기"에 기여한 것은 인구와 기후 요소보다는 훨씬 더 결정적으로 이런 교역 흐름의 붕괴와 전환이라고 가정하는 것이 그럴 법해 보인다 (cf. Braudel and Spooner 1967 ; Romano 1985 ; Goldstone 1991).

대중봉기를 촉발한 경향이 무엇이건 간에, 그 결과 유럽 통치자들은 피지배자들에 대한 그들의 공통의 권력적 이해관계를 뼈저리게 의식하게 되었다. 일반적 위기 초기에 제임스 1세가 언급했듯이, "비록 다른 이해관계나 특수한 용건이 없어 보였음에도, 피지배자들의 봉기에 대해 국왕들을 서로 묶어 세우는 암묵적 유대"가 존재했다(Hill 1958: 126에서 인용). 정상적 상황에서라면 이런 "암묵적 유대"는 통치자들의 행위에 별로 또는 전혀 영향을 끼치지 못했다. 그러나 피지배자들이 모든 또는 대부분의 통치자들의 권위에 심각하게 도전하는 경우에—17세기 중엽처럼—피지배자들에 대해 자신들의 집합적 권력을 유지하려는 통치자들의 일반적 이해관계는 그들 사이의 반목과 상호 적대감을 누르고도 남았다.

연합주가 왕국들의 대대적이고 강력한 연합 형성을 주도해 중세 통치체계를 청산하고 근대 국가간체계를 수립하는 방향으로 나아가 헤게모니적이 된 것은 바로 이런 상황 하에서였다. 에스파냐로부터 민족독립을 하기 위한 초기 투쟁과정에서 네덜란드인들은 이미 북서유럽 왕국들에 대해 강력한 지적·도덕적 지도력을 수립하였다. 북서유럽 왕국들은 중세 통치체계 붕괴의 주요 수혜자에 속했다. 30년전쟁 시기에 체계의 카오스가 증가하자, "외교의 실타래는 헤이그에서 감겼다 풀렸다 하게 되었고" (Braudel 1984: 203), 범유럽체계를 대대적으로 재편하자는 네덜란드의 제안은 유럽 통치자들 사이에서 더욱더 많은 지지자를 획득했고, 마침내 에스파냐는 완전히 고립되었다.

이렇게 해서 1648년 베스트팔렌 조약[5]과 함께 새로운 세계적 통치체계가 등장했다.

주권국가를 넘어서는 권위나 조직이라는 관념은 더 이상 존재하지 않는다. 이를 대신한 것은 모든 국가들이 전세계적 정치체계를 구성한다는 생각, 또는 어쨌건 서유럽 국가들이 단일의 정치체계를 구성한다는 생각이다. 이 새로운 체계는 국제법과 세력균형에 기반하는데, 이 〔국제〕법은 국가들 상위가 아니라 국가들 사이에서 작동하며, 세력〔균형〕은 국가들 상위가 아니라 국가들 사이에서 작동한다.(Gross 1968: 54~5)

베스트팔렌에서 탄생한 세계적 통치체계는 사회적 목적도 지녔다. 통치자들이 상호 배타적 영토에 대한 정부 각각의 절대적 권리를 정당화하면서, 민간인들은 주권체들 사이의 분란의 당사자가 아니라는 원칙이 수립되었다. 이 원칙이 가장 중요하게 적용된 곳은 상업 영역이었다. 베스트팔렌 처리에 뒤이은 조약들에서는 30년전쟁 과정에서 건립된 무역장벽을 폐지함으로써 상업의 자유를 복구시키는 것을 목적으로 하는 조항이 삽입되었다. 이어진 협약들에서는 비전투자의 재산과 상업을 보호하는 규칙들이 도입되었다. 교역의 이익을 보호하기 위해서 보복을 제한하는 것(Sereni 1943: 43~9)은 북부 이탈리아 도시국가체계에서 전형적

---

[5] 30년전쟁(1618~1648)을 종식시키기 위해 1648년 10월 베스트팔렌의 오스나브뤼크에서 체결된 조약으로, 이와 더불어 신성로마제국이 사실상 붕괴하고 정교분리, 영토주권, 그리고 세력균형에 기반한 유럽의 근대적인 정치체계가 확립되었다.

이었는데, 이렇듯 이런 제한이 유럽 민족국가체계의 규범과 규칙으로 자리잡았다.

이렇게 해서 주권자들 사이의 전쟁형성이 피지배자들의 일상생활에 끼치는 효과를 최소화하는 국가간체제가 수립되었다.

18세기에는 많은 전쟁들이 있었다. 그러나 프랑스어를 공인된 공통언어로 사용하는 주요 유럽 국가의 교양 있는 계급들 사이의 소통의 자유와 우애로움이라는 면에서 18세기는 근대사의 가장 "국제적"인 시기였고, 민간인들은 각기 그들의 주권자들이 전쟁을 벌이고 있을 때라도 드나들면서 자유롭게 서로 사업거래를 할 수 있었다. (Carr 1945: 4)

이렇듯 17세기 초의 체계의 카오스는 새로운 아나키적 질서로 변환되었다. 전시에조차 사적 기업에 정치권역을 가로질러 평화적으로 상업을 조직할 수 있는 상당한 자유가 부여된 것은 전쟁수단과 생계수단에 대한 신뢰성 있는 공급을 얻어 내려는 통치자와 피지배자들의 일반적 이해를 반영할 뿐 아니라, 고삐 풀린 자본축적에 대한 네덜란드 자본가 과두제의 특수한 이해도 반영하는 것이었다. 이처럼 자본축적의 이해관계를 반영해 정치공간을 재조직한 것은 근대 국가간체계의 탄생뿐 아니라 세계체계로서의 자본주의의 탄생을 알리는 것이기도 하다. 왜 이 일이 베네치아 주도 하에 15세기가 아니라 네덜란드 주도 하에 17세기에 벌어졌는지 밝혀 주는 이유들은 멀리 있지 않다.

다른 이유들을 포괄하는 가장 중요한 이유는 15세기의 체계의 카오스가 두 세기 후 유럽 통치자들이 중세 통치체계의 청산을 일반 이익으로 인정할 정도의 규모와 강도로 진행되지는 않았다는 점이다. 베네치아 자본가 과두제는 그 체계 내에서 아주 잘 지내고 있었기 때문에, 그 체계를 청산해야 할 아무런 이해관계가 없었다. 어떻든 이탈리아 도시국가체계는 그것이 속한 더 광범한 세계체계의 더 강한 국가들과 덜 강한 국가들에 의해 끊임없이 분열된 지역적 하위체계였다. 정치적 경합과 외교 동맹은 하위체계에 한정될 수 없었다. 정치적 경합과 외교 동맹은 영토주의 통치자들을 체계적으로 끌어들였고, 북부 이탈리아의 자본가 과두제는 이를 영원히 경계해야 했다.

대조적으로 17세기 초가 되어 체계의 카오스가 다시 출현하자, 유럽 통치자들 측에서는 권력투쟁을 크게 합리화하려는 일반적 이해관계가 탄생했고, 또한 이런 일반적 이해관계에 주도적으로 복무하는 데 필수적인 동기와 역량을 구비한 자본주의 과두제가 탄생했다. 네덜란드 자본가 과두제는 중요한 측면에서 베네치아 자본가 과두제의 복제판이었다. 후자와 마찬가지로 전자는 자본주의 권력 논리의 담지자였으며, 그래서 세력 균형 관리의 지도자이자 외교 주도성과 혁신의 지도자였다. 그러나 후자와 달리 네덜란드 자본가 과두제는 북부 이탈리아에서 자본주의 국가들이 출현하면서 촉진된 유럽 권력투쟁상의 도약의 요소이기보다는 그 산물이었다. 이런 차이점은 몇 가지 중요한 함의를 갖는다.

첫째로, 유럽정치와 세계정치에서 네덜란드 자본가 과두제의 작동 규모, 따라서 힘은 베네치아보다 훨씬 더 컸다. 베네치아의 부와 권력은 교역 회로에 의존하고 있었는데, 베네치아는 자신이 통제하지 못하는 훨씬 더 긴 회로상의 한 고리였을 뿐이었다. 우리가 보았듯이 이런 국지적 고리는 더 넓은 교역 회로에 의해 지양될 수 있고, 실제 그렇게 지양되었다. 이에 비해 홀란트의 부와 권력은——제노바 자본가 과두제와 동맹을 맺은 포르투갈과 에스파냐의 영토주의 통치자들이 그에 기반해 베네치아의 부와 권력을 지양했던——네덜란드 자본가 과두제가 해양 식민 제국으로부터 직조해 낸 바 있는 상업·금융망에 토대를 두고 있었다.

이런 상업·금융망은 세계를 에워싸고 있어서 쉽게 우회하거나 지양될 수 없었다. 사실, 네덜란드 자본가 과두제의 부와 권력은 상업망보다는 훨씬 더 세계금융망에 대한 통제에 기반하고 있었다. 이는 네덜란드 자본가 과두제가 베네치아 자본가 과두제보다 경쟁적인 교역로 건립이나 기존 교역로의 경쟁 증가에 덜 취약했음을 뜻한다. 원거리 무역의 경쟁이 격화하자, 네덜란드 과두제는 금융 투기에서 손실을 만회하고 새로운 수익성 있는 투자 영역을 찾아낼 수 있었다. 네덜란드 자본가 과두제는 따라서 경쟁을 넘어서서 경쟁을 자신에게 유리하게 전환할 수 있는 힘을 지니고 있었다.

둘째로, 네덜란드 자본가 과두제의 이해관계는 베네치아 자본가 과두제의 이해관계가 그랬던 것보다 훨씬 더 근본적으로 중세 통치체계의 중앙 권력들의 이해관계와 충돌했다. "장기" 16세기의 역사가 보여 주듯이, 베네치아의 부와 권력을 훨씬 더 근본적으로 위협한 것은 쇠잔하는 교황과 황가의 권력보다는 중세 통치체계의 해체에서 출현하고 있던 성장하는 남부와 북서부 유럽 왕국들의 권력이었다.

대조적으로, 네덜란드 자본가 과두제는 새롭게 등장하는 왕국들과 강력한 공동 이해관계가 있었는데, 그것은 에스파냐 제국이 자임하는 교황과 황제의 초국가적인 도덕적·정치적 권위 요구를 청산하는 것이었다. 에스파냐 제국에 대항한 80년간의 독립전쟁의 결과 네덜란드인들은 왕국 통치자들의 원형-민족주의 열망의 투사이자 조직자가 되었다. 동시에 이들은 그들의 부와 권력의 상업적·금융적 기반을 심각하게 침해할 지경으로 갈등이 증폭되지 않도록 하는 수단과 방법을 계속해서 찾았다. 이렇듯 네덜란드 자본가 과두제는 자기 자신의 이익을 추구하면서 중세 통치체계의 중앙 권력들로부터 독립을 쟁취하는 투사일 뿐 아니라, 중세 통치체계의 중앙 권력들이 결코 제공할 수 없는 평화에 대한 일반이익의 투사이기도 한 것으로 인식되었다.

셋째로, 네덜란드 자본가 과두제의 전쟁형성 역량은 베네치아 과두제의 역량을 크게 압도하였다. 베네치아의 전쟁형성 역량은 그 지리적 위치와 긴밀한 관련이 있었는데, 이는 특히 "장기" 16세기에 전쟁형성 기술에 큰 진전이 생긴 후에는 그 위치를 벗어나서 별 쓸모가 없었다. 이에 비해 네덜란드 과두제의 역량은 그 과정의 성공적인 최전선 참여자였다는 데서 기인하였다. 사실, 네덜란드인들은 자본축적의 선도자였을 뿐 아니라, 군사 기술 합리화에서도 선도자였다.

오랫동안 잊혀졌던 로마의 군사 기술을 재발견하고 완벽하게 만듦으로써, 오라녜 가의 왕자인 나사우의 마우리츠[6]는 두 세기 후 미국 산업이 과학적 관리를 통해 얻어 낸 것을 17세기 초 네덜란드 군대에 안겨 주었다(cf. McNeill 1984: 127~39; vanDoorn 1975: 9ff). 공성(siege) 기술은 (1) 군사 노동력의 효율성을 증가시키고, (2) 사상자 비용을 감소시키며, (3) 사병들의 규율 유지를 촉진시키도록 변환되었다. 진격과 총의 장전 및 사격이 표준화되었고, 훈련이 정규 활동이 되었다. 군대는 작은 전술 단위로 쪼개졌고, 장교와 하사관 수가 늘어났으며, 지시 계통이 합리화되었다.

---

6) Mauritz van Nassau(1567~1625). 나사우 백작이며, 훗날의 오라녜 공작으로서 빌렘 1세의 차남이다. 1584년 그의 아버지가 암살된 뒤 홀란트·젤란트의 통령이 되었다. 1588년 육해군 총사령관에 취임하여 군제와 군비의 개선에 힘쓰고, 에스파냐 군대를 격파하였으며, 국무장관 올덴 바르네펠트와 협력하여 연방 공화국의 보전에 공헌하였다.

이렇게 해서 군대는 중추신경계를 갖춘 유기체가 되어, 전장에서 예기치 못한 상황이 생기더라도 즉각적으로 그리고 어느 정도는 지능적으로 대처할 수 있게 되었다. 모든 부대행동은 훨씬 더 정확하고 신속해졌다. 전장을 종횡으로 누비는 각 대대의 움직임뿐 아니라 사격이나 진격할 때 병사 개개인의 움직임도 전례 없이 잘 통제되고 예측할 수 있게 되었다. 잘 훈련된 전투단위는 모든 동작을 계산하여, 전투에서 적에게 발사하는 분당 총탄 수를 늘릴 수 있었다. 보병 개개인의 기민함과 용맹성은 이제 별로 의미가 없어졌다. 무용담이나 개인적 용맹성은 군대의 짜인 일과 속에서 거의 사라져 갔다. …… 마우리츠식의 훈련을 받은 부대는 전장에서 어김없이 우세한 위력을 보였다. (McNeill 1984: 130/맥닐 2005: 179)

이런 혁신의 중요성은 이것이 에스파냐가 누리던 규모의 우위를 무력화하였고, 따라서 유럽 내에서 상대적 군사 역량을 평준화시키는 경향이 있었다는 점이었다. 연합주는 자신의 동맹국들이 이런 새로운 기술을 채택하도록 적극적으로 장려함으로써 유럽 국가들 사이의 실질적 평등의 조건을 만들어 냈는데, 이는 나중에 베스트팔렌 체계의 전제조건이 되었다. 그리고 물론 이렇게 함으로써 연합주는 자기 정부의 절대적 권리의 정당성을 추구하던 왕국 통치자들에 대한 지적·도덕적 지도력을 강화하였다.

마지막 네번째로, 네덜란드 자본가 과두제의 국가형성 역량은 베네치아 과두제에 비해 훨씬 더 컸다. 베네치아 국가의 조직과 관리에서 자본가의 이해관계가 배타적이었다는 점은 그 권력의 주원천이었지만, 동시에 그 권력의 주요한 한계이기도 했다. 왜냐하면 이런 배타성 때문에 베네치아 과두제의 정치 지평은 비용-이득 계산과 복식부기가 정한 한계를 벗어나지 못했다. 즉, 이런 배타성 때문에 베네치아의 통치자들은 그들이 활동하는 세계를 분열시키고 있던 정치적·사회적 쟁점에서 비껴나 있었다.

이에 비해 네덜란드 자본가 과두제의 국가형성 역량은 오랜 기간에 걸친 에스파냐 제국의 통치에서 벗어나기 위한 해방 투쟁에서 주조되었다. 이 투쟁에 성공하기 위해서 네덜란드 자본가 과두제는 동맹을 맺어 왕가(오라녜 가)와 이해를 공유해야 했고, 민중 반역(칼뱅주의)의 호랑이 등에 올라타야 했다. 그 결과, 네덜란드 국가 내의 자본가 과두제의 권력은 베네치아 국가 내의 자본가 과두제 권력에 비해 훨씬 덜 절대적이었다. 그러나 바로 이런 이유 때문에 네덜란드 통치집단은 베네치아 통치자들에 비해 유럽 권력투쟁이 촉발시킨 문제들을 제기하고 해결할 수 있는 더욱 거대한 역량을 발전시켰다. 이렇듯 연합주는 베네치아에 비해 더 자본주의적이었기 때문이 아니라 덜 자본주의적이었기 때문에 헤게모니가 되었다.

영국 헤게모니와 자유무역 제국주의

네덜란드인들은 자신이 탄생시킨 체계를 결코 지배하지 못했다. 베스트팔렌 체계가 자리잡자마자, 연합주는 획득한 지 얼마 되지 않은 세계권력의 지위를 상실하기 시작했다. 반세기 이상 네덜란드인들은 줄곧 신생 베스트팔렌 체계의 국가들을 특정 방향으로 이끌어 갔는데, 그 중 가장 두드러진 방향은 해군력과 공인합자회사 형성의 후원을 받는 상업적 해외 팽창의 방향이었다. 그러나 이런 지도력은 우리가 지도자의 의지에 반하는 지도력이라고 부른 것의 전형이었는데, 왜냐하면 이 지도력이 네덜란드의 권력을 증진시키기보다 오히려 침식하였기 때문이다. 네덜란드 세계헤게모니는 이렇게 형성되자마자 무너진 매우 단명한 것이었다.

세계권력이라는 점에서 새로운 통치체계의 주된 수혜자는 앞서 연합주의 동맹국이던 프랑스와 잉글랜드였다. 그 후 한 세기 반 동안—1652년 잉글랜드·네덜란드 전쟁의 발발(베스트팔렌 처리 겨우 4년 후)부터 1815년 나폴레옹전쟁 종료시까지—이 두 강대국 사이에서 세계우위를 놓고 벌어진 싸움이 국가간체계를 지배하였다.

오랜 기간 펼쳐진 이런 갈등은 어떤 점에서 "장기" 16세기 투쟁 국면을 복제한 세 개의 부분적으로 겹치는 국면들로 전개되었다. 첫 국면은 또다시 영토주의 통치자들이 선도 자본주의 국가를 그들의 세력 하에 복속시키려 시도했다는 특징을 띤다. 15세기 말 프랑스와 에스파냐가 북부 이탈리아 도시국가들을 정복하려 했던 것과 마찬가지로, 17세기 말 잉글랜드, 그리고 무엇보다 프랑스는 그들 자신의 세력 속으로 연합주의 교역망과 권력망을 내부화하려 하였다.

콜베르가 루이 14세에게 권고하였듯이, "폐하께서 만일 연합주를 폐하의 발 아래 무릎 꿇린다면, 그들의 상업은 폐하 신민들의 상업이 될 것이며, 더 이상 필요한 것은 없을 것입니다"(Anderson 1974: 36~7에서 인용). 이 권고에서 문제는 "만일"이라는 구절에 있었다. 17세기 프랑스(또는 마찬가지로 잉글랜드)의 전략적 역량이 15세기의 그것에 비해 매우 앞섰다 하더라도, 연합주의 전략적 역량은 15세기 자본주의 선도 국가들의 전략적 역량에 비해 월등하게 앞섰다. 짧은 공동 노력에도 불구하고 프랑스와 잉글랜드는 네덜란드를 복속시키지 못했다. 또다시 잠재적 정복자들 사이의 경쟁이 정복을 가로막은 넘어설 수 없는 장애물이 되었다.

이런 시도가 실패하자, 투쟁은 두번째 국면에 접어들어, 두 경합국은 점점 더 그 자본주의 국가 자체를 병합하기보다는 그 자본주의 국가의 부와 권력의 원천을 병합하는 데 노력을 쏟았다. 포르투갈과 에스파냐가 동방 교역에 대한 통제를 놓고 싸운 것처럼, 프랑스와 잉글랜드는 대서양을 놓고 싸웠다. 그러나 두 싸움 사이의 유사점만큼이나 차이점도 중요하다.

프랑스와 영국 모두 전지구적 권력투쟁의 후발 주자들이었다. 이 때문에 이들은 다소 이점이 있었다. 가장 중요한 점은, 프랑스와 잉글랜드가 비유럽 세계의 영토 팽창 사업에 뛰어든 시점에는 마우리츠식의 "과학적 관리"가 유럽 군대에 전파되어 비유럽 통치자 군대에 대한 그들의 비교우위는 넘어설 수 없는 것이 되었다는 점이다. 오스만 제국의 권력은 회복불가능할 정도로 쇠퇴하기 시작했다.

더 동쪽으로 가면, 병사를 훈련시키는 새로운 양식이 중요성을 띠게 된 것은 프랑스·네덜란드·영국이 인도양 연안에 건설한 교역거점을 방위하기 위해 유럽의 훈련교관들이 현지인을 모집하여 소규모 군대를 편성하기 시작했을 때였다. 이런 부대는 극히 소규모였음에도 불구하고, 18세기가 되자 현지의 통치자들이 전장에 투입한 통제 불능의 대규모 군대보다 뚜렷한 우위를 보였다. (McNeill 1984: 135/맥닐 2005: 187)

확실히, 이런 우위가 충분히 압도적이 되어 인도 아대륙의 영토를 대대적으로 정복하고 중국 제국을 서구 지배 하에 복속시킨 것은 19세기가 되어서였다. 그러나 이미 18세기에 후발 주자들(특히 영국)은 붕괴하는 무굴 제국의 가장 풍성한 공납원 몇 곳(가장 두드러진 것은 벵골)을 정복하여, 포르투갈이나 네덜란드처럼 단순히 아시아 해양 제국을 건립하는 수준을 넘어설 만큼 충분히 우위에 있었다. 그렇지만 서구와 비서구의 군사 역량이 점점 더 벌어진다고 해서, 후발 주자들이 세계무역의 교차로에서 포르투갈, 에스파냐, 그리고 무엇보다 네덜란드를 기성의 지위에서 몰아내는 데 도움이 되지는 않았다. 후발 주자들이 선발 주자들을 따라잡고 추월하기 위해서는 세계상업의 정치 지리를 근본적으로 재구성해야 했다. 이는 바로 18세기에 프랑스와 영국의 중상주의가 자본주의와 영토주의를 새롭게 종합함으로써 달성한 것이었다.

여기에는 서로 긴밀하게 연관된 세 가지 주요한 구성요소가 있었는데, 정착자 식민지, 자본주의적 노예제, 그리고 경제 민족주의가 그것이었다. 이 모두가 세계 정치-경제 공간의 재편에 핵심적이었지만, 정착자 식민지가 아마도 이 조합에서 주도적 요소였을 것이다. 특히 영국 통치자들은 해외 팽창에서 선발 주자들의 우위를 상쇄하는 데 자기 신민들의 사적 주도권에 크게 의존했다.

> 영국인들은 금융 재능과 상선단의 규모와 효율 면에서 네덜란드인의 적수가 되지 못했지만, 인도 제국으로 가는 단순한 기항지가 아니라 정착 식민지를 세우는 데 신념을 가지고 있었다. …… 영국인들은 합자회사와 공인회사 외에 식민화를 위한 미봉책으로 브라질의 포르투갈 총독제(captaincies)와 유사한 소유 식민지 같은 것을 발전시켰고, 또한 명목상 왕이 직접 관리하는 국왕령 식민지를 발전시켰다. 아메리카에서는 천연자원과 통일성 면에서 영국 식민지가 결여한 것을 식민지 개척자들의 수와 근면성이 벌충해 주었다. (Nadel and Curtis 1964: 9~10)

자본주의 노예제는 부분적으로는 정착자 식민지 성공의 조건이었고, 부분적으로는 그 결과였다. 왜냐하면 노동력 부족 상태가 식민지 개척자들의 수와 근면성의 확대를 줄곧 제약했고, 또 식민지 개척자들의 수와 근면성 확대는 노동력 부족 상태를 다시 만들어 냈기 때문이었다. 정착민층 내의 자발적 노동력 공급이나 원주민의 강제적 차출에 전적으로 또는 주로 의존해서는 노동력 부족을 해결할 수 없었다. 이런 만성적 노동 부족 때문에 노예 노동의 획득(주로 아프리카에서), 수송, 생산적 활용(주로 아메리카 대륙에서)에 종사하는 자본주의 기업들의 수익성은 향상되었다. 로빈 블랙번이 지적하듯이(Blackburn 1988: 13), "신세계 노예제는 다른 해결책이 보이지 않는 시점에 식민지 노동 문제를 해결했다". 식민지 노동 문제 해결은 다시 하부구조를 확대하고 정착자의 생산적 노력 유지에 필수적인 출구를 만들어 내는 주도적 요인이 되었다.

정착자 식민지와 자본주의 노예제는 프랑스와 영국의 중상주의가 전지구 정치경제를 근본적으로 재편하는 데 필요조건이긴 했으나 충분조건은 아니었다. 세번째 핵심 요소인 경제 민족주의는 두 가지 주요한 측면을 지녔다. 첫번째는 식민지 상업과 국가 간 상업에서 끝없는 화폐잉여의 축적 ― 종종 중상주의는 이 축적과 동일시된다 ― 이었다. 두번째는 민족경제형성, 또는 더 명확하게 말하자면 국내경제형성이었다. 구스타프 폰 슈몰러가 강조하였듯이, "심층의 핵심에서 중상주의는 국가형성에 다름 아닌데, 좁은 의미에서 국가형성이 아니라 국가형성과 동시에 진행되는 민족경제형성이다"(Wilson 1958: 6에서 인용).

민족경제형성은 보호비용을 수입원으로 전환함으로써 전쟁수행 자체가 수익이 되는 관행 ― 3세기 전에 이탈리아 도시국가들이 개척했던 ― 을 더욱 크게 확장된 규모로 완벽하게 만들었다. 부분적으로는 국가 관료제를 지휘함으로써 그리고 부분적으로는 사기업에 유인을 제공함으로써, 프랑스와 영국의 통치자들은 전쟁형성과 국가형성에 직간접적 투입물로 들어가는 점점 더 많은 활동들을 가능한 한 많이 자신들의 세력하에 내부화하였다. 이런 방식으로 그들은 이탈리아 도시국가나 이 점에서 연합주가 했던 또는 할 수 있던 것보다 훨씬 더 큰 몫의 보호비용을 조세 수입으로 전환시켜 냈다. 이들은 이렇게 늘어난 조세 수입을 그들 국내 경제에 지출함으로써 활동들 사이의 더욱 새로운 연계고리를 형성하고 전쟁이 그 자체로 훨씬 더 수익이 되는 새로운 유인과 기회를 창출하였다.

실제 벌어진 일은 전쟁이 "그 자체로 수익이 되는" 것이 아니라, 점점 더 많은 민간인들이 통치자들의 전쟁형성과 국가형성 노력을 간접적으로 그리고 종종은 의식하지 못하면서 지탱하도록 동원된 것이었다. 전쟁형성과 국가형성은 서로 연관성 없어 보이는 점점 더 많은 수의, 그리고 넓은 범위의 다양한 활동들을 엮어 들이는 점점 더 에둘러 가는 사업이 되었다. 이런 활동을 떠맡아 수행하도록 민간 신민들의 에너지를 이끌어 내는 중상주의 통치자들의 역량에 한계가 없는 것은 아니었다. 반대로, 이런 역량은 세계상업, 정착자 식민지, 그리고 자본주의 노예제의 혜택을 영유해, 이런 혜택을 대도시 신민들의 생산적 노력과 기업가들을 위한 적절한 보수로 전환할 능력이 있는가에 의해 엄격히 제약되었다(cf. Tilly 1990: 82~3).

이런 한계를 돌파하는 데서 영국의 통치자들은 프랑스를 포함한 경쟁자들에 대해 결정적인 비교우위가 있었다. 이는 지정학적인 것으로, 권력의 정점에 있던 시기 베네치아의 비교우위와 유사한 것이었다.

해외무역과 해군력 모두에서 영국은 베네치아처럼 우월하고 유리했는데, 두 가지 상호작용하는 요인의 덕을 보았다. 하나는 섬나라라는 위상이었고, 다른 하나는 영국에게 떨어진 새로운 역할로, 두 세계를 중개한다는 것이었다. 대륙세력과 달리 영국은 집중된 힘을 해양에 쏟을 수 있었다. 경쟁자인 네덜란드와 달리, 영국은 육상의 전선에 군대를 배치할 필요가 없었다. (Dehio 1962: 71)

우리가 3장에서 살펴보겠지만, 잉글랜드/영국이 강력한 섬나라가 "된" 것은 프랑스와 에스파냐에 대적한 대륙의 권력투쟁에서의 근본적인 지정학적 불이익을 어떻게 세계상업우위를 향한 투쟁에서의 결정적 우위로 전환하는지 "학습"한 두 세기에 걸친 고난의 과정을 거쳐서였다. 그러나 17세기 중반이 되면 실제로 이 과정은 완료된다. 그 이후 유럽 경쟁국들의 에너지와 자원이 자국 주변의 투쟁에 얽혀 있던 데 비해서, 영국의 에너지와 자원은 해외 팽창으로 흘러들어 갔는데, 이는 순환적이고 누적적인 인과관계를 발생시켰다. 영국이 해외 팽창에 성공하자, 유럽 대륙의 국가들은 성장하는 영국의 세계권력을 추격해야 할 큰 압력을 받게 되었다. 그러나 이런 성공 덕에 영국은 유럽 대륙의 세력균형을 관리하여 영국의 경합국들을 자기 집안 일에 바쁘게 묶어 두기 위한 필요수단을 얻게 되었다. 시간이 흘러감에 따라 이런 선순환/악순환 때문에 영국은 모든 경쟁자들을 해외 팽창에서 제거할 수 있었으며, 동시에 유럽 세력균형의 의문의 여지없는 지배자가 되었다.

영국이 7년전쟁(1756~63)[7]에서 승리하였을 때 세계우위를 놓고 프랑스와 벌인 투쟁은 끝이 났다. 그렇지만 그렇다고 해서 영국이 세계헤게모니가 된 것은 아니었다. 반대로, 세계우위를 놓고 벌인 투쟁이 끝나자,

갈등은 세번째 국면에 돌입했는데, 그 특징은 점점 더 커진 체계의 카오스였다. 17세기 초 연합주와 마찬가지로 영국은 이런 체계의 카오스에서 벗어나는 새로운 세계를 탄생시킴으로써 헤게모니가 되었다.

17세기 초와 마찬가지로, 체계의 카오스는 통치자들의 권력투쟁에 사회 갈등이 끼어든 결과였다. 그러나 두 상황에는 중요한 차이점이 있었다. 가장 중요한 점은 17세기 초와 비교해 볼 때, 18세기 말과 19세기 초 반란을 일으킨 피지배자들이 보여 준 자율성과 효과성의 정도가 훨씬 컸다는 것이다.

우리가 살펴보겠지만, 확실히 체계 전체에 걸친 반란의 새로운 물결은 대서양을 차지하려는 투쟁에 깊이 뿌리내리고 있었다. 그러나 그 투쟁이 일단 폭발하자, 반란은 영국-프랑스의 경합이 전적으로 새로운 지반들 위에서 재생될 조건들을 만들어 냈으며, 이런 새로운 경합이 끝난 후 반란은 30여 년 동안 지속되었다. 1776~1848년 시기 전체를 놓고 볼 때, 두번째 반란의 물결은 아메리카 대륙 전체와 유럽 대부분 지역에서 통치자-피지배자 관계를 완전히 변형시켰고, 두번째로 그 변형에 적절하도록 국가간체계를 완전히 재편한 전적으로 새로운 종류의 세계헤게모니(영국의 자유무역 제국주의)를 수립시켰다.

이런 반란 물결의 깊은 뿌리는 대서양을 차지하려는 앞선 시기의 투쟁으로 소급되는데, 왜냐하면 그 행위자들이 이 투쟁을 통해 등장하여 새로운 공동체를 형성했기 때문이었다. 식민지 정착자, 대농장 노예들, 그

---

7) 슐레지엔 영토를 놓고 오스트리아와 프로이센 사이에 벌어진 대립이 유럽 전체로 번져서, 프랑스·오스트리아·작센·스웨덴·러시아가 동맹을 맺어 프로이센·하노버·영국에 맞선 '세계전쟁'으로 확대된 전쟁을 말한다. 이 전쟁에서 패배한 프랑스는 유럽의 주도권을 상실하고 아메리카 대륙의 식민지를 대부분 잃었으며, 인도에 대한 영향력도 상실하였다. 이에 반해 영국은 세계의 지배적 식민권력으로 등장하였다.

리고 대도시 중간계급이 그들이었다. 1776년 미국 독립선언과 함께 식민지에서 반란이 시작되어, 맨 처음 영국을 타격하였다. 프랑스 통치자들은 즉각 이 기회를 이용해 실지회복 전쟁을 벌였다. 그러나 이는 곧바로 1789년 프랑스혁명의 역습으로 되돌아왔다. 프랑스혁명으로 터져 나온 에너지는 나폴레옹 하에서 프랑스의 실지회복 노력을 배가하는 데 이용되었다. 그리고 이는 다시 정착자, 노예, 그리고 중간계급의 반란을 일반화시켰다(cf. Hobsbawm 1962; Wallerstein 1988; Blackburn 1988; Schama 1989).

이런 국가 간 투쟁과 국가 내 투쟁의 과정에서 베스트팔렌 체계의 원칙, 규범, 규칙이 광범하게 침해당했다. 특히 나폴레옹의 프랑스는 아래로부터 반역을 도발하고 위로부터 제국적 지배력을 부과함으로써 유럽 통치자들의 절대적 지배권들을 짓밟았다. 동시에 나폴레옹의 프랑스는 유럽 대륙 대부분에 걸쳐서 몰수, 봉쇄, 지령경제를 통해 비(非)전투자들의 소유권과 상업의 자유를 침해하였다.

영국은 절대적 지배권들의 침식에 저항하고 베스트팔렌 체계를 복구시키려는 싸움에서 주로 왕조 세력들의 거대한 동맹을 이끌면서 처음으로 헤게모니적이 되었다. 베스트팔렌 체계는 1815년 빈 해결[8]과 뒤이은 1818년 엑스라-샤펠 회의[9]와 더불어 성공적으로 복구되었다. 이 시

---

8) Settlement of Vienna. 신성로마제국 해체와 나폴레옹 몰락 이후 유럽 대륙의 정치적 구도를 그리기 위해 오스트리아의 재상 메테르니히 주도로 1814년 11월 1일부터 1815년 6월 8일까지 빈에서 유럽 주요 강국 대표자들의 회의가 열렸다. 유럽을 전쟁 이전의 상태로 되돌리는 것이 회의의 주요 목표였으며, 앞선 파리조약에 따라 나폴레옹 등장 이전으로 프랑스 영토가 축소되었고, 또한 러시아의 영토가 확대되고, 독일 내 국가들이 3백여 개에서 39개로 축소됨에 따라 프러시아와 오스트리아를 중심으로 한 느슨한 독일연방이 형성되었다. 공식적 전체 회의를 통해 협정이 맺어진 것이 아니라 주요 열강들 사이의 비공식적인 개별적 협상을 통해 문제를 해결했기 때문에 여기서는 빈 회의 대신 빈 해결이라고 부르고 있다.

점까지 영국 헤게모니는 네덜란드 헤게모니의 복제판이었다. 네덜란드인들이 제국을 자임하려는 합스부르크 에스파냐에 대항하는 싸움에서 막 태어나려 하던 국가간체계를 성공적으로 이끈 것과 마찬가지로, 영국인들은 제국을 자임하려는 나폴레옹 프랑스에 대항하는 싸움에서 막 소멸하려 하던 국가간체계를 성공적으로 이끌었다(cf. Dehio 1962).

그러나 연합주와 달리 영국은 계속해서 국가간체계를 지배하였고, 그렇게 함으로써 계속되는 혁명적 격변이 열어 놓은 새로운 권력 현실에 적합하게 그 국가간체계를 크게 재편하는 일을 맡았다. 그렇게 등장한 체계는 존 갤러거와 로널드 로빈슨이 자유무역 제국주의 — 베스트팔렌 체계를 확장하고 지양한 통치의 세계체계 — 라 부른 것이었다(Gallagher and Robinson 1953). 이는 세 가지 상이하면서도 서로 연결된 분석수준에서 주목된다.

첫째로, 베스트팔렌 체계의 본래적 핵을 구성한 바 있는 왕국들과 과두제 국가들의 집단에 새로운 일군의 국가들이 결합하였다. 이 새로운 집단은 주로 신구 제국들로부터 독립하는 데 성공한 재산 소유자들의 민족 공동체가 통치하는 국가들로 구성되었다. 국가 간 관계는 이렇게 해서 군주들의 개인적 이익·야심·감정에 좌우되는 것이 아니라 이런 민족 공동체들의 집단적 이익·야심·감정에 좌우되었다(Carr 1945: 8).

이런 민족주의의 "민주화"와 더불어 단일 국가, 즉 영국에 전례 없이 세계권력이 집중되었다. 1776~1848년의 혁명적 격동에서 출현한 확대된 국가간체계 내에서 영국만이 세계 모든 지역의 정치에 관여된 동시에,

---

9) Congress of Aixla-Chapelle. 이 회의에서 프랑스 주둔 외국군을 철수하기로 합의하였고, 영국의 반대가 있었으나 프랑스를 유럽협조체제 가입시키기로 하여 나폴레옹전쟁의 전후 처리를 종결하였다.

더욱 중요하게는 이 대부분 지역에서 지배적 지위를 확보하였다. 전지구적 세력균형의 종복이 아니라 지배자가 되고자 하는 모든 앞선 자본주의 국가들의 목표가 비록 일시적이기는 하지만 처음으로 그 시대의 주도적 자본주의 국가에 의해 완전히 실현되었다.

전지구적 세력균형을 더욱 효과적으로 관리하기 위해서, 영국은 베스트팔렌 조약 때부터 작동해 온 유럽 강국 사이의 느슨한 협상체계를 팽팽하게 만들어 내는 일을 주도했다. 그 결과 출현한 것이 유럽협조체제[10] 였는데, 이는 처음부터 주로 대륙의 세력균형을 지배하는 영국의 도구였다. 빈 협약 체결 이후 30여 년간 유럽협조체제는 신성동맹을 형성한 "피와 은총의 계서제"에 비해 유럽 대륙 정치에서 부차적인 역할을 맡았다. 그러나 민주적 민족주의의 압력이 거세져서 신성동맹이 해체되자, 유럽협조는 곧바로 유럽의 국가 간 관계를 조절하는 주요 도구로 등장했다 (cf. Polanyi 1957: 7~9).

둘째로, 서구 세계에서 식민 제국이 붕괴하자 그와 동시에 그리고 그에 뒤이어 비서구 세계에서 식민 제국이 팽창하였다. 19세기 시작 무렵 서구 국가들은 그들 주장으로는 지구 표면의 55%, 실제로는 35%를 지배하였다. 1878년이 되면, 그 실제 수치가 67%로 상승하고, 1914년에는 85%로 상승한다(Magdoff 1978: 29, 35). 에드워드 사이드의 말처럼(Said 1993: 8), "역사상 어떤 식민지들도 그처럼 크고, 그토록 완전히 지배되

---

10) Concert of Europe. 나폴레옹전쟁과 프랑스혁명 문제 처리를 위해 유럽의 구열강들이 부정기적으로 모임을 개최하여 유럽 문제를 처리하는 구조를 만든 것을 말한다. 처음에 영국, 오스트리아, 프러시아, 러시아가 주도했고, 엑스라-샤펠 조약 이후 프랑스도 여기에 결합하였다. 빈 회의(1814~1815), 엑스라-샤펠 회의(1818), 칼스바트 회의(1819), 베로나 회의(1822), 런던 회의(1830, 1832, 1838~1839), 베를린 회의(1878) 등이 주요하게 거론되며, 19세기 중반에는 영국이 지배하는 사실상의 세계정부로 간주되었다. 19세기 말부터 그 영향력을 점차 상실하여, 제1차세계대전과 더불어 사실상 붕괴되었다.

고, 서구 대도시들과 비교할 때 그토록 권력이 불평등한 적이 없었다."

영국은 이런 영토 정복에서 최대 몫을 차지했다. 그렇게 함으로써, 영국은 이전에 세계가 경험해 보지 못한 규모의 제국적 통치를 부활시켰다. 이처럼 제국적 통치가 재생한 것이 실로 19세기 영국 세계헤게모니를 자유무역 **제국주의**라고 지칭하게 되는 주요한 이유이다. 이 표현을 통해서 우리는 갤러거와 로빈슨이 그랬듯이, 영국이 자유무역의 실천과 이데올로기를 통해 세계체계를 지배한다는 점을 강조할 뿐 아니라, 특히 세계적 규모에서 전개되는 영국 자유무역 통치와 축적체제의 제국적 기반 또한 강조하곤 한다. 이전의 어떤 영토주의 통치자도 19세기 영국이 그런 것만큼 그렇게 다수의, 그렇게 많은 인구의, 그렇게 광범한 영토들을 자기 세력 하에 편입해 들인 적이 없었다. 어떤 영토주의 통치자도 영국 국가와 그 피보호민들이 19세기에 인도 아대륙에서 그런 것만큼 그렇게 짧은 시간에 그토록 많은 공납을—노동력으로, 천연자원으로, 그리고 지불수단으로서—강제적으로 거두어 간 적이 없었다. 이 공납의 일부는 더욱더 많은 비서구 피지배자들을 영국 영토 제국에 추가시키려 사용된 억압 장치를 지탱하고 팽창시키는 데 이용되었다. 그러나 이와 마찬가지로 두드러진 공납의 다른 일부는 이런 저런 형태로 런던에 흡수되어, 서구 세계에서 지속적으로 영국의 권력을 재생산하고 팽창할 수 있게 해준 부의 회로에 재순환되었다. 이렇게 권력의 영토주의적 논리와 자본주의적 논리(TMT'와 MTM')는 서로를 비옥하게 하고 지탱시켰다.

식민지에서 추출된 제국직 공납을 전세계에 투자되는 자본으로 재순환시킴으로써 세계 금융중심지로 경합하던 암스테르담이나 파리 같은 곳에 비해 런던의 비교우위가 높아졌다(cf. Jenks 1938). 이런 비교우위 때문에 런던은 자연스럽게 **고도금융**(haute finance)의 고향이 되었다. 고도금융은 세계주의 금융가들의 긴밀하게 짜여진 조직체로, 그 세계망은 영국이 국가간체계를 지배하는 데 사용한 또 다른 도구로 전환되었다.

금융은 …… 일군의 소규모 주권국가들의 협의체와 정책에서 강력한 조절자로 작동했다. 대부와 대부연장은 신용에 달려 있었고, 신용은 다시 성실한 행동에 달려 있었다. 입헌정부 하에서(비입헌정부들은 심각하게 기피되었다) 성실성은 예산에 반영되고 통화의 대외가치는 예산평가와 분리될 수 없기 때문에, 부채가 있는 정부는 환율을 주시하고 예산의 건전 상태에 영향을 줄 수도 있는 정책을 회피하라는 권고를 받았다. 어떤 국가가 일단 금 본위제를 채택하면, 이 유용한 금언은 필수 행위규칙이 되었는데, 금 본위제는 허용가능한 진폭을 최소한으로 제한하기 때문이다. 금 본위제와 입헌주의라는 수단 때문에, 새로운 국제질서를 고수한다는 이런 상징들을 채택한 많은 소규모 국가들에서 런던 시티[the City ; 런던에 위치한 금융·상업의 중심지]의 목소리가 강해졌다. 팍스브리태니카의 세력을 지탱한 것이 때로는 무시무시한 전함에 설치된 함포의 힘이었지만, 그보다 더 빈번히 힘을 떨친 것은 적시에 실을 연결시키는 국제 화폐망이었다. (Polanyi 1957: 14)

마지막으로, 베스트팔렌 체계의 팽창과 지양은 새로운 세계정부라는 완전히 새로운 수단을 통해 이루어졌다. 베스트팔렌 체계의 기반을 이룬 원칙은 국가간체계를 넘어서 그 위에서는 어떤 권위도 작동하지 않는다는 것이었다. 이에 비해 자유무역 제국주의가 수립한 원칙은, 국가들 내에서 그리고 국가들 사이에서 작동하는 법칙은 중세 통치체계에서 교황과 황제가 휘두른 어떤 권력보다 강한 초자연적 권력을 지니고 있다고 추정되는 새로운 형이상학적 실체——자기 자신의 "법칙들"에 의해 지배되는 세계시장——의 더 고차적 권위에 종속된다는 것이었다. 영국은 자신의 세계적 우월성이 이런 형이상학적 실체를 체현하고 있다고 드러냄으로써, 억압 장치가 보장해 주는 정도나 효과를 훨씬 더 넘어서까지 국가간체계 내에서 그 권력을 팽창시키는 데 성공했다.

이 권력은 영국이 자유무역의 실천 및 이데올로기를 **일방적으로** 채택한 결과로 얻은 것이었다. 다자적 자유무역체제는 영불 통상조약 체결과 더불어 1860년이 되어서야 시작되었고, 실천적 목적들이 있었음에도 1879년 독일의 "새로운" 보호주의가 등장하자 종료되었다. 그러나 1840년대 중반부터 1931년까지 영국은 계속해서 전세계의 제품에 국내시장을 일방적으로 개방하였다(Bairoch 1976a). 해외영토 팽창, 그리고 국내 자본재 산업의 발전과 결합하여 이 정책은 전세계 경제에 대한 강력한 통치 도구가 되었다.

> 빈 공간[sic]에 대한 식민화, 석탄에 의존하는 기계 주도 산업의 발전, 철도와 해운 서비스를 통한 교통·통신의 전세계적 개방은 영국 지도력 하에 급속하게 전개되었으며, 도처에서 민족과 민족의식의 출현을 촉진하였다. 이런 "잉글랜드 팽창"의 대응물은 1840년대부터 계속해서 나머지 모든 세계의 천연제품, 식료품, 원료에 대해 영국이 자유시장을 제공한 것이었다. (Carr 1945: 13~4)

영국 통치자들은 자기 나라의 국내시장을 개방함으로써, 영국의 부와 권력의 팽창에 의존하고 또 거기에 충성하는 전세계적 의존망을 탄생시켰다. 영국은 이렇게 세계시장을 통제하면서, 동시에 전지구적 세력균형에 숙달하였고 고도금융과 서로 도움을 주고 받는 긴밀한 관계를 유지하였기 때문에, 세계제국만큼 효과적으로 국가간체계를 통치할 수 있었다. 그 결과는 "서구 문명의 연대기에서 들어 본 바 없는, 〔유럽〕 백 년 (1815~1914) 평화라는 현상"이었다(Polanyi 1957: 5).

이는 전례 없는 영국의 헤게모니적 역량을 보여 준다. 그 억압적 장치 — 주로 해군과 식민지 군대 — 와 섬이라는 위치 덕에 영국은 의심할 바 없이 유럽과 전지구적 권력투쟁에서 모든 경쟁자들에 비해 결정적인 비교우위를 얻을 수 있었다. 그러나 그 비교우위가 아무리 크다한들, 그것이 세계 — 유럽 국가간체계뿐 아니라 — 를 자신의 민족 이익에 맞게 재구성할 수 있는 비상한 역량을 설명해 줄 수는 없는데, 영국이 19세기 중엽 보여 준 것은 바로 이것이었다.

이런 비상한 역량은 헤게모니의 표현, 다시 말해서 영국 권력의 팽창이 영국 민족적 이익뿐 아니라 "보편적" 이익에도 기여한다고 남들의 신뢰를 받으며 주장할 수 있는 역량의 표현이다. 이런 헤게모니적 주장의 핵심은 영국 지식인들이 선전한 자유주의 이데올로기에서 교묘하게 제시된 것처럼, 통치자들의 권력과 "국가들의 부" 사이에 선을 긋는 것이었다. 이 이데올로기에 따르면, 다른 통치자들보다 영국 통치자들의 권력이 팽창하는 것이 국가들의 부가 일반적으로 팽창하기 위한 동력으로 제시되었다. 자유무역이 통치자들의 주권을 손상시킬 수도 있겠지만, 동시에 그 신민들 또는 적어도 유산자 신민들의 부는 팽창시킬 것이었다.

이 주장의 호소력과 신뢰성은 1776~1848년 혁명적 격변이 만들어 낸 체계의 상황에 기초하고 있었다. 이 격변 중에 아메리카 대륙과 유럽 많은 곳에서 권력을 장악한 민족 공동체들은 주로 재산 소유자 공동체였으며, 이들의 주된 관심사가 그 통치자들의 자율적 권력보다는 자신들 자산의 화폐가치에 있었기 때문이다. 영국 자유무역 헤게모니의 "자연적" 유권자를 구성한 것은 바로 이런 공동체들이었다.

동시에 1776~1848년의 혁명적 격변은 영국 자체 내에서도 체계 전반에 걸친 "민주적" 부에 대한 요구를 만족시킬 수 있는 통치자들의 역량을 증진시키는 변동을 촉진하였다. 이런 변동 중 가장 중요한 것은 산업혁명이었는데, 이는 프랑스혁명과 나폴레옹전쟁의 영향력 하에 시작되었다. 우리의 현재 목적에서 볼 때, 이 산업혁명의 핵심적 중요성은 이것이 영국 신민들의 기업과 다른 국가 신민들의 기업들을 연결시키는 보완 관계를 크게 증진시켰다는 점이다. 여기서 다른 국가들이란 특히 영국 통치에 저항한 정착민들의 반란에서 출현한 북아메리카의 국가들을 말한다. 그 결과 영국의 통치자들은 그들이 국내 경제형성을 주도한 덕에, 정치권역들을 가로지르는 신민-신민 관계들을 이용하는 데 상당한 우위를 확보하게 되어, 이를 다른 주권국가들에 대한 통치의 비가시적 수단으로 이용할 수 있다는 것을 깨달았다. 나폴레옹전쟁 이후 영국의 통치자들이 이전의 동맹 군주국들의 반동적 경향에 반대해 처음에는 아메리카 대륙에서 그리고 나중에는 유럽에서 민주적인 민족주의 세력들을 지지하고 보호하도록 설득될 수 있던 것은 무엇보다 바로 이런 깨달음이 있었기 때문이었다(Aguilar 1968:23). 그리고 이런 세력들의 민족적 힘이 커지자, 국내외에서 국가의 부·권력·국위를 더욱 확장하기 위해 국가간체계를 이끌고 통치하는 영국 지배집단의 능력 또한 커졌다.

19세기 영국이 세계권력 성취는 선례 없는 것이었다. 그럼에도 이런 성취로 이끈 발전 경로의 새로움을 과장해서는 안 된다. 왜냐하면 영국 자유무역 제국주의는 단지 오래 전에 다른 국가들의 통치집단들이 열어놓은, 서로 분기하는 듯 보이는 두 개의 발전 경로를 소화롭게 종합하여 융합한 것이기 때문이다. 새로운 점은 경로 자체가 아니라 그 경로들의 조합에 있었다.

이 경로들 중 하나는 여러 세기 전에 베네치아가 열어 놓은 것이었다. 실로 나폴레옹전쟁 종료시점인 19세기에 영국 경제계의 주도적 성원들이 영국에 제안한 목표는 베네치아가 되라는 것이었다. 그리고 19세기 영국의 부와 권력의 팽창이 그 한계에 이르기 시작했을 때 동일한 유비가 — 비록 부정적인 함의를 지녔지만 — 다시 환기되었다(Ingham 1984: 9).

우리가 만일 세계 중심적(metropolitan) 영역, 그리고 유럽 국가들 사이의 관계에 초점을 맞춘다면, 이는 의심할 여지없이 적절한 유비이다. 영국의 상대적으로 작은 영토, 세계무역의 주요 교차점으로서 섬이라는 위상, 영국 해군력의 우세, 집산지 같은 그 국내 경제구조, 이 모든 것은 영국을 각각 베네치아 공화국의 또는 이런 점에서 연합주 권력의 정점의 시기를 확대 복제한 것처럼 보이게 만들었다. 틀림없이 영국의 세계 중심적 영역이 더 컸고, 베네치아와 네덜란드라는 선행자의 세계 중심적 영역보다 더 많은 인구자원과 천연자원을 포괄했다. 그러나 이런 차이점은 베네치아와 네덜란드 권력이 부침했던 앞선 시기에 비교해서 19세기의 자본주의 세계경제의 규모와 자원이 증가하였다는 것에 대체로 상응한 것으로 간주될 수 있을 것이다.

두번째 발전 경로는 전혀 다르고, 이는 우리의 시각을 해외 영역과 세계적인 정치구조 사이의 관계를 포괄하도록 넓힐 때에만 인식할 수 있는 것이다. 이런 더 넓은 시각에서 보자면, 19세기 영국은 베네치아나 연합주의 발걸음을 따른 것이 아니라 에스파냐 제국의 발걸음을 따른 것처럼 보인다. 폴 케네디가 지적했듯이(Kennedy 1987: 48), 3세기 전 합스부르크 블록처럼, 19세기 영국 제국은 "넓게 흩어져 있는 영토들의 결집체였고, 일련의 엄청난 물자와 창의력의 자원들을 계속 공급하도록 요구하는 정치적-군주적 걸작이었다."

3장에서 자세히 살펴볼 것이지만, 19세기 영국 제국과 16세기 에스파냐 제국의 공간적 구성 사이의 이런 유사성은 세계시민주의적 원거리 무역망의 전략·구도와 두 제국 구성체들의 통치집단의 권력추구를 지원한 고도금융의 전략·구도 사이의 놀라운 유사성과 잘 어울린다. 유사성은 이것만이 아니었다. 다수의 주권국가를 포괄하는 자유무역체계라는 사고는 에스파냐 제국에서 기인하였다(Nussbaum 1950: 59~62).

간단히 말해서, 영국 자유무역 제국주의에 의해 그리고 그것을 통해서 실현된 베스트팔렌 체계의 팽창과 지양은 앞선 시기 주도적 자본주의 국가들이 개시하고 추구한 발전 경로를 뒤쫓으면서 더 크고 복잡한 정치구조를 만들어 가는 단순한 "전진"은 아니었다. 그것은 또한 앞선 경로를 따라 발전한 결과 낡은 것이 되어 버린 듯 보이던 세계적 규모의 통치 및 축적의 전략·구조로 되돌아가는 "후진"이기도 했다. 특히 19세기에 탄생한 부분적으로 자본주의적이고 부분적으로 영토주의적인 제국구조는——그 전지구적 권력은 세계가 그때까지 목격한 어떤 것도 넘어서는 것이었다——자본주의 세계경제의 형성 및 팽창이 전근대 시기에 제국적 추구를 하던 수단들을 지양한 것이 아니라 그 수단들을 상이하면서도 더 효과적으로 지속시킨 것임을 보여 준다.

왜냐하면 19세기 영국 헤게모니 하에서 재구성된 자본주의 세계경제는 "세계경제"였던 만큼이나 "세계제국"이었다. 이는 확실히 전적으로 새로운 종류의 세계제국이었지만, 그럼에도 세계제국이었던 것은 사실이다. 이 독특한 세계제국의 가장 중요하면서도 새로운 특성은 그 통치집단들이 널리 흩어진 그들의 세력권 내에서 그들의 명령에 따르도록 하기 위해서뿐만 아니라 다른 정치적 세력권의 주권체와 신민들도 그들의 명령에 부응하도록 하기 위해서, 보편적으로 채택된 지불수단("세계화폐")에 대한 준독점적인 통제를 광범하게 이용했다는 점이다. 적어도 전근대 세계제국들의 가장 성공적인 기준에서 보자면, 이런 세계화폐에 대한 준독점적인 통제의 재생산은 대단히 문제가 많았고 오래가지 못했다. 그러나 그것이 지속되는 한, 영국 정부는 앞선 세계제국이 했거나 할 수 있었던 것에 비해 더욱 효율적으로 더욱 거대한 정치·경제 공간을 통치할 수 있었다.

미국 헤게모니와 자유기업체계의 등장

영국은 19세기 말까지 세계정부 기능을 수행했다. 그러나 1870년대부터 영국은 유럽의 세력균형에 대한 통제력을 상실하고, 곧이어 전지구적 세력균형에 대한 통제력 또한 상실하기 시작했다. 이 두 경우 모두 독일이 세계권력의 지위로 부상한 것이 결정적 발전이었다(Kennedy 1987: 209~13).

동시에 자본주의 세계경제 중심의 지위를 확보할 수 있던 영국의 역량은 그 자신보다 더 거대한 부, 규모, 자원을 보유한 새로운 민족경제의 출현 때문에 침식되고 있었다. 그것은 바로 미국이었는데, 미국은 유럽의 노동·자본·기업가정신에 대해 흡인력을 발휘하는 일종의 "블랙홀"로 발전하였다. 덜 부유하고 힘도 모자라는 국가들은 말할 것도 없고, 영국 또한 미국과 경쟁할 기회를 얻지 못했다. 영국의 세계권력에 대한 독일과 미국의 도전은 서로를 강화하였고, 영국의 국가간체계 통치 능력을 손상시켰으며, 결국 전례 없는 폭력과 광포함이 난무한 상태에서 세계적 우세를 둘러싼 새로운 투쟁이 벌어졌다.

이 투쟁과정에서 갈등은 앞서 전개된 바 있던 세계적 우월성을 둘러싼 투쟁의 특징적 국면들 전부는 아니지만 일부를 거쳐 갔다. 영토주의적 통치자들이 주도적 자본주의 국가를 병합하려는 첫 국면은 전적으로 무시되었다. 사실 세계적 우월성을 둘러싼 세 주요 경쟁자들(영국, 독일, 미국) 사이에서 권력의 영토주의적 논리와 자본주의적 논리의 융합이 너무나 진척되어 누가 자본주의적 통치자이고 누가 영토주의적 통치자였는지 구분하기 어렵다.

서로 대치하던 기간 전체에 걸쳐, 연이은 독일 통치자들은 다른 두 경쟁국의 통치자들보다 더욱 강력한 영토주의적 경향을 보였다. 그러나 이런 더욱 강력한 영토주의적 경향은 독일이 영토 팽창의 돌진에 늦게 뛰어들었다는 사실을 반영한 것이었다. 우리가 살펴보았듯이, 영국은 영토 획득에 열성적이었으며, 비서구 세계에서 제국 건설은 영국 세계헤게모니의 통합적 부분이었다. 미국으로 말하자면, 세계경제의 노동·자본·기업가 자원의 주요 흡인축으로 발전한 것은 미국 국내경제가 19세기를 거치면서 대륙적 범위를 획득했다는 것과 밀접한 관련이 있다. 개리스 스테드먼 존스가 지적했듯이(Stedman Jones 1972: 216~7),

유럽 열강에 특징적인 정착자 유형의 식민지가 없다고 자족적으로 말하는 미국 역사가들은 미국 제국주의의 **내부** 전체사가 영토 강탈과 점령의 거대한 과정이었다는 점을 쉽게 은폐해 버린다. "해외"에서 영토주의의 부재는 "국내"에서 전례 없는 영토주의에 기반하였다.

이런 전례 없는 국내 영토주의는 자본주의 권력논리에 전적으로 내적인 것이었다. 영국의 영토주의와 자본주의는 상호 힘을 실어 주었다. 그러나 미국 자본주의와 영토주의는 서로 분리불가능한 것이었다. 미국 국가 구성에서 이처럼 영토주의와 자본주의가 완벽하게 조화를 이룬다는 것을 가장 잘 요약해 보여 주는 것은 그 두 가지가 벤저민 프랭클린의 사고에서 공존한다는 것이다.

막스 베버(Weber 1930: 48~55)는 자본주의 질서가 실제로 물질화하기 전에 자본주의 정신이 프랭클린의 탄생지(매사추세츠)에서 출현했다고 주장하고, 이 주장을 옹호하기 위해서 목적 그 자체로서 더 많은 돈을 벌어들이기 위해 가차 없이 절약하는 미덕을 지지하는 프랭클린의 문건을 길게 인용하였다. 막스 베버가 주목하지 못한 점은 이 문건에서 "거의 고전적 순수성을 가지고서" 표현된 자본주의 정신이 프랭클린의 마음속에서는 마찬가지로 단호한 영토주의 정신과 결합되어 있었다는 점이다. 왜냐하면 다른 문건에서 프랭클린은

〔북아메리카〕 식민지의 인구가 1/4세기마다 두 배로 증가할 것을 예견하고는, 영국 정부가 이런 신참자를 위한 추가 생활 공간을 확보하도록 권고하였〔기 때문이〕다. 그 근거는 "비어 있는 새 영토를 획득하거나 아니면 원주민을 제거하여 자기 인민들에게 공간을 제공하는" 군주는 후손들의 감사를 받을 만하다는 것이었다. (Lichteim 1974: 58)

7년전쟁에서 프랑스에 승리한 이후 영국 정부가 북아메리카 식민지들의 서부 팽창을 제약하려 애쓰고, 또 이 식민지들이 제국의 비용을 부담하도록 애쓴 결과가 더해져 반발을 불러일으켰고, 이것이 결국 1776년

혁명으로 귀결되었다(Wallerstein 1988: 202~3). 그러나 혁명이 정착자들의 묶인 손을 풀어 놓자마자, 정착자들은 수익성을 거둘 수 있는 규모로 북아메리카 대륙을 최대한 정복하고 그 공간을 완전히 자본주의적 방식으로 재조직하기 시작했다. 무엇보다 이는 프랭클린이 주창했던 것과 정확히 일치하게, 계속 팽창하는 이주 인구를 위한 공간을 마련하기 위해 "원주민을 제거"함을 의미했다. 그 결과 나타난 것은 작고 탄탄한 국내 영토 "제국"이었는데, 이 용어는 워싱턴, 애덤스, 해밀턴, 제퍼슨이 연방 연합(federal union)과 번갈아 가며 사용한 것이었고(Van Alstyne 1960: 1~10), 이는 영국의 광대한 해외 영토 제국보다 실질적으로 보호비용이 더 적다는 특징을 지녔다.

영국과 아메리카는 독일의 통치자들이 뒤늦게 영토주의를 펼치면서 재생산해 보려 한두 개의 "제국" 모델이었다. 처음에 그들은 해외 식민지를 찾아 나서 영국의 해군력의 우세에 도전함으로써 영국을 따르려 했다. 제1차세계대전의 결과 이 목표가 무익하고 아메리카 모델의 우위 또한 드러나자, 그들은 미국을 모방하려 하였다(Neumann 1942; Lichteim 1974: 67).

독일이나 미국 어느 쪽도 프랑스와 에스파냐가 15세기에 그랬고, 프랑스와 영국이 17세기에 그랬던 것처럼 주도적 자본주의 국가를 자신의 세력 속에 편입시키려고 시도한 적은 없었다. 주도적 자본주의 국가의 세계권력이 그 선행자나 동시대 도전자들에 비해 너무나 강대해져서 투쟁은 앞서 두번째 국면이었던 것에서 시작할 수 있을 뿐이었다. 즉, 도전자들이 주도적인 자본주의 국가의 부와 권력의 비교우위를 지양하려는 국면 말이다. 세계상업과 금융에 대한 통제가 줄곧 국가간체계에서 상대적 능력을 결정하는 중요한 역할을 하였지만, 19세기를 거치면서 세계권력을 둘러싼 싸움에서 결정적 우위를 얻게 된 것은 국내시장의 상대적 규모와 성장 잠재력이었다. 다른 국가들에 비해 특정 국가의 국내시장이 더 크고 더 역동적일수록, 그 국가는 세계시장을 구성한 후견-피후견 관계의 전지구망의 중심에서 영국을 밀어낼 기회를 더 잘 찾아낼 수 있었다(4장을 보라).

이런 관점에서 볼 때 미국은 독일보다 더 나은 위치에 있었다. 대륙적 규모, 고립성, 매우 유리한 천연자원, 게다가 정부가 해외 제품에는 국내시장을 닫아걸지만 해외 자본·노동·기업에게는 개방하는 정책을 일관되게 추진했다는 점 때문에 미국은 영국 자유무역 제국주의의 주된 수혜자가 되었다. 세계적 우월성을 둘러싼 투쟁이 시작된 시점에 미국의 국내경제는 세계경제의 새로운 중심지가 되는 길로 잘 나아가고 있었다. 이 새로운 중심지는 무역 흐름에 의해서가 아니라 여타 세계에서 그 정치권역으로 흘러드는 노동·자본·기업의 다소 일방적인 이전에 의해 나머지 세계경제와 연결되었다.

독일은 이 지반에서 경쟁할 수 없었다. 비록 프러시아/독일이 유럽의 권력투쟁의 전선에 오래 연루되었다는 점 때문에 강력한 군산복합체를 탄생시켜 독일의 통치자들이 다른 모든 유럽 국가들——영국을 포함해——에 대해 비교우위를 확보하긴 했지만, 그 역사와 지리적 위치 때문에 독일은 이런 노동·자본·기업 흐름의 수혜자보다는 공물 납부자가 되었다. 1840년대부터 줄곧 군사적 혁신과 산업혁신은 형성 중인 독일의 지리적 영역 내에서 점점 더 긴밀하게 상호작용하기 시작했다. 19세기 후반 독일이 경험한 놀라운 산업화와 세계권력 지위로의 상승 양자 모두를 지탱한 것은 바로 이런 상호작용이었다(cf. McNeill 1984: 7~8장; Kennedy 1987: 187, 210~1).

그렇지만 독일의 군사-산업적 능력의 절대적·상대적 신장이 근본적으로 세계경제의 부의 회로에서 독일의 공물 납부자의 지위를 바꾸어 놓지는 않았다. 반대로, 노동·자본·기업 자원의 유출이라는 형태로 미국에 보내는 공물에 덧붙여 세계상업과 금융 중심지인 영국에 내는 공물은 더 커졌다. 독일 통치자들이 점점 더 생활공간(Lebensraum, 글자 그대로 "생활공간"인데, 즉 민족 생존을 위해 필수적이라고 믿고 있는 영토)에 집착한 것은 빠르게 신장하는 군사-산업적 능력을 그에 상응하는 세계경제 자원에 대한 통제력의 신장으로 전환시킬 수 없는 무력함이라는 조건에 체계적으로 기인하는 것이었다.

우리가 말했듯이, 이런 집착 때문에 독일 통치자들은 처음에는 영국식의 영토 팽창의 길로, 이어서는 미국 식의 영토 팽창의 길로 밀려 나아갔다. 그러나 이런 시도는 돌연 국가 간 갈등을 증폭시켰고, 이는 처음에는 영국 헤게모니의 토대를 침식하고 이어서 파괴시켰다. 그러나 그 과정에서 독일 자신의 국부, 권력, 위세에 더 큰 손실을 가져왔다. 국가 간 권력투쟁의 증폭에서 가장 큰 이득을 얻은 국가는 미국이었는데, 주된 이유는 미국이 세계무역의 주요 교차지에서 섬나라적 특성이라는 영국의 지위를 계승하였기 때문이다.

제2차세계대전이 벌어졌을 때 영국 해협이 제공해 주지 못하는 섬나라적 특성을 대서양은 여전히 제공해 주었다. 미국은 1914~45년의 헤게모니 전쟁에서 놀라울 정도로 벗어나 있었다. 더욱이 세계경제가 발전하고 기술 혁신이 지속되어 거리의 제약을 극복하자, 세계경제는 성장하여 세계 모든 곳을 포괄하였다. 그러자 멀리 떨어져 있다는 아메리카의 위치는 상업적으로 훨씬 덜 불이익이 되었다. 실로, 태평양이 대서양의 경합적 경제지대로 등장하자, 미국의 지위가 중심적이 되었다. 미국은 세계의 주요 대양 양쪽에 무제한으로 접근할 수 있는 대륙적 규모의 섬이었다(Goldstein and Rapkin 1991: 946).

17세기 말 18세기 초에 연합주 국가의 규모와 자원으로 지탱하기에는 헤게모니 역할이 너무나 커졌던 것과 마찬가지로, 20세기 초 영국 국가의 규모와 자원으로 지탱하기에는 헤게모니 역할이 너무나 커졌다. 두 경우 모두 헤게모니 역할은 실질적인 "보호 지대"를 향유하게 된 국가——18세기에는 영국, 20세기에는 미국——의 수중에 떨어졌다. 보호 지대란 배타적인 비용우위를 말하는데, 이는 한편에서 주요한 국가 간 갈등의 무대에서 절대적이나 상대적으로 벗어나 있다는 지전략적인(geostrategic) 섬나라적 특성과 연결되고, 다른 한편에서 세계무역의 주요 교차점에 절대적이나 상대적으로 근접해 있다는 점과 연결되었다(cf. Dehio 1962; Lane 1979: 12~3; Chase-Dunn 1989: 114, 118). 그러나 두 경우 모두 그런 국가는 또한 경쟁하는 국가들 사이의 세력균형 방향을 자신이 적절하다고 보는 쪽으로 돌릴 수 있을 만큼 자본주의 세계경제에서 충분한 힘을 보유한 국가이기도 했다. 그리고 19세기에 자본주의 세계경제가 상당히 팽창하였기 때문에, 20세기 초반에 헤게모니가 되기 위해 요구되는 영토와 자원은 18세기보다 훨씬 많았다(cf. Chase-Dunn 1989: 65~6; Goldstein and Rapkin 1991; Thompson 1992).

18세기 영국에 비해 20세기 초 미국의 영토 규모가 크고 자원이 더 많다는 점은 두 시기 세계적 우월성을 둘러싼 투쟁들이 보이는 유일한 차이점은 아니다. 우리가 이미 언급했듯이, 프랑스와 영국이 17세기 말 18세기 초에 시도했으나 성공하지 못한 것처럼, 20세기 초의 싸움은 경합을 벌이는 영토주의 권력이 주도적 자본주의 국가를 자신의 세력 속에 병합하려는 국면을 건너뛰었다. 게다가 더욱 중요한 점은, 20세기 초에는 국가 간 갈등의 증폭에 거의 바로 뒤이어 체계의 카오스가 커졌다는 것이다. 세계적 우월성을 둘러싼 프랑스와 영국 사이의 앞선 투쟁에서는 대중 반역의 주요 물결들의 힘 아래 국가 간 관계의 아나키가 체계의 카오스로 전환되는 데에 열강들 간의 군사적 갈등이 벌어진 한 세기 이상의 시간이 걸렸다. 그러나 20세기 초에는 열강이 서로 대치하자마자 아나키가 체계의 카오스로 전환되었다.

제1차세계대전이 발발하기도 전에 사회 저항 운동들은 전세계적으로 물결치기 시작했다. 이런 운동들은 자유무역 제국주의가 기대고 서 있던 이중의 배제, 즉 한편에서 비서구 민족들의 배제와 다른 한편에서 서구의 무소유 대중들의 배제에 뿌리내리고 있었고, 그것을 전복하는 것을 목표로 삼았다.

헤게모니 국가와 그 동맹국들, 피후견국들, 추종국들이 보기에 영국 헤게모니 하에서 비서구 민족들은 민족 공동체의 자격이 없었다. 베스트팔렌 체계를 통해 네덜란드 헤게모니는 이미 세계를 "우호적인 유럽, 그리고 다른 행위를 하는 잔여 지대"로 분할하였다(Taylor 1991: 21~2). 유럽은 전시에조차 "친선"과 "문명" 행위의 지대로 제도화되었던 반면, 유럽 이외의 영역은 어떤 문명의 기준도 적용되지 않고 그곳의 경합자들이 단순히 소거될 수 있을 뿐인 지대로 제도화되었다(Herz 1959: 67; Coplin 1968: 22; Taylor 1991: 21~2). 영국의 자유무역 제국주의는 이 분할을 한 걸음 더 밀고 나갔다. 친선과 문명 행위의 지대는 확대되어 아메리카 대륙의 신생 독립 정착자 국가들을 포함하였고, 서구 민족들이 부를 추구할 권리는 통치자들 정부의 절대권보다 상위로 격상된 반면, 비서구 민족들은 전제적인 식민통치를 통해서, 그리고 "오리엔탈리즘"처럼 그에 걸맞는 이데올로기의 발명을 통해서 원칙적으로나 실천적으로 가장 초보적인 자결권조차 박탈당했다(cf. Said 1978).

동시에 영국 헤게모니 하에서 국가간체계의 구성단위가 된 민족들은 일반적으로 재산 소유자들의 공동체였으며, 여기서 무산자들은 효과적으로 배제되었다. 유산자 신민들의 부 추구권은 이렇듯 통치자 정부의 절대권보다 상위로 격상되었을 뿐 아니라, 또한 무산자 대중들의 생계에 대한 오래된 권리들보다 상위로 격상되었다(cf. Polanyi 1957). 고대 세계의 아테네 민주주의처럼 19세기 자유민주주의는 "평등한 과두제"였고, 여기서 "시민 통치계급은 정치적 통제의 권리와 전리품을 나누어 가졌다"(McIver 1932: 352).

비서구 민족들과 서구의 무산자 대중들은 그들의 전통적인 자결권과 생계권을 가장 직접적으로 침해하는 자유무역 제국주의의 이런 측면들에 항상 저항하였다. 그러나 대체로 그들의 저항은 무력했다. 19세기 말에 국가 간 경쟁이 격화하고 그 경쟁의 수단으로서 민족경제형성이 확산된 결과 이런 상황은 바뀌기 시작하였다.

세계적 우월성을 향한 앞선 투쟁의 물결에서 "민족주의의 민주화"를 낳은 바 있던 전쟁형성과 국가형성의 사회화 과정은 "전쟁의 산업화"에 의하여 한 걸음 더 앞으로 나아갔다. 즉 이 과정에서 기계로 만든 기계제품들이 더 많이, 더 광범하게, 더 다양하게 전쟁형성 활동에 활용되었다(cf. Giddens 1987: 223~4). 그 결과 일반적으로 무산자들, 그리고 특히 산업 프롤레타리아트의 생산적 노력이 통치자들의 국가형성과 전쟁형성 노력의 핵심 구성요소가 되었다. 이에 상응해 무산자들의 사회적 권력은 증가했고, 그들의 생계를 국가가 보호하도록 하는 투쟁의 효과도 커졌다

(cf. Carr 1945: 19).

이런 상황에서 열강 간 전쟁의 발발은 통치자-피지배자 관계에 모순적 영향을 낳기 마련이었다. 한편에서 이는 직간접적으로 통치자의 군사-산업 노력에 연루된 무산자들의 사회적 권력을 증진시켰다. 다른 한편 이는 그 권력을 순치시킬 수 있는 통치자들의 수단들을 감소시켰다. 이 모순은 제1차세계대전 와중에 분명해졌는데, 이 시기 몇 년간의 노골적 적대는 지금까지 자본주의 세계경제가 겪어 온 가장 심각한 대중 저항과 반란의 물결을 해방시키기에 충분하였다(Silver 1992; 1995).

1917년 러시아혁명은 곧 이런 반란 물결의 초점이 되었다. 모든 민족의 자결권("반제국주의"), 그리고 재산권과 정부의 권리에 대한 생계권의 우위("프롤레타리아 국제주의")를 높이 내건 러시아혁명 지도부는 앞선 어떤 경험보다 훨씬 더 급진적으로 국가간체계의 작동에 개입하겠다는 유령을 불러왔다. 처음에 1917년 혁명의 충격은 1776년 미국혁명의 충격과 유사했다. 즉 이는 세계적 우월성을 둘러싼 투쟁에서 갓 패배한 강대국(이 경우 독일)의 실지회복을 강화하였고, 그 결과 열강 사이의 공공연한 갈등의 새로운 라운드가 열렸다.

국가간체계는 두 개의 대립적이고 적대적인 분파로 양극화되었다. 영국과 프랑스가 주도한 지배적 분파는 보수적이었는데, 다시 말해 자유무역 제국주의를 유지하는 지향을 가지고 있었다. 이에 대립하여, 두드러진 식민 제국도 없고 세계상업과 무역망의 제대로 된 연계성도 갖추지 못한, 세계 권력투쟁의 신예들은 나치 독일이 주도한 반동적 분파에 뭉쳐섰다. 이 분파는 자신들이 소련 권력을 절멸시킬 전사라고 떠벌렸는데, 이는 독일의 생활공간(Lebensraum)이건 일본의 대륙(大陸, tairiku)이건, 이탈리아의 우리 바다(mare nostrum; 로마 제국의 영향권에 속했던 지중해를 지칭함)이건 간에 직간접적으로 팽창주의적 야망의 길에 서 있는 것이었다. 그럼에도 이 분파는 그들의 반혁명 목표를 가장 잘 달성할 수 있는 길은 보수적 분파와의 예비적 또는 동시대적 대결이라고 계산했다.

이런 대결은 세계시장의 완전한 해체에서, 그리고 베스트팔렌 체계의 원칙, 규범, 규칙들의 전례 없는 위반에서 정점에 이르렀다. 더욱이 150년 전의 나폴레옹전쟁과 마찬가지로 제2차세계대전은 사회혁명을 위한 강력한 전달벨트가 되었는데, 전쟁 중과 전쟁 후에 사회혁명은 민족해방운동 형태로 비서구 세계 전체로 확산되었다. 전쟁과 혁명의 충격이 결합되어 19세기 세계질서의 마지막 흔적까지 소거되었고, 세계사회는 또다시 치유불가능한 해체 상태에 들어선 것처럼 보였다. 프란츠 셔만은 1945년이 되면 많은 미국 정부 관료들이 "새로운 세계질서만이 카오스에 뒤따른 혁명을 막을 보장책이라는 점을 믿게 되었다"고 지적한다 (Schurmann 1974: 44).

19세기 초 영국과 마찬가지로 미국은 처음에 베스트팔렌 체계의 원칙, 규범, 규칙들을 복원하는 방향으로 국가간체계를 이끌어 감으로써 헤게모니적이 되었고, 그 다음에는 자신이 복원시킨 국가간체계를 통치하고 재형성하는 데로 나아갔다. 국가간체계를 재형성할 수 있는 능력의 토대는 또다시 이 체계의 통치자와 피지배자들 사이에서 헤게모니 국가의 민족 이익이 일반 이익을 구현한다는 인식이 광범하게 퍼져 있던 데 기인한다. 이런 인식이 생겨난 것은 미국의 통치자들이 1917년 이후 혁명세력, 반동세력, 보수세력 사이에서 전개된 권력투쟁이 던진 문제들에 대한 해결책을 제시하고 제공할 수 있는 역량이 있었기 때문이었다. (여기서 논의하는 시기의 이런 세 종류의 세력 사이의 구분에 대해서는 Mayer 1971: 2장을 보라.)

출발부터 미국 통치엘리트의 가장 개명한 분파는 보수적이고 반동적인 열강들의 통치엘리트들보다 이런 쟁점이 무엇인지 훨씬 잘 알고 있었다.

> 여러 가지 점에서 윌슨의 강령과 레닌의 강령의 가장 의미심장한 특징은 그것이 유럽 중심적이 아니라 세계를 포괄하는 것이라는 점이다. 즉, 둘 다 세계 모든 민족들에게 호소하려는 것이다. …… 둘 다 그것이 유럽에 한정되건 전세계로 확산된 것이건 간에, 앞선 유럽체계를 부정한다는 뜻이다. …… 세계혁명을 소환한 레닌에 대해 윌슨 14조의 신중한 반격이 나타났으며, 프롤레타리아트의 연대와 제국주의에 대항하는 반란은 민족자결과 보통 사람의 세기와 짝을 이뤘다. (Barraclough 1967: 121; Mayer 1959: 33~4, 290도 보라.)

소련혁명이 제기한 도전에 대한 이런 개량주의적 반응은 시대를 매우 앞선 것이었다. 그러나 일단 세계정치의 보수적 분파와 반동적 분파 사이의 투쟁이 사라져 버리고, 그 결과 미국과 소련 양자의 세계권력이 대대적으로 커지자, 비서구 민족들과 무산자들의 요구를 순치하기 위해 국가간체계를 재형성하는 무대가 마련되었다.

제2차세계대전 이후 "서구"건 "비서구"건 간에 만인에게 자결권이 부여되었는데, 이는 다시 말해 자신을 민족 공동체로 구성하고, 일단 그렇게 구성되면 국가간체계의 완전한 구성원으로 인정받는다는 것을 말한다. 이런 점에서 전지구적 "탈식민화", 그리고 모든 민족들이 총회에서 동등한 자격을 갖는 국제연합의 형성은 미국 헤게모니의 가장 중요한 상관물이었다.

이와 동시에, 모든 피지배자들의 생계문제를 해결하는 것이 국가간체계의 구성원들이 추구할 핵심 목표가 되었다. 영국 헤게모니의 자유주의 이데올로기가 유산자 신민들의 부의 추구를 통치자들 정부의 절대권보다 상위로 격상시켰던 것과 마찬가지로, 미국 헤게모니의 이데올로기는 모든 피지배자들의 복지("고도 대중소비")를 재산의 절대권과 정부의 절대권보다 상위로 격상시켰다. 영국 헤게모니가 민족주의의 "민주화"를 순치하기 위해서 국가간체계를 팽창시켰다면, 미국 헤게모니는 민족주의의 "프롤레타리아화"를 선별적으로 순치함으로써 이런 팽창을 더 밀고 나갔다.

또다시 팽창은 지양과 긴밀히 맞물렸다. 자유무역 제국주의에 의한 베스트팔렌 체계의 지양은 실질적이긴 했지만 부분적인 것이었다. 빈 회의에서 복원된 행위의 원칙, 규범, 규칙은 국가간체계의 구성원들에게 국내관계와 국제관계를 어떻게 조직할 것인가에 대해 상당한 여지를 남겼다. 자유무역은 통치자들의 주권을 침해했지만, 통치자들이 헤게모니 국가의 무역망과 권력망에서 "이탈"(delink)하려 한다면 그렇게 할 수 있는 능력은 상당히 남겨져 있었다. 무엇보다, 전쟁과 영토 팽창은 국가간체계의 구성원들이 자신의 목표를 추구할 때 의존할 수 있는 정당한 수단으로 남아 있었다.

더구나 영국 헤게모니 하에서는 국가권력으로부터 벗어나 자율적으로 국가간체계를 통치할 수 있는 능력을 갖춘 조직이 없었다. 1650년부터 그랬듯이 국제법과 세력균형은 줄곧 국가들보다 상위에서가 아니라 국가들 사이에서 작동하였다. 우리가 살펴보았듯이, 유럽협조, 고도금융, 그리고 세계시장 모두 대부분의 국가들의 머리 위에서 작동하였다. 그럼에도 이것들은 영국의 세계권력에 대해 거의 어떤 조직적 자율성도 갖지 못했다. 이것들은 국가간체계를 압도하는 자율적 조직들이라기보다는 국가간체계에 대한 특정 국가의 통치 도구였다.

자유무역 제국주의와 비교해 볼 때, 미국 헤게모니의 제도들은 주권 국가들의 권리와 권력을 제한하여, 다른 국가들에 대한 관계와 자국 피지배자들에 대한 관계를 미국 제도들에 적합하도록 조직하였다. 민족 정부들은 전쟁에서, 영토 팽창을 통해 자신의 목적을 추구하는 데서, 또 그보다는 덜하지만 그럼에도 중요한 것으로 자국 신민들의 시민권과 인권을 침해하는 데서 전보다 훨씬 더 자유가 제약되었다. 전후 세계질서에 대한 루스벨트의 첫 구상에서 이런 제약은 다름 아닌 국가주권 개념 자체를 완전히 지양하는 것이었다.

> 루스벨트 구상의 핵심 특징은 세계안보가 국제체계를 통해 관철되는 미국의 힘에 기반해야 한다는 것이었다. 그러나 고난받는 세계의 민족들에게 광범한 이데올로기적 호소력을 얻기 위해서 그런 구도는 국제 화폐체계보다 덜 비밀스럽고 일련의 군사동맹이나 군사기지보다 덜 조야한 제도로 구성되어야 했다.(Schurmann 1974: 68)

이 제도가 국제연합이 될 것이었다. 이는 한편에서 평화에 대한 보편적인 욕망에 호소하였고, 다른 한편에서 독립, 진보, 그리고 궁극적으로 부유한 민족들과의 평등에 대한 빈곤 민족들의 욕망에 호소하였다. 이런 구상의 성지적 함의는 참으로 혁명적이었다.

세계역사상 처음으로 세계정부라는 이념이 구체적으로 제도화되었다. 국제연맹을 이끈 것이 민족회의라는 본실석으로 19세기 정신이었던 데 비해, 국제연합을 공공연하게 주도한 것은 미국의 정치 이념이었다. …… 제국을 통해 영국이 만들어 낸 세계체계에는 혁명적인 것이 없었다. 18세기에 영국에서 흘러나와 국제자본주의를 탄생시킨 세계시장 체계에는 다소 혁명적인 것이 있었다. …… 영국의 진정한 제국적 위대함은 정치에 있지 않고 경제에 있었다. 그러나 국제연합은 정치 이념이었고 지금도 그렇다. 미국혁명은 민족들이 의식적이고 신중한 인간의 행위에 의해 구성될 수 있음을 증명했다. 그때까지 민족들은 오랜 기간에 걸쳐 자연적으로 성장할 뿐이라고 가정되었다. …… 미국혁명 이래 많은 민족들이 탄생했다. …… 루스벨트가 사고하고 수행한 대담성은 이런 정부 건립과정을 세계 전체로 확장한 것이었다. 샌프란시스코 회의 이전부터 출현하기 시작한 별볼일 없는 현실에 눈을 떼지 못할지라도, 그런 구상의 힘을 과소평가해서는 안 된다. (Schurmann 1974: 71)

국제연합 형성 이후 루스벨트의 구상이 축소되어 냉전 세계질서로 체현된, 더욱 현실적인 정치 계획인 트루먼 독트린에 의해 추진되자 현실은 더욱 빈약해졌다. 루스벨트의 "단일세계주의"──소련을 세계의 빈국들에 포함시켜 모두의 혜택과 안전이 되도록 팍스아메리카나를 발전시키는 데 포섭해 들이는 것──는 이제 "자유세계주의"가 되었는데, 여기서는 소련 권력의 봉쇄가 미국 헤게모니의 핵심 조직원칙으로 전환되었다. 미국 뉴딜의 전세계적 확장의 일차적 수단을 세계정부 이념의 제도화에서 발견한 루스벨트의 혁명적 이상주의는, 세계화폐와 전지구적 군사력에 대한 미국의 통제를 미국 헤게모니의 일차적 수단으로 제도화한 그의 후계자의 개량주의적 현실주의에 의해 대체되었다(cf. Schurmann 1974: 5, 67, 77).

이런 훨씬 전통적인 권력 수단들이 "자유세계"의 보호와 재조직에 활용되자, 브레턴우즈 조직들(국제통화기금과 세계은행)과 국제연합은 모두 미국 정부가 그 헤게모니 기능을 수행하는 데 이용되는 보조수단이 되거나, 이런 방식으로 이용될 수 없을 때는 그 자체의 제도적 기능이 방해받았다. 이렇듯 미국 연방준비제도가 이끈 일군의 국가 중앙은행들과 비교해 보거나 이들 중앙은행들과의 관계 속에서 볼 때, 1950년대와 1960년대에 국제통화기금과 세계은행은 세계화폐의 조절에 대해 거의 또는 전혀 역할을 하지 못했다. 브레턴우즈 조직들이 전지구적 화폐 조절에서 처음으로 두드러지게 나타난 것은 오로지 바로 1970년대 그리고 무엇보다 1980년대에 미국 헤게모니가 위기에 처했을 때였다. 마찬가지로 1950년대 초 국제연합 안전보장이사회와 총회는 미국 정부의 한국 내전 개입을 정당화하기 위해 도구적으로 이용되었으며, 그 뒤에는 국가 간 갈등의 조절에서 모든 중심성을 상실했다가, 1980년대 말 1990년대 초에 재활성화되었다.

우리는 브레턴우즈 조직체들과 국제연합 조직체들이 이렇게 최근에 부활한 의미를 다시 검토해 볼 것이다. 그러나 우선 미국 헤게모니의 최대 팽창의 시점에 이들 조직체들이 수단으로 이용되면서 부분적으로 위축되었다고 해서 영국 세계헤게모니의 전략과 구조로 복귀한 것은 아니라는 점을 강조해 두자. 브레턴우즈와 국제연합 조직체들을 그저 유지하기만 하는 것으로 미국 헤게모니를 정당화하는 이데올로기적 가치 대부분을 보손시켰다는 사실 —영국 헤게모니의 수립과 재생산에서는 이에 비견할 만한 가시성, 항구성, 정당성을 갖춘 초국가적 조직체와 국가 간 조직체가 부재했다는 두드러진 대비점— 과 달리, 미국 "자유세계주의"는 영국 자유무역 제국주의의 지속인 만큼이나 동시에 그 부정이기도 했다. 지속이었던 이유는 후자처럼 미국 "자유세계주의"는 국가 간 관계와 국가 내 관계 모두에서 카오스가 증가한 시기 이후에 베스트팔렌 체계를 재수립하고 확장시켰기 때문이다. 그러나 그 부정이었던 이유는 미국 "자유세계주의"가, 적어도 영국 자유무역 제국주의란 의미에서 볼 때는, "제국주의적"이지도 "자유무역적"이지도 않았기 때문이었다.

냉전 세계질서를 수립하여 루스벨트 구상을 축소시켜 작동시킨 결과, 미국 헤게모니의 "반(反)제국주의적"이고 "반(反)자유무역적"인 추동력은 약화되기는커녕 오히려 강화되었다. 이런 축소적 조작화는 단순히 미국과 소련 사이의 이데올로기적 경쟁을 제도화시켰는데, 그것이 처음 형태를 갖춘 것은 레닌이 세계혁명을 소환하고 이에 대응해 윌슨이 모든 민족의 자결권과 "보통 사람"의 적절한 생계권을 선포한 때였다. 이런 경쟁의 제도화 때문에 비서구 민족들과 세계 무산계급의 개선 요구를 정당화하는 미국 헤게모니의 매개변수들은 상당히 협소해졌지만, 이는 또한 이런 요구들의 충족을 통해 미국 정부 능력을 최대화하도록 자본주의 세계경제를 재편하는 과정을 가속화하기도 하였다.

이렇듯 1940년대 말 1950년대 초에 미국과 소련을 서로 맞붙게 만든 첨예한 이데올로기적·정치적 경쟁이 없었다면, 비서구 세계의 탈식민화 과정은 실제보다 훨씬 더 문제가 많았을 것이거나, 실제 과정보다 훨씬 더 오랜 시간이 걸렸을 것이라는 데 의심의 여지가 없다. 확실히 이런 동일하게 첨예한 긴장의 결과로, 미국 정부는 북쪽과 남쪽 영토의 정부들이 서로 간에 전쟁 형태로 벌인 분쟁에 대해 한국인들 그리고 나중에 베트남인들이 외부 개입 없이 스스로 문제를 해결할 권한을 짓밟게 되었다. 그러나 이런 통상적인 주권국가 권리의 유린은 다름 아니라 미국 헤게모니 하에서 주권국가들이 자신이 원하는 다른 국가들 그리고 자기 자신의 피지배자들과 관계를 조직할 자유를 전례 없이 제한함으로써 베스트팔렌 체계가 팽창한 한 측면일 따름이었다.

영국 정부는 세계헤게모니 정점에 있을 때 미국 남북전쟁에서 강렬한 보호주의 북부 동맹에 반대하는 자유무역주의 남부 연방을 지원하지 못했다. 오히려 영국 정부는 그 구식민지들이 영국 헤게모니 하에서 벌어진 피비린내 나는 전쟁에서 서로를 자유롭게 학살하도록 내버려 두었고, 대신 인도 제국에 대한 통제를 공고화하고 세계가 목도한 최대의 식민화 물결의 기초를 닦는 데 집중했다. 이에 비해 미국 정부는 헤게모니의 정점에 있을 때 북한과 북베트남의 공산주의 정권에 대항한 각각의 전쟁에서 남한과 남베트남의 "자유세계주의" 정권들을 대신해 나섰다. 그러나 동시에 미국 정부는 세계가 목도한 최대의 탈식민화 물결을 적극적으로 고무했다. (식민화와 탈식민화 물결에 대해서는 Bergesen and Schoenberg 1980: 234~5를 보라.) 세계헤게모니 정점에서 영국 정부와 미국 정부 각각이 보인 이런 대조적인 경향은 두 헤게모니의 상이한 추동력을 명백히 보여 준다. 우리가 영국 헤게모니의 주된 추동력을 "제국주의적"이라고 규정한다면, 미국 헤게모니의 주된 추동력은 "반제국주의적"이라고 규정하지 않을 수 없다(cf. Arrighi 1983).

영국 헤게모니에 비교한 미국 헤게모니의 이런 대립적 추동력은 영국 헤게모니의 전개에서 이미 분명해진 "후진"(後進) 양상을 재생산하였다. 영국 헤게모니 하에서 베스트팔렌 체계의 팽창과 지양이 네덜란드 헤게모니보다는 16세기 에스파냐 제국과 더 유사한 세계적 규모의 통치·축적의 전략 및 구조에 기반하였던 것과 마찬가지로, 미국 헤게모니 하에서 동일한 체계의 팽창과 지양은 영국 헤게모니보다는 네덜란드 헤게모니와 더 유사한 세계적 규모의 통치·축적의 전략 및 구조를 향한 "후진"

이었다. "반제국주의"라고 규정된 특징이 그런 유사성 중 하나이다. 미국은 전례 없는 "국내적" 영토주의를 통해 형성되었지만, 네덜란드 헤게모니나 미국 헤게모니 어떤 것도 영국 헤게모니가 서 있던 영토적 "세계제국" 같은 것 위에 서 있지는 않았다. 그리고 반대로, 네덜란드 헤게모니와 미국 헤게모니 양자 모두 결코 영국 헤게모니는 가지 않은 방식으로 민족자결 운동——네덜란드의 경우에는 엄밀하게 유럽의 운동이었고, 미국의 경우에는 보편적인 운동——의 지도력 위에 서 있었다. 영국은 미국의 민족자결 물결로부터 출현한 국가들을 자유무역 세계질서로 이끌었다. 그러나 그 질서는 아시아와 아프리카에서 영국의 "제국주의적" 배치의 완전한 실현에 기초하였다. 미국은 영국의 제국적 발전 경로를 폐기하고 엄밀하게 국내적인 영토주의를 선호함으로써, 비교할 수 없으리만큼 커진 규모로 네덜란드 헤게모니의 민족적 발전 경로를 재생산하였다.

미국 헤게모니의 "반자유무역주의" 추동력도 비슷하게 생각해 볼 수 있다. 미국 헤게모니가 19세기 자유주의의 원칙 및 실천과 결별하고 경제 규제와 피지배자들의 복지에 대한 정부의 더 커진 책임성을 선호했다는 점은 널리 주목되어 왔다(예를 들어 Ruggie 1982; Lipson 1982; Keohane 1984b; Ikenberry 1989; Mjoset 1990을 보라). 그럼에도 헤게모니 투쟁 사이에 끼인 시기의 "중상주의"와 대비해 두 헤게모니 질서의 "자유주의"를 강조하는 것은 미국 냉전 세계질서가 19세기 영국의 자유무역 정책과 이데올로기로부터 근본적으로 결별했다는 점을 모호하게 만드는 경향이 있었다. 사태의 진실은, 미국 정부는 영국이 1840년대에서 1931년까지 실천한 것 같은 **일방적** 자유무역을 채택하려는 고려조차 해본 적이 없다는 것이다. 미국 정부가 헤게모니 상승기에 이데올로기화하고 실천한 자유무역은 오히려 무역자유화의 쌍무적·다자적 정부 간 협상 전략이었으며, 그 목표는 주로 미국 상품과 기업에 다른 국가들의 문호를 개방하는 데 있었다. "자기조정하는 시장"이라는 19세기 신념 — 폴라니적 의미에서(Polanyi 1957) — 은 다만 1970년대의 헤게모니 위기의 대응으로 레이건과 부시 정부 하에서 1980년대에 공식 이데올로기가 되었을 뿐이다. 그러나 그때에도 실제로 미국 정부가 채택한 무역자유화의 일방주의 조치들은 매우 제한적이었다.

어쨌건 자유무역은 냉전 세계질서를 형성하는 데 아무런 역할도 하지 못했다. 자유무역은 미국과 서유럽을 한데 묶는 정책이 되지 못했고,

> 그들을 분열시키는 쟁점이었다. ······ 전후의 대서양 공동체는 미국이 러시아와 유럽 토착 공산주의의 위협을 느껴서 "상호 안보"와 유럽의 신속한 복구에 이해관계를 갖고서 자신의 자유주의적 신조를 억압한 이후에 등장했을 따름이다. ······ 경제는 정치에 종속되었다. 무역은 깃발을 보고 방향을 잡았다. 그리고 유럽에 대한 미국의 헤게모니는 자유무역 제국주의보다 훨씬 더 가시적인 형태를 갖추었고, 또 유럽인들에게 더 유용하고 수용가능한 형태를 갖추었다. (Calleo and Rowland 1973: 43)

이런 더 유용하고 수용가능한 헤게모니 형태는 19세기 영국의 형태와 여러 측면에서 달라졌다. 한 가지는, 여타 국가들의 선별된 중앙은행의 협조 하에 미국 연방준비제도에 의해 세계화폐가 규제되었다는 점인데, 이는 런던에 중심을 둔 고도금융의 세계시민주의적 망에 기반하고 그 통제를 받던 19세기의 사적 규제체계와 매우 대조적이었다. 공식적 규제를 받는 달러체제 하에서 미국 정부는 영국 정부가 19세기 사적으로 규제

되는 금 본위제 하에서 누렸던 것보다 훨씬 더 큰 행동의 자유를 부여받았다(Mjoset 1990: 39). 사실 시장 제약은 이런 행동 자유를 극적으로 감소시켰다. 그러나 미국 정부가 세계 유동성을 효과적으로 통제하는 한—1950년대 전체와 1960년대 대부분—, 미국 정부는 이 통제력을 활용하여 자본주의 역사에서 전례 없는 세계무역의 보편적 팽창을 촉진하고 지탱할 수 있었다(4장을 보라).

유사하게, 미국 헤게모니 하에서 세계시장 형성의 주된 수단인 관세와 무역에 관한 일반 협정(GATT)은 일반적으로 정부의 수중에, 그리고 특히 미국 정부의 수중에 무역자유화의 속도와 방향에 대한 통제권을 남겨 두었다. 영국은 19세기에 자신의 해외무역을 일방적으로 자유화하였기 때문에, 그런 자유화를 무기로 활용하여 다른 정부들의 무역을 자유화하도록 강제할 수 있는 가능성은 포기했다. 이런 무기의 활용을 거부하면서 일방적 자유무역을 채택한 적이 없는 미국은 영국체제에 비해 나머지 세계에 대해 훨씬 덜 "관용적인" 무역체제를 건립했다. 그러나 크래스너가 지적했듯이(Krasner 1979), 미국이 동맹국들에 비해 욕구의 계서제에서 더 높은 수준에 있는 동안에는—1950년대와 1960년대 전체가 그랬듯이—미국은 냉전 목표에 우선성을 부여하고 계속된 무역자유화 라운드의 협상에서 관용적일 수 있는 여유가 있었다. 이렇게 해서 미국 헤게모니 하에서는 영국 헤게모니에 비해 훨씬 더 광범한 수준의 **다자적** 자유무역이 달성되었다. 그럼에도 실제 출현한 것은 자유무역체제가 아니라, 오히려 "개방성도 자력갱생도 아닌 세계무역의 누더기 배치"(Lipson 1982: 446)이거나, 아니면 더 나쁘게 말하면 "일본, 유럽경제공동체(EEC), 미국 사이의 임시적 외교 관계와 이들과 다른 소국들 사이의 쌍무적 협정으로 이루어진 덜컥거리는 정치 구조"(Strange 1979: 323)였다.

세번째로 미국이 영국 헤게모니와 훨씬 더 근본적으로 달라진 점은 세계무역의 상당 부분이 점점 더 많이 대규모, 수직적으로 통합된 초국적 기업 내로 "내부화"되고 이들에 의해 관리되는 경향이 있다는 점이었다. 기업 내 거래의 현실을 보여 주는 국제 "무역" 자료는 아직 사용가능하지 않다. 그러나 여러 가지 추계에 따르면 기업 내 거래가 세계무역에서 차지하는 비중은 1960년대에 20~30% 정도에서 1980년대 말 1990년대 초에 40~50% 수준으로 늘어났다. 로버트 라이시에 따르면, "가치기준으로 1990년에 미국 수출입의 절반 이상은 전지구 기업 **내의** 재화와 서비스의 이전일 뿐이었다."(Reich 1992: 114; 강조는 원문)

미국 헤게모니의 이런 특징은 제2차세계대전 이후 자본주의 세계경제 재구성에서 무역보다 직접투자가 중심성을 갖는다는 점을 반영한다. 로버트 길핀이 관찰했듯이(Gilpin 1975: 11), 미국 초국적기업에 의한 직접투자의 본질은 "해외경제의 상당 부문에 대한 경영 통제권이 미국 국민들에게 이전되었다는 점이다. 따라서 특성상 다른 나라에 투자하는 이런 직접투자자는 19세기 영국에서 지배적이던 자유무역업자나 금융자본가보다는 중상주의 시기의 무역 회사와 더 유사하다." 길핀이 말하는 무역 회사란 17세기에 네덜란드 정부 기구와 경제 기구들이 발트 해 교역에 대한 통제력에 주로 기반하고 있던 네덜란드의 지역적 상업 우세를 세계적 상업 우세로 전환시키는 데 사용한 주된 도구였기 때문에, 20세기 미국 법인자본의 초민족적 팽창은 네덜란드 헤게모니에 전형적인 전략과 구조를 향해 움직인 미국 헤게모니 "후진"의 또 다른 측면이다(2장과 4장).

그렇지만 17~8세기 공인합자회사와 20세기 초국적기업 사이에는 근본적 차이점이 있다. 공인합자회사는 부분적으로 정부 조직이고 부분적으로 경제 조직이었으며, **영토적으로** 특화하여 유사한 조직체들을 배제하였다. 이에 비해 20세기 초국적기업은 엄밀한 경제 조직으로, 다수의 영토와 지배권역을 넘나들면서 다른 유사 조직체들과 협력 및 경쟁을 벌이면서 특정 생산과 유통 라인에 **기능적으로** 특화하고 있다.

영토적 특화와 배제 때문에, 여러 나라들을 합해 보더라도 성공적인 공인합자회사의 수는 매우 적었다. 어떤 때도 10여 개를 넘은 적이 없었고, 정부 기업이나 경제 기업으로 진짜 성공한 수는 훨씬 더 적었다. 그럼에도 개별적으로나 집합적으로, 이들 기업은 주권국가들의 유럽체계의 영토적 범위와 배타성을 공고화하고 팽창시키는 데 핵심적 역할을 했다.

초영토성과 기능적 특화 때문에 미국 헤게모니 하에서 번성한 초국적기업 수는 비교할 수 없을 만큼 많았다. 1980년 추계로는 초국적기업 수가 1만이 넘고, 그 해외 자회사는 9만 개였다(Stopford and Dunning 1983: 3). 다른 집계에 따르자면, 1990년대 초에 그 수는 각각 3만 5천 개와 17만 개로 증가했다(*The Economist*, 1993년 3월 27일자: 5, Ikeda 1993에서 재인용).

이렇게 폭발적으로 성장한 초국적기업들은 "권력의 용기"(container)로서 국가들의 영토적 배타성을 공고화하는 대신, 그 배타성의 실체를 침식하는 가장 중요한 단일요인이 되었다. 냉전 세계질서 속에 구현된 미국 헤게모니의 위기가 시작된 1970년경이 되면, 초국적기업들은 세계적 규모의 생산·교환·축적 체계로 발전하여, 어떤 국가의 권위에도 종속되지 않고, 미국을 포함한 국가간체계의 각각의 그리고 모든 구성원들을 그 자신의 "법칙"에 종속시키는 권력을 갖게 되었다(4장을 보라). 이런 자유기업체계— 세계적 규모의 자본축적과정에 부여된 국가들의 영토적 배타성의 제약들로부터 자유로운— 의 출현이 미국 헤게모니의 가장 두드러진 결과였다. 이는 베스트팔렌 체계의 팽창과 지양 과정에서 결정적인 새로운 전환점을 그리는 것이며, 주요한 세계권력의 장소로서 근대 국가간 체계의 소멸을 개시한 것일는지도 모른다.

로버트 라이시(Reich 1992: 3)는 "시민들을 한데 묶는 매듭을 끊은 전지구 경제의 원심력"의 충격 하에 민족경제와 사회의 중요성이 쇠퇴하고 있다고 말한다. 피터 드러커(Drucker 1993: 141~56)는 세 가지 힘의 충격이 결합해 민족국가의 권력이 계속 약화된다고 본다. 첫째는 다자적 조약과 국가이상적(suprastatal) 조직체들의 "초민족주의"이고, 둘째는 EU와 북미자유무역협정(NAFTA) 같은 경제 블록의 "지역주의", 셋째는 다양성과 동일성을 점점 더 강조하는 "부족주의"이다. 진단이 어떻든, 민족국가의 유용성과 힘이 쇠퇴하고 있다는 일반적 인식이 늘고 있다.

> 지난 수세기 동안 정치적·국제적 사건들에서 핵심적이던 자율적 행위자들이 그 통제력과 온전성을 상실하고 있을 뿐 아니라, 새로운 상황을 다루기에 **부적절한** 단위가 된 것처럼 보인다. 이는 어떤 문제에 대해서 효과적으로 작동하기에는 너무 크다. 다른 문제들에 대해서는 너무 작다. 결과적으로 위와 아래로 "권위를 재배치"해 오늘과 내일의 변화의 동력에 더 잘 대응할 수 있는 구조를 만들라는 압력이 있다. (Kennedy 1993: 131, 강조는 원문)

새로운 연구 의제를 향하여

테렌스 홉킨스(Hopkins 1990: 411)는 네덜란드, 영국, 미국 헤게모니를 자본주의 세계체계 형성의 연이은 "계기들"로 해석해야 한다고 제안했다. "네덜란드 헤게모니는 자본주의 세계경제를 역사적 사회체계로 가능하게 만들었고, 영국 헤게모니는 그 기틀을 분명히 하고 전지구적 지배로 옮겨 놓았으며, 미국 헤게모니는 그 범위·틀·관통력을 심화시키고, 동시에 그 쇠락을 불러오는 과정들을 풀어 놓았다." 유사한 도식이 이 장에서 제기되었는데, 그에 따르면 네덜란드 헤게모니 하에서 제도화한 국가간체계는 그 구성 단위들의 주권과 자율적 능력을 축소하는 두 번의 연이은 과정을 거치며 팽창하였다.

영국 헤게모니는 아메리카 대륙의 탈식민화로부터 출현한 정착자 국가들을 포괄하고, 또 신민들의 재산권을 통치자들의 주권보다 상위로 격상시킴으로써 국가간체계를 팽창시켰다. 그렇게 제도화한 국가간체계는 아직은 최초 베스트팔렌 체계처럼 상호 정당성을 부여하는 배타적인 영토적 주권체들의 체계였다. 그러나 이는 영국 통치에 종속된 체계였고, 이 통치는 유럽 세력균형에 대한 통제, 영국 자신에 중심을 둔 광범하고 조밀한 세계시장에 대한 통제, 그리고 전지구적 영국 제국에 대한 통제에 힘입어 유지가능한 것이었다. 비록 이 통치가 그 체계 구성국가들의 일반 이익을 수행한다고 널리 인지되었지만, 이는 처음 베스트팔렌 체계에서 실제로 누린 주권들의 배타성보다는 약한 것이었다.

근대 국가간체계를 팽창시키는 동시에 지양하는 이런 진화과정은 미국 헤게모니 하에서 그 체계를 확대 재구성함으로써 한 걸음 더 나아갔다. 이 체계가 아시아와 아프리카의 탈식민화로부터 출현한 비서구 국가들을 포함하게 되면서, 재산권뿐 아니라 피지배자들의 생계권 또한 **원칙적으로** 통치자들의 주권들보다 상위로 격상되었다. 더구나 근대 시기에 처음으로 국가 주권에 대한 구속과 제약이 세계정부라는 이념을 제도화한(그리고 세계사에서 처음으로 세계정부 이념이 전지구를 포괄하였다) 국가이상적 조직체들 —— 가장 두드러진 것은 국제연합과 브레턴우즈 조직체들이었다——에 체현되었다. 냉전 세계질서가 수립되자, 미국은 루스벨트의 "단일세계주의"를 폐기하고 트루먼의 "자유세계주의"를 선호하였으며, 세계체계 통치에서 미국이 국제연합을 대체했다. 그러나 세계에 대한 미국 통치의 규모·범위·효과성과 그 목적을 위해 활용된 군사적·금융적·지적 수단의 집적은 19세기 영국 헤게모니의 목적과 수단을 훨씬 뛰어넘었다.

근대세계체계는 이렇듯 포괄성이 늘어나는 연이은 헤게모니들을 거치면서 현재의 전지구적 차원을 획득하였으며, 이에 상응하여 그 구성원들이 실제로 향유하는 주권들의 배타성을 감축시켰다. 이 과정이 지속된다면, 루스벨트가 구상한 것 같은 진정한 세계정부에 손색없는 것이 될 다음 세계헤게모니는 앞선 헤게모니보다 더 영토적으로나 기능적으로 포괄적이 될 것이라는 조건을 만족시킬 것이다. 이렇게 우리는 상이하고 훨씬 우회적인 길을 거쳐서 서문에서 제기한 질문 중 하나로 돌아왔다. 미국 지도력 하에서 서구는 근대 국가간체계의 등장과 팽창에 뿌리내린 자본주의 역사를 종식시킬 정도의 세계권력을 획득했는가?

1970년대와 1980년대 헤게모니 위기의 결과로 이것이 역사적 가능성의 영역 안으로 들어왔다는 확실한 신호가 있다. 이렇듯 1980년대와 1990년대 초 브레턴우즈 및 국제연합 조직체들의 재활성화를 보면, 미국의 통치집단들이 미국 같은 매우 강력한 국가에도 점점 더 카오스적이 되어 가는 세계에서 최소한의 정부 기능을 수행하는 데 필요한 실물적 자원과 이데올로기적 자원이 부족하다는 사실을 잘 알고 있다는 점이 드러난다. 이런 동일한 집단들이 국가이상적 조직체들을 통해 효과적 행동에 필요한 민족 주권의 장식물들——실체는 말할 것도 없고——을 기꺼이 포기할 것인지, 또는 이 집단들이 피우긴 그런 행동을 위한 사회적 목적을 고

안하고 접맥하여 그 정당성을 전세계적으로 얻어 내 성공할 기회를 즐길 수 있을 것인지, 이는 완전히 다른 질문이고, 당분간 그 대답은 단호하게 부정적이다. 그러나 과거 헤게모니 이행에서처럼 현재의 헤게모니 이행에서도 어떤 시점에서는 불가능해 보이거나 심지어 생각조차 할 수 없던 것들이 증폭되는 체계의 카오스의 충격 하에 나중의 시점에서는 가능해지고 뚜렷하게 합리적이 되지 말아야 할 이유는 없다.

이런 세계정부형성의 이면은 통치의 효과적 수단으로서 영토국가들의 위기이다. 법률적 국가성을 부여 받았고 그에 의해 국가간체계의 구성원이 되었지만, 국가성과 역사적으로 결합되어 있는 정부기능 수행에 필요한 능력을 결여한 국가들을 지칭하기 위해 로버트 잭슨은 "준국가" (quasi-states)라는 표현을 고안해 냈다. 그가 보기에 그런 조건에 들어맞는 가장 분명한 사례를 제공한 것은 제2차세계대전 후 탈식민화 물결에서 출현한 제3세계 국가들이었다.

> 식민지에서 벗어난 국가들은 국제적으로 권리를 얻었고, 다른 주권국가들과 똑같은 외적 권리와 의무를 지니고 있는데, 이는 법률적 국가성이다. 그러나 동시에 많은 국가들은 제한된 경험적 국가성을 …… 드러낸다. 그 주민들은 독립적 국가성에 전통적으로 결부된 많은 이점들을 누리지 못하고 있다. …… 역사적으로 주권적 국가성이 지닌 부정할 수 없는 책무로 인정된 구체적 혜택들은 종종 아주 좁은 엘리트에게만 한정되고 시민들 전체로 확대되지 못하고 있다. …… 이런 국가들은 우선적으로 법률적이다. 말하자면, 이들 국가는 아직 결코 완전하지 못하며, 대체로 경험적 국가성은 건설되어야 할 과제로 남겨져 있다. 따라서 나는 이런 국가들을 "준국가"라고 지칭한다. (Jackson 1990: 21)

준국가성이라는 조건이 가리키는 것이 이론적·역사적으로 이야기되는 기대에 비해 실제 국가형성 능력이 다소 근본적으로 결여된 것이라면, 이는 잭슨이 가정한 것보다 훨씬 더 근대 국가간체계의 일반적인 조건이었다. 존 볼리가 지적했듯이(Boli 1993: 10~1), 민족 주권의 내외적 측면은 핵심적으로 권위의 정당성에 대한 이론이다. 국가로 조직된 민족적 정치체들은 "세계적 정치체에도 종속되지 않고, 국지적 정치체나 조직들의 도전도 받지 않는" 정당한 권위의 정점으로 이론화된다. 그러나 사실은 종종 이론에 위배된다.

사실을 검토한 후 찰스 틸리(Tilly 1975: 39)는 유럽 국가형성의 역사 자체가 성공보다 실패의 사례를 얼마나 많이 보여 주는지 지적했다. "성공과 실패의 배분이 고르지 못하기 때문에, 우리는 대부분의 사례들이 부정적임에도 긍정적 사례들만 많이 논의하는 유쾌하지 않은 경험 처리 상황에 놓이게 된다." 헨드릭 스프루이트의 말을 바꾸어 러기가 덧붙이듯이(Ruggie 1993: 156), 훨씬 더 엉망인 것은, "영토국가 이외에 중세 통치체계의 계승 형태가 체계적으로 고려에서 배제되어 왔기 때문에, 국가 건설 이론의 종속변수 측면에서는 단위들에 어떤 근본적 변이도 없다."

이렇듯 잭슨의 준국가 개념은 한 줌의 국가형성의 "성공적" 역사 경험들에 기반하고 있는데, 거기서도 "성공" 자체는 세계체계 전체에서 권위를 수행할 수 있는 실제 능력이라는 점에서가 아니라 생존력 있는 영토적 민족국가의 탄생 능력이라는 점에서만 배타적으로 평가되게 되었다. 이런 이중의 편견은 다른 국가형성 경험들의 "완전성"을 평가하는 주권의 기준을 정할 때, 프랑스의 역할이 압도적으로 중요하다는 점에서 잘 드러난다. 17세기와 18세기에 프랑스는 의심할 여지없이 민족국가형성에 관한 한 유럽에서 가장 "성공적인" 영토주의 국가였다. 그렇게 해서 프랑스는 다른 영토주의 조직들이 모방해야 하고, 다른 정치 역사가들이 탐구해야 할 모델이 되었다. 민족국가형성에서 프랑스가 제시한 실질적 또는 가상적 기준에 의해, 두 세기에 불과한 짧은 생애를 지낸 연합주는 준국가라고 이야기될 수도 있을 것이다. 실로, 연합주는 결코 제대로 된 근대 민족국가가 되지 못했다. 그러나 근대 국가간**체계**의 형성——그 체계의 가장 강력한 구성 단위 중 하나의 형성에 대립되는——에 관한 한, 이행 중의 네덜란드 국가가 수행한 역할은 프랑스 민족국가 "모델"의 역할에 비해 비교할 수 없으리만큼 더 거대했다. 우리가 살펴보겠지만, 준도시국가인 제노바의 세계체계형성 경험에 대비해 베네치아의 도시국가 형성 경험에 대해 대체로 과도한 가치가 부여될 때도 유사한 고려가 작동한다.

쟁점이 되는 것은 단순히 역사편찬적(historiographical) 관심은 아니다. 서론에서 언급했듯이, 지난 세기에 전쟁형성은 말할 것도 없고 국가형성에서 미국이 제시한 실질적 또는 가상적 기준과 비교해 보면 동아시아와 동남아시아에서 부상 중인 군도(群島) 국가들은 여러 가지 수준에서 모두 준국가들이다. 군도의 "섬들" 중에서 오직 최대인 일본만이 용어의 온전한 의미에서 민족국가이고, 매우 성공적인 사례이다. 그러나 일본조차 세계체계 전체에서는 여전히 미국의 군사적 보호령이다. 중간 규모의 두 "섬"인 남한과 타이완 또한 미국의 보호령이다. 더구나 둘 중 어느 것도 온전한 의미에서 민족국가는 아닌데, 남한은 그 북쪽의 절반과 통일된다는 끝없는 희망 또는 공포 속에서 살고 있고, 타이완은 중국 대륙의 주인이 되거나 종복이 될 것이라는 끝없는 희망 또는 공포 속에서 살고 있다. 마지막으로, 가장 작지만 그렇다고 중요성에서 덜하지는 않은 두 개의 "섬"인 싱가포르와 홍콩은 초근대적 기술과 건축을 르네상스 도시국가들을 연상케 하는 정치적 자본주의와 결합한 도시국가들이다. 싱가포르가 수행하는 상업-산업 집산지 기능은 베네치아와 유사하고, 홍콩이 수행하는 상업-금융 집산지 기능은 제노바와 유사하다.

로버트 잭슨이 관심을 기울인 준국가들에서는 초(超)근대와 초기 근대의 특징을 결합한 상이하지만 마찬가지로 놀라운 모습들이 나타난다.

아프리카와 남아시아 같은 제3세계 지역에서 서구 역사에 대한 연구자는 한편에서 서구적으로 보이는 20세기 군대와 다른 한편에서 르네상스를 연상시키는 군사 정치의 우세 사이에서, 대의제 정부 장치와 시민들에 대한 국가권력의 자의적 사용 사이에서, 명백히 인습적인 관료제의 정착과 개인적 이득을 위해 정부 조직을 광범하게 이용하는 것 사이에서 뚜렷한 불일치를 발견하지 않을 수 없다. 이런 불일치는 나머지 제3세계보다는 갓 식민 통치에서 벗어난 국가들에서 가장 두드러지게 관찰된다. (Tilly 1990: 204)

초근대 또는 포스트근대 세계에서 초기 근대적 형태의 군사 정치의 부활이 관찰되는 것은 갓 식민 통치를 털고 일어선 제3세계 지역에 한정되지 않는다. 공산주의 정권들의 제2세계가 실질적 또는 잠재적으로 서로 간에 전쟁을 일으키는 일군의 종족-민족들로 해체되기 훨씬 전에, 랜드(RAND) 보고서는 전쟁이 초기 근대의 양상으로 반전되는 경향을 강조하였다.

다양한 층위의 민족적·초민족적 세력들이 때와 장소의 구분 없이 여러 수준에서 진개하는 계속직이고 광빔한 무상 살등이 등상하년서, 지난

20세기 마지막 사반세기의 전쟁은 민족 군대와 더 조직화된 근대 전쟁이 등장하기 이전의 17세기 초 이탈리아 르네상스의 전쟁과 매우 유사해졌다고 할 만하다. (Jenkins 1983: 17)

3백 년의 근대 국가간체계의 팽창과정 끝에 다시 나타난 국가형성과 전쟁형성의 초기 근대 양상 부활은 국가 권위에 대한 도전의 물결을 동반했는데, 이는 근대사에서 거의 전례 없는 일이다. 이런 경향에 주목한 제임스 로스노(Rosenau 1990: 4~5)는 "서로에 대해 너무 빠르게 진행되는 그런 발전들이, 불변성과 변화 사이의 동학을 새로운 형태의 긴장으로 이끌고 이것이 다시 세계정치의 근본 구조를 바꾸고 있는, 역사적 출발점의 표지를 보여 주고 있는 것은 아닌지" 되묻고 있다. 그는 이어서 전지구의 생활이 1648년 베스트팔렌 조약에서 정점에 이른 세계정치의 모든 차원의 주요한 변천 이래 경험해 보지 못한 종류의 "교란"의 시기에 들어섰다고 주장한다.

로즈노가 말하는 "교란"은 우리의 해석틀에서 근대 국가간체계의 반복적 조건을 이루는 체계의 카오스에 상응한다. 체계의 카오스/교란의 조건은 체계의 초기에 매우 가시적이었다. 그러나 그것은 두 번 되풀이되는데, 한 번은 하나의 헤게모니 하에서 제도화한 체계의 붕괴의 조짐으로서, 그리고 또 한 번은 새로운 헤게모니 아래에서 그 체계의 재구성의 핵심 요소로서 되풀이된다.

1970년대와 1980년대의 커지는 체계의 카오스/교란은 이런 되풀이 양상에 잘 들어맞는다. 그것은 미국 헤게모니 하에 제도화한 체계의 붕괴를 알리는 신호로서 간주될 수 있고, 또한 새로운 기반 위에서 그 체계의 가능하지만 결코 확실하지는 않은, 미래의 재구성의 핵심 요소로 보일 수 있다. 그렇지만, 전례 없는 규모와 범위로 국가 권위에 대한 도전이 나타나는 과정에서 국가형성과 전쟁형성의 초기 근대 형태가 부활한 것은 앞선 시기 그 현상의 표출과 비교해 볼 때 현 시기의 체계의 카오스/교란에 무엇인가 특별한 것이 있을 수 있다는 점을 제시해 준다. 마치 공간적·기능적으로 가능한 한 최대한 팽창한 근대 통치체계가 완전히 새로운 통치체계를 향해 "전진"하거나, 초기 근대 또는 심지어 전근대적 형태의 국가형성과 전쟁형성으로 "후진"하는 것 외에 달리 갈 길이 없는 것 같다.

이 체계는 동시에 "전진"과 "후진"을 하고 있는 것처럼 보인다. 이런 이중 운동은 항상 근대세계체계의 주요한 특징이었다. 우리가 영국 헤게모니 시대라고 본 것에 대해 아르노 메이어가 설명하듯이(Mayer 1981), 우리 구도에서 "구체제"는 단순히 "지속"되지는 않는다. 오히려 구체제는 그 구체제를 지양한 헤게모니가 다시 새로운 헤게모니에 의해 지양되자마자 반복해서 부활한다. 이렇듯 영국 헤게모니는 네덜란드 헤게모니 아래서 지양된 제국 통치의 측면들을 더 복잡하고 새로운 형태로 되살려 냄으로써, 확장된 공간적·사회적 기반 위에서 근대 통치체계를 재구성했다. 그리고 또한 그렇게 이번에는 미국 헤게모니가 영국 헤게모니 아래서 지양된 법인자본주의의 측면들을 더 복잡하고 새로운 형태로 되살려 냄으로써, 확장된 공간적·사회적 기반 위에서 그 체계를 재구성했다.

전진과 후진의 이런 이중 운동이 동시에 현재의 정세를 특징짓고 있는 듯하다. 앞선 헤게모니 이행과의 차이는 근대세계체계의 규모와 복잡성이 이미 너무나 커져서 더 이상 증가할 여지를 남겨 두지 않게 되었다는 점이다. 따라서 이중 운동과 그에 수반된 교란은 확대된 기반 위에서 근대 통치체계를 새롭게 재구성하고 있는 것이 아니라, 초기 근대 또는 전근대적 통치양식의 이런 저런 측면을 재활성화하는, 완전히 상이한 체계로 변형되고 있는 것처럼 보인다.

유사한 맥락에서 존 러기(Ruggie 1993)는 근대 통치체계의 가장 주요하고 눈에 띄는 특징이 그 신민적 집합성을 정당한 지배력을 지니면서 분리되고 고정되며 상호 배타적인 영토 공간으로 분화시켰다는 점에 있다고 주장하였다. 이런 분화에 의해 제도화한 국가들의 실체적 형태와 개별 궤적은 시간이 흐르면서 다양해졌지만, 17세기부터 오늘날까지 그 "유적 특징"은 명확히 구분해 낼 수 있었다. 그러나 오늘날 정치 생활을 조직하기 위한 토대로서 이런 형태의 영토성은 비영토적·기능적 공간에 의해 파괴된 것처럼 보이며, 이런 후자의 공간은 근대 통치체계 내에서 성장하였지만 그 체계의 배타적 영토성을 제도적으로 부정하는 것이 된다.

이런 내파(implosion)의 주요 측면들 중에서, 러기는 전지구적 자본주의 자신의 제도적 형태 속에 국제관계를 "내부화"한 결과인 "포스트모던 하이퍼스페이스"라는 프레드릭 제임슨의 용어(Jameson 1984)를 인용한다. 러기는 제임슨이 "하이퍼스페이스"라는 용어로 정확히 무엇을 뜻하고자 했는지 확신하지 못한다. 그럼에도 그는 이것으로 "초민족화한 극소경제적 고리들이 …… 세계경제에 비영토적 '지역' ― 이는 리얼타임 속에서 작동하는 탈중심화했지만 통합된 흐름-공간으로, 우리가 국민경제라 부르는 장소-공간과 나란히 존재한다 ― 을 만들어 낸" 경향을 지칭할 수 있다는 점에서 유용성을 찾는다.

이런 관습적인 장소-공간은 계속해서 서로 외적인 경제관계를 맺는다. 우리는 이를 줄곧 무역, 해외투자 등등으로 부르는데, 국가가 이를 어느 정도 효과적으로 조정한다. 그러나 비영토적·전지구적 경제 지역에서는 내부와 외부의 관습적 구분이 극히 문제가 되고, 어떤 국가건 단지 기업의 전지구적 전략적 고려에서 하나의 제약요인이 될 뿐이다. (Ruggie 1993: 172)

이는 초국적기업의 폭발적 성장, 그리고 초국적기업 내와 초국적기업 사이 거래의 폭발적 성장이 세계권력의 일차적 장소로서 근대 영토국가체계가 소멸하는 가장 핵심적 요인이 되었다는 앞서의 우리의 주장에 상응하는 것이다. 그러나 러기가 강조하듯이, 등장하고 있는 "포스트모던 하이퍼스페이스"의 새로움은 우리의 지각 습관의 결함 때문에 쉽게 과장될 수 있다. 이런 습관은 관습적인 장소-공간에서 형성되었고, 그 습관은 세계자본주의의 조직 구도 속에서 국제관계의 "내부화"에 의해 탄생한 독특한 흐름-공간의 발전에 대해 설명은 고사하고 서술하기조차 완전히 부적절하다. 이런 부적합성을 고려하면, 비영토적 흐름-공간은 근대세계체계의 역사 전체에서 민족적 장소-공간 옆에서 주목받지 못하고 존재해 왔을지도 모른다.

러기(Ruggie 1993: 154~5, 173)는 초민족적 경제와 민족적 지배권역 사이의 오늘날의 관계가 중세의 법률적 권력체(authorities)와 정기시(trade fairs) 사이의 관계와 유사성이 있다는 점을 특별히 언급하고 있다. 지역 영주는 자기 세력 하에 위치한 정기시의 개설권을 언제든 철회할 수 있었다. 그러나 그들은 그렇게 할 아무런 이해관계가 없었는데, 왜냐하면 정기시는 다른 영주들이 기꺼이 그들 자신의 세력권 속으로 맞아들이길 원하던 수입과 금융서비스(특히 화폐교환)의 원천이었기 때문이다. 그래서 정기시는 번성했고, 봉건 통치제도의 대체물은 아니었지만, 결국 그 제도들의 생명력을 갉아먹었다.

그렇게 된 이유는 그들이 생산한 새로운 부, 그들이 만들어 낸 새로운 경제 거래 수단, 그들이 보급한 새로운 상업윤리(ethos), 그들이 요구한 새로운 규제 배치, 그들이 필요로 한 인지 지평의 확대, 그리고 그들이 초래한 인지 지평의 확대, 이 모두가 봉건 권위가 기반하고 있던 개인적 유대와 추론 양식을 무너뜨리는 데 기여했기 때문이었다.

마찬가지로, 케네스 월츠가 주장했듯이(Waltz 1979), 오늘날의 초국적기업들은 근대 통치체계의 정부기구들의 대체물이 아니다. 그렇지만, 초국적기업은 그것이 만들어 낸 새로운 행위와 그것이 체현한 새로운 시공간 구성물을 통해 정부기구들을 쇠락시키는 데 기여하고 있는지도 모른다. 리처드 바넷과 로널드 뮐러의 다음과 같은 주장에 그 함의가 듬뿍 담겨 있다(Barnet and Müller 1974: 15~6). "전지구적 기업의 관리자들은 지난 4백 년 이상 기간 동안 사회가 조직되어 온 중심축인 민족국가체계를 심원하게 바꾸어 놓을 인간 조직 이론을 실천에 옮기려 하고 있다. 그 기업들이 본질적으로 요구하고 있는 것은 민족국가를 초월할 권리이고, 그 과정에서 민족국가를 변환시킬 권리이다." 이 주장을 지지하면서 그들은 다우화학회사의 회장인 칼 A. 저스타쳐의 말을 인용하고 있는데, 이는 초국적기업에 대한 문헌의 표준 문구가 될 것이다.

나는 어떤 민족에도 속하지 않는 섬을 하나 구입하여 …… 다우 회사의 세계본부를 어떤 민족이나 사회에도 기대지 않는 그런 섬의 진정한 중립적 토양 위에 세우겠다는 꿈을 오랫동안 꾸어 왔다. 우리가 만일 그런 진정한 중립적 기반에 자리를 잡는다면, 우리는 무엇보다 미국 법률의 지배를 받기보다는, 진정으로 미국에서는 미국 시민으로, 일본에서는 일본 시민으로, 브라질에서는 브라질 시민으로 활동할 수 있을 것이다. …… 우리는 심지어 어떤 현지인들에게도 후하게 보수를 지불해 다른 곳으로 옮겨 살게 할 수도 있을 것이다. (Barnet and Müller 1974: 16에서 재인용)

아주 흥미롭게도, 절대적 비영토성에 대한 이런 꿈은 4백 년 전 제노바 디아스포라 자본가계급이 실현한 "장소 없는 정기시"의 체계를 상기시킨다. 중세 정기시와 달리, 이 정기시는 일군의 상인 은행가들이 견고하게 통제했으며, 이들은 그들이 원하는 곳에서는 어디건 정기시를 열었고, 마침내 진정 중립적 토양인 피아첸차에 정착하였다. 1581년 피렌체 사람 베르나르도 다반차티가 풍자적으로 평가했듯이, "제노바인들은 그들이 비센초네(브장송의 이탈리아 이름) 정기시라고 부른 새로운 교환을 발명해 냈고, 첫 정기시가 거기서 열렸다. 그러나 이제는 정기시가 사보이에서, 피에몬테에서, 롬바르디아에서, 제노바 바로 바깥인 트렌토에서, 그리고 제노바인들이 선택한 어디서건 열린다. 따라서 그것을 유토피아, 즉 장소 없는 정기시라고 부르는 것이 더 적절할 것이다"(Boyer-Xambeau, Deleplace, and Gillard 1991: 123).

사태의 진실은 제노바 정기시가 쇠퇴하는 도시국가와 부상하는 민족국가의 장소-공간의 관점에서 볼 때만 유토피아라는 것이다. 이에 비해 해외거주 자본가계급의 흐름-공간의 관점에서는 이는 전유럽적 국가 간 지불체계를 통제하는 강력한 수단이었다. 쇠퇴하는 국가와 부상하는 국가의 "외부"에서 일어나는 상품과 지불수단의 흐름은 사실 비센초네 정기시체계를 통해 제노바 상인엘리트가 통제하고 관리하는 원거리 무역과 고도금융의 비영토망에 "내재적"이었다(2장을 보라).

러기의 말을 바꾸어 사용해 보자면(Ruggie 1993: 149), 인류학자들이 연구한 친족기반 통치체계와 마찬가지로, 제노바 상인엘리트가 통제한 상업·금융 중개망은 장소를 **차지했**지만, 그것이 차지한 장소에 의해 **규정되지는** 않았다. 안트베르펜, 세비야, 그리고 유동적인 비센초네 정기시 같은 시장들은 모두 제노바 자체만큼이나 해외거주 제노바 상인 은행가 공동체가 유럽 국가 간 지불체계를 통제하는 데 이용하는 흐름-공간의 조직에 결정적이었다. 그러나 이 장소들 중 어느 것도—제노바를 포함해—그 자체로 제노바 축적체계를 규정하지 않았다. 그보다 오히려 그 체계를 규정한 것은 귀금속, 환어음, 에스파냐 제국정부와의 계약, 이들 장소를 서로 연결한 화폐 잉여 등의 흐름이었다. 제노바 축적체계의 "전근대" 유사물이 친족기반 통치체계라면, 그에 가장 근접한 "포스트모던" 유사물은 유로달러시장인데, 로이 해로드의 말을 빌려(Harrod 1969: 319) 그 두드러진 특징을 말하자면, "그것은 자기 자체의 사령부나 건물을 갖지 않는다. …… 물리적으로 그것은 단지 전세계를 아우르는 전화와 텔렉스 기계망으로만 구성되어 있으며, 전화는 또한 유로달러 거래 이외의 목적에도 사용될 수 있다." 제노바체계는 가용한 근대적 교통수단들을 가지고 있지 않았다. 그러나 물리적으로 제노바체계는 오늘날 유로달러시장만큼이나, 통화 교환 이외의 목적에 이용될 수 있는 교통망만으로 배타적으로 구성되어 있었다.

제노바인들만이 이런 비영토망을 통제한 사람들은 아니었다. 피렌체, 루카, 독일, 잉글랜드 "네이션들"—16세기 알려진 상인 은행가들의 디아스포라 공동체들—또한 그랬다. 그러나 16세기 후반기에 제노바 "네이션"이 그 중 가장 강력한 것으로 떠올랐다. 1617년에 수아레즈 데 피구에로아는 에스파냐와 포르투갈이 "제노바인들의 인도 제국(諸國)"이

되었다고까지 주장했다(Elliott 1970b: 96에서 재인용). 과장은 중요한 진리의 요소를 담고 있었다. 우리가 다음 장에서 자세히 살펴 볼 것이지만, 1617년에 앞선 반세기 이상 동안 세비야, 안트베르펜, 비센초네를 서로 연결하는 흐름-삼각형을 통해 작동하고 있던 제노바 자본의 "보이지 않는 손"은 제노바의 오래된 라이벌이자 "모델" 도시국가인 베네치아의 산업적 추구뿐 아니라 에스파냐 제국의 권력추구 또한 자신의 자체 팽창의 강력한 동력으로 전환시키는 데 성공했다.

이런 강력한 자본축적의 비영토망은 구조와 지향에서 철저하게 자본주의적이었다. 브로델에 따르면(Braudel 1984: 118), 제노바식의 자본주의 접근법은 "베네치아에 비해서 훨씬 더 근대적이었고", 도시국가로서의 제노바는 "이런 전향적인 위치 때문에 다소 공격받기 쉬웠던 것인지도 모른다". 우리가 이 장에서 주장했던 것처럼, 베네치아가 그에 뒤이은 모든 자본주의 국가들의 원형이었다면, 제노바의 상인 은행가 디아스포라는 뒤이은 모든 세계적 규모의 비영토적 자본주의 축적체계의 원형이었다.

3/4세기 동안 계속해서 제노바의 상인-은행가들은 "제노바의 경험"에 힘입어 자본과 크레딧의 조정을 통해 전유럽의 지불과 결제의 중재자 역할을 했다. 이런 제노바의 경험은 …… 분명히 유럽 세계경제의 역사상 가장 흥미로운 중심화 및 집중화의 사례일 것이다. 유럽 세계경제는 이 시기에 거의 눈에 보이지도 않을 한 점을 중심으로 돌아가고 있었다. 왜냐하면 전체의 중심축이었던 것은 제노바라는 도시가 아니라 한 줌의 은행가-금융가들이었기 때문이다(오늘날이라면 그것을 다국적 컨소시움이라 불렀을 것이다). 이것은 제노바라는 이상한 도시가 가진 패러독스 중의 하나에 불과하다. 이 도시는 그렇게 여건이 좋지 않았으면

서도 자신의 "영광의 시대" 이전이든 이후이든 세계 사업계의 정상으로 미끄러져 들어갔다. 제노바는 내가 보기에는 언제나 진정한 의미의 자본주의 도시였다. (Braudel 1984: 157/브로델 1997: 214~5)

다른 곳처럼 여기서도 브로델의 언어와 주저함은, 기든스적 의미에서 한 국가에 "담기지" **않고** 국가들의 체계를 포괄하는 자본주의 권력을 보여 주는 데서 생기는 난점을 드러내 준다. 이런 난점은 국가구성과정을 규정하는 장소-공간은 선호하고, 자본축적과정을 규정하는 자본의 흐름-공간은 배척하는 우리 개념 장비의 편견에 뿌리내리고 있다. 그러나 역사적으로 볼 때 세계적 축적·통치 체계로서 자본주의는 두 공간에서 동시적으로 발전해 왔다. 장소-공간에서——서론에서 인용한 구절에서 브로델이 말하듯이——그것은 특정한 국가들과 동일시됨으로써 승리하였다. 이와 대조적으로 흐름-공간에서 그것은 어떤 특정 국가와 동일시됨으로써가 **아니라**, 세계를 포괄하는 비영토적 사업조직을 구축함으로써 승리하였다.

이와 같이 대립되는 방향으로 동시에 발전했기 때문에 서로 긴밀히 관련되지만 구분되는 두 개의 근대자본주의 계보가 발생했다. 이 장에서 그려 보인 계보에서 근대자본주의는 이어진 모든 시대에 주도적 자본주의 국가의 원형인 베네치아 도시국가에서 기원한다. 이 책의 나머지에서 살펴볼 계보에서 근대자본주의는 이어진 모든 시대에 주도적인 세계를 포괄하는 비영토적 사업조직의 원형인 제노바 디아스포라 "네이션"에서 기원한다. 첫번째 계보는 세계헤게모니의 계승으로서 자본주의 발전을 묘사한다. 두번째 계보는 같은 발전을 체계적 축적 순환의 계승으로서 묘사한다.

장기
20
세기

2장
자본의
등장

네덜란드 동인도회사의 함선들
잉글랜드의 동인도회사는 1600년에 특허장을 받았으며, 다른 잉글랜드의 회사들은 그보다 훨씬 더 앞섰다. 그러나 1602년 특허장을 받은 네덜란드의 동인도회사는 17세기 전체에 걸쳐서 이런 재생의 최대의 성공자였다. 잉글랜드가 그것을 모방하는 데 한 세기가 걸렸고, 그것을 지양하는 데는 그 이상이 걸렸을 정도로 그 성공은 대단했다. 왜냐하면 네덜란드 공인회사들은 세계를 포괄하는 상업과 고도금융이 암스테르담으로 계속 집중되는 것의 수혜자이자 그 도구였기 때문이다.

체계적 축적 순환의 선행자들

현재의 자유기업체계가 자본주의 세계경제의 지배적 구조로 등장한 것은 기업들이 정부들로부터 분화해 온, 6세기에 걸친 장기과정의 최근 단계의 일이다. 프레더릭 레인을 따라, 우리는 그 목표, 활용된 수단, 그리고 사회적 결과에 기초해 이들 두 종류의 조직을 구분해 볼 수 있다. 정부는 권력 지향적 조직으로, 전쟁, 경찰력, 그리고 법률 절차를 그 목표 달성의 특징적 수단으로 활용하고, 도덕 감정에 대한 호소가 이를 보완한다. 또 이 조직은 법률과 충성(allegiance)의 체계를 성립시킨다. 이에 비해 사업체[기업]는 이윤 지향적 조직으로, 구매와 판매를 관례적 활동으로 활용한다. 또 이 조직은 생산과 배분의 체계를 성립시킨다(Lane 1979: 38).

> 1900년경 서구 세계에 실존한 조직들을 살펴보면, 그것을 정부 또는 사업체로 분류하는 일은 그다지 어렵지 않다. 그러나 15세기와 16세기 대양 팽창의 시대를 살펴볼 때, 우리는 처음에 연루된 조직들을 이런 방식으로 분류할 수 없다. 우리가 그 동기, 수단 또는 결과 어떤 것을 고려하건, 우리는 보통 핵심적 혁신 기업들이 정부의 특징과 사업의 특징을 결합하고 있었다는 것을 발견한다. (Lane 1979: 38~9)

곧 알게 되겠지만, 15세기와 16세기 대양 팽창을 주도한 기업들은 이미 정부 기능이나 사업 기능 어느 한쪽의 수행에 상당히 특화해 있었고, 1900년경 정부조직과 사업조직 사이의 분화는 레인의 언급이 함의하는 것만큼 그렇게 완전하지는 않았다. 그러나 레인의 관찰은 중세 말 유럽의 출발점부터 현시기까지 자본주의 세계경제 진화 양상의 본실적 요지를 파악하고 있다.

처음에 자본축적망은 전적으로 권력망에 뿌리내리고 거기에 종속되어 있었다. 이런 상황에서 이윤추구에 성공하려면, 사업조직들은 필수적으로 강력한 국가가 되어야 했는데, 이는 자본축적과정뿐 아니라 국가형성과 전쟁형성 과정의 주도자이기도 했던 북부 이탈리아 자본가 과두제의 경험에서 잘 드러났다. 그러나 축적망이 확장되어 전지구를 포괄하게 되자, 축적망은 점점 더 권력망에서 자율적이 되어 권력망을 지배하게 되었다. 그 결과 이제 권력추구에서 성공하려는 정부들은 국가형성과 전쟁형성 과정에서 성공해야 할 뿐 아니라 자본축적과정에서도 성공해야 하는 상황이 되었다.

축적망이 전체적으로 권력망에 뿌리내리고 거기에 종속되어 있던 체계로부터, 권력망이 전체적으로 축적망에 뿌리내리고 거기에 종속되어 있는 체계로 바뀐 자본주의 세계경제의 변형은 일련의 체계적 축적 순환들을 통과해 왔는데, 그 각각은 실물적 팽창(MC) 국면과 그에 이어진 금융적 팽창(CM′) 국면으로 구성된다. 우리가 서론에서 보았듯이, 연이은 체계적 축적 순환들이라는 사고는, 자본주의 세계경제의 주요한 모든 교역 팽창이 금융적 팽창 단계에 도달함으로써 그 "성숙"을 알린다는 브로델의 관찰에서 도출된 것이다. 브로델을 따라 우리는, 앞선 교역 팽창들의 주도적 사업체들이 자신들의 에너지와 자원을 상품에서 화폐 교역으로 이전하는 순간을 금융적 팽창의 개시점으로 식별한다. 그리고 브로델과 마찬가지로, 우리는 이런 종류의 금융적 팽창의 반복을 중세 말에서 오늘날까지 자본주의 역사가 주되게 표현해 보여 주는 특정한 통일성으로 받아들인다. 그러나 브로델과 달리, 우리는 금융적 팽창을 세계적 규모의 자본축적과정의 행위자와 구조에 근본적 변형이 발생하는 장기 시기로 분명하게 인식한다.

이런 관점에서 보면, 우리의 체계적 축적 순환은 앙리 피렌의 자본주의 발전 단계들과 유사하다. 피렌은 중세 유럽의 최초 출발점에서 20세기 초까지 천여 년에 걸친 자본주의 사회사를 고찰하면서, 이 역사에서 분할될 수 있는 각 시기마다 별도의 구분되는 자본가들의 계급이 나타남을 발견한다. 즉,

> 특정 시대 자본가들의 집단은 앞선 시대 자본가들의 집단으로부터 발생하지는 않는다. 경제 조직이 바뀔 때마다 우리는 지속성이 중단됨을 발견한다. 마치 그 전까지 알려지지 않았던 욕구들을 이끌어 낸 조건들과 지금까지 사용해 보지 않은 수단들을 요청하는 조건들에 대해, 그때까지는 활동적이던 자본가들이 적응할 수 없음을 인정하게 된 것처럼 보인다. 그들은 싸움에서 물러나 귀족으로 변신하는데, 이 귀족들이 사태에서 소임을 맡을 수 있다면 다만 침묵하는 파트너 역을 맡아 수동적으로 참가할 뿐이다. (Pirenne 1953: 501~2)

그 자리를 대신해 팽창을 더 밀고 나갈 새로운 자본가들의 계급이 등장하는데, "이들은 …… 실제 바람이 부는 방향으로 자신을 내맡기며, 또 바람에 기대 돛을 어느 쪽으로 돌려야 하는지 알고 있어, 드디어 이번에는 잠시 멈추어서 신진 세력들의 새로운 방향성을 보여 주는 새로운 능력으로 거리를 떼어 놓게 될 …… 날이 찾아온다."

간단히 말해서, 상황 변화에 맞추어 지속적으로 발전하고 변신한 결과로 여러 세기에 걸친 단일 자본가계급의 항구성이 형성된다는 주장은

확증되지 않는다. 반대로 경제사의 시대 수만큼이나 많은 자본가들의 계급들이 있다. 그런 경제사는 관찰자가 보기에 비탈진 언덕 모양을 그리지 않는다. 오히려 그것은 앞선 계단 위에 그 다음번 계단이 툭 불거져 솟아 있는 계단 모양을 닮았다. 우리가 만나는 것은 부드럽고 규칙적인 경사가 아니라 일련의 융기들이다. (Pirenne 1953: 502)

우리의 체계적 축적 순환들의 연속은 실로 "일련의 융기들"로 이루어지는데, 각 융기는 앞선 팽창의 추진자와 조직자들이 할 수 있었거나 하려고 했던 것보다 자본주의 세계경제의 팽창을 한 걸음 더 진척시켜 수행할 수 있는 역량을 지닌, 정부와 사업체들의 특수한 복합체가 활동을 벌인 결과 만들어진다. 한 걸음 내딛을 때마다 자본주의 세계경제 감제고지의 경비병이 교체되었고, 이에 동반하여 자본축적과정의 "조직혁명"이 전개되었다. 역사적으로 경비병의 교체와 조직혁명은 늘 금융적 팽창 국면에 일어났다. 이렇듯 금융적 팽창은 자본주의 세계경제의 특정 발전 단계의 성숙을 알릴 뿐 아니라, 새로운 단계의 개시 또한 알리는 것으로 간주된다.

이렇듯, 우리가 세계체계로서 자본주의 발전의 "영점"으로 간주할 체계적 축적 순환들 연쇄의 출발점은 13세기에서 14세기 초의 교역 팽창의 **종료기**에 발생한 금융적 팽창이다. 재닛 아부-루고드가 보여 주듯이 (Abu-Lughod 1989), 이런 교역 팽창은 유라시아 전체와 아프리카 일부의 선별된 지역들(대부분 도시들)을 아우르는 것이었다. 어떤 단일 행위자나 행위자들의 유기적 복합체가 이 팽창을 추진하고 조직했다고 할 수는 없다. 그 교역 팽창의 주된 수혜자 중의 하나였고 이어진 유럽 세계경제 금융적 팽창의 주도자가 된 이탈리아 북부 도시국가들은 잉글랜드에서 중국까지 뻗어 나간 초대륙적 거래 사슬에서 지역적 고리들을 만들어 내는 데 핵심적인 역할을 했다. 그러나 개별적으로나 집단적으로나 이 도시국가들이 그들에게 부를 안겨 준 이 초대륙적 교역 팽창의 추진자이자 조직자였다고 할 수는 없다. 이런 측면에서 그들의 역할은 중요하긴 했지만 다른 조직자들, 무엇보다 몽골 제국에 비하면 절대적으로나 상대적으로나 부차적이었다(몽골 제국의 이런 부침이 유라시아 교역체계에 끼친 영향에 대해서는 Abu-Lughod 1989: 5장; 그리고 Barfield 1989를 보라).

여기서는 체계적 축적 순환을, **동일한** 행위자 또는 행위자군에 의해 추진되고 조직된 실물적 팽창 국면 및 그에 뒤이은 금융적 팽창 국면으로 정의했기 때문에, 13세기 말 14세기 초의 교역 팽창과 그에 뒤이은 금융적 팽창이 체계적 축적 순환을 구성한다고 할 수는 없다. 그렇지만, 첫번째 체계적 축적 순환의 행위자들이 구성되고 또 향후 이어진 모든 금융적 팽창의 핵심적 특징들이 미리 드러난 것은 바로 이 금융적 팽창과정에서였다. 만일 14세기 말 15세기 초의 금융적 팽창에서 작동한 힘들을 예비적으로 관찰해 보지 않는다면 체계적 축적 순환들의 기원도 구조도 제대로 이해할 수 없을 것이다.

이 시기의 가장 중요한 특징 — 모든 체계적 축적 순환의 종료 국면에서처럼 — 은 자본 간 경쟁의 급격한 격화였다. 이러한 경쟁의 격화가 가장 두드러진 곳은, 금융적 팽창의 주요한 자리가 된 북부 이탈리아 자본주의 고립지(enclave)였다. 앞선 교역 팽창의 시기에 이 고립지의 축적 중심지들 — 즉 그 도시국가들 — 사이의 관계는 본질적으로 협조적이었다. 협조의 기반은 주로 도시국가들의 상업-산업 활동들 사이의 분업이었다. "4강"조차 교역체계에서 매우 구분되는 시장 영역을 차지하고 있었다. 피렌체와 밀라노 모두 제조업 및 북서유럽과의 육상교역에 종사하고 있었다. 그러나 피렌체가 직물교역에 특화한 반면, 밀라노는 금속교역에 특화하였다. 베네치아와 제노바는 모두 동방과의 해상교역에 특화하였다. 그러나 베네치아가 향신료교역에 토대를 둔 남부 아시아 회로와의 거래에 특화한 반면, 제노바는 비단교역에 토대를 둔 중앙아시아 회로와의 거래에 특화했다.

도시국가들의 교역들 사이의 이런 구조적 분화 덕에 그들의 상업적 팽창이 서로의 길을 막아서지 않을 수 있었다는 점만이 중요한 것은 아니었다. 이보다 더욱 중요한 점은, 이 때문에 도시국가 사업체들 사이에 강력한 보완성의 고리들이 형성되어, 이로써 각 중심지의 성공이 다른 모든 중심지의 성공의 조건이 되었던 것이다. 존 힉스가 자신이 "중상주의 경제"라고 부른 것이 "그 최초 형태로 도시국가들의 체계에 체현되어 있던 때"를 이론적으로 설명하면서 강조했던 것처럼, 교역비용을 줄이기 위해서는 적은 교역량보다 많은 교역량이 더 잘 조직될 수 있다는 사실 때문에, 산업에서처럼 교역에서도 진정한 수익체증의 경향이 있다. 부분적으로, 이는 개별 교역 중심지나 개별 기업이 더 큰 규모와 범위로 운영된다는 것으로 소급될 수 있다는 점에서, 그 교역 중심지나 기업에 "내적인" 경제[economies, 절약]이다. 그러나 부분적으로 이는 앨프리드 마셜이 "외부경제"라 부른 것에 상응하는데, 이는 개별 교역 중심지나 기업이 "더 큰 실체의 일부"라는 사실 때문에 혜택을 누리는 경제[절약]이다 (Hicks 1969: 47, 56).

도시국가들의 체계에서 "더 큰 실체"란 정치적으로 자율적인, 더 많은 수의 다양한 교역 중심지들을 말한다. 그런 중심지들의 수와 다양성이 증가하면, 각 중심지가 그 특화된 시장 영역 내에서 교역을 확대하기 위해 동원할 수 있는 상품 목록이 더욱 다각화되거나, 혹은 그 목록의 상품들을 더욱 값싸게 획득하여 수익을 거둘 수 있다. 더욱 중요한 점은 힉스의 주장대로, 운영의 위험부담이 낮아진다는 것이다.

> 모든 교역자들은 자신과 "가장 근접한" 부분의 관심에 대해서만 적절한 지식을 갖는 상황에서 활동한다. 교역자들은 "멀리 떨어진" 있는 일이라면, 자신이 친밀한 관심을 가질 수 있는 부분에 대해서도 매우 취약한 지식을 가지고 있다. 지식을 늘리는 직접적 방식으로건, 아니면 어둠 속에서 불거져 나온 것들이 (아마도) 그에게 덜 해가 되도록 방어책을 강구하는 간접적 방식으로건, 항상 불완전한 지식에서 나오는 위험부담을 감소하는 방법을 찾는 것이 그에게 이득이 된다. 중상주의 경제의 제도들의 진화는 대체로 위험부담을 줄이는 방법을 찾는 문제이다.(Hicks 1969: 48)

힉스는 계속해서 이렇게 말한다. "서로 접촉하는 교역자 수가 많을수록 정보를 얻기가 쉬워질 것이다. 더 중요한 점은, 이 측면에서 덜 무지한 사람 또는 그렇게 되는 것이 가치 있음을 알 수 있는 사람에게 위험부담 ─ 자신의 무지 때문에 개별 교역자에게 발생하는 위험부담 ─ 을 이전시키기가 더 쉬워질 것이라는 점이다"(Hicks 1969: 49). "교역자들"에 관한 힉스의 언급은 교역 중심지에도 적용 ─ 실로 우선적으로 준거 ─ 된다. 이렇듯 서로 연결되지만 공간적으로나 기능적으로 구분된 교역 회로 속에 들어가 있는 북부 이탈리아 도시국가들의 전문화가, 그들이 활동하고 있는 세계경제에 대한 집단적 지식을 크게 확대하고 그로써 근본적으로 불안전하고 심지어 적대적인 환경에 연루된 위험부담을 경감시킨다는 데는 의문의 여지가 없다.

정리하자면, 13세기에서 14세기 초의 범유라시아 교역 팽창 시기의 북부 이탈리아 자본주의 고립지의 번영은 그 시기에 정치적으로 자율적인 교역 및 축적 중심지들의 확산에 기반하였고, 또 교역의 비용과 위험 부담을 경감시킨 이런 중심지들 사이의 분업에 기반하였다. 교역 팽창이 상승 국면에 머물러 있는 한, 이런 중심지들의 확산에 내재적인 경쟁 압력의 격화는 그저 잠재적인 채로 남아 있었다. 신참자들은 "비어 있거나" 기성 중심지들이 기꺼이 포기한 수많은 시장 틈새를 찾아낼 수 있었다. 그리고 신참자들이 이런 틈새를 차지하고 거기에 특화하자, 그들은 기성 중심지들이 자기 자신의 교역을 더 전문화하여 팽창할 수 있게 해줌으로써 운영비용과 위험부담을 줄일 기회를 만들어 주었다. 그러나 신구 중심지들이 같은 사업 노선에 뛰어들고 따라서 직접적으로 서로 경쟁하는 것처럼 보일 때조차, 사실 그들은 서로 협조하여 새로운 공급원——또는 산출물 처분을 위한 새로운 출구——의 개방을 허용할 만큼은 충분히 크지만 소수의 단위들이 효과적으로 조직하기에는 너무 큰 거래량을 만들어 냈다.

이 중심지들이 다소의 투입물 획득과 다소의 산출물 처분에서 실제 서로 경쟁하고 있었던 만큼, 이 경쟁은 마르크스의 용어를 빌리자면 (Marx 1962: 248) 총 이윤 중 각 중심지가 벌어들이는 몫이 전체 교역 팽창에 대한 기여도와 대략 비례하도록 "잘 유지되는 형제애"를 지닌 자본주의 중심지 구성원들 사이의 관계를 조절하였다. 그러나 한편에서 교역에 투자하려는 자본량과 다른 한편에서 큰 자본 수익 감소 없이 그렇게 투자될 수 있는 자본량 사이의 불비례가 지속적이 되고 커지자마자, 중심지들 사이의 경쟁은 "적대적 형제들 사이의 싸움"으로 전환된다. 그런 불비례가 발생하면, 이제 문제는 더 이상 이윤을 나누는 문제가 아니라 손실을 나누는 문제가 된다. 그 결과, 각 중심지의 이익과 모든 중심지들이 형성하는 집합적 전체 이익 사이의 적대가 표면에 떠올라 경쟁을 "사생결단 경쟁"으로 바꾸어 놓는데, 다시 말해 이런 경쟁의 주요 목표는 목적만 달성할 수 있다면 스스로 손실을 보더라도 다른 중심지들을 사업에서 밀어내려는 것이 된다.

우리는 정세 변화가 정확히 언제 발생했는지는 모른다. 그러나 우리는 제노바 항구에서 세금징수 청부인들이 예상한 상품 운송 총액이 1293년의 4백만 제노바 파운드에서 1334년에는 2백만 제노바 파운드로 급락했고, 14세기 후반에는 액수가 그 수준까지 도달한 경우도 거의 없었다는 사실을 알고 있다(Martines 1988: 170). 그 시절 교역 중심지이자 자본 축적의 중심지로서 제노바의 중요성 ─1293년 제노바의 해상교역은 프랑스 왕국 전체 수입의 세 배였다(Lopez 1976: 94)─을 안다면, 14세기 초 어느 시점, 그러나 확실히 1334년 이전의 어느 시점엔가 유라시아 교역 팽창이 줄어들고 이탈리아 도시국가 사업이 그 정세의 근본적이고 지속적인 변화의 영향을 받게 되었다고 안전하게 추론할 수 있을 것이다 (cf. Abu-Lughod 1989). 그렇다 해도,

팽창의 중단이 중상주의 경제가 "균형"─이론 경제학자들이 사랑하는 정태적 경쟁 균형─에 들어섰음을 뜻하는 것은 아니다. 봉쇄가 출현했을 시기에 각 중심지들은 자신의 교역을 늘리기 위해 여전히 노력하고 있었다. 그러나 이전에는 용인되었던 다른 이들의 경쟁이 이제는 위협이었다. 늘 중심지들 사이의 다툼이 있었다. …… 그러나 그들 사이에 끔찍한 싸움이 금방이라도 발발할 것처럼 된 것은 바로 교역의 성장이 수축되기 시작한 이 시점이었다. 우리는 1400년 무렵 거의 40여

년에 걸쳐 지속된 베네치아와 제노바 사이의 장기 전쟁이 바로 그런 것이라고 합리적으로 가정해 볼 수 있을 것이다. (Hicks 1969: 57)

14세기 중엽 제노바와 베네치아를 서로 대치시킨 일련의 전쟁들은 1381년 투린 조약으로 종료되었고,[1] 이로써 베네치아는 제노바를 가장 수익성 있는 시장인 동지중해에서 몰아냈다. 그러나 제노바와 베네치아 사이의 이 전쟁들은 북부 이탈리아 자본주의 고립지를 찢고 재편한 훨씬 더 길고 더 일반적인 도시국가 갈등의 일화일 뿐이었다. 이 일반적인 도시국가 갈등은 한 세기가량 지속되었는데, 이것이 브로델이 "이탈리아" 백년전쟁이라고 부른 것이다. 제노바를 동지중해의 가장 수익성 있는 시장에서 몰아낸 후, 베네치아는 계속해서 본토지대(Terraferma)를 건립했다. 같은 시기에 밀라노는 롬바르디아를 차지했고, 피렌체는 토스카나가 되었다. 그 전쟁은 결국 1454년 로디 조약으로 끝맺음 되었고, 이로써 북부 이탈리아의 세력균형이 제도화되었다(Braudel 1976: I, 339, 388).

앞서 말했듯이, 정선된 북부 이탈리아 도시국가들이 유럽 정치의 강대국들로 기능하게 된 것은 바로 이 시기였다. 그러나 이 시기는 또한 북부 이탈리아 도시국가들의 지배집단들이 폭력적 불화를 겪으면서 계속해서 대립적 분파들로 분열된 시기이기도 했다. 경쟁 투쟁에서 승리한 도시국가들에서는 이런 내부 불화가 관대하고 쉽게 진정되었지만, 패배한 도시국가(가장 두드러진 곳으로 제노바)의 경우에는 그것이 격렬하고 억

---

[1] 1350년부터 시작된 베네치아-제노바 전쟁은 1370년대 후반에 격화되어, 1378~81의 아드리아 해를 장악하기 위한 치오지아전쟁으로 귀결되었다. 전쟁은 쌍방 세력의 큰 변화가 없는 교착 상태로 끝났고, 투린 조약이 체결되었다. 그러나 이 전쟁 이후 제노바는 아드리아 해에서 영향력을 발휘하지 못했고, 지중해에서 베네치아의 영향력이 강고해졌다.

제불가능했다. 야코프 부르크하르트가 그의 고전적 연구에서 제시했듯이 (Burckhardt 1945: 4~64), 어떤 경우건 르네상스 이탈리아는 "만인에 대한 만인의 전쟁"의 가장 분명한 역사적 사례들이었다.

도시국가의 통치집단들은 줄곧 적들에 포위되었고, 이윤추구는 전보다 더욱 견고하게 권력추구 속에 뿌리박게 되었다.

무자비한 추방이 있었고, 권좌에서 밀려난 분파의 지도자들은 힘이 미치지 않는 곳을 어슬렁대고 있었다. 경쟁 도시들은 이웃의 곤경에서 이득을 취하려 열을 올리고 있었다. 그리고 성내에서 협잡을 벌이는 적들의 첩자들이 늘 있었다. 따라서 권력에 의존하여 생존하는 국가는 끊임없이 더 큰 권력을 추구해야 했다. …… 그래서 도시와 도시 사이의 전쟁이 북부와 중부 이탈리아 전역에 만연했다. 오로지 베네치아와 제노바 같은 상업 거인들만이 바닷길 전쟁을 수행할 뒷돈을 댈 수 있었고, 반도의 절반을 전쟁터로 만들 수 있었다. 대부분의 전쟁은 인근 독립 도시와의 사이에서 벌어졌다. …… 큰 도시들이 작은 도시를 집어삼켰다. …… 그리고 이런 희생자들은 한때 강력한 도시들이었으며, 정복당하기 전에는 작은 이웃들에 대한 정복자였다. 경쟁자 중 어느 누구도 나머지 모두를 집어삼키는 데 성공할 것 같지 않았으며, 어느 도시도 정말 안전하다고 느낄 만큼 강해 보이지는 않았다. 정글의 법칙 아래에서 생존하려면 끊임없이 경계를 늦추지 않는 대가를 치러야 했다. (Mattingly 1988: 49~50)

이런 맥락에서 역사적 사회체계로서 자본주의가 탄생하였다. 자본가 간 경쟁이 격화하고 이런 경쟁이 도시국가 내 그리고 도시국가 간 권력투쟁을 관통하자, 자본가들의 이해관계가 이들 국가를 통제하는 것은 약화되지 않고 강화되었다. "이탈리아" 백년전쟁이 벌어지자, 한 도시 한 도시씩 주로 "군비 지출을 위한 …… 참으로 어마어마한 비용과 공공부채의 이자 지불" 때문에 생겨난 그 어느 때보다 심각한 재정 위기에 직면했다(Martines 1988: 178). 그 결과는, 마르크스가 원시적 축적의 논의에서 그 현상을 지칭했듯이, 화폐적 이해관계에 대한 도시국가들의 점증하는 "양도"였다. 양도가 가장 전면적이었던 곳은 제노바로, 여기서는 1407년에 공화국의 수입과 공공행정이 카사 디 산 조르조[2]의 수중에 떨어졌고, 이들이 국가의 사적 채권자들을 끌어안았다. 또 하나는 피렌체로, 여기서는 루카와의 전쟁(1429~33)에 이어진 끔찍한 재정 위기 때문에 도시 정부가 메디치 가에 직접 장악되었다. 심지어 밀라노에서조차—"4강" 중에서 가장 덜 자본주의적이고 가장 영토주의적인 곳—공국의 재무는 밀라노의 대사업가 및 금융가문과 밀접한 연계를 형성하였다(Martines 1988: 179~80).

화폐적 이익이 이처럼 도시국가 정부들에 대한 통제력을 강화한 것은 14세기 후반 15세기 초 북부 이탈리아 금융적 팽창의 두번째 핵심 특징이다. 그에 뒤이은 모든 금융적 팽창에서처럼, 화폐적 이익에 국가를 양도하는 것은 잉여자본—즉, 교역에서는 더 이상 수익성 있는 투자처를 찾지 못하는 자본—을 전쟁형성 활동의 자금으로 이전시킴으로써 발생했다. 자본가집단들은 자신들이 더 이상 교역에서 투자 수익을 거두지 못하던 자금을 이제는 경쟁자의 시장이나 영토의 적대적 인수에 투자

---

[2] Casa di San Giorgio. 제노바의 은행가-금융업자들이 1408년 설립한 합자은행. 여기서 산 조르조는 제노바의 수호 성인이고 'Casa'는 '상관'(商館)을 의미한다.

하였는데, 이는 그 자체로 목적이자 동시에 그들의 활동 무대인 국가의 자산과 미래의 수입을 영유하는 수단이기도 했다.

투쟁에서 승리한 집단들에게는 이것이 수익을 낳긴 했지만, 그럼에도 이런 정복과 영유 과정은 전쟁에 투자된 자본에 대한 수익체감 때문에 시공간적으로 제약받았다. 일단 가장 수익성 높은 시장들을 경쟁자들로부터 빼앗아 온 다음에, 그리고 가장 인접한 경쟁자들이 자기 자신의 영역 내로 편입되어 더 크고 더 정복하기 어려운 단위들이 서로 대치하기 시작한 다음에, 그리고 일단 교전하는 도시국가들이 보유한 대부분의 자산과 미래의 수입이 화폐적 이익에 저당잡히게 된 다음에 —이 모든 일들이 일단 일어난 다음에, 살아남은 도시국가들을 통제하게 된 자본가집단들에게는 계속해서 잉여자본을 전쟁형성 활동에 투자하는 것이 점점 더 반생산적인 일이 되었다. 힉스가 강조하듯이(Hicks 1969: 57), 사생결단의 가격 경쟁처럼 중상주의 간 전쟁은 이윤에 파괴적이다. 왜 "근대 산업 거인들이 유사한 상황에 처해 있을 때처럼 행동하면" 안 되는가? …… 왜 "결국 정상적 중상주의 방법에 의한 돌파구를 찾아내면 안 되는가? 왜 암묵적이든 명시적이든, 시장을 분할하고 서로의 길을 막아서지 않도록 합의점을 찾아내면 안 되는가?"

교역 팽창의 중단에 뒤이은 투쟁의 과정에서 이렇게 교역 중심지들 내부의 그리고 그들 사이의 새로운 종류의 협조가 전개되는 경향이 있었다. 교역 팽창 시기에 경쟁 제약이라는 조정이 알려지지 않았던 것은 아니지만, 경쟁 압력의 강도가 낮았기 때문에 특별히 한정된 영역 이외에 이는 불필요했다. 그러나 일단 교역체계의 팽창이 한계에 이르러 가장 수익성 있는 전쟁수행 기회가 활용되면, 그런 조정의 필요성이 더욱 절박해진다.

기회들이 일반적으로 소진되거나 소진되는 듯 보이면, 자신의 경쟁자들과의 조정을 통해 스스로를 보호하고 싶어지는 영역이 훨씬 넓어진다. 점차 이런 방식으로 중상주의 경제는 관습에 들어선다. 상인들은 관습적 권리 및 의무의 체계 내에서 자리를 잡고 있다. 이런 방식으로 〔다른 종류의 경제들이〕 종속되는 "사회적 중력"이 중상주의 경제에도 드러난다.(Hicks 1969: 57~8)

이렇듯 교역 팽창의 종료 국면에 전개되는 경향이 있는 축적 중심지들 사이의 협조는 교역 팽창 개시 국면에서 획득되는 협조와는 기원과 결과에서 근본적으로 상이하다. 후자의 협조는 경쟁 압력의 구조적 **취약성**에 뿌리를 두고 있는데, 이 취약성은 각 교역 중심지의 상업적 팽창이 그 사업을 다른 모든 중심지의 사업들로부터 떼어 놓는 공간적 그리고/또는 기능적 거리에 의해서 "자연적으로" 보호받고, 각 중심지의 사업의 수익성과 안전이 다른 모든 중심지의 사업의 수익성과 안전에 의존하도록 하는 분업에 의해서 "자연적으로" 보호받는다는 사실 때문에 발생한다. 이에 비해 교역 팽창의 종료 국면에 전개되는 경향이 있는 협조는 경쟁 압력의 구조적 강도에 뿌리를 두고 있는데, 이는 일부 또는 모든 더욱 강력한 교역 중심지들이 그들 각각의 시장 틈새들 내에서 수익성 있게 투자할 수 있는 것보다 더 많은 자본을 지배하며, 이 때문에 다른 중심지들의 시장 틈새들로 침투해 들어가려는 충동을 갖는다는 사실 때문에 생긴다. 마르크스의 "과잉축적 위기"에서처럼(이에 대해서는 3장에서 논의할 것이다), 전체적인 수익성 및 교역 안전을 급격히 감소시키도록 추동하지 않으면서, 더 많은 자본이 교역체계의 구조가 수용할 수 있는 것보다 훨씬 더 많은 상품들의 구매와 판매를 위한 투자처를 찾고 있다.

이런 상황에서 중심지들 사이의 협조는, 오직 그것이 교역을 더 한층 팽창시키는 데 다시 이윤을 쏟아부으려는 중심지들의 경향을 제약하는 데 성공할 때에만 교역의 전반적 안전과 수익성을 높이는 데 성공할 수 있을 뿐이다. 힉스가 제시하듯이, "팽창이 중단되는 이 순간은 다른 관점에서 보자면 경이적 순간일 수 있다. 이윤은 아직 높지만, **더 한층 팽창시키기 위해 투자하지는 않는 것이 그 수준을 유지하기 위한 조건이다**. 그 조건이 갖추어지면, 부가 있고 안전이 있다"(Hicks 1969: 58; 강조는 추가됨). 다시 말하자면, 교역 팽창이 한계에 도달하면, 관련 행위자들이 현존 역사적 상황 하에서 이런 한계가 극복될 수 없고 그것을 극복하려는 시도가 부와 안전을 유지하기보다 그것을 파괴하는 경향이 있다는 사실을 일반적으로 인식하는가 여부에 부와 안전이 달려 있게 된다. 이런 인식이 실제로 실현되어 교역 중심지들이 그들의 사업을 더 한층 확대하는 데 잉여 자본을 재투자하지 않도록 제약된다면, 그만큼 경쟁 투쟁은 통제되고 축적 중심지들은 최상의 시절을 누릴 수 있다.

무엇이 더 나을 수 있는가? 시장의 소란에 질서가 찾아왔다. 사람들은 사회 속에서 자리를, 그들이 고수해야 하는 자리를 잡는데, 이 자리는 타인의 난입으로부터 그들을 보호함으로써 그들을 위해 마련된 것이다. 이런 보호의 수단인 길드 및 그와 유사한 연합체를 통해 그들은 새로운 형태의 인간적 연대감을 맛볼 수 있다. …… 이는 다른 은총도 가져다 준다. 팽창의 표지였던 활력은 즉각 소실되지는 않을 것이다. 이는 교역 혁신들에서는 벗어나야 하겠지만, 안전과 부를 보유하고서 다른 영역으로 이전될 수 있을 것이다. 교역의 팽창은 지적인 자극이었다. 그러나 팽창이 더 이상 동일한 에너지를 흡수하지 않게 되는 순간,

예술은 예술 자체를 위해 추구되고, 학문은 학문 자체를 위해 추구될 것이다. …… 피렌체와 베네치아가 르네상스 절정기의 고향이 된 것은 바로 그들의 상업적 팽창이 완료된 이후였다. 이것이 우리가 그들을 기억하게 되는 과실이다. 그러나 과실이 열리는 계절은 가을이다. (Hicks 1969: 58~9)

브로델이 금융적 팽창을 특징짓기 위해 같은 은유——"가을의 표지"——를 사용한 것은 우연이 아니다(이 책의 서론을 보라). 왜냐하면 지나간 실물적 팽창 국면의 과실을 수확하는 것은 체계적 축적 순환 종료 국면의 또 하나의 전형적 특징이기 때문인데, 이는 14세기 말 15세기 초 금융적 팽창에서 예시(豫示)된 바 있다. 고도금융의 발전과 더불어(여기서 논의될 것이다), 문화산품에 대한 과시적 소비는 이런 과실이 수확되는 가장 중요한 방식 중 하나였다.

부분적으로, 문화산품에 대한 과시적 소비는 교역에 대한 투자보다 예술 후원에 대한 투자가 잉여자본의 더욱 수익성 있는 활용 형태가 된, 역전된 상업 정세의 직접적 결과였다(Lopez 1962; 1963). 부분적으로, 이는 도시 간 전쟁에서 대중적 동원의 수단으로서 신비스러운 집합적 동일성이 발명된 것과 결합된, 공급추동적 현상이었다(cf. Baron 1955). 그리고 부분적으로, 이는 "거대 건축물이 어떤 가문들과 다른 가문들을 구분짓는 전략이 된," 경쟁 상태에 있는 상인 분파들 사이에서 지위를 확보하려는 싸움의 직접적 결과였다(Burke 1986: 228).

르네상스를 탄생시킨 특수한 상황 조합 방식은 도시국가마다 달랐고, 그 성과 또한 그랬다. 그러나 도시국가들의 **체계**에 관한 한, 문화산품의 과시적 소비는 국가형성과정에, 즉 북부 이탈리아 자본주의 고립지를 소수의, 더 크고, 더 강력한 정치 조직들로 구성된 체계로 재편하는 데 필수적이었다. 도시국가 지배집단들은 변칙적 특징을 지녔기 때문에, 그들은 더욱 전통적 권위의 경우에나 허용되는, 자동적이고 관례적인 충성에 의존할 수 없었다. 따라서 이 집단들은 "공동체의 자기의식을 강화함으로써 충성을 얻고 이를 유지해야 했다"(Mattingly 1988: 49).

도시국가들을 계속해서 서로 대치시킨 전쟁들을 겪으며, 이런 전쟁들에 힘입어 특히 그 전쟁에서 승리한 통치집단들은 충의에 초점을 맞추고 충성을 얻어 낼 수 있었다. 그렇지만, 전쟁에서 승리한 도시국가들이 영토를 잃은 도시국가들의 영토와 주민들을 병합하여 그 영역을 팽창시키자, 또다시 점점 더 복잡한 형태로 충의와 충성이라는 동일한 문제가 제기되었다. 더욱이 팽창하는 도시국가들이 유럽 정치에서 열강의 역할을 맡게 되자, 국내적 정당성 문제는 외적 정당성 문제와 얽혀들었다. 예술과 학문에서의 우위는 두 전선에서 정당성을 획득하는 데 다른 어떤 수단에 비해 손색이 없었다.

이는 또한 도시국가 통치집단들의 기술과 성향에 잘 맞는 수단이기도 했다.

> 통치집단들 ── 상인과 전문가들 ── 그들 다수는 법률가나 공증인으로 훈련받았고 …… 그들 다수는 포럼과 시장공간에서 논쟁해 본 경험이 있었다 ── 이들이 글이 칼만큼 강하다고 믿는 것은 당연했다. 상인과 정치인들(politicos)이 군사력에 대한 보조물이나 대체물로서 외교적 설득과 법정 설득의 효과성에 신념을 갖는 것은 아마 고전 문학에 대한 관심의 부흥 때문에 강화되었을 것이다. 의심의 여지없이, 이번에는 이런 신념이 새로운 인문주의를 강화했고, 거기에 공공 수사학을 선호하

는 대세적 편견을 심는 데 일조하였다. 어느 누구도 이런 형태의 심리전의 실제 효과를 지금 평가해 볼 수는 없을 것이다. 확실히 교육받은 계급 사이에서 여론은 다소 선동에 민감했으며, 확실히 페트라르카(Petrarch)와 콜라 데 리엔치[3] 시대 이후로 이렇게 문학적 수단을 통해 여론을 조종해 보려는 경향이 있었다. (Mattingly 1988: 53~4)

글이 완전히는 아니더라도 점점 칼을 대체해 권력수단이 된 것은, 끊임없는 전쟁 세기──이는 1454년 로디 평화조약으로 끝맺음했다──의 이탈리아 도시국가간체계를 공고화한 핵심 측면이었다. 그러나 화폐 권력이 이를 보충하고 그 바탕에 깔려 있지 않았다면, 글도 칼도 미래의 유럽 세계경제의 국가간체계의 원형을 만들어 내기에 충분하지 않았을 것이다. 글과 칼의 위업은 화폐의 위업보다 더 쉽게 기억된다. 그러나 세계체계로서 자본주의의 발전에 대해 이탈리아 르네상스의 가장 결정적이고 지속적인 공헌은 고도금융 영역에 있었다. 이는 첫번째 체계적 축적 순환의 행위자들과 구조들이 형성된 "보이지 않는" 영역이었는데, 이제 우리는 이곳으로 나아가야 한다.

고도금융의 발생

근대적·자본주의적 형태의 고도금융은 피렌체의 혁신이었다. 그 기반이 마련된 것은 13세기 말, 14세기 초 교역 팽창 중이었다. 그러나 자기 시

---

[3] Cola de Rienzi. 1347년 로마의 호민관이 된 인물로 로마에서 고대 로마 공화정의 부활을 꿈꾸며 반귀족주의 혁명을 주도했다. 이후 권력을 잃고 폭동을 일으킨 시민들에 의해 살해당했다.

대를 만난 것은 그 팽창의 종료 이후였다.

알프스를 넘는 최초의 광범한 금융적 거래를 수행한 것은 교황의 징세원으로 영국과 북부 왕국들까지 여행한 시에나[Siena ; 현재 이탈리아 토스카나 주의 도시]의 사업가들이었다. 그리고 로마와 함께, 로마를 위해서 수행한 이런 사업은 순례·면죄부·관면장 같은 "보이지 않는 수출품들"을 포함하고 있었는데, 이런 사업은 14세기와 15세기 그 전성기까지 피렌체와 시에나 은행업이 대륙적으로 뻗어 나가 번영하는 데 핵심적이었다. 이런 거대 사업에는 전문 관리자가 필요했고, 상인이자 편찬가였던 조반니 빌라니가 관찰했듯이, 피렌체 사람들은 "재빠르게 교황의 은행가가 되는 이점을 깨달았다. 왜냐하면 그렇게 되면 세계 최대의 유동자본이 그들의 수중에 들어올 것이기 때문이었다"(Cox 1959: 165에서 재인용 ; de Roover 1963: 1~3, 194~224 ; Gilbert 1980: 4장 ; Burke 1986: 224도 보라).

유럽 고도금융에서 피렌체 기업들의 지도력은, 로마를 위한 종교 거래와 피렌체 자신을 위한 양모 거래를 결합한 기반 위에 설립되었다. 13세기 말 피렌체 모직산업의 급속한 팽창의 핵심은 그 투입물이 구매되고 그 최종 산출물이 판매되는 "집수지역"이 점진적으로 확대된 점이었다. 이 지역 원모가 소진되자, 주로 네덜란드와 프랑스에서 대량으로 조(粗) 직조천이 수입되어 피렌체의 숙련 장인들에 의해 추가 가공 또는 완성되는 과정을 거쳤다. 에스파냐, 포르투갈, 잉글랜드에서 새로운 경쟁적 원모 공급지가 발견되자 피렌체에서 직포생산이 확대되었고, 최상의 원모가 발견된 브라반트, 홀란트, 잉글랜드, 프랑스에서 첫번째 단계의 조(粗) 제조과정을 위한 작업장들을 수립하는 방식으로 또 다시 확대된 규모의 [생산] 재배치가 전개되었을 뿐이다(Cox 1959: 162~3). 방정식의 수요

항에서는, 급속하게 팽창하는 레반트의 배출구들이 이탈리아 국가들의 배출구를 보완하였는데, 레반트의 배출구들에서는 피렌체의 모직 완제품이 향신료, 염료, 기타 아시아 제품들과 교환되었다. 그리고 조반니 빌라니가 지적했듯이, "계속 질이 개선되자, 그 제품들은 프랑스와 잉글랜드, 그리고 그 제품들이 처음에 배출된 동일한 시장들에 진입할 수 있는 길을 찾아냈고, 거기서 이 제품들은 미가공 직물들과 교환되었다"(Cox 1959: 162에서 재인용).

처음에 피렌체 고도금융망의 형성과 확장은 양모교역이 만들어 낸, 조밀하고 확대된 거래망에 뿌리내리고 그 위에 세워졌다.

> 대은행가들은 동시에 양모 길드의 성원이어서 …… 국제 금융업과 직포상업은 함께 외연을 확대하며 발전했다. 은행가들로서 그들은 화폐와 외국에 대한 채권을 양모로 변환하였다. [그들은] 대출 담보물로 양모를 받았고, 해외 국가들이 교황 납부금을 양모로 지급할 수 있도록 허용했고, 봉건 영주들이 금융상의 우대를 요구할 때 이들로부터 교역의 양보, 특히 양모 시장의 독점권을 얻어 내려 했다. …… 그들은 국내외에서 직포생산의 자금을 대기도 했다. …… 그리고 완제품 판매를 위해 단기간 대출을 하기도 했다. (Cox 1959: 164)

양모 거래가 계속해서 급성장하고 고수익을 얻는 한, 이는 피렌체 은행업망이 유럽 전역으로 팽창하는 주된 역동적 요소였다. 그러나 그 성장률이 둔화하고 수익이 하락하자, 피렌체 상인 은행가들은 떠오르고 있던 서유럽 영토주의 국가들 사이의 권력투쟁이 촉발한, 이동자본에 대한 급속한 수요 증가에서 새로운 토대를 찾으려 했고, 마침내 그 토대를 발견하였다. 왜냐하면 유라시아 교역 팽창이 축소된 것은 단지 앞서 언급한 이탈리아 도시국가체계 내의 경쟁적 투쟁의 증폭하고만 결합된 것은 아니었기 때문이다. 이는 여타 유럽의 권력투쟁의 증폭과도 결합되었다. "이탈리아" 백년전쟁의 세기는 또한 더 잘 알려진 "영불" 백년전쟁의 시기(1337~1453)이자,[4] 교황권을 분리시킨 교황분열(Schism)의 시기(1378~1417),[5] 이베리아 반도에서 정치적 아나키와 카오스가 반복적으로 승부를 겨루는 시기, 그리고 그 과정에서 한자동맹이 퇴락하고 네덜란드의 운세가 부상하는, 북유럽의 장기에 걸친 일련의 전쟁들의 시기이기도 했다.

이처럼 유럽 권력투쟁을 증폭시킨 다양한 실가닥들을 서로 연결시키고 또 이를 유라시아 교역 팽창의 축소에 연결시킨 연계들은 너무 복잡해서 여기서 이를 모두 논의할 수는 없다. 다만 피렌체 고도금융 발전에 결정적 역할을 한 바 있는 "영불" 백년전쟁과 관련해, 우리는 앞선 교역 팽창 중에 잉글랜드가 이탈리아와 플랑드르 제조업 중심지를 위한 가장 중요하고 가장 대규모의 고급 양모 공급원이 되었다는 점을 강조해 두어야 한다. 배링턴 무어가 지적했듯이(Moore 1966: 5), 양모무역의 이런 팽창은 "결국 영국 사회를 지배하게 된 강력한 상업 충동"을 개시시켰다.

---

[4] 1066년 노르만 왕조가 성립된 이후에도 잉글랜드는 프랑스 내부에 영토를 소유해 양국 사이에 오랫동안 분쟁이 계속되었다. 이 둘 사이에 프랑스를 전장(戰場)으로 하여 여러 차례 휴전과 전쟁을 되풀이하면서, 1337년부터 1453년까지 116년 동안 단속적(斷續的)으로 계속된 전쟁을 백년전쟁으로 부른다. 초기에는 잉글랜드가 우세했으나, 최종적으로 잉글랜드가 프랑스 영토에서 격퇴됨으로써 전쟁이 종결되었다.
[5] 아비뇽 유수가 끝난 후 로마로 돌아간 그레고리우스 11세(Gregorius XI)에 맞서, 아비뇽에서 새로운 교황이 선출되어 두 명의 교황이 대립되던 시기. 아비뇽의 대립교황으로 1378년에 선출되어 1394년까지 집무한 클레멘스 7세(Clement VII)와 1394년에 선출되어 1423년에 사망한 베네딕토 13세(Benedict XIII)가 있었다.

도표 2. 잉글랜드 총 은화 주조량, 1273~1470(1280년의 생산량을 100%로 했을 때)

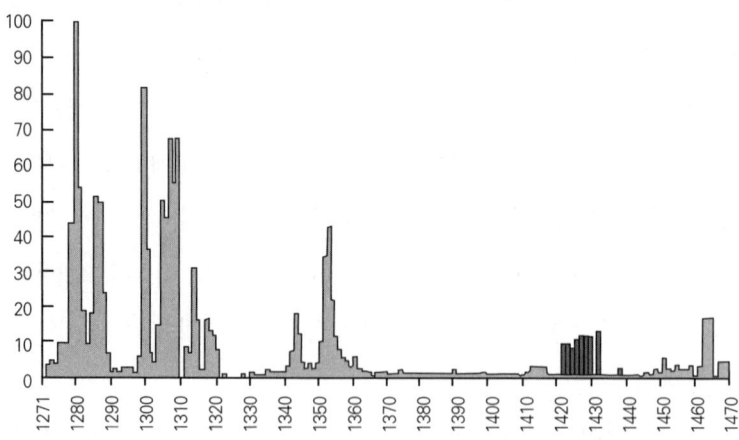

주: 어둡게 표시된 막대는 칼레의 주조량을 나타낸다.
출처: Miskimin(1969: 140).

그 반향은 "도시에서 감지되었을 뿐 아니라, 농촌에서는 아마 훨씬 더 감지되었고, 정치에서도 확실히 감지되었다."

국가형성에서뿐 아니라 전쟁형성 활동에서도 상업 충동의 영향력을 볼 수 있었는데, 이는 훨씬 강력했을 수도 있을 프랑스 경쟁자들보다 잉글랜드의 통치자들이 잉글랜드의 프랑스 침공 전야에 전쟁의 상업화라는 측면에서 뚜렷한 우위에 있었다는 사실에서 목격된다(McNeill 1984: 81~2). 따라서 우리는 잉글랜드 통치자들이 프랑스를 침공함으로써 프랑스에 대한 그들의 전쟁 상업화상의 우위를 영토 획득으로 전환할 시기가 도래했다고 계산하였거나, 또는 양모교역의 감소나 위축이 국가형성과 전쟁형성 역량에 끼칠 부정적 영향력을 보완하려면 영토 확장이 필요하다고 계산했으리라 가정해 볼 수 있다. 우리가 알고 있는 것은, 잉글랜드의 국제수지가 프랑스 침공 이전 사반세기 동안 극적으로 악화되었고,

이는 1310년대와 1320년대에 잉글랜드의 은화 주조가 대폭 감소하는 데서 증명된다(〈도표 2〉를 보라)는 점이다. 잉글랜드 경화 주조의 상당히 많은 부분이 — 우리의 관심이 되는 시기에는 90%나 그 이상이 — 외국 주화를 다시 녹여서 만들어지기 때문에, 잉글랜드의 주화생산 수준의 변화는 국제수지의 변동에 밀접하게 그리고 정(+)의 방향으로 연관되어 있었다(Miskimin 1969: 139).

그들의 국가형성과 전쟁형성 기능 수행에서 해외 지불수단 공급의 팽창에 익숙해진 잉글랜드 통치집단들은 이런 정세 변화에 대응해, 더 이상 교역을 통해서 얻을 수 없는 것을 전쟁을 통해서 얻어 내려 하였다. 잉글랜드인들의 침공에서 국제수지에 대한 고려가 중요했다는 직접적 증거는, 잉글랜드인들이 대륙에서 추구한 첫번째 목표가 플랑드르 고객들로부터 더 유리한 교역 조건을 이끌어 내려는 것이었다는 사실에서 찾을 수 있다. 그들은 이 목적을 위해서 처음에는 카스티야의 왕과 결탁해 플랑드르에 양모 수출을 금지시켰고, 이어서 칸산드(Cansand) 전투에서(1337) 플랑드르를 공격해 정복하였다. 이 시점에 플랑드르에 대한 잉글랜드의 수출은 재개되었지만, 그 가격은 잉글랜드인들에게 훨씬 더 유리하였고, 또 플랑드르인들이 에드워드 3세에게 직접 돈을 빌리는 조건 하에서였다(Miskimin 1969: 92~3).

높은 가격과 강제 대출을 통해 고객의 돈을 강탈하는 것은 그 자체로는, 많은 비용이 드는 장기 전쟁의 자금공급을 위해서 좋은 방법은 아니었는데, 왜냐하면 조만간 그런 정책이 황금알을 낳는 거위를 죽이게 될 것이기 때문이었고, 사실 그렇게 된 결과 플랑드르 직포산업은 몰락하였다. 그러나 그런 강탈은 직포산업을 잉글랜드 내에 "내부화"할 목적을 지닌, 더 넓은 전략 속의 전술적 움직임에 지나지 않았다. 수출금지와 군사

도표 3. 직포교역의 추세 : 잉글랜드로부터의 수송량과 이프르의 생산량(단위: 천 포)

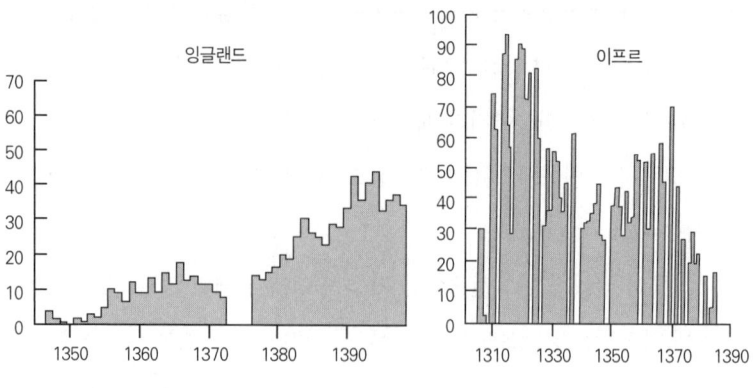

출처 : Miskimin(1969: 94).

적 침공의 상황에 처한 플랑드르 직포공들은 영국에 이주하도록 고무되었다. 그리고 14세기 말 플랑드르 산업이 최종적으로 붕괴했을 때, 많은 사람들이 실제로 그렇게 이주했다(Miskimin 1969: 93~9). 이런 당근과 채찍 전략의 성공은 〈도표 3〉에서 묘사된 추세에서 측정될 수 있는데, 여기서는 백년전쟁 동안 잉글랜드 직포산업의 팽창과 그에 동반한 세 곳의 주된 플랑드르 직포생산 중심지 중 하나인 이프르[Ypres; 현재 벨기에에 속하는 플랑드르 서쪽 지역의 도시]의 "강제적" 탈산업화가 드러난다.

해리 미스키민은 이런 추세에 대해 논평하면서 이 바탕에 깔린 "네거티브섬 게임"을 강조했다.

에드워드 3세가 플랑드르 산업을 파괴하고 그 일부를 잉글랜드로 이전하는 데 놀랍도록 승리하였지만, 플랑드르의 경기침체를 보면 잉글랜드가 성공했다는 주장은 완화되어야 한다. 잉글랜드의 성과는 새로운 산업 분야를 만들어 낸 데 있는 것이 아니라 하나의 산업을 이식한 데 있었다. …… 세계시장 쇠퇴에 직면해——이프르 시 한 곳의 쇠퇴만도 전체 잉글랜드 수출 교역보다 컸다——잉글랜드는 국력의 행사와 원료에 대한 경제적 통제를 통해서 지역적 경제 번영을 구가하고 그 대신 플랑드르를 희생시켰다.(Miskimin 1969: 95~6)

잉글랜드에서 직포생산의 팽창이 산업 이식에 지나지 않고, 또 그 산업 이식이 경제 번영의 전반적 쇠퇴와 결합되어 있었다는 결론은, 우리가 일단 이프르에 앞서 더 대규모로 진행된 바 있는 피렌체의 "자발적" 탈산업화를 구도 속에 끌어오면 더욱 피할 수 없는 것이 된다. 조반니 빌라니에 따르면, 1338년 피렌체에는 120만 금 플로린 이상 값어치의 7만~8만 점의 직포를 생산하는 2백 개 이상의 작업장이 있었다. 30년 후에는, 품질은 비록 더 조야하고 값어치가 절반으로 떨어지기는 했지만, 10만 점 이상을 생산하는 3백 개 가량의 작업장이 있었다(Lopez and Raymond 1955: 71~4; Luzzatto 1961: 106).

피렌체 상인과 제조업자들은 1338년 훨씬 이전에 직포 생산량을 줄이고 고품질 고가치 품목에 집중하기 시작했다. 그러나 1338년에서 1378년 사이 이런 경향이 격화되었다. 생산은 거의 전적으로 고품질 직포에 집중되었고——이전 제품의 평균 두 배 가격——수량은 2만 4천 점으로 하락하여, 15세기 전체 동안 연간 3만 점 이상으로 올라간 적이 없었다 (Cipolla 1952; Luzzatto 1961: 97~8, 106, 141).

1338년에서 1378년 사이 피렌체에서 모직생산의 감소는 백년전쟁 초기부터 1380년대까지 이프르의 쇠퇴나 14세기 잉글랜드 직포 수출의 전체적 성장에 비해 훨씬 컸다. 그러나 피렌체에서 이처럼 산업 생산이 극적으로 감축된 것은 잉글랜드 통치자들이나 다른 어느 누가 폭력의 위협을 행사한 결과는 아니었다. 오히려 이는 피렌체의 사업을 이끈 엄격히 자본주의적인 행동논리의 표현이었다.

지금처럼 그 당시에도 이런 논리는, 자본 활동에 대한 수익이 플러스일뿐 아니라 교역과 생산에서 자본 활용과 분리될 수 없는 위험과 곤경에 노출되는 것을 정당화할 만큼 자본 수익이 높은 한에서 자본이 투자되어야 하고, 그리고 둘째로 자본 활동이 자본 소유자가 금융 거래에서 벌어들일 수 있는 수익을 보상해 주는 한에서 자본이 투자되어야 한다는 논리를 지시해 보여 주었다. 그리고 지금처럼 그 당시에도 교역체계 전체에서 경쟁 압력의 강화는 이 수익률을 높이는 경향이 있었고, 이로써 상품의 구매·가공·판매로부터 더욱 유연한 투자 형태, 즉 주로 국내외 공채의 자금공급으로 자본의 주된 재할당을 촉진시켰다. 이런 재할당은 어떤 "균형"을 향한 운동은 아니었다. 반대로, 이는 상당한 경제적·정치적·사회적 교란의 표현이자 원인이었다.

경제적 교란의 정점은 1340년대 초 "대폭락"이었는데, 이는 에드워드 3세가 잉글랜드의 프랑스 침공에 돈을 댄 피렌체 기업인 바르디(Bardi)와 페루치(Peruzzi)에게 빌린 136만 5천 금 플로린의 엄청난 대부—1338년 피렌체 직포생산 총액보다 많았다는 점을 지적해야 한다—를 1339년에 갚지 못한다고 선언하자 벌어졌다. 페르디난트 쉐빌은 피렌체 은행가들이 그 투자의 위험을 알았지만 잉글랜드 군주의 재정에 너무나 얽혀 들어 있어서 투자를 철회할 수 없었다고 주장한다(Schevill 1936: 219). 이것이 의미하는 바는 아마도, 양모교역의 수익이 늘어나는 황금기는 영원히 사라져 버렸고, 앞서 잉글랜드 왕실에 제공한 자금을 회수할 가장 좋은 기회는 거대한 새로운 진로를 찾는 것인데, 이 진로를 택하면 에드워드 3세가 영토를 정복하거나 자신의 영토 내에 플랑드르 직물산업을 이식함으로써 수입을 늘리게 될——따라서 그의 부채의 이자와 원금을 상환할 능력을 키울——것을 바르디와 페루치가 알았을 것이라는 점이다. 사실로 판명났듯이 이는 거대한 오판이었는데, 왜냐하면 전쟁 개시 2년도 못 되어 에드워드 3세는 채무 상환 능력이 없다고 선언했고, 그럼으로써 유럽 신용체계에 큰 위기를 촉발시켰고, 피렌체와 다른 곳의 은행에 대한 지불요청의 쇄도, 그리고 바르디와 페루치 회사들 자체의 붕괴를 촉발시켰기 때문이다.

1340년대의 대폭락 때문에 수천 명의 피렌체의 보통 투자가들과 노동자들의 삶의 황폐화가 확산되었고 반목은 격화되었는데, 전통적으로 이는 이 도시 통치집단들의 상이한 분파들을 서로 대치시킨 바 있던 일이었다. 시장의 소란은 1348년부터 흑사병과 그에 뒤이은 전염병의 급습에 의해 증폭되어, 상인계급의 통치 안정성을 허물고 노동계급에게 정치적 해방의 기회를 제공해 주었다. 대폭락 전야인 1338년에는 피렌체 인구의 1/3인 3만 명 이상의 사람들이 직포제조업이 지급하는 임금에 의존해 생활하고 있었다. 이어진 40년간 직포생산이 바닥으로 떨어지자, 임금 노동력의 하위층——이들은 고품질 직물생산에 주변적으로만 관련되어 있었다——이 더 많은 임금, 현존 생산 수준 유지, 그리고 자주적 조직의 권리를 요구하며 자기보호를 위해 일어섰다. 이런 투쟁의 정점은 빈곤한 직포공들이 국가권력을 장악해 양모 손질공 미켈레 디 란도(Michele di Lando)를 공화국 정부 수반으로 추대한 1378년의 이른바 치옴피 반란[6]

---

6) 치옴피(Ciompi)는 양모 손질공이라는 뜻의 이탈리아어로, 직포산업에서 공민권이 박탈된 이 계층은 어떤 길드에 의해서도 대변되지 않았다. 이들은 야채 판매상, 도자기 행상 등과 함께 가장 급진적인 하층집단 중 하나로, 피렌체 경제 번영의 핵심인 직포제조업에서 기득권을 점하고 있던 '아르테 델라 라나'(Arte della Lana) 중심의 지배 권력에 불만이 많았다.

이었다(Cox 1959: 152~3; Dobb 1963: 157~8; Miskimin 1969: 98~9).

이런 프롤레타리아 반란은 고용주들의 직장폐쇄에 의해 신속하게 진압되었는데, 이런 직장폐쇄는 반역적 노동자들을 수많은 굶주린 게으름뱅이들로 변환시켰다. 그리고 이런 굶주린 게으름뱅이들이 빵을 요구하며 폭동을 일으켜 시뇨리아[7]로 위협적으로 행진해 오자, 상층 길드 노동자의 우두머리인 디 란도 자신이 이들에게 재기불가능한 패배를 안겨 주었다(Cox 1959: 153). 쉐빌이 관찰했듯이(Schevill 1936: 308), "14세기 [피렌체의] 투쟁은 근대적인 자본과 노동 사이 갈등의 서장을 구성하며, 자본이 얻은 상대적으로 손쉬운 승리는 그때나 그 이후 자본에 대항하는 자들이 직면하는 곤경을 드러내 준다."

그 이후에도 그랬듯이 그 당시 이런 곤경이 나타난 이유는 그 적대자들에 비해 자본이 훨씬 더 큰 유연성과 이동성을 부여 받았기 때문이었다. 정부와 사업 조직들에 대한 경쟁 압력이 격화하자, 엄밀하게 자본주의적인 조직들은 그 자원 배분에서 다른 대부분의 조직들——잉글랜드 왕가건, 플랑드르 길드건, 아니면 피렌체 자신의 길드건——보다 권력이나 생계에 대한 고려의 제약을 훨씬 덜 받았다. 이렇듯 피렌체의 주도적 기업체들은 그들 자본의 팽창이 상품의 구매·가공·판매를 통해서 일어나건, 아니면 그들이 활동하고 있는 세계경제의 다양한 구성원들을 서로 대립시키는 투쟁에 돈을 댐으로써 일어나건 대체로 무관심했다. 그리고 경쟁이 교역과 생산에서 자본 수익을 감소시키는 반면 권력투쟁이 고도

---

7) 시뇨리아(Signoria)는 이탈리아 도시국가의 정치적 통치체의 하나로, 중세의 자치적 통치체나 공화제를 대체해 다양한 종류의 군주정과 유사한 형태로 등장했다. 그 형태는 참주정에서 과두제까지 다양했는데, 특히 피렌체에서는 길드에서 선출된 대표자들이 정부의 업무를 수행했다.

금융의 수익을 늘리자, 그들은 현금 잉여를 첫번째 종류의 투자에서 두번째 종류의 투자로 이전하기 시작했다. 그 변화는 14세기 초기에 점진적으로 진행되다가 중반기에는 급격해졌다.

이런 이전의 최대 피해자인 피렌체 노동계급층은 자본의 자본주의적 축적에 관한 한 그들의 생존을 "과잉"으로 만들고 있는 이런 경향을 중단시킬 수 없었고, 더더구나 반전시킬 수는 없었다. 아이러니하게도, 1378년 그들의 반란과 일시적 권력장악은 이런 경향을 전혀 약화시키지 못하고 오히려 강화시켰으며, 그 경향의 최종적 공고화를 초래했다. 한편에서 그들은 피렌체 노동계급의 상층과 하층을 서로 반목시키는 이해 갈등을 전면에 부각시킴으로써, 그리고 다른 한편에서는 분할되어 있던 피렌체 자본가계급의 다양한 분파들로 하여금 그들 사이의 불화를 해결하고 노동에 대한 철권의 지배를 행사하도록 강력한 정치적 유인을 제공함으로써 그렇게 하였다.

길드의 상층 노동자들이 치옴피 반란의 억압에 적극 가담한 것은 우연이 아니며, 그들의 이해관계를 잘못 인식했기 때문도 아니었다. 14세기 피렌체 노동계급의 하층을 빈곤화시킨 동일한 경향들이 그 상층에게는 횡재를 안겨 주었다. 자본에 대한 수익이 모든 제조업 분야에서 동일하게 하락하고 있던 것은 아니었고, 어떤 분야에서는 전혀 하락하고 있지 않았다. 이탈리아 도시국가간체계의 전쟁과 유럽 세계경제 전체의 전쟁에 자금을 대기 위해서 잉여자본이 더욱 대량으로 이전되면서, 전쟁 수단의 수요가 호황을 맞아, 베네치아 조선소와 그보다 훨씬 더 밀라노의 군수 산업에게는 이득이 되었다. 그러나 잉여자본은 또한 과시적 소비로도 이전되고 있었는데, 문화산품에 대한 과시적 소비뿐 아니라 고품질 방직제품처럼 훨씬 세속적인 재화의 과시적 소비로도 이전되었다. 그 결과 훨씬 조잡한 직포생산——그에 대한 수요는 기껏해야 정체되었거나 잉글랜드, 홀란트, 브라반트, 프랑스의 생산 증가로 과잉공급되었다——에 대한 수익 감소 때문에 피렌체 노동계급의 하위층이 과잉상태가 되었던 반면, 상층 숙련공과 노동은 더 사치품 직포생산에서 꾸준히 쉽게 수요를 찾아낼 수 있었다(Miskimin 1969: 99, 153~7).

피렌체 대사업가들과 부유한 상인 가문들은 이런 분기하는 경향들이 노동계급 내에 초래한 모순들을 능숙하게 활용하였다. 그들은 하층 길드 노동자들에 대해 공장폐쇄를 단행하여, 미켈레 디 란도 정부와 상층 길드 노동자들의 환심을 샀다. 치옴피 반란의 최종 항복과 더불어 이런 정책이 성과를 거두자, 그들은 디 란도를 쫓아내고 1382년 이후 반세기 동안 1378년 반란 이전에는 거의 볼 수 없던 통일된 목표를 가지고 이 도시를 통치하였다. 그러나 이 시기에도 그들은 하층과 상층의 노동계급에 대해서 매우 상이한 대우를 유지하였다. 상층의 생계는 반란 이전보다 더욱 적극적으로 보호되었는데, 이는 해외 직포 수입에 대한 금지 관세를 통해서 그리고 교역 비밀을 유지하고 경쟁자들로부터 전략적인 투입물을 지킬 것을 목적으로 한 다른 조치들을 통해서 가능했다. 이에 비해서 하층은 모든 보호와 자주적인 조직권을 박탈당한 채, 떠돌아다니는 잉여 노동력 대중으로 전락해 르네상스의 건축 붐 속에서 매일 가난에 시달리며 빵을 벌어야 했다(Cox 1959: 154; Miskimin 1969: 99; Martines 1988: 189~90).

부와 자본축적에서 다른 모두에 앞선 가문인 메디치 가가 1434년 정부를 장악해 사실상 군주적 통치를 수립하자, 이 도시의 부유한 상인 가문들의 반세기에 걸친 과두적 통치는 끝이 났다. 앞서 언급했듯이, 이런 권력장악은 루카와의 전쟁 이후 피렌체 공중을 곤경에 빠뜨린 엄청난 재정위기의 직접적 결과였다. 그러나 이 재정 위기 덕에 메디치 가가 피렌체 공중을 헐값에 "매수할" 기회를 얻을 수 있었다고 한다면, 그럴 수 있던 능력은 1340년대 대폭락까지 거슬러 갈 수 있을 만큼 오랜 발전의 결과였고, 이 과정에서 메디치 가문은 유럽 고도금융의 주도적 조직이 되었다. 이 과정의 네 가지 측면이 우리 관심을 끈다.

첫째, 메디치의 성공은 1340년대 대폭락의 황폐화 속에서 등장했다. 이 폭락에서 살아남아 보잘것없는 출발을 한 메디치는 거대 기업들인 바르디와 페루치, 그리고 그보다 작은 일군의 금융업자들의 붕괴가 남긴 공백을 신속히 메워 갔다. 다른 많은 이탈리아 상인 은행가들처럼, 메디치는 유럽 세계경제 전체에 퍼져 있는 거래처(correspondents)망에 의존했다. 그러나 여기에 덧붙여 메디치는 로마, 베네치아, 나폴리, 밀라노, 피사, 제네바, 리옹, 바젤, 아비뇽, 브뤼주, 런던에 피렌체 본사가 직접 통제하는 해외지사를 설립했다(de Roover 1963: 194, 225~346).

둘째, 14세기 말 15세기 초 메디치 가문의 엄청난 초국가적 팽창은 정부들과의 금융적 거래에 우선순위를 부여한 축적 전략에 기초하고 있었지만, 메디치 가는 사업을 벌일 정부를 매우 신중히 선택했다. 1435~50년 시기에 28만 9천 금 플로린을 기록한 기업 총이윤액의 90%는 은행업의 성과였고, 나머지는 피렌체 기업이 운영하는 두 개의 양모 상점과 한 개의 비단 상점의 성과였다. 이 회사의 해외지사들 중 최대 수익처는 로마로, 1434년까지 여기서 회사 수익의 절반을 벌어들였다. 로마와 함께 로마를 위해 벌이는 사업은 실로 메디치 금융 제국의 주춧돌이었는데, 그와 연관된 현금 유입량이 많았기 때문만이 아니라, 교황청이 만성적으로 메디치 가문에 부채를 지고 있어서 메디치 가는 교회의 영적·조직적 권력을 동원해 자신들이 유럽 전역의 하급 성직자들에게 제공한 수익성 높은 대출금의 상환을 보장받을 수 있었기 때문이었다(de Roover 1963: 194~224).

셋째, 메디치 금융 제국의 구성과 팽창은 메디치 가문의 국가형성 역량의 구성과 팽창에 밀접히 연관되어 있었다.

1470년대 초 로렌초 데 메디치가 자기 가문이 1434년에서 1471년 사이에 쓴 기본적 지출액을 계산해 보았을 때, 그는 건축과 예술 위탁에 쓴 금액과 자선과 조세에 지출한 금액을 구분조차 하지 않았다. 이는 모두 한데 섞였는데, 왜냐하면 모두 같은 목적 ― 그 가문의 장대함과 국가 내의 그 가문의 권력 ― 에 기여했기 때문이었다. 그는 결코 그 놀라운 총액수에 후회하지 않고(663,755 금 플로린), 다음과 같이 결론내렸다. "나는 이것이 우리 영지에 빛을 드리워 준다고 생각하고, 내가 보기에 이 돈은 잘 쓰였고 나는 이에 만족한다."(Martines 1988: 243)

이런 관찰은 메디치 기업에 투자한 자본이 왜 그렇게 이윤을 낳지 못했는지의 주된 이유를 허식과 과시에 대한 탐닉에서 찾은 후세 역사가들과 사회과학자들의 오해에 비해, 로렌초 데 메디치가 당시 사업 분위기를 훨씬 잘 파악하고 있었음을 보여 준다. 사실 메디치의 이윤은 매우 높았는데, 정확히 그 이유는 ― 앞서 인용한 힉스의 경구를 빌리자면 ― 이윤이 그 이윤을 낳은 사업을 더 팽창하는 데 재투자되지 **않았기** 때문이었다. 만일 메디치가 1434년에서 1471년 사이 그들이 빈곤층·예술·국가를 후원하기 위해 사용한 663,755 금 플로린을 그들의 금융·상업·산업 활동에 재투자했더라면, 그 기업의 운영자본 ― 레이먼드 드 루버에 따르자면 가장 많았을 때 7만 2천 플로린에 이르렀던(de Roover 1963) ― 은 대체로 열 배 늘어났을 것이다. 이렇게 늘어났더라면, 아마도 메디치 자신은 미심쩍은 모험적 사업에 뛰어들었을 텐데, 그 사업은 아마도 바르디와 페루치를 파멸시켰던 것만큼 미심쩍은 것이었을 것이다. 어쨌건, 그랬다면 자본 간 경쟁을 통제하고, 피렌체 노동계급을 동요시키지 않게 하고, 그리고 무엇보다 중요한 점으로 로마 교황청과 기타 여러 유럽 정부를 계속해서 메디치의 금융적 지원에 의존하게 만든 자본 희소성을 심각하게 침식시켰을 것이다.

메디치 가문의 거대한 이윤을 그 금융·상업·산업 활동에 다시 쏟아 붓는 것이 나쁜 사업 정책이었다고 한다면, 이 이윤의 상당 부분을 허식과 과시라는 "비생산적"으로 보이는 곳에 지출하는 것은 사실 훌륭한 사업 정책 —메디치 가에 가져다 주는 미적 즐거움과 여타 혜택은 전혀 별개로 하고— 이었다. 왜냐하면 일반적으로 대사업체와 특히 고도금융은 나중 시대에 비해 훨씬 더 폭넓게 국가형성 기능과 연루되어 있었기 때문이다. 매팅리가 지적하듯이(Mattingly 1988: 59), 메디치 가문의 해외지사 책임자들의 외교 기능은 항상 엄청나서, 1434년 이후에는 "메디치 은행의 상주 대표자와 피렌체 국가의 정치 대리인을 구분하기가 점점 더 어려워졌다". 허식과 과시는 그 지출이 발생한 피렌체에서 홍보 활동을 하는 데 중요했지만, 훨씬 더 중요했던 것은 이것이 자신의 귀족 고객들과 거래하는 해외지사 책임자들이 동등한(또는 우월한) 대접을 받으려 매일같이 싸우는 과정에서 이들에게 매우 가치 있는 심리적 탄약을 제공해 주었다는 점이다.

이 모두를 인정한다 하더라도, 메디치와 그 책임자들의 상재(商才)와 관련이 없고 이것 없이는 상재도 쓸모가 없었을, 피렌체 고도금융 장기 발전과정의 네번째 측면이 있다. 베버의 말을 빌리자면, 이 네번째 측면은 14세기 후반 등장하기 시작한 유럽 주요 정치구조들 사이의 특별한 정치적 경쟁과 "균형"이었다. 1340년대에 바르디와 페루치가 몰락한 것은 그들이 계란을 한 바구니에 담았기 때문은 아니었다. 그들을 실제로 몰락시킨 것은 그들이 "너무 일찍" 그들의 많은 자원을 고도금융으로 이전시켰기 때문인데, 다시 말하자면 유럽의 부침하는 정치구조들 사이에서 이동자본을 둘러싼 경쟁이 14세기 말 15세기 초 그랬던 첨예한 특성을 나타내기 **이전에** 고도금융으로 자원을 이전했기 때문이었다. 그 결과 그들이나 그들의 자금을 받은 잉글랜드의 왕 모두 유럽에서 막 출현하고 있던 자본주의와 영토주의 사이의 바탕에 깔려 있는 힘관계를 의식하지 못했다. 피렌체의 두 기업은 에드워드의 압력에 굴복해 그에게 엄청난 돈을 빌려 주는 외의 다른 선택은 없다고 생각했는데, 사실 그 시점에 그들이 물러나서 잉글랜드 왕국의 금융적 곤경이 악화되기를 기다리는 편이 더 나았을 것이다. 그리고 에드워드로서는 잉글랜드 국왕의 향후 신용상 지위를 크게 우려하지 않고도 피렌체 대출에 지불정지를 선포할 수 있다고 생각했는데, 사실 그 시점에 잉글랜드 국왕은 그가 막 개시한 전쟁에 이기기 위해서 얻을 수 있는 모든 신용이 필요했었다.

메디치가 유럽 고도금융 무대에 등장했을 때 상황은 완전히 달랐다. 물론 그들은 바르디와 페루치의 재난 경험을 배워서 대출에 훨씬 신중할 수 있었는데, 이는 주 고객으로 로마를 선택한 데서 의심할 여지없이 잘 드러난다. 그렇지만 체계의 조건──이를 만들어 내기 위해서 그들은 어떤 일도 하지 않았다──이 없었다면, 메디치의 더욱 신중한 대출 전략은 그들이 거둔 놀라운 결과를 가져오지 못했을 것이다. 앞서 언급했듯이, 대폭락이 고도금융 구조에 공백을 만들어 냈고, 이 때문에 살아남은 금융가들의 협상력이 강화되었다. 게다가, 흑사병 때문에 교회의 유산과 교회가 받은 기부금이 여러 배 늘어났는데, 이는 메디치가 이를 관리하기 위해 나서기 직전에 로마의 현금 흐름을 크게 늘려 놓았다. 반면 1378~1417년의 교황분열은 교황을 두 경쟁적 자리로 분열시키고 그 금융적 거래를 복잡하게 만듦으로써, 의심할 여지없이 메디치가 교황청을 장악하는 데 도움이 되었다(cf. Favier 1966; Miskimin 1969: 144~7).

교회의 횡재와 곤경이 유럽 고도금융에서 메디치의 주도권을 수립하는 데 중요했다 하더라도, 바르디와 페루치가 실패한 곳에서 메디치가 성공할 수 있던 가장 지속적이고 결국 가장 중요한 체계적 상황 변화는 백년전쟁 때문에 탄생한 프랑스와 잉글랜드 사이의 이동자본을 둘러싼 경쟁이었다. 우리가 〈도표 2〉에서 볼 수 있듯이, 에드워드 3세가 플랑드르에 더 나은 교역 조건과 강제 대출을 부과한 것은, 그가 피렌체의 대출에 대해 지불정지를 선언한 것과 결합해, 1340년대와 1350년대 초 잉글랜드 화폐주조 생산의 증가로 측정해 보았을 때 일시적으로 그의 왕국의 국제수지와 유동성에 긍정적 효과를 낳았다. 그러나 1360년대가 되면 이런 긍정적 효과는 사라지고, 1420년대에 칼레에서 일시적인 구호가 있었던 것을 예외로 하면 잉글랜드는 나머지 90년의 전쟁 기간 동안 지속적으로 유동성 부족에 시달렸다.

이 뿌리에는, 프랑스 영토에서 수행된 전쟁 자체가 프랑스에 대한 영국의 전쟁 상업화상의 우위를 파괴하는 경향이 있었다는 사실이 놓여 있었다.

예전에 이탈리아에서 그랬던 것처럼, 지속적으로 보급을 받아야 하는 야전군은 마치 이동하는 도시와 같은 작용을 했다. 단기적으로 보면 그들이 프랑스 농촌사회에 미친 효과는 종종 파괴석이었지만, 장기적으로 보았을 때 군대와 그들이 행한 약탈은 일상생활에서 매매의 역할을 확대했다.

그 결과, 전쟁 초기 영국의 승리로 야기된 극심한 사기저하와 귀족층의 광범위한 이탈로부터 프랑스 왕권이 회복되었을 무렵에는 징세 기반이 이전보다 확대되어 있었고, 국왕은 점차 강해지고 있는 군대를 유지하기에 충분한 현금을 모을 수 있었다. 이렇게 해서 창설된 군대는 성공적인 군사작전을 펼쳐 1453년에 프랑스에서 영국군을 몰아냈다.(McNeill 1984: 82~3/맥닐 2005: 116]

교전이 그치자, 일반적으로 피렌체의 고도금융, 특수하게 메디치의 황금기는 신속히 종료되었다. 1470년까지만 해도 아직 브뤼주와 런던의 메디치 지사에 대해서 다음과 같은 이야기가 있었다. "그들은 이 땅을 지배하고 있고, 그들 수중에 양모와 명반 교역의 차용증, 그리고 다른 모든 국가의 수입을 장악하고 있으며, 그로부터 그들은 세계 모든 시장 그러나 주로 로마와 교환 업무를 하여 여기서 큰 이득을 취한다." 그러나 1485년이 되면, 브뤼주의 지사는 문을 닫고, 메디치는 곧 유럽 고도금융 세계에서 사라졌다(Ehrenberg 1985: 196~8).

그러나 백년전쟁이 지속되는 한, 싸우는 두 영토주의 조직들 사이의 균형, 그리고 전쟁의 상업화가 양자에게 부과한 금융적 지원의 지속적 필요, 이 두 가지 때문에 메디치와 다른 피렌체 상인 은행가들은 경제적으로나 정치적으로 유리한 지위에서 그들의 이득을 취할 수 있는 전례 없는 기회를 얻게 되었다. 이런 기회 덕에 메디치는 바르디와 페루치가 갖지 못했던 사업 성공의 기회를 얻게 되었다. 메디치는 이 기회를 장악함으로써, 유럽에서 가장 부유하고 강력한 가문 중 하나가 되었다. 에렌버그는 지적하기를(Ehrenberg 1985: 52), "프랑스의 루이 11세, 잉글랜드의 에드워드 4세, 그리고 부르고뉴의 용맹한 샤를[8] 사이의 투쟁의 시대보다 메디치가 세계사에서 더 강력한 영향력을 발휘했을 때는 없었다." 그러나 그럼으로써 메디치는 점점 더 깊이 정치 사업에 얽혀들었고, 유럽 귀족계에서 지위가 두드러지게 상승했으며, 시간이 지나자 상업과 금융 활동에서 물러났다.

피렌에게는 실례지만, 이런 변형은 무엇보다 변화하는 사업 조건에 대한 적응 실패를 표현한 것은 아니었다. 오히려 이는 이 변형이 발생하던 때 아직도 지배적이던 사업 조건에 대한 적응에 예외적으로 성공했다는 표현이었다. 메디치가 보여 준 이력은 상이한 정도와 방식으로 다른 이탈리아 도시국가들에서도 전개되고 있던 경향의 가장 두드러진 사례였다. 가장 분명하게 드러난 곳은 베네치아로, 베네치아는 14세기 말 15세기 초 반전된 교역 정세에 가장 성공적으로 적응한 도시국가이기도 했다.

> 1405년 이후 획득한 베네치아 본토 제국의 약속과 기회는 베네치아 귀족사회를 심대하게 바꾸어 놓았다. 본토가 귀족사회에 새로운 관심을 제공하고, 토지와 지사직과 돈 잘 버는 사무실을 제공하자, 이는 귀족의 기업가적 주도성을 누그러뜨려 점차 정주성을 갖추게 만들었다. 파레토의 고전적 정식화에 따르자면, 기업가는 **금리생활자**로 전환되었다.(Martines 1988: 171)

---

[8] Charles the Bold. 부르고뉴의 4대 제후로 1467~77년 재위했으며, 1477년 전쟁에서 사망했다. 그의 죽음으로 부르고뉴의 황금기도 종식되고, 영토는 프랑스와 합스부르크 제국으로 분할되어 분란이 계속되었다.

피렌체처럼 베네치아에서도 유라시아 교역 팽창에 뒤이은 세기의 정세는 교역으로부터 전쟁형성과 국가형성 활동으로 잉여자본을 이전할 것을 지시하고 있었다. 두 도시국가들 사이의 차이점을 비교해 보자면, 베네치아에서 잉여자본의 이전은 피렌체에서보다 더 부드럽게 진행되고 더 많은 수익을 안겨 주어, 베네치아에서는 피렌체의 상인계급보다 더 거대한 층이 정치적 자본주의에 참가하고 그 혜택을 볼 수 있었다. 즉, 베네치아에서는 자원이 교역 사업에서 정치 사업으로 이전하는 동일한 경향——피렌체에서 이는 메디치 가가 그 도시의 군주로 등극하는, 저항할 수 없는 매우 집중된 형태로 실현되었다——이 이 도시 상인계급의 상위 층 전체가 "금리생활자화"하는, 덜 두드러지지만 더 광범위한 형태로 실현되었다.

피렌체처럼 베네치아에서도 정선된 자본주의 요소가 교역에서 이탈하여 "귀족"이 된 것이 변화하는 사업 조건에 대한 적응 실패가 아니라 성공적 이윤추구의 신호이긴 했지만, 피렌이 주장했듯이, 이 경우 역시 **일단 변형이 발생하면** 이런 요소들은 이어진 자본주의 세계경제의 팽창에서 순전히 수동적 역할을 맡게 된다. 이렇듯 15세기 말 유럽 세계경제가 이른바 대발견——유럽과 동인도 사이의 직접 교역 고리의 개통과 아메리카 대륙의 정복과 약탈의 개통——의 충격 아래 새로운 팽창 국면에 들어섰을 때, 베네치아, 피렌체, 그리고 밀라노의 자본가계급들은 그 팽창을 추진하고 조직하는 데 어떤 적극적 역할도 맡지 못했다. 그 시점이 되자, 그들의 잉여자본은 국가형성과정에 전적으로 흡수되어, 앞서의 유연성을 대부분 상실해 버렸다. 설상가상으로, 우리가 1장에서 보았듯이 부와 권력 축적에서 그들이 눈에 띄게 성공하자, 인근 영토주의 조직들은 그들의 발전 경로를 따르도록, 그러나 훨씬 더 대규모로 따르도록 추동되었다. 이런 "근대화한" 영토주의 조직들이 도시국가들로부터 그들 자신의 영토로 교역을 전환하려 하거나 도시국가들 자체를 정복하려 하자, 도시국가들은 그들 자원 중 점점 더 많은 부분을 자신을 보호하는 데로 전환시켜야 했다.

영토주의 통치자들이 이탈리아 도시국가들로부터 자기 자신의 영토로 교역을 전환하려고 시도할 때, 대발견과 이것이 낳은 교역 팽창은 필수적 측면이었다. 그렇게 그들은 이런 도시국가들의 통치집단 및 자본가 계급의 이익에 대립되었고, 그들 등 뒤에서 그들의 의지에 반하여 행동했다. 그럼에도 이런 일반적 규칙에 예외가 있었다. 그것은 바로 제노바 자본가계급으로, 이들은 처음부터 끝까지 교역 팽창을 적극적으로 추진하고, 관찰하고, 그로부터 혜택을 입었으며, 이를 통해 우리의 체계적 축적 순환 중 첫번째 것을 발생시켰다.

첫번째 (제노바) 체계적 축적 순환

서론에서 예견되었듯이, 체계적 축적 순환이라는 우리의 사고는 브로델의 관찰로부터, 즉 모든 주요 자본주의 세계경제 발전의 성숙은 상품 교역에서 화폐 교역으로 전환되는 특수한 교체에서 드러난다는 관찰로부터 유래한다. 브로델은 1740년경에 발생한 네덜란드의 교체와 이 관찰을 연결시켰는데, 그는 이를 19세기 말의 영국의 교체 그리고 각각 15세기와 16세기 잎신 두 번의 제노바의 교체에 비유하였다. 처음 보면, 제노바의 상인 은행가들이 더 유명한 피렌체나 아우크스부르크 금융가들 대신 네덜란드와 영국 금융자본주의의 진정한 선구자로 뽑혔다는 것은 매우 흥미로워 보인다. 브로델은 이런 선택의 이유를 분명히 제시하지 않았지만,

이 선택은 그럼에도 여러 가지 근거에서 정당화되는데, 그 중 몇 가지는 체계적 축적 순환에 대한 우리의 정의와 직접 관련된다.

제노바의 금융자본주의가 다른 이탈리아 도시국가들의 금융자본주의와 동일한 체계적 상황의 영향 아래 14세기 후반에 전개되었다는 점에 주목하면서 시작해 보자. 경쟁 압력이 격화되고 권력투쟁이 증폭되면서, 교역에서 더 이상 수익성 있는 투자처를 찾지 못한 잉여자본은 유동적 형태로 남아서 도시국가들의 늘어나는 공공 채무에 자금을 대는 데 이용되었으며, 그리하여 도시국가들의 자산과 미래의 수입은 어느 때보다 더 완전히 그 각각의 자본가계급에게 양도되었다. 제노바는 이런 운동의 최전선에 있었으며, 1407년 카사 디 산 조르조의 형성으로 제노바는 사적 채권자가 공적 금융을 통제할 수 있는 기구를 만들어 냈는데, 이런 측면에서 거의 3세기 이후 잉글랜드 은행이 설립될 때까지 그 효과와 복잡성에 견줄 만한 대상은 없었다.

그러나 처음부터 제노바 금융자본주의의 발전은 나름의 특이성을 보였다. 이렇게 카사 디 산 조르조로 조직된 사적 채권자들이 제노바 공적 금융을 장악한 것은, 베네치아와 피렌체에서 다른 방식으로 일어나고 있는 것처럼, 화폐적 이익이 공화국 정부를 장악하기 시작하고 잉여자본이 점점 더 국가형성 활동으로 전환되기 시작했음을 보여 주는 것은 아니었다. 반대로, 카사 디 산 조르조의 설립은 단지 권력의 이중성과 내적인 정치적 불안정성을 제도화한 것일 따름이었는데, 이는 오랫동안 제노바 국가의 특징이 되어 1528년 안드레아 도리아의 입헌 개혁[9] 때까지 지속될 것이었다. 자크 에어에 따르면, "제노바의 쿠아트로첸토[quattrocento; 15세기 이탈리아 초기 르네상스를 지칭함]의 전체 역사는 진정한 사회적·정치적 위기의 역사이다." 그러나 제노바가 자본주의 발전의 도

시가 된 것은 바로 이런 동일한 영구적인 사회적·정치적 위기의 세기 속에서였다. 여기서 자본주의 발전은

> 그 모든 형태들을 드러내, 그 정확하고 근대적인 기술들을 갖추었다. 여기서 자본은 모든 경제활동을 통제하게 되었고, 은행들은 매우 중요한 위치를 차지했다. 따라서 부유하고 강력한 사업가계급을 급속하게 형성한 도시는 동시에 또는 성공적으로 은행업, 상업, 산업에 뛰어들었다. 간단히 말해서 가장 근대적 의미에서 대자본가 계급이 등장한 것이다.(Heers 1961: 610)

이런 관점에서 보자면, 15세기 제노바 자본주의는 다른 모든 대형 이탈리아 도시국가들과 근본적으로 갈라지는 경로로 발전하고 있었다. 상이한 정도와 상이한 방식으로, 밀라노, 베네치아, 피렌체 자본주의는 모두 국가형성의 방향으로, 그리고 점점 더 "경직된" 자본축적 전략과 구조들의 방향으로 전개되고 있었다. 이와 대조적으로, 제노바 자본주의는 시장형성의 방향으로, 그리고 점점 더 "유연한" 자본축적 전략과 구조들의 방향으로 움직여 가고 있었다. 이런 예외주의는 국지적 상황과 체계적 상황의 독특한 결합 속에 깊이 뿌리내리고 있었다.

국지적으로 보면, 제노바 예외주의의 깊은 뿌리는 제노바 자본주의

---

9) 안드레아 도리아는 제노바의 장군으로 프랑스와 신성로마제국 사이의 싸움에서 처음에는 프랑스 편에 섰었다. 그러나 프랑스의 왕 프랑수아 1세의 대우에 불만을 갖고, 계약이 종료되자 1528년 황제 카를 5세의 편으로 옮겨갔다. 이 해에 제노바로 복귀한 안드레아 도리아는 주도적 시민들의 도움을 받아 프랑스를 몰아내고 신성로마제국의 보호 아래 공화국을 재건하였고, 자신은 종신 감찰관이 직책을 맡았다.

의 귀족적 기원과 인근 농촌을 병합한 제노바 도시국가의 조숙성에 닿아 있었다. 베네치아가 본토지대(Terraferma)를 병합하고, 밀라노가 롬바르디아를, 피렌체가 토스카나를 병합하기 시작했던 시점에, 제노바는 오랜 기간에 걸쳐 그 지배권역을 리구리아(Liguria) 대부분 지역 ─ 포르토 베네레(Porto Venere)에서 모나코까지, 그리고 제노바 정부가 즐겨 주장하듯, 지중해에서 아펜니노 산맥의 산등성이까지 ─ 으로 확장했다. 그렇지만 이런 주장은 명목뿐이었는데, 왜냐하면 길고 좁은 데다 산악으로 이뤄진, 이런 경계들이 둘러싼 대부분의 영토는 작고 매우 폐쇄적인 제노바 토지귀족들의 봉토들로 분할되어 있었기 때문이다. 이런 토지귀족은 제노바가 중상주의적 팽창을 할 때 최초의 기업가적 충동을 제공했으며, 13세기 말 그 팽창이 정점에 이르렀을 때 제노바의 가장 중요한 상업 업무의 정상에 머물러 있었다. 그러나 교역에 투자한 자본의 수익성이 하락하자, 제노바 토지귀족은 다시 농촌 공간 획득과 강력한 사병 육성 ─ 제노바 정부는 이런 공간과 군대에 대해 지휘는 말할 것도 없고 통제할 수단도 없었다 ─ 으로 자원을 이전함으로써 빠르게 "재봉건화"로 옮겨 갔다.

이렇듯 베네치아나 피렌체와 비교해 볼 때, 제노바에서는 원거리 무역으로부터 토지소유와 국가형성에 대한 투자로 잉여자본의 재할당의 방식이 상이하게 진행되었으며, 사회적 결과도 반대였다. 베네치아에서, 그리고 그보다 적은 정도로 피렌체에서 그 재할당을 추진하고 조직한 것은 도시 상인계급 자신들로, 이 재할당은 그들이 통제하는 잉여자본의 안전한 가치 저장소를 찾으려는 것과 국내적·국제적으로 동시에 그들의 권력을 지탱하려는 것, 이 이중의 목적을 달성할 수단이었다. 이에 비해 제노바에서 재할당을 추진하고 조직한 것은 그에 앞선 상업 팽창으로 소생한 토지귀족이었으며, 이 재할당은 폭력 사용과 영토적·인구학적 자원에 대한 독점적 통제권을 더 대규모로 재확인하려는 목적을 달성할 수단이었다. 이런 종류의 재할당은 도시 상인계급에게는 전혀 혜택을 주지 않았고, 넘어설 수 없는 사회적 장벽을 만들어 내어, 이들의 부와 권력이 국내적으로 확대될 수 없게 했다. 확실히 제노바 도시 상인계급은 사업적 사고를 갖춘 토지귀족과 연계함으로써 큰 혜택을 봤다. 그러나 교역 팽창이 종료되고 토지귀족이 제노바 국가의 농촌 영역을 그들 자신의 "봉토들"로 전환하자, 이런 연계 때문에 제노바의 도시 상인계급은 베네치아나 피렌체의 경로를 따라 귀족으로 변환되지 못하고, 대신 그들의 잉여자본 대부분을 유동적 형태로 보유하는 운명을 떠안아야 했다.

> 상인계급이나 은행가계급으로 상승해 …… "귀족"(nobilus) 칭호를 신속하게 얻는 것은 …… 상대적으로 쉬운 듯하지만, 귀족계급이나 토지귀족이 되는 길은 굳게 닫혀 있다. 드문 예외를 빼면 성을 팔거나 상업적 권리를 파는 귀족을 찾을 수는 없다. 공동소유와 분임 관리는 혈통을 유지시킨다. …… 재산, 삶의 방식, 열망 등에서 두 [계급의] 격리는 분명하다. 그들의 이해관계는 종종 완전히 상반된다. 그들의 정치적 사고도 그렇다. 한 계급은 부르주아 정치체를 원하고 이미 산 조르조에서 그 이상을 실현했다. 다른 계급은 특권 유지를 원하고, 가능하다면 밀라노 공작령의 경우처럼 영지(seignory)를 꿈꾸고 있다. 이처럼 상이하지만 가용한 강력한 수단들을 가지고 있는 두 통치계급들 사이의 대립이 이 도시가 겪는 정치적 소란을 설명해 준다. (Heers 1961: 561~2)

1407년 카사 디 산 조르조의 창설은 이렇듯 돈의 권력과 칼의 권력 사이에서 근본적인 정치적 곤경에 처해 있는 제노바 자본가계급의 자기

조직화 과정의 결정적 계기로 해석될 수 있다. 도시국가들 사이의 경쟁적 투쟁의 격화는 제노바의 공공 채무를 부풀림으로써, 이 도시의 화폐적 이해관계의 손에 힘을 실어 주었지만, 충분히 토지귀족의 권력을 극복하지는 못했다. 토지귀족은 폭력수단과 인근 농촌의 지대 자원을 통제했고, 그들 이해관계가 걸려 있을 때면 계속해서 이 도시 정부와 사업과정에 참여했다. 그러나 돈의 권력이 칼의 권력을 극복할 수 없었다고 해서, 화폐적 이해관계가 토지귀족의 연대에 대항하기 위해서 스스로를 효과적으로 조직할 수 없었음을 뜻하는 것은 아니다. 실로 제노바 정부의 사적 채권자들을 카사 디 산 조르조로 조직함으로써 이 일은 달성되었다.

화폐적 이해관계의 자기조직화는 제노바의 정치 생활을 안정화시키지 않았다. 1339년 이후—귀족 정부에 대항하는 대중 반란이 평민(commoner)을 총독(Doge)으로 옹립하였을 때—제노바 정부의 수장은 늘 이른바 포폴로(popolo), 즉 평민층에서 선출되었다. 총독은 명목상 제노바 국가의 군사 통수권자였지만, 실제 군사력은 굳건하게 토지귀족 수중에 남아 있었다. 카사 디 산 조르조 창설과 더불어 정부 수입의 관리를 점차 이 조직이 떠맡게 되었고, 그래서 제노바 정부의 재정적 무력함이 군사적 무기력을 증폭시켰다.

제노바 정부의 재정적 무력함이 제노바 정치 생활에 안정을 가져오는 데 도움이 되지 않았다 해도—전처럼 계속 교란 상태였다—, 이는 이 도시의 재정적 어려움을 해결하고 화폐 교역에서 제노바 자본가계급의 기술적 정교함을 강화하는 데는 기여했다. "건전화폐" 이데올로기의 정점은 19세기 영국이었고, 그 가장 교조적인 지지자는 20세기 미국 학계에서 나왔다. 그러나 그 실천은 처음에 15세기 제노바에서 번성했다.

이런 실천의 핵심적 특징은 "양화"(良貨)의 가용성이 자본축적과정에 핵심적이라는 생각이었다. 지금처럼 그때도 자본주의 조직들 ── 기업체건, 정부건, 또는 그 둘의 결합이건 ── 은 그들의 상업과 금융 활동의 이윤과 손실을 측정해 줄 건전하고 믿을 만한 회계단위가 필요했다. 그런 기준이 가용하지 않다면, 지금처럼 그때도 이들 조직들은 손실을 이윤으로 또는 이윤을 손실로 혼동할 수밖에 없었는데, 그 사업을 수행할 때 사용하는 지불수단의 가치가 변동하기 때문이라는 이유만으로도 그러했다. 그 조직들은 말하자면 이른바 화폐환상의 희생자가 되지 않을 수 없었다. 그러나 그들이 이런 변동을 효과적으로 감소시킬 회계단위를 가지고 있어 화폐환상의 희생자가 되지 않는다면, 그들은 자신들이 구매하고 차입하는 사람들과 판매하고 대부하는 사람들의 화폐환상으로부터 상당한 이윤을 얻어 낼 수 있을 것이었다.

15세기 제노바의 상인 은행가들은 실제 유통되는 화폐 ── 그들이 "통화"라고 부른 제노바에서 유통되는 화폐를 포함해 ── 의 가치 변동을 제거할 힘이 그들에게 있지도 않으며 그렇게 하는 것이 그들에게 이익이 되지도 않는다는 것을 잘 이해하고 있었다. 그러나 15세기 중엽이 되면 이들은, 불변의 회계단위를 도입해 이를 가지고 상호 사업을 결제하고, 그들의 광범한 상업거래와 금융거래의 수익성을 정확히 측정하고, 또 실제 유통되는 화폐 가치의 시공간상의 변동에서 손실을 보지 않고 이윤을 얻는 위치에 있게 되는 것이 그들에게 이익이 될 뿐 아니라 그들의 권력이 된다는 점을 이해하게 되었다. 이렇게 해서, 환전과 관련된 모든 사업 회계를 고정 무게의 금화로 기록 ── 이것이 곧 양화 리라(lira di buona moneta)가 된 회계단위이며, 때로는 이를 교환화폐(moneta di cambio)라고 부르기도 했다 ── 할 것을 요구하는 법안이 1447년 통과되었다. 1450년대 초부터 계속해서 이런 "양화"는 환진뿐 아니라 모든 거래를 위한 제노바 사업회계의 기준 단위가 된 반면, 가변의 가치를 지닌 "통화"는 표준적인 교환수단으로 남아 있었다(Heers 1961: 52~5, 95~6).

이런 화폐 개혁이 화폐수단들과 화폐기법을 계속 번성시키는 새로운 추동력을 주었다. 근대 고도금융이 피렌체의 발명품이라면, 그 모든 형태에서 근대 금융자본주의의 진정한 탄생지는 15세기 중엽의 제노바였다.

> 쿠아트로첸토의 중엽부터 제노바인의 [화폐] 기법은 오늘날 자본주의의 특징 바로 그것이다. 수표와 환어음이 통상적으로 사용되고, 이서(裏書)의 원칙이 수용된다. 대부분의 지불은 은행 이체를 이용하고, 이 도시에는 자신이 처분할 수 있는 안정적이고 신속한(ready) 계산화폐 [money of account; 통화로 발행되지 않지만 계산의 용도로 사용되는 화폐]가 있다. 바로 이 때문에, 의심할 여지없이 지불수단을 늘리기 위해서 화폐의 평가절하에 의존할 필요가 적은 것이다. …… 이때는 훨씬 더 안정적 화폐가 있는 시기이다. 왜냐하면 그보다 덜 발전한 지역(특히 프랑스)인 주변국들과 달리 제노바는 **자신이 처분할 수 있는 상대적으로 풍부한 지불수단을 가지고 있다**. 제노바는 "지불과 결제를 늦추고 계속해서 이런 지연을 서로 중복시키는" 그리고 "모든 계정이 동시에 결제되면 붕괴하게 될" 근대 자본주의체계의 비밀을 알고 있다.(Heers 1961: 96, 강조는 추가; Bloch 1955에서 재인용)

정치적 곤경도, 지불수단의 상대적 풍부함도, 그리고 실로 15세기 제노바 자본주의의 기술적 정교함도 국지적 환경의 결과물만은 아니었다. 반대로 제노바는 근본적으로 훨씬 더 넓은 이탈리아, 유럽, 그리고 유라시아 체계의 맥락 속에서 발전하였고, 제노바는 단지 그 작은 일부만을 만들어 냈을 뿐이었다. 의심할 여지없이 이 체계의 환경 중에서 가장 중요한 것은 그 안에서 13세기 말 14세기 초 제노바의 상업적 재운이 형성된 유라시아 교역체계가 해체된 것이었다.

이런 재운을 쌓는 것은 주로 중국으로 가는 중앙아시아 교역로가 경쟁성을 지닌 데 기인했고, 또 제노바 기업이 성공적으로 이 통로의 흑해 "정류장"에 대한 준독점적 통제권을 확보해 낼 수 있었던 데 기인했다. 몽골 제국이 중앙아시아 통로의 접근성과 안전성을 보장하고 제노바가 흑해 지역에서 군사적 우위를 유지하는 한, 제노바 교역은 번성했고 제노바 기업은 규모, 범위, 수적으로 성장했다. 그러나 몽골의 권력이 쇠퇴하여 중앙아시아 교역로의 경쟁성과 안전성이 줄어들고, 또 소아시아에서 오스만의 세력이 흥성하여 흑해 지역의 제노바의 우세를 침식하고 파괴하자, 운명의 수레바퀴는 달리 돌아갔다. 제노바 교역의 번성은 수축되었고, 팽창한 제노바의 군사-상업 장치는 갑자기 근본적 구조조정의 요구에 직면했다(cf. Heers 1961: 366~72; Abu-Lughod 1989: 128~9).

중앙아시아 통로를 이용하는 수익성 있는 교역 기회가 줄어드는 압박이 발생하자, 이에 대한 제노바의 대응은 흑해 지역에서 전개되고 있는 다른 교역들 ─ 곡물, 목재, 모피, 그리고 노예 ─ 에 대한 통제를 더욱 강화하려 한 것이었다. 에어가 지적하듯이(Heer 1961: 367), 베네치아에 대항한 키오지아(Chioggia) 전쟁(1376~81)[10]은 본질적으로 흑해에서 상

---

10) 해상패권 장악을 둘러싸고 제노바와 베네치아 사이에 벌어진 전쟁이다. 전쟁이 정점에 이르렀을 때 헝가리, 파두아와 연합한 제노바가 베네치아 바로 앞의 키오지아 섬의 베네치아 요새를 급습하여 장악하였으나, 베네치아의 반격으로 격퇴되고 투린 평화조약이 체결되었다. 이 전쟁 이후 제노바는 아드리아 해의 해상수송에서 밀려났다.

업독점권을 부과하려는 시도 때문에 벌어진 것이었다. 그러나 우리가 알고 있듯이 그 시도는 역습을 맞았다. 제노바는 전쟁에서 졌고, 투린 평화조약은 남측 통로를 통한 아시아 교역의 베네치아 통제권을 더욱 강화시켰다. 그 이후 터키인들이 급속하게 진출하자, 흑해와 동지중해에서 제노바의 권력은 급격하게 쇠퇴하였고, 반면 본거지 근처로 팽창의 방향을 전환할 기회는 북서지중해의 카탈로니아-아라곤 권력 때문에 가로막혀 있었다.

이렇듯 제노바 교역은 유라시아 교역 팽창의 급감 때문에 특히 심대한 타격을 입었다. 또한 제노바는 다른 어떤 이탈리아 거대 도시국가들의 교역보다도 훨씬 더 타격을 입었다. 밀라노의 금속교역은 유럽 전역의 전쟁의 격화에서 큰 수혜를 입었다. 1340년대의 상처가 큰 구조조정을 거친 후 피렌체 사업체는 고품질 직물산업과 고도금융에서 매우 잘 보호받고 매우 수익성 있는 시장 틈새를 찾아냈다. 그리고 제노바에게 곤경을 안겨 주고 있던 동일한 추세와 사건들로부터 베네치아는 잃은 것보다 훨씬 더 많은 이윤을 얻어 냈다. 아부-루고드가 지적하듯(Abu-Lughod 1989: 129), "남해 항로에 베네치아가 '판돈을 건 것'은 운이 좋았던 일임이 드러났다." 제노바가 통제하는 중앙아시아 통로와 베네치아가 통제하는 남아시아 통로는 다소 보완적이지만 대부분 서로 경쟁적이었다. 따라서 북부 통로의 와해 및 최종적 폐쇄는 베네치아 교역에 대한 경쟁 압력을 덜어 주었고, 동지중해에서 제노바 세력이 키오지아 전쟁에서 패배한 후 수그러들자 이는 훨씬 더 분명해졌다.

14세기 후반과 15세기에 제노바의 추세와 사건들은 이런 제노바의 원거리 교역망에 대한 압박에 의해서, 그리고 이와 동시에 지중해 세계경제와 이탈리아 도시국가체계에서 제노바의 권력지위의 하락에 의해서 심대하게 영향을 받았다. 중국으로 가는 제노바의 중앙아시아 통로의 급속한 폐쇄, 오스만, 베네치아, 카탈로니아-아라곤 권력이 제노바의 지중해 교역으로 쇄도한 것, 제노바의 대도시 영역을 둘러싼 모든 강력한 도시국가들의 부상, 이러한 상황 형세가 제노바인들에게는 매우 희망 없어 보였을 것이다. 그리고 상업에서 철수하여 교역의 이윤을 리구리아 지역의 토지, 성, 군대에 투자하려는 제노바 토지귀족의 결정은 확실히 합당한 것이었다.

이런 절감(retrenchment)은 합당하긴 했지만, 제노바 상인계급의 부르주아 분자들을 "곤경에 빠뜨린" 과잉축적 위기를 심화시켰다. 이미 언급했듯이, 이는 부르주아지가 토지소유와 국가형성에서 잉여자본의 수익성 있는 출구를 찾아낼 수 있는 기회를 상당히 막아 버렸다. 설상가상으로, 이 때문에 제노바 부르주아지는 세계경제 전체에서 매우 필요한 보호를 제거당했다.

왜냐하면 베네치아와 달리 제노바 부르주아지는 그 원거리 교역에 필요한 보호의 조직 —— 이 과제는 항상 토지귀족에서 전환된 제노바의 상인들이 수행해 왔다 —— 을 자족적으로 이루어 낸 적이 없었기 때문이다. 이런 귀족 분자들이 상업 사업에 대해 강력한 이해관계를 가지고 있는 한 이런 배치는 이득이 되었는데, 왜냐하면 그 덕에 부르주아지는 엄격히 상업적 추구에 집중하고 특화할 수 있었기 때문이다. 그러나 그 이해관계가 약해지고 토지귀족이 상업에서 철수하자, 부르주아지는 점점 더 적대적인 세계에서 보호받지 못하고 내던져졌다.

이런 상황을 고려하면, 토지소유와 국가형성 활동에서 매력적인 투자 기회가 없더라도 제노바 자본과 상업인의 상당 부분이 제노바 국내 경제로 되돌아선 것은 아주 당연한 일이었다. 제노바 축적체제와 이런 국내적 내파(內破)는 우리가 15세기 제노바의 특징이라고 보아 온 경향들 — 정치적 교란, 지불수단의 과잉, 그리고 새로운 화폐수단들과 화폐기법의 탄생 — 의 바탕에 깔린 단일의 가장 중요한 요인이었다. 그러나 이런 경향들은 그 자체로는 자신이 표출시킨 과잉축적 위기를 해결할 수도 없었고 해결하지도 못했다. 나중에 제노바 자본주의 팽창의 핵심 요소가 될 화폐교역의 정교성조차도 15세기 내내 제노바 자본주의의 위기를 거의 해결하지 못했다.

그러나 깊이 들여다 보면, 이 위기에 대응하여 제노바의 교역 및 축적망은 근본적으로 구조조정되어, 장기적으로 보면 제노바 상인 은행가들을 16세기 유럽에서 가장 강력한 자본가계급으로 바꾸어 놓는 방식으로 나아갔다. 제노바의 군사-상업 권력은 터키와 베네치아 권력에 의해 흑해와 동지중해에서 밀려났으며, 동시에 북서지중해에서는 카탈로니아와 아라곤 권력에 의해 견제되었다. 그렇지만, 존 엘리어트가 관찰한 대로(Elliott 1970a: 38), 15세기 내내 제노바 국가와 카탈로니아-아라곤 연방 사이의 전쟁이 어정쩡한 상태로 이어졌지만, 제노바 자본은 이베리아 반도에서 카탈로니아 자본의 허를 찔렀다. 이른 승리는 고도금융 영역에서 획득되었다. 1380년대 초 폭락(crash)에서 제노바 상인 은행가들은 바르셀로나의 주도적 사적 은행의 붕괴 덕에 만들어진 기회를 즉각 장악하고는 이베리아 지역에서 가장 중요한 금융가가 되었다 — 이는 1340년대 폭락에서 메디치가 바르디와 페루치의 붕괴를 훨씬 더 대규모로 이용한 것과 아주 똑같았다. 그러나 그에 뒤이어 제노바 재운을 형성하는 데 가장 결정적인 기여를 한 것으로 판명된 것은 카스티야 교역을 인수한 일이었다.

카스티야 양모교역의 성장은 새로운 상업 기회를 만들어 냈는데, 너무나 많은 전선에 포진한 카탈로니아인들은 이를 장악할 위치에 있지 않았다. 대신 코르도바, 카디즈, 세비야에 정착해 카스티야와 공고한 동맹을 맺고서 에스파냐 남부 항구로부터 양모 수출을 안전하게 통제한 것은 제노바인들이었다. 일단 그들이 이런 발걸음을 내딛자, 제노바인들은 유리한 위치에 서서 카스티야 경제에서 하나씩 전략적 지점들을 차지하였고, 그렇게 향후 세비야와 카스티야의 식민 제국 사이의 수익성 있는 교역에 참여하는 길을 준비했다. 이런 제노바의 우세는 16세기 에스파냐 발전과정에 결정적 영향을 끼쳤다. 만일 카스티야 상업체계에 진입하는 투쟁에서 제노바인이 아니라 카탈로니아인들이 승리했더라면, 통일 에스파냐의 역사는 아주 다른 길을 걸었을 것이다.(Elliott 1970a : 39)

그리고 자본주의 세계경제의 역사 또한 그랬을 것이다. 내가 아는 바로는, 우리가 지금 "카탈로니아"나 "에스파냐" 체계적 축적 순환에 대해서 이야기하고 있거나, 아니면 아마도 체계적 축적 순환 자체에 대해서도 이야기하지 않고 있을 것이다. 그러나 우리가 제노바 순환에 대해 이야기하고 있는 이유는 매우 결정적인 전기에 카탈로니아인들이 "너무 많은 전선에 포진해 있었기" 때문은 아닌데, 왜냐하면 제노바인들은 훨씬 더 많은 전선에 포진해 있었기 때문이다. 베네치아에 관한 아부-루고드의 경구를 부분적으로 빌리자면, 그 이유는 카스티야에 대한 제노바의 "도박"이 행운을 가져다 주었기 때문이다. 남아시아 교역로에 대한 베네치아의 "도박"의 경우보다 훨씬 중요한 점은, 그럼에도 제노바 이야기에서 행운은 사소한 부분이었을 뿐이라는 점이다.

도표 4. 중세 제노바와 베네치아의 지중해 무역 루트

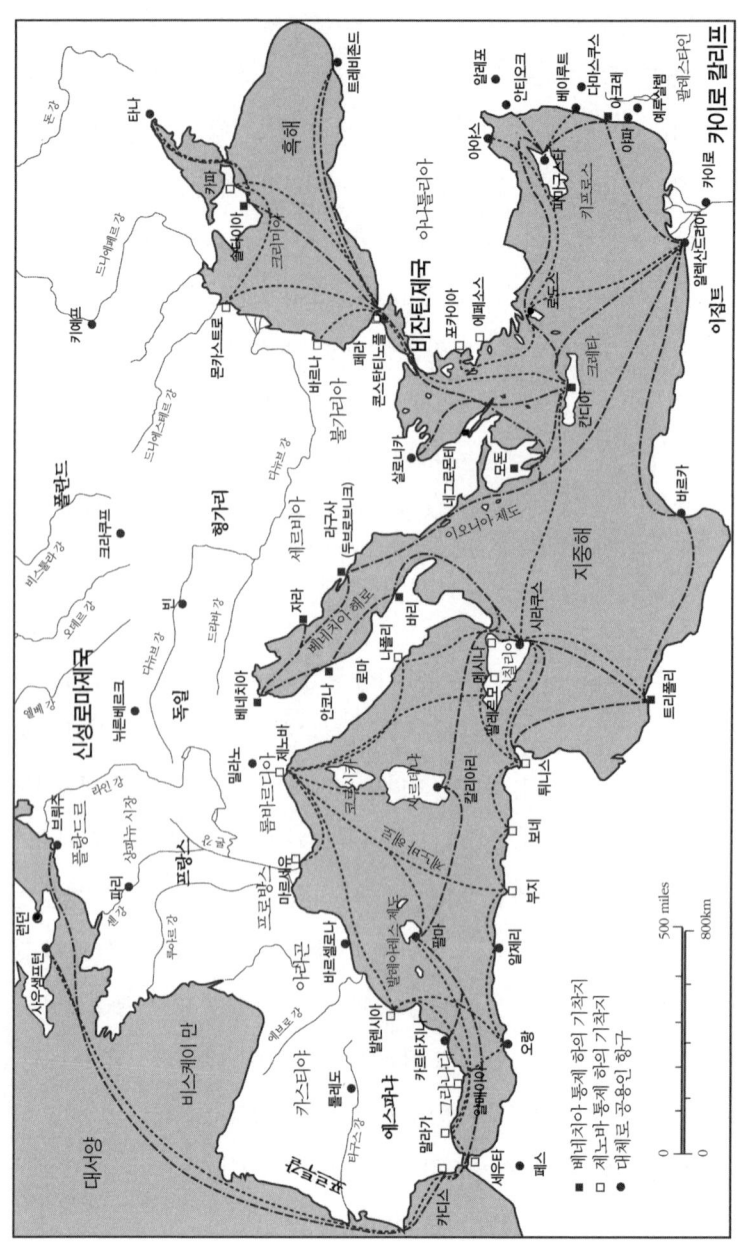

가장 중요한 부분은 제노바인들이 그들의 "판돈"을 매우 조심스럽게 걸었고, 더 중요한 점은 화폐적·조직적 수단이라는 레퍼토리를 가지고 그것을 방비하였다는 점인데, 그들의 실질적·잠재적 경쟁자 중 이에 견줄 만한 자는 거의 없었다. 어떤 점에서, 16세기 제노바 자본가계급 재운의 모체는 14세기 말 15세기 초 그들의 "불운"이었다. 앞선 세기들에 제노바인들이 건립한 군사-상업 제국이 해체되기 시작하고, 제노바 토지귀족이 상업에서 철수해 "재봉건화"하자, 제노바 상인계급의 부르주아 분파는 일련의 만성적 불비례, 즉 한편에서 그 거대한 화폐, 정보, 사업 노하우, 그리고 관계의 저장고가 형성되는 반면 다른 한편에서 점점 더 경쟁적이고 적대적이 되어 가는 세계에서 그 자신과 그 교역을 보호하기에는 미약한 역량만 지니고 있을 뿐이라는 사실 사이의 일련의 만성적 불비례 때문에 "고통받게" 되었다. 이베리아 반도는 세 가지 이유에서 이런 근본적 불비례를 즉각적이고 유리하게 해결할 수 있는 가장 좋은 전망을 제공해 주었다.

우리가 〈도표 4〉에서 볼 수 있듯이, 이베리아 반도 남단과 그 인근의 마그레브[아프리카 북서부]는 완전히 제노바 사업이 "독점"해 온 지중해 지역이었다. 다른 곳의 늘어나는 압력에 대응해 제노바 사업이 이 요새로 후퇴한 것은 아주 당연한 일이었다. 그리고 실제 그렇게 했고, 무엇보다 15세기 전반기에 제노바 사업은 아직 독립해 있던 그라나다 왕국——이 지역에서 가장 번영하던 농산업 중심지——을 "제노바의 진정한 경제 식민지"로 바꾸어 놓았다(Heers 1961: 477; 1979: 7장).

둘째, 제노바 경제계에게 이베리아 반도는 단지 후퇴할 자연적 요새였을 뿐만 아니라, 자신이 결여하고 있는 공급물을 찾아 진출할 자연적 전진기지이기도 했다. 베네치아인들이 독일 은과 아시아 향신료에 대한 통제권을 강화하자, 제노바 경제계로서는 최소한 사하라 대상 교역을 통하여 마그레브 항구로 전달되고 있는 아프리카 금에 대한 통제권을 강화하고, 최선책으로는 잃어버린 중앙아시아 통로를 대체하여 동방으로 가는 대서양 교역로를 찾아내는 것이 필수적이었다. 이 두 가지 관점 모두에서 이베리아 반도에 강력한 세력을 얻는 것은 매우 큰 전략적인 중요성을 지닌 일이었다(Heers 1961: 68~9, 473; 1979: 4장과 8장; Pannikar 1953: 23).

셋째, 그리고 가장 중요한 점은, 제노바의 자본가계급이 보기에 이베리아 반도는 그들에게 가장 필요한 것을 발견할 수 있는 최고로 약속된 땅이었다. 그들에게 가장 필요한 것은 바로 앞선 시기 제노바 토지귀족이 수행했던 역할을 떠맡도록 이끌릴 수 있는 효과적이고 모험심 넘치는 "보호-생산" 파트너였다. 떠오르는 포르투갈과 에스파냐의 영토주의 통치자들은, 앞선 시기 제노바 귀족에서 전환한 상인들과 이들 사이에서 발견되는 밀접한 유사성에서 알 수 있듯이, 종교적 광신과 정치적 기업가정신의 결합 덕에 일찍부터 그 목적에 아주 잘 들어맞는 듯 보였다. 가장 유명한 선구자이자 유럽 신대륙 발견의 영감자인 포르투갈의 항해왕자 엔리케는 "철두철미한 중세 인물로 …… 십자군의 사고에 집착했다"(Parry 1981: 35~6). 그리고 신대륙 발견의 가장 성공적인 사업가인 카스티야의 이사벨 여왕은 기독교·카스티야 권력의 영토를 확장할 것을 목표로 하는 새로운 십자군의 지도자였다.

유태인 추방, 그라나다 무어인에 대한 강제적 세례, 새로운 종교재판소에 부여된 이례적 권력은 …… 콘스탄티노플 함락 이후 기독교 문명에 대한 이슬람의 압력 격화에 대한 반응이자, 에스파냐에서 종교열의 강화 그리고 따라서 종교적 불관용의 강화였다. 이런 열망의 강화, 이런 새로운 개종 열의는 급속히 신세계로 전파되어, 거기서 새롭고 더욱 효과적인 표현 형태를 찾아내게 된다.(Parry 1981 : 29)

십자군정신은 르네상스정신의 즉각적 고수, 학습의 장려, 개인 숭배, 그리고 무엇보다 새로운 정치 예술과 손을 잡았다.

많은 이탈리아 통치자들처럼 카스티야의 이사벨은 전쟁과 외교를 결합함으로써 자신의 옥좌를 유지하려 했다. 공공 질서와 규율을 능란하게 회복시킨 것이 그녀의 주된 성과 중 하나였다. …… 마키아벨리의 정치 수완의 원칙들은 아라곤의 페르디난트와 포르투갈의 주앙 2세(John II)의 예들보다 더 성공적인 경우가 없었다. …… 이런 정부의 편의주의에 대한 숭배는 …… 에스파냐 정부가 신세계에서 직면하게 된 정치적·행정적 즉흥성의 거대한 과제에 대해 사람들이 마음의 준비를 하는 데 도움이 되었다.(Parry 1981 : 32~3)

앙리 피렌은 다음과 같이 언급한 적이 있다. 베네치아인들과 달리 제노바인들은 "처음부터 상인은" 아니었다. 그들은 "에스파냐의 기독교인들을 연상시켰다. 그들처럼 제노바인들은 강렬한 종교적 열의를 가지고 이교도들과 전쟁을 벌였다. 성전이지만 매우 이득이 남는 전쟁이었다. …… 그들에게는 종교적 열정과 돈맛이 기업정신 속에 한데 엉켜 있었다"(Cox 1959 : 181에서 재인용). 15세기 말 16세기 초 이베리아 상업의 초대양적 팽창 — 앞선 시대 제노바 상업의 팽창과 마찬가지이지만 모든 시기 베네치아의 상업 팽창과는 달리 — 이 "정치적 교환"의 유기적 관계를 통해 한데 묶인 양분된 기업가 행위자에 의해 추진되고 조직되었다는 점을 고려하면 이 비유는 더 나아갈 수 있다.

여기서 사용된 "정치적 교환"이라는 표현의 본질적 의미는, "부르주아지는 일정한 비-부르주아 집단의 보호 없이는 정치적으로 무력하고, 자신의 나라를 이끌 수 없을 뿐 아니라 그 자신의 특수한 계급적 이익도 돌볼 수 없다"는 슘페터의 주장(Schumpeter 1954: 138)의 한 변종이다. 슘페터의 관점에서 볼 때, 이 규칙의 주된 역사적 예외는 베네치아와 제노바 공화국처럼 도시국가 일들을 관리하는 것이었는데, 그는 이것이 예외일 수 있던 이유를 "근대 대도시의 등장—이는 더 이상 부르주아지의 일이 아니다—이전에 도시관리는 경영에 근접해 있었다"는 사실 때문인 것으로 보았다. "실천적으로 위기 시마다 〔상인 공화국은〕 그 지배권을 봉건적 외양을 한 군벌들에게 넘겨야 했다"는 사실에서 보이듯, 네덜란드 공화국조차 이 규칙의 부분적 예외일 따름이었다.

민족국가들 그 자체의 부상은 국가형성과 전쟁형성 사업을 부르주아지의 손길 너머로 끌어가 부르주아지 분파와 귀족 분파로 구성된 통치의 "양서류적" 구조를 만들어 냈다. "이 모든 것은 격세유전 이상이었다. 이는 두 사회계층의 적극적 공존이었는데, 그 중 하나는 의심의 여지없이 다른 하나를 경제적으로 지지하였고, 다시 다른 하나에 의해 정치적으로 지지받았다." 이것이 단순한 격세유전이 아니라 적극적인 공존이라는 점은 잉글랜드의 경험에서 가장 잘 드러난다.

〔잉글랜드에서〕 귀족 분파는 **본래의 생동적 자본주의의 끝까지** 지배력을 행사했다. 의심의 여지없이, 그 분파는……정치로 흘러든 다른 계층으로부터 손쉽게 두뇌를 흡수해, 자신을 부르주아 이해관계의 대표자로

만들고 부르주아지의 전투에서 싸웠다. 그들은 자신들의 마지막 법적 특권을 포기해야 했지만, 이런 자격 덕에 그리고 더 이상 그 자신을 위한 것이 아닌 목적을 위해 이들은 계속해서 정치적 엔진에 인력을 공급하고, 국가를 관리하고 지배했다.(Schumpeter 1954: 135~7, 강조는 원문)

슘페터의 주장은 앞서 우리의 주장에 대체로 상응하는데, 앞서 우리는, 『공산당 선언』의 자본주의 국가의 정의에 따르면("전체 부르주아지 공동 업무를 관리하기 위한 위원회일 뿐"), 근대 국가간체계를 만들어 내고 팽창시킨 점점 더 규모와 복잡성이 커지고 있는 자본주의 헤게모니 국가들은 더욱더 근대 초 베네치아에서 실현된 자본주의 국가의 이상적 기준의 희석된 판본처럼 보인다고 주장했다. 두 주장 모두에서 헤게모니적 통치집단들의 자본주의적 구성요소를 비자본주의적 구성요소에 연결시키는 정치적 교환관계는 배타적으로 국가형성과정에만 관련된다. 이에 비해 여기서 제기하는 테제는 세계적 규모의 자본축적과정에서조차 팽창의 행위자가 그 구조상 양분적이었다는 것이다.

더 구체적으로, 첫번째 (제노바) 체계적 축적 순환은 (이베리아) 귀족적 영토적 구성요소(보호의 제공과 권력추구에 특화)와 (제노바) 부르주아적 자본주의적 구성요소(상품의 판매 및 구매와 이윤추구에 특화)로 구성된 양분된 한 행위자에 의해 추진되고 조직되었다고 주장된다. 이런 특화는 서로를 보완하며, 그들 간 상호 혜택이 있기 때문에 팽창 행위자의 두 가지 이질적인 구성요소들은 정치적 교환관계로 엮여 한데 끌려오는데 —그리고 상호 혜택이 지속되는 한 그것이 이 정치적 교환관계로 한데 묶이는데—, 여기서 한 측에서는 영토주의적 구성요소의 권력추구가 자본주의적 구성요소를 위한 수익성 있는 교역 기회를 만들어 내었고, 나른 한 측에서는 후자의 이윤추구가 영토주의적 구성요소의 보호생산 장치의 효과와 효율을 강화시켰다.

15세기에 이베리아 영토주의 통치자들과 제노바 자본주의 상인 은행가들이 이런 관계 속으로 한데 끌어들어 왔는데, 그 단순한 이유는 각 측이 상대방이 가장 필요로 하는 것을 상대방에게 제공할 수 있었기 때문이었다. 그리고 그 관계는 지속되었는데, 왜냐하면 양측 각각이 추구하는 바에 성공적으로 특화함으로써 이런 상보성 관계가 지속적으로 재생산되었기 때문이었다. 15세기에 제노바 자본가계급이 가장 필요로 했던 것은 그 거대한 자본과 인력 잉여를 끌어안을 수 있고 또 광대한 사업망을 충분히 살려 줄 수 있도록 사업 공간을 확장하는 것이었다. 서남지중해에서 그 시장 틈새를 더 강도 높게 착취하는 것은 기껏해야 완화제에 지나지 않아서, 내파와 쇠퇴를 둔화시킬 뿐이었다. 그 장기적 위기를 해소하기 위해 진실로 필요한 것은 주된 돌파구였는데, 그러나 많은 전선에 포진해 있고 내적으로 분할된 제노바 국가가 이를 떠맡을 위치에 있지는 않았다.

그런 일이 제노바 자본가계급들 자신의 협소한 계산의 지평 속에서 해결될 수 있는 것도 아니었다. 확실히 이윤추구는 제노바 사업에 박차를 가해 서아프리카 해안 탐험에 나서게 만들었다.

바스코 다 가마에 앞서 제노바의 비발디 형제들이 13세기 말 아프리카 순회항해를 시도한 것은 …… 바로 금이 특히 고가이던 시절이었다. 그들은 길을 잃었지만, 그들을 찾기 위해서 그들에게 자금을 댄 자본가인 테오디지오 도리아(Teodisio d'Oria)가 파견한 선원들이 고대 "행복 제도"인 카나리아 제도를 재발견했다. …… 1350년 이후에는 이런 시도가 중단되었는데, 그 이유는 은에 대한 금 가격 비율이 다소 정상 수준으로 돌아왔고, 유럽의 경제 활동이 줄어들었기 때문이었다. 1450년경에 다시 그 가격 비율이 오르고 금 가치가 상승하자, 대양 탐험과 아프리카 탐험이 재개되었다.(Vilar 1976: 47~8)

이렇듯 제노바 자본가들은 1447년 사하라 횡단과 1450년대 두 번의 서아프리카 연안 항해의 야심찬 탐험을 후원했는데, 이 모두 아프리카 금에 직접 접근하기 위한 것이었다. 그러나 이런 종류의 사업에서 수익을 얻는 속도가 느리고, 무엇보다 공인되지 않은 해상 팽창에서 예상되는 비용과 수익을 **계산할 수 없다는 점** 때문에 제노바 자본은 결단력과 자원을 쏟아부어 이런 방향으로 더 나아갈 돌파구를 만드는 데 주저했다. 에어가 특별히 제노바 상인 은행가와 관련지어 관찰하듯이,

이탈리아 사업가들은 위험하지만 수익성 있는 모험사업의 위험에 과도하게 열중하는 사람들로 너무나 쉽게 그려진다. 15세기에는 더 이상 그렇지 않았다. 상업도 금융도 "모험"이 아니라, 더욱더 큰 규모로 운영되는 산업이며, 시험되고 검증된 그 기법은 거의 운에 내맡겨지지 않는다. (Heers 1961: 53)

간단히 말해서 15세기 제노바 자본가계급은 근본적 난관을 겪고 있었다고 묘사될 수 있다. 한편에서, 앞선 시대의 원거리 무역 기회를 상실했기 때문에 국내에서는 이윤에 손상을 주는 경쟁 싸움과 끝없는 분란이 일어났고, 또한 세계경제 전역에 흩어져 사용되지 않고 사용될 수 없는 사업망은 소실되어 갔다. 다른 한편, 이런 경향들을 반전시키기에 충분한 규모의 새로운 원거리 무역의 기회를 개방하려면, 그 수준이 높을 뿐 아

니라 계산불가능하기도 한 위험, 따라서 합리적인 자본주의 사업의 지평을 넘어서는 위험을 감수해야 했다. 달리 말하자면, 이윤형성의 논리 그 자체가 제노바 자본의 자기 팽창을 제약했고, 이로써 자기 파괴의 위협을 불러왔다.

이런 난관에서 벗어나는 가장 분명한 길은 이베리아인 같은 영토주의적 통치자들과 정치적 교환관계에 들어서는 것이었는데, 이들은 계산가능한 이윤 이외의 동기에서 새로운 상업적 공간을 개척하려는 추동력이 있었고, 이들은 또한 제노바 자본가계급이 가장 잘 제공해 줄 수 있는 종류의 서비스, 즉 적절한 통화 및 상품 거래를 자유롭게 조직할 수 있는 서비스를 간절히 원하고 있었다. 이베리아가 공인되지 않은 해역으로 팽창할 때 십자군정신은 금전적 비용과 이득에 대한 끊임없는 합리적 계산의 방해를 받지 않고 전진할 수 있게 해주는 탁월한 보증이었다. 그리고 르네상스정신에 대한 집착은, 그 팽창의 추진자이자 조직자들이 그 당시 가장 크고 가장 자금이 풍부하고 가장 연결고리가 많던 상인계급——더욱이 이 계급은 이미 이베리아 반도 남부에 자리를 잘 틀었다——과 연합하는 이점을 계속해서 누릴 수 있게 해줄, 마찬가지로 훌륭한 보증이었다. 이 연합이 형성되고 이른바 신대륙 발견이 이를 공고화하자, 제노바 자본주의는 마침내 그 장기 위기에서 구원받아 새로운 대팽창의 계기를 향해 진격하였다.

1519년에 오면 제노바 자본의 권력이 이미 거대해져서, 프랑스 왕인 프랑수아 1세(François I)를 희생시키고 대신 당시 에스파냐의 왕이던 카를 5세[Charles V: 신성로마제국 황제가 되었으며, 에스파냐 왕으로는 카를로스 1세로 호칭됨]를 선출하여 황제의 칭호를 부여하는 데 결정적 역할을 할 정도에 이르렀다. 에렌버그는 이 경우 "푸거 가가 현금을 가지고,

더욱이 그 강력한 신용을 가지고 그 대의를 지원하지 않았다면 [독일 선제후들은] 결코 카를 5세를 선택하지는 않았을 것이다"라고 주장하였다 (Ehrenberg 1985: 74). 그러나 제노바 상인 은행가들이 그들의 환어음을 동원해 푸거 가와 벨저 가(Welsers)가 당장 여러 곳에서 독일 군주들의 투표권을 매수하는 데 필요한 가용 자금을 보유할 수 있도록 해주지 않았다면 이러한 일은 성공하지 못했을 것이다(Boyer-Xambeau, Deleplace, and Gillard 1991: 26).

이후 40년간 푸거 가의 재운이 놀랍게 커지긴 했지만, 신용불량, 자산가치 하락, 그리고 부채 증가의 곤경 속에서 그 재운은 급격하게 쇠락하였다. 이 시기 유럽 고도금융에서 푸거 가가 차지한 중심성은 한 세기 전의 메디치 가의 중심성을 닮았다. 다만 메디치 사업이 딛고 선 교황의 기반이 푸거 사업이 딛고 선 제국적 기반보다 훨씬 더 견고했다. 이런 중심성 때문에 일부 역사가들은 카를 5세 시대를 "푸거 가의 시대"로 말한다. 만일 이 구절에서 의미하는 전부가 고도금융에서의 중심성이라면 그 규정은 정확하다. 그러나 이 시기 자본주의 세계경제의 가장 중요한 경향들은 고도금융 영역에서 전개되고 있지는 않았다. 무대 뒤에서, 눈에 덜 띄던 제노바 사업의 권력이 그 체계 전체에 걸친 교역망의 공고화와 더 한층의 팽창을 통해 계속 성장하여 마침내 때가 이르자, 이 권력은 안트베르펜 바깥에서 활동하는 힘빠진 푸거 가와 여타 아우크스부르크 금융가들을 제치고 에스파냐 제국 재정에 대한 자신의 통제권을 주장할 만큼 충분히 강해졌다.

결국 푸거 가의 힘을 소진시켜 버리고 제노바의 목소리가 뻗어 나갈 길을 열어 준 것은 무엇보다 푸거 가의 사업 재운이 딛고 서 있던 협소한 공간적·기능적 토대였다. 이 협소함 때문에 이들은 카를 5세의 지속적인 금융적 곤경의 지배자가 아니라 종복이 되었다. 출발부터 그들의 사업은 은과 동의 교역을 독일 군주에 대한 대부와 결합하였다. 그들의 축적 전략은 너무나 단순했는데, 금속교역에서 발생한 이윤이 광산의 권리나 재산권과 교환되어 군주들에게 대부로 투자되었고, 이 때문에 그들은 다시 그들의 금속교역과 이윤량을 늘릴 수 있었으며, 이는 새로운 대출·광산권·재산으로 전환될 수 있는 등등, "끝없는" 팽창 사슬이 형성되었다. 16세기 초반 유럽에 포르투갈의 아시아 향신료 공급품이 도착하여 이례적으로 독일 은에 유리한 정세가 형성되자, 이런 단순한 공식에 따른 자본의 자기 팽창에 갑자기 가속도가 붙어 참으로 폭발력을 갖게 되었다. 이는 안트베르펜에서 독일 은을 위한 대안적 시장을 만들어 냈는데, 독일의 은 공급은 그때까지 베네치아 시장의 구매자 독점의 지배 아래 있었다. 그 결과 아우크스부르크 상인 은행가들의 자본 가치가 증폭되어 그들은 1519년 선거에서 그들이 선택한 황제를 선출하는 데 필요한 수단을 확보할 수 있었다(Ehrenberg 1985: 64~74; Braudel 1984: 148~50).

그러나 1519년 직후에 아우크스부르크 은행가들의 재운 형성에 유리했던 정세가 바뀌어 급작스레 종료되었다. 그후 10여 년 이상 동안 에스파냐의 아메리카 은 공급물량이 유럽에 도착하여, 포르투갈의 아시아 향신료교역의 상당 부분을 세비야로 이전시켰고, 설상가상으로 모든 유럽 시장에서 이것의 경쟁력이 독일 은보다 앞서서, 사실상 1535년 이후에는 독일 광산의 생산이 중단되기에 이르렀다(Braudel 1984: 150). 푸거 가는 반전된 정세에 자극받아, 그들의 제국 파트너-주인의 끝없는 전쟁에 자금을 대는 일에 훨씬 더 심하게 얽혀 들었다. 벨저 가의 한 대리인에 따르면, 1540년대 중엽이 되면 "푸거 가는 제국 대출에 실증내게 되었다. 그들은 이미 너무 깊이 빠져 들어서, 그들의 돈을 회수하려면 너무 오래 기다려야 했다." 1550년대 초에 안톤 푸거는 반복해서 그의 대리인인 매튜 오어텔에게 불평하기를, "왕실에서는 우리 채무에 대해 어떤 결정도 내리지 않을 것이다. 진실로 이 어려운 시절에 그 채무액을 가지고 할 일들이 많지만, 이는 아직 모험적이고, 이런 일들은 진저리난다"고 했다. 이런 불평에도 불구하고 푸거 가는 발을 빼지 못하고 카를 5세가 기존 부채를 상환하거나 적어도 이자를 낼 수 있도록 독촉하기 위해서 새로이 더 많은 대부를 주는 일에 헛되이 나섰다. 그리고 그렇게 하기 위해서 그들 자신이 안트베르펜 금융시장에서 더욱 많이 차입하게 되었다(Ehrenberg 1985: 101, 109~14).

그렇게 사태는 계속 진행되었다. 푸거 가는 대출금을 상환받는 대신, [1556~7년에] 1년 반이라는 그렇게 짧은 기간 동안 그들이 전에 대부한 것보다 훨씬 더 많은 돈을 [합스부르크] 왕가에 대부해야 했다. [황제의 비서인] 에라소는 그것을 완전히 다 써버렸다. 그리고 그들은 그에게서나 그의 주인으로부터나 고맙다는 말도 듣지 못했다. (Ehrenberg 1985: 114)

합스부르크 왕가는 푸거 가로부터 짜낼 수 있는 모든 것을 짜낸 후, 1557년 이후에는 이들로부터 차입을 중단했고, 차입이라는 목적을 위해서 더욱더 배타적으로 제노바인들에게 의존했는데, 제노바인들은 "자신을 에스파냐 왕실에 필수불가결하도록 믿느는 방법을 아는 사람들이었던 반면, 푸거 가는 과거에 고착되고 사업정신이 없어서 에스파냐 사업과 구시장에 매여 있었고, 그 당시 발전하고 있던 교역과 금융의 신선한 중심지를 활용하지 못했다"(Ehrenberg 1985: 119). 비록 표면직으로 보면, 정점에 있을 때 푸거 가의 권력은 한 세기 전의 메디치 가의 권력을 닮았지만, 실제 전개된 이야기를 보면, 두 세기 전의 바르디와 페루치의 성쇠를 복제하였다. 그들은 바르디와 페루치처럼 파산하지는 않았지만, 그들과 마찬가지로 잘못된 시기에 과도 팽창해, 결국 1557년의 합스부르크 채무 불이행과 그후 5년간 유럽 금융·교역 체계를 토대까지 뒤흔든 위기로 그 사업이 몰락하였다.

16세기의 진정한 메디치는 제노바 상인 은행가의 한 분파로, 이른바 노빌리 베키(nobili vecchi: 구귀족)였는데, 이들은 그 위기 와중에 교역을 포기하고 에스파냐 제국 정부의 은행가로 나섰으며, 그들이 이 역할을 통해 돈을 잃기보다 벌 것이라고 거의 절대적으로 확신하고 있었다. 브로델은 에렌버그와 펠리페 후이즈 마르틴을 따라서, 노빌리 베키가 이렇게 교역에서 고도금융으로 전환한 것을 그가 "제노바 시대"(1557~1627)라고 부른 것의 출발점으로 삼았다. 이 70년간 제노바 상인 은행가들은 유럽 금융에 대한 통치력을 행사했는데, 이는 20세기에 바젤의 국제결제은행(BIS)이 수행한 일에 비견할 만한 것이었다——"이 통치는 매우 신중하고 복잡한 것이어서 역사가들은 오랫동안 그에 주목하지 못했다"(Braudel 1984: 157, 164/브로델 1997: 214).

이 통치는 어느 때보다 더 과잉 상태인 북부 이탈리아의 화폐자본 공급과 에스파냐 제국의 영구적인 금융적 곤경 사이에 만들어진 보이지 않는 고리를 조직화하고, 통제하고, 관리함을 통해 행사되었다.

피아첸차 정기시라는 강력한 체제를 통해서 이탈리아 도시들의 부는 제노바로 이끌려 들어갔다. 제노바인이든 타지인이든 수많은 소액 대출자들이 아주 적은 보상만을 받고 그들이 저축한 돈을 은행업자에게 맡겼다. 이렇게 스페인의 재정과 이탈리아 반도의 경제 사이에는 항시적인 연결이 맺어져 있었다. 그 때문에 마드리드 정부의 파산은 매번 큰 충격을 가져왔다. 1595년의 파산과 같이 파장이 큰 경우 베네치아의 예금주들과 대출인들은 큰 피해를 입었다. 동시에 베네치아 내에서도 조폐국에 거액의 은을 제공했던 제노바의 대상들이 환 업무와 해상보험 업무에 대한 통제권을 장악하였다. (Braudel 1984: 168/브로델 1997: 230)

이베리아 권력과 이탈리아 화폐 사이의 이런 체계적 고리를 만들어 내고, 관리하고, 그로부터 이윤을 얻은 제노바 금융업자 자신들은 일련의 위기들——1575, 1596, 1607, 1627, 1647년——로부터 타격을 입었는데, 이 모두 에스파냐에서 기원한 것들이었다. 그러나 푸거 가와 달리, 그들은 이 위기 때문에 몰락하지는 않았는데, 왜냐하면 그들은 항상 손실과 혼란을 고객과 경쟁자들에게 이전시켰기 때문이다. 확실히 유럽 고도금융에 대한 제노바의 통치력은 결국 사라지고 완전히 중단되었다. 그러나 그런 통치력의 과실(果實)은 손상받지 않고 남아서, 거의 두 세기 후에 이탈리아의 정치적·경제적 통일에서 새로운 투자처를 찾아냈는데, 여기서 제노바 금융자본은 그 주된 후원자이자 수혜자 중 하나였다(Braudel 1984: 162, 169~73).

유럽 고도금융에 대해 제노바가 통치력을 갖게 되자, 15세기 이래 제노바 자본가계급의 재운을 이베리아 영토주의 통치자들의 재운과 엮어 넣은 유기적인 정치적 교환관계가 다른 수단에 의해서 지속되었다. 이제 그 관계의 주된 자리가 된 것은 교역이 아니라 금융이었지만, 그 관계는 두 파트너 모두에게 이득이 되었다. 그런 자리의 교체는 제노바 사업의 수익성을 떠받쳐 주었을 뿐 아니라 에스파냐 제국의 권력추구도 떠받쳐 주었다. "제노바 상인들이 에스파냐 왕에게 필수불가결해진 이유는 아메리카에서 세비야로 간헐적으로 흘러 들어가는 은을 꾸준한 흐름으로 바꾸어 준 그들의 능력 때문이었다." 1567년 이후에는 네덜란드에서 싸우는 에스파냐 군대가 금화 월급을 정기적으로 요구해서 받았다. "그래서 제노바인들은 아메리카 은을 금으로 바꾸어 주어야 했다"(Braudel 1982: 524~5). 에렌버그가 지적했듯이, "수십 년간 펠리페 2세의 세계권력 정책을 수행할 수 있게 해준 것은 포토시 은광이 아니라 제노바의 교환 정기시였다"(Kriedte 1983: 47에서 재인용).

우리가 살펴보게 되듯이, 제노바 금융가 측의 기술적 정교함이 아무리 크다 한들, 이들이 시간이 지나면서 제노바의 축적전략이 그것을 개선하기보다 악화시키는 경향이 있는, 점점 더 비우호적이 되는 체계 환경의 효과를 제어할 수는 없었다. 네덜란드 자본주의의 재운을 만들어 낸 경쟁적 권력투쟁의 격화라는 맥락을 뺀다면, 유럽 고도금융에서 제노바 지배의 소멸, 에스파냐 제국 권력의 점차적 침식, 그리고 제노바-이베리아 동맹의 결렬을 이해할 수 없다. 그러나 네덜란드 자본주의가 유럽 세계경제의 지배적 구조로 등장한 것을 살펴보기에 앞서, 16세기 말 제노바 주도의 금융적 팽창에서 가장 독창적인 것이 무엇이었는지를 강조해 두기로 하자.

14세기 말 피렌체 주도의 금융적 팽창과 달리, 이는 그 범위가 체계 전체에 걸치고 그 수행자와 구조는 동질적인 자본축적 양상의 절정을 이루었다. 이런 양상에서, 새로운 교역로의 수립과 새로운 상업적 착취 영역의 포섭에 의해 진행된 유럽 세계경제의 주된 실물적 팽창은 그에 뒤이은 금융적 팽창으로 이어졌고, 이는 확대된 세계경제에 대한 자본의 지배를 강화시켰다. 더욱이, 실물적 팽창이 개시되었을 때 이미 대부분 실존하고 있던 자본축적 구조에 힘입어, 뚜렷하게 식별되는 하나의 자본가계급(제노바의)이 실물적 팽창과 금융적 팽창 두 가지 모두를 고무하고, 감시하고, 그로부터 혜택을 입었다.

이런 양상을 우리는 "체계적 축적 순환"이라고 이해할 것이다. 이것은 처음에 16세기에 제노바 자본가계급에 의해 수립되어, 이어지는 네덜란드, 영국, 미국 자본가계급의 주도와 지배 아래 세 번 반복되었다. 이런 승계에서, 금융적 팽창은 항상 체계적 순환의 개시이자 종료의 계기였다. 14세기 말 15세기 초 금융적 팽창이 제노바 순환의 요람이었던 것처럼, 16세기 말 17세기 초 금융적 팽창은 네덜란드 순환의 요람이었는데, 우리는 이제 여기로 가 볼 것이다.

두번째 (네덜란드) 체계적 축적 순환

이 장의 앞선 절들에서 주장했듯이, 14세기 말 15세기 초의 금융적 팽창은 한편에서는 도시국가 간 전쟁 및 도시국가 내 폭력적 갈등 형태로 나타난 자본가 간 경쟁의 격화와 결합되었고, 다른 한편에서는 그와 병행해 나타난 영토주의 조직들 사이의 그리고 그 내의 권력투쟁의 격화와 결합되었다. 첫번째 경향의 가장 분명하고 가장 중요한 표현은 "이탈리아" 백년전쟁이었으며, 두번째 경향의 가장 분명하고 가장 중요한 표현은 그와 동시적으로 진행된 "영불" 백년전쟁이었다. 16세기 말 17세기 초의 금융적 팽창 또한 자본가 간·영토주의자 간 투쟁들의 증폭과 결합되었지만, 그러나 그 형태가 훨씬 복잡했기 때문에 관찰자가 이를 식별해 내기는 훨씬 어렵다.

첫번째 난점은 "영불" 백년전쟁이 종료되고, 에스파냐로 굳어진 영토들의 평화정착 이후에도 실로 영토주의자 간 투쟁이 결코 완화되지 않았다는 사실에 기인한다. 에스파냐 통일이 달성되자마자, 영-불 투쟁을 대체해 프랑스-에스파냐 투쟁이 일어났는데, 이 투쟁은 여전히 대부분의 화폐 및 종교 권력이 집중돼 있는 이탈리아 정치 공간에 대한 통제권을 놓고 벌어진 것이었다. 이 투쟁 때문에 이탈리아와 여타 지역에서 16세기 전반 동안 지속적으로 전쟁 상태가 조성되었으며, 16세기 후반의 갈등 증폭은 눈에 잘 띄지 않게 되었는데 이 갈등 증폭은 1540년대 후반과 1550년대의 독일 종교전쟁과 1560년대 말 네덜란드 독립전쟁의 발발로 시작된 것이었다.

이런 난점이 더욱 복합적이 된 이유는, 자본가 간 협조와 경쟁의 주 행위자들이 더 이상 앞선 시대 이탈리아 도시국가들처럼 쉽게 식별될 수 있는 조직들이 아니었기 때문이다. 왜냐하면 로디 평화협정(1454)에 뒤이은 세기에는 개별적으로나 집합적으로나 도시국가들이 더 이상 자본축적과정의 주된 행위자가 아니었기 때문이다. 도시국가의 상주 부르주아지들——디아스포라 부르주아지와 반대로——이 점점 더 국가형성 활동에 개입하면서(제노바는 예외), 이들은 자본주의 세계경제의 계속되는 변화에 쫓아가기를 꺼려했고, 또 쫓아가는 것도 불가능해졌다. 더욱이 매팅리가 지적했듯이(Mattingly 1988: 52, 86), 이런 활동에서 그들이 성공했다는 바로 그 이유 때문에 이들은 "이탈리아 국가들 사이의 가장 큰 거인도 알프스 너머의 군주들 곁에 서면 피그미 족일 뿐이라는 사실을 모른 척했다." "필요할 때는 야만인들을 불러들이고 말썽을 일으키면 그들을 고향에 돌려보내는 자신의 능력을 무분별하게 과신한 나머지, ……" 일단 이탈리아라는 싸움터에서 프랑스와 에스파냐가 서로 대적할 준비가 되었다고 느끼게 되자, "그들은 자신들을 압도하는 파국을 이해할 수 없었다."

출현 중인 유럽 정치 경관에서 16세기 전체에 국가로서 상당한 권력을 유지시킨 것은 이탈리아 도시국가 4강 중에서 유일하게 베네치아뿐이었다. 그러나 그 대가로 베네치아는 자본축적에서 옛 경쟁자들과 새 경쟁자들에게 뒤처졌다. 확실히, 베네치아가 급속히 산업화해서 유럽의 주도적 제조업 중심지가 된 것은 정확히 로디 평화조약에 뒤이은 세기였다. 그러나 이런 뒤늦은 산업화는 베네치아 원거리 교역망의 수축과 노후화의 부정적 효과를 상쇄시켜 줄 뿐이었지만, 그러나 더욱 역동적인 자본축적 중심지들에 비해 상대적으로 쇠퇴가 진척되어 가는 것을 반전시키지는 못했다(Braudel 1984: 136).

더욱 역동적인 이런 중심지들은 더 이상 도시국가들이 아니었다 ── 제노바 도시국가 자체는 오래전에 제노바 자본의 주된 자기 팽창의 장소이기를 그쳤다. 또한 장소로서의 도시와 수행주체로서의 도시를 혼동하면서 종종 주장이 제기되듯이, 그 중심지들이 안트베르펜, 세비야, 리옹 같은 도시들도 아니었다. 14세기의 베네치아, 제노바, 피렌체, 밀라노와 달리, 16세기의 안트베르펜, 세비야, 리옹은 자본축적과정의 수행주체나 심지어 중심지는 아니었다. 그곳은 자율적인 정부조직도 자율적인 사업조직도 아니었다. 그곳은 단순히 시장**공간**(marketplaces)일 뿐 ── 확실히 유럽 세계경제의 중심 시장이지만, 그럼에도 정치적으로는 에스파냐 제국(안트베르펜과 세비야)과 프랑스(리옹)의 권위에 종속되고, 경제적으로는 외국 사업 조직의 초국가적 활동에 종속된 장소였으며, 이들 외국 사업 조직들은 서로 만나서 거래하기에 편리한 장소라는 점 말고 이들 도시에 대해 어떤 대표성이나 충성심도 가지고 있지 않았다.

이들 외국 사업조직들 중 가장 중요한 조직은 서로에 대해, 그리고 그들이 영구적 또는 일시적으로 거주하는 다양한 시장 도시의 정부들에 대해 스스로를 "네이션"[11]이라 동일시하고 그렇게 인정받은 해외거주 자본가 집단들로 구성되었다. 브와예-크삼보, 들르플라스, 그리고 질라르가 자세히 보여 주었듯이(Boyer-Xambeau, Deleplace, and Gillard 1991), 이런 초국가적 "네이션들"은 16세기 유럽 상업·화폐체계에 대해 실로 지배적 영향력을 행사했다. 이런 지배의 토대를 이룬 것은 매우 다양한 유통 통화의 십자로 가운데에 놓인 정치적으로 이질적인 경제 공간에서 화폐 수단──환어음──을 숙달해 내는 것이었는데, 상인 은행가 "네이션들"은 그들에게 이익이 되도록 안정적인 계산단위──교환화폐(monete di cambio)──를 이용해 이들 유통 통화들을 동질적인 상업 및 금융 공간으로 조직해 냈다.

모든 "네이션들"이 이런저런 상품 교역에 참가하고 있기는 했지만, 이들이 큰 이윤을 얻은 것은 상품의 판매와 구매에서가 아니라 환어음을 통해 통화를 서로 교환하는 데서였다. "네이션"으로 조직된 상인 은행가들은 환어음 덕에, 특정 시간에 한 장소에서 다른 장소로 그리고 동일 공간의 한 시간대에서 다른 시간대로 바뀔 때 통화 가치의 차이에서 발생하는 이윤을 영유할 수 있었다. 16세기에는 이런 차이가 엄청났기 때문에 그것을 영유할 수 있는 좋은 위치에 있는 "네이션들"의 이윤도 엄청났다.

---

[11] 네이션(nations)이라는 용어는 초기에는 중세 대학, 특히 파리 대학에서 같은 언어를 사용하고 같은 가족 법률의 통치를 받던 동료 학생들을 지칭하는 의미로 사용되었다. 1349년 신성로마제국의 중점 학교인 종합학교(studium generale)로서 프라하 대학이 설립되었을 때, 이 학교에는 서로 나뉘어진 보헤미아, 바바리안, 색슨, 그리고 다양한 폴란드 네이션들이 있었다.

그 당시에 널리 퍼진 믿음과는 아주 반대로, 이런 매우 수익성 높은 활동은 상인 은행가 "네이션들"이 활동하는 지배권역 내의 일반 상인들과 다양한 주권체들에게 유용한 봉사를 제공했다. 이 봉사는 구매가 진행되고 재화가 판매되는 먼 장소로 가치 있는 지불수단을 보내고 받는 데서 생기는 위험부담과 곤경, 그리고 또한 익숙하지 않고 예견할 수 없는 환경에서 이런 지불수단을 교환해야 하는 데서 생기는 위험부담과 곤경을 고객들에게서 덜어 주는 것이었다. "네이션들"의 이런 환전 활동이 아주 수익성 높았던 이유 중 하나는 바로 이런 서비스가 광범한 고객들에게 극히 유용했던 반면, 광대하고 응집력 있는 "네이션들"로 조직된 상인 은행가들로서는 그 서비스를 제공하기 위한 위험부담과 곤경이 거의 없었기 때문이었다. 그 한 가지 이유는, 그 구성원들이 이런 조직 덕에 지불수단의 수송을 책임질 수 있었지만, 그들이 전체 시공간 속에서 그 이동을 관리하는 모든 지불수단의 수송을 책임진 것이 아니라, 아주 일부 지불수단의 수송만을 책임졌기 때문인데, 이들이 책임진 이동량은 반대 방향에서 진행되는 다소 회귀적인(roundabout) 이동의 영향을 받지 않는 부분이었다. 더욱이, 유럽 세계경제의 대부분의 중요한 시장공간들에 "네이션"이 동시적으로 등장하였기 때문에, 그들이 어디에 살고 어디에서 활동하건 간에 이런 장소들은 그 모든 구성원들에게 익숙하고 예측가능한 환경이 되었다. 간단히 말해서, "네이션"의 고객들에게는 비용이 높고 위험부담이 큰 모험사업이었을 것이 "네이션"의 구성원들에게는 비용이 들지 않고 위험을 동반하지 않는 모험사업이었고, 이런 차이 때문에 꾸순히 거대한 이윤이 발생했던 것이다.

이윤의 이런 규모와 지속성은 각 "네이션" 내에서 어느 정도 어떤 범위로 협조가 실현되었는지에만 의존한 것은 아니었다. 이는 또한 가장 중요한 "네이션들"이 어느 정도 어떤 범위로 서로의 활동을 조정하고 각각의 공간적 또는 기능적 특화를 보완하도록 협조했는지에도 의존했다. 1557~62년의 위기 이후 줄곧 자본가 간 투쟁의 증폭이 가장 분명히 관찰될 수 있던 곳은 무엇보다 바로 이 영역이다.

브와예-크삼보, 들르플라스, 그리고 질라르에 따르면(Boyer-Xambeau, Deleplace, and Gillard 1991: 26~32 and *passim*), 그 위기 때까지 유럽 상업·화폐 체계의 조직과 관리에서 가장 중요한 집단은 피렌체 "네이션"이었는데, 이들은 리옹에 중심지를 두고 그 도시 정기시에 지배적인 영향력을 행사했다. 한 세기 전 메디치 헤게모니 아래 탄생한 피렌체 "네이션"은 16세기에 와서 피렌체의 정치 난국이 재생되어 프랑스에 정착한 망명자들의 꾸준한 흐름이 형성되고서야 비로소 자기 시대를 만났다. 그 정착지는 특히 리옹이었는데, 그들은 이 도시를 "프랑스의 토스카나"로 바꾸어 놓았다. 그보다 덜하지만 급속하게 중요성이 커진 것은 제노바 "네이션"으로, 그 재운은 아시아와 아메리카 대륙에서 이베리아의 교역이 팽창한 것에 발맞추어 성장했다. 다른 네 네이션들(안트베르펜의 독일인과 잉글랜드인, 리옹의 밀라노인, 그리고 처음에 안트베르펜과 이어 리옹의 루카인)은 유럽의 상업·화폐체계의 조정에서 훨씬 주변적이지만 그럼에도 중요한 역할을 맡았다. 베네치아나 홀란트(15세기와 17세기의 자본주의 최강국) 어느 쪽도 이 세계시민주의적 자본가 "네이션"의 총체에서 나타나지 않았다는 점을 나중을 위해 지적해 두어야 한다.

16세기 전반기 대부분에 이 세계시민주의적 총체의 다양한 구성부분들 사이의 관계는 기본적으로 협조적이었다. 각 "네이션"은 상품으로 규정되거나(영국인은 직물, 독일인은 명반·은·동, 밀라노인은 금속제품, 루카인은 각종 식품), 또는 유럽 세계경제의 가장 강력한 두 영토주의 조직

중 하나와의 지배적인 정치적 교환관계에 의해 규정되는(피렌체인은 프랑스와, 제노바인은 에스파냐와) 특별한 시장 틈새에 특화했다. 다양한 "네이션들"은 서로 중복되면서도 구분되는 고객들과 거래할 때 획득한 지불 보증, 정보, 그리고 연줄을 리옹처럼 정기시에 또는 안트베르펜처럼 더 지속적인 상품 및 화폐교환에 공동투자함으로써, 서로 협조하여 세 가지 주요한 결과를 얻어 냈다.

첫째, 가능한 최대의 지불 보증을 직간접적으로 서로 상쇄시켜, 이로써 "네이션들"이 책임져야 하는 실제 통화 수송을 최소화하였다. 둘째, 환율 추세 및 변동에 영향을 끼칠 조건들에 대해 각자 얻을 수 있던 것보다 훨씬 더 훌륭한 지식을 공유했다. 그리고 셋째, 이들은 1519년 황제 선출처럼 수익성 있는 상업 거래나 금융 거래에 서로 연루되어 있었는데, 이런 거래들은 단일 "네이션" 구성원이 떠맡기에는 너무 거대하거나 위험부담이 컸지만 "초민족적" 합자기업이 맡기에는 그렇지 않았다. 이런 협조의 성과 덕에 다양한 "네이션들"이 특정 시간 특정 장소에 결집하였고, 이로써 안트베르펜과 리옹 같은 중심적 시장공간이 만들어지고 활성화되었다. 그러나 핵심적 "네이션들" 중 한 곳 또는 그 이상에서 이런 성과의 중요성이 쇠퇴하자 경쟁이 협조를 대체했고, 안트베르펜과 리옹 같은 세계시민주의적 시장공간은 점차 침식되고 결국 붕괴했다.

이런 종류의 대체가 시작된 것은 아메리카의 은 공급이 독일의 은 공급을 밀어내 독일 "네이션"의 상업 기반을 붕괴시키고 제노바 "네이션"의 상업기반을 강화한 1530년대의 일이었다. 또한 제노바인들이 피렌체 "네이션"이 관리하는 리옹 정기시에 경쟁하는 자기 자신의 정기시를 운영하기 시작한 것도 바로 이 1530년대였다. 이처럼 자본 간 경쟁이 고조되는 초기 조짐이 있었지만, 1540년대와 1550년대 초에 주요 "네이션들" 사이

도표 5. 제노바의 흐름의 공간, 16세기 말과 17세기 초

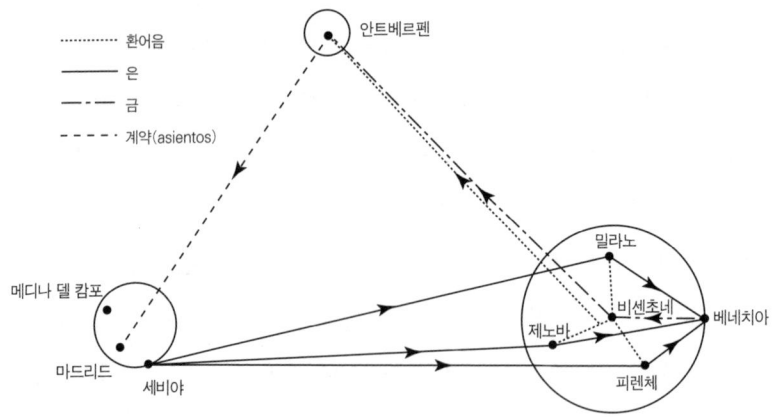

출처 : Boyer-Xambeau, Deleplace, and Gillard(1991 : 328).

의 관계는 기본적으로 협조적인 상태였다.

실제 경쟁 고조는 1557~62년 위기와 더불어 시작되었을 뿐이다. 앞서 언급했듯이 독일 자본이 제노바 자본의 고도금융에 밀려난 것은 바로 이 위기의 와중이었다. 더 중요한 점은, 제노바인들이 계약(asientos) 체계를 도입한 것이었는데, 이는 안트베르펜—빠르게 에스파냐 제국 군대의 주된 활동 중심지가 되고 있었다—에 전달되는 금과 여타 "양화"와 맞바꾸는 대가로 세비야에서 제노바인이 아메리카 은 공급에 대한 거의 전권을 지니도록 에스파냐 정부와 맺은 계약이었다. 이 시점에 제노바 "네이션"은 피렌체 "네이션"과 협력하려는 모든 이해관계를 상실하였고, 아메리카 은 공급을 공세적으로 활용하여 리옹 정기시로부터 그 자신의 "비센초네"(Bisenzone) 정기시로 이탈리아 유동성(금과 환어음)을 옮기려 하고 있었다. 비록 이 정기시들이 브장송—이 정기시들이 처음 열린 곳——의 이탈리아 이름〔비센초네〕을 아직도 내걸고 있었지만, 이 정기시들은 사실 제노바인에 맞춘 이동성(정기시는 샹베리, 폴리그니, 트렌토, 코이라, 리볼리, 이브레아, 그리고 아스티에서 열렸다)을 지니고 있었다(Boyer-Xambeau, Deleplace, and Gillard 1991: 319~28, 123).

비센초네 정기시가 피아첸차의 파르마 공작령에 자리를 잡은 1579년이 되면, 빈틈없이 통제되고 매우 수익성 있는 삼각형이 설립되었는데, 이 구도에 따르면 제노바인들이 아메리카 은을 세비야에서 북부 이탈리아로 옮기고, 여기서 그들은 이것을 금 및 환어음으로 바꾸어 이를 안트베르펜에서 에스파냐 정부에 넘긴 후, 대신 그 교환으로 세비야의 아메리카 은에 대한 통제권을 부여받는 계약(asientos)을 획득했다(〈도표 5〉를 보라). 1580년대 말이 되면, 제노바 삼각형 내에 아메리카 은 공급과 북부 이탈리아 금 및 환어음이 점차 집중되어, 중심 화폐시장으로서 리옹의 위상은 회복할 수 없을 만큼 쇠퇴하였다. 안트베르펜은 제노바 삼각형의 한 꼭지점이었지만, 중심적 상품 및 화폐 시장으로서 그 생동성은 훨씬 이전에 약해졌다. 독일인을 밀어내고 제노바-이베리아 연계의 배타성이 커지자 잉글랜드인들도 소외되었는데, 이들은 1560년대 말 무역뿐 아니라 금융에서도 잉글랜드를 외국인들로부터 독립시키는 것이 중요하다고 엘리자베스 1세를 설득한 토머스 그레셤의 지도력 아래 고향으로 돌아온 사람들이었다(3장을 보라).

피아첸차 정기시 체계의 공고화는 이렇듯 16세기 전반 유럽 세계경제의 자본주의 엔진을 통치한 협조적인 "네이션들"의 세계가 끝났음을 알리는 것이었다. 제노바인들이 그 시절의 승리자였으나, 고도금융에서 우위를 차지하려는 싸움에서 거둔 이런 때 이른 승리는 더 긴 투쟁의 전조에 지나지 않았다. 더 긴 투쟁이란 네덜란드 독립전쟁이었는데, 여기서 제노바인들은 그들의 에스파냐 파트너가 실제 전쟁에 뛰어들도록 놓아두는 반면, 자신들은 세비야에 인도되는 은을 전장 근처인 안트베르펜에 인도되는 금 및 여타 "양화"로 전환함으로써 무대 뒤에서 돈을 벌어들였다. 이 전쟁이 없었다면 아마도 "제노바의 시대"는 없었을 것이다. 그러나 자본주의 세계경제의 감제고지에서 제노바인들을 결국 끌어내린 것도 바로 이 동일한 전쟁이었다.

1566년 에스파냐 군대가 네덜란드를 점령하기 위해서 ─ 기본적으로 세금부과를 강제하려고 ─ 파견되었을 때, 이 이동은 격퇴되었다. 네덜란드 반란자들은 바다로 진출해, 조세 회피의 놀라운 능력뿐 아니라 해적과 사략질을 통해 에스파냐 제국의 재정에 일종의 "전도된" 재정 압박을 가하는 놀라운 능력을 발전시켰다. 80년간 ─ 즉 30년전쟁이 끝날 때까지 ─ 에스파냐 제국의 재정은 이렇게 점점 더 엄청나게 고갈되어 갔고, 이는 네덜란드 반란자를 강화시켰고, 종속적이고 경쟁하는 영토주의 조직들 ─ 특히 프랑스와 잉글랜드 ─ 에 비해 절대적으로나 상대적으로 에스파냐를 약화시켰다. 그리고 제국의 중심이 약화되자, 새롭게 출현하는 유럽 세력균형이 베스트팔렌 조약을 통해 제도화하기 전까지 전쟁과 폭동은 확산되었다.

이런 투쟁이 전개되던 시기 네덜란드 부와 권력의 주된 원천은 발트해로부터의 곡물에 대한 그리고 해군 군수품 공급에 대한 통제였다. 경합을 벌이던 지중해 공급이 16세기 전반기에 소진되었기 때문에 이런 공급은 유럽의 육상전과 해상전을 수행하는 데 절대적으로 핵심적이었다. 네덜란드인들이 이베리아 권력을 견제하고 다른 국가들을 갈등에 끌어들이는 데 성공할수록, 이들은 발트와의 교역을 통제하는 데서 돈을 벌었다. 에스파냐에 부과된 전도된 재정압박의 도움을 얻어, 이렇게 얻어진 이윤

도표 6. 외레순 해협을 통한 곡물 운송량, 1562~1780년(10년간의 평균량)

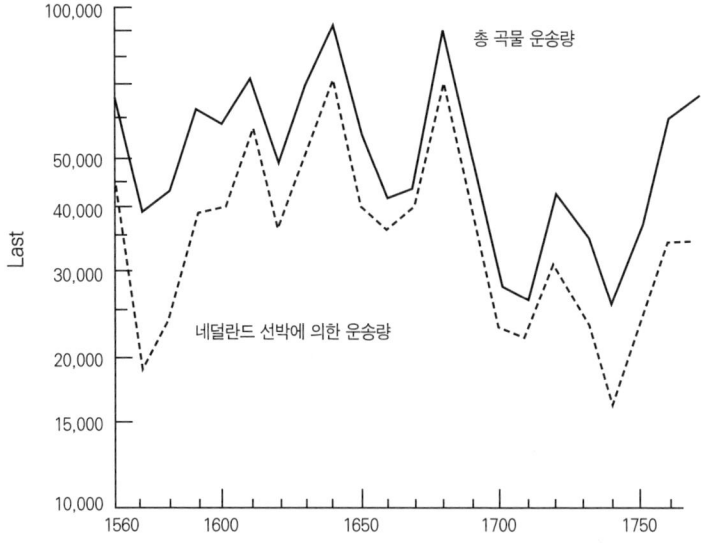

단위 : Last(약 4,000파운드).
출처 : Kriedte(1983 : 67).

은 첫 출발부터 네덜란드 자본주의의 특징이던 "풍요의 딜레마"(Schama 1988)의 일차적이고 독창적인 원천이었다. 이런 점에서 발트 해 교역은 실로 암스테르담의 모(母)무역(moeder commercie) —— 이 도시 재운의 근원적 토대였다(cf. Boxer 1965 : 43 ; Kriedte 1983 : 78).

발트 해 무역은 매우 이윤이 높았지만, 정체상태였다. 암스테르담의 상업적 재운이 부침한 두 세기 동안—— 즉, 16세기 중엽에서 18세기 중엽까지 —— 발트 해에서 서유럽으로 가는 곡물 운송량은 변동 폭이 매우 컸지만 일정한 수준에 머물러 있었고, 장기적 추세로 보면 결국 줄어들었다. 첫 세기 정도에는 이런 정체가 다른 상품들(스웨덴의 철 같은 것)의 운송 증가로, 그리고 발트 해 곡물에서 차지하는 네덜란드 선박의 비중 증가로 상쇄되었다. 그러나 우리가 이런 증가분까지 고려하더라도, 네덜란드 상업 황금기 전체에 걸쳐 보면, 발트 해 지역에서 교환된 상품량의 더딘 성장 경향이 관찰되었다(〈도표 6〉).

발트 해 무역량이 정체되어 있었다는 것과 그것이 네덜란드 상업적 재운의 "모무역"이라는 특징 사이에는 어떤 모순도 없다. 이런 특징으로부터 단순히 알아낼 수 있는 것은 대체로 발트 해 무역의 이윤이 지리와 역사의 선물 — 네덜란드 자본주의 발전의 결과가 아니라 그 원천이었던 잉여 — 이라는 점이다. 앞서 피렌이 대개의 새로운 주도적 자본가 "계급"의 등장을 은유적으로 묘사하면서 주장했듯이, 네덜란드 상인들이 자본 축적과정의 주도자가 되기 위해 해야 했던 일은, 3세기 전 북부 이탈리아 자본주의 발전에서처럼 "바람이 실제로 부는 방향으로 자신을 내맡기며, 바람에 기대 돛을 어느 쪽으로 돌려야 하는지 아는 것"이었다. 피렌의 주장처럼, 성공적으로 그렇게 하려면 용기·기업가정신·담대함이 필요했다. 그러나 네덜란드에 앞선 이탈리아 상인 공동체 — 또는 이 점에서는 이들에 뒤이은 잉글랜드와 북아메리카 공동체들 — 의 경우처럼, 아무리 용기·기업가정신·담대함이 크다 하더라도, 그들이 우연히 "실제로 부는 바람"을 정확히 잡을 수 있는 시기와 장소에 거주하지 않았다면, 네덜란드인들이 유럽 세계경제의 새로운 주도적 자본가 "계급"이 되는 데 이런 것들이 그렇게 빨리 그리고 그렇게 성공적으로 도움을 주지는 않았을 것이다.

이런 "바람"은 늘 체계적 환경의 산물이었으며, 이런 체계적 환경은 다중 행위자들의 행동, 무엇보다 세계경제 감제고지로부터 교체되는 과정 중에 있는 행위자들의 행동이 낳은 의도하지 않은 효과였다. 네덜란드인들의 경우, 이런 체계적 환경을 구성하고 있던 것은 유럽 세계경제 전체에서 곡물과 해군 군수품의 수요 및 공급 사이에 발생한 시공간적인 근본적 불균형이었다. 16세기 대부분과 17세기 초반에 걸쳐, 서방 대부분에서 수요는 많고 급성장하고 있었는데, 이는 아메리카에서 은이 유입되고 대서양 연안국들 사이에서 해상·육상 권력투쟁이 고조되었기 때문이었다. 그러나 공급은 수요만큼 빠르게 성장하고 있지 않았으며, 더욱이 지중해 공급이 고갈되자 공급은 발트 해 지역으로 집중되었다.

한자동맹 세력의 이른 쇠퇴와 북해 연안 어업 및 대량물량품 수송에 기반한 항해 전통 때문에, 네덜란드 상인 공동체는 수요와 공급 사이의 이런 만성적인 시공간적 불균형을 활용할 수 있는 독특한 위치에 놓여 있었다. 네덜란드인들은 좁은 해협(the Sound)[12]을 통과하는 발트 해 공급물 이송에 대한 통제에 끼어들어 강력한 통제권을 수립함으로써, 16세기를 거치며 유럽 세계경제의 가장 전략적 시장 틈새를 장악하게 되었고, 이로써 거대하고 꾸준한 화폐 잉여 흐름의 혜택을 받는 수혜자가 되었다. 또한 네덜란드인들은 에스파냐 제국에 전도된 재정 압박을 부과함으로써 이 화폐 잉여 흐름을 더욱 증대시켰다.

이 잉여의 상당 부분, 아니 아마 대부분은 "잉여자본"이었는데, 이 "잉여자본"은 그것이 흘러나온 활동에 수익성 있게 재투자될 수 없는 자본이었다. 잉여가 발트 해 무역에 재유입되었다면, 가장 있을 법한 결과는 구입가격에 대한 인상압력 그리고/또는 판매가격에 대한 인하압력이었을 것이고, 이는 수익성을 파괴했을 것이다. 그러나 15세기 메디치처럼, 이런 잉여의 축적에 기대 번식하고 자랐으며 그것을 통제하고 활용할

---

12) 발트 해에서 카테가트 해협으로 나가는 통로로, 덴마크의 셸란 섬과 스웨덴의 스코네 주 사이의 좁은 해협이며, 외레순(Øresund)이라고도 부른다. 2000년에 이 해협에 두 지역을 잇는 대교가 건설되었다.

수 있게 된 상인 엘리트들은 이윤을 발트 해 무역의 팽창에 재유입하는 이상의 것을 알고 있었고, 또 재유입되지 않도록 신중하게 막았다.

대신 네덜란드 잉여자본은 14세기 말 15세기 초 비슷한 상황에 놓인 북부 이탈리아 자본가계급이 개척했던 길과 유사한 곳에 활용되었다. 일부는 지대를 낳는 자산, 특히 토지에 투입되었고, 또 상업적 영농의 개발에 투입되었다. 이런 측면에서 네덜란드인과 이탈리아 선구자 사이의 주요한 차이점은 네덜란드 상인이 매우 이르게 금리생활자 계급으로 전환되었다는 점이다.

이탈리아 도시국가의 자본가계급들이 거대한 농촌 공간을 획득하여 토지와 상업 영농에 상당한 투자를 할 수 있게 된 것은 중상주의적 팽창이 **종료된 이후의 일이었을 뿐**이다. 이에 비해 네덜란드인들은 스스로를 주권국가로 구성하는 바로 그 과정에서 그런 공간을 획득하였다. 1652년에 이미 ─ 즉, 네덜란드의 **중상주의적 팽창이 종료되기 오래 전에** ─ "[동인도회사] 이사들(Heeren)이 상인이 아니라, 주택·토지·투자에서 수입을 얻고 있기" 때문에 무역에 대한 관심이 무시된다는 권위 있는 불평이 널리 퍼져 있었다는 사실에서 알 수 있듯이, 이렇듯 토지와 여타 지대를 낳는 자산에 대한 투자는 네덜란드 자본주의의 초기적 특징이 되었다 (역사가 류베 에트제마Lieuwe Aitzema의 진술, Wilson 1968: 44에서 재인용; Boxer 1965: 2장도 보라).

네덜란드와 초기 이탈리아의 잉여자본 활용 전략상의 두번째 유사점은 전쟁형성과 국가형성 활동에 투자했다는 점이다. 네덜란드 상인들은 에스파냐에 대한 투쟁의 매우 초기에 잉글랜드 군주와 비공식적인 정치적 교환관계를 맺었는데, 잉글랜드 군주는 이들에게 보호를 제공하는 대신 무역과 금융상의 특별한 대우를 받았다. 이것은 심지어 잉글랜드와 네덜란드 정치체 사이의 통합 제안으로까지 진척되었다. "엘리자베스 시절 통합은 네덜란드인이 제안해 온 것이었는데, 1614~9년에는 네덜란드에 유리한 조건으로 다시 제안되었다." 그러나 이런 제안이 성사되지는 않았다(Hill 1967: 123).

    네덜란드 상인이 잉글랜드의 유리한 제안을 거절한 주된 이유는 십중팔구 그 사이 이들이 그 지방의 영토주의 조직인 오라녜 가문과 유기적이고 공식적인 정치적 교환관계를 맺었기 때문일 것이다. 이 관계의 핵심 특징은 네덜란드 상인계급이 유동성, 사업 지식, 연줄망을 제공하고, 그 대가로 오라녜 가문이 특히 육상에서 보호를 조직하여 전쟁형성과 국가형성의 역량을 제공해 주는 것이었다. 그 결과 나타난 것이 통치 조직체인 연합주인데, 이는 베네치아를 포함해 어떤 북부 이탈리아 도시국가들이 해낼 수 있던 것보다 훨씬 더 효과적으로 자본주의와 영토주의의 이점을 융합시켰다. 잉글랜드가 제시한 조건이 얼마나 유리했는가와 상관없이 단지 그들의 보호가 더 이상 필요하지 않았을 뿐이었다.

    네덜란드와 초기 이탈리아의 잉여자본 활용 양상의 세번째 유사점은 예술 및 여타 지적 추구에 대한 후원을 통해 문화산품의 과시적 소비에 투자했다는 점이다. 제노바 자본가계급이 아무리 고도금융에서 두드러진 우세를 보였다해도, 이들은 이런 종류의 과시적 소비에서 결코 두드러지지 않았다——아마도 국가형성 활동에 연루되지 않았기 때문일 것이다. 네덜란드인들은 그렇지 않았는데, 이들은 제노바 시대 전체에 걸쳐 이 영역에서 문화산품 소비를 주도하는 조숙성을 너무나 누드러시게 보여 주었다. 15세기 베네치아와 피렌체가 전성기 르네상스의 중심지였던 것처럼, 17세기 초 암스테르담은 그 이전 두 세기 동안 유럽에 충만했던 "르네상스 풍조"로부터 그 후 두 세기 반 농안 유럽에 충민할 "계몽 풍조"

로 이행하는 중심지가 되었다(Trevor-Roper 1967: 66~7, 93~4; Wilson 1968: 7~9장도 보라).

이런 모든 관점에서 볼 때, 네덜란드인들의 잉여자본 활용 전략은 어느 다른 북부 이탈리아 자본가계급의 전략보다도 베네치아인들이 추구한 이전의 전략과 매우 닮았다. 그러나 베네치아인들과 달리 네덜란드인들은 전체 유럽 세계경제의 상업적 팽창의 주도자가 되었고, 이로써 보통 인정되듯이 암스테르담을 "북부의 베네치아"로 전환시켰을 뿐 아니라, "북부의 제노바"로도 전환시켰다. 왜냐하면 15세기에 베네치아인들은 잉여자본을 새로운 확대된 상업공간을 창출하는 데로 이끌어 가기 위해 어떤 일도 하지 않았기 때문이다. 제노바인들을 레반트 무역(베네치아 자신의 "모무역")에서 배제한 후, 베네치아인들은 이 무역에 대한 그들의 통제권 강화를 목적으로 삼는 지역적 특화, 즉 동지중해 특화 전략으로 물러났다. 그리고 이 정책이 수익체감을 초래하기 시작하자, 그들은 그 어느 때보다 더 깊이 제조업에 뛰어들었다. 이 전략으로 베네치아는 여러 세기 동안 제노바 공화국은 말할 것도 없고 연합주가 그랬던 것보다도 훨씬 더 광범하게 국가형성의 모델로 남았다. 그렇지만 그 자체로 이 전략은 북부 이탈리아 전체를 "곤경에 빠뜨리고 있던" 잉여자본을 위한 새로운 수익성 있는 투자 기회를 열어 주지는 않았다. 이렇듯 15세기 북부 이탈리아의 금융적 팽창을 체계 수준의 의미를 지니는 새로운 상업적 팽창으로 전환시키는 일은 정치적으로나 군사적으로 더 취약한 제노바인들에게 남겨졌는데, 제노바인들 자신은 엄격하게 사업적 추구에 특화하고, 필요한 국가형성과 전쟁형성 활동은 그들의 이베리아 파트너에게 맡김으로써 이 일을 수행하였다.

두 가지 축적전략들 —국가형성과 전쟁형성의 자급자족에 기반한 베네치아의 지역적 공고화 전략과 해외 정부들과의 정치적 교환관계에 기초한 제노바의 세계적 팽창 전략——과 대조적으로 17세기 초 네덜란드인들은 두 방향으로 동시에 나아갔고, 두 전략을 융합해 하나의 조화로운 종합을 만들어 냈다. 이는 전쟁형성과 국가형성에서 네덜란드 자본주의를 자급자족적으로 만든 국내 정치적 교환관계에 기반하였고, 또한 이는 네덜란드 무역 및 금융의 세계적 팽창과 지역적 공고화를 결합시켰다. 네덜란드 주도의 유럽 세계경제의 상업적 팽창이 종료되어 가던 1728년에 쓰여진, 자주 인용되는 구절에서 다니엘 디포는 이런 전략의 핵심적 측면을 지적했다.

> 네덜란드인들은 실제 그대로, 무역 중개인(Middle Persons), 유럽의 도매상이자 브로커로 이해되어야 한다. …… 그들은 되**팔기** 위해 **사고**, **내보내기** 위해 **받아들이고**, 또 그들은 엄청난 그들 상업의 최대 부분을 전세계 모든 부분에서 공급받고 있는데, 이를 다시 전세계에 공급할 것이다.(Wilson 1968: 22; 강조는 원문)

이 진술에는 네덜란드의 상업체계가 16세기 체계의 중요성을 갖는 지위로 부상한 때부터 18세기 쇠락할 때까지의 가장 전형적인 특징을 묘사해 주는 부분뿐 아니라, 규모와 범위 상의 이 체계의 **팽창** 또한 묘사해 주는 부분도 담겨 있다고 독해될 수 있다. 유럽을 언급하고 있는 이 진술의 첫 부분은 네덜란드인들의 **독창적** 기능을 묘사하고 있는데, 그것은 북부의 베네치아인으로서, 발트 해 무역의 "무역 중개인"으로서, 그리고 한편에서 동북유럽의 곡물과 해군 군수품의 공급과 다른 한편에서 그 공급물에 대한 서유럽의 수요 사이의 중개로서 묘사하고 있다고 이해될 수 있다. 이에 비해서 전세계를 언급하고 있는 이 진술의 두번째 부분은 네덜란드인들의 **성숙한** 기능을 묘사하고 있는데, 그것은 북부의 제노바로서, 전지구적 상업의 "무역 중개인"으로서, 그리고 일반적인 세계 공급과 일반적인 세계 수요 사이의 중개로서 묘사하고 있다고 이해될 수 있다.

이런 디포의 진술은 네덜란드 상업우위의 첫 조건이 유럽이고 두번째 조건이 세계라는 브로델의 주장에도 암시되어 있다. "홀란트가 유럽 무역을 정복하자, 나머지 세계는 그대로 뒤따라온 논리적 덤이었다. 그러나 두 경우 모두 홀란트는 자국 근처에서건 멀리 떨어진 곳에서건 상업우위 또는 오히려 독점을 부과하기 위해 매우 유사한 방법을 사용하였다"(Braudel 1984: 207).

이처럼 네덜란드 상업체계의 범위가 지역적인 것에서 전지구적인 것으로 팽창한 것은 세 가지 연관된 정책의 **결합**에 의해 추진되고 지탱되었다. 첫번째 정책은 암스테르담을 유럽과 세계상업의 중심 집산지로 변환하는 것을 목표로 삼았다. 네덜란드 자본가계급은 특정 시기 유럽과 세계상업의 가장 전략적 공급물이던 물품의 보관과 교환을 암스테르담에 집중시킴으로써, 유럽 세계경제의 불균형을 조절하고 그로부터 이윤을 끌어내는 전례 없는 이례적 역량을 발전시켰다.

여기에는 언제나 같은 법칙이 통용되었다. 현찰을 주든가 아니면 돈을 선대해 줌으로써 생산자에게서 싼 값으로 산 다음, 창고에 보관하다가, 값이 오르는 것을 기다리든가 혹은 오르도록 조장한다는 것이다. 전쟁이 일어나면 외국에서 들어오는 상품이 귀해져 값이 오를 수밖에 없으므로, 전쟁 소식이 들려오면 암스테르담의 상인들은 5~6층짜리 건물인 창고에 빼곡히 상품들을 채워 넣는다. 예컨대 에스파냐 계승 전쟁이 일어나기 전야에 암스테르담에는 더 이상 빈 자리가 없어 배의 화물을 하역할 수가 없을 정도였다.(Braudel 1982: 419/브로델 1996: 592~3)

이 정책의 가시적 무기는

거대한 창고였다. 창고는 큰 선박보다 더 크고 많은 비용이 들었다. 이 것을 이용해서 연합주 전체 국민이 10~12년 동안(1670) 소비할 수 있는 양의 밀을 비롯해, 청어, 향신료, 영국의 직물, 프랑스의 포도주, 폴란드와 동인도의 초석, 스웨덴의 구리, 메릴랜드의 담배, 베네수엘라의 카카오, 러시아의 모피, 에스파냐의 양모, 발트 해 지역의 대마, 레반트의 비단과 같은 상품을 보관했다. (Braudel 1982: 418~9/브로델 1996: 592; Barbour 1950: 75도 보라.)

그러나 네덜란드인들이 다른 집산지들로부터 또는 생산자와 소비자 사이의 직접 교환으로부터 암스테르담으로 상품교역의 흐름을 전환시키려 시도하면서 꺼내 든 훨씬 더 중요하지만 덜 가시적인 무기는 유동성에 대한 그들의 우월한 통제력이었다. 이 덕에 그들은 그들의 실질적 또는 잠재적 경쟁자들에 대해 수십 년 동안 입찰 선매권을 확보하는 데 성공하였다. 이렇듯 그들만이 계속 증가하는 생산자들의 화폐수요를 활용할 수 있었고, 그리하여 현금과 선지급의 대가로 저가에 공급물을 얻을 수 있었다(cf. Braudel 1982: 419~20).

이로부터 우리는 네덜란드 자본가계급이 지역적 상업우위로부터 전 지구적 상업우위로 상승하는 것을 촉진하고 지탱시켜 준 축적전략의 두 번째 구성요소로 나아간다. 이 구성요소는 암스테르담을 세계상업의 핵심적 창고일 뿐 아니라 유럽 세계경제의 중심적 화폐시장과 자본시장으로 변환시킨 정책이었다. 이 측면에서 핵심적인 전략적 변화는 암스테르담에 첫 **상시적** 주식거래소가 개설된 것이었다.

암스테르담 거래소(Amsterdam Bourse)가 첫번째 주식시장은 아니었다. 다양한 종류의 주식시장이 15세기에 제노바에서, 라이프치히 정기시에서, 그리고 많은 한자동맹의 도시들에서 흥성하였고, 국가 대주(貸株)거래[13]는 그 훨씬 이전에 이탈리아 도시국가들에서 흥정의 대상이 되었다. "모든 증거가 지중해가 주식시장의 요람임을 보여 준다. …… 그러나 암스테르담의 새로움은 그 시장의 거래량과 유동성, 그리고 그 명성, 그리고 거래의 투기적 자유였다"(Braudel 1982: 100~1/브로델 1996: 132).

제노바 정기시의 희생을 대가로 유럽 전역에서 유휴화폐와 신용의 공급 및 수요를 끌어모은 암스테르담 거래소의 힘은 16세기에서 17세기로 넘어가는 전환기에 급속히 성장하여, 1619~22년 위기 이후에는 압도적이 되었다(Braudel 1982: 92). 발트 해 공급물에 대한 네덜란드 자본가 계급의 통제와 에스파냐에 부과된 전도된 재정압박 덕에, 네덜란드인들은 이미 과잉 상태의 유동성을 지배하게 되었고, 전 유럽에서 암스테르담 거래소로, 그리고 네덜란드인들이 거래소에 서비스하기 위해 설립한 은행 기구들—무엇보다 1609년 설립되어 향후 중앙은행들에 전형적인 기능을 행사하게 되는 암스테르담 은행(Wisselbank)—로 잉여자본이 동원되고 유입됨으로써 이 유동성이 보충되게 되었다. 이렇게 네덜란드

---

13) 대주거래(loan stock)란 증권회사나 증권금융회사로부터 주식을 빌려 처분해 자금을 마련하고 상환일자에 동일한 주식으로 상환하는 거래방식을 말한다.

집산지 자본주의의 상업우위가 의존하고 있는 유동성에 대한 우월한 통제력은 공고화되어, 그후 오랫동안 어떤 도전 가능한 경합 집단이 행사해 볼 권력 수준보다 훨씬 높이 올라섰다. 상품 거래와 투기가 암스테르담으로 집중되자, 이번에는 이것이 화폐에 대한 이 도시의 유효수요를 팽창시켰고, 따라서 유럽 전역에서 화폐자본——유휴상태인지 여부와 무관하게——을 끌어들일 수 있는 그 거래소와 은행 기구들의 힘을 팽창시켰다. 이렇게 팽창의 선순환이 수립되어 암스테르담의 상업적·금융적 중심성이 증가하자, 중요성을 지닌 모든 유럽 사업과 정부 조직들은 암스테르담 거래소에 참여하는 것이 필수적이 되었다. 그리고 "중요한 사업가들과 일군의 중개인들이 여기서 만났기 때문에, 모든 종류의 사업 거래가 가능했다. 상품 거래, 환전, 주식 보유, 해상보험"(Braudel 1982: 100/브로델 1996: 131).

암스테르담을 세계상업과 세계금융의 중심적 집산지로 변환시키는 것을 추진한 정책을 보완하고 지탱한 제3의 정책이 없었다면, 이런 팽창의 선순환이 실제 거둔 놀라운 성과를 낳는 것은 물론, 이륙은 더더욱 생각할 수 없었을 것이다. 이 제3의 정책은 거대한 해외 상업 공간에 대한 배타적 무역과 배타적 주권을 행사하도록 네덜란드 정부가 공인한 대규모 합자회사를 설립한 것이었다. 이런 회사는 이윤과 배당을 거두어 들일 것으로 상정되었을 뿐 아니라, 네덜란드 정부를 대신해 전쟁형성과 국가형성 활동도 수행할 것으로 상정된 기업체들이었다.

모리스 돕이 지적했듯이(Dobb 1963: 208~9, 좀바르트를 인용), 이런 역량으로 볼 때, 17세기 공인회사는 제노바의 마오네(maone)와 다르지 않았는데, 이는 카파(Caffa)의 정복과 키오스(Chios)의 식민화처럼 전쟁형성과 국가형성 기능을 수행함으로써 이윤 획득을 예상하고 설립된 개인들의 연합체였다. 이런 연합체들은 13세기에서 14세기 초 상업적 팽창 중에 제노바 자본가계급이 최초로 형성될 때 핵심적 역할을 하였지만, 그 다음에는 더욱 유연한 조직구조들로 대체되었는데, 그 중에서도 가장 중요한 것은 앞서 논의한 초국가적인 제노바 "네이션"이었다. 17세기에는 네덜란드인들 혼자만 제노바의 마오네 전통을 재생시킨 것도 아니었고 그들이 처음도 아니었다. 잉글랜드의 동인도회사는 1600년에 특허장을 받았으며, 다른 잉글랜드의 회사들은 그보다 훨씬 더 앞섰다. 그러나 1602년 특허장을 받은 네덜란드의 동인도회사(Verenigde Oost-Indische Compagnie, VOC)는 17세기 전체에 걸쳐서 이런 재생의 최대의 성공자였다. 잉글랜드가 그것을 모방하는 데 한 세기가 걸렸고, 그것을 지양하는 데는 그 이상이 걸렸을 정도로 그 성공은 대단했다(Braudel 1982: 449~50).

왜냐하면 네덜란드 공인회사들은 세계를 포괄하는 상업과 고도금융이 암스테르담으로 계속 집중되는 것의 수혜자이자 그 도구였기 때문이다――그들이 수혜자였던 것은, 이런 집중화 덕에 그들은 발전단계에 따라 그리고 재운의 변동에 따라, 잉여자본의 처리 또는 획득을 위한 출로나 원천을 포함하여, 자신들의 산출물을 위한 고수익 출로와 자신의 투입물 획득을 위한 저렴한 원천에 대한 특권적 접근권을 허가받았기 때문이다. 그러나 공인회사들은 또한 네덜란드 상업·금융망의 전지구적 팽창을 위한 강력한 도구이기도 했으며, 이런 관점에서 보자면, 네덜란드인들의 전반적인 축적 전략에서 차지하는 그 역할은 아무리 강조해도 지나치지 않다.

우선, 공인회사는 네덜란드 자본가계급이 이를 통해서 암스테르담 집산지와 전세계 생산자들 사이의 **직접적** 고리를 만들어 낸 중개자였다.

이런 직접적인 고리 덕에 세계무역의 불균형을 주시하고 조절하고 그로부터 이윤을 얻어 내는 능력뿐 아니라, 관건인 상업 거래들을 암스테르담으로 집중시키는 네덜란드 자본가계급의 능력이 크게 신장되었다. 동시에, 공인회사는 암스테르담의 위상을 세계금융 중심지로 격상시키는 데 결정적인 역할을 하였다. 왜냐하면 공인회사들——무엇보다 동인도회사——의 주식에 대한 투자와 투기는 암스테르담 거래소가 최초의 상시 주식시장으로 성공적으로 발전하게 된 단일의 가장 중요한 요인이었기 때문이다(Braudel 1982: 100~6; 1984: 224~7; Israel 1989: 75~6, 256~8).

동인도회사 같은 거대하고 수익성 있고, 빠르게 성장하는 합자회사가 없었다면, 그런 발전은 일어나지 않았거나, 적어도 고도금융에서 오래된(제노바) 또는 새로운(잉글랜드) 경쟁을 제때 물리치지는 못했을 것이다. 그러나 동인도회사는 시대의 획을 긋는 성공이었고, 그것이 택한 축적 전략 또한 그랬다. 1610~20년경에서 1730~40년경까지 한 세기 이상 동안, 네덜란드 상인계급 상층은 줄곧 유럽 자본주의 엔진의 지도자이자 지배자였다. 이 시기 전체에 암스테르담 거래소는 유휴자본이 새로운 무역 모험사업으로 재유입되는 중심적 조절 기제로 남아 있었는데, 그 모험사업의 일부는 네덜란드 자본가계급의 중추세력이 직접 장악하고 있었지만, 대부분은 그보다 작은 네덜란드 기업들과 외국(주로 잉글랜드) 기업들의 수중에 안전하고 수익성 있게 남겨질 수 있었다.

증권거래소를 통해서, 발트 해 무역치림 수익성이 있지만 정체되고 수축되는 사업노선으로부터 새롭지만 전망 있는 사업노선으로 자본이 재순환되었고, 수익과 위험부담에 대한 전망에 따라 정부와 기업체들 내에서 자본이 끊임없이 재편되었다. 네덜란드 상인들 그리고 특히 그 상위의 자본가층은 이러한 재순환과 재편을 촉진하고 조직함으로써, 그들이 개시하고 통제한 활동으로부터뿐 아니라 타인들이 촉진하고 조직한 군사적·상업적·산업적 모험사업들로부터도 이윤을 얻어 낼 수 있었다. 그러나 타인들의 사업과 활동들을 자신들의 상업우위의 수많은 팽창수단으로 전환하는 네덜란드인들의 능력이 무제한이었던 것은 아니다. 네덜란드 축적전략의 성공 자체가 곧 계속해서 무제한 팽창하는 네덜란드 세계무역체계의 능력을 제약하고 침식하고 결국 파괴할 세력들을 만들어 내게 되었다.

이런 세력들은 나중에 "중상주의"라 알려지게 된 것의 변종들이었다. 이런 변종들은 많았고 그 성공은 불균등했다. 그러나 **개별적으로** 성공했건 실패했건, 17세기 말 18세기 초 다중의 중상주의의 **유포**는 네덜란드인들이 어떤 일을 하건 하지 않건 관계없이, 유럽과 세계 전체에 네덜란드 상업체계가 생존할 수 없는 환경을 만들어 냈다.

중상주의의 모든 변종들에는 한 가지 공통점이 있었다. 그것들은 영토주의 통치자들이 다소 의식적으로 네덜란드를 **모방하여**, 그들 스스로 자기 자신의 권력 목표를 달성하기 위한 가장 효과적인 방법으로 자본주의적 지향을 갖추려는 시도였다. 네덜란드인들은 이미 베네치아인들이 지역적인 규모로 보여 주었던 것을 세계적인 규모로 보여 주었는데, 즉 유리한 상황에서는 금전적 잉여의 체계적 축적이 영토와 신민의 획득보다 정치적 증강에 훨씬 더 효과적인 기법일 수 있음을 보여 주었다. 네덜란드인들이 자신들의 끝없는 자본축적에 더욱더 성공할수록, 그리고 이러한 축적이 유럽 정치체계를 형성하고 조종하는 데에서 점점 더 커지는 역량으로 전환될수록, 유럽 영토주의 통치자들은 네덜란드의 발전 경로로, 다시 말해서 가능한 한 네덜란드의 무역, 전쟁형성, 그리고 국가형성 기법을 최대한 모방하도록(또는 그것이 바람직하다고 여겨졌다) 끌려들어 갔다. 세계를 감싸 안는 상업 제국을 만들어 내는 것, 상품과 화폐의 흐름을 자기 자신이 통제하고 관할하는 집산지로 유입시키는 것, 다른 지역들과 무역수지 균형을 유지하면서 금전적 잉여를 체계적으로 축적하는 것 등이 모두 영토주의 조직들의 이러한 모방적인 성향을 보여 주는 것이었다.

그러나 중상주의는 세계를 감싸 안은 네덜란드 자본주의가 제기한 도전에 대해 영토주의 통치자들이 모방적으로 대응한 것만은 아니었다. 마찬가지로 중요한 점은 "민족경제형성"이라는 새로운 형태로 경제자립(autarky) 원칙을 재확인하거나 재수립하려는 경향, 그리고 이 원칙을 네덜란드의 보편적 중개 원칙에 대립시키려는 경향이 있었다는 점이다. 이런 경향의 중심적 측면은 특정 영토 영역의 소비자와 생산자 사이에 앨버트 허쉬만이 말하는 의미에서(Hirschman 1958) "전후방연관"을 강화하는 것이었는데, 이러한 강화는 국내 1차 생산을 국내 최종 소비와 연계시키는 중간 활동들(주로 "제조업")을 수립하는 일뿐 아니라 생산자와 소비자를 해외(주로 네덜란드) 구매와 판매에 대한 의존 관계로부터 강제로 "분리시키는" 일 또한 핵심적으로 담고 있었다.

비록 일부 변종들(특히 두드러진 것은 잉글랜드)이 국내에서 민족경제를 수립하기보다 해외 상업 제국 설립에 더 기울어진 반면, 다른 변종들(특히 프랑스)이 그 반대 경향을 보이긴 했지만, 이들 두 경향은 모든 중상주의 변종들에 전형적이었다. 17세기 말이 되면, 어느 방향이건 잉글랜드와 프랑스의 성공은 이미 규모와 범위 면에서 네덜란드 세계무역체계가 계속 팽창해 갈 수 있는 능력에 심각한 제약을 부과하고 있었다. 팽창이 한계에 도달하자 이 체계에 균열이 생겼다. 그러나 낙타의 등을 부러뜨린 [마지막] 밀짚은 네덜란드 상업체계의 "모무역"을 먹여 살려 온 지역으로 중상주의가 유포된 일이었다.

1720년대와 1730년대에 네덜란드 세계무역체계가 결정적으로 쇠퇴한 주된 이유는 1720년경부터 전 대륙을 실제로 휩쓴 새로운 방식의 산업 중상주의 물결 때문이었다. …… 1720년까지는 프러시아, 러시아, 스웨덴, 덴마크-노르웨이 같은 나라들이 잉글랜드와 프랑스의 공세적 중상주의를 본뜰 만한 수단과——대북방전쟁[14]이 진척되자——기회를 얻지 못했다. 그러나 1720년경 북부 세력들 사이의 경쟁감이 고조된 데다, 여기에 결합해 종종 네덜란드나 위그노에서 기원을 찾을 수 있는 신기술이나 신숙련이 전파되면서 극적인 변화가 발생했다. 이어진 20년 사이에 북유럽 대부분은 체계적인 산업 중상주의 정책의 틀 속에 편입되었다.(Israel 1989: 383~4)

이런 중상주의 해일을 반전시키는 것은 고사하고 그것을 제어하기 위해 네덜란드 상인들이 할 수 있는 일이라곤 아무것도 없었다. 그것을 제어하는 것은 그들의 조직적 능력을 훨씬 벗어난 일이었다. 그러나 그들의 조직적 능력을 넘어서지 않고 실로 그들이 이런 상황에서 떠맡을 수 있는 가장 합당한 길이었던 것은, 중상주의의 확산에 굴복하는 대신 그 확산으로부터 이득을 얻기 위해서 무역에서 철수하여 고도금융에 집중하는 것이었다. 왜냐하면 네덜란드의 세계무역체계의 생동성을 침식하고

---

14) Great Northern War. 대북방전쟁은 1700~21년까지 스웨덴과 러시아가 발트 해의 주도권을 놓고 벌인 일련의 전쟁을 말한다. 유럽의 여러 나라들이 두 나라의 동맹국으로 참전했다. 1721년 스웨덴의 패배로 끝난 이 전쟁으로 러시아가 발트 해의 지배자이자 유럽의 주요 행위자로 등장하게 되었다.

있던 유럽의 영토주의 조직들 사이에서 고조된 경쟁은 또한 일반적으로 화폐와 신용에 대한 정부들의 욕구를 넓히고 심화시키고 있었는데, 네덜란드 사업망은 이 욕구에 봉사하고 이로부터 이윤을 챙기기에 아주 좋은 위치에 놓여 있었기 때문이다. 네덜란드 자본가계급은 즉각 이 기회를 장악하였고, 1740년경부터 그 주도적 세력은 무역에서 벗어나 훨씬 더 배타적으로 고도금융에 대한 투기로 옮겨 가기 시작했다.

앞서 피렌체와 제노바 자본의 금융적 팽창의 경우와 마찬가지로, 네덜란드가 무역에서 금융으로 옮겨 간 것은 자본 간·영토주의 간 투쟁이 크게 증폭되는 맥락 속에서 벌어졌다. 그러나 이번에는 두 종류의 투쟁이 완전히 융합되어 자본가인 동시에 영토주의자인 민족국가들 사이의 갈등으로 바뀌었다. 처음에 이런 갈등의 증폭은 잉글랜드와 프랑스 사이의 상업전쟁이라는 형태를 띠었으며, 이들은 17세기 초 상업적 팽창과정에서 가장 강력한 양대 경쟁자로 부상하였다. H. W. V. 템펄리에 따르자면, 오스트리아 계승전쟁(1740~8)은 "잉글랜드의 전쟁 중 처음으로 무역의 이해관계가 절대적으로 지배적이 되었고, 세력균형이 아니라 오로지 무역균형을 위해서 벌어진 전쟁"(Wallerstein 1980: 256에서 재인용)이었는데, 이 전쟁 참여에 이어 곧 7년전쟁(1756~63)의 결정적인 대치가 발생했다. 1381년 투린 평화조약으로 베네치아가 제노바를 동지중해에서 몰아냈던 것처럼, 이제는 1763년 파리 평화조약으로 잉글랜드가 프랑스를 북아메리카와 인도에서 몰아냈다.

그러나 이번에는 국가 간 투쟁의 승리자 자신이 내적 다툼으로 분열되었다. 프랑스에 대한 그들의 공동 승리의 비용 및 이득을 둘러싸고 영국 정부와 그 북아메리카 신민들 사이에서 벌어진 다툼은 곧바로 미국 독립전쟁으로 증폭되었고, 프랑스 정부는 이를 기꺼이 활용하여 앞서의 그 권력과 위신의 상실을 회복하려 애썼다. 그러나 미국 독립전쟁의 승리로 역습을 맞았다. 전쟁의 비용 배분을 둘러싼 재정상의 논란이 프랑스 본국에서 벌어졌고, 뒤이은 대혁명은 일반화한 전쟁 방식으로 유럽 세계경제 전역에 영향을 끼쳤다(1장을 보라).

적어도 처음에는, 영토주의 조직들 사이의 그리고 그 내의 이런 투쟁의 증폭이 네덜란드 자본가계급이 특화하게 된 금융 거래를 위해 극히 유리한 수요 조건을 만들어 냈다.

> 1760년대부터 모든 국가는 네덜란드의 대출업자 창구에 모여들었다. [신성로마제국] 황제, 작센 선제후, 바이에른 선제후, 언제나 고집을 부리는 덴마크 국왕, 스웨덴 국왕, 러시아의 예카테리나 2세, 프랑스 국왕, 심지어 함부르크 시(암스테르담의 적수였던 이곳은 점차 승기를 잡아가고 있었다), 아메리카의 반란군들까지 포함되어 있었다.(Braudel 1984: 246~7/브로델 1997: 343)

이런 상황에서 네덜란드 자본가계급이 영토주의 조직들 사이에서 그리고 그 내에서 벌어진 투쟁으로부터 거리를 두고, 대신에 이 투쟁 때문에 발생한 이동자본을 둘러싼 경쟁을 활용하기로 선택한 것은 아주 당연한 일이었다. 그들의 상업적 우위의 황금기가 지난 오랜 후에도 이런 경쟁으로부터 계속해서 이윤을 얻을 수 있던 네덜란드인들의 능력이 당연히 무제한적인 것은 아니었다. 중상주의의 옷을 걸친 이런 영토주의의 부흥은 유럽을 휩쓸고 마침내 네덜란드인들 따라잡았는데, 오라녜 가문이 이끌어 조직하기에는 네덜란드인들은 너무 격렬한 영토주의적 이해관계의 압력 아래 있었고, 이들은 투쟁 속에 내던져져서 끔찍한 결과를 맞았다. 이렇듯 아메리카 반란에 뒤이은 전쟁에서 네덜란드는 영국에 반대해 프랑스 편에 섰다. 그러나 프랑스의 경우와 마찬가지로 연합주는 영국의 패배로부터 아무것도 얻은 것이 없었다. 반대로 영국은 잔인하게 앙갚음하여, 제4차 영란전쟁(1781~4) 중에 네덜란드 해상권력의 남은 잔재를 제거하고 네덜란드가 차지하고 있던 실론을 점령하고 몰루카 제도[15]에 대한 접근권을 얻었다.

이 패배와 그에 뒤이은 "바타비아" 혁명[16]과 오라녜 반혁명은 런던이 유럽 세계경제의 금융 집산지로서 암스테르담의 위치를 대체하도록 촉진했다. 이는 나폴레옹전쟁 과정에서 완수되어, 이로써 연합주는 유럽지도에서 사라졌다. 그러나 네덜란드가 무역에서 벗어나 고도금융에 특화한 것은 그때까지 반세기 이상이나 되었고, 그 반세기 과정에서 네덜란드 금융가들은 그들 자신의 "경이적 순간"을 겪으면서 유럽의 대영토주의 통치자들이 대출을 애걸하며 그들의 사무실에 길게 줄을 늘어서는 전례 없는 광경(덤으로 수익성 있는 광경)을 즐길 수 있었다.

또다시, **그리고 훨씬 거대한 규모로**, 하나의 자본가계급이 권력 및 무역망의 다중성을 아우르는 상업 팽창을 계기적으로 촉진하여 자금을 대고, 감시하여 그로부터 이윤을 취하고, 또 시간이 완숙하면 그로부터 철수하였다. 세계체계로서의 자본주의는 여기에 거주하기 마련이었다. 이제부터 영토주의는 자본주의적 권력 기법을 "내부화"함으로써만 그 목적을 달성할 수 있었다. 우리가 보게 되듯이 이는 세번째 (영국) 체계적 축

---

15) 인도네시아에 속한 제도로 1609년 네덜란드가 이 지역에 해군기지를 설립했다.
16) 바타비아혁명은 프랑스 혁명 이후인 1795년, 네덜란드 애국파가 정권을 잡아 바타비아 공화국을 세운 일을 말한다. 나폴레옹 실각 후, 빈 회의에 의해 네덜란드에서는 왕정이 복고되었고 영국에 망명해 있던 오라녜 가의 빌렘 1세가 즉위했다.

적 순환의 중심 특징이 될 것이었다.

국가와 자본의 변증법

세번째 (영국) 체계적 축적 순환을 검토하러 나아가기에 앞서, "조직혁명"을 간단히 검토함으로써 제노바와 네덜란드 순환에 대한 서술을 마무리해 두어야 한다. 이 두 순환 사이에 유사성이 많지만 이 "조직혁명" 때문에 이들은 서로 구분되는 자본주의 발전단계로 설정된다. 왜냐하면 네덜란드 순환의 구조를 형성한 전략은 핵심적 측면에서 앞선 제노바 순환의 구조를 형성한 전략과 단지 다를 뿐 아니라 그 반정립이었기 때문이다. 두 순환의 차이점들이 많고 복잡하지만, 그 차이점들은 모두 네덜란드 축적체제가 제노바 축적체제와 비교해서 또 그와 관련해서 "보호비용을 내부화"했다는 사실로 거슬러 올라가 추적될 수 있다.

"보호비용의 내부화"라는 용어는 닐스 스텐스고르가 동인도 제도에서 활동하는 유럽 공인회사들의 놀라운 성공을 설명하기 위해 도입한 것이었다(Steensgaard 1974). 이 회사들은 폭력의 사용 및 통제에서 자립적이고 경쟁력을 갖추게 되어, 레인의 용어법을 빌리자면(Lane 1979: 22~8), 그들 자신의 보호를 "생산"했으며, 그 비용은 지방 권력들이 공납, 보수, 직접 강탈 형태로 대상(隊商)과 선박들에게 부과하는 비용보다 더 낮았고 더 계산가능했다. 국지적 교역자들이 공납, 보수, 직접 강탈로 지급해야 하는 부분을 이 회사들은 이윤으로 챙기거나 아니면 낮은 가격 형태로 고객에게, 그리고/또는 높은 구매 가격 형태로 공급자들에게 넘길 수 있었다. 절약액이 이 두 형태 중 하나로 이전되면, 공인회사들은 국지적 경쟁자들을 희생시키고 그 대가로 자신들의 구매와 판매 활동을 확대시켰다. 그렇지 않다면, 이 회사들은 그들의 유동성 보유액이나 자산을 확대해, 이로써 세계경제 전체 수준에서 경합자들과 맞서면서 또한 국지적 경쟁자들을 제거하거나 복종시킬 수 있는 또 다른 능력을 향상시켰다.

더 구체적으로, 스텐스고르 스스로 자기 주장을 요약하며 말하기를,

포르투갈 국왕의 무역 제국처럼 이 회사들은 비특화된 통합된 기업이었지만, 하나의 두드러진 차이점이 있었다. 그들은 사업체로 운영되었지, 제국으로 운영되지는 않았다. 이 회사들은 자기 자신의 보호를 생산함으로써 공납을 전유하였을 뿐 아니라, 보호 자체의 질과 비용을 결정할 수 있었다. 이는 보호비용이 '신의 행위나 왕의 적들의 행위'라는 예측불가능한 영역에 있는 것이 아니라 합리적 계산의 영역 내로 들어왔음을 뜻하였다.(Steensgaard 1981 : 259~60)

여기서 내 주된 관심은 네덜란드가 동인도회사를 통해 개척한 보호비용 내부화의 특정 측면에 있는 것이 아니라, 세계적 규모에서 네덜란드와 제노바 축적체계 또는 축적체제를 비교함으로써 추론할 수 있는 그 내부화의 훨씬 더 일반적 측면에 있다. 이렇게 비교해 보면, 보호비용 내부화는 자본가계급이 체계적 자본축적과정을 제노바 자본가계급이 할 수 있던 것보다 한 걸음 더 밀고 나갈 수 있게 했다는 점에서, 네덜란드의 발전처럼 보인다. 그러나 또한 사업조직과 정부조직 사이의 분화과정이라는 점에서 보면, 이는 한 걸음 후퇴처럼 보이기도 한다.

이런 이중 운동 — 전진인 동시에 후진 — 을 분명히 밝히려면, 베네치아 체제와 비교해 제노바 축적체제의 주된 특징이 무엇이었는지 정의하는 데서 시작할 필요가 있다. 브로델이 주장했듯이, "베네치아에서는

국가가 모든 것이었고, 제노바에서는 자본이 모든 것이었다"(Braudel 1982: 444; Abu-Lughod 1989: 114 and *passim*도 보라). 이 이분법을 통해서 우리가 이해할 수 있는 것은, 베네치아에서는 자본의 권력이 바로 억압적 국가장치의 자립성과 경쟁성에 의존해 있던 반면, 제노바에서는 자본이 자기 발로 서 있었고 실제 제노바 국가의 권력은 제노바 자본의 성향과 능력에 의존했다는 것이다. 그 차이는 여러 수준에서 관찰될 수 있었다.

시장을 둘러싼 투쟁이나 심지어 도시 자체의 방어에서 제노바 공화국의 전쟁형성과 국가형성 능력은 경쟁력이 없었다. 제노바는 레반트 무역 통제권을 놓고 벌어진 전쟁에서 베네치아에게 졌을 뿐만이 아니었다. 더욱이 "제노바는 다른 강국들에게 강제적으로, 자발적으로, 또는 신중한 고려 끝에 끊임없이 굴복하고 있었고 …… 반면에 베네치아는 …… 줄곧 난공불락이어서, 1797년에야 처음으로 그리고 그 다음에 보나파르트에게 굴복했다"(Braudel 1984: 158/브로델 1997: 218~9).

제노바 국가의 이런 내적 취약성과 긴밀하게 연결된 것은 제노바 국가가 그 재정과 심지어 전쟁형성과 국가형성 기능 수행조차 사적 자본에 의존했다는 점이었다. 우리는 이미 마오네에 대해 언급했다. 이런 연관 속에서 마찬가지로 중요했던 것이 콤페레(compere)였는데, 이는 정부 수입을 담보로 제공된 국가 대부였다. 1407년에 "콤페레와 마오네는 함께 카사 디 산 조르조 수중에 들어왔는데, 이는 사실 국가 안의 국가였고, 이 공화국의 비밀과 역설적 역사를 해명하는 열쇠 중 하나였다"(Braudel 1982: 440/브로델 1996: 625).

베네치아에는 그런 제도가 존재하지 않았다. 여기서 국가는 그 자신의 재정을 굳건하게 통제하였고, 결코 전쟁형성과 국가형성 기능을 수행하기 위해 사적 연합체에 의존하지 않았으며, 국가는 개별 상인과 사적 연합체들이 사업 수행하는 데 필요한 기본적 하부구조를 제공하기 위해 적극 개입하였다. "갈레레 디 메르카토(galere di mercato; 상업갤리선) 체계는 어려운 시절에 영감을 얻어 베네치아 국가가 수행한 이런 개입주의 조치들 중 하나였다." 이 체계는 정부에 의해 호송선단으로 설립되고 소유되고 조직되지만, 연례 경매로 상인들에게 임대된 함선들을 기초로 했기 때문에, "'사적부문'은 '공적부문'이 건립한 설비를 이용할 수 있었다." 이 체계를 통해서 베네치아는 지속적으로

> 지중해에서 유지되던 이런 문어발과 같은 조직을 팽창시켰으며, 특히 1314년 이후 갈레레 디 피안드라(galere di Fiandra; 플랑드르 갤리선)의 창설과 함께 브뤼주 방향으로 …… 한 갈래가 뻗어 나가도록 하였다. …… 이 체제의 절정기는 대략 1460년경으로 볼 수 있다. 이 시기에 시 정부는 북부 아프리카와 금 생산지인 수단 방향으로 밀고 나가는 갈레레 디 트라페고(galere di trafego; 무역갤리선) 항로라는 흥미로운 노선을 개척했다. (Braudel 1984: 126~7/브로델 1997: 171~2)

그러나 이것이 전부는 아니었다. 덧붙여, 베네치아 국가는 베네치아를 통한 상품 흐름을 강제하는 데 대단히 적극적이고 효과적이었다.

모든 독일 상인들은 (독일 상관Fondaco dei Tedeschi이라고 부르는 강제적인 결집점 혹은 격리점에—지은이) 상품을 하역하고 이들을 머물게 할 목적으로 만들어진 방에 머물면서 시 정부의 엄중한 감시 하에서 매매를 했으며 이렇게 해서 번 돈으로는 반드시 베네치아의 상품을 구매

해야만 했다. …… 그 반면에 베네치아는 자국 상인들이 독일에서 직접 상품매매를 하는 것을 사실상 금지시켰다. 그 결과 독일인들로서는 나사, 면화, 모직물, 비단, 향신료, 후추, 금 등을 사기 위해서 반드시 베네치아로 직접 와야 했다. …… 베네치아 공화국의 상인들에게 철, 철물, 푸스티안을 공급했다. 15세기 중엽 이후에는 점차 더 많은 양의 은을 베네치아에 가져다 주었다. (Braudel 1984: 125/브로델 1997: 169)

제노바 정부는 자기 자신의 상인들과 외국 상인들에게 이런 종류의 제약을 부과할 의지도 힘도 없었다. 제노바 정부가 허용한 더 큰 거래의 자유는 일부 독일 구매자들에게 매력적이었지만, "독일인들은 그들이 베네치아에서도 발견할 수 없는 것을 거기서 발견할 수는 없었으며, 베네치아는 한 세기 후에 암스테르담이 더 대규모로 그랬듯이 일종의 세계의 보편적 창고가 되었다. 그들이 세계경제의 중심에 위치한 도시가 가지고 있는 편익과 유혹을 어떻게 이겨 낼 수 있었겠는가?"(Braudel 1984: 125/브로델 1997: 169).

이 모든 관점에서 볼 때, 베네치아의 국가중심적 축적체제는 제노바의 자본중심적 체제보다 훨씬 더 성공적이었던 것처럼 보인다. 이는 단기적으로는 확실히 그런데, 이 점에서 주의할 것은, 한 세기는 조지프 슘페터가 생각했던 것보다 훨씬 더 "단기"라는 점이다. 그러나 장기적으로 보면, 세계를 아우르는 첫번째 자본의 축적 순환을 촉진시키고, 감시하고, 그로부터 이윤을 얻어 낸 것은 베네치아가 아니라 제노바였다. 이로부터 우리는 두 가지 축적체제 사이의 또 다른 주요한 차이점으로 나아간다.

베네치아 축적체제의 성공 자체는 이 성공이 국가 권력에 의존했다는 사실과 결합해, 베네치아 자본주의의 내향성을 증강시키고 그 혁신 동력의 결여를 키웠다. 베네치아에서 자본의 주된 화신은 편협하고 내향적이거나 또 그렇게 되는 경향이 있었다. 은행가와 금융가들은 "전적으로 베네치아 시장의 활동에 사로잡혀 있었고, 결코 그들의 사업을 외부 세계로 이전할 가능성을 찾거나 해외 고객을 찾으려 하지는 않았다"(Gino Luzzatto, Braudel 1984: 131/브로델 1997: 178에서 재인용).

국가형성과 전쟁형성을 빼면 북부 이탈리아 자본주의의 주된 혁신 추동력이 베네치아에서 나오지는 않았다. 제조업, 은행업, 그리고 대기업 구성에서 주도권은 전통적으로 피렌체와 여타 토스카나 도시국가들이 쥐고 있었다. 베네치아 정부가 갤리선 체계에 추가한 새로운 통로를 포함해 새로운 교역로 개방의 주도권은 제노바가 쥐고 있었다. 베네치아는 피렌체처럼 오랜 계급전쟁에 시달리거나, 제노바처럼 끝없는 반목에 시달리거나, 또는 피렌체와 제노바 양자처럼 그들이 활동하고 있는 더 넓은 세계와의 무역 및 권력관계에서 생기는 심층적 불안전성 때문에 시달리지 않았다. 베네치아는

> 이미 검증된 전통적인 방법에만 만족했던 것이다. …… 베네치아는 처음부터 자신이 거둔 성공의 논법 속에 갇혀 버렸다. 변화의 힘에 저항하는 베네치아의 진정한 지배자는 베네치아의 과거, 법전처럼 모든 사람들이 그것을 참조하는 선례였다. 베네치아의 위대함에 드리워진 그림자는 위대함 그 자체였다. (Braudel 1984: 132/브로델 1997: 179~80)

이런 양상과 극히 대조적으로, 제노바 자본주의는 원심적이고 혁신적인 추동력의 지배를 받았으며, 이는 지중해와 북해 지역에서 제노바의

군사적-상업적 제국이 붕괴하면서 더욱 강화되었다.

제노바는 남을 위해서 생산하고 남을 위해서 항해하며 남에게 투자했다. …… 그렇다면 다른 곳에 대한 투자의 안정성과 수익성을 어떻게 확보할 것인가? 이것은 제노바가 늘 직면하고 있는 문제였다. 제노바는 언제나 망을 보며 살아야 했다. 별 수 없이 위험을 감수하면서 동시에 각별히 신중해야 했다. …… 제노바는 언제든지 방향을 바꾸고 또 그때마다 필요한 변화를 수용했다. 외부세계를 독점적으로 확보하기 위해서 그곳을 조직했다가 그곳이 살아가기가 불편하거나 이용가치가 없어지면 가차없이 버렸다. …… ─이것이야말로 미약한 몸체의 제노바, 거대한 세계가 움직일 때마다 거기에 반응하여 움직이는 극도로 예민한 지진계인 제노바의 운명인 것이다. 지적인 괴물, 때로는 잔혹성을 띠는 괴물인 제노바는 세계를 지배하든지 죽든지 양자택일을 해야만 했던 것이 아닐까? (Braudel 1984: 162~3/브로델 1997: 221~2)

국가형성과 전쟁형성에서 베네치아의 내적 강함이 그 약함이었던 것과 마찬가지로, 이 동일한 활동에서 제노바의 약함이 그 강함이었다. 제노바 상인들은 베네치아와 경쟁하여 이기려 했거나 또는 그 시도에서 패배했기 때문에, 유럽 세계경제 구석구석을 찾아 나서야 했고, 그 지리적 경계 내에 그리고 그 경계를 넘어서 새로운 교역로를 개방시켰다. 15세기 초에 이들은 크리미아, 키오스, 북아프리카, 세비야, 리스본, 브뤼주에 정착했다. 그들은 1479년 오스만 점령으로 크리미아의 무역 근거지를 상실했지만, 얼마 지나지 않아서 안트베르펜──이베리아 세계무역의 중심 창고──과 리옹에서 사업을 시작했다(Braudel 1982: 164; 1984: 164).

그 결과 제노바 자본가계급은 전례 없고 유례 없는 규모와 범위로 세계시민주의적 상업 및 금융망을 통제하게 되었다. 제노바인들은 사업을 수립하는 곳에서는 어디서나 "소수파"였지만, 브로델의 관찰처럼 소수파는 견고하고 안성맞춘 망을 구성하였다.

리옹에 도착한 이탈리아인들이 그곳에 정착하는 데에는 단지 테이블과 종이 한 장이면 족했는데 이것은 프랑스인들을 놀라게 했다. 이것은 이들이 유럽 각지에 자연히 관계를 맺게 되는 동료들, 정보를 가져다주는 사람, 보증인 그리고 대리인을 가지고 있었기 때문이다. 간단히 말해서 한 상인의 신용을 이루어 주는 모든 것을 미리 갖추고 있었던 셈인데, 이것은 보통의 경우라면 그렇게 되기까지 오랜 시간이 소요되었을 것이다.(Braudel 1982: 167/브로델 1996: 229)

제노바 상인들이 이런 종류의 광범한 망을 통제하고 작동시키는 유일한 사람들은 아니었다. 앞서 언급했듯이, 그들은 "네이션들"—자신들이 거주하는 장소의 다른 사업 집단들과 다른 정부들에 의해 그렇게 인정받는다—로 조직된 여러 해외거주 사업집단 중의 하나일 뿐이었다. 게다가, "네이션들"로 인정받지 못하는 유태인, 아르메니아인, 그리고 다른 디아스포라 상인망이 있었다. 그러나 상업 제국을 한 걸음 한 걸음씩 건설해 온 제노바의 장기 역사 덕에, 16세기에는 자신들의 초국가적 상업 및 금융망에 힘입어 이들은 뚜렷한 비교우위를 얻게 되었는데, 이는 다른 초국가적 "네이션들"에 대해서뿐 아니라, 이런 초국가적 망이 없다는 점 때문에 두드러져 보이는 베네치아 경합자에 대해서도 그러했다.

정리해 말하자면, 서로를 대립시킨 장기의 경쟁적인 투쟁과정에서 베네치아와 제노바 축적체제는 발산하는 궤적을 따라 발전했고, 이는 15세기에 두 가지 대립하는 자본주의 조직의 기본 형태로 결정화되었다. 베네치아는 향후의 모든 "국가(독점)자본주의" 형태의 원형을 이루게 되었고, 반면 제노바는 향후의 모든 "세계시민주의적 (금융)자본주의" 형태의 원형을 이루게 되었다. 이런 두 가지 조직 형태의 계속 변화하는 조합과 대립, 그리고 무엇보다 하나하나씩 사회적 기능을 "내부화"하는 것과 결합된 그 계속 커지는 규모와 복잡성은 세계체계로서 역사적 자본주의 진화의 핵심 측면을 구성한다.

지금까지 묘사된 두 개의 체계적 축적 순환의 비교는 바로 처음부터 세계체계로서 역사적 자본주의의 진화가 선형적 양식으로 진행되지 않았다는 것, 즉 이 진화가 새로운 조직 형태에 의해 낡은 조직 형태가 영원히 지양되는 과정 속에서 단순한 일련의 전진 운동들을 통해 진행되지는 않았다는 것을 보여 준다. 그보다 오히려 각 전진 운동은 앞서 지양되었던 조직 형태들의 부활에 기반해 왔다. 이렇듯, 제노바 축적 순환은 제노바 세계시민주의적 (금융)자본주의와 이베리아 영토주의의 동맹이 베네치아 국가(독점)자본주의를 지양한 것에 기반한 반면, 이런 동맹 자체는 나중에 새롭고 확대되고 더 복잡한 형태로 네덜란드의 국가(독점)자본주의의 부활에 의해 지양되었다.

이런 이중 운동 ── 전진인 동시에 후진 ── 은 세계적 규모의 자본축적과정을 시공간상 뻗어 나가고 지속되도록 역사적으로 촉진한 모든 조직 혁신들의 자기 한정적이고 변증법적인 속성을 반영하고 있다. 이렇듯, 15세기 제노바는 이베리아 영토주의 조직과의 유기적인 정치적 교환관계에 들어섰는데, 이는 그들 자본의 팽창에 부과된 한계를 우회하는 ── 유일한 방식은 아니더라도 ── 가장 합리적 방식(오스만, 베네치아, 그리고 아라곤-카탈로니아 권력의 교역망에 집중하는 방식)이었다. 그리고 우리는 이런 행위과정이 매우 성공적이었다고 주장한다. 여기에 우리는 이런 성공의 대가로 제노바 정부의 국가형성과 전쟁형성 능력이 한층 더 약화되었다는 점을 덧붙여야 한다. 이번에 이렇게 그 능력이 약화되자, 제노바 세계시민주의 (금융)자본주의는 그 이베리아 동맹들의 영토주의 경향 및 능력의 인질이 되었고, 더 복잡하고 강력한 형태의 국가(독점)자본주의의 부흥에 취약해졌다.

제노바 세계시민주의적 자본주의의 절대적·상대적 취약성은 제노바 자본과 이베리아 국가들 사이의 정치적 교환에 내재적인 "분업"이 낳은 불가피한 장기적 결과였다. 이런 교환의 이점은 두 파트너들 각자가 가장 잘 준비된 기능들의 수행에 **특화**할 수 있으며, 반면 각자 가장 준비 안 된 기능들의 수행은 다른 파트너에 의존할 수 있었다는 점이다. 이런 교환과 분업을 통해서, 이베리아 통치자들은 그들의 영토주의적 추구를 지지하는, 현존하는 가장 강력하고 경쟁력 있는 세계시민주의적 무역망과 금융망을 동원할 수 있었고, 반면 제노바 상인 은행가들은 그들의 자본주의적 추구를 지지하는, 현존하는 가장 강력하고 경쟁력 있는 전쟁형성 장치요, 국가형성 장치를 동원할 수 있었다.

이런 분업이 이베리아 통치자들의 성향과 능력에 어떤 영향을 주었건 간에 ─비록 우리가 여기서 이에 대해 관심 가질 필요는 없지만─, 제노바 자본가계급에 대한 그 영향은 이들을 부추켜 보호비용을 훨씬 더 "외부화"하게 만든 점이었다. 즉, 제노바인들은 그들의 상업을 효과적으로 보호하는 데 필수적인 국가형성과 전쟁형성 활동에 자립적이 되고 경쟁력을 갖추는 대신, 그들의 이베리아 파트너들의 방위 장치로부터 할 수 있는 최대한의 "무임승차"를 짜내는 데 과도하게 의존하게 되었다. 이는 비용을 절약하는 좋은 길로 보였고, 실로 그랬다. 사실 이런 보호비용의 외부화는, 제노바인들이 우리가 거기서 이름을 따서 부른 체계적 축적 순환을 촉진하고, 감시하고, 그로부터 이윤을 얻어 내는 데 성공한 단일의 가장 중요한 요인이었을 것이다.

그렇지만, 보호비용의 외부화는 이런 성공의 가장 주된 한계이기도 했는데, 왜냐하면 이베리아 국가들이 제공해 주는 "무임승차"가 그들을 어떤 **방향**으로 끌고 갈지에 대해 통제권이 거의, 아니 전혀 없었기 때문이었다. 확실히 배에 타고 있는 것이 더 이상 수익성이 없어지자마자, 제노바인들은 이베리아 통치자들의 "배"에서 뛰어내릴 수 있었다. 마치 그들이 1557년 무역에서 빠져나왔을 때나, 1620년대 말 피아첸차 정기시 체계를 지속하지 않았을 때 그런 것처럼 말이다. 그러나 이것이 바로 제노바 세계시민주의적 자본주의의 한계였다. 특정한 사업에 올라타고 뛰어내릴 수 있는 그들의 전통적 재능 덕에 그들은 타인들이 조직한 사업에서 이윤을 얻을 수 있었는데, 그렇지만 이는 동시에 그들이 이윤을 얻게 되는 각각의 그리고 모든 사업의 전략과 구조를 결정하는 것은 말할 것도 없이 거기에 영향을 끼칠 수 있는 능력이 제한되었음을 말해 준다.

보호비용을 점점 더 그리고 최종적으로 완전히 외부화한 것은 제노바 축적체제의 주된 한계였다. 네덜란드 축적체제가 그 지역적 차원을 넘어 성장하여 진정한 세계체계가 되자마자 이는 분명해졌다. 왜냐하면 제노바체제와 비교해서, 그리고 그와 연관해서 네덜란드체제가 지닌 강점은 보호비용을 자본축적의 수행주체 내로 완전히 내부화한 것이었기 때문이다.

베네치아체제와 마찬가지로 네덜란드체제는 처음부터 힘의 사용과 통제에서 근본적인 자립성과 경쟁력에 뿌리를 내리고 있었다. 바로 이 때문에 네덜란드 자본가계급은 발트 해 무역에서 그 배타적 입지를 수립하여 재생산할 수 있었고, 또 약탈을 통해 ─ 네덜란드 스타일의 "독창적"인 자본축적 원천 ─ 에스파냐 제국에 대해 전도된 재정 압박을 가해 이런 무역의 이윤을 보완할 수 있었다. 우리는 이런 축적양식의 확대재생산의 기초가 암스테르담을 성공적으로 세계무역과 고도금융의 중심적 집산지로 변환시키고 대규모 공인합자회사를 만들어 낸 세 발(三足) 전략에 있었다고 주장해 왔다. 이러한 축적전략을 묘사하면서, 우리는 한 영역에서의 성공이 다른 두 영역에서의 성공에 기여하는 순환적이고 누적적인 인과과정을 강조했다. 여기에 우리는 이제 세 영역 각각의 그리고 모두의 성공은 네덜란드 국가 내에 조직된 네덜란드 자본가계급이 선행적으로 그리고 지속적으로 보호비용을 내부화한 데 의존하였다는 점을 추가해야 한다.

안트베르펜에서 암스테르담으로 교역을 이전할 때건, 아니면 네덜란드의 상업우위를 강화할 때건, 네덜란드 국가의 억압적 국가장치의 자립성과 경쟁력은 베네치아인들에게 그랬듯이 네덜란드 축적체제의 핵심적 구성요소였다.

> 1585년 이후 셸드 강 어귀를 봉쇄하여 안트베르펜을 마비시키고, 1648년에 에스파냐를 강제해 셸드와 플랑드르 연해 양자에 대한 영구적 무역 규제를 수용하도록 한 것, 게다가 에스파냐 자신과의 무역에서 네덜란드에게 유리한 조건을 부여하도록 한 것은 …… 바로 네덜란드 국가였다. 덴마크에게 외레순 해협을 개방하도록 강요하고 외레순 통과 요금을 낮게 책정하도록 강요한 것은 바로 네덜란드 연방국이었다. …… 1651년이 되면 잉글랜드는 네덜란드 상업을 붕괴시키기 위해서 신중

하게 힘을 사용하는 쪽으로 옮겨 갔다. 네덜란드 국가의 노력만이 네덜란드 해상운송이 이 바다에서 제거되는 것을 막을 수 있었다. …… 더욱이, 전국의회(the States General)가 사업 활동의 규모에뿐 아니라 군사 권력과 해상 권력에서도 전례 없는 범위와 자원으로 무장시킨 정치-상업 조직들을 설립하지 않았더라면, 네덜란드인들은 아시아, 서아프리카에서, 그리고 더 산발적으로 카리브 해와 브라질에서 그들의 무역우위를 부과할 수 없었을 것이다. (Israel 1989: 411)

이 영역에서 네덜란드의 성공은 그 자체로 고도금융에서 제노바의 우위가 쇠퇴하는 충분조건이었다. 그러나 여기서도 힘의 사용과 통제에서 네덜란드인의 자립성과 경쟁력은 다른 어떤 이도 아닌 네덜란드인들이 제노바인들의 후계자일 수 있음을 보증하는 직접적 역할을 했다.

분명한 것은 스페인으로서는 자금을 이전시키는 **확실한** 체제가 절대적으로 필요했다는 점이다. 환어음을 통해서 자금을 이전하는 제노바의 방식은 분명히 우아한 것이긴 하지만 이것은 국제지불체제를 완전히 장악하고 있다는 것을 전제로 해야 한다. 이제 이 방식을 대체한 것은 공해상에서 공격을 일삼고 전쟁과 해적질을 했던 사람들에게 수송 업무를 맡긴다는 단순한 방식이었다. 1647~8년부터는, 아이러니의 극치라고 할 만한 일로서, 남부 네덜란드의 유지와 보호에 필요한 은을 에스파냐로부터 수송하는 업무를 영국 선박이 아닌 네덜란드의 선박이 맡게 되었다. 이것은 …… 뮌스터에서 단독강화조약에 서명하기도 전에 일어났다. (Braudel 1984: 170/브로델 1997: 232~3)

거의 같은 시기에 우리는 폭력의 사용과 통제에서 자립성과 경쟁력을 지닐 때 상업적 정교함과 복잡성의 우위보다도 더욱 거대한 우위를 갖는다는 점을 보여 주는 또 다른 훨씬 더 직접적인 증거의 조각을 발견한다. 고도금융의 중심지에서 밀려난 제노바는 1647년에 공세적인 네덜란드의 대응 조치들의 위험부담을 최소화할 뿐 아니라 운영비용 또한 최소화하려는 목적을 가지고 품위 있게 움직여, 자기 자신의 동인도회사(Compagnia delle Indie Orientali)를 설립하여, 네덜란드 선박과 선원들을 고용해 이들을 동인도 제도에 파견했다. 그러나 이런 움직임에 대해 눈 하나 깜빡하지 않고, "[네덜란드] 동인도회사는 배를 나포해, 네덜란드인들은 체포하고 제노바인들은 고향으로 돌려보내는 것으로 응대했다"(Israel 1989: 414, E.O.G. Haitsma Mulier를 인용).

보호비용 내부화 덕에 네덜란드인들은 제노바의 보호비용 외부화 전략이 해냈거나 할 수 있던 것보다 체계적 자본축적과정을 훨씬 더 멀리 밀고 갈 수 있었다. 제노바인들이 다른 사람들의 "배"에 뛰어든 것과 전적으로 동일하게, 확실히 "네덜란드인들은 대체로 다른 사람의 신발을 신었다"(Braudel 1984: 216/브로델 1997: 216). 특히 두 세기 전의 베네치아와 달리, 네덜란드가 그 지역적 무역우위를 그렇게 빠르고 성공적으로 세계적 상업·금융 우위로 전환시킬 수 있었다면, 이는 다른 이들이 이미 동인도로 가는 직항로를 수립해 놓았기 때문이었다. 더구나, 이런 "다른 이들"은 적이 되었으며, 인도양과 대서양의 팽창은 처음부터 네덜란드인들에게 에스파냐 제국에 대항하는 그들 투쟁을 시공간적으로 연장(延長)시킨 것으로 인식되었고 또 그렇게 수행되었다. 이런 사실은 동인도회사와 네덜란드 서인도회사(WIC)의 특허장들이 다른 주요 목적 중에서도 에스파냐와 포르투갈의 권력, 위신, 수입을 공격하는 목표를 강조했다는 점에서 확인된다.

그러나 이베리아 권력에 대한 이런 적대는 정확히 네덜란드와 제노바의 상업적 팽창을 구분짓는 것이고, 이 때문에 네덜란드는 제노바보다 체계적 축적과정을 훨씬 더 진척시킬 수 있었다. 왜냐하면, 상업 공간의 정치적 조직을 그들의 휘하에 둠으로써, 네덜란드인들은 유럽 외 세계의 보호비용에 자본주의적 행위 논리가 작동할 수 있도록 했기 때문이다.

이런 경향은 1560년대 에스파냐 제국에 편입되기 전과 후 모두 포르투갈이 세력을 떨치던 인도양에서 가장 분명했다. 다른 곳에서와 마찬가지로 이곳에서 포르투갈 사업은 애당초 이베리아 통치자들의 해외 팽창을 추동한 종교열과 불관용의 흔적을 남겼다.

> 포르투갈인들의 십자군 전통, 비타협적 교조, 그리고 그 선교사들의 활력은 심각하게 그들의 상업적·외교적 시도들을 방해했다. 이슬람이 지배적 종교이고 또 힌두와 이교도 사람들 사이에서 이슬람이 빠르게 퍼져나가고 있는 지역에서, 종종 포르투갈인들은 앞질러서 종교적 적대감에 빠져들었는데, 이런 곳들은 상업적 조약을 맺었다면 그들의 이익이 훨씬 더 잘 실현되었을 곳들이었다. (Parry 1981: 244)

더 중요한 점은, 이베리아 통치자들의 특징인 영토주의적 경향 때문에 남아시아에서 포르투갈은 엷게 세력을 뻗쳐갔고, 이 지역에서 보호비용은 줄지 않고 늘어났으며, 유럽에서 더 "경제적인" 경쟁자가 도착하면 그 자신이 취약해졌다는 것이다. 공급원을 장악하고, 아랍 선박을 파괴하고, 그리고 일반적으로 지방 교역자들의 납치 위험을 증가시킴으로써 포르투갈은 홍해 통로의 보호비용을 크게 높여 놓았고, 이로써 수십 년간 아랍과 베네치아 경쟁자들에게 심대한 곤란을 안겨 주는 데 성공하였다.

> 그러나 동시에 포르투갈 왕은 그 자신의 향신료 무역 사업에도 다소 높은 보호비용을 초래하였는데, 이는 인도 군주들을 위협하는 비용, 무역 거점을 확보하는 비용, 그리고 인도양에서 해상 통제권을 유지하는 비용이었다. …… 홍해 통로를 차단하기 위해서 그는 그 자신의 사업에 높은 보호비용을 지불했다. 그는 나중에 향신료 가격을 충분히 낮출 수 없었고, 여전히 자신의 비용을 떠안아야 했다. (Lane 1979: 17~8)

그 결과, 홍해 통로는 결코 완전히 차단되지 않았다. 사실, 새로운 경쟁에 맞서 다소 재편을 거친 후, 아랍인과 베네치아인들은 포르투갈인들에게 빼앗긴 기반을 상당 부분 회복해 냈다. 여기서 그들은 아마도 오스만 제국 공고화의 도움을 받았을 수도 있다. 오스만 제국은 세금을 부과했을 뿐 아니라 그 영토를 지나는 무역을 장려하기도 했는데, 항구와 육로의 안전을 제공함으로써, 도로와 숙소를 건설하고 유지함으로써, 지방 상인들에게 상당한 무역 자유를 보장함으로써, 그리고 외국 상인들과 협력함으로써 그리하였다(Kasaba 1992: 8). 오스만 제국의 공고화가 도움을 주었건 아니건 간에, 동방 물품들은 계속해서 구 통로를 통해 대량 수송되었고, "간헐적으로 포르투갈인들이 이 무역을 약탈했지만, 그들이 이를 막을 수는 없었다"(Parry 1981: 249).

이렇듯 포르투갈은 "정복 제국이 아니라 [인도네시아] 군도의 좁은 바다에서 경쟁하면서 적대하는 많은 해상권력들 중 하나로 자기 자리를 [잡을 것을]" 강요받았다(Parry 1981: 242). 인도양에서 그들의 해상운송은 "말레이-인도네시아의 항구 간 무역의 기존 기틀에 덧붙여진 또 한 가닥의 실"로 남았다(Boxer 1973: 49). "전쟁, 강제, 그리고 폭력 위에 세워진" 그들의 체제는 "아시아 무역에서 어떤 점에서도 비용절감상 '더 높은 발전' 단계를 의미하지는 않았다"(van Leur 1955: 118). 인도양의 권력 성좌 내에서 포르투갈 무역의 수익성뿐 아니라 제1인자(primus inter pares)로서 포르투갈의 위상도 전적으로 그들의 우월한 해상권력에 의존했다. "동쪽 해상에서 적이 출현하여 그들을 해상에서 무찌를 수 있게 되면, 그들의 권력과 무역이 심각하게 손상될 것이다. 투르크가 여러 번 이를 시도했지만 실패했다. 마침내 성공한 것은 유럽에서 온 적(동인도회사—지은이)이었다"(Parry 1981: 249).

동인도회사가 해상에서 포르투갈을 무찌를 수 있는 능력을 갖추었다는 점은 동인도 제도 또는 그 일부를 수익성 있게 네덜란드 상업 제국에 편입하는 필요조건이긴 했지만 결코 충분조건은 아니었다. 네덜란드인들은 인도양에서 그들의 무역이 수익성 있게 팽창하려면 국지적 무역·권력망을 크게 구조조정해야 함을 곧 깨달았다.

이 섬들에서 [향신료는] 싸고 풍부했다. 많은 대안적 공급원과 인도, 근동, 유럽으로 가는 많은 항로가 있었다. 만일 네덜란드 회사가 경쟁하는 많은 수송자 중의 또 하나이기만 했다면, 그 결과로 인도네시아에서 가격이 오르고 유럽시장에서 공급이 넘쳤을 것이다. 동방에서 싸고 규제된 공급을 확보하고, 유럽에서 꾸준히 높은 가격을 확보하려면, 독점이 필수적이었다. 이는 포르투갈인이 실패했던 일을 함으로써만 달성 가능했다. 즉 모든 주요 공급원들을 통제함으로써. (Parry 1981: 249~50)

동인도 제도에서 동인도회사의 수익성 있는 팽창에 유리한 공급 및 수요 조건을 창출하려면 광범한 군사행동과 영토 정복이 필수적이었다. 어떤 일들은 대안적 공급원을 제거할 목적이었는데, 일부러 정향나무를 베어 버린 몰루카 제도의 경우, 또는 열등하지만 더 싼 계피 생산의 경쟁을 막기 위해 점령한 인도의 코친이 그런 경우였다. 어떤 일들은 상이한 섬들 사이에서 특화를 추진하고 강제할 목적이었는데, 정향 섬이 된 암본, 철퇴와 육두구 섬이 된 반다스, 그리고 계피 섬이 된 실론이 그런 경우였다. 어떤 일들은 직접 통제할 수 없는 공급원들에서 다른 경쟁자들을 배제할 목적이었는데, 자바의 반탄 술탄 영지의 경우는 네덜란드가 거기서 나는 후추를 독점하고 다른 외국인들에게는 그 항구를 폐쇄한 사례였다. 반면 어떤 일들은 실제적 혹은 잠재적인 경쟁적 상품교환 중심지들을 제거할 목적이었는데, 향신료 자유무역 기지가 되지 못하도록 무력이 사용된 술라웨시의 마카사르가 그런 경우였다(Parry 1981: 250~2; Braudel 1984: 218).

네덜란드인들이 이 경우 그리고 또 다른 경우에, 토착민(글자 그대로 그리고 은유적으로)을 노예로 만들거나 그들로부터 생계수단을 박탈하는 데서, 그리고 동인도회사 정책에 대한 그들의 저항을 분쇄하기 위해 폭력을 사용하는 데서 보여 준 잔혹함의 기록은 비유럽 세계 전역에서 이베리아 십자군이 건립한 끔찍한 기준에 비견할 만하거나 심지어 그것을 넘어섰다. 그러나 이런 잔혹함은 전적으로 사업 행위 논리에 내적이었고, 수익성을 침식하기보다 그것을 지탱시켰다.

역사가들은 네덜란드인들이 벌인 수많은 잔혹행위들 앞에서 당혹감을 가지게 되면서도 구매, 선적, 판매, 교환 등이 놀리올 정노로, 어쩌면

기이한 느낌을 받을 정도로 잘 계산되어 있는 것을 보고 흥미를 느끼지 않을 수 없다. 고급 향신료는 네덜란드에서만 잘 팔리는 물품에 불과한 것이 아니었다. 인도는 유럽보다 두 배나 많은 양을 소비했으며, 그래서 이 향신료들은 극동지방에서 최상의 교환화폐의 역할을 했고 그리하여 많은 시장을 여는 열쇠가 되었다. 그것은 마치 유럽에서 발트 해 지역의 곡물과 마스트 재(材)가 하는 역할과 비슷했다. (Braudel 1984: 218~9/브로델 1997: 303)

동인도회사는 이렇듯 포르투갈인들이 이미 인도양에 가지고 온 것(우월한 해상권력, 그리고 동방 물품을 위한 유럽시장과의 직접적인 조직적 고리)을 이베리아 사업이 결여하고 있던 것, 즉 십자군에 대한 집착 대신 이윤과 "경비절감"에 대한 집착과 결합시켰다. 이윤 "극대화"에 직간접적 정당성이 없는 군사적 개입과 영토 획득은 체계적으로 회피되었다. 그리고 어떤 활동이건 (외교, 군사, 행정 등등) 인도양 무역의 최고 전략적인 공급물에 대한 통제권을 장악하고 유지하는 데 가장 적절하다고 보이는 일이라면 마찬가지로 체계적으로 발을 담갔다. 이렇게 포르투갈과 비교해 보면, 동인도회사는 보호비용을 내부화한 것이 아니라 그것을 **절약했다**. 동인도회사는 충분한 금융적 수익을 가져오지 않는 활동은 축소하였고, 가시적이고 고비용인 폭력 사용과 폭력 통제 장치 권력을, 인도양 지역에서 나오는 고급 향신료 공급에 대한 배타적 통제권을 통해 얻는 비가시적이고 일단 획득되면 자체비용을 충당하는 권력으로 보완했다.

이런 방식으로 동인도회사는 네덜란드 상인 엘리트가 이미 유럽에서 성공적으로 실행에 옮긴 국가(독점)자본주의를 인도양에 "복제했다". 유럽에서처럼 인도양에서 네덜란드가 부와 권력을 위한 투쟁에서 사용한 결정적 무기는 지역적으로 전략적인 공급물——발트 해 무역에서는 곡물과 해군 군수품, 인도양 무역에서는 고급 향신료——에 대한 배타적 통제권이었다. 그리고 두 경우 모두 이런 배타적 통제권의 획득과 보유는 자립적이고 경쟁력 있는 전쟁형성 및 국가형성 장치를 배치하는 것에 의지하였다.

 네덜란드 국가와 "준국가적" 동인도회사라는 감제고지에 자리잡은 네덜란드 상인 엘리트가 제노바 상인 엘리트의 세계시민주의적 (금융)자본주의가 할 수 있던 것보다 훨씬 더 멀리 체계적 자본축적과정을 끌고 갈 수 있던 것은 바로 이런 국가(독점)자본주의의 복제 때문이었다. 네덜란드인들은 제노바인들과 마찬가지이지만 베네치아인들과는 달리, 세계적 규모의 이윤을 "극대화"하기 위해서 지역적 상업이라는 구속복을 벗어던졌다. 그러나 네덜란드인들은 베네치아인들과 마찬가지이지만 제노바인들과 달리, 보호비용을 외부화한 적이 없었고, 이렇듯 경비절감의 행동논리를 유럽 외부 세계의 상업적 팽창에 끌어들일 수 있었다.

 그러나 또다시, 그것이 지양한(제노바) 체제와 관련해 이 축적체제(이 경우 네덜란드)가 지닌 주된 강점이 그것이 불러온 세력(중상주의)과의 관계에서 그 주된 취약함이기도 했다. 이런 모순이 가장 분명하고 중요하게 드러난 것은 동인도 제도에서 네덜란드 성공의 의도치 않은 역설적 결과에서였다. 네덜란드인들은 인도양에 뛰어들면서, 스스로 그리고 다른 이들에게 그들이 무역을 고수할 것이고 그들의 에너지를 영토 정복에 분산——그들은 포르투갈의 부와 권력 쇠퇴 원인을 이 분산에서 찾았다——시키는 일을 회피할 것이라고 맹세하였다. 그러나 결국 그들은 "포르투갈이 지녔던 것보다 훨씬 더 많은 실제 영토를 획득하게 되었다"(Parry 1981: 249~50). 부분적으로, 이런 영토 획득은 동인도회사가 고급 향신료에 대한 배타적 통제권을 수립할 때 활용한 바 있는 무역 및 권력망을 재조정한 직접적 결과였고, 그렇듯 이는 수익성 있는 무역을 추구하는 데 필수적인 부분이었다. 그러나 부분적으로, 이는 계획하지 않은 발전의 결과였는데, 그 결과 동인도회사는 점차 영토적 그리고 어떤 점에서는 영토주의적 미니 제국으로 변환되었다.

동인도회사가 이윤추구에 성공할수록, 동인도회사는 래비 팰럿이 인도양 "국가간체계"라고 부른 것(Palat 1988) 내에서 더욱 강력해졌다. 이런 권력증대는 그 무역의 수요 및 공급 조건들을 규제하는 행동의 자유뿐 아니라, "임시비"(현물 공납)라는 노골적 형태나 "강제운반"(동인도회사에 이례적으로 유리한 무역 계약)이라는 은밀한 형태로 공납을 부과하는 행동의 자유를 증진시켰다. 이런 두 가지 수익원이 점차 그 소득의 상당 부분을 충당하게 되었고, 점점 더 서로 얽히고 일상 무역 수익과도 얽히게 되었다(Parry 1981: 254).

이런 수익의 보호와 확대재생산은 불가피하게, 동인도회사의 통치에 복속된 인민들에 대한 지속적인 싸움, 동인도회사의 정책 때문에 해적질로 나서게 된 많은 해상 군주들과 그 신민들(마치 네덜란드인 자신이 에스파냐 제국의 정책 때문에 해적질에 나서게 되었던 것처럼)에 대한 지속적인 싸움, 그리고 동인도회사의 성공 때문에 그 권력이 침식당하고 있거나 이런 성공을 복제하려 시도하고 있는 유럽 정부와 기업체들에 대한 지속적인 싸움을 필수적으로 동반하였다. 천천히 그렇지만 불가피하게, 이런 싸움들이 결합되자 동인도회사는 광범한 영토적 병합을 달성하게 되었는데, 이는 처음에 계획하거나 바람직하다고 여긴 것을 훨씬 넘어서는 것이었다(Boxer 1965: 104~5).

이런 발전은 네덜란드 축적체제에 역효과를 낳았다. 우선, 이는 점점 더 많은 유럽 국가들을 네덜란드의 발전 경로로 끌어들이는 "예시 효과"에 신기원을 열어 주었다. 그에 앞선 베네치아인들처럼 네덜란드인들은 자본주의적 권력기법이 유럽 맥락에서 상당한 성과를 낳을 수 있음을 보여 주었다. 17세기 후반에 동인도회사가 포르투갈이 150년 전에 해냈던 것보다 더욱 강력한 인도양 제국을 건설하는 데 탁월하게 성공한 것은, 자본주의 권력기법은 유리한 상황이라면 영토 팽창이라는 바로 그 지형에서 영토주의 권력기법에 승리할 수 있다는 것을 보여 준 것이었다. 네덜란드가 이윤추구에 전면 집중하였기 때문에 "무"에서——아직 그 자신의 주권을 위해 싸우고 있는 정부가 부여한 특허장, 그리고 암스테르담 금융시장에서의 개방적인 "신용 한도"에서——강력한 미니 제국을 만들어 낼 수 있었다면, 무엇이 영토주의 조직들 그 자신이 자본주의적 지향을 갖추어 더욱 강력한 제국을 건설하려는 것을 막을 수 있었겠는가?

이렇듯 동인도회사의 제국 건설 성공은 네덜란드 상업우위를 안팎에서 침식하고 있던 중상주의 물결에 새로운 자극을 추가하였다. 게다가 이는 네덜란드 축적체제에 두번째의 그리고 더욱 큰 역효과를 가져왔다. 20세기의 많은 법인기업들처럼, 동인도회사의 성공과 자급자족은 일상적 경영을 책임진 경영 관료제의 권력을 키웠다. 그리고 이런 거대한 권력이 형성되는 대가로 동인도회사 이사회(Heeren XVII; 17인위원회)[17]가 아니라 동인도회사 주주들이 희생되었다. 그 결과 동인도회사의 실제적·잠재적 잉여의 점점 더 많은 부분이 배당지급에서 이탈하여 동인도회사의 관료적 팽창으로, 그리고 무엇보다 17인위원회의 측근과 그 회사 고

---

17) 동인도회사의 이사들 중 가장 영향력이 큰 17명으로 구성되어 최고결정권을 갖는 위원회이다. 암스테르담(홀란트) 8명, 젤란트 4명, 기타 5개의 지사그룹(로테르담, 델프트, 호른, 엥크호이젠, 미델뷔르흐)에서 각각 한 명씩 대표를 파견해 구성되었다.

위경영자의 합법적·불법적 수입으로 흘러 들어갔다(cf. Braudel 1984: 223~32).

이 경향의 주된 효과——적어도 여기서 우리의 관심이 되는 관점으로부터——는 암스테르담 증권거래소에서 해외 특히 잉글랜드 공채 및 주식에 대한 투자와 투기의 매력이 상대적으로 커진 것이었다. "이제 네덜란드 사업가의 잉여자본이 흘러 들어가기 시작한 곳은 바로 …… 잉글랜드였다"(Braudel 1984: 225~6, 261~2). 17세기 초 전 유럽의 잉여자본을 네덜란드 기업으로 퍼 옮긴 강력한 "양수기" 기능을 한 바 있던 암스테르담 증권거래소가 한 세기 후에는 이렇듯 네덜란드 잉여자본을 잉글랜드 기업으로 퍼 옮기는, 마찬가지로 강력한 기계로 바뀌었다. 이렇듯 남아시아에서 동인도회사의 거대한 성공은 네덜란드 축적체제에 대한 역습이었다. 이는 영토주의 조직들을 유인하여 네덜란드를 모방하고 경쟁하도록 하였고, 이어서 네덜란드 잉여자본을 추동하여 새로운 경쟁자들 중 가장 성공적인 곳에 자금을 대도록 하였다.

장기 20세기

3장 산업, 제국, 그리고 "끝없는" 자본축적

인도의 아편을 거래하고 있는 영국 상인들
미국혁명으로 잉글랜드가 멕시코의 은 공급에서 단절되자 재정 문제를 해결해 달라는 동인도회사의 기도를 들어 준 응답은 인도의 아편이었다. 동인도회사가 중국에서 아편 판매를 늘리고 벵골에서 아편 생산을 독점하자, 중국 무역은 빠르게 직물 무역보다 훨씬 수익성 높고 역동적인 것이 되었다. 동인도회사는 이 사업 노선에 집중해 수송량을 폭발적으로 늘렸고, 중국과의 만성적 무역수지 적자를 반전시키게 되었다

세번째 (영국) 체계적 축적 순환

18세기 전 시기에 걸쳐서 런던은 고도금융의 경쟁적 중심지로서 암스테르담에 바짝 다가섰다. 이는 영국이 유럽 외부 세계와의 교역에 대한 배타적 통제권을 획득하기 위해 프랑스 및 약소 경쟁자들과 싸움을 벌여 승리한 결과이자, 네덜란드의 잉여자본이 영국 기업들로 이전된 결과였다. 그러나 아이러니하게도 고도금융에 대한 네덜란드 통치의 최종위기를 촉발시킨 것은 영국이 자신의 북미 신민들──네덜란드와 동맹을 맺은 프랑스가 이들을 지원했다──에게 패배한 일이었다.

앞서 언급했듯이, 미국 독립전쟁 이후 네덜란드에 가한 영국의 보복은 네덜란드의 해상권력을 절멸시켰고, 동인도의 네덜란드 상업 제국에 엄청난 손실을 입혔다. 그 결과, 1760년대 초부터 암스테르담의 금융시장을 침식해 왔던 반복적 위기 중 하나가, 유럽 세계경제에서 암스테르담의 중심적 지위를 제거해 버렸다. 동시대 관찰자인 M. 토르치아가 1782년에 썼듯이, 앞선 위기들에서 "[암스테르담의] 상인 은행가들은 불사조처럼 다시 일어서거나 잿더미에서 다시 살아나, 결국 폐허가 된 주식시장의 채권자로서 자신의 정체성을 되찾았다"(Braudel 1984: 271/브로델 1997: 376에서 재인용). 그러나 1780~3년의 네덜란드 위기라는 잿더미에서 다시 살아난 불사조는 세계금융에 대한 새로운 통치 중심지로서의 런던이었다.

160년 전의 제노바 금융 우월성의 종결, 그리고 140년 이후의 영국 금융 위기의 종결과 마찬가지로, 고도금융에 대한 네덜란드 통치의 종결이 네덜란드 자본의 몰락을 뜻하지는 않았다. 브로델이 말하듯이 (Braudel 1984: 266/브로델 1997: 370), 암스테르담은 "계속해서 수익성 있는 실체를 이끌어 갔고, 오늘날에도 여전히 세계자본주의의 높은 제단들 중 하나이다." 그러나 네덜란드의 금융 우월성은 소멸하였다. 1780년대에, 그리고 그보다 덜하지만 1790년대에 고도금융에 대한 네덜란드의 통치는 떠오르는 영국의 통치와 공존하기 어려웠는데, 이는 1610년대와 1620년대 초에 제노바의 통치가 떠오르는 네덜란드의 통치와 공존하기 어려웠던 것과 마찬가지이다. 이런 시기는 이행기, 즉 공위기(空位期)였으며, 1920년대와 1930년대 초의 영-미 이중상태를 언급하며 찰스 킨들버거(Kindleberger 1973: 28 and passim)가 설명한 것과 유사하게, 고도금융의 이중권력이라는 특징을 보였다.

이런 모든 이행기에는 하나의 경쟁적 중심지가 등장하기 때문에 기존의 세계적 축적체계를 규제하고 특정 방향으로 이끄는 앞선 중심지의 고도금융의 능력은 약화되지만, 경쟁적 중심지는 아직 자본주의 엔진의 새로운 "지배자"가 되는 데 필요한 준비나 능력을 갖추지는 못한 상태였다. 이 모든 경우에 보통 체계적 축적 순환의 종료(CM′) 국면을 알리는 경쟁적 투쟁들이 결국 최종 클라이맥스(순서대로 보자면, 30년전쟁, 나폴레옹전쟁, 제2차세계대전)로 가속화되면서, 고도금융의 이중권력의 문제가 해결되었다. 이런 "최종" 대치 과정에서 낡은 축적체제는 작동을 멈추었다. 그러나 역사적으로, 새로운 체제가 수립되어 잉여자본이 새로운 실물적 팽창 국면(MC)에서 다시 길을 찾게 되는 것은 그 대치가 끝난 이후였을 따름이다.

유럽 고도금융에서 영국의 지배적 위상은 프랑스전쟁 중에 새롭게 획득된 것으로, 이는 영국의 권력추구에서 사실상 무제한의 신용을 허여했다. 1783년에 영국 정부가 채무상환을 위해 매년 지출한 9백만 파운드는 적어도 예산의 75%나 되었고, 영국의 연간 총무역액의 1/4을 넘는 액수였다는 것을 언급하는 것으로 충분할 것이다. 그러나 1792년에서 1815년 사이 영국의 공공지출은 2천 2백만 파운드에서 1억 2천 3백만 파운드로 거의 여섯 배 늘어날 수 있었는데, 부분적으로는 간접적으로 유발된 국내 인플레이션을 통해서였지만, 대부분은 새로운 차관을 통해서였으며, 1815년에는 매년 채무상환을 위해 필요한 액수가 3천만 파운드로 늘어났다(Jenks 1938: 17; Ingham 1984: 106).

이처럼 공공채무와 공공지출이 폭발적으로 성장한 결과, 영국 자본재 산업은 놀랍게 팽창했다. 특히 1816~20년 전후(戰後) 불황이 보여 줬듯, 철강산업은 평화 시기의 수요를 상당히 초과하는 설비용량을 갖췄다. 그러나 과잉 팽창은 영국 철강업자들을 자극해 그들의 새로운 대형 용광로에서 배출되는 값싼 제품을 위한 신규 사용처를 찾아 나서게 했고, 이로써 갱신된 미래 성장을 위한 조건을 만들어 냈다(McNeill 1984: 211~2). 이런 기회가 발견된 곳은 철도와 철선(鐵船)이었다. 특히 철도는,

> 계약업체들에게는 일이 필요했고, 철강업자에게는 주문이, 그리고 은행가와 사업체들에게는 수행할 프로젝트가 필요했기 때문에 건설되었다. 영국 자신의 금융·건설 사업이 국내에서 일자리를 제공해 주지 못하는 상황에서 철도 건설은 사람들을 밖으로 내보낼 수 있는 용역을 제공해 주었다.(Jenks 1938: 133~4)

이런 혁신은 동시대의 직물산업 내이 기계화의 확산과 결합해, 영국 자본재 산업을 자본주의 팽창의 자율적이고 강력한 엔진으로 변환시켰다. 고정자본재 생산에 특화한 기업들은 정부조직이건 사업조직이건 간에 1820년대까지는 그들의 고객들로부터 거의 자율성을 누리지 못했다.

이 고객들은 보통 자신들에게 필요하지만 스스로 생산하지 못하는 고정자본재를 하청주거나 또는 그 제조과정을 면밀하게 감독했다. 그러나 기계화가 진행되어, 사용되는 고정자본재의 숫자·범위·종류가 늘어나자, 그 생산에 특화한 기업들은 기존 고객들의 현실적 또는 잠재적 경쟁자들 사이에서 적극적으로 그들 상품의 새로운 출로를 찾았다(Saul 1968: 186~7).

1840년대가 되면, 국내시장을 위한 새로운 자본재 생산에서 빠르게 수익체감이 발생하기 시작했다. 그러나 계속된 영국무역의 일방적 자유화는 세계무역과 생산에서 주요한 붐이 진행될 조건을 만들어 냈다. 영국 자본재는 세계 도처의 정부조직과 사업조직들에서 용이한 수요를 찾아냈다. 그리고 다시 이런 조직들은 영국에 판매하기 위한 그들의 1차 투입물 생산을 촉진시켰는데, 이는 자본재 구입에 필요한 수단을 획득하거나 그것을 구입하기 위해 초래된 채무를 상환하기 위한 것이었다(Mathias 1969: 298, 315, 326~8).

이런 경향들이 결합되어, 체계 전반에 걸쳐 화폐자본이 상품으로 전환—전적으로는 아니더라도 특히 새로운 육상과 해상 수송수단에서—되는 비율이 상승하는 효과가 발생했다. 1845~9년에서 1870~5년 사이에 영국의 철도용 철강 수출은 세 배 이상 증가했고, 기계 수출은 아홉 배 증가했다. 같은 시기에 중미와 남미, 중동, 아시아 대양주에 대한 영국의 수출은 대략 여섯 배 증가했다. 세계경제의 여러 지역을 영국 중심지에 연결시키는 그물은 눈에 띄게 넓어지고 탄탄해졌다(Hobsbawm 1979: 38, 50~1).

이처럼 자본의 실물적 팽창이 가속화한 결과, 자본주의 세계경제의 전지구화가 진행되었다.

자본주의 경제의 지리적 규모는, 그 사업거래의 집중도가 높아지자, 갑자기 여러 배 증가했다. 전지구가 이 경제의 일부가 되었다. …… 거의 반세기 이후 H. M. 힌드만이 이 시기를 되돌아 보면서, 1847년에서 1857년의 십 년간을 콜럼버스, 바스코 다 가마, 코르테스와 피사로의 지리적 대발견 및 정복기와 비교한 것은 매우 적절한 것이었다. 극적인 새로운 발견은 없었고 …… 새로운 군사정복자의 형식적 정복은 거의 없었지만, 실질적 목적에서 보자면, 전적으로 새로운 경제 세계가 구세계에 추가되어 그 속에 통합되었다.(Hobsbawm 1979: 32)

대발견 및 정복의 시기와의 이런 유비는 한 걸음 더 나아갈 수 있다. 제노바 시대의 금융적 팽창과 더불어 그 시기 자본의 실물적 팽창이 종료되었던 것처럼, 1870년경부터 19세기의 실물적 팽창(MC) 국면이 끝나고 금융적 팽창(CM′) 국면에 들어서기 시작했다. 물론 이 시기는 마르크스주의자들이 루돌프 힐퍼딩을 따라 "금융자본" 단계로 규정한 시기이다. 우리 예상대로, 브로델은 "금융자본"을 자본주의 발전의 **새로운** 단계로 특징짓는 힐퍼딩을 문제삼는다.

힐퍼딩은 …… 자본의 세계는 폭넓은 가능성의 세계로서 금융적 형태 — 그가 보기에는 아주 새로운 형식 — 가 나머지 모든 형태에 대해 우위를 가지며 그것들을 내부로부터 관통하고 지배하는 세계라고 보고 있다는 것이 중요하다. 나는 이런 시각에 어렵지 않게 동의할 수 있지만 단 자본주의는 복수성이 아주 오랜 현상이라는 점, 금융자본주의는 1900년대 초에 가서야 새로 생긴 것이 아니고 과거에 — 즉 제노바나 암스테르담 같은 곳에서 — 상업자본주의의 현격한 성장과 정상적인 투자 기회를 훨씬 상회하는 자본축적이 이루어진 후에 이 금융자본주의가 일시적으로나마 전 사업계를 장악하고 지배할 수 있었다는 점 등을 받아들인다는 것을 전제로 해야 한다. (Braudel 1984: 604/브로델 1997: 830)

금융적 팽창을 주요한 자본주의 발전의 "가을의 지표"로 보는 브로델의 견해에서 도출된 내 연구의 핵심 요점에서는, "금융자본주의는 1900년대 초에 새로 생긴 것이 아니라" 제노바와 암스테르담이라는 중요한 선례를 갖는다는 견해를 자연스럽게 지지한다. 그러나 또한 우리의 분석에 따르면 금융자본에 대한 두 개의 대립적 견해를 구분할 수 있으며, 이는 힐퍼딩이 지적한 바의 역사적 중요성을 상당히 축소시킨다. 다른 곳에서 주장했듯이(Arrighi 1979: 161~74), 금융자본에 대한 힐퍼딩의 견해는 같은 시기 존 홉슨의 제국주의 연구에서 제시된 금융자본에 대한 이해와 다를 뿐 아니라, 주요 측면에서 그에 대한 반명제이다. 마르크스주의자들(뿐 아니라 그에 대한 비판자들도)은 레닌을 따라(Lenin 1952), 일반적으로 홉슨의 견해를 힐퍼딩의 견해와 뒤섞어 버려서, 이 두 견해가 보여 주는 금융자본주의의 대립적 형태들을 구분할 기회를 놓치고 그 둘을 연결시키는 변증법적 관계를 드러낼 기회를 놓쳐 버렸다.

분명한 것은 이 두 가지 금융자본주의 형태들이, 다름 아니라 우리가 국가(독점)자본주의와 세계시민주의적 (금융)자본주의라고 규정한, 자본주의 조직의 두 기본 형태의 확대되고 더욱 복잡해진 변종들일 뿐이라는 점이다. 우리가 4장에서 살펴보게 되듯이, 힐퍼딩의 견해는 첫번째 것에 조응하고, 19세기 말 20세기 초 독일 자본의 전략과 구조에 대한 매우 정확한 상을 그려 준다. 이에 비해 홉슨의 견해는 두번째 것에 조응하고, 같

도표 7. 영국의 자본 수출, 1820~1915 (단위 : 백만 파운드)

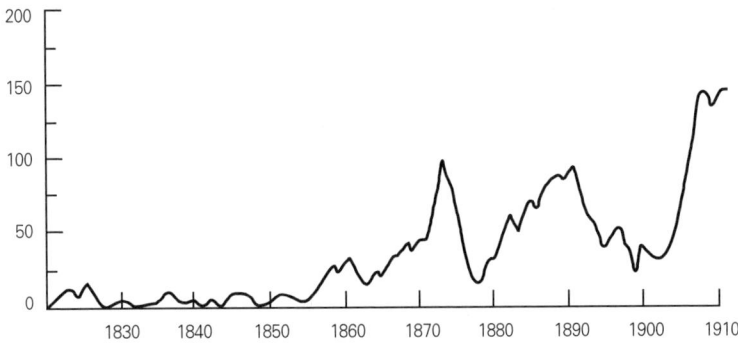

출처 : Williamson(1964: 207).

은 시기 영국 자본의 전략과 구조의 핵심적 특징을 포착하고 있다. 그래서 19세기 말 금융적 팽창을 세번째 (영국) 체계적 축적 순환의 종료 국면으로 분석하는 데는 힐퍼딩의 견해보다 홉슨의 견해가 훨씬 더 유용하다.

홉슨은 두 가지 구분되는 행위주체들이 이 금융적 팽창을 촉진하였다고 본다. 하나는 그가 "투자가"라고 부른 것으로, 다시 말해서 브로델의 "잉여자본"의 보유자들이다. 잉여자본은 정상적인 상품 투자 기회를 훨씬 상회하여 축적되어, 금융적 팽창의 "공급" 조건을 만들어 낸다. 홉슨의 견해로는 이런 잉여자본의 주요 원천은 이자, 배당, 그리고 기타 송금 형태의 "해외로부터의 공납"이었다. 뒤이어 릴런드 젠크스가 기록했듯이(Jenks 1938), 이는 실로 19세기 영국으로부터의 자본 이주의 "독창적" 원천이었다(Knapp 1957노 보라). 더욱이 런던이 암스테르담으로부터 유럽 세계경제의 중심 화폐시장 역할을 넘겨받은 이후로는, 투자처를 찾기 위해 시티로 유입되는 상당한 양의 해외 잉여자본이 해외로부터 소득의 유입을 보충하였다(Platt 1980; Pollard 1985). 그렇지만 이 유입들만으로는 19세기 말 20세기 초 영국으로부터의 자본수출에서 나타나는 특징인, 파동이 점점 더 커지고/커지거나 길어진다는 점을 설명할 수 없다(《도표 7》).

영국 해외투자에서 나타나는 이런 행위는 이른바 1873~96년 대불황——이는 길게 연장된 사생결단적 가격 경쟁 시기에 다름 아니었다——의 도래와 결부해서만 이해될 수 있을 뿐이다.

당대 사람들이 보기에 1873년에서 1896년 시기는 역사적 경험으로부터 놀라울 만치 이탈한 것처럼 보였다. 위기와 붐을 거치면서, 가격은 불균등하고 산발적이지만 무시무시하게 하락하였는데, 평균적으로 모든 상품 가격의 1/3 가량이 하락했다. 이는 인간이 기억하는 한 가장 격심한 디플레이션이었다. 이자율 또한 하락했는데, 그 수준이 너무나 떨어져서 경제학자들은 자본이 자유재 수준으로 넘쳐 날 가능성을 고려해 보아야 할 지경이었다. 그리고 이윤은 수축되었고, 당시 주기적 경기침체라고 인식된 것이 무한히 연장된 듯 보였다. 경제체계는 무너지고 있는 것 같았다. (Landes 1969: 231)

사실, 경제체계는 "무너지고" 있지 않았고, 대불황은 당대 사람들의 생각처럼 역사적 경험으로부터 놀라울 만치 이탈하지도 않았다. 생산과 투자는 당시 새롭게 산업화하는 나라들(가장 두드러진 것은 독일과 미국)에서뿐 아니라 영국에서도 계속해서 성장하였다. 그 성장의 정도가 대단했기 때문에 이후 한 역사가는 1873~96년 대불황이 "신화"에 지나지 않는다고 선언할 정도였다(Saul 1969). 그렇지만 생산과 투자가 계속 팽창하는 시기에 대불황이 있었다고 말하는 것은 모순이 아니다. 반대로, 대불황은 신화가 **아니었**는데, 바로 영국과 세계경제 전체에서 생산과 무역이 **너무나** 빠르게 팽창하였고 계속해서 팽창하고 있어서, 이윤이 유지될 수 없었기 때문이다.

더 특정화해서 말하자면, 19세기 중엽 세계무역의 대팽창은 앞선 체계적 축적 순환의 모든 실물적 팽창 단계들과 마찬가지로, 자본축적 행위자들에 대한 체계 전반에 걸친 경쟁 압력의 격화로 이어졌다. 영국 중심의 세계경제를 가로질러 점점 더 많은 장소에서 점점 더 많은 기업들이 투입물의 획득과 산출물의 처분에서 서로의 길에 끼어들었고, 그 결과 서로서로 이전의 '독점들'——즉 특정 시장 틈새에 대한 그들의 다소 배타적인 통제——을 파괴하였다.

> 독점에서 경쟁으로의 전환이 아마도 유럽 산업·상업 기업들의 분위기를 규정한 단일의 가장 중요한 요인이었을 것이다. 경제 성장은 이제 경제 투쟁이기도 했는데, 이 투쟁은 강자를 약자와 분리시키고, 일부를 낙담시키는 대신 다른 일부의 힘이 넘쳐나게 만들고, 구 민족들의 희생의 대가로 …… 신 민족들에 우호적 조건을 만들어 내는 데 기여했다. 무한한 진보의 미래라는 낙관주의는 불확실성과 고통감에 길을 내주었다. (Landes 1969: 240)

이런 점에서 보면, 1873~96년 대불황은 결코 역사적 경험으로부터의 이탈은 아니었다. 우리가 2장에서 살펴보았듯이, 앞선 모든 자본주의 세계경제의 실물적 팽창은 경쟁적 투쟁의 격화로 끝맺었다. 확실히, 19세기 중엽 세계무역 팽창의 종료점을 알린 30여 년간의 경쟁적 투쟁의 격화는, 앞선 경우의 개시기에 그랬듯이, 공공연한 국가 간 전쟁 형태를 취하지는 않았다. 이런 지체는 세번째 (영국) 체계적 축적 순환을 앞선 두 번의 체계적 축적 순환과 구분하는 두 가지 중요한 상황과 연관된다. 하나는 영국 통치체제 및 축적체제의 "제국주의"와 연관되고, 다른 하나는 "자유무역주의"와 연관된다.

첫번째 상황과 관련해, 19세기 중엽 세계무역 팽창이 축소되고 있던 시점에 영국 권력은 세계체계 전체의 정점에 있었다고 말하는 것으로 충분하다. 차르 러시아는 크리미아에서 기세가 꺾였으며, 크리미아 전쟁에 참가한 프랑스는 곧이어 프러시아 때문에 기세가 꺾였다. 유럽 세력균형에 대한 영국의 지배력은 1857년 이른바 세포이 반란(Great Mutiny) 이후 인도에서 영국의 영토 제국이 공고화함에 따라 보충·보완되었다. 인도에 대한 통제는, 어떤 국가, 또는 국가들의 결합이라 하더라도 그에 맞설 수 없고, 어떤 통치 집단도 당분간 군사적으로 도전할 수 없는, 금융자원과 물질자원 —— 군병력을 포함해 —— 에 대한 지배를 뜻했다.

동시에 영국의 일방적 자유무역체제는 전세계를 영국에 연결시켰다. 영국은 지불수단과 생산수단을 획득하고 1차 제품을 처분하는, 가장 편리하고 효과적인 "시장공간"이 되었다. 영국 중심의 전지구적 분업은 당분간 주도적인 자본주의 국가에 대한 전쟁을 일으키거나 서로서로에 대한 전쟁을 일으킬 계획과 능력을 훨씬 더 제약하였으며, 마이클 만의 표현을 빌리자면(Mann 1986), 국가들은 이 전지구적 분업 아래서 "새장에 갇혔다." 그렇지만 기업들은 동일하게 제약을 받지는 않았다. 길게 늘어지고 일반화된 19세기 말의 사생결단적인 가격 경쟁은 그 자체로 자본 간 투쟁을 매우 증폭시켰는데, 이 증폭은 결국 일반화한 국가 간 전쟁이라는 통상적 형태를 취했다.

더욱이, 앞선 모든 체계적 축적 순환에서와 마찬가지로, 실물적 팽창 국면이 초래한 경쟁 압력의 첨예화와 결합하여, 영국 자본가계급 측에서는 처음부터 교역과 생산으로부터 금융으로 주요한 교체가 진행되었다. 19세기 후반부에는, 영국 바깥으로 나가는 자본수출의 큰 물결이 일어난 것뿐 아니라, 앞서 지적한 것처럼 영국의 지방은행망이 팽창하고 이것이 점점 더 시티의 망 속으로 결합된다는 특징이 두드러졌다(Kindleberger 1978: 78~81; Ingham 1984: 143). 상황들이 이렇게 결합되었다는 것은, 영국 재계에 대한 경쟁 압력의 격화와 19세기의 금융적 팽창 사이에 긴밀한 연관성이 있었음을 보여 준다. 중상주의적 팽창이 수익체증 국면에 있었을 때, 영국 지방은행망의 주된 기능은 유동성 잉여가 있는 주로 지방의 농업기업들로부터, 성장률이 높든지 운영자본 대 고정자본 비율이 높아서, 또는 두 가지 이유 모두 때문에 만성적 유동성 부족 상태에 있는 다른 지방기업들로 화폐자원을 이전 ―― 주로 회전신용[1]과 오픈크레딧[2] 형태로 ―― 시키는 것이었다(cf. Pollard 1964; Cameron 1967; Landes 1969: 75~7). 그러나 세기 중엽의 대약진이 중상주의적 팽창을 수익체감과 경쟁 압력 격화의 국면에 몰아 넣자, 영국의 지방은행망은 완전히 상이한 기능을 수행하게 되었다.

점점 더, 안전하고 수익성 있게 기존의 사업 노선에 따라 재투자될 수 있는 수준을 훨씬 초과하는 대량의 현금 잉여(부분적으로 지대, 부분적으로 이윤에서 기원)를 축적해 가고 있던 것은 더 이상 농업기업들만이 아니었다. 지금까지 자기 기업뿐 아니라 다른 기업들의 현금 잉여까지 흡수할 만큼 빠르게 팽창해 온 상업기업과 산업기업들 또한, 총계로서 자신들

---

1) 은행으로부터 한 번 발급받으면 일정한 한도와 기간 내에서는 계속해서 사용할 수 있는 신용(장).
2) 신용장을 기초로 발행한 어음 을 이느 은행에서나 자유롭게 사들일 수 있는 신용장.

의 장부와 은행 계좌에 축적되고 있는 거대한 양의 이윤을 더 이상 안전하고 수익성 있게 그들이 성장해 온 사업 노선에 따라 재투자할 수 없다는 것을 깨닫기 시작하였다. 그들이 경쟁 압력이 격화하는 시기에 특별한 비교우위를 갖고 있지 않은 새로운 사업 노선에 이 잉여를 투자하거나, 아니면 "산업단지"에 있는 영국 사업계의 응집적 사회조직에 비추어 보면 종종 문제가 있던(4장을 보라) 자기 자신의 사업 노선에 이 잉여를 투자해 경쟁적 투쟁을 불붙이는 대신, 이들 기업 중 다수는 훨씬 더 분별 있는 행동 방향을 선택했어야 했다. 즉, 적어도 그들 자본의 일부를 유동적으로 만들어 지방은행들을 통하거나 직접 브로커를 통해서 시티에 맡겨, 세계경제에서 가장 안전하고 가장 고수익을 낳을 것으로 전망되는 어떤 형태나 어떤 장소에든 투자하도록 한 것이었다. "롬바르드가(街)로 끌어들이는 주된 매력은 잉여 현금을 더 완전하고 더 수익성 나도록 운용해 줄 것이라는 기대였다"(Sayers 1957: 269).

여기서 우리는 홉슨의 19세기 말 금융적 팽창의 두번째 수행주체를 발견한다. 그가 보기에, 시티를 통해 투자처를 찾은 화폐자본 보유자들은 단지 "거대한 금융가문의 새발의 피"에 지나지 않았다. 그는 금융가문에 "제국 엔진의 통치자"라는 집합적 역할을 부여했다.

> 이러한 대사업 —— 은행업, 중개업, 어음할인, 가변 이자율 대출(loan floating), 회사 설립 —— 이 국제자본주의의 중추를 이룬다. 서로 항상 가장 긴밀하고 신속한 접촉 하에 있는 최강의 조직 유대로 통일되어 있고, 모든 국가의 기업자본의 핵심에 자리잡은 …… 이런 대사업은 민족들의 정책을 좌우하는 독특한 위상을 지니고 있다. 그들의 승인 없이, 그리고 그들의 대행자 없이 어떤 대대적이고 신속한 자본의 진로 설정

도 가능하지 않다. 만일 로스차일드〔독일식으로는 '로트실트'〕가문과 그 거래처들이 외면한다면, 어느 유럽 국가가 대전쟁을 일으키거나 대규모 국가 차관을 신청할 수 있으리라 진지하게 상상조차 해볼 수 있겠는가?(Hobson 1938: 56~7)

결국 홉슨 자신이 예측했듯이, 세계시민주의적 금융자본은 영국 제국 지배집단의 영토주의적 성향을 고취한 직접적 결과로 "제국 엔진"에 대한 통제력을 상실하게 될 것이었다(Arrighi 1983: 4장 and *passim*). 그러나 칼 폴라니의 용어를 빌리자면, 거의 반세기 동안 이른바 **고도금융**은 "세계의 정치적 조직과 경제적 조직 사이의 주요 고리로 기능하였다."

로스차일드 가는 어느 **단일** 정부에도 종속되지 않았다. 하나의 가문으로서 그들은 국제주의의 추상적 원리를 구현했다. 그들의 충성심은 기업을 향한 것이었고, 그들의 신용은 신속하게 성장하는 세계경제에서 정치적 정부와 산업적 노력을 잇는 유일한 민족이상적(supranational) 고리였다. 최종적으로 그들의 독립성은 민족 정치가들과 국제 투자가들 모두를 좌우하는 주권적 행위자를 요구하는 시대적 요구로부터 출현하였다. 유럽의 수도들에 거주한 유태인 은행가들 왕국의 형이상학적 치외법권이 바로 이런 결정적 요구에 대해 거의 완벽한 해결책을 제공하였다. (Polanyi 1957: 10)

물론 어느 **단일** 정부에도 종속되지 않는다는 것이 완전한 행동의 자유를 뜻하지는 않았다. 로스차일드 가의 자율성에 가장 중요한 제한을 부과한 것은, 영국은행과 재무부를 통해 이들을 영국 제국에 연결시킨 정치적 교환에 함축되어 있던 제한이었다. 1장에서 지적했듯이, 이런 정치적 교환에서, 영국 정부가 로스차일드 가의 통제를 받는 금융망에 제공한 보호와 우대조치에 대한 대응물로, 로스차일드 가는 영국이 세계를 통치하는 데 동원한 권력장치에 그 금융망을 병합시켰다.

이런 세계시민주의적 고도금융망은 폴라니의 생각처럼 19세기 마지막 1/3과 20세기 처음 1/3에 특유한 것은 아니었다. 그것이 3세기 전 제노바 시대에 유럽 화폐체계를 규제한 세계시민주의망과 얼마나 유사한지 보면 매우 놀랍다. 우리는 19세기 말 런던에 중심지를 둔 독일계 유태인 금융망에 대한 로스차일드 가의 관계가 16세기 말 제노바 금융망에 대한 노빌리 베키(nobili vecchi)의 관계와 같다고 말할 수도 있다. 두 집단 모두 "제국적 엔진"에 대한 "통치자"가 아니라, 제국적 엔진의 금융에 대한 "통치자"였다. 그들은 이윤추구를 통해 그리고 그들이 통제하는 세계시민주의 사업망을 통해, 제국적 조직 —— 각각 대영제국과 에스파냐 제국 —— 의 "보이지 않는 손"으로 행동하는 사업 도당이었다. 이런 "보이지 않는 손" 덕에 두 제국적 조직 모두 그들이 단지 자신의 국가형성과 전쟁형성 장치들의 "보이는 손"만 사용했을 때 가능했던 것보다 훨씬 더 다양하고 많은 권력과 신용망에 손을 뻗쳐 이를 통제할 수 있었다.

도구성은 두 방향에서 모두 작동했다. 로스차일드 가나 노빌리 베키 모두 제국적 조직들에 "봉사하는" 단순한 도구들은 아니었다. 두 도당 모두 영토주의 조직이라는 배에 올라타, 솜씨 좋게 이 조직의 팽창을 자신들이 통제하는 상업·금융망의 자기 팽창의 강력한 엔진으로 전환시킨, 더 광범한 상인 은행가 서클에 속했다. 노빌리 베키가 이베리아 해양 팽창의 배에 올라탄 더 광범한 제노바 상인 은행가들 서클의 일부로, 한 세기 후에는 에스파냐 제국의 "중앙 은행가"로 등장한 것처럼, 로스차일드

가는 영국의 산업 팽창의 배에 올라탄 더 넓은 독일계 유태 상인 은행가들 서클의 일부로, 반세기 후에는 영국 제국의 "중앙 은행가"로 등장했다.

두 집단 모두 상대적으로 무력한 위치에서 출발했다. 노빌리 베키는 망명자들(fuoriusciti)로, 중세 말 근대 초 제노바와 북부 이탈리아의 끝없는 전란 때문에 생겨난 많은 망명집단 중의 하나였다. 로스차일드 가는 전쟁으로 찢겨지고 점점 더 "규제가 심한" 나폴레옹 유럽을 벗어나, 상대적으로 평화롭고 "규제가 없는" 영국에서 피난처를 구한 많은 사업 가문 중의 하나였다. 각 도당이 어떤 권력을 지녔건 간에, 그 권력은 그들이 속한 세계시민주의적 상업망 속에 놓여 있었다. 즉, 그 권력은 주로 그 상업망에 속하기 때문에 얻게 된 지식과의 연관성 속에 우선적으로 놓여 있었던 것이다. 앞서 인용한 구절에서 브로델이 이야기했듯이, "리옹에 빈손으로 도착한 이탈리아 상인이 사업을 벌이기 위해 필요한 것이라고는 탁자 하나와 종이 한 장뿐이었던" 것과 마찬가지로, 맨체스터에 빈손으로 도착한 독일계 유태 상인들이 새롭게 성공적 사업 경력을 시작하기 위해 필요한 것이라고는 탁자 하나와 종이 한 장뿐이었다.

젊은 로스차일드와 그의 고향 사람들은 시장이 안 좋을 때의 현금 매입, 적은 이윤 마진, 대량 교역, 그리고 신속한 재고 회전 등의 전통을 도입하여, 맨체스터에 놀라운 속도를 내게 하였고, 점차 대륙의 교역 대부분을 그들의 창고로 끌어들였다. 프랑크푸르트와 함부르크 자본의 지원을 받았기 때문에, 그들의 자원은 종종 맨체스터의 저발전한 은행 체계가 지원한 지방 상인들보다 우월했다. (Chapman 1984: 11; Jenks 1938도 보라)

마지막으로, 시기가 성숙하여 로스차일드 가가 교역의 배에서 뛰어내려 은행업과 금융에 집중했을 때 — 노빌리 베키가 1557~62년 폭락 이후 그랬듯이 — , 그들은 반세기 이상에 걸쳐 고도금융의 중심지를 점령하여 장악할 수 있었는데, 그 이유는 단지 그들이 19세기 중엽의 상업 붐을 잘 활용하여 그들이 속한 세계시민주의적 사업망을 팽창시켜 장악할 수 있었다는 점뿐이었다. 그 상업 붐이 상품 교역에서 경쟁을 격화시키고 이윤을 삭감하자, 이렇게 집중적으로 통제되는 팽창한 사업망은 단지 다시 배출하기 위한 목적에서만 "유휴"자본을 런던의 시티로 흡인하는 강력한 전달벨트로 전환될 수 있었다. 이런 유휴자본은 축적이 매우 빠르게 진행되던 영국에서 흡인되었을 뿐 아니라, 유럽 전역에서도 흡인되었다. 런던의 외국인 상공회의소 회장인 로젠라드가 지적한 바 있듯이,

> 영국은 중개자로서만, 세계 전역에서 활동하는 정직한 브로커로서만 행동했고, 다른 민족들의 대부금을 — 상당 정도 자기 고객의 돈으로 — 인수했다. …… 한마디로, 영국의 투자력은 매우 엄청나지만, 런던은 유럽과 여타 세계 사이의 주된 중개자로, 해외 증권을 이곳으로 모으기 위해 활동했다. (Ingham 1988: 62에서 재인용)

제노바 시대의 피아첸차 정기시체계의 핵심 특징이 북부 이탈리아의 "유휴자본"에 대한 직접적 접근성이었던 것과 마찬가지로, 스탠리 채프먼의 말로 표현하자면(Chapman 1984: 50), "1866년 이후 '로스차일드식' 구조의 중요한 특징은 [대륙] 유럽 자본에 대한 직접적인 접근성이었다."

물론 제노바의 시대(1557~1627)와, 그에 대한 유비로서 우리가 로

스차일드 가의 시대라고 부를 수 있는 시대(1866~1931) 사이에는 중요한 차이점들이 있다. 부분적으로 이런 차이점들은 두번째 시기에 세계시민주의적 금융자본의 작동 규모와 범위가 더욱 거대했다는 점을 반영하는 것이었다. 이렇듯 규모와 범위 면에서 로스차일드 가 하에서 런던 시티의 집수(集水)지역은 3백 년 전 노빌리 베키 하에서 피아첸차 정기시의 집수지역에 비해 비교할 수 없으리만치 거대했는데, 우리가 그것을 잉여자본 획득망과 관련해서 "측정"하건 아니면 잉여자본 재분배망과 관련해서 "측정"하건, 별 차이는 없다.

그러나 부분적으로는 제노바 시대와 로스차일드 가의 시대 사이의 차이점들은 그들 각각의 영토주의적 파트너, 즉 16세기 에스파냐 제국과 19세기 대영제국의 권력추구의 대립적 산물을 반영하는 것이었다. 고도 금융의 "로스차일드식" 구조의 공고화가 랜디스가 말하는 "인류 기억에서 가장 격심한 **디플레이션**"과 결합된 반면, "비센초네" 정기시의 공고화는, 일단 그 정기시가 피아첸차에 정착한 이후에는, 매우 격심한 **인플레이션**과 결합하여, 역사가들은 이를 16세기의 가격혁명이라 지칭한다. 첫번째 (제노바) 체계적 축적 순환과 세번째 (영국) 체계적 축적 순환 중에 이처럼 가격의 움직임이 분기되어 나타나는 이유는, 16세기에 에스파냐가 더 작은 규모로 **헛되이** 건설하려 **노력한** 종류의 세계제국을 19세기 영국이 다른 수단들로 건설하는 데 **성공했다**는 사실에서 대부분 찾을 수 있다. 이 "다른 수단들"이 무엇인지 — 동방에서 억압적 통치, 그리고 서방에서 세계시장 및 세력균형을 통한 통치 — 는 1장에서 예상되었고, 이 장과 다음 장의 여러 곳에서 더욱 자세히 탐구될 것이다. 여기서 우리의 관심사는 한편에서 전쟁/평화와 인플레이션/디플레이션 사이의 관계, 그리고 다른 한편에서 가격의 상기변동과 체계적 축적 순환 사이의 관계이다.

역사적으로, 주요 전쟁들은 유럽 세계경제에서 인플레이션 경향을 촉진시킨 단일의 가장 중요한 요인이었다(Goldstein 1988). 따라서 우리는 유럽에서 제국적 통치를 수립하고 강요하려는 에스파냐의 헛된 노력이 계속해서 야기한 전쟁들을 보면, 왜 19세기에 비해 16세기가 절대적·상대적으로 격심한 인플레이션의 시대가 되었는지를 상당 부분 설명된다고 가정해 볼 수 있을 것이다. 역으로, 우리는 영국의 백년 평화(1815~1914)를 보면 왜 16세기에 비해 19세기가 절대적·상대적으로 격심한 디플레이션의 시대였는지 상당 부분 설명된다고 가정해 볼 수 있을 것이다.

우리의 현재 목적에서 더욱 중요한 것은, 제노바와 영국의 금융적 팽창 중에 나타나는 대립적인 가격 움직임이 — 그 이유가 무엇이건 — 서론에서 제시된 우리의 주장, 즉 가격 로지스틱스 곡선이나 "장기 (가격) 순환"이 자본주의의 체계적 축적과정에서 종별적으로 정당한 자본주의적 지표는 아니라는 주장을 지지해 주는 강력한 증거가 된다는 점이다. 이렇듯 만일 우리가 세계경제의 감제고지에 서 있는 자본주의 행위자들과 더욱 직접 연루되어 있는 상품 교역의 변화 상황을 가격 운동보다 더 정확히 반영해 보여 주는 지표를 찾는다면, 제노바 시대와 로스차일드 가 시대는 매우 유사해 보이기 시작할 것이다.

이 지표들은 〈도표 8〉과 〈도표 9〉에 제시되어 있다. 두 도표의 A는 각각 16세기 에스파냐 무역(〈도표 8〉)과 19세기 영국 무역(〈도표 9〉)의 전반적 팽창 지표들을 묘사해 준다. 두 도표의 B는 각각 16세기 제노바와 19세기 로스차일드 가에 부를 가져다 준 특정 상품 교역 — 각각 은(〈도표 8〉)과 목화(〈도표 9〉) — 의 팽창 지표들을 묘사해 준다.

모든 도표들은 우리의 실물적 팽창(MC) 국면에 상응하는 급속/가속 성장 국면과 그에 이어진 느린/속도가 떨어지는 성장 국면 — 우리의

도표 8. 16세기 교역 팽창

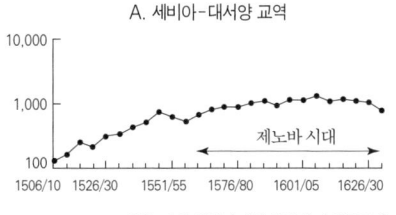
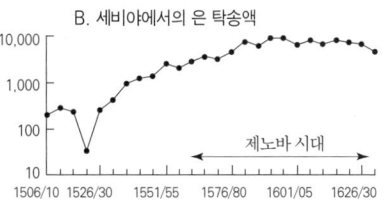

도표 9. 19세기 교역 팽창

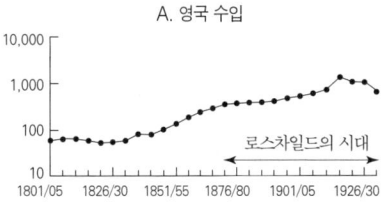
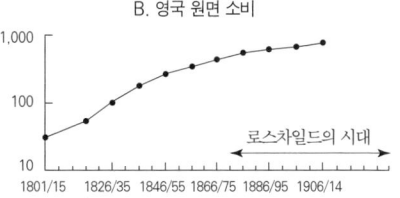

금융적 팽창(CM´) 국면 ── 으로 구성된, 공통 양상의 변종들을 보여 준다. 제1차세계대전 시기와 종전 직후 시기에 영국 수입품 가치가 급격하게 상승하였기 때문에, 〈도표 9〉의 A에서 그 양상은 다소 교란된다. 그렇지만, 우리가 1921~5년의 영국 수입의 "변칙적" 고수준을 계산의 기초로 택하더라도, 1871~5년 이후 50년간의 시계열에서 평균 성장률은 그에 앞선 50년의 평균 성장률의 절반 이하였다.

〈도표 8〉과 〈도표 9〉의 네 도표에서 드러난 공통 양상의 바탕에 깔려 있는 논리에 대해서는 이 장 마지막 부분에서 논의할 것이다. 지금은 단지 제노바 축적 순환과 영국 축석 순환의 금융적 팽창은 둘 다 세계무역

팽창이 최정점에 도달한 순간이며, 전자는 에스파냐를 중심으로 했고, 후자는 영국을 중심으로 했다는 점만 지적해 두기로 하자. 두 금융적 팽창에서 전형적으로 나타나는 대립적인 가격 추세는 이런 공통 양상을 은폐시킨다. 두 번의 순환 모두에서, 화폐자본이 세계무역 팽창에 가속적으로 투자되는 국면은 상품의 구매와 판매에서 자본가 간 경쟁의 첨예화를 낳았다. 첫번째 경우에는 구매 가격의 경쟁적 인상이 지배적이었다. 두번째 경우에는 판매 가격의 경쟁적 하락이 지배적이었다. 그러나 일반적 가격 수준에 끼친 영향이 어떠했건 간에, 경쟁이 첨예해진 결과, 현금 흐름은 무역에서 "예방적" 또는 "투기적"으로 퇴출하였다. 이는 다시 세계금융 중개에서 수익성 있는 기회가 출현한 원인이자 결과가 되었는데, 선별된 상인 은행가와 금융가 도당들(16세기 말 제노바의 노빌리 베키와 19세기 말과 20세기 초 로스차일드 가)은 이 기회를 자신에게 유리하게 장악해 전환시킬 수 있는 특별히 좋은 위치에 있었다.

그렇게 함으로써, 금융적 팽창의 주도자와 그 통치자들은 자본 수익을 줄이는 경쟁 압력을 일시적으로 완화시키고, 이로써 실물적 팽창의 종료를 전환시켜 더 광범한 서클의 자본 축적가들의 "경이적 순간"으로 바꾸어 내는 데 기여하는 경향이 있었다. 소스타인 베블런(Veblen 1978: 241)은 1873~96년 대불황 직후에 쓰기를, "불황은 우선적으로 사업가들의 애착병이다. 어려움은 바로 거기에 있다. 산업의 정체와 직공들 및 여타 계급들이 겪는 고초는 징후적 성격을 띠며 부차적 효과이다." 따라서 효과를 거두려면, "이런 곤경에 빠진 감정의 자리를 움직여 …… 이윤율을 '합리적' 수준으로 회복시키도록" 처방을 내려야 한다.

19세기 마지막 사반세기의 끔찍한 가격 경쟁은 실로 이윤을 "비합리적으로" 낮은 수준으로 끌어 내렸고, 낙관론은 불확실성과 고통감에 길을 내주었다. 바로 이런 의미에서, 1873~96년의 대불황이 신화는 아니었다. 에릭 홉스봄이 지적하듯이(Hobsbawm 1968: 104), "만일 '불황'이 영국 경제의 전망에 대해 널리 퍼져 있는——그리고 1850년 이후 세대에게는 새로운——불편하고 우울한 마음 상태를 가리키는 것이라면, 그 단어는 옳다." 그러나 그 다음에 갑자기, 그리고 마치 마술처럼,

> 상황이 반전되었다. 세기말 몇 년 사이에 가격이 다시 상승하고 이윤도 함께 상승하기 시작했다. 사업이 나아지자 신뢰도 회복되었다. 이 신뢰는 앞선 수십 년의 우울한 시기에 간혹 짧은 붐과 더불어 이따금씩 나타난 덧없는 신뢰가 아니라, 1870년대 초 …… 이래로 두드러지지 않던 일반적 도취감이었다. 모든 일이 다시 좋아진 것 같았다——비록 군사적 분란과 자본주의 "최후 단계"에 대한 마르크스주의자들의 훈계적인 언급이 있었지만. 유럽 모든 곳에서 이 시기에는 좋았던 옛 시절이라는 기억을 가지고 지냈다. 바로 에드워드 시기, 벨에포크(la belle époque)였다. (Landes 1969: 231)

말할 필요도 없이, 이윤이 "합리적" 수준 이상으로 갑자기 회복되고, 심지어 그에 뒤이어 유럽 부르주아지가 19세기 말의 병에서 빠르게 회복된 데는 어떤 마법도 없었다. 앞선 모든 체계적 축적 순환과 마찬가지로, 교역에서 철수하여 신용 형태로 가용해지고 있던 이동자본을 얻기 위해 국가들은 격심한 경쟁을 벌이기 시작하였다. 1880년대부터 시작해 유럽 강국들의 군사비 지출은 기하급수적으로 증가하기 시작했다. 영국, 프랑스, 독일, 러시아, 오스트리아-헝가리, 이탈리아를 합한 [군사비] 지출 총액이 1880년의 1억 3천 2백만 파운드에서 1900년에 2억 5백만 파운드

로, 1914년에는 3억 9천 7백만 파운드로 증가했다(Hobsbawm 1987: 350). 그리고 이동자본을 얻기 위한 국가 간 경쟁이 첨예해지자, 이윤은 회복되었다.

다른 한편, 잉여자본은 경쟁 싸움에 뛰어든 정부들의 자산과 미래 수입에 쉽고 특권적인 접근을 보장하는, 점점 더 넓은 범위의 투기 활동에서 새로운 출구를 찾았다. 이동자본을 놓고 벌어지는 국가 간 경쟁이 더 광범하고 격심할수록, 잉여자본을 통제하는 자들이 투기적 이득을 쌓을 기회는 더 커졌고, 따라서 자본이 상품 형태를 벗어나는 경향은 더욱 강해졌다. 〈도표 7〉에서 볼 수 있듯이, 에드워드 시기[1901~10]에 영국으로부터의 자본수출 물결은 그 높이와 지속 기간에서 앞선 두 번의 물결을 훨씬 넘어섰다. 투기 활동에 투자된 자본의 팽창은 〈도표 7〉에 나타난 것보다 사실 더 컸는데, 그 이유는 영국 바깥으로 실제로 유출된 자본이 종종 런던에서 모집된 유동하는 자본의 일부였을 뿐이기 때문이었다. 어쨌건, 처음에 이런 팽창에 자금을 댄 것은 의심의 여지없이 대부분 앞선 투자에 대해 해외로부터 계속해서 늘어나며 유입된 이자와 배당이었지만, 이 팽창의 점점 더 중요한 부분을 공급한 것은 국내에서 가속화한 상품자본의 화폐자본으로의 전환이었음에 틀림없다.

다른 한편, 훨씬 더 대대적으로 잉여자본이 교역과 생산에서 철수하자, 교역과 생산 밖으로 이동할 수 없었거나 그러지 않기로 선택한 기업들은 그들의 이윤폭을 삭감시킨 경쟁 압력이 줄어들었음을 깨닫게 되었다. 이처럼 상황이 완화되자, 영국의 교역 조건은 1880년대부터 꾸준히 향상되었다. 그러나 그 가장 중요한 표현은 1890년대 중반 이후 영국의 실질 임금이 전반적으로 하락한 것인데, 이는 그에 앞선 반세기 동안의 급속한 상승 추세를 반전시킨 것이었다(Saul 1969: 28~34; Barrat

Brown 1974: 표 14).

> 조직노동의 힘이라는 측면을 …… 살펴보자면, 가격이 하락하는 매우 경쟁적 상황이 전개된 시기에 노동조합은 안정적 임금과 시장통제 가격 사이에서 이윤을 압박할 수 있었다. …… 그러나 1900년 이후 덜 경쟁적 상황 하에 가격 추세가 반전되자, 강력한 노동조합들조차 다만 전체 비용과 가격 구조를 인상시킬 수 있을 뿐이었고, 가격과 이윤은 임금을 따라잡았다. 보어전쟁 기간의 상승을 제외하면, 1896년에서 1914년 사이에 실질 임금은 다소 하락하였는데, 이는 앞선 30년과 매우 대조적이었다. (Saul 1969: 33)

간단히 말하자면, 1873~96년 대공황이 "과도한" 경쟁과 "비합리적으로" 낮은 이윤 때문에 풀이 죽은, 무엇보다 사업가들의 병이었다면, 1896~1914년의 "좋은 시절"은 무엇보다 이런 병에서 회복되어 기업 간 경쟁을 누르고, 결국 수익성을 상승시켰다. 그러나 교역, 생산, 그리고 노동계급 소득의 팽창에 관해서 상승이 있었다고 말하기는 어렵다. 앞선 축적 순환의 종료 국면을 특징짓는 모든 경이적 순간과 마찬가지로, 이 순간은 소수에게만 화려했고, 그 소수에게조차 이는 단명했다. 몇 년 안에 "군사적 분란"──그것이 이동자본을 둘러싼 국가 간 경쟁을 격화시킴으로써 수익성을 부풀리는 한, 이는 유럽 부르주아지의 귀에는 음악으로 들렸다──이 파국으로 전환되었고, 19세기 자본주의는 결코 그로부터 회복되지 못했다.

이런 측면에서, 에드워드 시기 영국은 유럽 세계경제의 첫번째 금융적 팽창 중에 이미 피렌체에서 작동한 바 있던 일부 경향들을, 근본적으로 상이한 세계-역사적 상황 하에서 매우 압축적 형태로 재생산하였다. 두 상황 모두, 잉여자본이 산업에서 금융으로 대대적으로 재배치되자, 부르주아지는 부분적으로 노동계급을 희생시켜 전례 없는 번영을 구가했다. 근대 초 피렌체에서는 그 경향이 결국 금융자본에 의한 정부 장악으로 귀결되었다. 20세기 영국에서는 그 경향이 결국 노동에 의한 정부 장악으로 귀결되었다. 그러나 두 상황 모두 부르주아지의 좋은 시절은 기존 자본주의가 지양되는 신호였다.

훨씬 더 긴밀한 유사성이 발견되는 것은 에드워드 시기와 네덜란드 역사에서 "가발 시대"(periwig period)라고 알려진 시기 사이에서다. 이 시기는 네덜란드 축적 순환의 금융적 팽창 국면에 넓게 조응하고, 특히 금융적 팽창이 끝나가는 마지막 20~30년에 조응한다. 4백 년 전 피렌체와 125년 후 영국에서처럼, 홀란트에서 18세기 후반의 금융적 팽창은 광범한 "탈산업화"(조선업에서 가장 분명하게 드러난) 과정 및 노동계급 소득 감소와 결합되었다. 찰스 박서(Boxer 1965: 293~4)가 지적하듯, "상인 은행가와 부유한 금리생활자로서는 '더 이상 좋을 수 없었'지만," 그 시기의 종료기에 목격자들이 기록했듯이, "근로 생활을 주도한 사람들의 계급의 안녕은 줄곧 쇠락했다." 그리고 르네상스 시기 피렌체나 에드워드 시기 영국, 또는 같은 이유로 레이건 시기 미국처럼, 가발 시대에 홀란트 자본가로부터 전환한 금리생활자들은 오직 초단기적인 일에만 관심이 있었다. 1778년에 잡지 『데 보르헤르』(*De Borger*)가 썼듯이, "우리 [프랑스] 이웃의 격언처럼, 모든 사람들은 '내가 살아 있는 동안만 괜찮으면 되고, 그 다음에는 홍수가 나든지 말든지!'라고 말하는데, 우리는 이를 말로서가 아니라 행동으로 받아들였다"(Boxer 1965: 291에서 재인용).

네덜란드 공화국의 "홍수"는 곧이어 들이닥쳐, 1780년대 초반에서 중반의 애국자혁명 —"그 본질이 충분히 인식되지 못했지만, 유럽 대륙 최초의 혁명이고, 프랑스혁명의 전사(前史)였다"(Braudel 1984: 275/브로델 1997: 382) —, 그 다음의 오라녜 가 반혁명, 그리고 나폴레옹 하에서 공화국의 최종 쇠락으로 이어졌다. 물론 에드워드의 벨에포크 이후에 영국에서는 그런 일이 발생하지 않았다. 반대로, 제1차세계대전의 승리는 영국 영토 제국의 더 한층의 확대로 귀결되었다. 그렇지만, 제국의 비용은 그 수익을 훨씬 뛰어넘어, 결국 제2차세계대전 이후에 노동당 정부에 의한 제국 해체의 기틀을 마련하게 되었다. 그러나 제국이 해체되기 이전에도, 1931년 영국 파운드화의 금 본위제가 붕괴한 것은 세계화폐에 대한 영국 통제력의 최종적 위기를 알렸다. 폴라니가 지적하듯이(Polanyi 1957: 27), "금실이 끊어진 것은 세계혁명의 신호였다."

자본주의와 영토주의의 변증법

제프리 잉엄이 지적했듯이, 나폴레옹전쟁을 종식시키고 자유무역/금 본위제 체제를 수립한 개혁의 촉진자들이 염두에 둔 특정한 경제적 이해관계가 있었다면, 그것은 네덜란드와 프랑스 상업을 포획함으로써 성장하고 번영해 온 영국 집산지 무역의 이해관계였다.

> 허스키슨〔무역이사회 대표〕은 그런 정책이 영국을 19세기의 베네치아로 만들어 줄 것이라고 믿었다. 아이러니하게도 영국의 집산지 역할을 비판한 사람들이 나중에 동일한 비교를 상기시켰다. 19세기 말 많은 논자들이 지적한 점은, 베네치아가 너무나 불안전하고 통제할 수 없는 중상주의 활동에 부와 권력의 기반을 두었기 때문에 쇠퇴하였다는 것이

었다. 그들은 강력한 국내 생산 기반을 건설하는 편이 훨씬 낫다고 주장했다. (Ingham 1984: 9)

19세기 중엽 무역 대팽창의 전과 후 모두 당대 사람들은 이렇듯 영국 자본주의를 오래된 형태의 집산지 자본주의의 새로운 변종으로 생각하였다. 이는 실로 영국과 초기 네덜란드 축적체제 사이에서 발견되는 주된 유사성이었다. 네덜란드체제처럼 영국체제는 여전히 상업·금융 중개의 원리 위에 서 있었다. 이 원리란 다시 말해서, 되팔기 위해 사고, 내보내기 위해 받아들이고, 전세계에 다시 공급할 수 있기 위해 전세계로부터 공급받는다는 원리이다.

세계경제의 어음교환소로서 잉글랜드의 역할은 "세계의 공장"으로서의 그 역할보다 앞섰고, 그보다 더 오래 지속되었다(Rubinstein 1977: 112~3). 산업혁명과 나폴레옹의 제국적 시도의 실패는 다만 영국 집산지 자본주의의 범위를 공고화하고 팽창시켰을 뿐이다.

국내에서의 산업혁명이 워털루전쟁 이후 해외에서 영국의 전지구 헤게모니에 대한 모든 장애나 경쟁의 파괴와 결합된 결과, 일반화된 국제 자유무역 내에서 영국 제조업자들이 압도적 우위를 차지한 매우 새로운 형태의 세계경제가 출현하였다. 공통망 속에 끌려 들어온 훨씬 더 많은 국가와 지역들 사이의 상업교환의 밀도가 증폭되자, 그 흐름을 이끌 중앙 교환대의 기능적 필요성이 지속적으로 커졌다. 독립적 정치 단위들로 분절된 세계경제 공간 내에서, 다자적 거래의 정규적인 재생산은 보편적 범위를 포괄하는 적어도 하나의 주된 어음교환소의 존재에 의존했다. 영국 산업과 영국 해군은 단지 하나의 어음교환소만 있을 것임을 보증하였다. 대륙봉쇄령[3]에 의해서 고립되고 비껴나 있던 암스테르담은 결코 전시 봉쇄로부터 회복되지 못했다. 홀란트가 침몰하고 프랑스가 패배하자, 1815년 이후 영국에 맞설 수 있는 경합자는 없었다. (Anderson 1987 : 33 ; 강조는 원문)

마이클 배럿 브라운은 19세기 영국 자본주의가 주로 그 구조와 지향에서 상업적이고 금융적이라고 특징지은 잉엄과 앤더슨의 견해에 이의를 제기하면서, 그 제국적이고 농업-산업적인 토대를 강조하였다. 세기 중반에 영국 및 세계무역의 대팽창이 시작될 무렵, 영국은 이미 전대미문의 규모와 범위를 지닌 영토 제국을 달성하였다.

레닌과 갤러거, 로빈슨, 그리고 필드하우스의 견해, 그리고 지금 또다시 잉엄과 앤더슨이 반복하는 동일한 견해와는 반대로, 이미 1850년 무렵에는 영국 제국의 대부분이 건립되었다——17세기부터 캐나다, 그리고 카리브, 마드라스, 봄베이와 케이프코스트뿐 아니라, 18세기 말 무렵이면 지브롤터, 벵골, 실론, 희망봉, 보다니 만, 페낭, 기아나, 그리고 트리니다드에서도. 그리고 여기에 1850년 무렵에는 사실상 인도 전체에 덧붙여 홍콩, 오스트레일리아, 뉴질랜드, 나탈〔현재 남아프리카 공화국의 쿠아줄루-나탈 주〕이 추가되었다. 그 시기에 더 늘어난 곳은 거의 전적으로 아프리카 대륙에 있었다. (Barrat Brown 1988 : 32 ; 1974 : 109~10, 187도 보라)

---

[3] Continental System. 나폴레옹 시기(1806~14)에 영국이 대륙에 대해 부과한 봉쇄 조치.

더욱이 이 광대한 영토 제국은 상업-금융 복합체라기보다 주로 농업-산업 복합체였다.

영국 자본이 제국에서 기본적으로 은행과 상인 역할을 수행했다고 믿으려면, 우리는 제국에 어떤 설탕과 목화 플랜테이션도, 차와 고무 농장도, 금·은·동·주석 광산도, 레버 브라더스[4]도, 석유회사도, 공인회사도, 달거티(Dalgety; 오스트레일리아의 지명)도, 영국 소유 철도와 다른 공공설비도, 해외 공장들도 없었다고 가정해야 할 것이다. (Barrat Brown 1988: 31)

이 책이 채택하는 관점에서 보자면, 잉엄 및 앤더슨의 관점과 다른 한편의 배럿 브라운의 관점 사이에는 어떤 실질적인 모순도 없다. 우리가 1장에서, 그리고 여기서 또다시 세번째 (영국) 체계적 축적 순환을 그리면서 강조하였듯이, 19세기 영국은 베네치아와 연합주의 발전 경로를 따랐다. 그러나 영국은 또한 에스파냐 제국 또는 더 정확히는 제노바-이베리아 자본주의-영토주의 복합체의 발전 경로 또한 따랐다. 우리가 일단 19세기 영국 자본주의 발전 경로의 이런 혼종적 특징을 인정한다면, 빅토리아 영국에 적용된 "야경 국가" 테제는 사실 더 이상 지지될 수 없게 된다. "건물 거주자의 모든 활동을 위한 기반을 마련하고, 외부의 비우호적 행동을 예의 주시할 뿐 아니라, 7대양을 효과적으로 통치하고 모든 대륙에 식민 거점을 수립한 이런 경우가 도대체 어떤 야경꾼이란 말인가?"

---

[4] Lever Brothers. 1885년 창립되어 비누생산에 주력하였으며, 20세기 초 유럽 각국에 자회사를 설립하고, 콩고와 솔로몬 제도에 오일 팜 플랜테이션을 직접 운영하였다. 1930년에 네덜란드 회사와 합병하여, 최초의 근대 다국적기업인 유니레버가 되었다.

(Barrat Brown 1988: 35) 그렇지만, 19세기 영국의 "산업주의"와 "제국주의"는 베네치아와 네덜란드 집산지 자본주의의 전략과 구조의 **확대재생산**의 내적 측면이었다. 영국이 세계무역 및 금융 집산지 기능을 그 선구자들이 꿈꾸었던 것보다 더 거대한 규모로 수행할 수 있던 것은 바로 영국이 베네치아나 연합주도 하지 못한 방식으로 산업적이고 제국적이었다는 바로 그 이유 때문이었다.

왜냐하면 앞선 네덜란드 축적체제에 비교해 영국 축적체제의 "산업주의"와 "제국주의"는 첫번째 (제노바) 체계적 축적 순환에서 두번째 (네덜란드) 축적 순환으로 이행 시기의 특징과 유사한 이중 운동의 표출 ─ 전진인 동시에 후진 ─ 이었기 때문이다. 16세기 말과 17세기 초 세계적 규모의 네덜란드 자본 축적체제가 보호비용의 내부화로 구성된 전진 운동을 통해 제노바체제를 지양했던 것과 마찬가지로, 18세기 말 19세기 초 영국체제는 생산비용의 내부화를 통해 네덜란드체제를 지양했는데, 그 생산비용 내부화는 핵심적으로 산업주의로 표출되었다. 그리고 네덜란드체제가 보호비용을 내부화하면서 제노바체제가 지양한 베네치아의 국가독점자본주의의 조직구조를 부활시키는 후진 운동을 거친 것과 마찬가지로, 영국체제는 생산비용을 내부화하면서 네덜란드체제가 지양한 이베리아 제국주의와 제노바 세계시민주의 금융자본주의의 조직구조를 부활시켰다.

"생산비용의 내부화"를 통해 우리는 생산 활동이 자본주의 기업의 조직 영역 내로 들어와 그 기업들에 전형적인 경비절감 경향에 종속되는 과정을 이해할 수 있게 된다. 물론 생산 활동에 특화한 자본주의 기업들은 영국 축적 순환이 도약하기 오래 전부터 존재해 왔다. 그러나 이런 종류의 기업들은 제노바 축적 순환과 네덜란드 축적 순환을 형성하는 데 어떤 역할도 하지 못했거나, 부차적이고 종속적 역할만 했을 따름이다. 제노바 순환과 네덜란드 순환의 선도적 자본주의 기업들은 전형적으로 원거리 무역과 고도금융——브로델(Braudel 1982: 4장/브로델 1996)이 자본주의의 "자기 영역"이라고 부른——에 종사하였고, 생산 활동을 가급적 최대한 그들 조직 영역 밖으로 밀어냈다. 이에 비해 영국 순환에서는 생산과정의 조직화 및 합리화에 집중적으로 연루된 자본주의 기업들 위에 자본축적의 토대가 놓이게 되었다.

이런 자본주의 세계경제의 새로운 "조직 혁명"의 속성과 수준을 평가할 때, 종종 생각되듯이 "교역"과 "생산" 사이의 구분이 그렇게 분명하지는 않다는 점을 염두에 두는 것이 중요하다. 교역이 하려는 모든 일은 공간과 시간상의 재화의 자리바꿈인데, 이는 우리가 좁은 의미의 생산으로 이해하는 작업, 즉 자연에서 재화를 추출하고 그 형태와 실체를 변경하는 작업만큼이나 인간의 노력을 필요로 하고, 그만큼 사용가치("효용")를 추가할 수 있다. 아베 갈리아니가 썼듯이, "수송은 일종의 제조업이다"(Dockés 1969: 321에서 재인용). 그러나 이는 보관의 경우에도 마찬가지이고, 그리고 이는 인간의 노력을 필요로 하고 또 시공간적으로 다시 자리바꿈한 재화가 다른 경우보다 잠재적 구매자에게 더 유용할 수 있게 해주는, 교역과 관련된 모든 여타 활동들의 경우에도 마찬가지이다. 이런 광범한 의미의, 또는 심지어 앞서 언급한 좁은 의미의, 일종의 생산과 결합되지 않고서 수행될 수 있는 교역 활동은 거의 없다.

원거리 무역에 특화한 자본주의 조직들은 항상 일종의 생산 활동에 연루된다. 보관과 수송 외에도, 이들 조직들은 종종 그들이 팔고 사는 재화에 대한 다소의 가공에, 그리고 적어도 보관, 수송, 그리고 상품 가공이 요구하는 다소의 수단과 설비를 만들어 내는 일에 종사하였다. 이들 활동

중 아마 가장 중요한 것은 조선업일 텐데, 특히 이는 자신들 교역에 필수적인 보호를 자급자족적으로 "생산"한 베네치아와 연합주 같은 자본주의 조직들에게 중요하였다. 게다가, 원거리 무역에 특화한 자본주의 조직들은 배타적 교역 수단으로서 또는 그들 구성원들에게 돌아오는 잉여자본의 "보관처"로서, 특히 적절한 재화(보석과 주화, 고급 방직제품과 여타 사치품, 예술작품 등등)의 제조에 종사하거나 그것을 긴밀히 감독하였다. 그러나 제노바 순환과 네덜란드 순환의 자본주의 조직들은 이런 활동 이외에는 가능한 한 생산을 회피하였다.

> 베네치아, 제노바, 암스테르담은 해외무역을 통해서 확보한 밀, 기름, 소금, 육류 등을 소비했고 목재, 원재료, 심지어 그들이 사용하는 수공업 제품까지 모두 외부에서 들여왔다. 이들이 볼 때에는 이것들이 어디에서 생산되었든 혹은 그것들이 어떤 방식으로 생산되었든—근대적인 방식이든 구태의연한 방식이든—중요하지 않다. 이들에게 중요한 것은 단지 그들의 대리인이나 현지 상인이 그들의 의도대로 상품들을 잘 수집하느냐, 그리하여 유통의 최종단계에서 그들이 이 상품들을 확실하게 확보할 수 있느냐는 것이다. 이들이 생존을 위해서나 혹은 사치를 위해서 필요로 하는 1차 산업 분야의—전부는 아니라고 해도—핵심적인 부분은 외부에서 수행되므로 이들은 그 상품들을 생산하는 경제적·사회적 어려움을 피하면서도 그것을 사용할 수 있다.(Braudel 1984: 295/브로델 1997: 411)

브로델은 이 주장을 부분적으로 한정하기 위해서 곧바로 이들 도시가 그런 생산의 외부화의 이점보다 단점을 더 의식하곤 했다고 덧붙인다.

"모든 지배적인 대도시들은 자신들의 삶을 외부에 의존하고 있다는 걱정에 싸여서(사실 이들이 가진 돈의 힘이 그러한 의존상태를 거의 아무런 문제가 없는 것으로 만들고 있음에도 불구하고) 자기 영토를 늘리고 농업과 공업을 확장하기 위해서 노력을 아끼지 않는다." 그 결과, 이탈리아 도시국가들, 그리고 나중에 홀란트는 다음과 같은 특징을 가지게 되었다. "1) 그들의 시골 주민들과 도시 주민들 사이에서 대단히 '근대적인' 관계를 유지하고 있고, 2) 농업이 존재하는 곳에서는 수익성이 높은 재배가 우선적이고 따라서 자본주의적인 투자를 필요로 하게 된다 …… 3) 대개 번영하는 사치품 산업을 가지고 있다"(Braudel 1984: 295~6/브로델 1997: 411~2).

사실 이탈리아 도시국가들과 홀란트가 국내 생산에 이처럼 연루되었음을 설명하기 위해 이들이 해외 국가들에 대한 의존에 집착하였다고 가정할 필요는 없다. 사치품 산업의 경우, 그 수익성 그리고 그 발전에 따른 사회 문제가 없다는 사실 자체가 그것을 추진할 좋은 이유가 된다. 환금 작물로 말하자면, 자본주의 도시에 축적된 거대한 부가 도시 주민을 위한 식량 생산을 목표로 한 상업적 농업을 인근 농촌 지역에 존속시켰다는 것은 당연할 따름이다. 그리고 자본주의 중심지들이 전략적 이유나 경제적 이유 때문에 조만간 이들 인근 농촌 공간을 그들의 정치권역 내로 병합하고, 그 상업화와 근대화를 촉진하게 될 것 또한 마찬가지로 당연한 일이다.

더욱이 농촌 공간이 자본주의 중심지의 영역 내로 사실상 또는 법률상 병합되면, 농업에 대한 자본 투자는 예술작품과 여타 내구성 사치품에 대한 투자와 유사한 기능을 수행하게 된다. 즉 원거리 무역과 고도금융에서 만들어지고 있지만 그 수익성을 손상시키지 않고서는 이런 활동들에 재투자될 수 없는 그 이윤을 "보관하는" 기능 말이다. 그래서 요즘처럼, 이런 잉여자본 중 상당 부분은 투기와 과시소비로 흘러드는 경향이 있었다. 그리고 요즘처럼, 자본주의 도시들 자체 내에서 부동산 투자는 투기와 과시소비를 결합하는 가장 중요한 수단이었다. 그러나 자본주의 도시들에 의한 병합과정에 있었거나 그런 과정에 있던 농촌 공간의 상업화와 "젠트리화"에 투자하는 일은 도시 부동산 투자의 보완 또는 대체물로서 유사한 역할을 할 수 있었고 또 그랬다.

자본주의 도시들이 가능한 한 생산의 경제적·사회적 비용을 외부화하는 경향의 예외가 조선업, 사치품, 건설, 그리고 "근대" 농산업에만 해당한 것은 아니었다. 어떤 시기에, 심지어 오랜 시기 동안 일부 도시국가들은 이런저런 제조업에 종사했다. 그리하여 브로델 자신이 1450년 이후 베네치아가 광범하고 다각적인 제조업 장치를 발전시키기 시작했다고 지적하고는, 이어서 주요 상업 집산지가 제조업으로 전환하는 것은 필연적이라고까지 주장하고 있다. 그러나 이렇게 말한 뒤 그는 서둘러서, 이런 경향이 "적어도 18세기까지 상업자본주의가 산업자본주의에 대해 우위에 있었다는" 사실에 심각한 도전이 되는 것은 아니라고 덧붙인다. 베네치아에 관한 한, 진정한 산업적 팽창이 발생한 것은 1580년에서 1620년 사이가 되어서였다. "대체로, 공업은 분위기가 우호적이지 않았을 때 평형추이자 보완책으로서 베네치아의 번영에 훨씬 늦게 공헌한 듯 보이는데, 상황은 …… 1558~9년 안트베르펜과 매우 유사했다"(Braudel 1984: 136/브로델 1997: 185).

우리가 살펴보게 되듯이, 베네치아 산업화에 대한 이런 관점을 공유할 충분한 이유가 있다. 그렇지만, 비농업 채굴 및 가공 활동에 연루된 것으로 아주 단순하게 이해된 "산업"은 뒤늦게가 아니라 아주 이르게 당시 다른 도시국가들의 번영에 기여했다. 그리고 그것은 결코 주요 상업 집산지가 제조업으로 전환하게 된 경향의 결과는 아니었는데, 왜냐하면 이런 다른 도시국가들이 처음부터 주요한 상업 집산지는 아니었기 때문이다. 밀라노와 피렌체가 그런 경우였는데, 13세기 말에서 14세기 초 범유럽적 무역 팽창 시기에 그들의 부는 대체로 공업 생산 특화에 — 밀라노는 금속제품 생산에, 피렌체는 방직제품 생산에 — 기반하였다. 그리고 구조와 지향점 면에서 밀라노의 금속생산이 대체로 장인생산이었던 데 비해, 피렌체의 방직생산은 이윤 형성을 위해 임금 노동을 대량 고용하여 수행되었다는 점에서 완전히 자본주의적 생산이었다.

그래서 주도적 자본축적 중심지들이 생산비용을 외부화하는 경향을 갖는다는 브로델의 테제는 13세기 말 14세기 초 범유럽적 무역 팽창의 끝 무렵에만 유의미성을 갖게 된다. 그 팽창 이전과 그 팽창 중에는 가장 선진적 형태의 자본주의 기업들 — 그것이 공업, 상업, 또는 금융이건 간에 — 은 모두 중심지에서 직접적으로 생산과정과 연관해 발전하였으며, 그것은 피렌체와 다른 토스카나 도시국가들에서 가장 두드러졌다. 그러나 팽창이 점차 소멸하자, 자본주의와 공업 간의 이런 결합 대신 분리가 자리를 차지했다. 그리고 14세기에 가장 신속하게 공업 생산으로부터 이탈이 진행된 곳은 가장 선진적 형태의 자본주의 기업이 존재했던 피렌체였다.

그 결과 노동계급의 소득이 삭감되었고, 첨예하고 오래 지속된 계급 투쟁의 물결이 일어났는데, 그 정점은 치옴피〔Ciompi; 길드에서 배제된 하층 방직 노동자〕가 1378년 정부 권력을 장악한 것이었다. 그러나 노동계급의 반란과 혁명도 피렌체 자본이 공업에서 금융으로 이전되는 것을 막을 수 없었고, 막지도 못했다. 그런 반란과 혁명은 공업과 자본주의의 결혼에 얽힌 사회 문제를 부각시킴으로써, 오히려 그 이혼을 촉진하고 금융자본이 피렌체 도시국가와 유럽 세계경제 전체의 지배적 통치구조로 등장하는 길을 닦았다. 이처럼 세계체계로서 역사적 자본주의는 공업과의 결혼이 아니라 이혼에서 탄생하였다.

세계체계로서 역사적 자본주의 탄생의 획을 긋는 생산으로부터의 이탈이 자본축적의 모든 중심지나 이런 중심지의 모든 활동 영역에 연관되는 것은 아니라는 사실을 설명하려면 브로델의 테제를 좀더 한정하여야 한다. 14세기 말 15세기 초 금융적 팽창은 이탈리아 도시국가 하위체계와 더 광범한 유럽 정치체계 양자 모두의 일반화한 전쟁 상태에서 발생했다. 이런 상황이 군수산업과 금속산업에 대단히 수익성 높은 기회를 제공하였기 때문에, 피렌체는 탈산업화한 반면, 밀라노는 그렇지 않고 계속해서 유럽 전체를 위한 갑옷생산의 혜택을 누렸다.

더욱이, 특정 도시나 활동영역에서 생산으로부터 이탈 정도는 종종 전쟁형성과 국가형성 활동의 부침에 의존했다. 투린 강화조약(1381년) 이후 제노바를 희생시킨 대가로 베네치아 수중에 레반트 무역이 집중되었다는 것은 집산지-연관 생산이 베네치아보다 제노바에서 훨씬 더 수축되었음을 뜻했다. 동시에 "이탈리아" 백년전쟁 와중에 밀라노, 베네치아, 그리고 피렌체의 영역 내로 농촌 공간이 병합되었다는 것은 이들 도시국가에서 공업 생산의 현황과 무관하게 농업 생산이 증가하였음을 뜻했다. 그리고 베네치아와 피렌체처럼 잉여자본의 점점 더 큰 부분이 화폐형성에서 국가형성으로 전환된 도시들에서는 건설 산업의 생산이 팽창하였다. 이렇듯 피렌체에서 방직산업의 수축으로 형성된 노동 예비군은 르네상스의 "비공식적", 즉 규제되지 않은 건축 붐의 토대가 되었다.

그러나 모든 점을 고려해 보자면, 14세기 말 15세기 초 금융적 팽창의 주요 추동력은 가장 선진적인 자본주의 기업 형태들이 생산으로부터 분리되는 방향으로 나아간 것이었다. 금융적 팽창 중에 이런 경향이 뚜렷하게 드러나지 않았던 이유는, 이 경험이 도시국가들 체계에 고르게 나타난 것은 아니라는 사실, 그리고 그보다 훨씬 더, 그것이 밀라노와 베네치아——유럽 정치에서 열강으로 등장한 두 도시국가——에서 가장 약했다는 사실 때문이었다. 그러나 뒤이은 한 세기 반의 추세가 보여 주듯이, 국가권력과 산업주의는 자본의 자기 팽창에서 신뢰할 수 없는 지표였다. 15세기 끝 무렵부터 시작해 16세기에 걸쳐 더 분명해졌듯이, 주로 도시국가들——베네치아를 포함해——에서 조직된 부르주아지는 유럽 세계경제의 지배적 자본가계급 역할 수행을 중단하였다. 점점 더 이 역할을 맡게 된 것은 세계시민주의적 "네이션"으로 조직된 해외 거주 부르주아지였으며, 이들은 고도금융과 원거리 무역에 특화하였고, 영토주의 조직들에 생산을 맡겼다. 이런 "네이션들" 중에 베네치아 부르주아지가 없었다는 점이 두드러졌고, 밀라노 부르주아지는 부차적이고 전적으로 종속적 역할을 맡았을 뿐이다. 그러나 자본주의가 생산에서 분리되는 경향이 가장 강력했던 피렌체와 제노바의 해외 거주 부르주아지는 16세기 전체에 걸쳐 유럽 고도금융과 원거리 무역을 지배한 "네이션들" 체계의 가장 두드러진 두 구성원으로 등장했다.

이런 새로운 체계의 조건 하에서 브로델이 주장하듯, 16세기 말 베네치아가 급속히 공업 생산에 뛰어든 것은 실로 그 도시의 치유불가능한 상업적 쇠퇴의 "평형추", 즉 보완물이었던 것으로 보인다. 무엇보다 바로 이 급속한 산업화 시기에, 정부조직보다는 사업조직으로서 베네치아는 앞서 거둔 대단한 성공의 희생물이 되었다. 제노바에 대한 베네치아의 해상 승리, 테라페르마의 정복, 북부 이탈리아 세력균형의 지배, 이 모든 것이 결합되어 14세기 말 15세기 초 베네치아는 그 정부 기구와 사업 기구를 재조직하고 구조조정할 필요 없이도, 지속되는 세계경제의 불황 효과를 흡수할 수 있었다. 그렇지만 개혁되지 않은 베네치아 국가독점자본주의 제도들은 매우 특화된 세계시민주의적 자본가계급(이른바 "네이션들")과 또 동등하게 특화된 영토주의 국가들 사이의 동맹으로 형성된 뒤이은 강력한 자본주의-영토주의 복합체가 제기한 도전에 효과적으로 대응할 수 없었다.

이런 두 종류 조직 사이의 분화와 교환은, 영토주의 국가들이 보호의 생산을 포함한 생산과 단거리 무역을 관할하고, 자본주의 "네이션들"이 초국가적 화폐규제와 대부분의 원거리 무역을 관할하는 분업에 기반해 있었다. 이런 지배적 구조 속에서 베네치아는 이도 저도 아니어서, 강력한 자본주의 "네이션"도 강력한 영토주의 국가도 아니었다. 베네치아는 지나간 자본주의 도시국가 시대의 잔재였다. 16세기 말 무렵이 되면, 정부 조직으로서 베네치아는 유럽 정치에서 아직 상당한 영향력을 지니고 있었지만, 사업 조직으로서는 그저 피아첸차 정기시에서 제노바체계의 톱니에 불과했다. 왜냐하면 이 체계는 베네치아 공업이 생산한 국제수지 흑자를 계속해서 수단으로 전환시켜, 제노바는 그것을 통해 안트베르펜에서 계약(asientos)을 획득하고 그것으로 세비야에서 거래되는 아메리카 은에 대한 더욱 배타적 통제권을 확보하였기 때문이다. 제노바는 다시 베네치아 국제수지 흑자의 잉여를 더욱 확고하게 장악할 수 있게 되었다. 그렇게 계속되어, 베네치아의 산업 팽창이 점점 더 제노바 자본의 자기 팽창수단이 되는, 순환적이고 누적적인 끝없는 인과성과정이 형성되었다(2장을 보라).

바로 이런 역사적 맥락 속에서, 19세기에 영국 자본주의의 토대는 여러 가지 점에서 베네치아가 직면했던 것과 유사한 매우 곤란한 상황에서 벗어나려는 영국의 노력을 거쳐 마련된 것이었다. 16세기 베네치아와 마찬가지로 영국은 이도 저도 아니어서, 에스파냐나 프랑스와 성공적으로 경쟁할 만큼 강력한 영토주의 조직도, 제노바나 피렌체 "네이션"과 성공적으로 경쟁할 만큼 강력한 자본주의 조직도 아니었다. 그러나 이도 저도 아니라고 해서 같은 부류에 속함을 뜻하는 것은 아니다. 그와 반대로, 16세기에 베네치아와 잉글랜드는 근본적으로 상이한 발전 경로를 향해 "나아가고" 있던 상반된 유형의 조직이었고, 다만 각각의 목적지를 향해 나아가다 잠시 스쳐 지나친 적이 있었다.

베네치아가 과거 성공의 희생물이 된 자본주의 국가였던 반면, 잉글랜드는 그 과거 실패의 희생물이 된 영토주의 조직이었다. 과거 성공이 영토 병합으로 이어졌고, 베네치아 부르주아지를 귀족으로 바꾸어 놓았는데, 이 때문에 베네치아는 영국 같은 작은 영토주의 국가를 닮게 되었다. 과거 실패가 영토의 한정성으로 이어졌고, 잉글랜드 귀족을 부르주아지로 바꾸어 놓았는데, 이 때문에 잉글랜드는 베네치아 같은 큰 자본주의 국가와 닮게 되었다. 16세기 말 17세기 초에 두 국가 모두 빠른 산업 팽창을 겪었다는 사실 때문에 베네치아와 잉글랜드의 외견상의 유사성은 더 커졌다. 그러나 우리가 알듯이, 이런 모든 외견상의 유사성은 매우 기만적이었는데, 이후 3세기 동안 잉글랜드는 세계지도를 계속 바꾸어 세계에 유례가 없는 가장 강력한 영토주의 국가인 **동시에** 자본주의 국가가 된 반면, 베네치아는 남은 모든 힘과 영향력을 잃고 마침내 처음에는 나폴레옹에 의해 그리고 이어서 빈 강화조약(Peace of Vienna)에 의해 유럽의 지도에서 사라졌다.

이처럼 17세기와 18세기 베네치아와 잉글랜드의 권력 궤적이 근본적으로 달라진 것은 부분적으로는 지리적 문제 때문이었다. 세계상업의 교차로가 지중해 동부에서 이전해, 아메리카 및 아시아 공급물자와 발트 해 공급물자와 만나는 영국 해협으로 옮겨가자, 잉글랜드에게는 상업 및 해양 팽창의 독특한 기회가 열린 반면, 베네치아에게는 그런 기회가 닫혔다. 그러나 브로델이 말했듯이(Braudel 1984: 523/브로델 1997: 728~9), "지리가 열어 주는 가능성을 받아들이는가 아닌가는 역사가 결정하는 것이다." 특권적인 지리적 위치의 선물을 잘 활용하기 위해서 잉글랜드는 그 통치계급이 우선 지리적 난점을 우위로 전환하는 법을 배우고 이어 그 우위를 활용해 모든 경쟁자들을 제거하기 시작하는, 오랜 역사적 과정을 겪어야 했다.

이 오랜 역사적 과정은 장미전쟁(1455~85)으로 알려진 유혈적 반목과 더불어 시작했으며, 이는 백년전쟁 종료기에 프랑스에서 영국이 몰려난 결과 발생하였다. "일단 승리를 거둔 국왕의 권위가 이제 더 이상 고위 귀족을 한데 묶어 두지 못하자, 중세 말 전쟁 기계는 내부로 돌아서, 대귀족들 사이의 반목으로 말미암아 잔인무도한 가신들과 계약에 묶인 군사 집단들이 농촌 전역에서 횡행하게 되었고, 또한 왕위를 노리는 찬탈자들이 서로를 물어뜯는 상황이 되었다"(Anderson 1974: 118/앤더슨 1993: 122). 이어진 피의 숙청이 불러온 가장 중요한 국내적 효과는 토지 귀족이 근본적으로 약화된 것, 그리고 승리에 찬 튜더 왕조 하에서 왕권이 공고화된 것이었다(Moore 1966: 6).

그러나 이런 왕권의 공고화와 맞물려 잉글랜드 군수제의 전반석 권력이 증가한 것은 아니었다. 반대로, 국내 전선에서 왕권 공고화가 마무리될 무렵, 대륙에서의 사태의 전개 때문에 잉글랜드 군주제는 치유불가능할 만큼 주변화되었다.

16세기 초반 무렵이 되면 주요 서구 국가들 사이의 힘의 균형이 완전히 바뀌었다. 에스파냐와 프랑스——각각 앞선 시대에 잉글랜드 침공의 희생자들——는 이제 역동적이고 공세적인 군주국이고, 그들끼리 이탈리아 정복을 다투고 있었다. 잉글랜드는 갑자기 양국 모두에게서 밀려났다. 세 군주국 모두 대체로 비슷한 내적인 공고화를 달성했지만, 바로 이런 균등화 때문에 그 시대의 두 거대 대륙 강국의 자연적 우위가 처음으로 결정적이 될 수 있었다. 프랑스 인구는 잉글랜드의 네다섯 배였다. 에스파냐는 아메리카 제국과 유럽 속령을 제외하고도 잉글랜드 인구의 두 배였다. 그 시기 계속된 전쟁에 대비해 두 나라 모두 근대화된 군대를 영구적 기반 위에서 발전시킬 지리적 필요성이 있다는 점 때문에, 이런 인구학적·경제적 우세는 더욱 강화되었다. (Anderson 1974: 122~3/앤더슨 1993: 127)

잉글랜드 군주제는 결코 이런 유럽 정치의 주변성의 조건으로 물러앉지 않았다. 헨리 7세 하에서 신중한 현실주의가 팽배했지만, 그렇다고 그런 현실주의 때문에 프랑스 군주제에 대한 랭커스터 왕가의 주장을 되살리고, 발루아 왕가의 브리타니 흡수를 막으려 싸우고, 카스티야 계승권을 얻으려 노력하는 일이 중단된 것은 아니었다. 헨리 8세가 보좌에 앉자마자, 실지 회복의 단호하고 지속적인 노력이 시작되었다. 독일에서 대규모의 근대적 부대를 충원한 새 왕은 스코틀랜드에 대한 전쟁을 개시하였고, 북부 프랑스에서 발루아-합스부르크 전쟁에 군사적으로 개입하기 시작했다. 1512~4, 1522~5, 1528년의 왕위계승전쟁에서 성과를 거두지 못했을 때, 헨리 8세는 부분적으로는 좌절에 빠져서 그리고 부분적으로는 오산하여 로마와 갑자기 결별하였다. "잉글랜드는 이탈리아를 놓고 벌어진 프랑스-에스파냐의 투쟁에서 뒷전으로 밀려났다. 무능력한 방관자였고, 그 이해관계는 로마 교황청에서 어떤 무게도 갖지 못했다. 이러한 사실을 알고 놀란 신앙의 수호자[the Defender of the Faith; 헨리 8세를 가리킴]는 종교개혁으로 돌진하게 되었다"(Anderson 1974: 123~4/앤더슨 1993: 128~9).

로마와의 결별은 국내에서 왕권을 더욱 공고화시켜 주었다. 특권적 지주이자 선거권 보유자(franchise-holders)인 대성직자들은 정치적으로 왕의 신하가 되었다. "교회에 대한 왕의 권위는 의회에서 왕의 권위가 되었다"(Hill 1967: 21). 재정적으로, 앞서 로마로 보내졌던 수익이 잉글랜드 왕실로 돌려졌다. 햇걷이, 십일조, 그리고 군주 토지에서 국왕의 연순수익은 두 배 이상 늘었고, 군주 토지가 양도되지 않았다면 증가분은 더욱 상당했을 것이다(Dietz 1964: 138~40; Hill 1967: 21).

엄청나긴 했지만, 이런 횡재는 곧바로 새로운 군사적 모험 속에서 흔적도 없이 사라져 버렸다. 헨리의 마지막 주요 행동——1540년대의 프랑스와 스코틀랜드에 대한 전쟁——은 어마어마한 비용이 드는 사건으로, 2백 13만 5천 파운드나 지출했다. 이를 갚기 위해 잉글랜드 왕실은 강제공채[전시 등에 정부가 발행하여 국민에게 응모를 강제하는 공채]와 거대한 통화가치 절하에 의존해야 했을 뿐 아니라, 군주 영지를 엄청난 저가로 가속적으로 양도하는 데도 의존해야 했다(Kennedy 1987: 60; Dietz 1964: 7~14장). 그 즉각적 결과는 소년왕 에드워드 6세와 메리 튜더의 짧은 재임 기간 중에 정치적 안정성과 튜더의 권위가 급속히 쇠락한 것이었다. 심각한 농촌 소요와 반복되는 종교 위기라는 특징을 띤 급속히 악화되는 사회적 맥락 속에서, 궁정에 대한 통제권을 놓고 영토귀족들 사이에서 투쟁이 재개되었고, 영국이 보유한 대륙의 마지막 발판(칼레)이 프랑스에게 넘어갔다(Anderson 1974: 127~8).

그러나 퇴락은 단지 일시적이었으며, 이 퇴락으로 잉글랜드는 자극을 받아, 세계상업의 주된 교차로에 서 있는 섬나라 위치의 이점을 인식하고 제대로 활용하는 과정을 완수해 갈 수 있었다. 16세기 후반에 헨리 8세의 "모험주의"를 엘리자베스 1세의 "현실주의"가 지양하였으며, 엘리자베스 1세는 즉각 영국 힘의 한계를 인정했다. "자신의 국가가 유럽의 어떤 실질적 '초강대국'에도 필적할 수 없기 때문에, 엘리자베스는 외교를 통해 잉글랜드의 독립을 유지하려 애썼고, 잉글랜드-에스파냐 관계가 악화되었을 때조차 해상에서 펠리페 2세에 대항한 '냉전'이 수행되도록 애썼는데, 이는 적어도 경비를 절감하는 것이었고 때로는 수익성이 있기도 했다"(Kennedy 1987: 61).

전쟁형성에서 비용을 절감하려는 엘리자베스의 행위가 대륙에서 군사적 개입을 배제하는 것은 아니었다. 그런 개입은 계속되었지만, 그 목적은 에스파냐의 연합주 정복, 저지대 국가에서 프랑스의 발판 마련, 또는 프랑스에서 가톨릭 동맹의 승리 등을 저지하는 것 같은 엄밀하게 소극적인 목표로 바뀌었다(Anderson 1974: 130/앤더슨 1993: 136). 엘리자베스의 압도적 관심사는 그것이 프랑스처럼 오래된 적국의 힘을 지탱함을 뜻할지라도, 대륙의 세력균형을 변화시키기보다는 유지하는 것이었는데, 왜냐하면 "언제건 프랑스 최후의 날이 도래하면, 그것은 또한 잉글랜드 몰락의 전야가 될 것이기 때문이었다"(Kennedy 1976: 28에서 재인용).

엘리자베스의 현실주의와 전쟁형성에서의 신중한 행동도 잉글랜드 국가의 영토주의적 성향을 감소시키지는 못했다. 영토주의는 단지 본국 가까이로 방향을 틀었을 따름인데, 본국에서 영토주의는 아직 여러 개의 정치 공동체로 분열되어 있던 브리튼 섬을 완전히 하나로 융합시켰다. 스코틀랜드처럼 힘관계 측면에서 볼 때 군사 정복 비용이 많이 들고 위험한 곳에서는 평화적 수단으로 융합이 추구되었는데, 즉 인적인 통일을 형성하여, 엘리자베스 사망 시 잉글랜드와 스코틀랜드가 통합되도록 만들었다. 그러나 힘관계가 유리한 곳에서는 어떤 제약도 없이 폭력적 수단에 의존했다.

> 대륙의 주도적 군주국에 정면 대결할 수 없었던 엘리자베스의 팽창주의는 가난하고 원시적인 아일랜드 씨족사회에 최대 규모의 군대를 쏟아부었다. …… 아일랜드 사람들이 채택한 게릴라 전술에 대해 영국은 무자비한 절멸 정책으로 맞섰다. 9년 동안 계속된 전쟁 후에, 마침내 영국군 사령관 마운트조이가 모든 저항을 분쇄하였다. 엘리자베스가 죽자 아일랜드는 군사적으로 병합되었다. (Anderson 1974: 130~3/앤더슨 1993: 137~9)

그러나 잉글랜드의 팽창주의는 또한 대양들과 유럽 외부 세계를 향했다. 처음부터 잉글랜드는 1500년경 유럽 해양세력을 혁명화한, 소화기(firearms)를 갖춘 대형 전함을 도입하는 첨단에 있었다(Lewis 1960: 61~80; Cipolla 1965: 78~81). 그러나 잉글랜드 해군을 모양새 있는 세력으로 전환시킨 것은 대륙 세력 투쟁의 주역이 되려 한 헨리 8세의 성과 없는 노력 덕이었다(Marcus 1961: 30~1). 엘리자베스는 에스파냐 무적함대에 맞서 안전을 확보해야 할 바로 그 적절한 시점에 왕립함대를 더욱 확대하고 합리화했다. 1588년 무적함대가 패배했을 때, "엘리자베스 1세는 유럽 역사상 최강 해군의 여주인이었다"(Mattingly, Anderson 1974: 134/앤더슨 1993: 141에서 재인용).

잉글랜드 해상권력의 이런 급속한 팽창은 잉글랜드 상인, 해적, 사략선원(私掠船員)의 공헌이 없었다면 불가능했을 것인데, 이들은 종종 같은 인물이었다. 이들 사적 세력은 "해외 식민 제국까지 광대한 해상 통로를 쳐들어가, 엄청난 전리품을 획득했고, 조선업과 선박조종술에서 우세를 떨쳤는데, 이로써 이들은 진정한 바이킹의 후예가 되었다. 엘리자베스는 주의 깊게 책략을 펼쳐, 필요하면 그들을 부인하면서도 소리 없이 그들이 목적을 달성하도록 했다"(Dehio 1962: 54~6).

해상에서 사적 폭력 사용에 대한 이런 암묵적인 지지는 결정적인 1588년 영국-에스파냐 대치에서 성과를 거두었다. 엘리자베스는 무적함대와 싸운 전투에서 자기 군대보다 거의 다섯 배나 많은 경험이 있는 사적 선원들에게 방위를 맡길 수 있었다. "백여 차례의 행동에서 하나로 뭉친 …… 이들 사적 선원들은 프랜시스 드레이크를 우두머리로 한 잉글랜드의 새로운 해상 전위대였으며, 이는 영국이 약탈자의 시대에서 대해군력의 시대로 이행하는 것을 구현했다"(Dehio 1962: 56).

엘리자베스는 이 이행을 적극적으로 장려했는데, 왕립함대를 확대하고 팽창함으로써, 그리고 해적질과 사략행위를 암묵적으로 지지함으로써만 그랬던 것은 아니다. 엘리자베스는 네덜란드보다 앞서 공인합자회사를 설립함으로써 제노바의 마오네(maone) 전통을 되살렸는데, 이는 나중에 잉글랜드 무역·권력망의 거대한 해외 팽창의 주요 토대가 되었다. 또한 이 영역에서 약탈자의 최초 공헌은 결정적이었다.

존 메이너드 케인스가 관찰했듯이, 드레이크의 '황금 암사슴' 호가 가지고 돌아온 전리품 수입(60만 파운드로 추산됨) 덕에 엘리자베스는 해외에 진 빚을 모두 갚을 수 있었을 뿐 아니라, 덧붙여서 4만 2천 파운드를 레반트 회사[5]에 투자할 수 있었다. 동인도회사의 초기 자본은 대부분 레반트회사의 이윤에서 나왔으며, "17세기와 18세기에 그 이윤은 잉글랜드 해외 사업의 주된 기초였다"(Keynes 1930: II, 156~7). 연수익률을 6.5%로 잡고 그 중 50%가 재투자되었다고 가정하면, 1580년의 4만 2천 파운드는 1700년 동인도회사, 왕립아프리카회사, 그리고 허드슨만 회사[6]의 자본 총가치를 형성하기에 충분했으며, 1913년 영국 해외투자 총량(stock)인 40억 파운드에 육박한다고 케인스는 주장한다(Knapp 1957: 438도 보라).

잉글랜드 해외 투자의 기원과 "자기 팽창"에 관련된 케인스의 관찰은 그런 국내적·체계적 팽창조건들이 이 관찰에서 말하는 3세기에 걸쳐 역사적으로 어떻게 재생산되었는지 우리에게 알려 주지는 않는다. 그럼에도 기본적으로 엘리자베스 시대에서 19세기에 걸쳐서 잉글랜드 자본의 세계적 팽창과정에 연속성이 있다는 주장은, 유일하게 이 과정만이 엘리자베스 시기에 기원을 둔 19세기 영국 자본주의의 특징은 아니라는 사실을 보여 주기 때문에 중요하다. 앞서 인용한 구절에서 케인스 자신이 지적하였듯이, 드레이크가 거두어들인 전리품의 10% 이하만이 잉글랜드 해외 투자의 자기 팽창을 개시하는 데 투자되었다. 가장 많은 몫은 엘리자베스가 해외 부채를 갚는 데 사용되었다. 게다가, 엘리자베스 통치 시절에 주조된 450만 파운드 가치의 지금(地金)은 추정컨대, 에스파냐에서 약탈한 것이었다(Hill 1967: 59).

이처럼 약탈을 재순환시켜 잉글랜드 정부 재정을 지탱하였기 때문

---

5) Levant Company. 1581년 엘리자베스 여왕에게 레반트 무역을 독점할 국가공인권을 청원하여 설립된 회사.
6) Hudson Bay Company. 1670년 찰스 2세에게 특허장을 받아 주로 북아메리카 모피교역을 독점한 회사로, 캐나다 주요 지역을 실질적으로 지배하였다.

에, 잉글랜드 자본주의의 또 다른 거대한 전통이 출현하였는데, 바로 "건전 화폐"라는 전통이다.

파운드 스털링화는 다른 많은 계산화폐와 다를 것이 하나도 없었다. 그런데 다른 나라 계산화폐들의 가치가 끊임없이 요동치고 국가의 조종을 받거나 경제 조건에 따라 교란을 입은 것과는 달리, 파운드 스털링화는 1560~1년 엘리자베스 1세에 의해 가치가 안정된 이후 더 이상 변화하지 않았으며 1920년까지, 더 나아가서 1931년까지 내재적 가치를 유지했다. 여기에는 얼핏 보면 설명할 길이 없는 거의 기적적인 요소가 있다. …… 이 화폐는 유럽의 여러 화폐 중에서 유일하게 3세기 이상의 기간 동안 경이로운 일직선을 그리며 달려왔다. (Braudel 1984: 356/브로델 1997: 495)

브로델(Braudel 1984: 356/브로델 1997: 496)은 계속해서 말하기를, 이런 장기에 걸친 화폐 안정성은 "잉글랜드의 위대함의 핵심요소였다. 만일 화폐단위가 고정되어 있지 않았다면 용이한 크레딧도, 군주에 대한 자금 대부의 안전도, 사람들이 신임할 수 있는 계약 같은 것도 불가능했다. 그리고 크레딧이 없다면 위대함도, 금융상의 우위도 불가능했다." 브로델은 또한 지적하기를, 파운드 스털링의 장기적 안정성 이야기는 "그 길을 바꾸어 놓았을 수도 있는 1621, 1695, 1774, 1797년의 일련의 위기를 겪어 왔다." 말할 필요도 없이, 비슷한 고려가 잉글랜드 해외투자의 자기 팽창에 대한 케인스의 유사한 이야기에도 적용된다. 그러나 매 위기 이후 각 이야기는 태연하게 과정을 재개해, 1920년대와 1930년대 영국 19세기 세계질서의 최종적 위기로까지 나아갔다.

해외투자나 안정적 금속화폐 본위와 마찬가지로 산업주의 자체도 잉글랜드 자본주의의 19세기 발명품은 아니었다. 이것이 잘 알려져 있지만 종종 무시되는 존 네프의 테제로, 산업주의의 승리를 설명하기 위해 "산업혁명"이라는 개념을 사용하는 것은 영국의 경우에 "특히 부적절"한데, 왜냐하면 "이는 어떤 가능성으로 보건 다른 어떤 나라보다 연속적으로 보이는 시점에 그 과정이 매우 갑작스럽게 벌어졌다는 인상을 주기" 때문이다(Nef 1934: 24). 네프의 견해에 따르자면, 18세기 말 19세기 초 "놀라우리만치 급속한" 영국의 산업 팽창에 앞서, 마찬가지로 급속한 팽창이 있던 적어도 한 번의 시기 — 잉글랜드 내전에 앞선 세기 — 가 있었다. 이 세기에, 그리고 엘리자베스 통치 후반기와 제임스 1세 통치기에 잉글랜드 국내 경제에서 차지하는 광산업과 제조업의 중요성은 잉글랜드의 다른 역사 시기에서만큼 빠르게 성장했다(Nef 1934: 3~4).

더욱이, 잉글랜드의 산업 팽창이 1640년 이전이 아니라 그 이후의 세기에 더 천천히 진행되었다 해도, 엘리자베스 시대에 시작된 산업 활동의 다각화, 산업 기술의 변동, 그리고 산업자본의 집적은 다른 어떤 것만큼이나 나중의 "산업혁명"의 중요한 기초였다.

산업주의의 등장은 18세기 말 19세기 초와 결부된 급작스런 현상이라기보다는, 16세기 중엽에서 비롯해 19세기 말엽 산업국가의 최종 승리로 이어진 오랜 과정이라고 간주하는 것이 더 적절할 수 있다. 시장 규모를 키운 앞선 시기의 상업혁명에서 18세기 말 "대발명"과 새로운 공장에 대한 완전한 설명을 찾아내는 일은 더 이상 가능하지 않다. 만일 상업혁명이 두 세기간 외국무역과 국내무역의 급속한 성장을 지칭하는 고유한 용어라 한다면, 이 상업혁명은 종교개혁 시기까지 거슬러가서 산업 기술과 광산 및 제조업 규모에 계속 영향을 끼치고 있었다고 해야 할 것이다. 그러나 이번에는 산업의 진보가 다양한 방식으로 지속적으로 상업의 진보를 자극했다. 산업의 진보는 상업의 진보만큼이나 "혁명적"이었고, "산업혁명"에 직접적으로 기여했다. (Nef 1934: 22~3)

이 책에서 전개된 전망에 따라 재조명하여 케인스, 브로델, 그리고 네프의 테제를 결합하면, 엘리자베스 시대를 유럽 세계경제에서 자본주의와 영토주의 관계의 결정적 전환점으로 규정할 수 있다. 우리가 보기에, 엘리자베스 1세(1558~1603)와 제임스 1세(1603~25)의 재위기는 정확히 브로델의 제노바 시대(1557~1627)에 조응하는데, 제노바 시대는 유럽 세계경제의 금융적 팽창 국면이자 유럽 세계경제의 자본주의 조직과 영토주의 조직 사이의 가속화하는 경쟁적 투쟁 국면이었다. 이 시기는 제노바-이베리아의 자본주의-영토주의 복합체의 권력이 정점에 이른 시기였다. 그러나 이 시기는 또한 체계적 자본축적과정이 제노바체제에서 네덜란드체제로 옮겨 가는 이행기이기도 했다.

엘리자베스 하에서 진행된 잉글랜드 국가의 구조조정과 재편은 이 이행의 필수적인 측면이었다. 네덜란드 국가의 구성처럼, 이는 결국 제노바-이베리아 복합체를 쇠락시킨 모순을 표현하는 것이자 그 요소였다. 그리고 비록 이 시기의 잉글랜드 국가가 떠오르는 네덜란드 헤게모니에 도전하는 데 필요한 성향이나 역량을 가지고 있지는 않았지만, 잉글랜드는 엘리자베스 시대의 구조조정과 재편 덕에, 네덜란드 체제가 자체적 모순에 눌려 가라앉기 시작하자마자 전개된 세계상업적 우월성을 향한 투쟁에서 다른 영토주의 국가들——"모델" 민족국가인 프랑스를 포함해——보다 한 발 앞서 나갈 수 있었다.

이처럼 한 발 앞설 수 있던 것은 무엇보다도 우선 엘리자베스 1세가 국가 재정을 재편하여 그녀의 아버지가 남긴 화폐의 카오스를 바로잡으려 노력한 결과였다. 1540년대 프랑스와 스코틀랜드에 대항하는 고비용 전쟁에 대한 재정 충당수단을 획득하기 위해 강제공채와 대대적인 통화가치절하를 활용한 헨리의 노력은 역습을 맞았다. 강제공채는 자본가 이익에 적대적으로 대립한 반면, 유통 중인 은의 액면 가치를 1541년에서 1551년 사이에 거의 93%에서 33%로 감소시킨 엄청난 평가절하는 "형언할 수 없는 카오스"를 낳았다. 왕실이 발행한 통화는 더 이상 지불수단과 교환수단으로 수용되지 않았다. 교역에 교란이 발생하였고, 직포생산은 급격히 감소했다. 몇 년 사이 가격은 두 배 심지어 세 배까지 뛰었다. 경화가 유통에서 사라졌고, 안트베르펜에서 잉글랜드 환율은 급격히 악화되었다(Braudel 1984: 357; Shaw 1896: 120~4). 경제적 카오스와 정치적 불안정성이 상호 증폭되어, 잉글랜드 왕실은 손익을 맞추기 위해 또는 단지 시간과 신용을 벌기 위해, 수도원에서 획득한 대량의 농지(대략 영토의 1/4)를 개인들에게 헐값에 넘겨야 했다. 이런 대량의 양도 때문에 잉글랜드 군주는 의회의 과세로부터 독립해 있는 주 수익원을 잃은 반면, 그 양도의 주 수혜자(젠트리)의 권력은 급격히 커졌다(Anderson 1974: 24~5).

이렇듯 엘리자베스가 물려받은 상황은, 잉글랜드 왕실이 권력을 계속 유지하기 위해 사용할 수 있는 수단과 방법을 놓고 끊임없이 젠트리나 다른 자본가들의 이익들과 협상을 벌여야 하는 것이었다. 이런 상황에서 엘리자베스가 전쟁형성에 대해 신중하고 인색했던 것은 의심할 여지없이 이런 과정 때문에 그녀의 행동 자유에 부과된 제약이 더 심해지지 않도록 막거나 그것을 완화시키려 한 수단이었다. 그러나 이는 또한 이런 제약이

심했음을 보여 주는 것이기도 하다(Mattingly 1959: 189~90).

행동의 자유를 되찾기 위해서 엘리자베스는 단지 상황에 적응한 것이 아니라 훨씬 적극적인 발걸음을 내딛었다. 그런 발걸음 중 하나는 1560~1년 파운드화를 안정시킨 것이었는데, 이에 따라 여러 세기 동안 은 가격은 12온스당 11온스 2페니웨이트의 "고전적 표준 본위"(ancient right standard)로 설정되었다. 브로델이 강조하듯이(Braudel 1984: 355~7), 이는 형성 중인 자본주의 세계경제의 명령에 맞추어 그저 구조조정을 한 것은 아니었다. 반대로 이는 유럽의 화폐·교역 체계를 통제하고 규제하는 세계시민주의 도당들이 잉글랜드의 부와 권력에 부과한 제약을 깨려는 시도였다.

엘리자베스 재위 초기에 강력한 상인이자 금융가인 토머스 그레셤 경 ─ 당시 안트베르펜 바깥에서 활동하면서 1560~1년 화폐 안정화를 고취한 ─ 은 여왕에게 조언하기를, 잉글랜드 상인들만이 그녀를 외국인들에 대한 의존에서 구원해 줄 수 있을 것인데, 왜냐하면 그들은 "당신이 필요로 할 때면 어떤 경우든 곁에 있을" 것이기 때문이라고 했다.(Hill 1967: 37) 안트베르펜이 진정 "국제적인" 시장공간으로 효과적으로 작동하고, 거기서 잉글랜드 "네이션"이 상품 교역을 위한 특정 거래소를 관리하고 있는 한, 그레셤은 계속 안트베르펜 바깥에서 활동했고, 그의 충고에서 얻을 것은 그다지 없었다. 그러나 1557~62년 대폭락에 이어 안트베르펜에서 "네이션들" 사이의 관계가 첨예하게 경쟁적이 되자, 그레셤은 안트베르펜의 상품 및 주식 거래소를 본떠 런던에 거래소를 짓기 시작하고, 교역과 신용에서 잉글랜드를 외국 "네이션들"로부터 독립시킨다는 의지를 표명했다. 일단 거래소 건물이 완공되자, 그레셤은 1569년 편지에서 다시 다음과 같은 소망을 표명하였다. "이제 여왕폐하께서는 어떤 외부인도 쓰지 마시고 폐하의 신민들만 쓰셔야 하며, 그리하여 (알바공―지은이)이나 **다른 모든 군주들이 군주로서의 폐하의 권력을 우러러볼 수 있게 하셔야 하옵니다**"(Ehrenberg 1985: 238, 254, 강조는 원문). 그리고 이듬해 거래소를 방문한 엘리자베스는 거기에 왕립거래소[Royal Exchange; 런던 증권거래소]라는 이름을 붙여 그레셤의 요구에 성은을 베풀었다(Hill 1967: 38).

왕립거래소가 잉글랜드 정부의 재정 요구를 실제로 만족시키는 데는 수십 년이 걸렸으며, 런던이 암스테르담과 어깨를 견주는 유럽 세계경제의 중심적 화폐시장이 되는 데는 두 세기 이상이 걸렸다. 그러나 1560~1년 파운드화의 안정과 뒤이은 왕립거래소의 건립은, 막스 베버의 표현을 빌리자면, 화폐 권력과 총구 권력 사이의 일종의 "기념비적 동맹"의 탄생을 알렸다. 이는 고도금융에서 민족주의의 개시를 알렸다.

14세기 말 15세기 초 이동자본을 둘러싼 격화된 국가 간 경쟁이라는 맥락과 그 영향 하에 고도금융이 탄생하였을 때, 그 사령부는 한정된 도시국가에 자리 잡았으며, 가장 두드러진 곳은 피렌체였다. 그러나 그 고객과 조직은 구조와 지향에서 세계시민주의적이었다. 이 시기의 주도적 고도금융 조직들과 그들의 다양한 고객 중 특정 구성원 사이에 존재한 느슨하고 불안정한 관계를 묘사하는 데 "동맹"이라는 단어는 너무 어감이 강하다. 그러나 그 용어는 그 중 가장 중요한 관계, 즉 메디치 가의 재운 형성에 기여한 교황과의 관계를 아주 잘 묘사해 준다.

16세기에 고도금융은 해외 거주 세계시민주의 "네이션들"의 체계로 다시 태어났다. 여전히 이런 조직들의 권력은 형성 중인 국가들을 서로 싸우게 만드는 이동자본을 둘러싼 첨예한 경쟁에서 연원하였다. 그러나 "네이션들"은 이 경쟁을 활용하고 동시에 그들 자신의 경쟁적 지위를 강화하기 위해서, 특정 국가와의 진정한 동맹에 끌려들어갔다 — 이런 동맹 중 가장 기념비적인 것이 제노바와 에스파냐의 동맹, 그리고 피렌체와 프랑스의 동맹이었다. 이렇듯 이 시기 고도금융의 주된 기반은 한편에서 민족으로 형성 중인 국가들과 다른 한편에서 여러 가지 실질적 이유 때문에 국가이기를 그만둔 해외 "네이션들" 사이의 동맹이었다.

16세기 후반 금융적 팽창의 개시기에 그레셤이 엘리자베스에게 제안한 것은 새로운 종류의 동맹을 형성하라는 것이었다. 즉 화폐 권력과 총구 권력 사이의 진정한 민족적인 블록, 안트베르펜에서 철수하고 있던 잉글랜드 "네이션"과 잉글랜드 국가 사이의 동맹이 바로 그것이었다. 1557~62년 대폭락은 잉글랜드 군주와 잉글랜드 상인자본 모두 제노바-이베리아 블록의 압도적 힘에 직면했을 때 각각의 행동 영역이 근본적으로 취약하다는 점을 보여 주었다. 그레셤은 긴밀한 상호 동맹을 맺게 되면 두 영역 모두 경쟁에서 승리할 수 있을 것이라고 평가했다. 그런 동맹을 맺으면 엘리자베스가 모든 외국 군주들에게 진정한 권력을 떨칠 수 있을 것이라고 그가 썼을 때, 그레셤은 비록 표현하지는 않았지만 의심할 여지없이, 그런 동맹을 맺으면 그가 모든 외국 상인들에게 그의 진정한 권력을 떨칠 수 있을 것이라고 생각했다.

브로델이 지적하듯이(Braudel 1984: 355~7), 그레셤은 안트베르펜에서 화폐시장과 신용시장을 통제하던 이탈리아와 독일의 상인과 금융가들이 잉글랜드의 무역과 직공기량이 낳은 이익의 대부분을 가져간다고 확신했다. 16세기 초 무역 팽창은 잉글랜드를 전보다 더 견고하게 유럽 세계경제에 통합시켰다. 주요 직포 수출국으로서 잉글랜드는 "유럽에 계류된 무역함 같았다. 잉글랜드의 전체 경제적 삶은 계류 밧줄인 안트베르펜 시장의 환율에 의존했다." 이탈리아와 독일 "네이션들" — 그 중 가장 중요한 부분은 에스파냐 및 프랑스의 통치자들과 긴밀히 협력했다——이 통제하는 시장에서 환율이 결정되었기 때문에, 해외시장에 화폐와 신용을 의존하는 것이 잉글랜드 주권과 안보에 심각한 위협원이 된다고 생각하는 것은 당연했다. 공세적 경제 민족주의가 잉글랜드의 권력추구의 특징이 된 것은 바로 이런 위협——"종종 과장되긴 했지만 전적으로 완전히 가상적이지는 않은"——에 대응하는 과정에서였다.

> [잉글랜드는] 16세기에 이탈리아의 상인 은행가들을 축출하고, 1556년에는 한자동맹 상인들의 특권을 박탈하였으며 1595년에 슈탈호프를 폐쇄해 버렸다. 1566~8년에 그레셤이 나중에 왕립거래소가 될 기구를 만든 것도 안트베르펜에 대항하기 위한 것이었고, 주식회사들을 만든 것은 에스파냐와 포르투갈에 대항하려는 의도에서였으며, 더 나아가서 네덜란드에 대항해서 1651년에 항해 조례를 반포했고, 프랑스에 대항해서는 18세기에 끈질긴 식민지 경쟁을 치렀다. 그러므로 영국은 늘 긴장해 있고 주위를 살피는 공격적인 나라로서 힘이 강해짐에 따라서 국내에서만이 아니라 국외에서까지 지배하고 통제하려고 했다. (Braudel 1984: 355~6/브로델 1997: 494~5)

파운드 스털링화의 장기적 안정성과 잉글랜드 해외투자의 "자기 팽창"은 그 최초의 "민족주의" 국면(주된 목표는 안트베르펜 중심의 고도금융 및 원거리 무역망으로부터 "이탈" delinking하는 것)과 나중의 "제국주의" 국면(주된 목표는 전세계를 위한 법을 만들어 관철시키기로 결정할 때 잉글랜드 앞에 놓인 모든 장애물을 제거하는 것) 모두에서 민족 권력추구에 필수적 부분이었다. 17세기와 18세기 파운드화의 장기적 안정성에 구멍을 낸 반복적 위기를 검토한 후, 브로델이 결론 내리듯(Braudel 1984: 365/브로델 1997: 505~6)

[아마] 파운드 스털링화의 전체 역사를 회고해 보면, 이것은 섬나라의 특징(섬나라로서 자신을 지키려는 특징) 그리고 대륙으로 뚫고 들어가야만 하는 점, 오늘은 안트베르펜 내일은 암스테르담 그 다음 날은 파리 식으로 명백한 적들을 가지고 있다는 점 등으로 인해서 이 나라가 늘 압박 상태에 있기 때문에 공격적인 긴장이 계속 반복된 결과라고 보아야 한다. 파운드화의 안정성, 그것은 곧 전쟁의 무기였던 것이다.

이런 장기의 진지전 — 이 "전투"는 실제 이렇게 수행되었다 — 에서 파운드화의 안정성만이 유일한 무기는 아니었다. 산업주의 또한 중요했다. 이런 점에서, 16세기 말 17세기 초 금융적 팽창 중에 영국 산업이 급속히 팽창한 것 — 네프가 나중의 "산업혁명"의 중요한 선구라고 묘사한 것 — 그 자체에 앞서 그보다 작지만 중요한 선구로서 14세기 후반 15세기 초 금융적 팽창 중에 영국 토양에 모직포산업이 이식된 일이 있었다는 점을 회고해 보자.

앞서 주장했듯이, 이런 이식은 한편에서 에드워드 3세가 자신의 영토 안에 플랑드르 직포산업을 내부화하기 위해 군사력과 원료에 대한 통제를 활용한 결과였고, 다른 한편 피렌체와 다른 자본주의 도시국가들이 시장 신호와 노동 소요에 반응해 직포산업을 자발적으로 외부화한 결과였다. 이렇게, 이런 잉글랜드 산업의 초기 팽창은 생산에 특화하는 경향이 있는 영토주의 조직들과 고도금융에 특화하는 경향이 있는 자본주의 조직들 사이의 구조적 분화를 증대시킨 요소이자 그 표현이었으며, 여기서 교역은 다른 두 활동에 대한 그 관계에 따라 어느 쪽 조직에 의해서도 수행되었다. 그렇지만 자본주의 조직들이 모든 생산을 외부화했거나, 모든 생산이 영토주의 조직들의 영향권 아래 있던 것은 아니었다. 또한 실제 생산 팽창이 영토주의 조직들의 영향권 아래 있었다 해서, 자본주의 조직들의 도움에 대한 그들의 의존도가 줄어든 것도 아니다.

이런 점에서 특히 중요한 것은 도시국가들이 14세기 후반 15세기 초의 정세에서 가장 수익성 높은 산업들을 유지한 것이었는데, 밀라노가 중심지를 유지했던 금속 및 무기 산업, 그리고 여러 도시국가들에서 팽창한 사치품산업이 그랬다. 잉글랜드는 아직 너무 낙후된 상태여서, 북부 이탈리아뿐 아니라 심지어 플랑드르나 남부 독일처럼 유럽 세계경제의 다른 지역들과 이런 더 수익성 높은 산업들을 놓고 효과적으로 경쟁을 벌일 수 없었다. 그래서 잉글랜드는 가장 수익성이 없는 산업들에 특화하고 있었다. 설상가상으로 잉글랜드의 통치집단은 직포 생산물을, 점점 더 상업화해 가고 있는 프랑스와의 전쟁에서 싸우는 데 필요한 무기 및 다른 공급 물자들로 바꾸기 위해서, 이탈리아 상인 은행업자들을 찾아가지 않을 수 없었고, 이들이 잉글랜드의 1, 2차 생산물 시장가치의 상당 몫을 상업이윤과 금융이윤으로 수취하였다.

15세기 말 16세기 초 유럽 세계경제에서 모직무역의 부활과 영국 왕권의 공고화가 결합하여 잉글랜드 상업과 사업에 새로운 추진력을 던져 주었다(Cipolla 1980: 276~96; Nef 1968: 10~2, 71~3, 87~8). 그러나 17세기 말 금융적 팽창 전야에 잉글랜드는 산업 면에서 아직도 "이탈리아, 에스파냐, 저지대 국가들, 남부 독일 국가들, 그리고 심지어 프랑스에 비해서도 낙후된 상태였다. 잉글랜드인들은 양철생산과 백랍제조와 관련된 것을 빼면, 기계와 관련된 지식 면에서 외국인들에게 가르쳐 줄 것이 거의 없었다"(Nef 1934: 23).

16세기 후반기에 이런 지위에 반전이 있었기 때문에 네프는 엘리자베스 시대를 영국 산업주의의 부상에서 진정한 전환점으로 꼽는다. 그러나 만일 우리가 산업주의의 부상 자체에 초점을 맞추는 것이 아니라 자본축적 도구로서 거기에 초점을 맞춘다면, 석탄채굴업, 야금업, 그리고 다른 대규모 공업에서 잉글랜드가 다른 나라들을 따라잡고 그 나라들보다 앞서 나간 것이 엘리자베스 시대에 등장한 진정 의미심장한 추세는 아니다. 이런 추세는 그 자체로 이미 앞선 유럽 세계경제의 금융적 팽창에서 등장한 바 있던 동일한 양상 — 잉글랜드가 저부가가치 활동들을 떠맡아 특화하는 반면, 자본축적의 주요 중심지들은 고부가가치 활동을 유지하고 거기에 특화하는 양상 — 을 새로운 형태로 재확인한 것이었다. 그러나 엘리자베스 시대에는 이 일만 벌어진 것은 아니다. 이 시대 잉글랜드 산업주의의 가장 중요한 측면은 잉글랜드가 고부가가치 활동을 떠맡기 시작했다는 점인데, 앞선 금융적 팽창 때와 마찬가지로 그 당시 고부가가치 활동은 사치품과 군사 산업이었다.

엘리자베스는 사회 혼란을 두려워했기 때문에, 무차별적으로 산업적 팽창과정을 고무하려는 의지는 앞선 튜더 선조들에 비해 훨씬 적었다. 잉글랜드의 산업적 팽창과정은 이미 그 자체로 상당한 계기를 확보한 상태였는데, 잉글랜드에는 천연자원이 많았고(석탄 매장량이 많았던 것을 포함해) 대륙의 종교 분쟁을 피해 오거나 단순히 이윤 높은 투자처를 찾아온 네덜란드, 프랑스, 독일의 기업가와 직인들의 계속적인 유입이 있었기 때문이었다. 엘리자베스의 주된 관심은 오히려 그 팽창을 제약하고, 그 사회적인 혼란 효과를 최소화하는 것이었다. 길드 규정을 전국으로 확대하고 직포산업이 소도시까지만 확대되도록 효과적으로 제한한 1563년의 장인법[7]은 이런 행동을 위한 주된 수단이었다. 비단, 유리, 또는 고급지(紙) 제조 같은 사치품산업 외에 적극적으로 장려한 유일한 산업은 군수품 관련 산업이었고, 그 결과 엘리자베스 재위기 끝 무렵이 되면, 유럽 전역에서 영국제 대포에 대한 수요가 생겨났다(Hill 1967: 63, 71~5; Nef 1934: 9).

이런 종류의 산업정책은 후대 비평가와 역사가들이 마지못해 인정한 것보다 훨씬 더 합리적이다. 첫째로, 특별히 이 시기 규제 추세와 관련해 폴라니가 주장했듯이(Polanyi 1957: 36~8), 변동이 아니라 카오스로 끝나게 될 수도 있는 사회적 소요를 유발하지 않고서 정해진 **방향**으로 변동이 지속되도록 하기 위해서는, 변동**률**을 낮추는 것이 가장 좋은 방법일 수 있다. 우리의 현재 목적에서 마찬가지로 중요한 점은, 산업 팽창의 방향을 직포에서 사치품과 군수 산업으로 돌린 것은 엘리자베스와 그 조언자들이 우리의 많은 동시대인들보다 자본주의 세계경제에서 산업 팽창과 국가의 부 및 권력 팽창 사이의 연관 관계에 대해 더 뛰어난 감각을 지니고 있었음을 보여 준다. 왜냐하면 자본주의 세계경제에서 산업 팽창이 국가의 부 및 권력 팽창으로 연결되는 경우는 오직 그것이 고부가가치 활동을 돌파할 경우 뿐이기 때문이다. 더욱이 그런 돌파는, 경쟁 국가들보다 더 빨리 산업화에서 자본이 축적될 수 있을 만큼 충분한 것이어야 하고, 또 자본이 산업화 국가들에서 자기 팽창을 지탱하는 사회구조를 재생산할 수 있을 만큼 충분한 것이어야 한다.

영-불 백년전쟁 중의 잉글랜드의 산업 팽장은 그런 돌파구를 낳지

---

7) Statute of Artificers. 고용조건·이직조건의 규제, 도제·직인의 안정화 및 임금의 규제를 통해 사회의 안정화를 추구한 법령.

못했다. 잉글랜드의 국제수지 문제는 악화되었고, 외국 자본에 대한 잉글랜드의 종속은 심화되었고, 잉글랜드 군대는 프랑스에서 밀려났으며, 잉글랜드 국가는 완전히 카오스 상태에 빠졌다. 이와 달리, 수도원 해체에 뒤이은 세기의 잉글랜드의 산업 팽창은 고부가가치 산업에 상당히 진입할 수 있었다. 그러나 이렇게 진입했다고 해서, 잉글랜드에서 자본이 경쟁 국가들 — 가장 두드러진 나라로 새로 탄생한 연합주 — 보다 더 빨리 축적되기에 충분한 것도, 또 실로 그것을 지탱할 사회 구조를 재생산하기에 충분한 것도 아니었다. 그 결과, 엘리자베스 하에서 시작된 자본주의와 영토주의의 민족적 통일이 세계적 지배의 위치로 두드러지게 부상하기까지는 또 한 세기가 걸렸다.

자본주의와 영토주의의 변증법 (계속)

16세기 말 잉글랜드 국가의 구조조정 및 재편에 바로 뒤이어 잉글랜드가 유럽 세계경제에서 우세성을 차지하며 부상하지 못하고 긴 회임 지체 (gestation lag)가 발생한 이유는 주로 그레셤과 엘리자베스가 주도한 자본주의와 영토주의의 종합에 아직 결정적으로 중요한 요소가 빠져 있었기 때문이었는데, 그것은 바로 세계적인 상업적 우월성이었다. 이는 17세기에 줄곧 네덜란드 자본주의의 특전이었다. 그런 한, 아무리 산업 팽창과 화폐 안정성이 잘 되어 있었다 한들, 이것으로 잉글랜드가 체계적 자본축적과정의 종이 아니라 주인이 되는 데 도움을 얻을 수는 없었다. 같은 시기에 베네치아의 산업 팽창이 쇠퇴하는 제노바 축적체제에 낡은 베네치아 도시국가를 종속시켰던 것과 마찬가지로, 잉글랜드의 산업 팽창은 떠오르는 네덜란드체제에 새로 태어난 잉글랜드 민족국가를 종속시켰다.

잉글랜드 국가가 떠오르는 네덜란드체제에 근본적으로 종속되었음을 가장 잘 드러낸 사례는, 1610년대 초 잉글랜드 정부가 염색하지 않은 직포의 수출을 금지하면서 발생한 잉글랜드-네덜란드 무역분쟁의 결과에서였다. 이런 금지조치를 내린 목적은 잉글랜드 방직생산의 부가가치를 향상시키고 또 네덜란드의 상업적 중개가 잉글랜드 무역의 팽창에 대해 부과하는 제약에서 벗어날 수 있도록 하기 위해서, 잉글랜드 생산자가 제조과정을 국내에서 완료하도록 강제하려는 것이었다. 조너선 이스라엘이 설명하듯이(Israel 1989: 117), "염색과 '끝손질'(dressing)에서의 네덜란드의 우위는 …… 잉글랜드 자체의 산출물 이윤의 많은 부분을 뽑아가는 수단이었을 뿐 아니라(왜냐하면 이익의 대부분이 최종과정과 유통을 담당하는 사람들에게 귀속되었기 때문에), 일반적으로 잉글랜드의 대 발트 해 무역을 침해하는 수단이기도 했다."

배리 서플의 말을 빌리자면(Supple 1959: 34), 잉글랜드가 취한 금지조치는 "엄청난 도박"이었으며, 더욱이 지독하게 실패한 도박이었다(Wallerstein 1980: 43). 왜냐하면 바로 직후에 홀란트는 해외에서 염색하고 끝손질한 직포가 연합주에 수입되는 것을 모두 금지함으로써 보복하였기 때문이다. 잉글랜드가 입은 충격은 파괴적이었다.

> 네덜란드 주들과 그 독일 배후지 대부분으로 가는 잉글랜드의 직포 수출이 붕괴한 것은 부분적으로 발트 해에서 직포 완제품 판매가 늘어난 것으로 보완될 수 있을 뿐이었다. 필연적으로, 국내에서 마비상태의 성체기가 도래하고 곤경이 널리 퍼졌다. 1616년 무렵이 되면 경기침체가 심화되어 제임스 1세의 각료들은 거의 포기상태가 되었다. (Israel 1989: 119)

일 년 후 이 각료들은 결국 항복했지만, 네덜란드 중앙 의회를 설득해 잉글랜드 직포 완제품에 대한 수입금지를 철회시키지도 못했다. 방직 생산에서 부가가치 위계를 상승시키고 네덜란드 집산지를 비켜 가려던 시도는 이렇게 역습을 맞았고, 잉글랜드 경제는 오랜 불황기에 들어서 국내의 정치적 불안정과 사회적 긴장이 격화되었다. 곧 살펴보겠지만, 이런 불안정과 긴장의 뿌리는 다른 곳에 있었다. 그러나 해방적일 수도 있지만 파국적으로 이어진 세기 중엽의 전개는 유럽 세계경제 전체에서 산업자본주의에 대해 상업자본주의가 지속적으로 우위에 있었다는 조건의 영향을 깊이 받았다.

네덜란드 자본이 잉글랜드 직공기량이 만들어 낸 이윤을 전유할 수 있던 이유는 산업 생산능력 같은 것에서 우위에 있었기 때문이 아니라, 세계상업 중개에서 중심성을 차지하고 있었기 때문이었다. 위에서 살펴본 분쟁에서 결정적 역할을 한 네덜란드의 염색과 "끝손질"에서의 우위는 그 자체로 주요하게 세계상업에서 암스테르담이 중심적 집산지 역할을 차지하고 있음을 반영하는 것이었다.

> 고가품 무역[8]에서, 그리고 고가품 무역이 의존하고 있는 완성품 산업에서는 세계의 상품들을 중심 창고에 비축하는 것이 …… 결정적으로 중요한 요인이었다. 네덜란드는 염색, 표백, 연마, 정제에서 우위를 차지하고 있었는데, 네덜란드인들이 바로 이 모든 과정이 의존하고 있는 염료, 화학약품, 약제, 희귀한 원료를 비축하고 있을 때 그 우위에 도전하기는 힘들었다. 이렇듯 네덜란드의 고가 상품의 상업과 네덜란드의 산업 사이에는 높은 상호의존도가 있었으며, 이 관계는 상호적으로 계속 강화되었다. (Israel 1989: 410)

이렇게 상호 강화하는 관계에서 네덜란드의 세계상업상의 우월성은 결정적 구성요소였다. 경쟁력을 지닌 잉글랜드 제조업자가 충분한 기술적 숙련도를 발휘해, 발트 해 지역의 시장에서 직접 판매할 수 있을 정도의 수준으로 직포를 마무리 가공하는 것은 상대적으로 쉬운 일이었다. 그러나 일단 사태가 나빠져 직포 완제품이 네덜란드 상업 집산지에서 배제되자, 기술적 숙련도와 제조상의 경쟁력은 아무 소용이 없었다. 반대로, 암스테르담이 세계상업의 중심적 집산지 ─ 발트 해, 지중해, 대서양, 그리고 인도양의 공급물자들이 서로 만나서 수요로 전환되는 장소 ─ 로 남아 있는 한, 네덜란드 상인과 제조업자들이 네덜란드 상업 우월성의 확대재생산에 핵심적인 어떤 산업활동에서든 기술적으로 숙련도를 높이고 경제적으로 경쟁력을 얻게 되는 것은 상대적으로 쉬운 일이었다. 그러나 새롭게 떠오르는 경쟁하는 집산지들이 세계상업의 중심 창고로서 암스테르담의 역할에 성공적으로 도전 ─ 18세기 초 그런 것처럼 ─ 하자마자, 변변치 못하나마 유지되던 네덜란드의 산업적 탁월성은 빨리 솟아오른 만큼이나 빨리 기울었다.

잉글랜드는 암스테르담에서 다른 곳으로 교역 방향을 전환시키는 투쟁의 주역이자 사실상의 승리자였다. 이 승리의 씨앗이 뿌려진 것은 엘리자베스 시대였다. 그러나 그 과실을 거둔 것은 적절한 국내적·체계적 조건이 존재하게 된 이후의 일이었다.

국내적으로, 엘리자베스가 남겨 놓은 주된 문제는 브리튼 섬을 하나의 영토 조직으로 병합하지 못한 취약함이었다. 이 때문에 스튜어트 왕조 하에서 급속히 국가 간 갈등이 증폭되는 시기에, 잉글랜드 군주는 필요한

---

8) rich trades. 봉인노 제노와 카리브 해로 가는 해상무역로를 말한다.

결단력을 가지고서 잉글랜드 상업계급의 이익을 추구할 수 있는 능력을 방해하였다. 스코틀랜드의 잉글랜드 군사침공과 아일랜드에서 가톨릭 반역의 충격 하에, 과세와 자원 사용을 둘러싼 국왕과 의회 사이의 다툼은 극도로 악화되었다.

이제 아일랜드 봉기를 진압하기 위해 소집되어야 했던 잉글랜드군을 누가 통제할 것인가를 둘러싸고 벌어진 투쟁은 의회와 국왕을 내전으로 몰아넣었다. 잉글랜드 절대주의는 귀족적인 특수주의와 그 주변부에 대한 씨족적인 집착 때문에 위기에 빠져들게 되었다. 그 두 요소는 역사적으로 잉글랜드 절대주의의 이면에 남아 있던 것들이었다. 그러나 상업화된 젠트리와 자본주의적인 도시 그리고 평민 수공업자층(artisanate)과 요먼층(yeomanry)이 잉글랜드 절대주의를 그 중심에서부터 무너뜨렸다. 이들 요소가 잉글랜드 절대주의를 넘어뜨리고 나아간 것들이었다. (Anderson 1974: 142/앤더슨 1993: 151)

앤더슨이 지적하듯이(Anderson 1974: 140), 잉글랜드 외교정책의 변덕이 스튜어트 왕조의 통치를 처음부터 침식했다. 그러나 이런 변덕이 단지 금이 가고 점점 더 난폭해진 국내 환경 속에서 연이은 궁정 행정조직들이 보인 주관적 한계에만 기인했던 것은 아니다. 그것은 또한 세계경제가 한 통치·축적 체계에서 다른 것으로 이행하는 시기에 잉글랜드 민족의 이익을 분명히 밝혀야 하는 객관적 어려움에서도 기인했던 것이다. 몰락하는 에스파냐 제국이 아직도 잉글랜드의 주적인가, 아니면 홀란트와 프랑스―이베리아 제국의 토양을 전유할 다가오는 투쟁에서 잉글랜드의 적수―가 주적인가? 잉글랜드 내전에 앞선 20년간에, 이베리아 권력을 붕괴시키기 위해 경쟁자들을 결집하는 것이 잉글랜드의 최상의 민족적 이익이 될지, 아니면 비용은 그 경쟁자들에게 맡겨 두고 대신 외교적 수단이나 다른 수단을 통해 투쟁의 이득을 찾는 것이 이익이 될지, 거의 결정하기 불가능했다.

잉글랜드 내전이 엘리자베스 1세가 남겨 놓은 민족국가 구성과정을 완성할 무렵이 되자, 이베리아 권력의 무력화와 베스트팔렌 체계의 수립이 잉글랜드의 민족 이익을 식별하는 데서 생기는 객관적 난점을 모두 제거하였다. 1640년대의 혁명적 격변을 통해 부상한 상업계급의 집단적 기억에서는 1610년대 홀란트와의 쓰라린 무역 분쟁의 경험이 사라지지 않았다. 그리고 국내 상황이 용인되자, 이들 계급은 신속히 네덜란드 상업 우월성에 도전하는 길로 나아갔다.

> 1651년에 런던 주재 베네치아 대사는 "상인과 교역이 크게 발전하였는데, 정부를 지배하는 자들과 교역을 지배하는 자들이 동일 인물들이었기 때문이다"고 보고했다. 이 통치자들은 처음에 네덜란드인들에게 동맹(union)을 제안했는데, 그 조건에 따르면, 잉글랜드 상인들이 네덜란드 제국과 자유롭게 교역할 수 있게 되고, 집산지 무역이 암스테르담에서 런던으로 이전될 것이었다. 네덜란드 정부가 거부하자 …… 전쟁이 선포되었다. …… 네덜란드 전쟁(1652~74)의 결과, 네덜란드는 담배, 설탕, 모피, 노예, 대구에 대해 장악력을 상실했고, 인도에서 잉글랜드의 영토 권력이 수립될 수 있는 토대가 만들어졌다. 중국에 대한 잉글랜드의 무역 또한 이 시기로 거슬러 올라간다. …… 그리고 1655년 자메이카를 장악하자, 노예 무역의 토대가 획득되어, 잉글랜드 상인들은 여기에 기대어 부유하게 성장하게 될 것이었다. (Hill 1967. 123~4)

잉글랜드 상업 제국 형성과정에서 군사적 수단의 전개를 보완한 것은 외교적·계약적 수단들이었다. 네덜란드로부터 포르투갈을 보호하고 에스파냐로부터 포르투갈의 독립을 지지하자, 영국-포르투갈 동맹의 기반이 마련되었는데, 그 결과 머지않아 포르투갈과 그 제국은 사실상 영국 보호령으로 변형될 것이었다. 이렇듯 찰스 2세[9]가 브라간자의 캐서린과 결혼―분명히 찰스 2세 왕정 복고의 조건―하자, 잉글랜드의 영토보유와 영토병합이 크게 늘어났다. "캐서린과 더불어 봄베이가 따라 왔고, 또 포르투갈령 서아프리카(노예)·브라질(부분적으로 재수출을 위한 설탕, 그리고 금)과의 직접 무역이 따라 왔다. 또한 그녀와 더불어 잉글랜드 최초의 지중해 기지인 탕헤르[지브롤터 해협에 연해 있는 모로코 북쪽의 도시]도 따라 왔다"(Hill 1967: 129).

이렇게 그 "전초기지의 제국"의 기반이 마련되었으며, 이로부터 이후의 두 세기 동안에 "대륙으로의 팽창"이 진행되었고(Knowles 1928: 9~15), 아메리카, 인도, 오스트레일리아, 아프리카 대륙을 영국 중심의 자본주의 세계경제에 병합시키는 일이 벌어졌다. 그러나 단기적으로 잉글랜드의 최대 수확은 네덜란드로부터 이른바 대서양 삼각무역을 넘겨받은 것이었는데, 이는 곧 레반트 무역이 베네치아에게 주었던 것, 그리고 발트 해 무역이 홀란트에게 주었던 것, 즉 잉글랜드의 "모(母)무역"이 되었다.

에릭 윌리엄스가 그의 고전적 연구에서 주장했듯이(Williams 1964), (1) 영국 제조품이 아프리카 노예와 교환되고, (2) 아프리카 노예는 아메

---

9) 찰스 2세는 청교도혁명으로 처형당한 찰스 1세의 아들로 크롬웰 사후의 왕정복고로 왕위에 올랐다. 1662년 브라간자 공이었던 포르투갈의 주앙 4세의 딸 캐서린과 결혼했으며, 이때 지참금으로 탕헤르와 봄베이 땅을 확보했다.

리카의 열대 제품과 교환되며, (3) 아메리카 열대 제품은 영국 제조품과 교환되는, 이런 무역회로는 결정적인 정세에서 영국 "산업혁명"의 도약에 필요한 유효수요와 자본 자원을 증대시켰다. 비록 대서양 삼각무역이 실로 잉글랜드 제조업자들에게 가장 보호받으면서 가장 빨리 팽창하는 판매처를 제공하긴 했지만(Davis 1954; 1962), 잉글랜드의 상업, 축적, 권력 망의 팽창에 대한 그 삼각무역의 가장 중요하고 고유한 공헌은 암스테르담에서 잉글랜드 항구도시로 유럽 집산지 무역의 이전을 촉진시킨 것이었다. 또다시 집산지 무역과 그에 수반된 모든 이점들 ─ 공업 경쟁력을 포함해 ─ 은 세계상업에서 최대 전략 공급물들에 대한 통제력의 부산물이었다. 16세기 말 발트 해 곡물 공급과 해군 군수품에 대한 통제력 덕에 홀란트가 집산지 무역을 차지했던 것처럼, 18세기 초에는 담배, 설탕, 목화, 금, 그리고 무엇보다 이들 공급물을 다량 생산하는 노예들에 대해 대서양 공급 통제권을 갖는 것이 교역 방향을 암스테르담에서 잉글랜드 집산지로 이전시키는 데 도움을 주었다.

그럼에도 16세기 말 네덜란드 상업 우월성 수립과 18세기 초 잉글랜드 상업 우월성 수립 사이에는 근본적인 차이가 있었다. 네덜란드의 상업 우월성이 자본주의 권력논리를 엄밀하게 고수한 데 기초를 둔 반면(MTM′ 공식이 뜻한 바), 잉글랜드의 상업 우월성은 영토주의 권력논리(TMT′)와 자본주의 권력논리를 조화롭게 종합한 데 기초를 두었다. 역사적으로 볼 때, 다름 아닌 바로 이런 차이점이 잉글랜드 정부와 경제 제도들이 네덜란드라는 선구자가 했거나 할 수 있던 것보다 훨씬 더 멀리 체계적 자본축적과정을 밀고 나갈 수 있는 위치에 있었다는 사실을 설명해준다.

첫 출발부터 네덜란드 상업 제국의 형성과 팽창은, 발트 해 무역에서 얻은 이윤과 해적 및 노략질을 통해 에스파냐 제국에 부과한 전도된 재정 압박으로부터 얻은 이윤을, 매우 선별적이면서 인색하게 영토 획득에 투자함으로써 진행되었다. 네덜란드 국가와 네덜란드 공인합자회사 영역 내로 영토를 정복하고 병합하는 일은, 그것이 네덜란드 사업의 수익성 있는 팽창에 절대적으로 핵심적인 경우로 한정되었다. 네덜란드는 이런 권력 전략을 통해 광대한 이베리아 영토 제국에서 벗어나, 처음에는 네덜란드에서 작고 안전한 고향——브로델이 연합주를 "요새화된 섬"이라고 지칭했듯이(Braudel 1984: 202) ——을 건설했고, 나중에는 대서양과 인도양으로 뻗어나간 상업 전초기지의 매우 수익성 높은 제국을 건설했다.

이런 전략의 주된 이점은 그 유연성에 있었다. 이로써 연합주의 통치집단은 거대한 영토와 인구를 획득하고 통치하고 보호하는 데 연루된 책임, 분란, 헌신에서 자유로워졌고, 특정 시간과 장소에서 가장 수익성 있거나 가장 유용한 곳이면 어디든 투입할 수 있는 꾸준한 현금 흐름을 확보할 수 있었다. 물론 이런 행동의 자유와 이동자본에 대한 우월한 지배력의 이면은 우월한 영토와 인구 자원을 지닌 해외 기업가와 노동에 의존해야 한다는 점이었다.

브로델(Braudel 1984: 235/브로델 1997: 326)은 네덜란드 기업 운영이 인도양에서는 성공했지만 신세계에서는 실패했던 점을 지적하면서, 연합주의 지도자들은 "에스파냐가 지금까지 알려지지 않은 나라들에서 그들의 상업과 정부를 수립하려고 쏟아야 했던 엄청난 노동과 상당한 비용을 알아차렸고, 따라서 그들은 가능한 그런 일을 맡지 않으려 결심했다"는 프랑스인의 악의적 주장을 소개한다. 즉 그들은 "정착하여 발전시킬 수 있는 나라보다는 착취할 수 있는 나라를 찾는" 편을 훨씬 더 선호했다고 브로델은 덧붙였다. 그 주장이 악의적인 이유는 적합한 지역의 식민화가 네덜란드 서인도회사(WIC)의 1621년 특허장에서 구체적으로 거론된 바 있기 때문이다. 서인도회사는 네덜란드 지배 블록의 자본주의 분파가 아니라 영토주의 분파——즉 동인도회사를 통제한 암스테르담 상인 엘리트들이 아니라, 오라녜파, 칼뱅파, 젤란트인들, 남부 네덜란드인들 "당파"(Wallerstein 1980: 51)——의 통제를 받았으며, 곧 브라질의 전부 또는 일부의 정복에 몰두하게 되었다. 그러나 서인도회사조차 브라질 사업에 끈기를 보이지 못했다. 그 비용이 상업 이윤을 넘어서 커지자, 서인도회사는 아메리카 대륙의 영토 정복과 식민화를 포기하고 훨씬 더 상업 중개에 특화하는 방향을 선호하게 되었다(Boxer 1965: 49).

1674년 파산에 직면한 서인도회사는 노예무역기업으로 재조직되었고, 수익 많은 부업으로 에스파냐령 아메리카와의 밀무역과 수리남에서의 설탕생산에 종사했다. 사업들이 이렇게 결합되자, 네덜란드는 다시 되돌아서서, 훨씬 더 잘 맞는 역할인, 가능한 최대로 생산비용을 외부화하는 중개자 역할을 수행하는 동시에, 원거리 무역의 가장 전략적 공급물에 대해 집중적으로 배타적 통제권을 확보하였다. 발트 해 무역의 가장 전략적 공급물이 곡물과 해군 군수품이었고, 인도양 무역의 가장 전략적 공급물이 고급 향신료였던 것처럼, 대서양 무역의 가장 전략적 공급물은 아프리카 노예였다. 서인도회사는 아프리카 노예의 확보, 수송, 판매에 대한 앞선 포르투갈의 관행을 합리화하는 데 뛰어들어, 대서양 삼각무역을 개척했다(Emmer 1981; Postma 1990).

그러나 앞서 언급했듯이, 이런 악명 높은 상업 거래에서 사실상 훨씬 더 큰 혜택을 본 것은 네덜란드 기업이 아니라 잉글랜드 기업이었다. 인도양처럼 대서양에서도 네덜란드는 이베리아 신발에 발을 맞추었다. 그러나 인도양에서는 잉글랜드의 동인도회사가 [네덜란드] 동인도회사

(VOC)의 성과를 압도하기까지 한 세기 이상 걸렸고, 네덜란드 동인도회사를 사업에서 밀어내는 데는 그보다 더 오랜 시일이 걸렸던 데 비해, 대서양 무역에서는 핵심 공급물에 대한 네덜란드의 장악력이 견고하지 않았고, 국내적·체계적 상황이 갖추어지자 잉글랜드가 네덜란드 신발에 발을 밀고 들어서는 것이 상대적으로 수월했다.

이처럼 인도양과 대서양에서 영국 기업과 네덜란드 기업의 성과 사이에서 발생한 차이는 상업 팽창의 두 무대 사이에서 나타나는 핵심적 차이와 밀접한 관련이 있다. 브로델이 관찰했듯이(Braudel 1984: 496/브로델 1997: 691), 유럽의 상인자본주의가 동방의 시장을 쉽게 포위공격해 "자신의 활력을 발휘해 자기에 이득되는 방향으로 그것을 조종"할 수 있던 것은 이들 시장이 이미 "완전히 제대로 작동하는 세계경제 속에서 서로 연계된 일련의 일관성 있는 경제들을 구성하고 있었"기 때문이었다. 브로델의 관찰은, 동인도처럼 잘 발달되고 풍성한 화폐경제를 갖춘 고대문명 지역에서 상업 팽창을 수행하는 것과 아메리카 대륙처럼 화폐경제 발달이 이제 갓 시작된 데다 인구는 드문 땅에서 상업 팽창을 수행하는 것이 전혀 다른 일이라는 막스 베버의 언급(Weber 1961: 215)을 연상시킨다.

네덜란드 자본가계급은 아마도 이런 차이점을 잘 알고 있었기 때문에, 그들의 발트 해 운세를 복제하고 그리하여 세계의 상업과 금융의 중심적 집산지로서 암스테르담의 역할을 강화하고 확대하기에 가장 가능성 높은 무대로 대서양이 아니라 인도양에 집중했다. 우리가 알다시피, 이 도박은 상당히 수지맞는 일이었다. 네덜란드인들이 고급 향신료 공급에 대한 통제력을 장악하고 강제하기 위해 매우 신속하고 성공적으로 인도양 무역체계 재편으로 옮겨 갔기 때문에, 16세기에 아직도 여러 집산지들

(안트베르펜, 베네치아, 리스본, 세비야) 사이에서 경쟁하던 거래는 암스테르담으로 집중되었다. 더욱 중요한 것은, 이 성공으로 동인도회사의 주식이 "우량주"가 되었으며, 이것이 어느 다른 것보다 암스테르담 주식시장의 운세에 기여했다는 점이다. 이렇듯 네덜란드 자본주의의 확대재생산은 아시아시장의 활력에 기반하고 있었다. 그러나 이는 또한 동인도회사를 통해 그런 활력을 활용해서 아시아시장을 자신의 이득이 되도록 조종하려는 네덜란드 자본가계급의 일방적 결정에도 기반해 있었다.

서인도회사는 다른 종류의 기업이었다. 이는 동인도회사보다 거의 20년 후에 설치되었으며, 그 주주에게 배당을 주기 위해서보다는 에스파냐와 포르투갈의 권력, 위광, 그리고 수익에 도전하기 위해 설치되었다. 처음에 서인도회사는 두 가지 일에서 동시에 성공을 거두었다. 이렇듯 피트 헤인[10]이 1628년 멕시코 은 수송선단을 나포하였을 때, 서인도회사는 그 역사상 아주 드물었던 대박 배당을 할 수 있었고(Boxer 1965: 49), 반면 이미 전쟁 수행으로 힘이 빠진 에스파냐 제국의 재정에 치명타를 가했다(Kennedy 1987: 48). 그러나 해상전이 지상전으로 바뀌어 브라질에서 상당한 규모의 포르투갈 영토를 점령하는 것을 목표로 삼자마자, 서인도회사는 어려움에 부딪혔다. 에스파냐로부터 다시 독립을 쟁취한 포르투갈이 자신들의 브라질 영토를 재점령한 반면, 식민화와 지상전 비용이 상업 이윤을 부쩍 넘어 버려 서인도회사의 경제적·재정적 위상은 치유불가능하리만큼 약화되었다. 서인도회사는 1674년의 재편을 거치면서 동인도회사를 모델 삼아 그 이미지에 더 접근하려 하였다. 그러나 이런 재편

---

10) Piet Heyn. 사략선 선장 출신의 네덜란드 서인도회사의 제독. 1628년 에스파냐 보물 수송선단을 나포하여 네덜란드에 엄청난 부를 가져와 국민적 영웅으로 추앙받은 인물이다.

에도 불구하고, 서인도회사는 결코 동인도회사의 성공에 근접하지 못했다(Boxer 1957).

인도양에서 동인도회사가 달성한 것을 대서양에서 서인도회사가 복제하려 할 때 부딪힌 난점은 네덜란드의 상업적 팽창에 부과한 자본주의 합리성 자체의 한계를 징후적으로 보여 주었다. 그 당시 상황에서, 국가형성과 전쟁형성에서 자본주의적 합리성이 의미하는 바는 영토적 팽창을 단호히 화폐형성에 종속시키는 것이었다. 이 원칙을 엄격히 고수했기 때문에 네덜란드는 발트 해와 인도양 무역에서 대성공을 거두었다. 그러나 이는 또한 그러한 성공의 앞길에 넘어설 수 없는 시공간적 한계를 부과하기도 했다. 그 한계는, 네덜란드 권력의 영토적·인구적 토대가 절대적·상대적으로 협소했다는 점이다.

17세기 전반기에는 협소한 영토적·인구적 토대가 네덜란드 상업 팽창에 전혀 문제되지 않았다. 이동자본에 대한 우월한 통제력은 국내의 작은 영토적 토대를 획득하고 유지하는 데 필요한 보호수단(요새와 무기)으로, 그리고 노동으로 쉽고 효과적으로 전환될 수 있었다. 그 이전 어느 때보다 그리고 그 이후 언제보다 더욱 자유로운 유럽 군인 노동시장에서 돈 많은 고용주로서 네덜란드인들의 평판이 좋았기 때문에, 네덜란드는 사실 무제한의 노동 공급을 받았다. 그리하여 1600년에 "네덜란드" 군대를 구성한 132개 중대 중에서 실제 네덜란드인들로 구성된 것은 17개뿐이었다. 나머지는 잉글랜드인, 프랑스인, 스코틀랜드인, 왈론인, 독일인들이었다(Gush 1975: 106).

국내 산업과 자회사 교역에서 노동 공급은 무제한적이었을 뿐 아니라 거의 무상재였다. 1585년 에스파냐 군대의 안트베르펜 점령과 약탈, 안트베르펜에서 암스테르담으로 세계상업 중심 허브 자리의 교체, 그리고 연합주로 형성 중인 영토를 안전한 피난처로 전환시킨 일 등이 결합되어 남부 네덜란드에서 북부 네덜란드로 대대적인 무역업자와 장인들의 이주가 발생했다. 그 결과 암스테르담의 인구는 1585년 3만 명에서 1622년 10만 5천 명으로 늘었고, 안트베르펜의 방직산업은 거의 통째로 레이덴으로 이전되었다(Taylor 1992: 11~8; Boxer 1965: 19; Israel 1989: 28, 36).

국내의 군사·산업상 필요한 노동력을 인근 나라와 영토로부터 풍부하게 공급받았기 때문에, 네덜란드의 노동자들은 해외 사업에 동원될 수 있었다. 1598년에서 1605년 사이에 네덜란드는 평균적으로 매년 서아프리카에 25척, 브라질에 20척, 동인도 지역에 10척, 카리브 해에 150척의 배를 보냈다. 그리고 1605년에서 1609년 사이에는 식민지, 공장, 무역항 등이 설립되면서 인도양에서 동인도회사 무역 제국의 기반이 마련되었다(Parker 1977: 249).

에스파냐와 전쟁 중의 휴전기간인 1609~21년에 네덜란드는 대서양과 인도양에서 해군력의 우월성을 더욱 공고화하였다. 그리고 에스파냐와의 교전이 재개되자, 네덜란드는 그에 앞서 발발한 30년전쟁 덕에 스웨덴, 프랑스, 독일과의 동맹에 의존하여 지상에서 에스파냐 군사력을 무력화할 수 있었고, "지상전은 기아를 가져오지만, 해상전은 약탈을 가져온다"는 격언에 따라 계속해서 해상전에 집중할 수 있었다(cf. Dehio 1962: 59).

1628년 서인도회사가 멕시코 은 수송선단을 나포하자 이 일은 이미 힘이 빠진 제노바-이베리아 연계에 결정타가 되었고, 네덜란드는 유럽 고도금융의 유일한 중재자로 남았다. 네덜란드가 통제하는 무역망에 대한 이베리아의 의존도(네덜란드-에스파냐 사이의 80년간의 대치 시기에 불연속적으로 보이지만 항구적 특성을 갖는다)는 훨씬 더 커졌다. 1640년이 되면, 네덜란드 선박은 에스파냐 항구에서 거래되는 물품의 3/4을 운송했고, 아마도 1647년 또는 1648년 뮌스터 조약[11] 직전으로 보이는 시기가 되면 에스파냐의 거의 모든 은을 운송했다(Braudel 1984: 170).

에스파냐의 영토주의 논리에 대한 네덜란드 자본주의 권력 논리의 승리는 이보다 더 완전할 수 없었다. 그러나 바로 이 승리의 시점에 승리의 논리의 한계가 나타나기 시작했다. 왜냐하면 그 승리가 베스트팔렌 조약으로 제도화하자마자, 영토주의 국가들의 에너지와 자원이 앞선 시기 유럽의 상호 충돌에서 풀려나 네덜란드 상업 및 해군의 우월성에 도전할 수 있도록 배치되었기 때문이다. 앞선 시기 투쟁에서 이베리아의 영토적 우월성을 무력화하기 위해 네덜란드가 효과적으로 이동자본에 대한 우세한 통제력을 동원했던 것과 마찬가지로, 이제는 잉글랜드, 프랑스, 그리고 이베리아 자신도 네덜란드의 상업적 우월성을 침식하기 위해 어느 때보다도 자유롭게 영토와 노동에 대한 우세한 통제력을 동원하게 되었다.

이러한 우월성이 가장 취약한 곳은 대서양이었는데, 여기서는 인도양과 달리 무역항을 통제하는 것만으로는 이런 우월성이 재생산되지 않았다. 대서양 무역에서는 적어도 생산 지역에 대한 통제력이 무역항에 대한 통제력만큼이나 중요했다. 그리고 생산 지역에 대한 통제력을 확보하고 유지하기 위해서는 잉여자본에 대한 지배보다 노동 잉여에 대한 지배가 훨씬 더 중요했다. 연합주에서 여전히 가용했던 젊은 미혼 남성의 대량 공급──독일인, 프랑스인, 스칸디나비아인, 발트인들을 포함한──은 대부분 해군, 상선, 동인도회사에 흡수되었다. 네덜란드는 대서양 생산

---

11) 에스파냐와 네덜란드 사이의 80년간의 전쟁을 종료한 조약.

지역에 정착하는 과정에서 잉글랜드의 연한지정 계약체계나 프랑스의 앙가제체계[12]와 효과적으로 겨룰 만큼의 인력이 남아 있지 못했다. 17세기 중엽 홀란트는 잉글랜드와 프랑스처럼 격렬한 종교적·정치적 분란으로 분열되지도 않아서, 대서양을 건너 자발적으로나 강제적으로 무시할 수 없을 만큼의 인구를 이주시킬 일도 없었다(Emmer 1991: 25).

네덜란드가 이베리아 영토주의에 대해 성공을 거둘 때 고수한 자본주의 권력논리를 마찬가지로 엄격히 고수한 결과, 이제 네덜란드는 상업 우월성을 둘러싸고 대서양에서 전개된 투쟁에서 효과적으로 경쟁할 수 없게 되었다. 브라질 진출의 실패는 훨씬 나쁜 일이 닥칠 것이라는 징조였다. 최악의 일은 잉글랜드 의회가 잉글랜드 식민지에 대한 통제를 강화하고 잉글랜드 선단에만 식민지와의 무역 독점권을 부여한, 1651년과 1660년의 항해조례와 더불어 나타났다. 그에 뒤이은 영국-네덜란드 전쟁에서 네덜란드는 해상우위를 재확인했지만, 잉글랜드가 항해조례를 강행하는 것을 막을 수 없었고, 그 결과 잉글랜드가 네덜란드와 경쟁하는 자기 자신의 상업 제국을 건설하는 것을 막을 수 없었다.

그러나 네덜란드 상업 우월성의 시절은 결코 끝나지 않았다. 최고의 이윤이 실현되는 곳은 여전히 아시아 무역이었고, 상업·금융 집산지로서 암스테르담의 중심성은 이제 겨우 침식이 시작되고 있을 뿐이었다. 그러나 물결은 바뀌었다. 잉글랜드 기업의 대량 사업노선에서 실현되는 더 대**량**의 이윤은——대서양 무역에서뿐 아니라 동인도의 직물 무역에서도——

---

12) 잉글랜드의 연한지정 계약체계(indenture system)와 프랑스의 앙가제(engagé)체계는 모두 식민지에 자국의 노동력을 동원하기 위한 제도이다. 식민지로 건너가 일정 기간 농노 상태로 지주 밑에서 일하는 대가로 계약 기간이 종료되면 일정 보수를 받아 자신의 토지를 가질 수 있었다.

점점 더 소량의 인도양 향신료 무역에서 실현되는 네덜란드 동인도회사의 고이윤율을 상쇄하고도 남았다(Arrighi, Barr, and Hisaeda 1993).

네덜란드에 더 나쁜 일은——수익성이 있건 없건, 잉글랜드건, 프랑스건, 이베리아건——대량의 대서양 무역과 그와 더불어 정착 및 식민화가 팽창한 결과, 네덜란드 기업의 활력을 위협한 잠재적 노동력 부족이 공공연한 문제가 되기 시작했다는 점이었다. 해군에 복무하고 대양 항해에 참여할 수 있는 네덜란드 선원 수는 위트레흐트 조약(1713년) 이후에 줄어들기 시작했다. 이는 우연이 아니었다. 에스파냐 계승전쟁 와중에 잉글랜드는 메수엔 조약(1703년)으로 포르투갈의 국내시장과 식민지시장에 대한 그리고 급팽창하는 브라질 금 공급에 대한 특권적 접근권을 획득했으며, 위트레흐트 조약으로 에스파냐령 아메리카와의 노예무역에 대한 배타적 통제권을 얻어 냈다. 잉글랜드의 대서양 팽창의 황금기가 시작되었다. 다른 영토주의 국가들이 잉글랜드를 따라잡으려 노력하면서, 선원 노동에 대한 유럽의 수요가 공급을 앞지르기 시작했다.

에스파냐 계승전쟁 종료 후 유럽 열강 간 30여 년간의 평화가 찾아오자, 특히 대서양 무역과 식민화의 팽창에 별로 몰두하지 않던 네덜란드에서 노동 부족이 다소 완화되었다. 그러나 1740년경 유럽의 국가 간 갈등이 급작스레 고양되자, 노동 부족이 첨예한 문제가 되었는데, 특히 국내 및 식민지의 인구 기반이 협소한 네덜란드에서 문제가 심각했다. 스타보리누스가 한탄했듯이,

> 1740년부터 많은 해전이 벌어졌고, 특히 이전에는 별로 그런데 관심을 두지 않던 많은 국가들에서 무역과 항해가 크게 증가했고, 그 결과 전함과 상선에 승선할 역량 있는 선원에 대한 요구가 계속 크게 증가했

다. 그래서 우리나라에서 이런 사람들의 공급이 크게 줄었는데, 이전에는 선원들이 많이 넘쳐났지만, 이제는 어떤 선박도 항해 기술 있는 적절한 사람 수를 채우는 데 큰 어려움이 있고 비용도 커졌다. (Boxer 1965: 109에서 재인용)

〔네덜란드〕 동인도회사조차 이런 선원 노동자의 심각한 부족의 영향을 받게 되었다. 17세기에는 동인도회사의 성공으로 많은 네덜란드 이주자들이 동인도 지역에 모여들였다(Braudel 1984: 232). 그러나 1740년대에는 네덜란드 상업 제국의 모든 영역에서처럼 동인도회사도 일반적이고 공공연한 선원 부족의 부정적 영향을 받았다. 동인도회사 총독인 반 임호프 남작은 1744년 이렇게 썼다. "우리 상태가 어떤지 말해야겠는데, 왜냐하면 부끄러운 상태이기 때문이다. …… 모든 것이 부족한데, 좋은 배도, 사람도, 장교도 부족하다. 그래서 네덜란드 권력의 주요한 지지대가 흔들리고 있다"(Boxer 1965: 108).

1744년은 브로델을 따라 우리가 네덜란드 중심의 자본주의 세계경제의 실물적 팽창 국면(MC)이 금융적 팽창 국면(CM′)으로 전환한 시점으로 선택한 해이다. 비록 네덜란드 잉여자본이 네덜란드에서 잉글랜드 투자로 대대적으로 이탈한 것이 바로 이 시점이기는 하지만, 그 이탈은 이미 30여 년 전 에스파냐 계승전쟁이 끝날 무렵 시작되었다. 이 전쟁은 해상에서의 잉글랜드 권력의 부상과 육상에서의 프랑스 권력의 부상 때문에 네덜란드가 유럽 권력투쟁에서 자신의 경쟁우위를 가질 수 없게 되었음을 의심할 여지없이 보여 주었다. 네덜란드는 잉글랜드와 프랑스 권력을 서로 맞붙게 만든 경쟁에 힘입어, 자신의 정치적 독립과 경제적 행동의 자유를 유지할 수 있는 충분한 여지를 얻게 되었다. 그러나 이는 또한 네덜란드의 보호비용과 네덜란드의 국채가 크게 늘어남을 뜻하는 것이었다.

에스파냐 계승전쟁이 끝날 무렵 네덜란드 공화국의 국채는 1688년 수준의 거의 다섯 배였다(Boxer 1965: 118). 홀란트 주의 채무 잔고는 1640년대의 6~8배였다. 그리고 그 사이 조세 수입이 기껏해야 두 배 늘었을 뿐이기 때문에, 홀란트 주는 급속히 재정 고갈 상태에 빠져들고 있었다. 육상과 해상 전선을 동시에 방어를 하는 데 드는 비용은 작은 네덜란드 국가가 감당하기에는 너무 과중해졌다(Riley 1980: 77; Brewer 1989: 33).

동시에 에스파냐 계승전쟁은 대서양에서의 상업 우월성을 놓고, 그리고 집산지 무역의 더 많은 몫에 대한 통제권을 놓고 벌어진 투쟁에서 잉글랜드의 경쟁우위를 훨씬 더 강화시켰다. 네덜란드 자본은 잉글랜드가 네덜란드 자신을 희생시키는 대가로 이 경쟁우위를 충분히 활용하려는 것을 막을 수 없었다. 그러나 네덜란드 자본은 잉글랜드 국채와 잉글랜드 주식에 투자함으로써 잉글랜드 상업과 영토 팽창이 낳은 미래 소득에 대한 지분을 주장할 수 있었고, 또 신속히 그렇게 하였다.

1689년 오라녜의 빌렘[명예혁명으로 즉위한 윌리엄 3세]이 잉글랜드 왕위를 물려받으면서 잉글랜드와 연합주 사이에 왕조의 연계가 수립되자, 네덜란드 자본이 판돈을 네덜란드에서 잉글랜드 투자로 옮기는 경향이 강화되었다. 윌리엄 3세 하에서 영국-네덜란드 관계는 그 이전 오랜 시기보다 훨씬 더 밀접해지고 우호적이 되었다. 마찬가지로 중요한 것은, 날뛰는 인플레이션의 시대에 엘리자베스 하에서 시작된 "건전화폐"의 전통이 재확인되었다는 점이다. 잉글랜드 은행 내에 사적 채권자들이 편입되면서 공공채무에 대한 관리가 가능해졌다. 이는 제노바에서 카사 디 산 조르조 내에 사적 채권자들을 편입시키면서 벌어진 일과 완전히 같은 방식이었다. 그리고 새로 획득한 브라질 금 공급에 대한 특권적 접근을 활용해, 잉글랜드 파운드화의 은 본위가 금 본위로 사실상 전환되었다.

채권자로서는 달리 길이 없었고, 그래서 1710년대에 네덜란드 잉여자본은 팽창하는 대서양 무역과 식민화에 무임승차하기를 바라면서, 붐비는 네덜란드 "배"에서 뛰어내려 잉글랜드 배로 열심히 옮겨 타기 시작했다. 이미 1737년이 되면, 네덜란드는 잉글랜드 국채 중 1천만 파운드 정도를 보유하고 있다고 간주되었다. 이는 총액의 1/5 이상으로, 국채 이자율이 하락하면 네덜란드 자본이 이탈하여 잉글랜드 재정에 파국적 결과를 낳지 않을까 잉글랜드 정부가 걱정하기에 충분히 큰 액수였다 (Boxer 1965: 110; Wilson 1966: 71). 그러나 이 시기가 되면, 스타보리누스와 동인도회사 총독 반 임호프 남작이 불평했듯이, 네덜란드의 경쟁상 지위는 네덜란드가 최강이었던 영역에서조차 급속히 절망적 상태가 되었다. 어느 때보다도 잉글랜드 주식과 정부 증권에 대한 투자가 네덜란드 잉여자본을 위한 최상의 판돈이 되었다. 왜냐하면 네덜란드 증권에 대한 투자 수익률은 낮았고, 다른 국가들(프랑스를 포함해)의 증권에 대한 투자는 위험부담이 훨씬 컸기 때문이었다. 잉글랜드로부터 이탈하기는커녕, 1740년경 이후 네덜란드 자본의 잉글랜드 유입은 갑자기 크게 늘어났다. 1758년에는 네덜란드 투자가들이 잉글랜드 은행, 잉글랜드 동인도회사, 그리고 남해회사 주식의 1/3 정도를 보유하고 있다고 이야기되었다. 1762년 정보에 밝은 한 로테르담 은행가는 네덜란느가 잉글랜드 채무의 1/4을 보유하고 있다고 추산했는데, 그 액수는 1천 2백만 파운드에 달했다(Boxer 1965: 110; Carter 1975).

잉글랜드 증권에 대한 네덜란드 투자가 최대로 팽창한 계기는

1756~63년의 7년전쟁 시기였다. 이 전쟁이 잉글랜드와 프랑스 사이에서 세계상업 우월성을 놓고 벌어진 투쟁의 결정적 전환점이었기 때문에, 네덜란드 자본의 공헌이 없었다면 프랑스에 대한 잉글랜드의 최종적 승리는 실제보다 훨씬 더 힘들었을 것이라는 찰스 윌슨의 주장(Wilson 1966: 71)에도 일리는 있다. 그러나 대체로, 네덜란드는 자신이 시작하지도 않았고 중단시킬 수도 없는—잉글랜드의 승리가 네덜란드를 자본주의 세계경제의 감제고지로부터 끌어내린 쇠락의 기점이라는 점을 고려하면, 네덜란드가 그렇게 중단시키길 원했을지는 모르지만—긴 역사과정의 완성에 일조했을 뿐이었다.

우리가 주장해 왔듯이, 이런 장기에 걸친 역사과정의 가장 가까운 기원은 16세기 후반 새로운 종류의 정부조직과 경제조직이 형성된 데 있었다. 이는 잉글랜드 상인 은행가들(이들은 16세기 전반 안트베르펜 바깥과 여타 대륙 시장공간들에서 유럽의 화폐·교역 체계를 규제한 일단의 세계시민주의적 "네이션들"에 종속된 구성요소였다)과 엘리자베스(그녀가 16세기 중엽 물려받은 것이라곤, 유럽 정치에서 잉글랜드의 뚜렷한 위상을 되찾으려다 실패하여 파산한 튜더 왕조의 정부뿐이었다)의 동맹에 의해 구조가 전환된 잉글랜드 민족국가였다. 이 동맹은 도시국가들이 유럽 세계경제의 자본축적과 이동자본을 둘러싼 지속적 국가 간 경쟁의 주된 중심지의 위상에서 퇴각한 후, 그로부터 출현한 여러 가지 자본주의와 영토주의 결합 방식들 중 하나였다.

16세기 전체에 걸쳐 이런 결합들 중 가장 중요하고 강력했던 것은 자본주의 "네이션들"과 영토주의 국가들 사이의 느슨한 동맹으로, 이는 제노바-이베리아 블록과 피렌체-프랑스 블록 양자의 특징이었다. 그러나 16세기가 끝날 무렵이 되면, 그들 상호 간의 경쟁과 교전 때문만이 아니라, 제노바-이베리아 복합체의 금융적·정치적 지배에 대해 적대적 대립을 형성한 더 잘 짜여지고 더 간결한 민족 블록들이 출현했기 때문에도, 이런 느슨한 동맹의 권력은 점점 더 침식되었다. 이들 중 가장 중요한 것은 네덜란드와 잉글랜드였다. 두 블록 모두 자본주의 요소와 영토주의 요소의 동맹에 의해 구성되었지만, 네덜란드 국가가 구조와 지향 면에서 잉글랜드 국가보다 훨씬 더 자본주의적이었다. 그렇지만 잉글랜드 국가는 처음부터 그리고 17세기와 18세기 내내 구조와 지향 면에서 유럽의 어느 다른 영토주의 국가들보다 훨씬 더 자본주의적이었다.

네덜란드 자본은 17세기에는 훨씬 더 엄밀하게 자본주의적인 네덜란드 국가의 구조와 지향 덕에, 해체되는 이베리아 영토 제국의 전리품을 차지하는 투쟁에서 결정적인 경쟁우위에 설 수 있었다. 그러나 영토주의 국가들 자신이 17세기 말부터 계속해서 그랬듯이 네덜란드의 발전 경로를 따라서 구조와 지향 면에서 더욱 자본주의적이 되고 또 그들의 운명을 해외상업 팽창에 걸자마자, 대단히 간결한 네덜란드 국가 구조는 결정적 경쟁우위로부터 극복할 수 없는 장애물로 바뀌었다. 뒤이은 세계상업 우월성을 둘러싼 싸움에서 경쟁우위는 자본주의를 내부화하는 과정을 겪고 있던 영토주의 국가들로 이전되었다. 바로 이 시점에, 어떤 다른 영토주의 국가보다 이 내부화를 더 멀리 끌고 갔고 영토주의 성향을 잃지 않으면서도 방향을 전환시켰던 잉글랜드 국가가 정상에 올라섰다.

케인과 홉킨스가 지적했듯이(Cain and Hopkins 1980: 471), 1757년 플래시 전승[13] 이후 동인도회사가 범한 약탈은 "일부 사람들이 수장하

---

13) 벵골의 마지막 독립적 나와브(지방영주)였던 시라지우드 다울라(Sirajiud Daula)와 영국 동인도회사 사이에 벌어진 전투. 영국은 이 전투의 승리로 벵골의 모든 주들을 인수하고 대대적 약탈을 벌였다. 플래시 전투는 인도에서 영국 제국 수립의 결정적 계기가 되었다.

듯이 산업혁명을 출발시킨 것은 아니었지만, 영국이 네덜란드로부터 국채를 되살 수 있도록 도와주었다." 우리 분석은 이런 주장을 전적으로 지지하지만, 이를 다소 비틀어 수용한다.

플래시는 "산업혁명"을 출발시킬 수도 없었고 그렇게 하지도 않았는데, 단지 산업혁명이라는 이름 하에 일어난 일이 여러 세기 이전에 시작된 역사과정의 세번째이자 최종적 계기였다는 단순한 이유 때문이다. 이 역사과정의 세 번의 계기 모두 잉글랜드의 급속한 산업 팽창의 시기—적어도 각 팽창이 일어났던 시대의 기준에서 보자면—이자 자본주의 세계경제 전체의 금융적 팽창의 시기였다. 첫번째 계기는 14세기 말 15세기 초 피렌체 주도의 금융적 팽창 중 일어난 잉글랜드 방직산업의 급속한 팽창이었다. 두번째 계기는 16세기 말 17세기 초 제노바 주도의 금융적 팽창 중 일어난 영국 금속산업의 급속한 팽창이었다. 그리고 이른바 산업혁명이라고 부르는 세번째 계기는 18세기 네덜란드 주도의 금융적 팽창 중 일어난 잉글랜드 방직산업과 금속산업의 급속한 팽창이었다.

네프가 강조했듯이, 이 세번째 계기는 두번째 계기 때 마련된 산업과 경영기술의 레퍼토리에 의존하였다. 그리고 십중팔구 두번째 계기와 첫번째 계기에 대해서도 같은 말을 할 수 있을 것이다. 그렇지만 우리의 테제는, 잉글랜드 산업 팽창의 세 번의 계기들 사이의 주된 역사적 고리가 국지적인 것이 아니라 체계적인 것이었다는 것이다. 즉, 잉글랜드 산업 팽창의 각 계기는 자본주의 세계경제의 계속되는 금융적 팽창, 구조조정, 그리고 재편에 통합적이었고, 여기에 잉글랜드는 처음부터 편입되어 있었다. 금융적 팽창의 시기들은 변함없이 정부기구들과 경제기구들에 대한 유럽 교역 및 축적체계의 경쟁 압력이 첨예해지는 계기들이었다. 이 압력 하에 어떤 지방에서는 농업-산업의 생산이 하락한 반면 다른 지방에서는 상승했는데, 이는 주로 변동하는 세계경제 구조에서 지역들이 차지하는 위치상의 열위와 우위에 반응해 나타난 결과였다. 그리고 이 모든 세 번의 금융적 팽창에서 역사와 지리가 선사해 준 "선물" 덕에 잉글랜드는 이런저런 종류의 산업 팽창에 특별히 적합한 지방이 될 수 있었다.

잉글랜드의 통치집단들은 이런 선물과 그에 수반해 되풀이해 분출되는 산업 팽창의 수동적 수용자들은 아니었다. 에드워드 3세는 유럽 세계경제의 부가가치 계서제에서 잉글랜드의 위상을 끌어올리기 위해서 플랑드르 직포산업을 강제로 파괴함으로써, 첫번째 금융적 팽창 중에 대대적으로 잉글랜드 방직산업의 팽창을 추진했다. 엘리자베스 1세도 같은 일에 노력을 기울였는데, 그러나 이번에는 방직산업의 팽창은 늦추고 무기산업과 사치품산업의 팽창을 고무함으로써 그리하였다. 그러나 에드워드의 팽창 정책도, 엘리자베스의 선별적으로 한정된 정책도, 처음에 이탈리아 자본주의에 대한 그리고 그 다음에는 네덜란드 자본주의에 대한 잉글랜드 산업주의의 근본적 종속을 크게 극복할 수는 없었다.

결국 잉글랜드가 이런 종속을 극복하고 자본주의 세계경제의 지배자이자 조직자가 될 수 있었던 이유는 나폴레옹전쟁 중에 산업 팽창이 새롭게 분출하여 도약했기 때문은 아니었다. 오히려 그것은 앞선 시기에 잉글랜드의 에너지와 자원을 산업자본주의에서 해외 상업·영토 팽창으로 다시 돌렸기 때문이었다. 1640년 이후 한 세기 가까이 잉글랜드의 산업 팽창이 중단되었던 것(네프를 곤혹스럽게 만든 일)은 부분적으로 베스트팔렌 이후 유럽 세계경제의 변화된 정세를 반영한 것이었다. 그러나 이는 또한 잉글랜드의 부와 권력에 대한 주된 장애물을 그 팽창의 가공할 무기로 전환시키기 위해서, 네덜란드에서 잉글랜드의 수중으로 집산지 무역에 대한 통제권을 넘기는 작업에 잉글랜드의 에너지와 자원을 집중시킨 것을 반영하는 것이기도 했다. 암스테르담이 세계무역의 중심적 집산지인 한, 네덜란드 사업계가 고부가가치 산업에서 심지어 베네치아나 잉글랜드처럼 더 산업화된 국가의 생산자들을 경쟁에서 따돌리는 것은 쉬운 일이었다. 그러나 일단 잉글랜드——이미 유럽 세계경제에서 가장 산업화된 국가——가 전례 없는 규모로 세계무역의 중심적 집산지로 전환되자, 잉글랜드의 경쟁력은 네덜란드 사업계가 그랬던 것보다 훨씬 더 넓은 범위의 산업들에서 불패의 것이 되었다.

바로 이 시기에 와서 회고해 보면, 에스파냐에서 약탈한 것을 파운드화의 안정에 투자하고, 또 해외상업 및 영토 팽창을 촉진하기 위해 공인 합자회사 설립에 투자한 것이 엘리자베스 1세가 할 수 있던 최선의 투자였던 것처럼 보인다. 비록 거의 한 세기 동안 네덜란드와의 경쟁에서 넘어설 수 없는 격차가 벌어진 현실에서 많은 사람들에게는 그렇게 투자된 돈이 낭비처럼 보였겠지만, 18세기에 와서는 엘리자베스(또는 그레셤)의 예견이 완전히 옳다고 입증되었다. 엘리자베스가 수립한 건전화폐의 전통이 윌리엄 3세 하에서 재확인되고 공고화되자, 잉글랜드 잉여자본은 계속해서 잉글랜드 국채에 투자될 수 있었고, 국가 간 권력투쟁의 가장 결정적 순간에 네덜란드 자본을 끌어들일 수 있었다. 그리고 급속히 증폭되는 보호비용에 직면해, 국내와 해외 투자가들에 지불하는 이자가 잉글랜드 예산과 국제수지에 엄청난 부담이 될 수도 있던 시점에, 엘리자베스가 레반트 회사——잉글랜드 동인도회사——에 투자한 전리품 4만 2천 파운드의 소산이 약탈과 공납의 형태로 인도에서 수익을 가져다 주기 시작했는데, 이는 공업이건 아니건 간에 유사한 규모의 어떤 다른 투자도 얻어 낼 수 없는 수준이었다.

여기에 플래시 약탈의 진정한 역사적 중요성이 있다. 잉글랜드가 세계무역의 중심 집산지로 암스테르담을 대체하자, 잉글랜드 산업은 자신이 수익성 있게 재흡수할 수 있는 것보다 훨씬 많은 현금 흐름을 만들어 냈으며, 18세기 말 잉글랜드 산업의 엄청난 팽창에는 굳이 플래시 약탈의 필요도 여지도 없었다. 그러나 영국 고도금융에게는 플래시 약탈의 필요와 여지가, 그리고 플래시 약탈이 그 선구일 뿐인 제국 공납의 꾸준한 유입의 필요와 여지가 충분히 있었다. 유럽 권력투쟁의 결정적 전기에 영국의 신용등급을 지탱해 주고, 게다가 영국을 영원히 해외자본에 대한 의존과 종속에서 벗어나게 해줌으로써, 인도와 다른 식민 원천에서 나오는 제국 공납이 마침내 그레셤의 꿈을 실현시켜 주었다. 영국 국가와 영국 자본은 그들이 응집된 민족 블록으로 통일되면 어떤 권력이 도출되는지 전 세계에 보여 줄 수 있었다. 이런 민족 블록의 가장 주된 권력 기반이 제국적이었다는 점은 확실히 엘리자베스 1세는 물론이고 그레셤도 놀라게 하지도 실로 실망시키지도 않을 일이었다.

  나폴레옹전쟁 종료기에 상무부 장관 허스키슨이 전쟁 중에 중단된 금 본위를 재수립하면 영국이 19세기의 베네치아가 될 것이라고 주장했을 때, 그는 정부와 기업의 성공이라는 비할 데 없는 은유에 호소하고 있던 것이었다. 비록 베네치아 공화국은 얼마 전 유럽의 지도에서 사라졌지만, 좋을 때나 나쁠 때나 정치적 안정성이 있었고 정부 이성과 기업 이성이 조화롭게 융합되었던 거의 천 년에 걸친 그 역사는 여전히 허스키슨의 동시대인들에게 어떤 도시국가(카오스적인 제노바는 무엇보다 아닌)나 민족국가(낭비벽이 심한 에스파냐는 무엇보다 아닌)와도 견줄 수 없는, 국가형성과 화폐형성의 동시적 성공의 상을 환기시켰다. 다가올 세기에 영국이 본받아야 할 모델로 제노바나 에스파냐 또는 심지어 네덜란드의 준-민족국가를 언급하는 일은, 상무부가 주장할 정책으로는 참으로 나쁜 평판을 들었을 것이다.

그런데 나폴레옹전쟁 종료 무렵, 영국 국가와 영국 자본은 베네치아 계보를 따르면서, 그보다 평판이 못한 16세기 제노바와 에스파냐의 계보를 누설하는 특징들을 전개시켰다. 한 세기 이상 동안 잉글랜드 은행은 카사 디 산 조르조의 주된 특징들을 본떠 왔다. 그러나 제노바-이베리아 계보가 영국 정부기구와 경제기구의 전략과 구조에서 두드러지게 부각된 것은 무엇보다 18세기 말 19세기 초 프랑스와 전쟁 중인 시기였다.

우선, "프랑스 및 그 동맹국과의 싸움에서 선박과 인력의 결정적 격차를 벌리기 위해 그 조세수입에 비해 턱없이 많은 액수를 전쟁에 지출하는" 영국의 경향(Dickson 1967: 9)은 "이 민족이 혁명 전쟁들 이전의 공공 수입의 세 배에 달하는 금액을 매년 그 사회의 새로운 계급인 금리생활자와 공채소유자에게 저당잡혔"음을 뜻했다(Jenks 1938: 17). 이처럼 국가가 엄밀하게 화폐적 이해관계 그 자체에 대대적으로 종속되었기 때문에, 영국은 베네치아보다는 에스파냐와 제노바 결합을 훨씬 더 닮게 되었다. 더욱 중요한 점은 대대적인 전시 적자 지출과 이 지출의 지리적 배분 때문에 시티는 해외사업 연계망을 확보하게 되었는데, 이 때문에 시티는 16세기 세계시민주의적 제노바 "네이션"의 후계자가 될 수 있었다.

공채로 쌓은 부가 부상하고, 런던에서 체결된 계약과 라이센스가 화폐 및 재화 흐름을 지배하자, 잉글랜드 은행의 자원에 큰 부담이 되었다. 잉글랜드 은행이 이 상황에 대처할 능력이 없었기 때문에, 영국 정부는 "사적 은행들을, 그리고 '상인 은행가'로 알려지기 시작한 런던의 상인들을 더욱 신뢰하는 방향으로 돌아서야" 했다(Jenks 1938: 18). 상인 은행가들은 특히 영국의 전시 지출을 관리하고 규제하는 데 절대적으로 핵심적이었다.

거의 모든 전쟁비용이 해외에서 조달되어야 했다. 대부나 조세의 수익은 금이나 군량 형태로 영국이나 영국의 동맹국들이 전장에서 처리할 수 있어야 했다. 오직 상인들만이 해외 거래처를 통해 이 서비스를 수행할 수 있었다. 그들은 에스파냐에서 거래되는 옥양목 값으로 받은 멕시코 달러로 플랑드르에서 임금을 지불할 수 있었다. 그들은 요크셔에서 직포를, 셰필드에서 사브르 검과 머스킷 총을, 그리고 아일랜드에서 말을 모아서, 이것들을 오스트리아 전투를 위하여 트리에스테로 전달할 수 있었다. 그리고 그들이 정부의 지출계약을 맺고자 할 때, 그 돈을 제공하는 그들의 도움은 매우 귀중했다. 은행가들과 함께 그들은 공채에 입찰하는 집단을 구성했으며, 그것에 성공했을 때 전체 수익이 그들의 수중에 떨어졌다. …… 해외 송금 사업은 …… 국내 송금 사업과 병합되었다. 둘 다 전시 수요가 결정적 요소인, 시장에서 계약 및 위탁에 의한 상품의 운동과 더불어 지속되었다. 그리고 이는 외환의 운동, 지폐 유통, 그리고 전적으로 기금들의 부침과 잘 엮였다.(Jenks 1938: 18~9)

이 구절에는 기시감이 많다. 제노바 상인 은행가들——그들의 정기시 덕에 펠리페 2세는 16세기 후반에 끝없이 전쟁을 일으킬 수 있었다——은 릴런드 젠크스가 여기서 서술한 흐름의 공간에서 완벽한 편안함을 느꼈을 것이다. 또한 이 점에서, 나폴레옹전쟁에서 출현한 영국 사업의 구조는 그 역사 어느 시기건 베네치아의 구조보다는 16세기 제노바 사업 구조에 훨씬 더 가까운 유사성을 보인다.

물론 16세기 제노바의 흐름의 공간과 19세기 영국의 그것 사이에는 중요한 차이점이 있었다. 영국의 공간이 더 규모가 크고 복잡했다는 점은 예외로 하고, 제노바의 공간은 전시와 평화시에 서비스한 제국적 권력망에 "외부적"이었던 데 비해, 영국의 공간은 "내부적"이었다. 제노바의 공간은—처음에는 유동적인 "비센초네" 정기시에서, 다음에는 피아첸차 정기시에서—에스파냐 제국에 외재적이었다. 그에 비해 영국의 흐름의 공간의 중심지는 런던에 있었다. 이는 영국 제국의 중심지와 일치했다. 이 차이점은 제노바체제가 두 자율적인 조직들—제노바의 자본주의적 "네이션"과 에스파냐의 영토주의적 "국가"—사이의 정치적 교환관계에 기반하였다는 사실을 반영한 것이었다. 반면 영국체제는 시티와 영국 정부 사이의 정치적 교환관계에 기반하였다. 둘 다 같은 민족국가인 연합왕국에 속했다.

또한 제노바와 영국의 세계시민주의적 사업망 사이에는 기능상의 차이도 있었다. 둘 다 전쟁에 복무하기 위해 구성되었다. 그러나 제노바망이 그 경력 전체에 걸쳐 줄곧 전쟁에 복무한 반면, 영국망은 영국의 백년 평화에 줄곧 복무하였다.

브로델은, 만일 에스파냐가 그 제국적 야망 실현에 성공했더라면, 제노바망도 같은 결과를 얻었을 것이라고 주장하는 것처럼 보인다. 그의 수많은 수사학적 질문들 중 두 곳에서 이런 의미가 상당히 포착된다.

> 당대의 저명한 인문주의자들이 기대했던 것처럼 카를 5세가 승리했다 하더라도 새로운 유럽의 핵심 도시에서 이미 터를 잡은 자본주의는 …… 분명히 곤경에서 벗어나지 않았을까? 제노바인들이 국왕 펠리페 2세가 아니라 "황제" 펠리페 2세의 재정을 도맡았다 해도 유럽의 정기시들의 움직임을 같은 방식으로 지배하지 않았을까? (Braudel 1984: 56/브로델 1997: 69)

우리는 결코 존재한 적이 없는 팍스히스패니카 하의 제노바 사업망의 자기 팽창이 촉진되고 유지되기 위해 어떤 역사적 상황의 조합이 필요했을지 결코 알지 못할 것이다. 그러나 우리는 유사한 영국망의 기능이 19세기에 전쟁 복무에서 평화 복무로 변화한 것이, 그 작동상의 주요한 구조조정을 통해 발생했다는 것을 알고 있다. 그리고 우리는 이 구조조정에서 영국의 세계의 작업장 역할이 핵심적이었다는 것도 알고 있다. 스탠리 채프먼이 잘 설명하듯이(Chapman 1984), 시티에서 로스차일드 가가 지배적 사업조직으로 올라선 것이 영국 공공 재정의 취급을 통해 시티 자체에서 비롯한 것은 아니었다. 오히려 그것은 해외에서 투입물의 획득(가장 두드러진 것이 원면)과 산출물의 처리를 통해, 영국의 가장 역동적 산업지역들에서 비롯하였다.

19세기 영국이 수행한, 결코 서로 모순되지 않는 "작업장"과 "집산지" 기능은 동일한 세계시장 구성과정을 상호 강화하는 양 측면이었다. 이 과정은 우리 시대의 샘이자 모체였으며, 4장 첫 부분의 주제가 될 것이다. 그러나 더 나아가기에 앞서, 잠시 멈추어 체계적 축적 순환의 반복과 한 순환에서 다른 순환으로의 이행의 바탕에 깔려 있는 것으로 보이는 논리를 드러내 보도록 하자.

반복과 예고

조지프 슘페터(Schumpeter 1954: 163)는 자본주의 말선이라는 문제에서 한 세기는 "단기"라고 말한 적이 있다. 사실로 드러나듯이, 자본주의 세계경제의 발전이라는 문제에서 한 세기는 심지어 "단기"조차 되지 못한다. 이렇게 해서 이매뉴얼 월러스틴(Wallerstein 1974a; 1974b)은 그의

도표 10. 장기 세기와 체계적 축적 순환

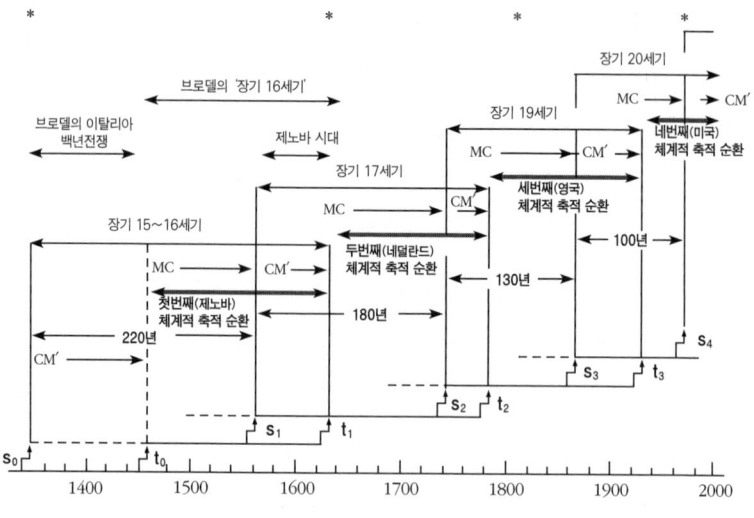

* 표시는 브로델의 '장기 순환' 정점

구도에서 자본주의 세계경제의 첫(구성적) 단계가 되는 적합한 분석단위에 "장기 16세기"(1450~1640)라는 브로델의 용어를 차용하였다. 에릭 홉스봄(Hobsbawm 1987: 8~9)은 그가 역사적 자본주의의 부르주아-자유주의(영국) 단계라고 생각하는 것에 적절한 분석의 시간틀로서 유사하게 "장기 19세기"(1776~1914)에 대해 말하고 있다.

유사하게 여기서는 네번째 (미국) 체계적 축적 순환의 행위자들 및 구조들의 등장, 온전한 팽창, 그리고 종국적 지양을 분석하기 위한 적절한 분석의 시간틀로서 장기 20세기라는 용어를 채택하고 있다. 그렇게 장기 20세기는 부분적으로 서로 중첩되는 단계들로 엮인 사슬의 가장 최근 고리일 뿐인데, 여기서 각 단계들은 하나의 장기 세기를 포괄하며, 이를 통해 유럽 자본주의 세계경제는 전지구를 조밀한 교환체계 속에 병합시키게 되었다. 단계들과 이를 포괄하는 장기 세기들은 중첩되는데, 그 이유는 대개 각 단계에 전형적인 축적 행위자와 구조들이 앞선 단계의 금융적 팽창 국면(CM´) 중에 자본주의 세계경제에 두드러지게 부각되기 때문이다. 이런 관점에서 볼 때, 네번째 (미국) 체계적 축적 순환도 예외는 아니다. 이 순환과 단계에 전형적인 정부기구들과 경제기구들이 탄생된 과정의 요체는 앞선 (영국) 순환과 단계의 정부기구들과 경제기구들이 지양—이는 1873~96년 대불황과 그에 동반된 영국 자본주의 축적체제의 금융적 팽창 중에 시작되었다—되는 과정이었다.

〈도표 10〉은 우리가 처음 세 번의 체계적 축적 순환에 대해 논의하면서 채택한 시기 확정들을 분명히 보여 주는데, 우리는 이를 확장하여 최근까지 실현된 네번째 (미국) 순환 부분을 포함시켰다. 여기서 묘사된 역사적 자본주의의 시기적 윤곽의 주된 특징은 모든 장기 세기들의 구조가 유사하다는 점이다. 이 구성물들은 모두 세 개의 구분되는 구획 또는 시기들로 구성된다. (1) 첫 시기는 금융적 팽창으로(S_{n-1}에서 T_{n-1}까지), 이 과정에서 낡은 축적체제 내에서 새로운 축적체제가 발전하고, 그 발전은 낡은 축적체제의 전면적 팽창과 모순들의 필수 측면이 된다. (2) 새로운 축적체제의 공고화와 심화적 발전 시기(T_{n-1}에서 S_n까지)로, 이 과정에서 그 주도적 행위자들은 전체 세계경제의 실물적 팽창을 촉진하고 관리하며, 그로부터 이윤을 얻어 낸다. (3) 금융적 팽창의 두번째 시기(S_n에서 T_n까지)로, 이 과정에서 전면적으로 발전한 축적체제의 모순은 경쟁하는 대안적 체제들의 출현을 위한 공간을 만들어 주고, 그 때문에 모순이 심화되며, 그 중 하나의 대안적 체제가 결국(즉 T_n의 시점에서) 새로운 지배적 체제가 될 것이다.

게르하르트 멘쉬(Mensch 1979: /5)의 표현을 빌려서 우리는 모두 금융적 팽창의 시작, 따라서 모든 장기 세기의 시작을 지배적 축적체제의 "**신호적 위기**"(〈도표 10〉에서 S_1, S_2, S_3, S_4)라고 규정할 것이다. 체계적 축적과정의 주도적 행위자가 점점 더 많은 자본량을 교역과 생산에서 금융 중개와 투기로 이전시키기 시작하는 것이 바로 이 시점이다. 그런 이전이 "위기"의 표출인 이유는, 바로 이런 이전이 체계적 자본축적과정의 주도적 행위자가 세계경제의 실물적 팽창에 잉여자본을 재투자하여 이윤을 계속 획득할 가능성에 대해 부정적으로 평가하고 있음을 드러내는 동시에, 더욱 엄청나게 고도금융에 특화함으로써 그 지도력/지배를 시공간적으로 연장시킬 수 있는 가능성에 대해 긍정적으로 판단하고 있음을 드러내는 '전환점', '중대한 결정의 시기'를 알리고 있다는 의미에서이다. 이 위기는 더 심층적인 체계의 근원적 위기의 "신호"이며, 그럼에도 당분간 고도금융으로의 이전이 그 근원적 위기를 미리 막아선다. 사실, 그러한 이전은 그 이상의 일을 만들어 낼 수 있다. 이는 실물적 팽창의 종료를 그 추진자들과 조직자들을 위해 부와 권력을 재생시키는 "경이적 순간"으로 바꾸어 놓을 수 있는데, 그 정도와 방식은 네 번의 체계적 축적 순환마다 상이했다.

세계경제의 실물적 팽창의 종료로부터 혜택을 입은 자들에게 이 시절이 아무리 경이적이라 할지라도, 이는 결코 체계의 근원적 위기에 대한 지속적인 해결책을 표현해 준 것은 아니었다. 반대로 이는 항상 위기 심화의, 그리고 새로운 축적체제가 아직 지배적 축적체제를 종국적으로 지양하는 것의 전문(前文)이었다. 우리는 이렇게 최종적 지양으로 귀결된 이 사건 또는 일련의 사건들을 지배적 축적체제의 "**최종적 위기**"(〈도표 10〉에서 T_1, T_2, T_3)라고 부르며, 이것을 그 체계의 등장, 전면적 팽창, 그리고 쇠락을 포괄하는 장기 세기의 종료를 가리키는 것으로 본다.

앞선 장기 세기들처럼 장기 20세기는 세 개의 구분되는 구획들로 구성된다. 그 첫번째는 1870년대에 시작하여 1930년대까지 이어졌는데, 다시 말해 영국 축적체제의 신호적 위기에서 최종적 위기까지이다. 그 두번째는 영국체제의 최종적 위기에서 미국체제의 신호적 위기 — 우리는 그것을 1970년경으로 본다 — 까지 이어진다. 그리고 그 세번째이자 마지막 구획은 1970년에서 미국체제의 최종적 위기까지 이어진다. 우리가 말할 수 있는 한, 이 최종적 위기는 아직 발생하지 않았기 때문에,[14] 이 구획을 분석한다는 것은 사실 모든 앞선 체계적 축적 순환의 종료(CM′) 국면들과 비교하여, 현재와 미래를 새로움과 반복의 요소들을 드러내는 지속되는 역사과정의 일부로서 연구한다는 것을 뜻한다.

우리가 현재와 미래에 대한 이런 역사적 조사에 관심을 갖는 주된 이유는 두 가지 서로 긴밀히 연관된 질문에 그럴 법한 대답을 주기 위해서일 것이다. (1) 어떤 힘들이 미국 축적체제의 최종적 위기를 촉진시키고 있으며, 우리는 얼마나 빨리 이 최종적 위기가 발발하여 장기 20세기가 끝날 것이라고 예상할 수 있는가? (2) 장기 20세기가 종료되면 자본주의 세계경제에 어떤 대안적 발전 경로가 열릴 것인가? 이 질문들에 대한 그럴 법한 대답을 찾으면서 우리는 〈도표 10〉에서 묘사된 시기적 윤곽의 두 번째 특징을 활용할 것이다. 이는 이미 서론에서 언급했듯이 자본주의의 역사 발걸음의 가속화이다.

비록 〈도표 10〉에서 묘사된 모든 장기 세기들이 유사한 세 구획들로

---

14) 아리기는 2005년의 글에서 미국의 이라크전쟁을 계기로 미국이 최종적 위기에 들어섰을 수도 있음을 주장한다. Giovanni Arrighi, "Hegemony Unravelling(II)," *New Left Review*, 33, 2005 이 책의 한국어판 서문과 제2판 후기에서도 유사한 언급이 있다. — 옮긴이주

구성되어 있고, 모두 한 세기 이상에 걸치지만, 시간이 갈수록 그것들은 수축되었다. 즉 우리가 자본주의 발전의 앞선 단계에서 최근 단계로 올수록, 체계적 축적체제가 등장하고 전면적으로 발전하고 지양되는 시간이 점점 짧아졌다.

이를 측정하는 두 가지 방법이 있다. 첫번째는 장기 세기 자체의 지속기간을 측정하는 것이다. 우리가 장기 15~16세기라고 부르는 것은 브로델과 월러스틴의 "장기 16세기"의 거의 전체 길이에다 그와 병행한 "이탈리아"와 "영-불" 백년전쟁의 세기를 **더한** 것인데, 이 시기에 피렌체가 주도한 금융적 팽창은 그 극점에 도달했고 미래의 제노바 축적체제의 전략들과 구조들이 형성되었다. 이는 1340년대 초 대폭락에서 290여 년 이후 제노바 시대의 종료까지 이어졌다.

이는 〈도표 10〉에서 묘사된 세 개의 완전한 장기 세기 중에서 가장 긴 것이다. 1560년경 제노바체제의 신호적 위기에서 시작해 1780년대 네덜란드체제의 최종적 위기까지 이어진 장기 17세기는 단지 220년 정도 지속되었다. 그리고 1740년경 네덜란드체제의 신호적 위기에서 시작해 1930년대 초 영국체제의 최종적 위기까지 이어진 장기 19세기는 훨씬 더 짧아서 "겨우" 190년일 뿐이다.

자본주의의 역사 발걸음의 가속화를 재는 또 다른 방법은 연이은 신호적 위기들을 구분하는 시간 길이를 비교하는 것이다. 이 방법에는 두 가지 이점이 있다. 첫째로, 신호적 위기 시기를 결정하는 것은 최종적 위기 시기를 결정하는 것보다 덜 자의적이다. 최종적 위기는 권력의 이중성과 고도금융의 교란의 시기에 발생한다. 한 체제에서 다른 체제로의 이행을 나타내는 연이은 위기들 속에서 쇠퇴하는 체제의 "진정한" 최종적 위기를 골라 내는 것은 쉬운 일이 아니다. 이에 비해 신호적 위기는 자본주의 세계경제의 상대적으로 안정적 거버넌스의 시기에 발생하며, 그만큼 식별하기가 더 쉽다. 따라서 신호적 위기들에만 관련된 측정이 신호적 위기와 최종적 위기 모두에 관련된 측정보다 신뢰성이 더 높다.

더욱이 잇따른 신호적 위기들을 구분하는 시간대를 비교함으로써 우리는 금융적 팽창의 시기를 이중 계산하지 않고 단일의 관측치를 얻게 된다. 장기 20세기가 아직 끝나지 않았기 때문에, 지금까지의 자본주의 역사는 **세 번**의 장기 세기들만으로 전개된다. 그러나 미국 축적체제의 신호적 위기는 이미 발생했기 때문에 우리는 위기 시기의 신호를 알리는 **네 번**의 신호적 위기를 갖게 된다. 이 시기들은 잇따른 체제들이 앞선 체제의 신호적 위기에 이어 지배적이 된 다음 다시 세계경제의 실물적 팽창으로부터 계속해서 이윤을 획득할 수 있는 자기 자신의 역량의 한계에 이르게 되기까지 걸리는 시간을 측정한다. 〈도표 10〉에서 볼 수 있듯이, 이 시간은 제노바체제의 경우 약 220년에서부터 네덜란드체제의 경우는 약 180년으로, 영국체제의 경우는 약 130년으로, 그리고 미국체제의 경우는 약 100년으로 꾸준히 감소해 왔다.

잇따른 축적체제들이 우세하게 부상하고 성숙에 이르기까지 걸린 시간은 단축되어 온 반면, 이러한 잇따른 체제들의 주도적 행위자들의 규모와 조직적 복잡성은 증가해 왔다. 잇따른 체제들의 주도적 자본주의 행위자 "사령부"를 정주시킨 "권력의 용기들"(즉, 국가)에 초점을 맞추면 후자의 경향이 매우 분명히 드러난다. 즉 제노바 공화국, 연합주, 연합왕국, 합중국이 그들이다.

제노바체제의 등장과 전면적 팽창의 시기에 제노바 공화국은 규모가 작고 조직이 단순한 도시국가였으며, 실로 매우 빈약한 권력만을 지니고 있었다. 제노바 공화국은 사회적으로 보면 심층적으로 분열되어 있었고 군사적으로는 의존할 만하지도 않아서, 어떤 기준으로 보더라도 그 시대 모든 열강과 비교해서, 그리고 이들 열강과의 관계에서 약한 국가였다. 그 열강들 사이에서 제노바의 오래된 경쟁자인 베네치아는 여전히 상당히 높은 지위에 있었다. 그러나 세계시민주의적 "네이션"으로 조직된 제노바 자본가계급은 그 광대한 상업망과 금융망 덕분에, 유럽의 최강 영토주의 통치자들과 동등한 조건에 거래를 할 수 있었고, 이들 통치자들 사이의 이동자본을 둘러싼 냉혹한 경쟁을 자본의 자기 팽창을 위한 강력한 엔진으로 전환시킬 수 있었다.

네덜란드 축적체제가 등장하여 전면적으로 팽창하던 시기에 연합주는 사라지는 도시국가의 일부 특징들과 등장하는 민족국가의 일부 특징들을 결합한 혼성 조직이었다. 제노바 공화국보다 더 크고 더 복잡한 조직인 연합주는 에스파냐 제국으로부터 독립을 쟁취하고, 에스파냐 해상·육상 제국에서 매우 수익성 있는 상업 전진기지의 제국을 개척해 내고, 또 해상에서는 잉글랜드의 군사적 도전과 육상에서는 프랑스의 군사적 도전을 제어할 수 있기에 충분한 권력을 "담아 냈다". 제노바에 비해 네덜란드 국가가 더욱 큰 권력을 지녔기 때문에 네덜란드 자본가계급은 제노바인들이 그래야 했듯이 영토주의 국가들로부터 보호를 "구매"하지 않고서도 제노바인들이 이미 해왔던 일 ─ 이동자본을 둘러싼 국가 간 경쟁을 자본의 자기 팽창을 위한 엔진으로 전환시키는 일 ─ 을 할 수 있었다.

영국 축적체제가 등장하여 전면적으로 팽창하던 시기에 영국은 완전히 발전한 민족국가이자, 나름대로 연합주가 그랬던 것보다 훨씬 더 크고 더 복잡한 조직이기만 했던 것은 아니었다. 영국은 또한 세계를 포괄하는 상업적·영토적 제국을 정복하는 과정에 있었으며, 이 제국은 그 통치집단과 자본가계급에게 세계의 인간자원과 천연자원에 대한 전례 없는 통제력을 부여해 주었다. 이 때문에 영국 자본가계급은 그들의 상업 활동의 이윤이 의존하는 대부분의 농업-산업 생산을 위해서 해외의 그리고 종종 적대적인 영토주의 조직들에 의존할 필요 없이 네덜란드가 이미 할 수 있던 일 ─ 이동자본을 둘러싼 국가 간 경쟁을 그 자신에 이익이 되도록 전환시키고 그 자본의 자기 팽창에 필요한 모든 보호를 "생산"하는 일 ─ 을 할 수 있었다.

마지막으로, 미국 축적체제가 등장하여 전면적으로 팽창하던 시기에 합중국은 이미 완전히 발전한 민족국가 이상의 것이었다. 미국은 광범한 종속 정부들과 동맹 정부들에게 효과적인 보호를 공여할 수 있고, 또 세계 어디든 비우호적인 정부들에는 경제적 교살과 군사적 절멸의 확실한 위협을 줄 수 있는 충분한 힘을 지닌 대륙적 군산복합체였다. 미국 자본가계급은 그 자신의 영토가 지닌 규모, 섬과 같은 특성, 그리고 자연적 부와 결합된 이런 권력에 힘입어, 영국 자본가계급이 이미 그랬던 것처럼 보호비용과 생산비용뿐 아니라, 거래비용, 즉 미국 자본의 자기 팽창이 의존한 시장도 "내부화"했다.

이처럼 자본주의 역사의 주도적 행위자들의 규모, 복잡성, 권력이 증대한 사실은 〈도표 10〉에서 묘사된 시기적 연쇄의 또 다른 특징 때문에 다소 모호해진다. 체계적 축적 순환의 계기적 발전을 특징짓는 이중 운동 ─ 전진인 동시에 후진인 ─ 이 바로 그것이다. 우리가 처음 세 번의 순환에 대해 논의하면서 강조했듯이, 새로운 축적체제에 의한 비용 내부화 과정에서 각 전진의 보조는 앞선 체제가 지양한 정부 및 사업 전략과 구조의 재생을 반드시 담아냈다.

이렇듯 제노바체제와 비교해서 그리고 그와의 관련 속에서 네덜란드체제가 수행한 보호비용의 내부화는 제노바체제가 지양한 베네치아 국가독점자본주의의 전략과 구조의 재생을 통해 발생하였다. 유사하게, 네덜란드체제와 비교해서 그리고 그와의 관련 속에서 영국체제가 수행한 생산비용의 내부화는 제노바 세계시민주의적 자본주의와 이베리아 전지구적 영토주의의 전략과 구조——그 결합은 네덜란드 체제에 의해 지양되었다——의 새롭고 확장되고 더 복잡한 형태의 재생을 통해 발생했다. 1장에서 예견되고 4장에서 더 주장되었듯이, 동일한 양상이 미국체제의 등장과 전면적 팽창에서 재발하였는데, 이는 영국체제가 지양한 네덜란드 기업자본주의 전략과 구조를 새롭게 확장하고 더 복잡한 형태로 재생하여 거래비용을 내부화하였다.

이전에 지양된 축적전략과 구조가 반복적으로 재생되면서 "세계시민주의적-제국적" 조직구조와 "기업적-민족적" 조직구조 사이에서 시계추와 같은 전진과 후진 운동이 나타났는데, 전진 운동은 제노바와 영국처럼 "외연적" 체제에 전형적이었고, 후진 운동은 네덜란드와 미국처럼 "내포적" 체제에 전형적이었다. 제노바와 영국 "세계시민주의적-제국적" 체제는 그것이 자본주의 세계경제의 대부분의 지리적 팽창을 일으켰다는 의미에서 외연적이었다. 제노바체제 하에서 세계는 "발견"되었고, 영국체제 하에서 세계는 "정복"되었다.

이에 비해 네덜란드와 미국 "기업적-민족적" 체제는 그것이 자본주의 세계경제의 팽창보다는 지리적 공고화를 가져왔다는 의미에서 내포적이었다. 네덜란드체제 하에서, 제노바의 이베리아 파트너가 주로 실현시킨 세계의 "발견"은 암스테르담에 중심을 둔 상업적 집산지와 공인합자회사의 체계로 공고화되었다. 미국체제 하에서, 영국 자신이 주로 실현시킨 세계의 "정복"은 미국에 중심을 둔 민족시장과 초국적기업의 체계로 공고화되었다.

이처럼 외연적 체제와 내포적 체제가 반복 교체되었기 때문에, 체계적 자본축적과정의 주도적 행위자들의 규모, 복잡성, 권력이 증대한다는 근원적이고 참으로 장기적 경향에 대한 우리의 의견은 자연히 모호해진다. 네덜란드에서 영국으로 이행한 경우처럼, 시계추가 외연적 체제로 이동하면, 근원적 추세는 증폭된다. 그리고 제노바에서 네덜란드로, 그리고 영국에서 미국체제로 이행했을 때처럼, 시계추가 내포적 체제로 이동하면, 근원적 추세는 실제보다 덜 두드러져 보였다.

그렇지만 우리가 두 번의 내포적 체제와 두 번의 외연적 체제를 서로 비교함으로써──제노바를 영국과, 그리고 네덜란드를 미국과──이런 진동을 일단 통제하면, 근원적 추세는 의심의 여지없이 나타난다. 세계체계로서 역사적 자본주의의 발전은 자본주의 세계경제의 기능적·공간적 범위를 넓힐(또는 심화할) 역량을 부여 받은, 정부조직들과 경제조직들의 훨씬 더 강력한 세계시민주의적-제국적(또는 기업적-민족적) 블록의 형성에 기반해 왔다. 그러나 이 블록이 더 강력해질수록, 그것이 출현시킨 축적체제의 생애는 더 짧아졌다. 즉 그 체제가 앞선 지배적 체제의 위기로부터 출현하여, 그 자체로 지배적이 되고, 그리고 그 한계에 이르러 새로운 금융적 팽창 개시의 신호가 나타나기까지 걸린 시간은 더 짧아졌던 것이다. 영국체제의 경우 그 시간은 130년으로, 즉 제노바체제의 경우보다 40% 짧았다. 그리고 미국체제의 경우는 100년이었는데, 즉 네덜란드체제의 경우보나 45% 짧았다.

축적체제의 권력 증가가 그 지속기간의 감소와 결합되는 이런 자본주의 발전의 양상은 "자본주의 생산의 **진정한 한계는 자본 자체**"이며 자본주의 생산은 계속해서 그 내재적 한계를 극복하는데, "단지 그에 의해 다시 그 한계를 훨씬 더 거대한 규모로 새로이 설정함으로써만 그러하다"는 마르크스의 주장을 연상시킨다(Marx 1962: 245/마르크스 2004: 300, 강조는 원문).

이 모순을 가장 일반적으로 표현하면, 이 모순은 다음과 같은 점에 있다. 즉 자본주의적 생산양식은 …… 자본주의적 생산이 진행되는 사회적 관계에 상관없이 생산력을 절대적으로 발달시키는 경향을 담고 있는데, 다른 한편으로는 자본주의적 생산양식은 기존 자본가치의 유지와 그것의 가능한 한 최고도의 증식(즉 이 가치의 가속적인 증대)을 목적으로 하고 있다는 점에 있다. …… 자본과 자본의 자기증식이 생산의 출발점과 종점, 동기와 목적으로 나타난다는 점, 생산은 오직 자본을 위한 생산에 불과하며 그 반대는 아니라는 것이다. …… 수단——사회적 생산력의 무조건적 발달——이 기존 자본의 가치증식이라는 제한된 목적과 끊임없이 충돌한다는 것이다. 그러므로 자본주의적 생산양식이 물질적 생산력을 발달시키기 위한 역사적 수단이며 이 생산력에 대응하는 세계시장을 창조하기 위한 역사적 수단이라면, 자본주의적 생산양식은 자기의 역사적 과업과 자기의 사회적 생산관계 사이의 끊임없는 충돌을 또한 내포하고 있다. (Marx 1962: 244~5/마르크스 2004: 299~300)

사실 한편에서 자본의 자기 팽창과 다른 한편에서 실물적 생산력 및 적절한 세계시장의 발전 사이의 이런 모순은 더욱 일반적인 언어로 재정식화될 수 있다. 왜냐하면 세계적 축적체계로서 역사적 자본주의는 그 세 번째 (영국) 발전단계에서 비로소 "생산양식"——즉 그것이 생산비용을 내부화하였다——이 되었기 때문이다. 그러나 자본주의 발전의 진정한 장애물은 자본 자체라는 것, 현존 자본의 자기 팽창은 세계경제의 실물적 팽창 그리고 적절한 세계시장의 창출과 끊임없이 긴장관계에 있고 반복적으로 공공연한 모순에 들어선다는 것, 세계적 규모에서 자본축적의 주도적 행위자에 의해 농업-산업 생산의 계속된 외부화에도 불구하고 이 모든 것은 이미 발전의 처음 두 단계에서 분명하게 작동하였다.

두 단계 모두에서 세계경제의 실물적 팽창의 출발점과 종료점은 특정 자본주의 행위자에게 있어 그 자체 목적으로서 이윤추구였다. 첫번째 단계에서 "대발견", 광대한 이베리아 제국(들)의 경계 내의 그리고 그 경계를 가로지른 원거리 무역의 조직, 그리고 안트베르펜, 리옹, 세비야에서 맹아적 "세계시장"의 탄생은 제노바 자본에게는 그저 자기 자신의 자기 팽창 수단일 뿐이었다. 그리고 1560년 무렵 이 수단들이 더 이상 그 목적에 봉사하지 않자, 제노바 자본은 즉각 교역에서 철수해 고도금융에 특화하였다. 마찬가지로, 각각의 그리고 종종 원거리 정치권역들 사이에서 운송무역을 맡는 것, 암스테르담에 집산지 무역을 집중하고 홀란트에 고부가가치 산업을 집중하는 것, 세계적 상업 전진기지와 거래소의 망을 만들어 내는 것, 그리고 이 모든 활동이 요구하는 보호를 "생산"하는 것은 네덜란드 자본에게는 그저 자기 자신의 자기 팽창수단이었을 뿐이다. 또다시 1740년 무렵 이 수단들이 더 이상 그 목적에 봉사하지 않자, 180년 전에 제노바 자본이 그랬던 것처럼 네덜란드 자본은 그것들을 포기하고 훨씬 더 고도금융에 집중적으로 특화하는 길을 신호했다.

이런 시각에서 보자면, 19세기에 영국 자본은 축적양식으로서의 역사적 자본주의가 또한 생산양식이 되기 오래전에 수립한 양상을 단순히 반복하였을 뿐이다. 유일한 차이라면, 운송, 집산지, 그리고 다른 종류의 원거리 및 근거리 무역 그리고 그에 연관된 보호와 생산 활동 외에 영국 순환에서는 채굴과 제조 활동——즉, 앞서 우리가 좁은 의미에서 생산이라고 정의한 것——이 자본의 자기 팽창의 핵심적 수단이 되었다는 점이다. 그러나 1870년 무렵 생산 그리고 그와 연관된 교역 활동이 더 이상 이 목적에 봉사하지 못하자, 영국 자본은 130년 전에 네덜란드 자본이 그리고 310년 전에 제노바 자본이 그랬던 것처럼 금융 투기와 중개에 특화하는 방향으로 신속히 이동하였다.

우리가 살펴보게 되듯이, 동일한 양상을 100년 뒤에 미국 자본이 반복하였다. 교역과 생산에서 금융 투기와 중개로의 가장 최근의 이런 교체는 앞선 세기의 세 번의 유사한 교체처럼 자본의 자기 팽창과 세계경제의 실물적 팽창——우리의 도식에서는 마르크스의 "[세계]사회의 생산력의 발전"에 조응하는——사이의 동일한 근원적 모순을 반영하는 것으로 해석될 수 있다. 여기서 모순이란 세계경제의 실물적 팽창은 어떤 경우건 자본의 가치를 증식시키는 것을 주요 목적으로 삼으려는 노력의 수단일 뿐이지만, 시간이 지나면 교역과 생산의 팽창은 이윤율을 하락시키고 그 결과 자본의 가치를 삭감하는 경향이 있다는 것이다.

모든 교역과 생산의 팽창이 이윤율을 하락시키고 따라서 그 주된 토대를 침식하는 경향이 있다는 생각은 마르크스의 생각이 아니라 애덤 스미스의 생각이었다. 이윤율 저하 경향 "법칙"의 마르크스 판본은 사실 스미스 자신 판본의 그 "법칙"이 사회의 생산력 발전을 촉진하는 자본주의의 장기적 잠재력을 고려할 때 너무 비관주의적임을 보여 주려는 목표를 지니고 있었다. 스미스 판본의 그 "법칙"에서 교역과 생산의 팽창은 그 행위자들 사이의 경쟁의 지속적 증가——이 증가 때문에 실질임금과 지대가 상승하고 이윤율이 하락한다——와 분리될 수 없었다. 마르크스는 스미스를 따라 교역과 생산의 팽창이 그 행위자들 사이의 경쟁의 지속적 증가와 분리될 수 없다고 가정하였다. 그렇지만 마르크스는 이런 경쟁의 증가가 이윤율의 하락에도 불구하고 실질임금 증가를 제약하고 상업 및 농업-산업의 팽창을 위한 새로운 기회를 열어 주는 자본 집적의 증가와 결합된다고 생각했다. 물론 마르크스의 도식에서 이런 경향은 훨씬 더 거대한 모순의 원천이 된다. 그러나 그 사이 자본축적은 스미스가 가능하다고 생각했던 것보다 훨씬 더 거대한 교역과 생산의 팽창을 촉진시켰다. 현재 우리의 목적에서 보자면, 그 "법칙"의 스미스 판본은 체계적 축적 순환의 내적 동학을 설명하는 데 더 유용한 반면, 마르크스 판본은 한 순환에서 다른 순환으로의 이행을 설명하는 데 더 유용하다.

파올로 실로스-라비니가 지적했듯이(Sylos-Labini 1976: 219), 이윤율 저하 경향에 대한 스미스의 테제는 리카도와 마르크스가 모두 전적으로 수용하였고, 혁신에 대한 슘페터의 테제를 예견하는 한 구절에서 묘사되어 있다.

> 새로운 제조업·상업 영역·농경 방법의 개척은 언제나 일종의 투기이며, 창업자는 이것으로부터 특별한 이윤을 꿈꾼다. 이 이윤은 때로는 매우 크고 때로는 매우 작은데, 일반적으로 그 지역의 기타 오래된 사업의 이윤과는 어떤 규칙적인 비례관계를 가지지 않는다. 그 계획사업이 성공하면 처음에는 이윤이 일반적으로 매우 높다. 그 사업 또는 방법이 완전히 확립되어 잘 알려지면, 경쟁에 의해 그 이윤은 나쁜 사업의 수준으로 저하한다. (Smith 1961: I, 128/스미스 2007: 150)

기업들이 사적 협약이나 정부 규제를 통해 자신들의 활동 영역에 진입을 억제할 수 있는 위치에 있는가 여부에 따라 이윤이 감소하는 정도가 크거나 작을 수 있다. 기업들이 그럴 위치에 있지 않다면, 자본을 교역과 생산에 투여할 때 겪는 위험부담을 고려하여 "견딜 만하다고" 간주되는 수준만큼 이윤이 낮아질 것이다. 그러나 기업들이 진입을 억제하고 시장을 과소공급 상태로 유지할 수 있다면, 이윤은 그 "견딜 만한" 수준보다 상당히 높아질 것이다. 첫번째 경우에는 낮은 이윤 때문에 교역과 생산의 팽창이 중단될 것이다. 두번째 경우에는 이윤을 가능한 높게 유지하려는 자본주의 기업의 성향 때문에 그 팽창이 중단으로 **이끌릴** 것이다(cf. Sylos-Labini 1976: 216~20).

스미스는 특별히 특정 정치권역 내에서 발생하는 교역 팽창에 준거하여 이 테제를 정식화하였다. 그러나 이 테제는 다수의 지배권역들을 포괄하는 무역체계의 팽창에 준거해 쉽게 재정식화될 수 있는데, 존 힉스가 도시국가체계의 중상주의적 팽창을 이론적으로 설명할 때 바로 그렇게 하였다. 힉스가 주장하듯이, 수익성 있는 교역은 계속해서 이윤의 일상적 재투자가 일어나 그 교역이 더 팽창되도록 하는 유인을 제공한다. 그렇지만 팽창의 행위자는 공급자들로부터 더 많은 양의 실물적 투입을 끌어내기 위해서 그들에게 더 나은 가격을 제시해야만 한다. 그리고 다른 극에서, 팽창의 행위자는 더 많이 판매하기 위해서 더 낮은 가격을 받아야만 한다. 따라서 점점 더 많은 이윤량이 교역과 생산에서 재투자될 곳을 찾으면서, 판매 가격과 구매 가격 사이의 격차가 줄어드는 경향이 생기고, 교역 팽창률은 둔화된다(Hicks 1969: 45).

역사적으로 주요한 교역 팽창이 일어났던 것은, 오직 행위자 또는 행위들 총체가, 점점 더 많은 양의 화폐가 기존 교역 통로를 따라 상품의 판매와 구매에 투자될 경우 불가피하게 발생할 이윤 마진 삭감을 막거나 상쇄시킬 수단과 방법을 찾아냈기 때문이었다. 보통 가장 중요한 것은 이런 저런 종류의 교역 다각화인데, 이는 힉스가 지적했듯이(Hicks 1969: 45), "새로운 교역 대상물과 새로운 교역 통로를 찾아 나서는 상인의 매우 특징적인 노력으로, 이것이 상인을 혁신가로 만든다." 교역 다각화는 이윤 마진 축소를 미리 막아서는데, 왜냐하면 교역을 더 한층 팽창시키는 데 재투자되고 있는 잉여는 동일한 종류의 공급자들로부터 동일한 종류의 수요를 증가시키는 것은(그리고 따라서 구매 가격에 대한 상승 압력을 행사하는 것은) 아니고/아니거나 동일한 고객들에 대한 동일한 종류의 산출물의 더 많은 공급으로 귀결되는 것은(그리고 따라서 판매 가격에 대한 하락 압력을 행사하는 것은) 아니기 때문이다. 오히려 팽창은 교역체계에 새로운 종류의 투입물과 산출물 그리고/또는 공급자로서나 고객으로서 새로운 단위들을 끌어들이며 진행되기 때문에, 점점 더 많은 이윤량이 이윤 마진에 대해 하락 압력을 행사하지 않고서 교역과 생산의 팽창에 투자될 수 있다.

힉스가 강조하듯이, 다각화한 교역은 단지 단순 교역들의 조합은 아니다. 교역의 대상과 통로에서의 혁신이 바로 교역체계의 구조를 변형시키는데, 그 결과 교역을 한층 더 팽창시키는 데 재투입된 이윤에 대한 수익이 감소하지 않고 상승할 수도 있다. 마치 "새로운 나라에 정착할 때 가장 먼저 차지한 땅이 가장 좋은 토지는 아닌 것처럼, …… 반드시 처음 개방된 교역 기회가 가장 수익성 높은 것으로 판명되는 것은 아니다. 더 멀리까지 나아가 보면, 근저에 있는 기회를 다 사용할 때까지는 발견되지 않을, 더 수익성 있는 기회들을 찾게 될 수 있다"(Hicks 1969: 47).

달리 말하자면, 팽창의 행위자들은 공간적으로 교역체계의 경계를 더욱더 밀고 나감으로써, 더 멀리 놓여 있는 고수익성 기회들을 찾아낼 조건들을 만들어 낸다. 역사적으로 자본주의 세계경제 경계의 공간적 확대는 주로 제노바와 영국체제 하에서 일어났다. 이 두 외연적 체제 하에서 자본주의 세계경제가 경험한 지리적 팽창에 힘입어, 이윤 마진의 축소 없이 자본이 투자될 수 있는 상품들의 수와 범위, 종류가 급속히 대폭 늘어났고, 이로써 16세기 초와 19세기 중반의 상업적 대팽창을 위한 조건들이 마련되었다.

그렇지만 판매 가격과 구매 가격 사이의 마진이 축소되고 있다 하더라도, 교역의 수익성은, 그리고 이윤을 다시 교역 팽창에 재투자하려는 충동은 커질 수 있다. 교역량이 증가함에 따라 교역 중심지 사이와 그 중심지 내에서 새로운 분업이 전개되고, 그 결과 그것을 운영하는 데 드는 비용과 위험부담이 감소한다. 판매 가격과 구매 가격 사이의 마진이 축소되고 있다 하더라도, 단위 비용의 감소는 이윤을 높게 유지시켜 주는 경향이 있다. 그리고 위험부담이 감소하면, 비록 순수익이 하락하고 있을지라도 중심지들은 기꺼이 이윤을 계속 교역 팽창에 재투자하려는 경향을 보이게 된다. 외연적 체제 하에서 가장 관건적 경비절감(economies)은 그 중심지에 "외부적"인데, 즉 그들이 더 큰 교역체에 소속됨으로써 얻는 우위에 기인하였다. 내포적 체제 하에서 경비절감은 대부분 그 중심지에 "내부적"인데, 즉 그들 자신이 더 커진 데서 얻는 우위에 기인하였다. 어느 쪽이건, 주요한 교역 팽창이 어느 정도 시간을 지속해 발생하기 위해서는, 외부 경제[경비절감]와 내부 경제[경비절감]를 다소 조합하는 것이 필수적이다(cf. Hicks 1969: 47~8).

그러므로 모든 자본주의 세계경제의 실물적 팽창들은 두 가지 대조적인 경향들에 의해 형성되어 왔다. 한편에서 팽창 행위자의 조직 역량이 제약하는 공간 영역 속에 점점 더 많은 이윤량을 일상적으로 재투자해

도표 11. 중상주의적 팽창의 이상적(ideotypical) 궤적

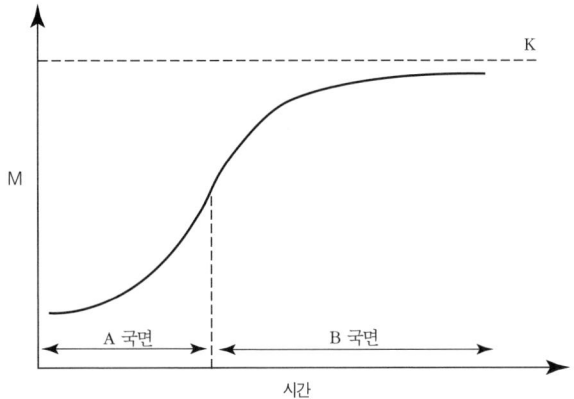

야 하는 압력 때문에, 이윤 마진이 축소되는 근원적 경향이 있었다. "가시적"이건 아니건 간에 이 경향은 수익성, 따라서 팽창의 힘에 대해 불변의 하락 압력으로 작용하였다. 다른 한편, 교역량과 밀도 증가에 따른 내부 경제와 외부 경제 때문에 운영비용과 위험부담이 감소하는 경향이 있었다. 이는 수익성을 상승시킴으로써 시공간상 전진적 팽창을 추동시키는 경향이었다.

힉스가 말하기를(Hicks 1969: 56), "반드시 하나의 힘이 지배적인 국면이 있고, 그것이 지나면 다른 힘이 지배적인 국면이 뒤따른다 ― 팽창 국면에 이어진 불경기 국면 ― 고 가정하고 싶은 유혹이 생긴다." 힉스는 그 유혹에 굴복하기를 주저했고, 우리에게 "논리적 과정을 시간 연쇄와 너무 쉽게 동일시하지" 말라고 경고한다. 실로 비록 팽창 국면에 이어 불경기 국면이 도래할 수 있지만, "휴지기를 거쳐 새로운 기회가 발견되어, 팽창이 재개될 수도 있다." 그의 도식에서 불경기는 가능성일 뿐이다. 필연적인 것은 "휴지기"가 있을 것이라는 점이다.

도표 12. 연이은 중상주의 팽창들의 힉스 모델

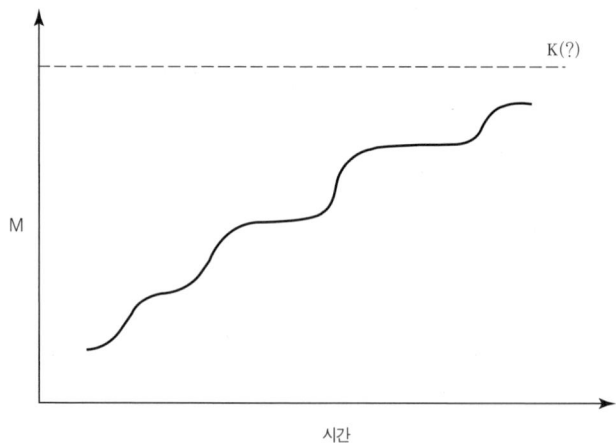

이 개념화에 따르면, 세계경제의 실물적 팽창은 하나 또는 여러 개의 S자형 궤적(이른바 로지스틱스)에 의해 묘사될 수 있는데, 각각은 수익체증의 A국면과 수익체감의 B국면으로 구성되며, 후자는 팽창이 상부 점근선 K에 근접해 감에 따라 "불경기"로 전환된다(〈도표 11〉). 힉스는 교역 팽창이 일련의 연접된 S자형 곡선들로 구성되며, 이 곡선들은 둔화되거나 완전히 중단되는 다소의 긴 "휴지기"에 의해 분리된다는 견해를 선호했다(〈도표 12〉). 〈도표 12〉에서 괄호 속의 의문부호가 보여 주듯이, 이런 일련의 합쳐진 궤적들 그 자체에 상부 점근선이 있는지 여부에 대해서 힉스는 불가지론적 입장을 취하였다.

힉스가 논리적 과정과 시간 연쇄를 일치시키기에 주저했던 것은 그의 개념화가 준거하고 있는(Hicks 1969: 56) 세계경제(그의 상인경제)가 "도시국가들 체계로 구현된 그 최초 형태에서" 14세기 말 15세기 초 금융적 팽창 이후에는 결코 다시 전면적 실물적 팽창을 경험하지 못했다는 사실을 고려해 볼 때 놀라운 일이다. 자본주의 세계경제가 15세기 말 16세기 초 새로운 실물적 팽창 국면에 들어섰을 때, 그것은 더 이상 도시국가 체계에 구현된 것이 아니라 아직 국가들이 아닌 "네이션들"의 체계에, 그리고 아직 네이션들이 아닌 국가들의 체계에 구현되었다. 그리고 실물적 팽창이 금융적 팽창으로 전환되자마자, 이 체계 자체는 새로운 조직구조들에 의해 지양되기 시작했다.

일반적으로 말해서, 체계적 축적 순환에 대한 우리의 분석은 자본주의 세계경제의 모든 실물적 팽창이 특별한 조직구조에 기반하였으며, 그 생명력은 팽창 자체에 의해 점차 침식되었다는 것을 보여 주었다. 모든 팽창이 그것을 탄생시킨 바로 그 힘에 의해 여러 가지 방식으로 제약되며, 따라서 이 힘이 강해질수록 팽창이 중단되는 경향 또한 강해진다는 사실에서 이 경향이 추적될 수 있다. 더 특정화해서 말하자면, 수익률 상승이나 고수익률의 영향으로 교역에서 재투자하려는 자본량이 커짐에 따라, 수익률 상승이나 고수익률을 유지하는 데 필요한 경제 공간이 더욱더 높은 비율로 소진되고 있었는데, 데이비드 하비의 말을 빌리자면(Harvey 1985; 1989: 205), 이 공간은 "시간이 지나며 절멸"되었다. 그리고 교역과 축적 중심지들이 그들의 사업을 다각화하여 수익체감을 되돌리려 노력함에 따라, 그때까지 다소 잘 보호된 시장 틈새로 이 중심지들을 서로 떼어 놓던 기능상·위치상의 거리 또한 소멸되었다. 이런 이중의 경향이 진행된 결과, 협조를 대체해 중심지들 사이의 경쟁이 점점 더 험악해졌고, 이는 더욱 이윤을 압박했으며, 결국 앞선 실물적 팽창이 기반하고 있던 조직구조를 파괴시켰다.

대개 수익체증과 가속화하는 팽창의 A국면에서 수익체감과 감속화하는 팽창의 B국면으로 넘어가는 전환점은 마르크스의 "과잉생산 공황"

에서처럼 상품에 투자처를 찾는 자본의 부족 때문이 아니라, 마르크스의 "과잉축적 공황"에서처럼 그런 자본의 과잉 때문에 발생했다. 이윤율 하락을 막을 투자수준을 훨씬 넘어 상품의 구매와 판매에 투자되었거나 투자처를 찾고 있는 잉여자본이나 초과자본이 있었다. 그리고 이런 잉여자본의 일부를 밀어내지 않으면 전반적 이윤율이 하락하는 경향이 있었고, 사업이 전개되는 장소들과 노선들의 내부와 그 사이에서 경쟁은 격해졌다.

구자본의 일부는 어떤 사정 하에서도 유휴화하지 않을 수 없다. …… 구자본의 어떤 부분이 이러한 유휴 상태에 놓이게 되는가 하는 것은 경쟁전에서 결정된다. 만사가 순조롭게 진행되는 동안에는 …… 경쟁은 자본가계급의 우애의 실천으로 작용하여 자본가들은 각자가 투입한 몫에 따라 공동의 노획물을 공동으로 분배한다. 그러나 문제가 이제 이윤의 분배가 아니라 손실의 분배로 되면, 각자는 될 수 있는 대로 이 손실의 자기 몫을 줄이고 그것을 타인에게 전가시키려고 한다. 손실은 계급 전체로서는 불가피하다. 그러나 각자가 〔손실의〕 얼마를 부담하여야 하는가 …… 는 이제 힘과 술책의 문제로 되며 경쟁은 이제 적대하는 형제들 사이의 투쟁이 된다. 각 개별 자본가의 이해와 자본가계급 전체의 이해 사이의 대립이, 이전에는 이러한 이해의 동일성이 경쟁에 의하여 실천적으로 관철된 것처럼, 표면에 나타난다. (Marx 1962: 248/마르크스 2004: 303~4)

마르크스는 이렇게 힉스처럼 한편에서 전반적인 자본 수익률이 상승하거나 아니면 하락하지만 아직은 높을 때 축적 중심지들 사이에서 나타나는 경쟁과, 다른 한편에서 수익률이 "합리적" 또는 "견딜 만"하다고 수용될 수 있는 수준 아래로 하락할 때 나타나는 경쟁을 근본적으로 구분한다. 실질적으로 첫번째 종류의 경쟁은 결코 경쟁이 아니다. 그것은 오히려 자율적 중심지들 사이의 관계 조정 양식으로, 이는 모든 중심지들이 혜택을 보고 또 각 중심지의 수익성이 모든 중심지들의 수익성의 조건이 되는 교역 팽창을 지속시키기 위해 사실상 서로서로 **협조하는** 관계이다. 이와 대조적으로 두번째 종류의 경쟁은 자본의 과잉축적의 결과 자본가 조직들이 서로서로의 활동 영역을 정복해 들어간다는 바로 그런 실질적 의미에서 경쟁이다. 앞서 그들의 상호적 협조 조건들을 규정한 분업은 깨어진다. 그리고 점점 더 한 조직의 손실이 다른 조직의 이윤의 조건이 된다. 간단히 말해서 경쟁이 포지티브섬에서 제로섬(심지어 네거티브섬)으로 바뀐다. 이는 사생결단의 경쟁이 되며, 목적을 달성하는 동안 자기 이윤이 희생되더라도, 다른 조직들을 사업에서 내치는 것이 이 경쟁의 주된 목적이 된다.

이런 동족상잔의 경쟁적 투쟁은 마르크스가 생각했거나 생각했을 것으로 추정되듯이 19세기의 새로움은 결코 아니었다. 반대로 바로 이런 투쟁이 자본주의 시대의 첫 무대를 장식했다. 힉스와 브로델을 따라 우리는 그 최초의 싸움판을 이탈리아 백년전쟁으로 추적해 올라가 보았다. 이런 오랜 갈등과정에서 그 시대의 주도적 자본주의 조직인 이탈리아 도시국가들은 앞선 범유라시아 상업 팽창 중에 작동하던 형제애에서 벗어나, 적대적 형제들로 변신하여, 그들의 재운을 만들어 주었던 더 광범한 교역 체계 해체에 연루된 손실을 서로에게 떠넘기려 몸부림쳤다.

연이은 유럽 세계경제의 모든 실물적 팽창의 종료는 유사한 투쟁들로 기록되었다. 16세기 초 교역 팽창이 끝날 무렵에는, 도시국가들이 체계적 자본축적과정의 지도자가 되기를 그만두었다. 대신 그 자리를 차지

도표 13. 중상주의 팽창 궤적의 분기

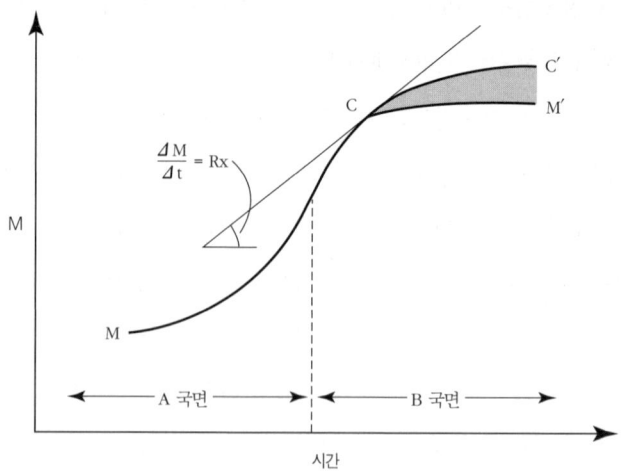

한 것은 안트베르펜과 리옹 같은 시장 도시들 바깥으로 나와 활동하던 세계시민주의적 상인 은행가 "네이션들"이었다. 교역 팽창이 상승 국면에 있는 한, 이 "네이션들"은 범유럽 화폐시장과 상품시장을 조정할 때 마치 형제처럼 협조했다. 그러나 교역에 투자한 자본 수익률이 급격히 하락하자마자, 경쟁은 적대적이 되었고 형제애는 사라졌다.

17세기 말 18세기 초 교역 팽창이 끝날 무렵에는, 자본주의 드라마의 주역이 다시 한번 바뀌었다. 이번에는 민족국가들 그리고 그와 결합한 공인합자회사들이 주역이었다. 그러나 대본은 앞선 자본가 간 투쟁의 공연 때와 매우 똑같았다. 18세기 초반 매우 조화롭던 관계는 그 세기 후반 들어 급속하게 악화되었다. 나폴레옹전쟁이 끝나기도 전에 영국은 집산지 무역에 대한 통제권을 자기 수중에 집중시켰고, 동인도회사는 모든 경쟁자들을 사업에서 밀어냈다.

19세기 중반에 무역 팽창이 차츰 사라지는 계기가 된 자본가 간 경쟁 격화의 유일하게 새로운 점은, 거의 25년간 기업들 간의 사생결단의 가격 경쟁이 중심 무대를 장악한 사이 정부들은 무대 뒤에 숨어 있었다는 점이다. 그러나 세기 전환기가 되면, 기업 간 사생결단의 가격 경쟁을 지양해 전례 없는 규모와 범위로 전개된 정부 간 군비 경쟁이 등장하기 시작했다. 그리고 제1차세계대전 발발과 제2차세계대전 종료 사이에 훨씬 짧은 기간 동안 이탈리아 백년전쟁의 대본이 또다시 시연되었는데, 이번에는 앞선 시기 주역들이 상상조차 못 해보았을 만큼 그 수단들의 규모가 크고, 풍성하고, 무시무시했다.

브로델의 금융적 팽창은 이처럼 모든 자본 간 경쟁적 투쟁이 증폭되는 핵심적 측면이었다. 사실 금융적 팽창은 자본의 자기 팽창과 세계경제의 실물적 팽창 사이의 모순 심화의 주된 표현이자 그 한 요소였다. 이 모순은 교역 팽창 로지스틱스에서의 분기로 묘사될 수 있다(《도표 13》). 이 도표에서 **모든** 교역 이윤이 교역의 더 한층의 팽창에 일상적으로 재투자된다는 가정 하에, 분기 이전의 곡선(M)과 분기 이후의 위쪽 분지(CC′)가 합해져서 교역에 투자된 화폐자본 스톡의 팽창을 묘사해 주고 있다. 이런 순전히 상업적인 또는 중상주의적인 설명 논리의 가정(교역의 팽창은 거기에 이윤이 일상적으로 재투자되기 위한 목적 자체라는 논리) 하에서, 시간에 따른 자본 스톡 증가 비율($\Delta M / \Delta t$, 즉 로지스틱스의 기울기)은 동시에 교역에 투자된 자본 스톡의 수익률(애덤 스미스의 "이윤율")을 보여 준다.

분기 전의 동일한 곡선(M)과 분기 후의 아래쪽 분지(CM′)로 이루어진 아래쪽 로지스틱스(MM′) 또한 교역에 투자된 화폐자본 스톡의 팽창을 보여 준다. 그러나 이는 교역 이윤의 재투자가 엄밀하게 자본주의 논리 — 즉 교역 팽창이 아니라 화폐자본의 팽창이 이윤 재투자의 목적이라는 논리 ——를 따른다는 가정 하의 팽창을 묘사해 준다. 아무리 상상의 나래를 펴더라도, 투자된 자본 수익률이 양의 값으로 나타나는 한 교역 이윤을 일상적으로 교역의 더 한층의 팽창에 재투자하려는 행위자를 "자본주의적"이라고 규정할 수는 없다. 정의상 자본주의적 행위자란 전적으로는 아니더라도 주로 화폐 스톡(M)의 끝없는 팽창에 관심을 가질 것이며, 이 목적을 위해서 그 행위자가 자기 자본을 상품 교역에 재투자할 때 합리적으로 기대할 수 있는 수익률(즉 [마르크스의] MCM′ 정식에 따른 판단)과 언제든 다른 금융 거래에 투자하기 위해 현금 잉여를 유동적 상태로 보유할 때 합리적으로 기대할 수 있는 수익률(즉 [마르크스의] 축약된 MM′ 정식에 따른 판단)을 계속 비교할 것이다.

이와 관련하여, 마르크스와 베버의 많은 추종자들이 자본주의 행위자들을 개념화할 때, 이들을 이윤을 낳는 사업이라면 가장 기초적인 비용-수익 계산과 공리주의적 고려도 없이 특히 공장, 설비, 임금노동에 이윤을 재투자하는, 비합리적이고 무합리적 성향을 갖는다고 특징을 부여해 규정하였다는 점은 흥미롭다. 실제로 세계사 어느 시대 어느 장소의 **성공적인** 이윤형성 기업의 실제 경험에서도 이런 흥미로운 정의에 상응하는 경우를 찾을 수는 없다. 이는 아마 마르크스의 익살스런 경구(Marx 1959: 595/마르크스 2001: 811) "축적하라, 축적하라! 이것이 모세이자 예언자이다", 또는 자본주의 정신의 핵심은 "더욱더 많은 돈을 버는 것 …… 그것이 너무나 순전히 목적 자체가 되어서, 한 개인의 행복이나 효용이라는 관점에서 보자면 이는 완전히 초험적이고 절대적으로 비합리적으로 보인다"는 베버의 진지한 주장(Weber 1930: 53)에서 기원할 것이다. 그 진술들이 정식화된 맥락에서 그 목적이 무엇이었는지는 여기서 우리의 관심사가 아니다. 그렇지만 중요한 세계역사적 의미를 갖는 자본주의 행위자들의 실제 행동을 이렇게 특징짓는 이런 진술은 전(前)자본주의 영토주의 행위자들이 정해진 효용적 한계 없이 어쩔 수 없이 팽창해야 하는 비합리적·무합리적 성향으로 내몰리고 있다고 특징지은 슘페터의 진술만큼이나 오류라고 강조해 두어야만 한다(1장을 보라).

"축적하라, 축적하라!"라는 경구를 말하기 바로 직전에 마르크스 자신은 "권력에 대한 사랑은 부유해지고 싶어 하는 욕망의 한 요소"라고 지적하였다(Marx 1959: 592/마르크스 2001: 807). 그리고 나서 그는 계속해 다음과 같은 것을 관찰한다.

> 자본주의적 생산의 발전은 향락의 세계를 창조할 뿐만 아니라 투기와 신용제도에서 벼락부자가 될 수 있는 많은 원천을 개발한다. 일정한 발전 정도에 이르면 어느 정도의 낭비는 부의 과시 따라서 또 신용 획득의 수단으로서 "불행한" 자본가의 사업상의 필요로까지 된다. 사치는 자본의 교제비에 포함된다. (Marx 1959: 593~4/마르크스 2001: 809)

이는 15세기 피렌체 자본에 대해서만큼이나 오늘날의 미국 자본에 대해서도 사실이다. 자본축적의 행위자가 자본주의적인 이유는 바로 어느 쪽 정식(MCM′ 또는 MM′)을 따라야 화폐 스톡에 최대의 번식력을 부여해 줄 것인가를 고려해 그 화폐 스톡을 교역과 생산에 투자하거나 아니면 투기와 신용체계에 투자함으로써 거대하고 정기적인 이윤을 얻게 되기 때문이다. 그리고 마르크스 자신이 지적하듯이, 자본주의적 생산의 팽창 자체가 수익을 얻으면서 화폐를 투기와 신용체계에 투자할 조건을 만들어 낸다.

두 가지 정식의 번식력이 계속해서 그리고 널리 비교되는 한 ─ 즉 교역에 대한 투자가 자본주의 논리의 지배를 받는 한——교역 팽창은 금융적 팽창으로 끝나게 되어 있다. 상품 교역에 투자된 자본 수익률이 아직 양의 수치이긴 하지만 다소 결정적인 비율(Rx)——자본이 화폐 교역(거래)에서 벌어들일 수 있는 수준——이하로 떨어지면, 점점 더 많은 자본가 조직들이 상품 교역을 더 한층 팽창시키는 데 이윤을 재투자하지 않으려 할 것이다. 그들이 가지고 있는 모든 현금 잉여는 상품 교역에서 화폐 교역으로 전환될 것이다. 바로 이 시점에서 세계 교역 팽창이 두 개의 이상적(ideotypical) 분지들로 "분기"한다. 위쪽 분지는 엄밀히 중상주의적 논리에 추동될 때 상품 교역 팽창이 어떻게 될지를 보여 주고, 아래쪽 분지는 엄밀히 자본주의적 논리에 추동될 때 교역의 팽창이 어떻게 될지를 보여 준다.

이렇듯 〈도표 13〉은 우리에게 중상주의적 팽창의 A국면에서는 자본주의 조직들과 비자본주의 조직들 모두 교역에 대한 투자의 수익체증과 위험부담의 체감에 유인되어 교역의 이윤을 재투자하여 교역을 더 한층 팽창시키게 됨을 말해 준다. 이는 또한 우리에게 두 종류의 조직 모두 B국면에서도 계속해서 교역 이윤을 재투자하여 교역을 팽창시키지만, 이는 단지 수익률이 하락하더라도 아직 그 수익률이 높은 한에서라는 것을 말해 준다. 그러나 수익률이 계속 하락하면, 더 나은 위치에 있거나 더 순전히 자본주의적 팽창 논리를 따르려는 조직들은 잉여를 교역에서 끌어내어 화폐 형태로 보유하기 시작——그래서 교역에 투자하는 그들의 자본은 더 이상 증가하지 않는다——하는 반면, 비자본주의적 조직들은 수익률이 양인 한 계속해서 이윤을 재투자하여 교역을 팽창시킨다.

교역 팽창의 이런 표상에 대한 스미스-힉스적 독해에서는 주로 자본주의 조직들이 수익성을 방어하기 위해 촉진하고 강요하는 경쟁 억제의 제약 조치들의 결과 분기가 발생한다. 즉, 분기는 한편에서 교역 팽창이 이윤을 압박하는 경향과, 다른 한편에서 자본주의 조직들이 진입을 제한하고 시장을 체계적으로 과소공급 상태에 묶어 둠으로써 그렇지 않았을 경우보다 수익성을 높게 올리는 반경향이 표출된 것이다. 첫번째 경향이 압도적이면, 이윤이 간신히 "견딜 만한" 수준으로 압박될 것이기 때문에 위쪽 궤적을 따라가면서(CC′) 교역 팽창은 중단될 것이다. 그러나 두번째 경향이 압도적이면, 그들이 간신히 "견딜 만한" 수준보다 이윤을 높게 유지하려는 자본주의 조직들의 성공적 시도가 교역 팽창에 제약을 부과하기 때문에, 교역 팽창은 아래쪽 궤적(CM′)을 따라서 중단으로 **이끌릴** 것이다. 후자의 상황은 우리가 역사적 분석에서 반복적으로 의존했던 힉스의 경우, 즉 교역 팽창의 종료 국면에서는 교역을 더 한층 팽창시키기 위해 이윤을 재투자하지 않는 조건에서만 이윤이 높게 유지될 수 있다는 것을 묘사해 준다.

일부 특별한 정치권역 내에서는, 스미스가 그 당시 대기업의 특징이라고 지적했듯이(Smith 1961: I, 278), "보통 최대 자본을 동원하고 그들의 부 때문에 공공적 관심의 최대치를 끌어오는 사람들의 계급"이 충분한 권력을 가지고 있어, 경제를 실물적 불경기의 아래쪽 경로(CM′)로 자리잡게 하는 데 필요한 제약적 조치들을 마련하고 강제할 수 있다고 가정하는 것은 그럴 법한 일이다. 그러나 다수의 정치권역들로 구성된 세계경제에서 그런 명제는 가능할 법하지 않다. 역사적으로 어떤 자본가집단도 다른 정치권역에서 활동하는 자본주의 조직들과 비자본주의 조직들이 세계의 투입물 수요를 증대시켜 구입가격을 상승시키는 것을 막을 수 있거나 또는 세계 산출물의 공급을 증대시켜 판매 가격을 하락시키는 것을 막을 수 있는 힘을 지닌 적은 한번도 없었다 그렇지만 베버가 이끈 길을 따라 우리 연구가 보여 준 것은, 자본주의 행위자들이 세계경제의 전반적인 실물적 불경기의 시기에 실물적 팽창의 시기만큼 또는 그보다 훨씬 더 빠르게 자기 자본의 가치를 계속 팽창시킬 최대의 기회를 얻었던 이유가 바로 세계경제가 이동자본을 둘러싸고 서로 경쟁을 벌이는 다수의 정치권역들로 분할되어 있었다는 사실 때문이라는 것이다. 사실 이동자본을 둘러싼 여러 세기 동안의 국가 간 경쟁을 키워 온 권력추구가 없었다면, 자본축적의 로지스틱스에서 분기가 발생한다는 우리의 가정은 무의미할 것이다. 이론 경제학의 가상적 세계에서 그렇듯이, 상품의 구매와 판매에서 수익체감 때문에 나타난 화폐자본의 과잉 공급은 금융시장의 수익률 또한 떨어뜨리고, 그 결과 현금흐름을 상품에서 화폐 교역으로 전환할 유인도 제거할 것이다. 그러나 메디치 가의 시대부터 오늘날까지 실제 자본주의 세계에서는 사태가 다르게 진행되었다.

세계경제의 모든 금융적 팽창 국면에서, 교역과 생산에서의 수익체감과 자본 투입의 위험부담 증가 때문에 발생한 화폐자본의 과잉을 상쇄시키거나 심지어 그것을 능가한 것은 이윤보다는 권력과 지위를 행동의 안내 지침으로 삼는 조직들이 거의 동시적으로 화폐자본 수요를 팽창시켰기 때문이었다. 보통 이런 조직들은 교역과 생산에서 자본주의 조직들이 수익체감과 자본 투입의 위험부담 증가 때문에 의지가 꺾이는 것처럼 의지가 꺾이지는 않았다. 그들은 그들이 빌릴 수 있는 모든 자본을 빌려, 그것을 시장, 영토, 인구의 강제적 정복에 투입함으로써 수익체감에 저항하였다.

금융 팽창의 공급 조건과 수요 조건이 이렇게 거칠지만 반복적으로 일치되는 것은 교역 팽창에 투자된 자본 수익률이 하락하고, 또한 자본주의 조직과 영토주의 조직 모두에 대한 경쟁 압력이 격화되는 동시적인 경향을 반영한다. 이렇게 상황이 조합되면, 일부(대부분 자본주의적) 행위자들은 교역에서 신용체계로 그들의 현금 흐름을 전환시키고 따라서 대부 가능한 자금 공급을 늘리게 되며, 다른(대부분 영토주의적) 행위자들은 더욱 경쟁적 상황에서 살아남기 위해 필요한 추가적 금융 자원을 빌리려 노력하고, 따라서 대부가능한 자금에 대한 수요를 늘리게 된다. 그래서 세계경제 팽창의 로지스틱스의 분기로 가정된, 수익 극대화와 이윤 극대화라는 분지들은 실제 궤적을 묘사해 주지 못한다. 오히려 그 분지들은 대안적이고 상호 배제적인 두 개의 이상적(ideotypical) 자본축적 경로의 공존이 규정하는 세력의 장을 묘사해 주며, 그 통일과 대립이 세계체계에서 교역과 축적의 교란이 발생하는 원천이다.

단일 경로만 있다는 말은, 자본축적의 이윤 극대화 논리와 교역 팽창의 수익 극대화 논리가 동시적이며 서로를 지탱한다는 것을 뜻한다. 세계경제는 교역에서 투자처를 찾으려는 점점 더 많아지는 화폐 및 여타 지불수단의 양에 의존해 팽창할 수 있다. 그리고 자본 자신의 팽창은 자본가치의 평가절하 없이 점점 더 많은 양의 상품을 사고 팔 수 있는, 점점 수와 다양성이 증대한 특화된 시장이 가능한지 여부에 달려 있을 수 있다. 이런 단일 경로를 따른 자본축적은 철길이 땅에 뿌리박고 있듯이 세계경제의 실물적 팽창에 견고하게 뿌리박고 있다. 이런 상황에서는 교역량과 자본 가치 모두 증가 속도가 빠를 뿐 아니라 그 증가가 꾸준하기도 하다.

이에 비해 두 경로가 분기할 때, 교역 팽창 논리와 자본축적 논리는 갈라선다. 자본축적은 더 이상 세계경제의 팽창에 뿌리내리지 않는다. 그리고 두 과정의 보조는 둔화될 뿐 아니라 불안정해진다. 분기는 교란의 장을 만들어 내며, 교역에 실제로 투자된 자본은 그 장 속에서 자본이 원

도표 14. 국지적 교란

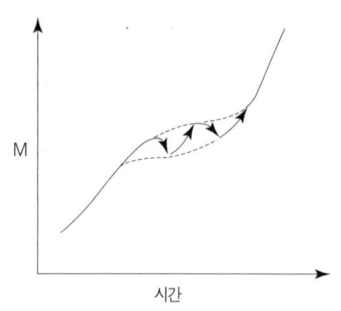

도표 15. 체계의 교란

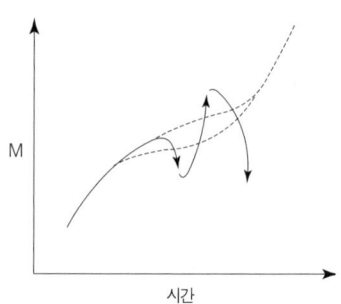

칙적으로 따를 수 있는 두 개의 양자택일적 경로——교역 및 수익의 가치가 극대화될 위쪽 경로와 이윤량 및 자본 가치가 극대화될 아래쪽 경로——를 향해(그 경로로부터) 이끌리는(밀려나는) 갈등적 힘들에 종속된다. 교역 팽창 둔화 때문에 자신들의 지위와 권력 추구에 부과된 제약을 뚫고 나가려는 비자본주의적 조직들의 성향은 상품 구매에 투자된 차입 자본량을 계속해서 상방으로, 즉 위쪽 경로 또는 그 이상으로 밀어올리는 경향이 있다. 그 때문에 교역과 생산에 투자된 자본의 수익성은 겨우 "견딜 만한" 수준 또는 그 이하로 떨어지며, 반면 대부와 투기에 투자된 자본의 수익률은 치솟는다. 이에 비해, 이윤 하락과 위험부담 상승에 대한 대응으로 교역과 생산에서 현금 잉여를 철수하려는 자본주의적 조직들의 성향은 상품에 투자된 자본량을 계속해서 하방으로, 즉 아래쪽 경로 또는 그 이하로 끌어내리는 경향이 있으며, 따라서 교역과 생산의 이윤은 상승하고 대부와 투기의 이윤은 하락한다.

간단히 말해서, 자본축적이 금융적 팽창 (CM′) 국면에 들어서면, 그 궤적은 안정된 경로를 따르지 않고, 점점 더 교역에 투자된 자본 수익성을 재생시켰다가 파괴하는 다소 폭력적인 상승과 하강에 종속되게 된다.

이런 자본축적과정의 불안정성이 단지 국지적이거나 일시적일 수도 있지만, 그것이 체계적이거나 영구적일 수도 있다. 〈도표 14〉에서 제시된 양상에서는, 교역에 투자된 자본총량의 하강과 상승이 수익 극대화 팽창 경로와 이윤 극대화 팽창 경로에 의해 봉쇄된 가치 범위 내에 한정되어 있어, 결국 세계경제를 안정적 팽창의 경로로 되돌아오게 한다. 이에 비해 〈도표 15〉에서 제시된 양상에서는, 하강과 상승이 두 개의 이상적 경로에 의해 봉쇄된 가치 범위 내에 한정되지 않으며, 세계경제를 안정적 팽창으로 되돌아오지 못하게 한다. 이 두번째 양상에서는 비록 〈도표 15〉의 점선이 보여 주듯이 원칙적으로 안정적 팽창이 재개될 수 있긴 하지만, 불안정성이 자기 강제적이어서, 그 특정 시기에 제도화된 세계경제의 팽창을 영원히 종식시키게 된다.

이 두 가지 불안정 양상의 구분은 힉스가 세계경제의 팽창과정의 단순한 휴지기와 그 팽창의 진정한 중단을 구분한 것을 구체화한 것으로 이해될 수 있다. 이런 구체화에서 〈도표 14〉의 양상은 휴지기에 상응한다. 교란은 국지적일 뿐이며, 조건이 좋아지면 안정적 팽창이 재개될 수 있다. 반면 〈도표 15〉의 양상은 팽창의 진정한 중단에 상응한다. 교란은 "체계적"이며 그 시기에 제도화된 세계경제는 안정적 팽창의 궤도로 돌아갈 수 없다.

우리의 연구는 두번째 종류의 금융적 팽창에 국한되었다. 우리의 주제를 그렇게 한정함으로써, 우리는 몇 개의 금융적 팽창만을 "가을의 표시"로 선택한 브로델의 발길음을 따랐다. 이런 반복된 현상들을 지적하면서, 브로델이 초점을 맞춘 것은 매우 특정한 자본가 공동체——"제노바인들", "네덜란드인들", "잉글랜드인들"——에서 발생한, 교역으로부터 금융으로의 교체였다. 이 선택은 두 가지 근거에서 정당화될 수 있다. 첫째로, 이 행위자들이 교역에서 금융으로 이전하던 시기에 그들은 가장 중요한 원거리 무역망과 고도금융망——즉, 세계경제 전 공간을 가로질러서 상품과 지불수단의 위치를 변경할 때 가장 중요한 망——에 대한 지휘소를 장악하였다. 그리고 둘째로, 이 행위자들은 수익체감이 시작되고 있는, 한 시대의 획을 긋는 상업적 팽창에서 주도적 역할을 한 바 있다. 이 행위자들(또는 그들 내의 특정 분파)은 각 시대 세계무역과 화폐체계에서 지배와 지도력의 지위를 차지하고 있었기 때문에, 파국인 이윤 하락을 피하기 위해 언제 교역에서 철수해야 할지, 그리고 또 그 결과 나타나는 세계경제의 불안정성으로부터 손해를 보기보다 이득을 얻기 위해서 무엇을 해야 할지, 어느 다른 행위자들보다 더 잘 알고 있었다. 이런 우월한 지식——우리가 그렇게 믿도록 슘페터가 바랐던 것처럼(Schumpeter 1963: 82), "지성과 의지의 초능력"보다는 위치에 기인한——때문에 이런 공동체들이 각각 교역에서 금융으로 전환할 때 보여 준 행위는 이중의 체계적 중요성을 얻게 된다.

한편에서, 그들이 교역에서 금융으로 전환한 것은, 교역 팽창 때문에 수익성이 파괴되지 않도록 교역 팽창을 종식시켜야 할 시간이 **정말로** 왔다는 분명한 신호로 이해될 수 있다. 더욱이 문제의 행위자들은 다른 누구보다 자본주의 세계경제의 **전반적** 경향들을 감시하고 또 거기에 반응하기에, 즉 팽창하는 화폐자본의 공급과 수요의 중개자이자 조정자로서 반응하기에 더 좋은 위치에 있었다. 이 행위자들이 적시인지 여부와 무관하게 고도금융에 특화하기 시작하였을 때, 그들은 수요와 공급의 마주침을 촉진시켰다. 그렇게 함으로써 그들은 자본주의 조직들이 현금 흐름을 상품 구매에서 화폐 대부로 전환하도록 하는 동시에, 비자본주의 조직들이 그들의 권력과 지위 추구에 필요한 화폐를 대부를 통해 획득하도록 하

도표 16. 체계적 축적 순환의 변형 모델

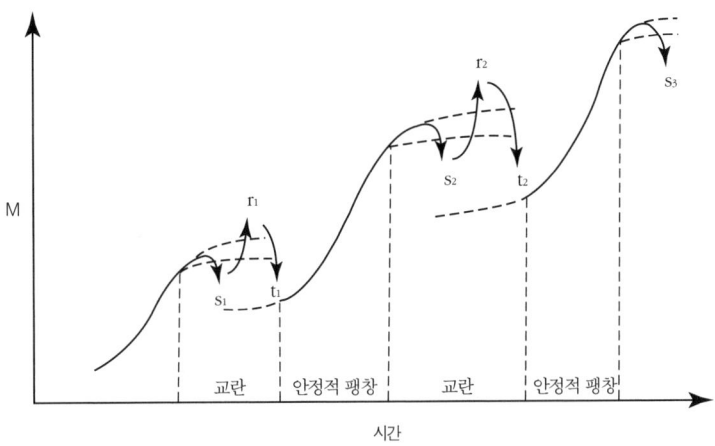

는 경향을 강화시켰다.

이런 역량으로 볼 때, 세계경제의 감제고지를 장악한 상인 은행가 공동체들은 그들이 만들어 내지 않은 경향들을 기록해 두고, 그저 자본주의 조직들과 비자본주의 조직들이 각각 그들의 목표를 추구할 수 있도록 "봉사할" 뿐이었다. 동시에 이들 공동체들은 세계시장 조건에 대한 우월한 지식과 교역체계의 유동성에 대한 우월한 통제력 덕에, 세계경제의 불안정성을 상당히 크고 안전한 투기 이윤의 원천으로 전환시킬 수 있었다. 따라서 그들은 불안정성을 완화하는 데 관심이 없었고, 실제 그들 중 일부는 그것을 악화시키려 노력하였는지도 모른다.

그러나 그들이 그랬긴 아니긴 긴에, 금융적 팽창의 주도적 행위자들은 결코 그들이 조정하고 활용하기도 한 그 체계를 최종적으로 몰락시킨 주된 원인은 아니었다. 불안정성은 구조적이었고 자본주의 엔진을 지배하는 자들이 통치력 범위를 넘어서서 자기 자신의 힘을 얻는 경향이 있었다. 시간이 흐르자, 이런 힘은 세계경제의 기존 조직구조가 감당하기에 너무 커졌다. 그리고 마침내 이런 구조가 붕괴하였을 때, 새로운 체계적 축적 순환이 시작되기 위한 기반이 깨끗이 마련되었다.

이렇듯 체계적 축적 순환의 반복은 자본주의 세계경제의 안정적 팽창 국면들과 교란 국면들이 교체되며, 교란 국면에서 기존 발전 경로를 따르는 안정적 팽창 조건들이 파괴되고 새로운 경로를 따르는 팽창 조건들이 탄생하는 것으로 묘사될 수 있다(〈도표 16〉을 보라). 그렇게 교란 국면들은 교란과 늘어나는 해체의 계기이자, 세계적 규모의 자본축적과정이 재배치되고 재편되는 계기이기도 하다. 또한 〈도표 16〉에서 보듯이, 낡은 발전 경로를 따른 안정적 팽창이 한계에 도달하였음을 알리는 신호적 위기들(S_1, S_2, S_3, S_4)은 그보다 아래에 있지만 상승세의 점선 궤적의 출현으로 표시된, 새로운 발전 경로의 출현을 알리는 것이기도 하다.

낡은 발전 경로보다 더 큰 성장 잠재력을 부여받은 새로운 발전 경로가 출현하는 것은 세계경제가 금융적 국면에서 경험한 교란 증가의 핵심 측면이다. 이는 화폐자본이 실물적 팽창의 한계에 도달한 조직구조로부터 이탈하여 단지 그 성장 잠재력을 실현하기 시작하고 있을 뿐인 조직구조로 재순환되고 있다는 마르크스의 테제에 상응한다. 우리가 서론에서 보았듯이, 마르크스는 원시적 축적에 대해 논의하면서 이런 재순환을 암시하였는데, 거기서 마르크스는 자본주의 세계경제의 시공간을 가로질러 근대 초기의 베네치아에서 시작해 연합주와 영국을 거쳐 19세기 미국에 이르기까지 반복해 자본축적을 출발시킨, 보이지 않은 자본가 간 협조의 수단으로서 국채가 지닌 지속적 중요성을 인정하였다. 그리고 마르크스는 변함없이 과잉축적 위기의 결과이자 해결책을 구성하는 자본 집적의 증가에 대해 논의하면서, 화폐자본이 한 조직구조에서 다른 조직구조로 재순환된다는 것을 다시 암시하였다.

> 집적도 증대한다. 왜냐하면 어느 일정한 한계를 넘어서면 이윤율이 낮은 대자본이 이윤율이 높은 소자본보다 더 급속하게 축적하기 때문이다. 이 집적의 증대는 어느 일정한 수준에 달하면 다시 이윤율의 새로운 저하를 야기한다. 그리하여 소규모로 분산된 수많은 자본들은 모험적인 길에 들어서지 않을 수 없게 되어 투기, 신용사기, 주식사기, 공황이 발생한다. 이른바 자본의 과다는 언제나 기본적으로, 이윤율의 저하를 이윤량에 의하여 보상하지 못하는 자본 …… 의 과잉을 가리키거나, 또는 스스로 행동할 능력이 없어 신용의 형태로 대기업의 지도자들에게 그 처분이 위임되는 자본의 과잉을 가리킨다. (Marx 1962: 245~6/ 마르크스 2004: 301).

마르크스는 자본주의 세계경제의 시공간을 가로질러 화폐자본이 재순환된다는 관찰과 "스스로 행동할 능력이 없는" 기업들의 조직 영역으로부터 더욱 강력한 기업 조직 영역으로 유사하게 재순환된다는 관찰을 서로 연관시키지는 않았다. 그가 최초의 구상에서 "세계시장과 공황에 대한 분책"으로 묘사한 『자본』 제6권을 썼더라면, 아마도 정확히 이 연관관계를 수립할 필요가 있었을지도 모르겠다.[15] 그렇다 해도 우리의 목적을

---

15) 마르크스는 『자본』 집필을 위한 초고 준비과정에서 6부작으로 계획된 '플랜'을 구상한다. 자본/토지소유/임노동/국가/국제무역/세계시장으로 구성된 이 플랜이 변경되어 『자본』의 구상에서 실현되었는지, 아니면 변경되지 않고 미완성으로 남았는지를 둘러싼 오랜 논쟁이 전개되어 왔다. 플랜이 부분적으로 변경되어 일부 『자본』에 포함되었지만, 『자본』 자체가 이 플랜을 완성하지는 못하였다는 견해가 수요하게 인징되고 있다.

위해 마르크스의 두 가지 관찰이 가장 유용할 때는, 둘이 함께 고려되어, 금융적 팽창을 경과한 자본의 집적이 특정한 세계적 규모의 축적 순환의 종료를 새로운 순환의 개시로 변환시키는 핵심 기제로서 수용될 때이다.

이 가정을 우리의 개념 장치 속에 편입시킬 때, 우리는 체계적 축적 순환에 대한 우리의 역사적 조사에 등장한 상이한 종류의 "자본의 집적"들을 염두에 두어야 한다. "집적하다"라는 동사는 우리의 관심과 연관하여 두 가지의 의미를 갖는다. (1) "공통의 중심지로 오다"와 (2) "힘, 밀도, 강도가 커지는 것"(*Webster's New World Dictionary of the American Language*, 1970). 이런 두 가지 의미 중 하나 또는 양자 모두에 해당하는 다양한 형태의 자본의 집적이 모든 자본주의 세계경제의 금융적 팽창 국면들에서 발생했다. 그러나 그 중 오직 일부 형태들만 새로운 체계적 축적 순환의 토대가 되었다.

14세기 말 15세기 초의 금융적 팽창에서, 자본축적은 소수 도시국가들에 집적되었으며, 이 도시국가들은 경쟁자들로부터 상품 또는 화폐 교역의 운송 방향을 전환함으로써, 그리고 약한 도시국가들의 영토와 인구를 차지함으로써 힘과 밀도를 성장시켰다. 이런 자본집적은 도시국가들 체계의 조직적 구조 내에서 발생하였다. 이는 그 체계에서 살아남은 단위들의 규모와 힘을, 그리고 적어도 단기적으로는 체계 자체의 규모와 힘을 증가시켰다. 그러나 첫번째 체계적 축적 순환의 기반을 마련한 것은 이런 첫번째 종류의 집적이 아니었다. 오히려 이런 기반이 마련된 것은 두번째 종류의 집적을 통해서였다. 그 기반은 새로운 조직구조의 형성을 통해 마련되었는데, 이는 세계시민주의적인 축적망의 힘(가장 두드러진 것은 제노바인들)과 가용한 최강 권력망(이베리아인들)을 조합한 것이었다.

유사하게, 16세기 말 17세기 초의 금융적 팽창에서, 리옹 정기시로부터 운송 방향을 전환한 것, 그리고 안트베르펜과 세비야를 피아첸차 정기시의 체계에 종속시킨 것은 분명히 다른 모든 자본주의 "네이션들"을 희생시키는 대가로, 제노바 "네이션"의 조직 영역을 향한, 그리고 그 내부를 향한 하나의 자본 집적 형태를 만들어 냈다. 그러나 또다시 두번째 체계적 축적 순환의 기반이 된 것은 기존 구조 내로의 이런 종류의 자본 집적은 아니었다. 오히려 그 기반이 마련된 것은 새로운 종류의 국가(연합주), 새로운 종류의 국가간체계(베스트팔렌 체계), 그리고 새로운 종류의 기업 조직(공인합자회사와 상시 개장 주식시장)을 지원할 수 있는 수단을 네덜란드 상인 엘리트 수중에 쥐어 준 자본축적이었다.

    18세기 후반의 금융적 팽창 중에 발생한 자본집적은 앞선 금융적 팽창들에서보다 훨씬 더 복잡한 과정이었는데, 이는 성공적으로 자본주의를 내부화한 영토주의 조직들이 침투했기 때문이었다. 그렇지만 네덜란드 순환의 주도적 기업 조직인 공인합자회사에 초점을 맞추면 유사한 경향을 관찰할 수 있다. 18세기 말이 되면, 그런 회사들에 투자된 자본은 거의 전부 그들 중 하나——잉글랜드 동인도회사——에 집적되게 되며, 나머지 대다수 기업들은 사업에서 밀려났다. 비록 잉글랜드 동인도회사의 영토 정복이 세번째 체계적 축적 순환의 기반을 구성하는 핵심 요소가 되긴 했지만, 그 회사 자체가 그런 것은 아니었다. 영국 자유무역 제국주의의 조직구조는 인도에서 영국 제국이 형성된 데 의존했던 만큼이나 동인도회사 활동의 점진적 "탈규제화"와 최종적 청산에도 의존하였다.

    일반적으로 말하지면, 역시 기록은 자본주의 세계경제의 금융적 팽창 국면들에서 두 가지 상이한 종류의 자본집적이 동시에 발생했음을 보여 준다. 한 종류는 종료점에 가까워지는 축적 순환의 조직구조 내에서 발생하였다. 보통 이런 종류의 집적은 아직 지배적이지만 점점 더 변덕스

러워지는 축적체제가 되살아나는, 마지막 "경이적 순간"(〈도표 16〉의 r_1, r_2, r_3, r_4)과 연계되었다. 그러나 이런 경이적 순간은 결코 그 체제가 자본주의 세계경제의 새로운 실물적 팽창 라운드를 탄생시킬 수 있는 재생된 역량을 표현한 것은 아니었다. 반대로, 이것은 늘 그 체제의 최종적 위기를 촉진시키게 될 경쟁적 권력투쟁의 증폭(〈도표 16〉의 t_1, t_2, t_3)을 표현한 것이었다.

자본주의 세계경제의 금융적 팽창 국면들에서 발생한 다른 종류의 자본집적은 기존 축적체제의 재생에 기여할 수도 있었고 그렇지 못할 수도 있었다. 어느 쪽이건, 그 주요한 역사적 기능은 구체제를 더욱 불안정화시키고 새롭게 출현하는 체제의 전조를 보여 주는 지역적 축적구조를 탄생시킴으로써 체계의 위기를 심화시키는 것이었다. 구체제들이 자기 자신의 모순의 무게에 눌려 붕괴하게 되면, 새로운 체제들 자신이 지배적이 되고, 세계경제를 새로운 조직적 기반 위에 재구성하고, 자본주의 세계경제의 새로운 실물적 팽창 라운드를 촉진시켜 줄 수 있는 기반이 청소된다.

〈도표 16〉에서 제시된, 체계적 축적 순환을 계승하고자 떠오르는 윤곽은 이런 두번째 종류의 자본집적을 가리킨다. 첫번째 것보다 종종 덜 두드러진 이런 두번째 종류의 자본집적은 자본주의 세계경제를 각각의 그리고 모든 체계의 위기의 심연에서 끌어내, 공간적으로나 시간적으로 끝없는 자기 팽창과정으로 보이는 것으로 지속적으로 나아가도록 촉진하는 가장 중요한 자본집적이었다. 장기 20세기의 이야기를 하는 것은 미국 축적체제가 어떻게 그리고 왜 (1) 영국의 자유무역 제국주의의 한계, 모순, 위기로부터 벗어나 자본주의 세계경제의 지배적 지역구조로서 출현하였는지, (2) 또 한 번의 실물적 팽창 라운드를 가능하게 한 기반 위에서

세계경제를 재구성하였는지, 그리고 (3) 그 자신의 성숙기에 도달해, 아마도 새로운 지배적 체계의 출현을 위한 바탕을 마련하고 있는지를 주로 질문하는 것이다.

4장에서 우리는 첫번째로, 미국 축적체제가 출현하기 위한 조건들을 탄생시킨 영국체제의 모순에 초점을 맞출 것이다. 그 다음에 우리는 한 걸음 더 나아가, 그로부터 나타난 미국 축적체제와 체계적 축적 순환의 구성을 분석할 것이다. 다음 장 결론 부분에서 우리는 미국 축적 순환의 신호적 위기가 여러 가지 면에서 에드워드 시대와 가발 시대를 연상시키는 새로운 벨에포크로 변환되는 과정을 살펴볼 것이다. 마지막으로, 에필로그에서 우리는 방향을 돌려서, 미국체제의 위기과정에서 출현하여 자본주의 세계경제의 현재와 미래를 만들어 내는 데 점점 더 지배적이 된 지역적(동아시아) 축적구조를 그려 볼 것이다.

장기 20세기

4장 장기 20세기

미시시피 강에 정박해 있는 기선들(1860년)
자본주의 세계경제 중심의 지위를 확보할 수 있던 영국의 역량은 그 자신보다 더 거대한 부, 규모, 자원을 보유한 새로운 민족경제의 출현 때문에 침식되고 있었다. 그것은 바로 미국이었는데, 미국은 유럽의 노동·자본·기업가정신에 대해 흡인력을 발휘하는 일종의 "블랙홀"로 발전하였다. 덜 부유하고 힘도 모자라는 국가들은 말할 것도 없고, 영국 또한 미국과 경쟁할 기회를 얻지 못했다.

시장과 계획의 변증법

우리 시대의 형상을 만들어 낸 자본축적의 전략과 구조는 19세기 마지막 사반세기에 존재를 드러내게 되었다. 그것은 자본주의 기업의 경비절감 논리 속으로 비용의 새로운 내부화를 끌어들인 데서 기원하였다. 보호비용을 내부화함으로써 네덜란드체제가 제노바체제보다 세계적 규모의 자본축적과정을 한 걸음 더 밀고 나갔던 것처럼, 그리고 생산비용을 내부화함으로써 영국체제가 네덜란드체제보다 그것을 한 걸음 더 밀고 나갔던 것처럼, 미국체제는 거래비용을 내부화함으로써 영국체제와의 관계에서 동일한 일을 수행하였다.

네번째 (미국) 체계적 축적 순환의 뚜렷한 특징인 거래비용의 내부화라는 용어는 수직적으로 통합된 기업조직의 경쟁우위에 대한 리처드 코스의 개척적인 이론 연구(Coase 1937), 코스의 분석을 확장한 올리버 윌리엄슨(Williamson 1970)의 연구, 그리고 19세기 말 20세기 초 근대 미국 법인기업의 등장과 빠른 팽창에 대한 앨프리드 챈들러의 역사적 연구(Chandler 1977)에서 도출되었다. 챈들러가 보여 주었듯이(Chandler 1977; 1978), 과거에 별도의 사업 단위들이 수행하던 활동과 거래를 단일 조직 영역 내에 내부화함으로써 수직적으로 통합된 다단위 기업들은 거래비용을 감축하고 이를 더욱 계산가능하게 만들 수 있었다. 거래비용이란 1차 산품과 최종 소비를 연결시키는 격리된 조직 영역들의 긴 사슬을 통해 중간 투입물이 전달될 때 발생하는 비용을 말한다.

이렇게 탄생한 경제[경비절감]는 "규모의 경제"가 아니라 "속도의 경제"였다.

규모에서 귀결된 경제라기보다는 속도로부터 귀결된 경제. 비용은 낮추고 노동자당 그리고 기계당 산출물은 증대시키는 경비절감이 가능해진 것은, 노동자의 수와 생산장비의 가치와 양이라는 점에서 시설물의 규모 때문이 아니라 …… 처리량의 빠르기와 그에 따른 양적 증가 때문이었다. …… 속도의 경제를 얻는 데 중심적이었던 것은 새로운 기계의 개발, 더 나은 원료, 그리고 에너지의 강도 높은 적용이었으며, 그에 뒤이어 여러 생산 공정들을 거치는 새로운 대량 흐름을 조정하고 통제하기 위한 조직 설계와 조직 절차들이 탄생하였다. (Chandler 1977: 244)

거래비용의 내부화가 탄생시킨 속도의 경제는 제조업 기업에만 한정되지 않았고, 실로 거기에서 기원한 것도 아니었다. 철도 회사는 향후 미국 축적구조를 혁명화할 대부분의 조직적 혁신을 개척하였으며, 이런 혁신과 더불어 대형 시장상인들(대형 소매상인, 광고대행업자, 우편주문 회사, 연쇄점)——이들은 대량 시장거래를 단일 기업 내에 내부화하였다——이 부상하여 유통을 완전히 개편하였다.

철도와 전신이 한 상업 중심지의 철도 및 속달 회사의 역에서 다른 중심지의 역으로 전달되는 재화의 흐름들을 조정한 반면, 새로운 대형 매매인들(marketers)은 수천 명의 생산자들로부터 수십만 명의 소비자들에게 직접 대량의 재화 흐름들을 이동시키는 엄청난 거래를 취급하였다. (Chandler 1977: 236)

단일 조직 내에 대량 생산과정과 대량 유통과정을 통합시킴으로써 새로운 종류의 자본주의 기업이 탄생했다. 이런 새로운 종류의 자본주의 기업은 1차 투입물 획득에서 최종 산출품 처분까지 생산과 교환의 하위 과정들 전체 연쇄를 내부화함으로써, 그 연쇄를 통과하는 재화의 이동에서 발생하는 비용, 위험부담, 불확실성을 관리 행위와 장기 기업 계획의 경비절감 논리에 복속시킬 수 있는 위치에 있었다.

그런 내부화는 확대된 기업에 많은 이점을 가져다 주었다. 단위들 사이의 거래가 일상화되어 거래비용이 하락하였다. 생산 단위들의 관리와 구매 및 유통 단위들의 관리를 결합함으로써 시장과 공급원에 대한 정보비용이 감소되었다. 훨씬 더 큰 중요성을 지니는 것은, 많은 단위들이 내부화되자 한 단위에서 다른 단위로 재화의 흐름을 행정적으로 조정하는 것이 가능해졌다는 점이다. 흐름들의 일정을 더욱 효과적으로 관리하자 생산 및 유통 과정에 이용된 설비와 직원들을 더욱 강도 높게 활용할 수 있게 되었으며, 생산성이 증가하고 비용이 감소하였다. 게다가 행정 조정 덕에 현금 흐름은 더 확실해졌고 관련 서비스에 대해 더 신속한 변제가 제공되었다. (Chandler 1977: 7)

이런 종류의 사업 활동의 집적으로 형성된 거대하고 꾸준한 현금 자금이 시장과 노동과정을 감시하고 조정하는 데 특화한 최고관리자 및 중간관리자 계서제를 탄생시키는 데 재투자되자, 수직적으로 통합된 기업들은 단일 단위 기업들이나 덜 특화된 다단위 기업들에 대해 결정적인 경쟁우위를 누리게 되었다. 이런 경쟁우위는 놀라울 만치 빠르게 새로운 조직구조를 성장시키고 확산시켰다. "1870년대 말까지는 거의 존재하지 않던 이런 통합된 기업들이 30년도 안 지나 〔미국의〕 가장 활력 있는 많은 산업들을 지배하게 되었다"(Chandler 1977: 285).

성장은 미국 국내시장에만 한정되지 않았다. "미국 법인기업들은 대륙 전체의 통합을 완료하자마자 외국으로 진출하기 시작했다. …… 미국 법인기업들은 국내기업이 되는 과정에서 어떻게 국제적이 될 수 있는지를 배웠다"(Hymer 1972: 121). 1902년이 되면 유럽인들은 이미 "미국의 침공"을 이야기하고 있었고, 1914년이 되면 미국의 해외 직접투자는 미국 GNP의 7%에 도달했는데, 이는 유럽인들이 또다시 "미국의 도전"의 위협을 느낀 1966년과 같은 수치였다(cf. Wilkins 1970: 71, 201~2).

해외 팽창 때문에, 자신들이 종사하려 목표 삼고 있거나 이미 종사하고 있는 사업 노선과 사업 분야에서 시장과 노동과정을 감시하고, 그것을 자신의 이익이 되도록 규제할 수 있는 미국 경영 계서제의 조직 역량이 국내외에서 훨씬 더 증가되었다. 대량 생산 기술이 사업 성공에 결정적이던 산업에서조차 기술보다는 조직이 진입장벽이 되었다.

이들 산업에서 부딪힌 가장 높은 신규 진입장벽은 개척자들이 자신들의 신생 대량 생산품의 마케팅과 유통을 위해 만들어 낸 조직이었다. 필요한 기술을 획득한 경쟁자라도 이미 주요한 시장 통로에 떡 버티고 선 한두 기업을 벗어나 사업을 하려면, 경영자·바이어·영업사원들로 이루어진 전국적, 때로는 전지구적 조직을 만들어 내야 했다. 더욱이 대량 생산을 통해 얻은 현금 자금에 힘입어 개척자들이 그런 첫 조직을 건립한 곳에서, 신참자들은 먼저 경쟁력 있는 네트워크를 만들어 내야만 대량 산출을 통해 단위 생산비용을 절감시키고 상당한 규모의 현금 자금을 창출해 낼 수 있었다. [그리고 신참자는] 속도의 경제에 힘입어 가격을 낮게 책정하고도 높은 이윤 마진을 얻을 수 있는 경쟁자들에 맞서서 [이 일을 해야만] 했다. (Chandler 1977: 299)

수직적으로 통합된 미국의 다단위 기업체들의 놀라운 국내적·초국가적 팽창과 이들이 만들어 낸 조직적 진입장벽에 결합하여, 경영 계서제와 관료적 구조들 또한 마찬가지로 놀랍게 성장하였다. 일단 이 경영 계서제와 관료적 구조들이 자리를 잡자, 그 자체로 "영속성, 권력, 그리고 지속적 성장의 원천이 되었다".

베르너 좀바르트의 말을 빌리자면, 현대 기업체는 "자기 발로" 섰다. 전통적 기업들은 보통 단명했다. …… 다른 한편, 새로운 다단위 기업들을 관리하게 된 계서제는 그 안에서 일하는 개인이나 개인들의 집단을 넘어서는 영속성을 지녔다. …… 사람들은 들락날락했다. 제도와 사무실들은 변함이 없었다. (Chandler 1977: 8)

챈들러의 견해에 따르자면, 경영 계서제의 발전은 "조직혁명"의 정점을 보인 것으로, 그것은 1850년대에 철도와 더불어 시작되었고, 1910년대에 이르면 몰라볼 정도로 자본주의 기업들의 관리 경영 방법과 경제활동의 구조화 방식을 완전히 변환시켜 버렸다. 이런 조직혁명의 결과, "오늘날의 사업가라면 1910년의 사업세계를 편하게 여기겠지만, 이들에게 1840년의 사업세계는 아마도 낯설고, 고리타분하고, 불가해한 것이었을 것이다. 마찬가지로 1840년의 미국 사업가는 70년 후의 자기 나라의 환경보다 15세기 이탈리아의 환경이 더욱 친숙하다고 느꼈을 것이다" (Chandler 1977: 455).

우리는 여기에, 오늘날 초국적기업의 최고경영자들은 19세기 영국 자본주의의 등뼈였던 가족기업들보다는 17세기 네덜란드 합자회사의 [17인]위원회(Heeren)를 더 편하게 여길 것이라고 덧붙일 수 있을 것이다. 그리고 또 17세기 말 동인도회사의 중간 관리자들은 19세기 잉글랜드의 사업세계보다 오늘날의 초국적기업 안에서 지내며 경력을 쌓는 편이 더 쉽다고 느낄 것이다. 왜냐하면 수직적으로 통합되고 관료적으로 관리되는 자본주의 합자기업이 세계적 규모의 자본축적의 지배적 단위로 등장하자, 여러 가지 측면에서 사업세계가 네덜란드 축적체제의 전략과 구조로 되돌아 갔기 때문이다.

1장에서 이미 강조했듯이, 17세기·18세기의 공인합자회사 체계와 20세기 초국적기업 체계 사이의 유비를 과장하면 안 된다. 공인합자회사는 다른 유사 조직들을 배제하는 데 특화된 반(半)정부·반(半)기업 조직이었다. 그래서 그 수가 적었고, 유럽 주권국가들의 영토적 배제성의 공고화 및 팽창에 통합되어 있었다. 이에 비해, 19세기 말 20세기 초 등장한 초국적기업은 엄밀한 사업 조직들로, 다수의 영토와 사법권역에 걸쳐 특정 사업 노선에 특화해 있었다. 그래서 공인합자회사와 비교할 수 없을 만큼 그 수가 많았고, 세계권력의 일차적 중심지로서 국가간체계가 지니고 있던 중심성을 점차 침식해 왔다.

지난 3백 년간 자본주의 세계경제 전개과정의 척도로 이런 차이점이 중요하다 하더라도, 이런 전개과정이 단선적으로 진행되지 않고 대립적 조직구조들이 교대되면서 펼쳐졌으며, 여기서 법인적 사업 형태는 등장했다 사라지고 다시 등장했다는 사실을 은폐할 수 없다. 세계체계로서 역사적 자본주의의 이런 시계추식 운동을 맨 처음 포착한 사람은 80년 전 앙리 피렌이었다. 체계적 축적 순환을 개념화할 때 우리에게 영감을 준 그의 자본주의 사회사 연구에서 피렌은 또한 "경제 자유"와 "경제 규제" 국면이 교대되는 "놀라운 규칙성"을 발견하기도 하였다. 이동성 높은 (mobile) 상업의 자유로운 팽창이 물러나고 도시 경제의 특징인 규제정신에 길을 내어 주자, 이번에는 그에 뒤이어 르네상스의 개인주의 열기가 등장하였다. 그 정점은 16세기 후반이었는데, 그때 시계추는 다시 반대 방향으로 움직이기 시작했다. 12세기의 자유에 이어 도시 경제의 규제정신이 등장한 것처럼, "17세기와 18세기에는 상업과 산업에 중상주의가 부과되었다"(Pirenne 1953: 515).

경제 규제를 지향하는 경향은 오직 18세기 말 19세기 초에 "기계가 발명되고 제조업에 증기가 적용되어 경제 활동의 조건들이 완전히 무너질 때"까지만 지속될 운명이었다. 16세기의 현상이 재생되었지만, "그 강도는 열 배나 강했다." 또다시 "개인주의와 자유주의에 대한 신념만 창궐했다." 자유방임과 자유이동의 구호 아래 경제 자유의 결과는 극단까지 나아갔고, 반대 방향을 향해 움직이는 새로운 진동이 시작되었다.

> 무제약적 경쟁은 [자본가들을] 서로 싸우게 만들고, 곧이어 …… 그들이 착취하는 프롤레타리아의 저항을 불러일으켰다. 자본에 맞서 그런 저항이 일어남과 동시에, 자본은 자신들이 부상하는 데 도움을 준 자유의 남용 때문에 고통을 겪고 있었기 때문에, 자본의 활동에 규율을 부과해야 했다. 생산자들의 카르텔·트러스트·신디케이트가 조직되었고, 고용주와 피고용자를 아나키 상태에 남겨 둘 수 없다고 여긴 국가는 사회적 입법을 추진하였다. (Pirenne 1953: 516)

"경제 자유"와 "경제 규제"의 교내를 통해 실현된 피렌의 징기 시계추 운동은 우리의 체계적 축적 순환의 계승과 대체로 일치한다. 제노바체제는 14세기 말에서 15세기 초의 자본주의 도시국가의 매우 규제적 정신(베네치아의 국가독점자본주의에서 가장 전형적으로 드러난)을 벗어나, 자본주의 "네이션들" 체계의 상대적인 경제적 자유를 향해 시계추를 움직여 갔는데, 16세기에 이 자본주의 "네이션들" 체계는 몇몇 선별된 시장공간──처음에 안트베르펜과 리옹, 다음에는 이동하는 "비센초네" 정기시, 최후로 피아첸차에 정착──의 바깥에서 유럽의 팽창된 화폐·교역 체계를 규제하였다. 이에 비해 네덜란드체제는 정부가 세계적 규모의 자본축적과정을 추진하고 조직하는 데 직접 개입해 들어가는 방향으로 시계추를 다시 되돌렸는데, 직접 그렇게 하였거나 아니면 유럽 외부 세계에서 정부 기능을 대리할 권한을 위임받은 합자기업을 설립함으로써 그렇게 하였다.

영국체제의 상승과 전면적인 팽창이 만들어 낸 새로운 시계추 운동──이는 실로 16세기 현상을 "열 배나 강하게" 재생한 것이었다──은 근접한 주제와 직접 관련 있는데, 왜냐하면 이는 그 아래서 미국 법인자본주의가 처음 출현했고 이어 전세계의 지배적 축적구조가 된 체계적 조건들을 탄생시켰기 때문이다. 피렌의 주장과는 반대로, 18세기 말 "산업혁명"은 그 시계추 운동에 새로운 계기를 추가하긴 했지만, 그것을 추동하지는 않았다. 어쨌건 19세기 자유주의 신조의 선언문인『국부론』은 "산업혁명"이 거의 시작되지 않은 시점에 출판되었다. 자유무역을 향한 주된 호소는 거대 정부를 겨냥한 것이 아니라, 그 당시의 거대 기업, 즉 주로 공인합자회사를 겨냥한 것이었다. 우리는 이런 말을 듣는다. "이런 기업들은"

> 아마 일부 상업 분야를 처음 도입할 때는, 스스로를 희생해 가며 분별 있는 국가라면 하지 않았을 실험을 수행함으로써 유용했을 수도 있지만, 보편적으로 보면 장기적으로 부담스러운 것이 되거나 무용하다고

판명났으며, 교역을 잘못 운영하거나 제약하였다. (Smith 1961: II, 255/스미스 2007: 903~4)

아이러니하게, 그리고 아프리카 사람들에게는 비극적이게도, 19세기 최초의 자유무역 운동은 대서양 노예무역으로 소급될 수 있다. 앞서 살펴보았듯이, 네덜란드 서인도회사는 역사적으로 최고 수준의 노예 붐을 불러일으킨 삼각무역을 개척했지만, 동인도 고급 향신료 교역을 수행한 네덜란드 동인도회사처럼 경쟁자의 진입을 억제할 수는 없었다. 17세기 말이 되면, 아프리카 교역만을 위해 건립된 모든 유럽 회사 중에서 영국 회사인 왕립아프리카회사(1672년에 공인됨)가 가장 강력하고 가장 효율적이 되었다. 그러나 이 회사조차 더 단촐하고 더 유연한 기업들과 효과적으로 경쟁할 수 없었다. "18세기 초가 되면, 특권적 합자회사가 더 이상 노예무역을 수행하는 최선의 방식은 아니라는 분명한 조짐이 나타났다. 다음 30년이 지나면 주요 관련 국가들은 사적인 상인들과 기업들이 주도하는 경쟁적 교역으로 전환해 갔다." 서인도회사에 최장 기간 독점을 허용한(1734년까지) 네덜란드는 그들의 교역 지분이 감소되는 경향을 악화시켰을 따름이었다(Davies 1957; 1974: 127).

공인회사의 주된 문제는 일반적으로 대서양 무역에서, 그리고 특수하게는 아프리카 무역에서 그들의 독점을 강제하기 힘들다는 점이었다. 노예를 얻으려면 서부 아프리카 해안에 요새를 건립해 유지해야 했지만, 그럼에도 이는 해안을 경쟁에서 지켜 내는 효율적 수단이 되지 못했다. 대서양 무역 팽창에 필수적인 기업가정신을 갖추고 있던 미국 식민주의자들은 줄곧 공급물 가격과 공급량에 불만이었고, 자신들이 신용으로 구매한 노예 때문에 진 부채를 갚는 것이 어렵거나 불가능함이 판명되었다.

무면허 상인들(interlopers)은 정부의 승인을 얻기 위해 줄곧 분주했고, 프랑스와 영국 정부는 기꺼이 이를 승인하였다. 공인회사의 피고용자들은 종종 재화를 횡령하여 무면허 상인들에게 넘겼고, 회사의 이익을 무시했다. 그리고 서로 다른 정부의 특허장을 받은 회사들 사이의 경쟁은 서로 사이에서 이런 문제를 훨씬 더 악화시켰다(Davies 1974: 117~31).

> 이렇듯 자유무역이 독점보다 더 효율적임이 드러났다. …… 그러나 독점은 영국의 노예 전통을 강화하는 목적과, 무엇보다 숙련과 경험이 필요한 무역에 요구되는 지식을 쌓는 일부 목적에 이바지하였다. 적어도 영국의 노예 회사들은 프랑스 노예 회사들보다 효율적이었고, 영국의 식민주의자들은 그들의 불만에도 불구하고, 17세기 마르티니크와 과들루프[1]를 괴롭힌 "끔찍한" 노동 "부족"에서 구제되었다. (Davies 1974: 118).

이런 대서양 자유무역의 조기의 승리는 그에 뒤이어 탈규제와 공인합자회사 체계의 사실상의 쇠락을 초래할 동학을 예견해 보여 주었다. 홀란트는 아니더라도 잉글랜드에서 공인합자회사들은 늘 자신들의 실패 때문만큼이나 성공 때문에도 쉽게 줄에서 떨어질 수 있는 줄타기 곡예를 하였다. 새로운 상업 분야를 개척하는 데 드는 상당한 비용이 수익성 없다고 판명나면, 이들은 그저 그 사업에서 빠져나오고 그것으로 끝이었다. 그러나 투자가 수익성 있다고 판명나면, 그들의 삶은 끔찍해졌고, 통상 반(半)정부 반(半)사업체로서 그들의 생존에 사활적인 그들의 특권을 침

---

1) 마르티니크와 과들루프 모두 서인도 제도에 있는 프랑스령 섬들이다.

식 또는 파기하겠다는 위협이나 실제 그런 행위들에 의해 그들은 심지어 단명할 수 있었다.

네덜란드 기업들은 상층이 두텁고 과두제적인 네덜란드 자본가계급 구조 때문에 이런 두 가지 종류의 몰락의 위험에서 벗어났다. 네덜란드 소기업들이 동인도회사 같은 성공한 기업에 대해 아무리 많이 저항했다 하더라도, 이들이 결코 그 특권을 취소할 수 있는 실질적 기회를 얻지는 못했다. 그러나 심지어 서인도회사처럼 상대적으로 덜 성공적인 기업조차 필요한 순간에는 계속 정부 지원에 의존할 수 있었다.

이와 대조적으로, 영국 자본가계급의 토대가 더 광범하고 구조가 더 민주적이었기 때문에, 영국의 공인합자회사들은 일단 새로운 상업 분야를 개척하는 일을 끝내고 나면, 그들의 특권이 제거될 지속적 위험에 노출되었다. 이렇듯, 일단 왕립아프리카회사가 대서양 삼각무역에 영국을 등장시키자, 1688년 영국 명예혁명으로 대담해진 무면허 상인들이 방해 받지 않고 왕립아프리카회사의 무역에 쏟아져 들어왔다. 설상가상으로, 1698년에 영국 의회는 그들의 지위를 승인하였고, 그들이 영국 밖으로 가는 수출의 10% 액수를 납부하면 그들에게 왕립아프리카회사의 요새를 사용할 수 있는 권한을 부여했다. 작은 소규모 사업체들이 거대 사업체들과 거의 동등한 조건에서 경쟁할 힘을 얻자, 경기에서 쉽게 승리를 거두었다(Davies 1957: 122~52; 1974: 117~8).

동인도 지역에서는 자유무역 운동이 기업체 사업을 따라잡고 청산을 촉구하는 데 훨씬 더 오랜 시간이 걸렸다. 엘리자베스 1세 하에서 창립된 후 동인도회사는 오랫동안 그 존재기반이 불안정했다. 동인도회사는 초기에 많은 공장과 요새들을 건설하고, 심지어 포르투갈로부터 일부 영토를 빼앗아 큰 이득을 취했다. 그러나 동인도회사는 17세기 두번째 사반세기의 반전된 정세를 거의 견뎌 내지 못했는데, 이 시기에는 시티의 심각한 유동성 부족 때문에 어려움이 크게 늘어났고, 대다수 주주들은 동인도회사가 계속 교역을 수행할 수 있을지에 대해서조차 의심하기 시작하였다(Chaudhuri 1965: 2~3장).

그 주요한 원인은 가장 수익성 있는 동인도 지역 무역을 [네덜란드] 동인도회사 수중에 예방적으로 집중시켰기 때문이었다. [네덜란드] 동인도회사가 통제하는 향신료 무역을 빼앗아 올 수 없던 영국 동인도회사는 그보다 수익성이 낮은 옷감의 영국 수입과 아시아 내 교역에 특화해야만 했다. 이 무역은 향신료 무역보다 수익성이 낮았을 뿐 아니라, 장악하기도 훨씬 힘들었다.

사실 직물산업은 유럽에서처럼 하나의 조직망 속에서 이루어지는 것이 아니었기 때문에 장악하기가 쉽지 않다. 원재료의 생산과 상업, 면사 제조(특히 모슬린 사처럼 섬세하면서도 질긴 실을 만드는 경우에는 아주 오랜 과정을 거쳤다), 직조, 직물의 표백과 마무리, 날염 등이 모두 상이한 영역과 유통에 따라 시행되었다. (이미 13세기에 피렌체에서 그랬던 것과 같이) 유럽에서는 수직적으로 연결되었던 것이 이곳에서는 분산된 영역별로 조직되었다. …… 사실 인도 전체에서 견직물과 면직물을 제조했고 보통의 제품으로부터 사치품에 이르기까지 놀라울 정도로 많은 양의 직물을 수출했으며 수출 지역은 전세계를 망라했다. …… 생산물의 질이나 양으로 볼 때, 또 수출량으로 볼 때 영국의 기계혁명이 일어날 때까지 인도의 면직물산업이 세계 제일의 지위를 차지하고 있었던 것은 의심의 여지가 없다. (Braudel 1984: 508~9/브로델 1997: 705~8)

이런 매우 분화되고, 탈중심적이고, 효율적인 상업-산업 장치는 아마 세계가 목도한 가장 광범하고 복잡한 "유연전문화"의 사례였을 것이다. 이런 장치를 자신의 우위로 전환하기 위해서 동인도회사는 지방 사업망을 활용하지 않을 수 없었다. 이렇게 인도 직물산업의 탈중심적 구조에 적응하였기 때문에 ── 그런 적응이 필요했다 하더라도 ──, 동인도회사는 다른 유럽 회사들, 유럽의 자유무역업자들, 아랍과 토착 교역자들, 그리고 아르메니아와 여타 디아스포라 상인들의 경쟁에 노출되었다. 이런 경쟁 때문에 직물 무역에서는 이윤마진에 대한 끊임없는 하방 압력이 작동하였다. 그리고 이런 하방 압력은 다시 17세기와 18세기 초 동인도회사의 생존의 어려움을 설명해 줄 뿐 아니라, 낮은 이윤마진을 벌충하기 위해 활동 범위를 확장하려는 동인도회사의 끊임없는 시도 또한 설명해 준다(Arrighi, Barr, and Hisaeda 1993).

그러나 시간이 흐르면 이런 팽창은 유럽의 아시아 사업 지지대를 향신료에서 직물로, 그리고 말레이 군도에서 인도 아대륙으로 옮겼고, 그렇게 함으로써 동인도 지역에서 네덜란드에 대한 잉글랜드의 운세를 반전시켰다. 운세를 반전시키는 이런 헤라클레스적 과업에서 영국 동인도회사는 모국의 도움을 거의 받지 못했다. 1689년 또 하나의 경쟁 기업에 특허장을 수여한 것은 확실히 도움이 되지 못했다. 비록 1709년에 두 회사가 합병되어 새로 탄생한 회사가 아시아에서 유럽의 지배적인 자본주의적·영토주의적 대리자가 되긴 했지만 말이다. 그러나 18세기의 전 시기에 길쳐 아직 인도 제조업 제품에 대해 경쟁력을 갖추지 못한 영국 산업을 보호하기 위해서 동인도회사의 국내 수입 무역에 점점 더 가파르게 인상된 관세를 부과한 것은 동인도회사가 인도 직물 공급에 대해 통제권을 수립하려 할 때, 주된 장애물이 되었던 것임에는 틀림없다.

그렇다 해도, 결국 동인도회사의 운명의 수레바퀴를 돌려 놓은 것은 모국의 도움이 아니라 인도 싸움터에서 자력으로 이룬 것이었다. 무굴 제국 해체에 대응해 1740년대에 동인도회사의 군사력의 규모와 범위가 팽창했고, 군사력이 유럽 노선에 따라 재편되기 시작했다. 플래시 전투 전야에, 인도인 대대가 구성되었으며, 동인도회사는 이렇듯 힘을 활용하고 통제하는 유럽의 우월한 기술과 토착 인력의 광범한 활용을 결합하게 되었다. 다른 무엇보다 이런 결합이 무굴 계승을 둘러싼 싸움에서 모든 토착 경쟁자를 물리친 동인도회사의 성공을 설명해 준다(McNeill 1984: 135; Wolf 1982: 244~6; Bayly 1988: 85).

동인도회사가 일단 막강한 "회사 국가"가 되자(Marshall 1987), 갈 길이 분명했는데, 공물을 대량 수취해 —D. K. 필드하우스의 말에 따르자면(Fieldhouse 1967: 159) "무상수출품이라는 매개를 통해 유럽 주주들에게"— 이전한다는 점에서만 그랬던 것은 아니었다. 그에 덧붙여, 인도 방직산업에 대한 동인도회사의 통제권 강화에서도 길은 분명했다. 기존의 탈집중적인 생산과 교환 구조에 적응한다는 앞서의 전략을 대체해, 그런 구조를 점점 더 동인도회사 경영 계서제의 중앙집중적 통제에 강제로 종속시키는 전략이 등장하였다(Wolf 1982: 245~6). 비록 그 과정에서 인도 방직산업이 그 유연성 — 그리고 그와 더불어 일부 경쟁력도— 을 대부분 상실하였지만, 대략 팽창이 둔화되는 1780년까지는 동인도회사가 직물 무역으로 벌어들인 현금 자금이 지속적으로 크게 증가하였다 (Barr 1999).

정부 및 기업 조직으로서의 성공은 동인도회사에 위안을 주지 못했다. 반대로, 남부 아시아에서 지배적인 재분배 조직으로서 무굴 왕정을 대체하는 데 성공하고, 네덜란드 동인도회사를 사업 영역에서 몰아내는

데 성공하자, 즉각〔영국 동인도회사의〕재정 위기가 이어졌고, 영국 내에서 동인도회사의 상업 특권을 박탈하려는 강력한 운동이 뒤따랐다. 첫번째 좋지 않은 조짐은 거대한 영토 병합이 있었음에도 1798년에서 1806년 사이 동인도회사의 부채가 세 배 증가한 것이었다(Bayly 1988: 84). 또 하나 더욱 불길한 신호는 몇 해 뒤 버밍엄과 다른 지방 제조업자들이 동인도회사의 인도 무역 독점권 폐지를 요구하는 운동을 벌이기 시작하면서 나타났고, 실제 이 독점권은 1813년 폐지되었다(Moss 1976).

독점권이 폐지된 후 20여 년간 동인도회사는 중국 무역 독점권을 효과적으로 유지함으로써 그 손실을 만회할 수 있었다. 중국과의 차 무역은 18세기 초부터 매우 수익성 있는 부업 활동이었지만, 처음에는 중국에서 유럽 물자에 대한 수요가 부족하고 그 결과, 차를 사기 위해서는 금은을 실어 날라야 했기 때문에 그 팽창이 제약되었다. 영국 동인도회사는 동서 간의 구조적 무역 불균형이라는 오래된 문제를 이어받았다. 앞서 언급했듯이, 그 불균형은 로마 시대까지 소급해 갈 수 있었다. 대발견과 아메리카 대륙에서 유럽의 은 수취도 이 불균형의 방향을 바꾸지는 못하였다. 단지 유럽은 그 결과 네덜란드 축적체제의 중개를 통해 거대한 무역 적자를 보았을 뿐이며, 그래서 루이 더밍니의 말을 빌리자면, 중국은 "아메리카 귀금속의 무덤"이 되었다(Wolf 1982: 255에서 재인용).

1776년 "미국혁명으로 잉글랜드가 멕시코의 은 공급에서 단절되자 …… 재정 문제를 해결해 달라는 동인도회사의 기도를 들어 준 응답은 인도의 아편이었다"(Wolf 1982: 257). 동인도회사가 중국에서 아편 판매를 늘리고 벵골에서 아편 생산을 독점하자, 중국 무역은 빠르게 직물 무역보다 훨씬 수익성 높고 역동적인 것이 되었다. 이 경향은 동인도회사의 인도 무역 독점권 폐지 이전에 이미 진행되고 있었다. 그러나 일단 인도

독점권이 폐지되자, 동인도회사는 이 사업 노선에 집중해 수송량을 폭발적으로 늘렸고, 중국과의 만성적 무역수지 적자를 반전시키게 되었다 (Wakeman 1975: 126; Greenberg 1979: 5장과 부록 I; Bagchi 1982: 96~7). 에릭 울프가 비꼬며 논평했듯이(Wolf 1982: 258), "마침내 유럽인들은 중국에 무엇인가 팔 만한 것을 찾아냈다."

수익성이 있기는 했지만 이런 폭발적인 성장이 오랫동안 동인도회사를 돕지는 못했는데, 왜냐하면 한 세기 이전 왕립아프리카회사의 재운을 침식했던 동일한 모순이 달라붙었기 때문이었다. 18세기 초 잉글랜드의 아프리카 노예 무역의 전통이 강성해지자, 이 길을 개척한 공인기업은 규제받지 않은 수많은 소기업들의 경쟁에 노출되었고, 소기업들은 성공적으로 대서양 시장공간과 영국 의회에서 기업 특권에 도전하였다. 마찬가지로 19세기 초 중국 아편 무역에서 잉글랜드의 전통이 강성해지자, 이 길을 개척한 공인기업은 같은 종류의 경쟁과 같은 종류의 도전에 노출되었다. 중국 제국이 아편 무역을 금지하였기 때문에, 동인도회사는 유럽과 아시아의 사적 교역자들을 활용하여 중국으로 마약을 밀수했고, 공급을 독점하고 가격을 통제하는 데 자신의 노력을 집중했다(Bagchi 1982: 96). 그러나 무역이 팽창하자, 유럽의 사적 교역자들의 "비공식적" 활동이 급속히 동인도회사의 역량을 넘어서서 무역을 통제하였고, 영국 내에서는 자유무역이 독점보다 국력 강화에 더 효율적 수단으로 인식되게 되었다.

1833년 중국 무역 독점권 폐지는 영국 동인도회사의 종말이 시작됨을 알렸다. 모든 상업 특권을 상실한 동인도회사는 확대된 국가형성과 전쟁형성 기능을 효율적으로 수행할 수 있는 역량을 사실상 눈에 띄게 손상당했고, 마침내 적이나 아군 모두에게 자신이 정복한 제국을 통치하기에 무능하다고 보이게 되었다. 그리고 1857년 대반란〔세포이반란 또는 인도 제1차독립전쟁으로도 부르는 저항 운동으로 동인도회사의 지배력을 위협했다〕의 파고 속에서 의회가 이 제국을 "국유화"하겠다고 개입했을 때, 동인도회사의 운명에 관심을 기울이는 사람은 거의 없었다. 영국의 모든 사람들이 관심을 기울인 것은 국가의 이익이라는 측면에서 인도 제국이 유능하고 효과적으로 관리되어야 한다는 것이었다.

간단히 말해서, 공인합자회사는 유럽 외의 세계에서 국가형성과 전쟁형성 기능을 수행하도록 유럽 정부들이 힘을 실어 준 사업조직이었고, 여기서 국가형성과 전쟁형성은 그 자체로 목적이자 상업 팽창의 수단이었다. 이 회사들이 이 기능을 정부 스스로 하는 것보다 더 효과적으로 수행하는 한, 이들은 다소간 자신들이 제공하는 서비스의 유용성에 비례해 무역 특권과 보호를 허용받았다. 그러나 이들이 더 이상 그렇지 못하게 되자마자, 이들 회사의 특권들은 박탈당했고, 중앙정부 자체가 그들의 국가형성과 전쟁수행 기능을 장악했다.

이렇게 하여 영국 정부는 인도의 제국 정부가 되었다. 이렇듯 기업 특권으로부터 무역을 분리시키고 비유럽 세계에서 제국을 건설하는 일은 공인합자회사 체계를 지양하는 동일한 과정의 이면이었다. 그러나 이런 회사들을 청산한 것은 아주 실용적 결정이었으며, 체계적 조건이 마련되어 다시 공인합자회사가 유용하다는 인식이 생기자마자, 이 결정은 뒤집어졌다. 그렇게 19세기 말 무렵에 영국 정부와 영국 사업계는 그들의 무역, 권력, 축적망의 공간적 범위를 더욱 확대(대부분 아프리카에서)하도록 힘을 실어 준 완전히 새로운 혈통의 공인합자회사들을 설립하였다.

이들 회사 중 몇몇은 성과가 꽤 좋았지만——가장 두드러진 것은 영국남아프리카회사——, 이러한 새생이 자본주의 세계경제의 상업적 영토적 팽창의 주도적 행위자로서 낡은 공인회사 기업체계를 소생시킬 수도 없었고, 실제 그렇게 하지도 않았다. 증기와 기계제 ─ 이른바 근대 산업 ─ 의 도래로 세계적 규모의 무역, 축적, 권력망은 완전히 재편되었다. 그리고 영국의 자유무역 제국주의의 팽창이 19세기 말 대불황에서 한계에 이르렀을 때, 이 재편의 결과 유럽과 북아메리카 대륙에서 새로운 종류의 기업체가 등장하여, 자본주의 팽창의 주요 행위자로서 공인합자회사들을 능가하였다.

근대 산업이 "규제된" 경제 활동에 끼친 충격을 언급한 피렌의 말은 증기와 기계제의 도래가 19세기 세계경제의 시공간을 가로질러 생산 및 교환양식에서 서로 연관된 끝없는 혁명의 사슬처럼 보이는 것을 촉발시켰다는 마르크스의 테제를 반향하고 있다.

공업의 한 분야에서 일어난 생산방식의 변혁은 다른 분야에서도 생산방식의 변혁을 일으킨다. 이것은 우선 다음과 같은 공업에서 나타났는데, 이 공업의 각각의 분야들은 사회적 분업으로 말미암아 분리되어 독립적인 상품을 생산하기는 하지만 한 과정의 각각의 단계로서 서로 연결되어 있기 때문이다. …… 또 이는 표백업·날염업·염색업에서의 역학적·화학적 혁명을 필요로 하였다. 면방적업에서의 혁명은 면섬유를 목화씨와 분리하는 조면기의 발명을 불러일으켰으며, 현재 필요한 대규모적인 면생산은 이로써 비로소 가능하게 되었다. 그러나 바로 공업 및 농업에서의 생산방식의 혁명은 사회적 생산과정의 일반적인 조건들 즉 통신수단과 운수수단의 혁명을 필요로 하였다. …… 매뉴팩처 시기로부터 물려받은 통신수단과 운수수단은, 열광적인 생산속도와 그 방대한 규모, 한 생산분야로부터 다른 생산분야로의 대량의 자본 및 노동자들의 끊임없는 이동과 새로 창조된 세계시장적 연계를 가진 대공업에게는 참을 수 없는 장애가 되었다. 그러므로 …… 통신수단과 운수수단은 하천기선·철도·해양기선 및 전신 등의 체계의 창설에 의해 점차 대공업의 생산방식에 적응하게 되었다. 그러나 이제 와서는 단조되고, 용접되며, 절단되고, 구멍이 뚫리며 성형되어야 할 엄청나게 많은 양의 철은 [매뉴팩처적 기계제작으로써는 도저히 만들어 낼 수 없는] 거대한 기계들을 요구했다. (Marx 1959: 383~4/마르크스 2001: 515~6)

이 구절은 마르크스가 다른 곳에서 "근대 산업은 세계시장을 형성하였으며, 아메리카의 발견이 그 초석을 마련해 주었다"고 언급한 과정을 자세히 설명해 준다. "대발견", 동인도시장과 중국시장 침투, 아메리카 대륙의 식민화, 그리고 식민지무역 이 모두가 함께 작용하여 상업과 산업에 "전례 없는 자극"을 줌으로써, 근대 산업의 출현 조건들을 만들어 냈다. 그러나 일단 증기와 기계가 산업 기술을 혁명화하자, 산업 팽창 자체가 전세계 시장들을 단일 세계시장으로 통합하는 주 요인이 되었다(Marx and Engels 1967: 80~1).

단일 세계시장의 형성은 이제는 다시 산업의 확장에 작용하여, 모든 나라의 생산과 소비에 "세계시민주의적 특징"을 부여해 주었다.

반동배들로서는 대단히 유감스러운 일이겠지만, 부르주아지는 산업이 서 있는 민족적 토대를 발밑에서부터 무너뜨렸다. 예로부터 내려오던 민족적 산업은 파괴되었고 지금도 매일 파괴되고 있다. 그 자리를 새로운 산업이 속속 차지하고 있는데, 모든 문명국가들이 사활을 걸고 도입하고 있는 이 새로운 산업은 현지의 원료가 아닌, 아주 멀리 떨어진 지방에서 가져온 원료를 가공하며, 그렇게 하여 생산되는 제품은 자국뿐만 아니라 세계 각지에서 소비된다. 국산품으로 충족되었던 예전의 욕구 대신에 이제 새로운 욕구가 생겨나니 이를 충족시키려면 먼 나라와 토양의 생산물이 필요하다. 예전의 지역적이고 민족적인 고립과 자족 대신에 민족 상호 간의 전면적인 교류와 보편적인 의존이 등장한다. (Marx and Engels 1967: 83~4/맑스·엥겔스 1991: 404)

이렇듯 전세계 시장들을 단일 세계시장으로 통합하자 정부와 기업들은 전례 없는 기회와 동시에 도전에 직면했다. 기회는 주로 정부와 기업 활동이 통합되고 모든 종류의 외부 경제〔경비절감〕가 이득을 얻게 되는 세계적 범위의 사회분업에서 기인했다. 이 세계적 범위의 분업 내에서 확고한 시장 틈새를 발견한 어떤 정부조직과 기업조직도 다른 많은 조직들의 자발적 협력에 의존하여 입수가능한 많은 범위의 공급물들을 획득할 수 있었는데, 이 공급물들의 범위는 민족단위 쇄국이나 자급자족을 통해 획득할 수 있는 것과는 비교할 수 없으리만치 넓었다.

그렇지만 협력에서 생겨난 기회는 현금 자금과 물적 자원을 둘러싼 경쟁에서 생겨난 도전과 분리될 수 없었다. 이러한 경쟁 때문에 세계시장에 통합된 모든 조직들은 계속해서 기존의 투입-산출 조합으로부터 자원을 빼내어 더 높은 수익을 가져다 줄 것으로 전망된 다른 조합으로 옮겨갔는데, 이는 앨프리드 마셜이 "대체 원칙"이라고 주장한 것과 같았다 (Marshall 1949: 284). 덜 경제적인 투입-산출 조합을 더 경제적인 조합으로 대체하는 일에서 뒤처진 모든 조직들은 조만간 핵심 투입물과 수익을 획득하기 위한 다른 조직들과의 경쟁에서 열위에 놓이게 될 것이었다. 그러나 세계시장 참여자들이 덜 경제적인 투입-산출 조합을 더 경제적인 조합으로 대체함에 따라, 이들은 서로서로 핵심적 수익 그리고/또는 핵심적 물자 공급을 빼앗았고, 서로의 생산 일정과 소비 일정을 혼란시켰다. 이런 박탈과 혼란은 다시 계속해서 정부 및 기업 조직의 통합성을 붕괴시킬 수 있는 위협이 되었고, 따라서 세계시장 네트워크와 회로에 과도하게 통합되려는 열망을 누그러뜨렸다.

세계시장형성의 협력적 경향과 경쟁적 경향 사이의 긴장은 근대 산업 출현보다 훨씬 앞선다. 실로 우리 연구가 강조했듯이, 협력적 경향이 지배하는 자본주의 세계경제의 실물적 팽창 국면과 경쟁적 경향이 지배하는 금융적 팽창 국면이 중세 말 이래 반복되어 온 기저에는 이런 종류의 긴장이 깔려 있었다. 그러나 근대 산업의 등장은 이런 긴장에 완전히 새로운 차원을 추가하였다. 수많은 정부와 기업 조직들의 자원이 고가의 특화된 산업 설비와 하부구조 설비에 다소 영구히 매몰되게 되었고, 이 설비들은 별도로 소유되고 관리되지만 상호 연관된 기술과정의 복잡한 사슬에 의해 서로 연결되어 있었다.

일련의 장비들의 사용에 의해서 수행된 어떤 역학적 공정도 다른 곳에서 진행되는 공정들과 독립적이지 않다. 각각은 유사한 역학적 성격의 다른 수많은 공정들의 적절한 작동을 추동하고 또 그것을 전제로 한다. 어떤 공정도 …… 자족적이지 않다. 각 공정은 끝없는 연쇄 속에서 다른 공정에 뒤따르고 앞서며, 각 공정은 이 연쇄에 맞도록 자신의 작동을 조정해야 한다. 산업 활동의 선제적 조화는 각자 독자적으로 특수한 작업을 수행하는 다수의 기계장치들로 간주되기보다는, 서로 맞물린 세부 공정들로 이루어진 기계 공정으로 간주되어야 한다. 이런 포괄적인 산업 공정은 물질적 과학과 연관된 모든 분야의 지식을 그 범위 속에 끌어들여 이용하며, 전체는 다소 절묘하게 균형잡힌 하위공정들의 복합체를 형성한다. (Veblen 1978: 7~8)

간단히 말해서, 근대 산업이 등장하면서, 전례 없이 개별 생산 단위의 명운을 서로 연결시키는 보완적 관계가 강성해졌기 때문에, 모든 생산 단위는 신뢰할 만한 투입원과 신뢰할 만한 배출 통로를 확보하기 위해 다른 단위들의 협력을 구해야만 했다. 그러나 이처럼 보완성이 강화된다고 해서 경쟁 압력이 줄어들지는 않았다. 반대로, 베블런 자신이 강조하듯이 (Veblen 1978: 24~5), 근대 산업의 발전과 더불어 마셜의 대체 원칙의 영향력은 전례 없이 훨씬 강해졌다. 산업체계의 통합과 포괄성, 바로 그 때문에 하위공정 담당자들이 산업 균형상의 교란에서 경험한 이득과 손실은 거대해졌다. 더욱이 교란은 누적되는 경향이 있어, 일부 산업 부문을 심각하게 불구화하는 동시에 다른 부분들의 과잉 팽창을 초래했다.

이런 상황 하에, 이득이 적은 모험사업에서 이득이 큰 모험사업으로 투자를 기민하게 재분배함으로써 정황(conjuncture)을 통제해 보려는 강력한 경향이 기업들 내에서 전개되었다. 특정 하위공정에 강하게 몰입되어 있고, 체계 내의 다른 단위들이 보유한 잉여자본을 동원할 소질이나 역량도 없는 기업들은 그저 이 정황을 견뎌 낼 수밖에 없었다. 그러나 풍부한 현금 자금을 통제하여 마음대로 이를 처분할 수 있는 기업들은 이 정황을 지배할 수 있었고 그렇게 하였다.

산업체계를 구성하는 여러 공정들 사이에서 민활하고 중단 없는 상호작용이 수행될 때, 특정 공동체 전체의 후생이 가장 잘 수행된다. ……그러나 산업 균형이 문제없이 지속되는 경우에 관건이 되는 문제의 결정권을 쥐고 있는 사업가의 금전적 이해관계가 반드시 가장 잘 실현되는 것은 아니다. 특히 매우 광범한 이해관계를 지닌 대사업가의 경우에 그렇다. 이런 사람들의 금전 운영은 범위가 거대하고, 보통 그들의 운세는 산업체계의 특정 하위공정의 원활한 작동에 영구히 매여 있지는 않다. 오히려 그 운세는 산업체계 전체의 더 큰 정황, 틈새의 조정, 또는 그 체계의 거대한 분기에 영향을 주는 정황과 연관되어 있다.(Veblen 1978: 28)

만일 이 "대사업가" 계급이 체계의 교란에서 이윤을 획득하는 것 외에 어떤 궁극적 목표도 설정하고 있지 않다면, 그 구성원들에게 이 교란이 체계 전체에 도움을 주는지 방해하는지는 아무 차이도 없을 것이다. 그러나 그들의 거래 목적이 산업체계의 큰 몫을 통제하는 것이라면, 통제권을 얻자마자 교란 효과에 대한 무관심은 사라진다.

그런 통제권을 얻게 되면, 그 통제권 하에 들어온 것을 순조롭고 효율적으로 작동시킬 사업 조건들을 만들고 유지하는 것이 〔투자자들의〕 이익이 될 것이다. …… 왜냐하면, 다른 사정이 동일하다면, 그 산업 효율성이 더 높고 덜 교란될수록 공장 설비를 가동하여 영구히 그에게 귀속되는 이득이 더 커질 것이다. (Veblen 1978: 30)

산업 균형상의 교란에 무관심한 엄밀하게 금전적인 사업 논리와 중단 없는 산업 효율에서 이익을 얻는 기술적인 사업 논리 사이의 이런 대비는, 산업 기반 위에서 19세기에 세계시장이 재구성되면서 제기되는 도전과 기회에 대해 영국과 독일 사업계가 보인 상이한 대응을 묘사할 때

널리 이용되어 왔다. 데이비드 랜디스는 영국 사업의 "금전적 합리성"과 독일 사업의 "기술적 합리성"을 대비시켰다. 영국 사업이 기술을 단지 최대한의 자본 수익 추구를 위한 수단으로 간주하는 경향이 있는 데 비해, 독일 사업은 수단을 목적으로 삼는 경향이 있었다.

〔영국〕의 금전적 접근의 의미를 가장 잘 볼 수 있는 것은 이를 독일의 기술적 합리성과 대비해 볼 때이다. 이는 상이한 종류의 산술로, 수익이 아니라 기술적 효율을 극대화한 것이었다. 독일의 기술자와 이들 배후에 있는 제조업자 및 은행가들에게 새로운 것은 바람직한 것이었는데, 돈을 잘 벌 수 있었기 때문이 아니라 그것이 더 수월하게 일하는 데 도움이 되었기 때문이었다. 일을 수행하는 올바른 방식과 그른 방식이 있었는데, 올바른 방식이란 과학적인 것, 기계화한 것, 자본-집약적인 것이었다. 수단이 목적이 되었다. (Landes 1969: 354)

우리가 19세기 후반 한편에서 독일 기술자, 제조업자, 은행가들과 다른 한편에서 영국 기술자, 제조업자, 은행가들 사이의 사업 합리성의 분기를 이해하기 위해서 이들 사이에 심리적 차이가 있다고 가정할 필요는 없다. 이런 분기는 지속되는 세계시장 형성과정에 대한 두 사업 공동체와 각 국민 정부의 상이한 지위라는 측면에서 완벽하게 이해가능한 것이다. 영국 사업의 금전적 합리성은 주로 영국 국가가 세계시장 형성과정에 대해 수행한 통제력을 반영하는 것이었다. 이에 비해 독일의 기술적 합리성은 주로 동일한 과정 때문에 새로 형성된 독일 국가의 통합에 제기된 심각한 도전을 반영하는 것이었다.

더 특정화해서 말하자면, 두 가지 합리성은 칼 폴라니가 19세기 말

20세기 초 역사의 "포괄적 특징"으로 뽑아낸 "자기조정적" 시장 기제를 확장하는 동시에 제약하려 하는 "이중 운동"의 양면이었다. 베블런과 마찬가지로 폴라니는 정교하고 특화되고 값비싼 산업설비체계를 사용하여 생산을 수행할 때 발생하는 위험을 강조하였다. 이런 설비의 등장은 산업에 대한 상업의 관계를 완전히 바꾸어 놓았다. "공업 생산은 구매와 판매 사업으로서 상인들이 조직하는 상업의 부수물이기를 그쳤다. 이제 공업은 상응하는 위험을 수반하는 장기 투자를 반드시 포함하였다. 생산의 지속성이 합당하게 보증되지 않으면 그런 위험을 감당할 수는 없었다"(Polanyi 1957: 75).

공업에 필요한 모든 투입물들이 필요한 양만큼 언제 어디서나 가용할 때에만 그런 위험을 감당할 수 있을 것이었다. 상업 사회에서 이는 모든 공업 요소들이 구매 가능해져야 함을 뜻했다. 이런 요소들 중에 세 가지가 두드러지게 중요했는데, 노동·토지·화폐가 그것이었다. 그러나 이 중 어느 것도 상품으로 변형될 수 없었는데, 왜냐하면 그것들은 시장 판매를 위해 생산된 것이 아니었기 때문이다. "노동"은 인간의 활동을 뜻하며, 삶 자체와 분리 불가능한 총체로서, 삶은 시장에서 팔리기 위해서가 아니라 전적으로 다른 이유에서 생산된 것이다. "토지"는 인간의 삶과 활동을 둘러싼 자연 환경을 뜻하는데, 이는 지리와 역사의 선물로, 현 세대가 생산한 것이 아니라 물려받은 것이다. 그리고 "화폐"는 구매력의 상징물(지불수단)인데, 이는 보통 은행과 국가 재정 기제를 통해 존재하게 되었으며, 단지 은유적으로만 "생산"될 뿐이다. 간단히 말해서, 토지·노동·화폐의 상품적 속성은 순전히 허구적이다. 이런 허구적 상품들—즉, 인간 존재, 그 자연 환경, 그리고 지불수단—의 운명을 자기조정적 시장의 탐욕에 종속시키는 것은 사회적 재난을 초래하는 일이다.

이 특이한 상품의 담지자인 인간 개인에 영향을 주지 않고서 상품이라 주장되는 "노동력"을 혹사하거나, 남용하거나, 심지어 비사용 상태로 둘 수는 없다. …… 문화 제도의 보호막을 제거당한 인간은 사회적 노출 효과 때문에 파멸할 것이다. 인간은 악, 타락, 범죄, 기아라는 첨예한 사회적 탈구의 희생물로서 죽어 갈 것이다. 자연이 그 요소들로 축소될 것이고, 거주지와 경관은 더럽혀지고, 강물은 오염되고, 군사적 안보는 위험에 빠지고, 식량과 원료를 생산하는 힘은 파괴될 것이다. 끝으로, 구매력의 시장적 관리는 주기적으로 기업을 청산할 것인데, 왜냐하면 화폐의 부족과 범람은 원시 사회의 홍수와 가뭄처럼 사업에 재난이 될 것이다. 의심의 여지없이, 노동·토지·화폐는 시장경제에 핵심적이다. 그러나 어떤 사회도 그 사회의 인간적·자연적 실체뿐 아니라 그 기업 조직을 이런 악마의 분쇄기의 참화에서 보호하지 않는다면, 아무리 짧은 기간이라도 그런 조야한 허구적 체계의 효과를 견뎌 낼 수 없을 것이다. (Polanyi 1957: 73; 강조는 원문)

그리고 보호받았다. 자기조정적 시장의 파괴적 효과가 감지되자마자, 그 작동을 제약하려는 강력한 대항 운동이 전개되었다. 이렇듯 "이중 운동"이 시작되어, 진정한 상품들에 관한 자기조정적 시장의 확장은 허구적 상품들과 관련된 시장 기제 작동을 제약하는 사회의 방어라는 대항 운동을 수반하였다.

한편에서 시장이 전지구로 확산되고 여기에 얽힌 상품량이 믿을 수 없는 속도로 늘어나는 반면, 다른 한편에서 노동·토지·화폐와 관련하여 시장의 작동을 제한하려는 강력한 제도들 속으로 조치들과 정책들의 망이 통합되었다. 세계 상품시장, 세계 자본시장, 그리고 세계 통화시장의 조직화가 금 본위제의 호위 아래 시장 기제에 비견할 수 없는 힘을 실어 준 반면, 시장이 통제하는 경제의 파괴 효과에 저항하려는 심층 운동이 분출되었다. (Polanyi 1957: 76)

폴라니는 이런 이중 운동의 기원을 영국에서 데이비드 리카도의 영향 아래 "자기조정적 시장을 통한 인간의 구원"이라는 유토피아적 신념이 발생한 데서 찾고 있다. 이런 신념은 전(前) 산업 시대에는 단지 비관료적 통치 방법을 향한 경향으로 인식되었을 뿐이지만, 영국에서 산업혁명이 도약한 이후에는 복음적 열기로 나타나, 1820년대에는 그 세 가지 고전적 교의를 대표하게 되었다. "노동은 시장에서 그 가격을 발견해야 하며, 화폐의 창출은 자동 기제에 종속되어야 하고, 재화는 한 나라에서 다른 나라로 방해와 특혜 없이 자유롭게 이동해야 한다. 간단히 말해서, 노동시장, 금 본위제, 그리고 자유무역"(Polanyi 1957: 135).

1830년대와 1840년대에 자유시장을 위한 자유주의 십자군 운동은 제약적 규제의 폐지를 목표로 삼은 일련의 법안 입법으로 귀결되었다. 핵심조치는 1834년의 신(新)구빈법으로, 이는 국내의 노동 공급을 시장의 가격 결정 기제에 종속시켰다. 1844년의 필 은행법은 국내 경제의 화폐 유통을 앞서보다 훨씬 더 엄격하게 금 본위제의 자기조정 기제에 종속시켰다. 그리고 1846년의 반(反)곡물법은 영국시장을 전세계의 곡물 공급에 개방하였다. 이 세 가지 조지가 영국에 중심을 둔 자기조정적 세계시장체계의 핵심을 형성하였다. 이것들은 하나의 일관성 있는 전체를 형성하였다.

노동의 가격이 가용한 최저가의 곡물에 의존하지 않았다면, 보호받지 않은 산업들이 자발적으로 수용한 감독관인 금의 손아귀에 굴복하지 않으리라는 보장은 없었다. 19세기 시장체계의 팽창은 동시적으로 국제 자유무역, 경쟁적 노동시장, 그리고 금 본위제의 확산과 동의어였다. 이들은 함께 포함되어 있었다. (Polanyi 1957: 138~9)

폴라니의 관점에 따르자면, 세계시장형성이라는 이런 모험사업을 일으키려면 주요한 신앙 활동이 필요했다. 왜냐하면 국제 자유무역의 함의는 "전적으로 엉뚱한 것이었기" 때문이었다.

국제 자유무역은······ 다음과 같은 것을 뜻했다. 잉글랜드는 해외 식량 공급에 의존할 것이고, 필요하면 자국의 농업을 희생할 수 있을 것이다. 또 새로운 삶의 형태에 돌입해, 그 삶 속에서 잉글랜드는 모호하게 인식된 미래의 세계 통일체의 일부가 될 것이다. 이 지구 공동체는 평화로운 것이 되어야 하거나, 그렇지 못하다면 해군력에 의해 영국을 위해 안전한 것으로 만들어져야 할 것이다. 그리고 잉글랜드 민족은 자신의 발명과 생산 역량이 우월하다는 확고한 믿음을 가지고서, 계속되는 산업 혼란의 전망에 직면할 것이다. 그러나 세계의 모든 곡물이 자유롭게 영국에 유입되기만 한다면, 영국 공장은 전세계에 물건을 싸게 팔 수 있을 것이라는 믿음이 있었다. (Polanyi 1957: 138)

영국에 관한 한, 자유무역의 일방적 채택에는 공리공론도 엉뚱한 점도 없었다. 토리당 보호주의자들의 지도자인 벤저민 디즈레일리는 1846년 "추상적 교리를 가지고 잉글랜드 법률을 바꿀 수 없는" 것은 코브던[2)]

조차 잘 알고 있다고 선언했다. 영국 의회를 자유무역 원리로 전환시키기 위해서는 "과학적으로 제시된" 진리보다 더 핵심적인 무엇인가가 필요했다(Semmel 1970: 146).

영국 해외무역과 식민지무역이 자유화된 주된 이유는 보호주의가 영국이 새롭게 획득한 산업 역량을 통치계급에 유리하게 효과적으로 동원하는 데 걸림돌이 되었기 때문이었다.

> 휘그 고관들(비록 군소 토리 농촌 지주들은 그만큼은 아니었다 해도)은 국가의 힘과 그들 자신의 힘이 군사적이고 상업적으로 화폐를 얼마나 용이하게 만들어 내는지에 의존하고 있다는 점을 아주 잘 알고 있었다. 1750년에는 아직 공업에서 많은 화폐가 형성되지는 않았다. 그 일이 이루어지자, 그들이 상황에 적응하는 데 큰 어려움은 없었다. (Hobsbawm 1968: 18)

휘그 고관들도 군소 토리 농촌 지주들도 공업에서 엄청난 화폐를 만들어 낸 적은 없었다. 그러나 공업을 국가 부강의 도구로 동원할 기회가 등장하자마자, 그들은 즉각 그 기회를 부여잡았다. 대부분 이는 잘 형성된 전통으로부터 크게 이탈한 것은 아니었다. 이렇듯, 앞서 주장했듯이, 19세기 영국 파운드의 금 본위제는 단지 여러 세기 앞서 엘리자베스 1세 치하에서 형성된 관행이 다른 수단에 의해 지속된 것에 지나지 않았다. 폴라니는 1840년대에 영국 동화의 고정 금속 본위제를 일방적 자유무역

---

2) Richard Cobden. 1841년 하원위원에 당선되어 자유무역을 제창하고 곡물법 폐지에 힘쓴 영국의 정치가. 평화주의자로 군비축소와 국제중재재판 등을 주장하기도 했다.

및 국내 노동시장의 자기조정에 연결시키게 된 긴밀한 상호의존 관계를 강조한다. 그러나 이런 리카도 자유무역의 세 요소들이 일관된 전체를 형성하기에 앞서 두 세기 반 동안, 고정 금속 본위제는 그 순조로운 작동을 위해서 자유시장보다 훨씬 더 근본적인 것과 더불어 일관된 전체를 형성시킨 바 있는데, 그것은 바로 영국 국가와 영국 자본의 성공적인 해외 팽창이었다.

이런 팽창이 성공적일수록, 이자·이윤·공납·송금 형태로 해외에서 영국 신민들과 거주자들에게 이전되어 영국 파운드의 안정적 금속 본위제를 지탱하도록 동원될 수 있는 잉여자본량은 더욱 꾸준하게 늘어났다. 그리고 반대로, 이 본위제가 더 오래 더 성공적으로 유지될수록, 영국 정부와 사업 행위자들은 그들이 해외 축적망과 권력망을 확대할 때 필요한 모든 신용과 유동성을 세계 금융시장에서 더 쉽게 얻게 되었다. 나폴레옹 전쟁 중의 영국의 산업 팽창은 한편에서 자국 통화를 금속 감독관[금]에 자발적으로 종속시키는 것과 다른 한편에서 영국의 권력망과 축적망을 확대하는 것 사이의 이런 선순환을 지속시키는 데 대한 통치계급의 기본적 이해관계를 바꾸어 놓지 않았다. 반대로, 이는 그 충동을 강화했고, 이런 두 갈래 추구의 수단을 증가시켰다.

전시 산업 팽창의 핵심 측면은 자율적인 자본재산업의 탄생이었다. 그 전에는 다른 곳에서처럼 영국에서 자본재산업은 그 생산품을 사용하는 경제 부문으로부터 자율성이 거의 없었다. 대부분의 기업들이 자신들의 활동에 사용하는 비품과 장비의 생산을 직접 맡거나 아니면 하청을 주었다. 19세기 영국 자본재산업의 중추인 철 및 그 관련 교역은 여전히 여러 가지 실질적인 이유 때문에 영국 육군과 해군의 하위 부문에 지나지 않았다.

전쟁은 확실히 철의 최대 소비자였고, 윌킨슨, 워커스, 캐론 웍스 같은 기업들의 사업 규모는 정부의 대포 수주에 달려 있었으며, 남웨일스의 철산업은 전투에 의존하고 있었다. …… 철제조에 혁명을 불러온 헨리 코트는 1760년대에 해군의 대리업체로 시작하여, "해군에 대한 철공급과 연관지어" 영국 산품의 질을 개선하려는 열망을 보였다. …… 기계도구의 개척자인 헨리 모슬리는 울위치 병기창에서 그 경력을 시작하였고, 그 성쇠는 (과거 프랑스 해군에 속해 있던 대大 기술자 마크 이점바드 브루넬처럼) 해군의 계약과 긴밀하게 얽혀 있었다. (Hobsbawm 1968: 34)

나폴레옹전쟁 전야와 전쟁 중에 정부 지출이 급증하자, 철산업에서 생산 수준과 산품 및 공정 혁신의 보조가 급속히 빨라졌고, 자본재산업은 어느 때보다 그리고 같은 시기 다른 어떤 나라보다 훨씬 더 자율적인 영국 국내경제의 한 "부서"가 되었다. 생산수단 생산에 특화한 기업들이 확산되자, 이 수단의 사용자들 사이에서 혁신의 발걸음이 빨라졌고, 이에 자극받아 영국의 생산자, 교역자, 금융가들은 시장에서 활용가능한 자본재의 수량, 범위, 종류를 더 크게 늘림으로써 이윤을 획득할 수단과 방법을 찾아나서게 되었다(3장을 보라).

이렇듯 영국 경제에 대한 군사적 수요가 커져서 뒤이은 산업혁명 국면을 형성하기에 이르렀으며, 증기기관 개량을 촉진하고 철도 같은 핵심적 혁신을 가능하게 하였는데, 이 시기 이런 조건들은 철생산에 대한 전시의 유인이 없었으면 불가능했다. (McNeill 1984: 211~2)

자율적인 자본재산업의 발전은 통치계급에게 기회만큼이나 많은 문제를 안겨 주었다. 우선, 이들이 이렇게 다른 국가의 통치계급들에게 맞설 수 있게 해준, 경쟁적인 권력투쟁의 발전을 통해 얻은 우위가 쉽게 지속되기는 어려웠다. 새로운 자본재에 기술적으로 구현되어 있던 혁신들은 초보적인 것이었다. 이 혁신들은 이례적으로 우호적 상황 하에서 실천적 인물들이 실천적인 문제들을 해결하기 위해 널리 퍼진 지식들을 활용하려 애쓴—서전트 아데어가 1785년 리처드 아크라이트를 옹호하며 서술했듯(Mantoux 1961: 206), "그 시기 사용되던 관행에 익숙한 천재적 기계공들"—성과물이었다(Hobsbawm 1968: 43~4; Barrat Brown 1974: 75~6).

일단 그 유용성이 증명되자, 유럽과 그 외의 곳들에 살고 있는 마찬가지로 실천적이고 지식 있는 수많은 사람들이 이런 혁신들을 따라잡거나 심지어 그것을 개량할 수 있었다. 그리고 일단 그 혁신들이 시장에서 팔리는 자본재에 구현되고 나면, 그것을 이용하기가 훨씬 쉬워졌다. 영국 정부는 실질적·잠재적 경쟁자들을 새로운 기술 이용에서 배제하는 어려움을 전적으로 깨닫고서, 1770년대 중반부터 나폴레옹전쟁 시기에 걸쳐 도구와 기계의 수출에 대해서뿐 아니라 숙련 장인들과 기술자의 이민에 대해서도 점점 더 많은 제약을 부과하는 쪽으로 기울었다. 그러나 이런 제약은 그것이 의도한 목적을 획득하는 데 효과적이기보다는, 오히려 영국의 자본재 생산자들이 해외 수요를 충분히 활용할 수 없도록 막는 데 더욱 효과를 발휘했다(Kindleberger 1975: 28~31).

영국이 새롭게 획득한 산업 역량의 우위는 유지하기 힘들었을 뿐 아니라 국내적으로나 국제적으로 좋기도 하고 나쁘기도 한 일이었다. 국내적으로, 기계제의 발전은 상당한 경제적·사회적 교란의 원천이었다. 자본재산업이 그 산품을 사용하는 경제 부문으로부터 더 독립적이 될수록, 국내경제가 수익성 있게 유지할 수 있는 수준을 넘어 그 수용능력이 팽창하는 경향이 있었다. 가격, 소득, 고용의 급상승에 뒤이어 마찬가지로 그 급하락이 발생했다. 새로운 자본재를 사용하는 데서 생겨난 기존 생활 및 작업 방식의 와해와 결합해 이런 경제적 교란은 상당한 사회적 소요를 낳았고, 기성 정치 제도에 대한 차티스트의 도전을 낳았다.

국제적으로, 기계제의 발전 때문에 영국 국내경제는 전례 없이 수출에 의존하게 되었을 뿐 아니라——14세기부터 이에 전적으로 의존해 왔다——, 핵심 공급물에 대한 해외 자원에도 의존하게 되었다. 주곡은 아직 자급하였지만, 영국 역사상 처음으로 수출과 고용에 사활적 중요성을 갖는 산업의 핵심 투입재를 해외 원천에 의존하게 되었는데, 이는 바로 원면이었다. 나폴레옹전쟁 초기에 면화의 대량 수입처는 영국 식민지, 가장 두드러지게는 서인도 제도였는데, 1800년에 이르면, 대부분 해외 국가인 미국에서 수입되었다. 더욱이 영국 면화산업을 지속적으로 팽창시킨 단위비용의 삭감은 해외시장 판매의 증가에 결정적으로 의존하였는데, 이 해외시장에 포함된 유럽 대륙과 미국의 시장이 특히 중요했다(Farnie 1979: 83; Cain and Hopkins 1980: 472~4).

간단히 말해서, 18세기 말 영국 "산업혁명"의 선도 부문은 출발점부터 그 경쟁력과 계속적 팽창을 외부 경제에 의존하였는데, 이는 투입물 획득과 산출 처분을 해외시장에 의존함으로써 가능해졌다. 더 중요한 것은, 전시 지출의 영향 하에, 영국 자본재산업이 성상석 상황 하에서 국내 교역이 소화할 수 있는 수준을 넘어서 과대 성장하였다는 점, 그리고 이런 지출이 늘기보다는 뒤이어 감소하자, 자본재산업의 규모와 전문화를 유지하려면 그 자체가 전지구적 범위로 확대되어야 했다는 점이다. 나폴레옹전쟁 종료기에 그리고 적대성의 종식에 뒤이은 가격과 산출물의 불경기에, 이렇듯 영국 통치계급이 면산업의 전지구적 범위를 공고화하고 자본재산업 시장 확대의 전지구적 범위를 공고화할 수단과 방법을 찾아내지 못한다면 앞선 30년의 산업 팽창이 영국 국가의 내외적 안전을 위협하게 될 상황에 직면하였다. 그러나 만일 이런 수단과 방법을 찾아낸다면, 이 두 산업은 현실적이고 잠재적인 사회적·정치적 문제의 원천에서 벗어나, 영국의 부와 권력을 더 한층 팽창시키는 엔진으로 전환될 수 있었다.

처음에는 내외적 안전에 대한 관심이 통치계급의 이해관계의 인식을 지배했고, 바로 이런 관심에서 무역자유화를 향한 움직임이 출발했다. 이렇듯, 1813년 인도에서 동인도회사의 무역 독점권을 폐지한 주된 목적은 러다이트주의의 등장 이후 고용을 확대하고 "제조업 인구의 평정심"을 유지하기 위한 것이었다(Farnie 1979: 97). 그러나 내적 안전의 문제는 외적 안전의 문제와 불가분의 관계였다. 1806/7년 베를린과 밀라노 선언으로 유럽의 대 영국 수출의 많은 부분이 봉쇄되자, 손실은 라틴아메리카 시장의 더욱 집중적인 공략에 의해서만 보충될 수 있었다. 그러나 1812년 미국──영국 원면의 주 수입원이자 영국 면 제조업의 주된 배출구──과 전쟁이 발발하자, 영국 산업 팽창의 불안정한 토대가 전적으로 드러났다. 동인도회사의 독점권을 폐지하고 또한 동인도회사의 영토적·상업적 계정을 완전히 분리하는 것──이는 완전히 제국적 행정을 위한 길을 열어 주었다──은 동시에 내외적 안전의 문제를 해결하는 시도로 간주되어야만 했다.

인도 무역자유화 직후에는 미국과의 전쟁 그리고 프랑스와의 전쟁이 끝났기 때문에 외적 안전 문제의 긴급성이 줄어들었다. 그러나 내적 안전 문제는 남아 있었을 뿐 아니라, 전후 생산과 고용의 부진 때문에 심각해졌다. 설상가상으로, 기술자와 기계의 유출을 막기 위해 영국 정부가 설정한 금지장벽의 위반이 늘어나면서, 방사 같은 영국의 반제품 수출이 유럽과 미국 정부 및 기업의 수입대체 노력을 도왔고, 영국 면방직과 완제품 산업의 해외시장에 광범한 손실을 가져왔다(Jeremy 1977; Davis 1979: 24~5; Crouzet 1982: 66).

거대하고 매혹적이며, 방어력 없는 경제 공간에 대해 정치적 통제력을 행사하는 것이 영국 재계의 주된 외부 경제의 원천이 된 것은 바로 이런 상황에서였다. 거대한 방직산업과 상업화한 농업을 보유한 인도 아대륙은 이런 매혹적이고 방어력 없는 경제 공간 중에서 가장 중요한 것이었다. 1813년까지는 영국 면제품 배출에 별 중요성을 갖지 않던 인도가 1843년이 되면 이 제품의 단일 최대 시장이 되었고, 1850년에는 그 수출의 23%를 차지하였으며, 그 10년 후에는 31%를 차지하였다(Chapman 1972: 52).

방적에서 방직으로 기계제가 확산된 것은 영국의 면산업이 점점 더 인도시장에 의존하게 된 이 시기로 거슬러 간다. 1813년에 이 산업에는 3천 개 이하의 동력 직기가 사용되고 있었고, 20만 명 이상의 수동 직기 직공이 있었다. 그러나 1860년경이 되면, 40만 개 이상의 동력 직기가 작동하고 있었고, 수동 직기 직공은 멸종 상태가 되었다(Wood 1910: 593~9; Crouzet 1982: 199).

인도시장의 정복과 그에 뒤이은 인도 방식산업의 파괴과정을 빼놓고는, 방직제품에 대한 국내 및 해외 수요의 침체기에 어떻게 이런 영국 직물 산업 기계화의 약진이 일어날 수 있었는지 상상하기 힘들다. 14세기 후반부에 영국 모직산업의 첫 탄생이 그 반작용으로 플랑드르 직물산업을 강제로 파괴하고 피렌체의 자발적 탈산업화를 초래했던 것처럼, 마찬가지로 19세기 초중엽 영국 면산업 기계화의 최종적 번성은 그 반작용으로 인도 방직산업을 파괴하였다. 두 경우 모두 영국의 산업 팽창은 기업의 주요한 공간적 이식을 반영하였다. 주된 차이점은 후자의 이식의 경우에는 규모, 속도, 복잡성이 비교할 수 없으리만큼 컸다는 점이었다.

폴라니가 강조했듯이(Polanyi 1957: 159~60), "'착취'라는 용어는 동인도회사의 무자비한 독점권이 폐지되고 인도에 자유무역이 도입된 이후에 비로소 [인도 생산자들에게] 참으로 심각해진 극악한 상황을 묘사해 주고 있다." 동인도회사의 독점권은 인도 방직산업을 착취하는 도구였으며, 이런 착취는 다시 이 회사의 활력을 잠식했고, 그 때문에 랭커셔의 저가 제품이 등장하자 이어서 그 회사의 붕괴의 기틀이 마련되었다. 그러나 동인도회사의 독점권 하에서는 "농촌의 오래된 조직의 도움을 얻어 상황이 잘 유지되었던 …… 반면, 자유무역 및 등가교환 하에서 인도인들은 수백만 명씩 파멸에 처했다." 랭커셔는 인도 대중을 착취하는 것과 확실히 다르고 그보다 더 나쁜 어떤 일을 벌였다. 즉 인도 대중에게서 그들의 재생산에 필수적인 현금 자산을 박탈하였다. "이것이 경제 경쟁의 힘에 의해 일어났다는 것, 즉 기계 제작 직물 때문에 손으로 짠 차다르를 영구적으로 저가 판매해야 한다는 것은 의심할 바 없이 사실이다. 그러나 이는 경제적 착취의 반대물을 입증해 주는데, 왜냐하면 덤핑은 폭리(surcharge)의 역을 뜻하기 때문이다."

남아시아의 노동, 기업 활동, 천연자원을 수탈하는 동인도회사의 기반이 파괴된 것은 그럼에도 새롭고 확대된 토대 위에서 그것들을 착취하기 위한 전문(前文)일 뿐이었다. 1853년 마르크스가 관찰했듯이, "[영국] 산업의 이해관계가 인도시장에 더 의존할수록, 인도의 토착 산업을 괴멸시킨 후 인도에서 새로운 생산력을 창출할 필요가 있었다." 철도, 증기선, 그리고 1869년 수에즈 운하의 개통은 인도를 유럽을 위한 값싼 식량과 원료——차, 밀, 지방 종자, 목화, 황마——의 주된 원천으로 변형시켰을 뿐 아니라, 영국 자본재산업과 영국 기업을 위한 수익성 높은 주된 배출지로 변형시켰다. 더욱이 19세기 말 20세기 초 인도의 거대한 무역수지 흑자는 영국의 세계적 규모의 자본축적과정과 시티의 세계금융 장악을 확대재생산하는 주축이 되었다(Saul 1960: 62, 188~94; Barrat Brown 1974: 133~6; Tomlinson 1975: 340; Bairoch 1976a: 83; Crouzet 1982: 370; de Cecco 1984: 29~38).

영국의 부와 권력의 확대재생산에는 마찬가지로 결정적인 또 하나의 주축이 있었는데, 바로 인도의 잉여 군사 노동으로, 이는 영국의 인도군대로 조직되게 되었다.

> 이는 주로 인도 국내의 방위와 치안을 위한 군대가 아니었다. 오히려 이는 공식적·비공식적인 영국 제국주의의 군대로, 세계적으로 활동하여, 산업혁명의 생산품에 시장을 개방시키고, 노동력을 자본의 지배에 종속시키며, "미개한" 문명들에 기독교와 합리성의 계몽된 가치를 전달하였다. 인도군은 빅토리아 팽창주의라는 융단 장갑 속의 철권이었다. …… 더욱이, 영국 제국은 이 시대 세계체계를 작동시키는 주된 행위자였기 때문에, 인도군은 실제 의미에서 산업자본주의의 국제화의 뒤에 놓여 있는 수뇐 억압력이었나. (Washbrook 1990: 481)

세계적 규모의 영국 통치·축적 체제가 형성·팽창하는 데서 인도의 화폐 잉여와 노동 잉여가 차지하는 중심성에 비추어 보면, 홉스봄의 말대로(Hobsbawm 1968: 123), "자유무역주의자들조차 이런 금광이 영국 손아귀에서 벗어나도록 놓아 두기를 원하지는 않았고, 대부분의 영국의 대외적 군사 정책이나 해군 정책이 핵심적으로 이를 안전하게 통제하도록 고안되었다"는 것은 놀라운 일이 아니다. 여기에 우리는 이런 금광에 대한 정치적 통제권이 없었다면 영국의 통치계급을 리카도적인 자유무역 교리로 전환시키는 것이 참으로 "전적으로 엉뚱한" 일이 되었을 것이라는 점을 추가해야 한다. 그러나 인도에 대한 정치적 통제가 있었기에, 이런 전환은 권력과 이윤 추구에서 매우 그럴듯한 행동방침이 될 수 있었는데, 여기에는 긴밀히 연관된 두 가지의 이유가 있었다. 첫째로, 영국에서 자기조정적 시장의 파괴적 효과를 완화하기 위해 그 파괴적 효과를 인도에 쏟아부을 수 있었다. 그리고 둘째로, 인도의 와해로 인간·자연·금전적 원천의 거대한 잉여가 해방되어, 영국은 그 생계·축적·보호 수단을 세계적으로 획득할 때 이례적인 선택의 자유를 얻게 되었다.

전세계에서 영국 국내시장으로 가능한 한 자유로운 공급 흐름을 만들어 내는 것은 국내 생산비용을 낮추는 데 핵심적이었을 뿐 아니라, 해외 고객들에게 이들이 영국 생산품을 구매하는 데 필요한 수단을 제공하는 데도 핵심적이었다. 지방 산업 이해관계의 단호함과 차티즘에 대한 공포가 영국의 지배집단을 추동하여, 그렇지 않았을 경우보다 훨씬 더 멀고 빠르게 일방적 자유무역을 채택하도록 밀어붙이는 중요한 역할을 했다 (Cain and Hopkins 1986: 516). 그러나 전세계에서 영국 국내시장으로 자유로운 공급이 유입되는 것은 산업적 이해와 종속계급의 평화에만 핵심적이었던 것은 아니다. 이는 또한 점점 더 통합되는 세계시장에서 영국 통치집단이 이례적인 선택의 자유를 효과적으로 행사하는 데도 핵심적이었다.

영국 제국에게 일방적 자유무역의 우위가 그토록 컸기 때문에, 보호주의적 대항 운동은 그 통치계급 사이에서나 심지어 종속적 계급들 사이에서조차 헤게모니적이 될 기회를 얻은 적이 없었다. 영국은 끝까지 자유무역 운동의 진원지였고 그렇게 남아 있었다. 홉스봄의 말을 바꿔 말하자면(Hobsbawm 1968: 207), 영국은 결코 자신이 만들어 낸 자유무역체계를 실제로 포기한 적이 없었고, 오히려 세계가 영국을 포기했다.

세계는 영국 자유무역체계가 수립되자마자 이를 포기하기 시작했다.

국제무역의 리듬과 양이 증가하였을 뿐 아니라, 지구 한쪽에서 다른 쪽으로 곡물과 농업 원료를 대규모 수송하는 데서 함축되어 있듯, 적은 비용으로 전세계의 토지를 동원하자 …… 유럽 농촌에서 수천만 명의 삶이 파괴되었다. …… 1873~86년의 농업 위기와 대불황은 경제적 자기치유에 대한 신뢰를 뒤흔들었다. 그 후로 전형적인 시장경제제도는 보통 보호주의적 조치를 동반할 때만 도입될 수 있었는데, 무엇보다 그 이유는 1870년대 후반과 1880년대 초반부터 해외무역이나 환율의 요구에 긴급히 적응할 때 발생하는 대혼란의 비참한 고통을 겪기 쉬운 단위들로 민족들이 조직되고 있었기 때문이었다. (Polanyi 1957: 213~4)

보호주의적 대항운동의 진원지는 새롭게 탄생한 독일 제국이었다. 1873~79년의 불경기가 독일을 강타했을 때, 비스마르크 총리는 그의 당대인들과 마찬가지로 시장 기제의 자기조정적 힘을 강력히 신뢰하고 있었다. 처음에 그는 세계적 범위의 불황에서 위안을 찾고서, 불경기가 바닥을 치기를 끈기 있게 기다렸다. 그러나 1876~7년 실제 불경기가 바닥을 쳤을 때, 그는 독일 국가와 독일 사회의 생존가능성에 대한 시장의 선고를 받아들이기에는 그것이 너무나 가혹하다는 것, 그리고 더욱이 불경기 때문에 다른 수단을 통해 그의 국가형성 노력을 지속할 수 있는 독특한 기회가 만들어졌다는 것을 깨달았다.

실업의 확산, 노동 소요, 사회주의적 선동, 산업·상업 침체의 지속, 토지 가치의 폭락, 그리고 무엇보다 제국(Reich)의 괴멸적 재정 위기, 이 모든 것이 합쳐지자 비스마르크는 자기조정적 시장의 참화가 그가 방금 건립한 제국의 대전당을 파괴하지 않도록 개입하여 독일 사회를 보호해야 했다. 동시에, 농업과 산업의 이해가 점점 더 수렴되어 해외 경쟁으로부터 정부가 보호를 시행하도록 압력을 행사했기 때문에, 그는 쉽게 자유무역과 자유방임에서 매우 보호주의적이고 개입주의적인 자세로 급격히 전환할 수 있었다. 이런 전환을 통해 그가 사회적·경제적 압력에 굴복했던 것만은 아니다. 그는 또한 독일 제국의 힘을 공고화하고 강화하기도 했던 것이다(Rosenberg 1943: 67~8).

비스마르크는 중앙 권력을 연방 정부 휘하에 두는 체계를 결코 좋아한 적이 없었다.

> 그는 1872년 제국의회에 말하기를, "개별 국가들의 공헌에 의존하는 제국은 강력한 공통의 금융 제도의 유대를 결여하고 있다"고 했다. 그리고 1879년에 그는 중앙 권력이 필요한 수입을 얻기 위해 한 연방 국가에서 다른 연방 국가로 구걸하러 다녀야 하는 것은 불명예스러운 일이라고 선언했다. (Henderson 1975: 218~9)

이런 감성에 걸맞게, 정부가 독일 사회를 보호하려 개입하는 것은 특수주의적 이해관계에 굴복한 것이 아니었다. 반대로 이는 정부 권력과 제국 주권을 강화하기 위해 이용되었다.

> 제국 행정부에 부여된 정치 권력은 단기적 경기 불황과 침체를 극복하는 데 도움을 주도록 이용될 것이었지만, 그 서비스와 교환하여 국가는 지속될 수 있는 정치적 전리품을 만들어 낼 것이었다. …… 다양한 구도가 비스마르크의 눈 앞에 떠올랐다. 관세 보호를 원하는 생산자들의 요구를 조종하고 간접비용을 삭감하기 위해 과세제도를 개혁함으로써 공격받지 않을 제국의 재정 독립성과 군사기구를 확립하고 의회의 통제 영역을 넘어서는 것. 또는 제국과 국가들 사이의 새로운 세력균형을 달성하기 위해서, …… 그리고 깨어지지 않을 경제적 유대를 통해 굳건한 민족 통일을 완성하기 위해서 경제적·재정적 불균형을 정치적으로 활용하는 것.(Rosenberg 1943: 68)

이렇게 독일 정부와 선별된 기업들 사이에 유기적인 "정치적 교환" 관계가 수립되었다. 독일 정부는 이 기업들의 팽창을 지원하기 위해 그 권력의 범위 내에서 할 수 있는 모든 일을 다 했으며, 이 기업들은 독일 국내 경제의 통일을 굳건히 하고 독일 국가에 강력한 군-산 장치를 부여하는 일에서 독일 정부를 돕기 위해 할 수 있는 모든 일을 다 했다. 이 정치적 교환관계에서 독일 정부의 주된 상대는 계속되는 "전쟁의 산업화"에 핵심적으로 연루된 공업 기업들과 무엇보다 여섯 개의 대은행이었다.

이 대은행들(Grossbanken)은 1850년대에도 여전히 시류였던 독일 은행업의 개인적·가족 간 구조로부터 출현했으며, 주로 철도 회사와 철도 건설에 연루된 중공업 기업들을 진흥하고 자금을 지원함을 통해 형성되었다(Tilly 1967: 174~5, 179~80). 독일 금융에서 그들의 지배력은

1870년대 불경기 동안 더 커졌다. 그리고 철도 국유화 때문에 그들 기업 자원과 금전 자원의 상당 부분이 풀려난 1880년대에 이들은 막강한 소수 공업 기업들과 결탁해 독일 산업을 장악하고, 통합하고, 재편하는 쪽으로 신속히 옮겨 갔다. "대형 은행과 긴밀하게 연합하여 운영되는 대형 콘체른과 카르텔, 이들이 19세기 마지막 사반세기 독일 경제의 두 축이었다" (Henderson 1975: 178).

대공황 전야에는 영국에서처럼 독일에서도 가족자본주의가 여전히 규범이었지만, 세기 전환기에는 매우 집중화한 법인기업 구조가 그 자리를 대체하였다. 그 후 20년간 집중화는 더 진척되었으며, 주로 수평적 통합을 통해서 이루어졌다. 중소 규모 기업들이 살아남는 한, 많은 경우 그렇듯이, 이들은 긴밀하게 유착된 금융가와 산업가의 집단이 통제하며 점점 더 확대되고 복잡해진 경영 관료제를 통해서 작동하는, 사적 명령 경제의 종속적 구성원으로 생존하였다. 엥겔스의 표현을 따서 말하자면 (Engels 1958), 독일 국내 경제는 실로 "단일 거대 공장"처럼 보이기 시작했다.

힐퍼딩(Hilferding 1981)과 그 이후 여러 세대의 마르크스주의 사상가들로부터 오늘날의 "조직된" 자본주의와 "탈조직된" 자본주의 이론가들에 이르기까지 많은 이들이 이런 발전을 자본의 집중화가 계속 증가해 간다는 마르크스의 예측이 실현되고 있는 분명한 신호로 해석했고, 이를 집중된 자본주의적 계획화가 시장 조절의 "아나키"를 점차 지양하는 특징을 지닌 자본주의의 새로운 단계의 개시를 알리는 것으로 계속해서 개념화했다(cf. Auerbach, Desai, and Shamsavari 1988). 대은행들은 전 산업 분야를 포괄하는 카르텔들의 형성을 추진함으로써, 그들이 통제하게 된 기업들의 순조롭고 효율적인 작동을 촉진했다. 여전히 시장의 변덕에 종속된 기업들의 수익성에 비해 이런 기업들의 수익성이 증가하자, 은행들은 산업체계에 대한 그들의 통제력을 더욱 확장시킬 새로운 수단을 획득했고, 이는 하나의 총괄 카르텔이 전 민족 경제를 통제하게 될 때까지 계속되었다.

> 그때가 되면 모든 산업 분야들의 생산량을 결정할 단일체가 의식적으로 전체 자본주의 생산을 규제할 것이다. 가격 결정은 순전히 명목적인 일이 될 것이고, 한편에서 카르텔 거물들과 다른 한편에서 사회의 다른 전체 성원들 사이에서 총 생산물을 배분하는 문제에만 관련될 것이다. 가격은 사람들이 연루되는 실제 관계들의 산물이기를 그치고, 그저 사물이 사람들 사이에서 배분되는 회계 장치에 지나지 않게 될 것이다. …… 그 완벽한 형태에서 금융자본은 이렇듯 그 출발점을 만들어 낸 토양에서 뿌리 뽑히게 된다. …… 화폐의 끊임없는 회전은 규제된 사회에서 그 목표를 달성하였다. (Hilferding 1981 : 234)

20세기 초가 되면, 이 과정이 충분히 멀리 진척되어, 독일 사업은 전례 없이 그리고 어떤 측면에서 비견할 바 없이 단호하게 기술적 효율성을 추구할 수 있었다. 여기에 우리가 데이비드 랜디스를 따라서 영국 사업의 "금전적 합리성"과 대비시킨 독일 사업의 "기술적 합리성"의 뿌리가 놓여 있다. 독일 사업의 이런 기술적 합리성이 영국 사업의 금전적 합리성보다 훨씬 더 높은 산업 성장률과 결합되었고, 더욱 체계적으로 과학을 산업에 적용시켰기 때문에 ―이 두 가지 특징 때문에 독일 산업은 "세계의 경이"가 되었다―, 짧게 한 걸음만 더 내딛으면 더 의식적이고 집중적으로 계획화된 독일 기업체계가 선진 자본주의의 패러다임으로서 영국체계를 지양하였다는 마르크스주의자들의 생각에 이르게 된다.

실제, 독일체계는 산업 성과라는 면에서만 영국을 지양하였다. 부가가치의 창출과 그 전유에 관한 한, 독일체계는 대불황 초기에 독일과 영국 사이를 벌려 놓은 격차를 거의 줄이지 못하고 있었다. 랜디스가 강조하듯이(Landes 1969: 329),

> [독일과 영국] 사이의 전반적 성장률의 차이는 산업 성장률의 격차를 보고 예상하는 것에 비해 훨씬 작다. 1870년에서 1913년 사이 영국의 제조업 상품 산출량이 겨우 두 배 증가한 데 비해 독일은 거의 여섯 배 증가하였지만, 두 나라의 소득 증가의 비율은 총계로 계산하건 아니면 일인당으로 계산하건 0.7 또는 0.8 대 1이었다.

달리 말하자면, 독일 사업은 부가가치에서 상대적으로 작은 이득을 얻기 위해 영국보다 거의 세 배나 빨리 산업 산출물을 늘려야 했다. 경제적으로 이런 성과는 많은 사람들이 생각하듯 대단한 성공이 아니라 다소의 실패로 보일 것이다.

그 체계의 주목적이 사회적·정치적이었기 때문에 부가가치는 독일 기업체계의 성과를 평가하는 적절한 기초가 될 수 없다는 반론이 있을 수 있다. 우리가 보았듯이 이는 의심할 여지없이 사실이다. 그러나 영국의 성과에 비해 독일의 성과가 심각한 재난이었던 것은 바로 정확히 정치적·사회적 바탕에서였다. 독일 제국은 강력해질수록 더욱더 영국 제국의 권력 및 이해 관계와 충돌하는 과정에 들어서게 되었다(1장을 보라). 제1차세계대전에서 두 열강이 실제로 충돌하였을 때, 앞선 반세기 동안 독일 제국이 쌓아 온 세계권력상의 점진적 이득은 순식간에 거대한 손실로 전환되었다. 독일 제국은 이 전쟁의 패배에서 살아남지 못했고, 무장해제와 엄청난 전쟁배상의 부과를 떠안았고, 이를 계승한 공화국은 영국에 대해서뿐 아니라 프랑스에 대해서도 공납적인 "준-국가"의 지위로 축소되었다. 더욱이, 산업화 노력의 정치적·경제적 붕괴에 뒤따른 전례 없는 사회 소요 때문에 독일 통치계급과 재계는 완전히 혼란에 빠져, 이어진 20년간 훨씬 더 재난을 가져올 모험사업의 길로 뛰어들었다.

독일의 법인자본주의는 영국의 시장자본주의를 지양한 것이 아니었으며, 경제적으로는 사소한 실패였으며 정치적·사회적으로는 엄청난 실패였다. 그렇지만, 그 발전은 영국 축적체제의 최종적 위기를 촉진하는 효과를 가지고 있었고, 이에 의해 미국체제로의 이행이 시작되었다. 독일 법인자본주의는 영국 자유무역 제국주의의 반테제였을 뿐이다. 실제로 둘 다를 넘어선 종합은 영국 축적체계와도 다르고 독일 축적체계와도 다른 종류의 법인자본주의였다.

네번째 (미국) 체계적 축적 순환

에드워드 시대의 벨에포크는 영국 자유무역 제국주의의 정점을 보여 줬다. 영국뿐 아니라 전체 서구 세계 자산계급의 부와 권력은 전례 없는 고점에 이르렀다. 그러나 영국 축적체제의 체계적 위기는 해결되지 못했고, 한 세대 내에 19세기 문명의 건물 전체를 붕괴시켜 버리기에 이르렀다.

영국체제가 직면한 가장 심각한 근원적 문제는 자본가 간 경쟁의 격화였다. 앞서 언급했듯이, 1890년대 중반의 가격 상승은 앞선 사반세기 이윤압박을 반전시킴으로써 유럽 부르주아지의 병을 치료했다. 그러나 시간이 지나자 병보다 약이 더 문제임이 드러났다. 왜냐하면 상승기는 주로 유럽 열강들 사이의 군비 경쟁의 대대적 증폭에 기반하였기 때문이었다. 이렇듯 상승기는 1873~96년 대불황의 첨예한 자본가 간 경쟁이 지양되었음을 보여 준 것이 아니라, 그 주요한 장소가 기업 간 관계의 영역에서 국가 간 관계의 영역으로 바뀌었음을 보여 주었다.

막스 베버의 말을 바꾸어 말하자면, 처음에 이동자본의 공급을 통제하게 되자, 유럽 일반 그리고 특수하게는 영국의 자본가계급들은 경쟁하는 국가들이 권력투쟁에서 자기 자본가계급을 돕도록 지령할 역량을 얻게 되었다. 무엇보다 이 때문에 유럽 부르주아지는 대불황에서 회복되었을 뿐 아니라, 20여 년간 휘황찬란한 계기를 즐길 수 있었다. 그러나 국가 간 권력투쟁은 영국을 포함해 모든 개개 유럽 국가에 대해 그 수익 이상으로 보호비용을 올리는 경향이 있었고, 또한 동시에 대부분의 나라에서 투쟁의 부담을 외부화하는 부르주아지의 역량을 침식하는 경향이 있었다. 제1차세계대전에서 그런 투쟁이 고개를 내밀었을 때, 영국 축적체계의 명운은 끝났다.

> 1914년 이전 국제 무역 구조를 한데 묶어 낸 다자주의적 해결책의 버팀목은 두 개의 주요한 토대에 의존하였다. 첫째는 인도의 대 영국 무역 적자와 이 적자를 보전한 나머지 세계에 대한 무역 흑자였고, 둘째는 영국, 유럽, 북아메리카 사이의 무역 균형이었다. 그렇게 점진적으로 구성된 문제해결틀은 제1차세계대전으로 폭력적으로 손상되었고, 제2차세계대전으로 완전히 파괴되었다. (Milward 1970: 45)

제1차세계대전보다 앞선 반세기 동안 영국의 해외 제국 특히 인도는 어느 때보다도 더욱 영국 자본이 세계적 규모로 자기 팽창하는 데 핵심적이 되었다. 마르첼로 드 체코의 지적처럼(de Cecco 1984: 37~8), 1차 상품들을 수출해 그 제국이 외환을 벌어들일 수 있는 능력을 보강함으로써 영국은 "산업 구조를 바꾸지 않고서도 생존해 갈 수 있었고, 고수익을 얻는 나라들에 자본을 투자할 수 있었다"(Saul 1960: 62~3, 88도 보라). 마침 바로 이런 투자의 최대 몫을 받아들이고, 영국 투자가들에게 해외 자산과 미래 소득에 대한 최대 권한을 부여해 준 나라는 미국이었다. 이렇게 1850년에서 1914년 사이 미국에 대한 해외 투자와 장기 대부는 총 30억 달러에 이르렀다. 그러나 같은 기간 미국은 이자와 배당의 순지급을 하였는데, 주로 그 대상은 영국이었으며, 총액은 58억 달러나 되었다. 그 결과 미국의 외채는 1843년 2억 달러에서 1914년 37억 달러로 늘어났다(Knapp 1957: 433).

미국 자산과 소득에 대한 영국의 청구권은 영국이 통치하는 경제에서 매우 중요했는데, 그 이유는 전지구 전쟁에서 광범한 영토 제국을 수호하기 위해 영국에게 필요한 모든 공급물들을 미국이 즉각적이고 효과적으로 제공할 수 있었기 때문이다. 이렇듯 1905년 '전시 식량 및 원료 공급에 관한 왕립위원회'의 보고에서는, 충분한 화폐와 선박이 있으면 전시 공급이 보장될 것이며, 화폐 부족이 발생할 가능성은 매우 낮다고 보았다. 비슷한 맥락에서, 제1차세계대전이 발발했을 때, 재무부 장관은 영국의 해외 투자 수익이면 5년간 전쟁을 버티기에 충분할 것이라고 예측하였다. 런던으로 통화가 대량 유입되고 1914년 8월과 11월 사이에 영국 은행의 금 보유량이 거의 3백 퍼센트 증가한 것은 이런 낙관적 예측을 가능해 보이게 만들었다(Milward 1970: 44~6).

그러나 1915년에 군비, 기술, 원료에 대한 영국의 수요는 이미 1905년 왕립위원회가 예측한 수준을 훨씬 넘어섰다. 미국만이 필요한 기계의 대부분을 공급할 수 있었으며, 이를 구입하게 되자 미국에서 발생한 소득에 대한 영국의 청구권이 침식되기 시작하였고, 영국의 소득과 자산에 대한 미국의 청구권이 형성되기 시작했다. 미국 내 영국 자산은 전쟁 초기에 매우 헐값으로 뉴욕 주식시장에서 처분되었다. 미국이 전쟁에 참여하고 영국에 대한 대출 금지를 해제한 시기가 되자,

> 미국에 수억 파운드를 쏟아부은 영국 정부는 막다른 지경에 이르렀다. 이를 만족시킬 어떤 수단도 없었다. 그날로부터 종전 때까지 영국은 "생활과 전쟁을 위한 절대적 필수품" 값을 치르기 위해 미국 정부에서 10억 파운드에 크게 모자라지 않은 돈을 빌렸다. (R. H. Brand, Milward 1970: 46에서 재인용)

따라서 전쟁 끝 무렵 미국은 19세기 미국 국내경제의 하부구조를 만들어 낸 대규모 투자의 일부를 헐값에 되샀고, 게다가 엄청난 전쟁채권을 축적하였다. 더욱이 전쟁 초기에 영국은 그 불행한 동맹국들, 가장 두드러지게는 러시아에 엄청난 대출을 해준 반면, 아직 중립으로 남아 있던 미국은 라틴아메리카와 아시아 일부에서 가속적으로 영국을 대체하는 주된 외국인 투자자이자 금융 중개자로서 행동의 자유를 지녔다. 종전기에 이 과정은 되돌이킬 수 없는 것이 되었다. 미국의 90억 달러 순 전쟁채권의 대부분은 상대적으로 지불능력이 있던 영국과 프랑스의 빚이었던 데 비해, 영국의 순 전쟁채권 33억 달러의 75%는 파산한(그리고 혁명이 진행 중인) 러시아의 빚이었고, 이 액수는 대체로 단념해야 되는 것이었다(cf. Fishlow 1986: 71; Eichengreen and Portes 1986; Frieden 1987: 27~8).

미국과 영국의 금융적 재운은 이렇게 처음에 상당히 반전되었지만,

도표 17. 미국 무역수지와 경상수지, 1896~1956(단위 : 100만 달러)

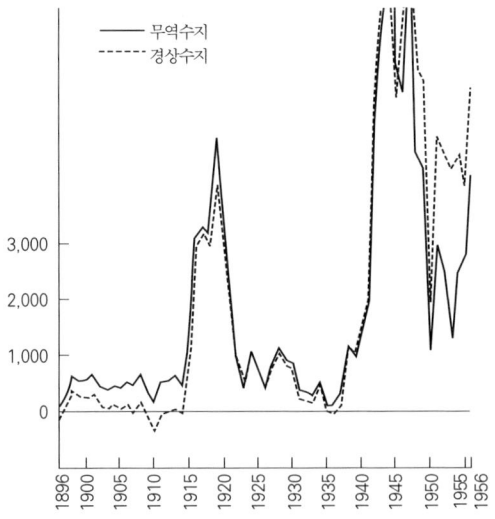

출처 : Williamson(1964 : 249)

 이를 과장해서는 안 된다. 1920년대에 런던이 보유한 금은 전쟁 전보다 많았고, 1926년에는 이 금 보유가 전쟁 전의 비율로 스털링의 금 본위제 복귀를 정당화시켜 주는 듯 보였다. 해외 소득에 대한 영국의 청구권이 줄어들기는 했지만 아직도 상당했다. 적어도 부분적으로 독일의 전쟁 배상금에 의존하여 미국에 대한 전쟁 부채를 갚을 수 있었다. 그리고 무엇보다 영국의 식민지·반식민지 제국은 더 팽창했고, 1930년대처럼 영국 본국이 필요를 느낄 때면 비껴갈 수 있는 안전망을 만들어 주었다. 미국으로 말하자면, 전쟁이 끝나자 무역수지 흑자가 1914년 이전 수준으로 대체로 복귀했다. 전쟁 전 상황과 달라진 주된 차이점은 해외에서 발생한 소득에 대한 미국의 청구권이 국내에서 발생한 소득에 대한 외국인의 청구권을 상쇄하였으며, 따라서 무역수지 흑자를 상당한 경상수지 순 흑자로 해석할 수 있게 되었다는 것이다(《도표 17》).

이런 흑자와 전쟁채권 덕에 미국은 세계화폐의 생산과 규제에 참여하긴 했지만 영국을 대체하지는 않았다. 미국 달러는 영국 파운드와 마찬가지로 어엿한 보유 통화가 되었다. 그러나 달러나 파운드만이 중앙은행들의 외환 보유고 대부분을 차지하지는 않았다(Eichengreen 1992: 358).

더 중요한 것은, 세계화폐체계를 관리할 수 있는 미국의 역량이 영국 자신의 잔여적 역량에 비해 두드러지게 열등한 상태였다는 점이다. 이런 관점에서 보자면, 제프리 잉엄이 주장했듯이(Ingham 1989: 16~7; 1984: 203), 전간기(戰間期) 세계화폐체계가 영국의 무능력과 그것을 안정화할 책임을 떠맡지 않으려는 미국의 의지 때문에 불안정했다는 테제는(Kindleberger 1973: 292) 수정되어야 한다. 왜냐하면 세계 유동성의 상당 비중을 통제하고 있다고 해서 미국이 세계화폐체계를 관리할 역량을 얻은 것은 아니었기 때문이다. 조직적으로 보면, 간단히 말해서 미국의 금융기구들은 그 과업을 감당할 만하지 않았다. 1913년이 되어서야 설립된 연방준비제도는 1920년대에 와서도 여전히 느슨하고 경험 없는 조직이었고, 국내 기능조차 최소한의 효율성을 갖추고 제대로 수행할 능력이 없었다. 12개의 지역 준비은행 중 외환 거래에서 의미있는 경험이 있던 곳은 뉴욕뿐이었다.

뉴욕 자체는 조직적으로나 지적으로나 전적으로 런던에 종속된 상태였다. 확실히 전쟁 중에 세계 유동성에서 차지하는 미국의 비중이 대대적으로 상승하자, 런던에 기반한 고도금융망 **내에서** 일반적으로는 뉴욕 금융계, 그리고 특수하게는 모건 가의 힘과 영향력이 마찬가지로 상당히 증가되기에 이르렀다. 그러나 이런 힘과 영향력의 재분배는 세계화폐체계의 작동 양식을 바꾸어 놓지 못했다. 뉴욕의 월가와 연방준비이사회는 국제 금 본위제를 유지하고 강제하는 일에서 단지 런던의 시티와 영국은 행에 참여하였을 뿐이며, 그 주 수혜자는 계속 영국이었다. 1920년대의 화폐적 조정에 대해 자크 루에프가 당파적이지만 그럼에도 정확하게 특징을 묘사하며 1932년에 썼듯이,

> 금 교환 본위가 적용되어, 영국은 오랜 기간 동안 그 실제 위상을 숨길 수 있는 상당한 이점을 얻었다. 전후 전 시기 동안 영국은 중앙 유럽 나라들에 자금을 대부하고 이 자금이 계속 영국에 유입되게 할 수 있었는데, 바로 그 자금이 차입국 경제에 흘러드는 순간 그것이 다시 런던에 예치되기 때문이었다. 이렇듯 음악극에서 무대를 가로질러 행진하는 병사들처럼 이 자금은 끝없이 재등장하였고, 그 소유자들은 해외 대부를 계속할 수 있었다. 반면 과거에 그런 대부를 가능하게 해주었던 외환의 유입은 사실 고갈되었다. (Rueff 1964: 30)

국제 금 본위제를 지지하는 뉴욕 금융계는 이렇듯 세계금융 중심지로 남으려는 런던의 궁극적으로 무익한 노력을 조장하고 지탱하였다. 1913년의 세계로 되돌아가려는 런던의 시도를 지지한 것은 뉴욕만이 아니었다. 1920년대 내내 대부분의 서구 정부들은 1914년 이전의 세계화폐체계를 "이번에는 견고한 토대 위에" 재건립하는 것만이 평화와 번영을 회복시킬 수 있다는 확신을 공유했다. 각국 정부들은 이데올로기적 지향과 상관없이, 통화의 안전장지 마련에 자신의 재성성책과 화폐성책을 적응시켰고, 금 본위제를 복구하기 위한 정치적 조건을 만들어 내기 위해서 브뤼셀에서 스파[벨기에의 휴양지]와 제노바까지, 런던에서 로카르노와 로진까지 수많은 국제회의기 얼렸디(Polanyi 1957: 26).

그러나 아이러니하게도, 이런 일치된 노력은 1914년 이전의 세계화 폐체계를 부활시키기보다 그 최종적 위기를 촉진시켰다. 안정적 통화들이 궁극적으로 무역자유화에 의존한다는 데 모든 사람들이 동의했다. 그렇지만 "통화 보호를 위해 채택된 조치들에 자급자족의 악몽이 유령처럼 붙어 다녔다". 자국 통화를 안정시키기 위해 각국 정부들은 수입 할당, 모라토리엄, 현상유지 협정[3], 결제체계와 쌍무적 무역 협정, 물물교환 조정, 자본 수출에 대한 엠바고, 해외무역 관리, 그리고 외국환평형기금 등에 의존했는데, 이들 조합(combination)은 외국 무역과 외화 변제(foreign payment)를 제약하는 경향이 있었다. "무역의 자유화가 의도였지만, 결과는 그것의 교살이었다"(Polanyi 1957: 27).

"자본도피"의 압력 아래 안정적 통화를 추구한 결과, 결국 1920년대 세계 무역과 생산의 경기침체가 1930년대 초의 불경기로 바뀌었다. 1920년대 전체에 계속해서 다른 채무국들보다 미국에서 더 빠르게 생산성이 성장하여 미국 경제의 경쟁력이 더 커졌고, 채무국들의 채무 상환은 말할 것도 없고 이자 지급마저 곤란해졌다. 그리고 미국 달러에 대한 세계지불체계의 의존도가 높아지자, 미국은 "근대 시기 어떤 주요 채무국의 경험과도 비견할 수 없는 …… 급속한 속도로" 해외 자산을 획득해 들였다(Dobb 1963: 332).

1920년대 말이 되면, 미국의 해외 대부와 직접투자는 개인계좌 순자산으로 80억 달러 이상을 기록했다. 그러나 최종적으로 세계지불의 구조적 불균형이 커지자, 특히 통화를 금 본위제로 복구하려는 정부들의 일반

---

3) 적대적 인수합병을 방지하기 위해 잠재적 인수자와 인수대상 기업 사이에 현상태를 유지하도록 협정을 맺는 것. 불가침 협정으로 번역하기도 함.

적 시도라는 관점에서 볼 때, 이 과정이 지속되기는 어려워졌다. 국경을 넘나드는 자본 운동은 점점 더 단기적이고 투기적인 특성을 띠게 되었다.

그렇게 불리듯 이 "핫머니"의 운동은 일시적 안전이나 투기적 이윤을 좇아 세계의 금융 중심지들 사이를 빠르게 옮겨 다녔으며, 빈번히 이 나라 저 나라의 금과 외환 보유고에 대해 위험스런 압력을 행사했다. (Arndt 1963: 14)

이런 상황 하에, 미국의 국내적 투기 붐 또는 그 붕괴는 해외 대부 중단으로 귀결될 것이었고, 세계무역의 복귀의 토대를 이룬 복잡한 전체 구조의 붕괴로 귀결될 것이었다. 실제로 그런 일이 벌어졌다. 1928년 말 무렵, 월스트리트에 붐이 일자, 해외 대부에서 국내 투기로 자금이 이동하기 시작했다. 미국 은행들이 유럽 대부를 회수하자, 미국으로부터 순 자본 수출—1926년 2억 달러 정도에서 1928년 10억 달러 이상으로 치솟았던—은 1929년 다시 2억 달러까지 급격히 줄어들었다(Landes 1969: 372).

미국의 해외 대부 및 투자의 중단은 월스트리트 붐의 붕괴와 그에 뒤이은 미국경제의 불경기 때문에 항구적이 되었다. 급격한 단기 자본 회수 또는 도피에 직면하여 한 나라씩 자신의 통화를 보호해야 했으며, 그 방식은 평가절하거나 외환 관리였다. 1931년 9월 영국 파운드화의 금 태환 중지는 런던 시티의 재운이 달러 있는 세계 상업·금융 거래망의 최종적 파괴로 이어졌다. 보호주의가 창궐하였고, 안정 통화의 추구는 포기되었으며, "세계자본주의는 그 민족국가 경제들의 이글루와 그와 연결된 제국들로 후퇴하였다"(Hobsbawm 1991: 132).

이는 칼 폴라니가 "금실을 끊어 낸" 것이라고 추적한 "세계혁명"이다 (3장을 보라). 그 주된 지표들은 세계정치에서 고도금융의 소실, 국제연맹의 붕괴와 자력갱생 제국들에 대한 선호, 독일에서 나치주의의 등장, 소련의 5개년 계획, 그리고 미국에서 뉴딜의 개시 등이었다. "대전쟁이 끝날 무렵 19세기의 이상은 드높았고, 그 영향력은 뒤이은 10년간 계속되었지만, 1940년이 되면 국제체계의 모든 흔적이 사라졌고, 몇몇 고립지를 제외하면 각 국가는 완전히 새로운 국제 조건 속에서 살고 있었다" (Polanyi 1957: 23, 27).

사실, 1940년의 국제 조건은 그다지 새로운 것이 아니었는데, 왜냐하면 전례 없는 규모와 광포함과 파괴성을 제외하면, 국가간체계의 열강들이 자본주의 세계체계의 반복적 양상을 재생산하는 또 하나의 군사적 대치 속에 있었기 때문이다. 그러나 이런 대치는 곧 미국이 중심이 되어 조직한 새로운 세계질서의 수립으로 귀결되었는데, 이 세계질서는 기능을 상실한 영국 세계질서와는 핵심적인 측면에서 달랐고, 새로운 자본주의 세계경제의 확대재생산의 기반이 되었다. 이러한 새로운 세계질서의 주된 윤곽은 제2차세계대전이 끝날 무렵에 이미 드러났다. 브레턴우즈에서 새로운 세계화폐체계의 기반이 수립되었다. 히로시마와 나가사키에서 새로운 폭력 수단이 등장하여, 향후 새로운 세계질서의 군사적 버팀목이 무엇이 될지를 보여 주었다. 그리고 샌프란시스코에서는 국가형성과 전쟁형성을 정당화하는 새로운 규범과 규칙이 국제연합 헌장 속에 제시되었다.

루스벨트 하의 최초의 구상과 그에 뒤이어 트루먼 하에서 축소되어 실현된 구상은 제2차세계대전의 결과 발생한, 세계권력의 전례 없는 집적을 반영하였다. 전쟁은 정점에 있었지만, 군사적으로 보면,

앞선 열강들, 즉 프랑스와 이탈리아는 이미 쇠잔했다. 유럽을 차지하겠다는 독일의 시도는 붕괴하고 있었고, 동아시아와 태평양을 차지하겠다는 일본의 시도도 마찬가지였다. 처칠이 있었음에도 영국은 약화되고 있었다. 19세기와 20세기 초에 자주 예견된 양극 세계가 마침내 도래했다. 드포르트의 말을 빌리면, 국제질서는 이제 "한 체계에서 다른 체계로" 이동했다. 오직 미국과 소련만이 고려의 대상이었고 …… 둘 중 "최강국" 미국이 여러 면에서 우월했다. (Kennedy 1987: 357)

세계 금융력의 집중은 훨씬 더 거대했다. 〈도표 17〉에서 볼 수 있듯이, 미국 무역수지에 대한 제2차세계대전의 영향은 제1차세계대전의 영향을 확대된 규모로 재생산했다. 고점은 더 높고 더 오래 지속되었다. 이는 미국이 얼마나 연합국 전쟁 수행의 공장으로 작동했고, 전후 유럽 재건의 곡창이자 공장으로 작동했는지를 드러내 준다. 더욱이 미국 역사상 처음으로, 해외에서 생산된 소득에 대한 미국의 청구권이 상당히 큰 폭으로 미국 내에서 생산된 소득에 대한 외국인의 청구권을 넘어서게 되었고, 따라서 전후에 경상수지 흑자는 무역 흑자보다 훨씬 컸다.

이처럼 무역과 경상수지 흑자에서 새롭게 확대되어 상승 운동이 진행된 결과, 미국은 사실상 세계 유동성에 대한 독점 상태를 누리게 되었다. 1947년에 미국의 금 보유고는 세계 전체의 70%를 차지했다. 더욱이 외국 정부와 재계가 미국 달러에 대해 수요초과를 보인다는 점에서, 세계 유동성에 대한 미국의 통제권은 화폐 지금의 이런 이례적 집적이 의미하는 것 훨씬 이상이었다.

생산 역량과 유효 수요의 집적 및 집중도 마찬가지로 인상적이었다. 1938년에 미국의 국민소득은 이미 영국, 프랑스, 독일, 이탈리아, 베네룩스 3국을 합친 것과 같았고, 소련의 거의 세 배 수준이었다. 그러나 1948년이 되면 그 수준이 앞의 서유럽 국가들의 두 배 이상, 소련의 여섯 배 이상이 되었다(Woytinsky and Woytinsky 1953: 표 185~6에서 계산).

이렇듯 영국 중심의 세계경제가 최종적으로 붕괴한 것은 미국에게 매우 큰 혜택이었다. 1929년 대폭락 이후 20여 년도 안 지난 시점에 세계는 여전히 비틀거리고 있었지만, 미국의 국가적 부와 권력은 전례 없고 비견할 수 없는 수준에 이르렀다. 미국은 그 자신이 필수적이고 주된 구성 요소를 이룬 세계경제의 고난에서 거대한 이익을 챙긴 첫 국가는 아니었다. 그 경험은 앞서 15세기의 베네치아, 17세기의 연합주, 그리고 18세기의 영국이 이미 보여 주었던 바 있다. 점차 커지는 체계의 카오스의 와중에 거대한 부강을 획득한 앞서의 경우들처럼, 1914년에서 1945년 사이 미국의 부와 권력의 대약진은 주로 보호 지대의 표현이었으며, 이는 자본주의 세계경제의 공간적 형세에서 차지하는 미국의 독특한 특권적 지위 덕에 누린 것이었다. 세계체계의 교란이 더 커지고 더 카오스적이 될수록, 미국이 그 대륙적 규모, 섬이라는 지위, 그리고 세계경제의 두 주요 대양에 직접 접근할 수 있다는 이점 때문에 누리는 혜택은 더 컸다(1장을 보라).

그러나 그 어느 때보다, 체계의 카오스에서 누릴 수 있는 특정 국가의 부와 권력의 혜택은 제한되었다. 그 혜택이 자신에 유리하게 재분배될수록, 재분배할 몫은 적었고, 세계 전체적으로 그 해외무역과 해외투자에 미치는 카오스의 파괴적 영향은 더 컸다. 더 직접적으로 적실성이 있는 사실은, 전쟁의 산업화가 전지구적 전쟁들을 수송·통신·파괴 수단의 강력한 혁신의 엔진으로 전환시켰으며, 이는 전지구를 "떨게 만들고" 가장 안전한 국가조차 안보를 위협받게 만들었다는 점이었다.

제2차세계대전이 점증하는 체계의 카오스 와중에 미국이 부유하고 강력해질 수 있음을 보여 주었다면, 이는 또한 미국의 정치적 고립주의가 수익체감의 지점에 이르렀음도 보여 주었다. 고립주의적 입장은 미국의 안보가 불가침이라는 신념에 기반해 있었다. 진주만 공습이 이 신념을 박살내자, 루스벨트 대통령은 1812년 이후 최초로 미국 영토에 대한 외국인의 침공으로 일어난 민족주의적 감정을 교묘히 이용해, 그의 단일 세계 비전을 새로운 뉴딜주의에 접목시켰다. "루스벨트의 새로운 세계질서의 비전은 그의 뉴딜 철학의 연장이었다. 그 철학의 핵심은 오직 크고, 자비롭고 전문성을 띤 정부만이 인민들에게 질서, 안보, 정의를 보증할 수 있다는 것이었다. …… 뉴딜이 미국에 '사회 보장〔안보〕'을 가져왔듯이, '단일 세계'는 전세계에 정치적 안보를 가져올 것이었다"(Schurmann 1974: 40~2).

뉴딜의 핵심은 거대 정부는 안보와 진보를 달성하기 위해서 자유주의적으로 지출해야 한다는 생각이었다. 이렇듯 전후 안보는 전쟁이 만들어 낸 카오스를 극복하기 위해서 미국이 전개하는 자유주의적 경비지출을 요구하는 것이었다. …… 빈곤국에 대한 …… 원조는 미국 내에서 사회복지 프로그램이 한 것과 동일한 효과를 낳을 것이다. 원조는 빈곤국에 카오스를 극복할 안보를 제공하여, 이들이 폭력적 혁명가로 전환되지 않도록 예방할 것이다. 그 사이 그들은 재생된 세계시장체계에 얽혀 들어올 것이다. 이들은 포괄적 체계에 들어오게 됨으로써, 마치 전쟁 기간 중 미국의 노동조합이 그랬듯이 책임성 있는 태도를 갖게 될 것이다. 영국과 나머지 서유럽을 돕는 것은 경제 성장을 재점화할 것이고, 이는 범대서양 무역을 자극해, 장기적으로 미국 경제에 도움을 줄 것이다. 미국은 전쟁 노력을 지탱하기 위해 거대한 적자를 메우는 엄청난 액수를 지출했다. 그 결과는 기대하지 않았던 놀라운 경제성장이었다. 전후 지출은 세계적 규모에서 동일한 효과를 만들어 낼 것이었다. (Schurmann 1974: 67)

그리고 그렇게 되었는데, 오직 치유불가능하게 서로 대치하는 두 세계라는 트루먼 독트린이 루스벨트의 단일 세계 이데올로기를 작동가능하게 만든 다음에야만 그러했다. 트루먼의 두 세계는 한편에 공세적으로 팽창주의적인 공산주의 세계가 있고, 다른 한편에 미국만이 그 방위를 조직하여 힘을 실어 줄 수 있는 자유세계가 있다는 것이었다. 루스벨트의 단일 세계주의는 미국 의회와 미국 재계의 필요한 지지를 얻기에 충분히 현실적이지 않다는 단순한 이유가 있기 때문이었다. 세계는 미국이 자신의 이미지와 자신의 기호에 따라 재편하기에 너무나 크고 너무나 카오스적인 장소였는데, 특히 만일 루스벨트가 구상한 것처럼 그 재편이 세계 정부의 기관들을 통해 달성되어야 했고, 그 속에서 미국은 적이나 동지를 불문하고 계속해서 이들의 특수주의적 관점들과 타협해야 했을 것이라는 점을 고려한다면 더욱 그랬다. 미국 의회와 미국 재계는 그런 비현실적 계획을 수행하는 데 필요한 수단들을 방출하는 미국 외교정책의 금전적 손익을 계산하는 데서 너무나 "합리적"이었다.

루스벨트는 미국이 결코 1840년대 영국처럼 자유무역을 일방적으로 채택할 리가 없다는 점을 알고 있었고, 그래서 그런 정책을 제안하지도 않았다. 그러나 전지구적 경제 팽창을 촉진하고 지탱하는 목표와 양립가능한 다자적 무역체계를 재형성하도록 힘을 실어 주기 위해 국제무역기구(ITO)를 만들자는 덜 급진적인 제안조차 의회를 통과하지 못했다. 의회는 가까운 미래에 틀림없이 미국의 인력, 이익, 이데올로기가 통제할 조직에조차 무역 문제에 대한 주권을 양도하기를 단지 거부했을 뿐이다. 앞서 말했듯이, 실제 등장한 것——1948년 탄생한 관세와 무역에 관한 일반 협정(GATT)——은 단지 국제무역에서 관세를 인하하고 다른 제약들을 경감하도록 쌍무적·다자적으로 **협상**하는 포럼에 지나지 않았다. 이는 무역자유화의 속도를 민족 정부들의 수중에 맡겼다. GATT가 확실히 다자적 무역체계의 재형성에 도움을 주긴 했지만, 무역자유화는 1950년대와 1960년대 세계경제의 팽창을 이끈 것이 아니라 그에 뒤따라 갔다. 이는 영국의 자유무역의 일방적 채택이 19세기 중반 세계무역과 생산의 팽창에 앞섰고 그에 결정적으로 기여했다는 점과 매우 대조되는 것이었다.

일방적으로 자유무역을 채택하는 방식이나 또는 갓 태어난 ITO의 활동을 통해 미국이 더 신속히 국제무역을 자유화했더라도, 세계 유동성, 생산역량, 그리고 구매력이 극단적으로 미국 권역 내에 집중되어 있다는 사실은 관세장벽과 다른 정부가 부과한 무역 제약보다도 세계경제 팽창에 대해 훨씬 더 심각한 장애물이 되었을 것이다. 세계 유동성이 더 고르게 배분되지 않았다면, 세계는 세계 **유효**수요의 대부분이 집적되어 있는 미국 소비자들에게 가치 있는 것을 공급하기 위해 필요한 생산수단들을 미국으로부터 구매할 수 없었을 것이다. 그러나 여기서도 또한 미국 의회는 세계경제 팽창을 촉진한다는 목적 달성의 수단으로서 세계 유동성에 대한 통제권을 포기하기를 극히 꺼렸다.

이런 연관 속에서 브레턴우즈에서 수립된 세계화폐체계는 선별된 민족 통화들 사이의 균형비율(parities)을 안정화하고, 미국 달러와 금 사이의 고정 환율을 통해 생산비용에 대한 이 균형비율의 총체를 정박시키려는 목적을 갖는, 일군의 기술적 조정들 훨씬 이상의 것임이 강조되어야 한다. 그것이 전부였다면, 새로운 화폐체제는 단지 19세기 말 20세기 초 국제 금 본위제를 복원하는 것일 뿐이었을 것이고, 여기서 달러와 연방준비제도는 파운드와 영국은행의 역할을 대체하는 데 그쳤을 것이다. 그러나 결코 그렇지 않았다. 이런 낡은 기술적 위장 아래서, 세계화폐의 수행 주체와 그 "생산" 양식에 주요한 혁명이 일어났다(cf. Cohen 1977: 93, 216f).

모든 앞선 세계화폐체계—영국의 것을 포함해—에서, 고도금융의 회로와 망은 이윤 획득을 위해 그것을 조직하고 관리하는 사적 은행가와 금융가들의 수중에 확고히 장악되어 있었다. 세계화폐는 이렇듯 이윤 추구 활동의 부산물이었다. 이와 대조적으로 브레턴우즈에서 수립된 세계화폐체계에서 세계화폐의 "생산"을 담당한 것은 주로 복지, 안보, 권력에 대한 고려에서 추동된 정부 조직들의 망—원칙적으로는 IMF와 세계은행, 실제로는 미국의 친근하고 중요한 동맹국 중앙은행들과 공조를 이루어 행동하는 미국 연방준비제도—이었다. 이렇듯 세계화폐는 국가형성 활동의 부산물이 되었다. 1945년 헨리 모겐소가 주장했듯이, 새로운 세계질서의 안보 기구와 화폐 기구는 가위의 양날처럼 서로 보완적이었다(Calleo and Rowland 1973: 87에서 재인용).

모겐소가 자랑한 적이 있듯이, 루스벨트와 모겐소는 실로 세계 유동성에 대한 통제권을 사적 수중에서 공적 수중으로, 런던과 월스트리트에서 워싱턴으로 이전시키는 데 성공하였다. 이런 측면에서 브레턴우즈는 고도금융에 대한 루스벨트의 결별을 다른 수단을 통해 지속시킨 것이었다. 윌슨 행정부에서의 복무와 국제연맹에 대한 지지를 포함해 그의 국제주의적 경력에도 불구하고, 뉴딜에 대한 루스벨트의 주된 추동력은 민족경제 회복을 목표로 한 미국 정책들을 런던과 뉴욕이 주장하는 건전화폐

원칙에서 자유롭게 만들려는 것이었다. 대통령으로서 그의 첫 결정 중 하나는 달러의 금 태환을 중지시킨 것이었는데, 이는 국제 금 본위의 잔재를 파괴하였다. 그는 이어서 그의 정부를 동원하여 민족 경제 회복을 촉진하고 관리하였고, 미국 은행제도를 정밀 점검하였다. 가장 중요한 개혁 중 하나인 1933년 글래스-스티걸 법은 상업은행과 투자은행을 분리하여, 모건 가의 미국 금융시장 지배에 최종 일격을 가했다(Frieden 1987: 54~5).

고도금융과의 결별이 거의 마무리된 것은 1933년 7월 루스벨트가 "이른바 국제 금융가라는 낡은 숭배물들"을 맹비난하고, 세계화폐 규제에 다소의 질서를 복원하려 시도하는 런던 경제회의를 사보타주했을 때였다. 월가는 경악하였고, 제임스 워버그 같이 영향력 있는 은행가이자 국무부 자문역이었던 인물은 사직했다. 몇 달 후, 미국 농산품 가격을 지탱하기 위해 금에 대해 달러를 평가절하함으로써 루스벨트 행정부는 건전화폐와 국제 금융 협력의 원칙들을 더욱 침해하였는데, 이 조치 때문에 재무부 장관 직무대리이자 뛰어난 월가 변호사이던 딘 애치슨이 사임하였다(Frieden 1987: 55).

미국 경제의 어려움이 완화되고 국제 상황이 더 악화되자, 루스벨트의 국제주의적 성향이 다시 표면에 등장했고, 월가와 화해 분위기가 형성되었다. 그러나 제2차세계대전 중에 워싱턴과 월가 사이의 긴밀한 협력이 있었음에도, 브레턴우즈에서 은행가와 금융가들이 제외되었다는 점이 두드러진다. 뉴욕이 아니라 워싱턴이 세계화폐 "생산"의 일차적 장소라는 것이 확인되었고, 안보에 대한 고려가 전후 세계화폐질서를 짜는 데 가장 중요하였다.

그러나 세계의 유동성이 현재 미국의 은행체계에 집중되어 있다는 사실 덕에, 미국 금융 엘리트는 워싱턴의 경제 민족주의자들 사이에서 브레턴우즈 제도들에 일반적으로 건전화폐에 대한 그리고 특수하게 금 본위제의 미덕에 대한 깨지지 않는 신념을 부과할 수 있는 지지층을 충분히 찾아낼 수 있었다(Van Dormael 1978: 97~8, 240~65). 그 결과 국제 금 본위제의 디플레이션 바이어스를 제거하고 뉴딜의 사회경제적 목표와 일치하는 세계 팽창의 분위기를 형성시키려는 케인스와 화이트의 최초의 합의는 미국 화폐정책에 거의 영향을 끼치지 못하였다(Gardner 1986: 71~100, 112~4). 비록 낡은 금 본위제의 자동성이 복원되지는 않았더라도, 브레턴우즈 제도들은 세계 유동성을 재순환시켜 세계무역과 생산의 팽창을 재생시킨다는 과제에는 전적으로 부적절함이 드러났다(Walter 1991: 152~4).

의회의 반대가 없는 유일한 세계 유동성 재분배 형식은 사적 해외 투자였다. 세금 보조, 보험 제도, 외환 지급 보증 등, 미국 자본의 해외 유출을 늘리기 위해 실로 많은 유인책들이 만들어졌다. 그러나 이 모든 유인책에도 불구하고, 미국 자본은 그 전지구적 팽창을 제약하고 있는 악순환을 깨려는 의욕을 보이지 않았다. 희소한 유동성 때문에 외국 정부들은 외환 통제를 중단하지 않았다. 외환 통제 때문에 미국 자본은 해외로 나가려 하지 않았다. 그리고 미국의 사적 해외 투자가 적었기 때문에 해외의 유동성은 계속 희소했다. 무역자유화가 진행됨에 따라, 미국의 사적 해외 투자는 1950년대와 1960년대의 세계경제 팽창을 이끈 것이 아니라 그 뒤를 따라갔다(Block 1977: 114).

1950년대 중반에 윌리엄 Y. 엘리어트가 의장을 맡은 연구집단의 보고서에서 말하듯, 세계경제체계 통합이 다시 19세기와 똑같은 수단에 의해서 성취될 수는 없었다. 많은 사람들이 "19세기 영국처럼 미국은 '성숙한 채권자'이고 그 경제를 자유롭게 수입에 개방해야 하고, 상당히 높은 무역 수준에서 재화와 용역 수출의 균형을 맞출 수 있도록 자신이 매년 상당히 많은 자본을 해외에 투자하여야 한다"고 주장하였다(Elliott 1955: 43). 원칙적으로 이는 그럴 법하게 들리지만, 연구집단의 견해에 따르면, 이런 처방은 19세기 영국과 세계경제가 맺은 관계와 20세기 미국과 세계경제가 맺은 관계 사이의 근본적 차이를 무시한 것이었다.

> 영국의 역할은 **선도적 경제**였다. 영국은 세계경제체계에 완전히 통합되어 있었고, 또 해외무역에 대한 의존, 상업·금융 제도들에 대한 광범한 영향력, 그리고 그 민족경제 정책과 세계경제 통합에 필요한 정책 사이의 기본적 일관성 등 때문에 대체로 그 성공적 작동이 가능했다. 이와 대비해, 미국은 **지배적 경제**이다. 미국은 세계경제체계에 부분적으로만 통합되어 있고, 또한 부분적으로 세계경제체계와 경쟁적이며, 주기적으로 세계경제체계의 익숙한 작동 양식과 속도를 교란시키는 경향이 있다. 미국의 어떤 상업·금융 제도망도 세계교역체계의 일상적 작동을 한데 묶어 관리하기 위해 존재하지는 않는다. 특정 수입품이 아무리 핵심적이라 하더라도, 해외무역은 전체적으로 보아 미국 경제에 핵심적 중요성을 갖지 않는다. (Elliott 1955: 43; 강조는 원문)

용어 선택은 유감스러운데, 왜냐하면 19세기 영국경제와 세계경제가 맺은 관계, 그리고 20세기 미국경제와 세계경제가 맺은 관계는 모두 지배와 동시에 선도의 관계였기 때문이다. 그러나 구분의 요점은 정확하다. 이는 사미르 아민이 전혀 다른 목적에서 도입한 "외향적"과 "자기중심적" 민족경제라는 구분법에 상응한다. 아민의 도식에 따르면, 중심부 국가의 경제는 그 구성 요소들(생산 부문, 생산자와 소비자, 자본과 노동 등 등)이 유기적으로 단일의 민족적 실체에 통합되어 있다는 의미에서 "자기중심적"인데, 이는 주변부 경제의 구성요소들의 "외향성"과 매우 대조된다. "외향적 경제에서는 [그 구성요소들의 통일성이] 민족적 맥락 내에서 포착되지 않는다. 그 통일성은 파괴되었고, 세계적 차원에서만 재발견될 수 있다"(Amin 1974: 599).

우리의 구도에서는, 외향적 민족경제와 자기중심적 민족경제 사이의 구분이, 중심부와 주변부 경제 사이의 차이가 아니라 19세기 영국 축적체제와 그것의 계승자인 미국체제 사이의 근본적인 구조적 차이를 밝혀내는 데 가장 유용하다. 영국체제에서 지배적·선도적 민족경제(영국의)의 외향성은 세계시장 형성과정의 토대가 되었으며, 여기서 가장 중요한 영국의 경제 활동 부문이 식민지 및 외국의 경제들과—그들 서로 간에 그런 것보다—더 강력한 보완성의 고리를 발전시켰다. 이와 대조적으로 미국체제에서, 지배적·선도적 민족경제(미국의)의 자기중심적 속성은 거대 법인체의 조직 영역 내에 세계시장을 "내부화"하는 과정의 토대가 된 반면, 미국의 경제 활동은 19세기 영국보다 훨씬 대대적으로 단일 민족적 실체에 유기적으로 통합되었다.

두 체제 사이의 차이는 장기적 역사과정의 산물이었다. 이 과정을 겪으며, 미국체제는 지배적 영국체제의 축적구조에 통합된 종속적 구성요소로 존재하게 되었고, 그 다음에는 이 구조의 불안정화와 파괴에 기여하였으며, 최종적으로 새로운 지배적 체제로 등장하게 되었다. 앞서 언급했듯이, 미국 남북전쟁에 뒤이은 반세기 동안 미국 사업계는 수직적으로 통합되고 관료제적으로 관리되는 수많은 법인기업들을 탄생시키는 조직혁명을 겪었으며, 이 법인기업들은 미국 내에서 전대륙적 통합을 완성하자마자 초민족적으로 팽창하기 시작하였다. 이런 발전은 아직도 지배적이던 영국 축적체제의 핵심 추동력을 주요하게 반전시킨 것이었다.

최종적 위기에 이를 때까지 영국체제는 주로 중소 규모 기업들의 체계였고, 그런 상태가 지속되었다. 대형 공인합자회사들은 영국 기업을 위해 해외무역과 투자의 신영역을 개척하는 임무를 완수하자 청산되었다. 그리고 19세기 말 20세기 초 아프리카를 개척하기 위해 이들 회사를 부활시켰을 때, 이는 영국 국내에서 독일 사업계나 미국 사업계가 경험한 것에 비견할 정도의 기업 개편을 수반하지는 않았다. P. L. 페인의 말을 빌리자면(Payne 1974: 20), "소유에서 경영을 분화시키는 운동, 조직 계서제를 신장하는 운동은 거의 없었다"(Chandler 1990: 7~9장).

특히 생산과 교환 과정의 수직적 통합 ─ 미국 축적체제의 가장 중요한 단일의 특징 ─ 은 19세기 영국체제의 형성과 팽창에 어떤 역할도 하지 않았다. 반대로 그 체제의 주된 추동력은 1차 생산에서 최종 소비까지 연결시키는 생산과 교환의 일관된 하위공정을 수직적으로 통합하기보다는 **분열**(fission)시키는 방향으로 간 것이었다. 우리는 이미 영국 "산업혁명"의 중심적 특징이 생산과 자본재 사용을 조직적으로 분리시키는 것이라고 언급했다. 이런 분리는 원료 획득과 최종 생산품 판매에서 유사한 경향을 수반하였다.

1780년에서 나폴레옹전쟁 종료기까지 런던과 지방의 선도적 산업가들은 해외무역에 모험적으로 뛰어들었는데, 종종 그 출발점은 영국 섬유산업을 위한 내부분의 원면이 생산되는 미국과 서인도 제도였다. 그러나 종전에 뒤따른 경제 불황 중에는 해외무역의 경쟁이 격화되고 영국 산업의 전문화가 증가하였기 때문에 이 현상이 별 의미 없는 것으로 축소되었다. 수출시장이 더 분산되고 또 영국 산업의 경쟁력이 결정적으로 의존하는 공급물을 대량 현금 구매를 통해 더 경제적으로 획득할 수 있게 되자, 영국 제조업자들은 해외무역에서 경쟁 역량을 상실하였고, 또 실로 경쟁하려는 관심도 상실하였다. 그 대신 그들의 역량과 관심사는 국내시장 틈새에서의 특화된 생산에 더욱 확고하게 뿌리내린 반면, 공급물의 획득과 산출물의 처분은 마찬가지로 특화한 어음인수 상사들(accepting houses)의 수중에 안전하고 수익성 있게 남겨졌다. 이들은 5대륙을 넘나드는 중매인들(commission agents)과 소규모 만물상인 망의 형성을 촉진하고 그 성장에 자금을 댔다(Chapman 1984: 9~15).

기계화한 대량생산에서조차 수직적 통합 대신 수직적 분열이 규칙이었다. 19세기의 2사분기에 기계제가 방적에서 방직으로 급속하게 확산되자, 이러한 하위공정들이 다소 수직적으로 통합되었다. 그러나 1850년 이후에 그 경향은 반전되었다. 점점 더 방적, 방직, 완성, 마케팅은 상이한 기업들의 별도의 특화 영역이 되었고, 심지어 같은 부문 내에서조차 종종 매우 지역화하거나 전문화하였다. 그 결과, 19세기의 마지막 사사분기에 영국 기업체계는 복잡한 상거래망——영국에 그 중심을 두었지만 전세계로 뻗어나간 망——으로 서로 얽힌, 그 이전보다 훨씬 더 고도로 특화된 중간 규모 기업들의 총체였다(Copeland 1966: 326~9, 371; Hobsbawm 1968: 47~8; Gattrell 1977: 118~20; Crouzet 1982: 204~5, 212).

이처럼 매우 외향적이고, 탈집중적이고, 분화된 영국 기업구조는 독일이나 미국 노선을 따라 기업을 재조직하는 데 주된 걸림돌이 되었다. 힐퍼딩이 이미 강조했듯이(Hilferding 1981: 408), 이 때문에 경쟁을 제한하는 수평적 조합이 어려워졌을 뿐 아니라, 영국 기업들은 분할되어 있는 생산과정과 교환과정을 일관된 활동으로 긴밀하게 계획화하고 통합시켜 단위 비용을 삭감할 기회를 포착할 수 없었다.

> 예를 들어 새로운 조립(assembly) 기술은 하청 공장에서 새로운 정확성의 기준들, 따라서 새로운 장비를 필요로 할 수 있다. 운반차가 새로운 속도에 자기 방법을 적응시키지 않는다면, 더 빠른 적재 설비는 그 가능성만큼 성과를 거두지 못할 것이다. 그런 경우 비용과 위험의 배분은 심각한 장애물에 걸리는데, 객관적으로 계산하기 힘들기 때문에 그럴 뿐 아니라, 이런 종류의 협상 상황에서 인간이 전형적으로 의심이 많고 완고하기 때문에 더욱 그렇다. (Landes 1969: 335)

랜디스의 견해에 따르면, 그가 "상호 연관성의 부담"이라 부른 것을 가장 무겁게 느낀 것은 성공적인 초기 산업가들(industrializers)이었고, 바로 이 때문에 더 효율적인 생산과 경영 기법을 채택하는 데서 19세기 말 영국 기업들이 독일과 미국 경쟁자들 모두에게 뒤졌던 것이다. 아이러니하게도, 최근 유연 생산체계의 우위를 재발견한 많은 학자들은 탈집중화하고 분화한 영국 사업의 구조에서 핸디캡이 아니라 경쟁우위의 원천을 발견하기에 이르렀다. 여기서 필수적인 것은 "공업단지"(industrial district)라는 앨프리드 마셜의 용어를 부활시킨 것으로, 이는 같은 사업 노선에 종사하지만 그럼에도 기술 노하우와 사업 연관의 지역적 레퍼토리를 서로 끌어내 끊임없이 재형성하려고 협력하는 개별 단위 기업들의 공간적 집적을 구성하는 것이다. 이런 공통의 레퍼토리 때문에 공업단지 내에서 활동하는 기업들은 국지화한 외적 경제의 수혜자들이며, 이런 국지화한 외적 경제 덕에 그들은 그들이 활동하는 더 큰 국내시장과 세계시장의 수요 공급 조건의 계속적 변화에도 불구하고 개별 단위 사업으로서 살아남아 번성할 수 있는 것이다(cf. Marshall 1919: 283~8; Becattini 1979; 1990; Sable and Zeitlin 1985).

마셜의 견해에서는, 이런 종류의 국지적인 사업 공동체에 속하는 우위가 크기 때문에, 랭커셔 직물산업과 셰필드 금속산업의 대표 단위로서 중소 규모 기업들이 지속되는 이유를 설명할 수 있다. 우리의 분석에서는 국내, 해외, 식민지로 분기된 전체 영국 축적체제가, 사실 생산과 교환과정의 수직적인 분열을 통해 형성되어 지속적으로 그 구성 단위들에게 전지구적 범위의 외부 경제를 창출해 주는 유연 전문화의 세계체계를 구성하고 있는 것으로 인식되어야 한다고 주장한다. 이러한 더욱 넓은 전망에서 다시 보자면, 영국 유연 전문화체계의 형성과 전면적인 팽창은 영국 국가의 집산지 및 제국 기능이 공고화되는 과정의 이면이었던 것으로 보인다.

세계의 주된 상업·금융 집산지가 된 영국 국가는 그 본국에 수립된 사업을 위해 고부가가치 활동에 특화하고, 전세계 어디든 가장 값싼 곳에서 투입물을 얻고, 전세계 어디든 가장 높은 가격을 부르는 곳에서 그 산출물을 처분하는 독특한 기회를 만들어 냈다. 이런 기회를 충분히 활용하려면 영국 사업의 특화가 매우 유연해져야 했다. 즉, 특화한 기업들이 경제 활동의 부가가치 계서제의 변화에 대응하고, 투입물의 원천 또는 산출물의 배출지로서 세계경제의 상이한 지방들의 비교우위의 변화에 대응하여 하나의 투입-산출 조합에서 다른 투입-산출 조합으로 순식간에 교체되기 위해서는 그래야 했다. 물론 이런 유연성 때문에 산업구조는 끊임없이 유동 상태에 있었고, 따라서 영국 사업은 독일이나 미국 사업에 견줄 만한 "기술적 합리성"을 발전시키지 못했다. 그러나 영국 사업이 두 가지 방식 모두를 갖출 수는 없었고, 그 엄격한 "금전적 합리성"은 다행히 세계무역과 금융의 중추지역에 위치한 사업계를 위한 최상의 전략이었고 또 계속 그랬다.

또한 이는 세계를 포괄하는 영토 제국의 중심지에 위치한 사업계에게도 최상의 전략이었다. 제국의 공급물, 시장, 유연성에 대한 특권적 접근이 가능했기 때문에, 영국은 어디든 최고의 수익이 예상되는 곳에 자본을 투자할 수 있는 최대의 유연성을 부여받았다. 세계적 범위의 자본투자의 유연성은 이제 다시 세계무역과 금융의 중앙 집산지로서 영국의 역할을 더욱 공고히 하였다. 세계시장에서 영국 산업들이 독일과 미국뿐 아니라 일군의 다른 나라들—그 중에는 대공황 시기에 "재산업화"하기 시작한 인도도 포함된다—에도 뒤처지기 시작하자, "영국의 금융이 승리하였고, 해운업자, 무역업자, 세계지불체계의 중개인으로서 영국의 서비스가 훨씬 더 불가결해졌다. 실로 영국이 진정한 세계의 경제 허브이고 파운드 스털링이 그 기초를 이룬 때가 있다면 바로 1870년에서 1913년의 시기였다"(Hobsbawm 1968: 125).

간단히 말해서, 영국 시장자본주의의 유연 전문화와 금전적 합리성은 영국 국가의 세계 집산지와 제국적 기능의 표현이었다. 핵심적으로 그 체계 구성 단위들의 수익성은 전세계에 다시 공급하기 위해서 전세계로부터 공급받는 데 핵심적으로 달려 있었으며, 또한 세계를 영국 집산지에 묶어 두기 위해 필요한 수단—실제 그랬듯이 유동성, 시장, 물자 공급—을 제공한 영토 제국에 대한 정치적 통제력에도 달려 있었다. 제국적 공납에 의해 지탱되는 세계 상업·무역 중개가 산업 생산보다 또는 그만큼 수익성이 있는 한, 새로운 산업 중심지의 등장은 그 자체로는 영국 사업계 전체에 어떤 위협도 되지 않았다. 그리고 이런 새로운 산업 중심지가 그들의 투입물 획득 또는 산출물 처분에서 영국 사업의 서비스를 받기 위해 서로 경쟁하는 한——세기 전환기에 대체로 그랬듯이——, 그런 새로운 중심지의 등장과 팽창은 영국 사업을 징벌하기보다는 오히려 거기에 혜택을 주었다.

1899년 은행가협회의 연설에서 지정학자 해퍼드 매킨더는 산업·상업 활동의 변화하는 공간적 형세 속에서 영국 사업이 차지하는 위치상의 우위를 잘 정리해 말해 주었다.

> 산업 활동과 상업이 탈집중화하는 경향이 있을 것으로 보이는 반면, 단일 결제소가 있어야 한다는 점은 더욱더 중요해질 것이다. …… 탈집중화와 더불어 우리 섬에서 〔산업〕 활동이 실제 몰락할 것이라는 결론은 나오지 않는다. 그러나 상대적인 몰락은 불가피해 보인다. 그러나 세계 결제소는 그 자체 성격 때문에 단일 위치에 머무는 경향이 있으며, 결제소는 항상 최대의 자본 소유지일 것이다. 이것이 우리의 자유무역 정책과 다른 나라들의 보호 사이의 투쟁에 실질적인 열쇠가 될 것이다. 우리는 핵심적으로 자본을 가지고 있는 사람들이고, 자본을 가진 자는 항상 다른 나라의 두뇌와 근육 활동에 한몫 낀다. (Hugill 1993: 305에서 재인용)

법인자본주의의 독일식 변종처럼 미국식 변종은 이런 영국 중심 세계시장경제의 전면적 팽창이 초래한 전세계적 경쟁 압력 격화에 대한 대응으로 전개되었다. 두 가지 변종이 모두 1873~96년 대공황 과정에서 동시에 등장한 것은 역사적 우연이 아니다. 독일에서처럼 미국에서도 경쟁 압력이 격화되자, 사업가, 정치가, 지식인들은 원자화한 단위들 사이의 무한 경쟁이 결코 사회적 안정도 그리고 실로 시장 효율도 가져오지 못한다고 확신했다.

경쟁적 시장은 그 자체로는 프레데리코 바스티아의 조화도, 장-밥티스트 세의 균형도, 자본의 꾸준한 축적과 투자도, 높은 노동과 자원 고용 수준에서의 수요와 공급의 조화도 가져오지 못하고, 시장 혼란, "경쟁의 낭비", 사업 실패, 반복적 경기침체, 파업과 직장폐쇄, 사회불안, 그리고 정치 소요를 가져왔다. …… 1890년대 중반이 되면, 30년간 세 번의 장기 침체 와중에 규제되지 않은 시장에 대한 혐오가 모든 주요 경제 부문의 부르주아지 사이에서 퍼져 나갔다. 강령적 차이를 불문하고, 이미 미망에서 깨어난 철도 자본가들 외에 농부들, 제조업자들, 은행가들, 상인들은 규제받지 않은 경쟁 시장 활동의 결과로 정상적 효율성을 갖춘 생산자들에게 합당한 수익을 돌려줄 만한 가격 수준의 유효수요를 초과하여 재화와 용역이 생산된다는 생각에서 공통 지반을 발견했다. (Skar 1988: 53~4)

한 세기 전 애덤 스미스가 예견했듯이, 시장형성과정에 내재적인 경쟁 압력의 격화는 이윤을 겨우 "견딜 만한" 수준까지 낮추고 있었다. 물론 그 결과가 이미 예견되었다는 점이 미국 사업가에게 위안이 되지는 못했다. 1900년에 에드워드 S. 미드는, 특히 제조업자들이 "공공을 위해 일하는 데 지쳤다"고 썼다. 불황기에는 더 강력한 기업들조차 견딜 만한 수준의 이윤을 거의 얻지 못하였다. 이런 상황 하에서, 제조업자들이 "소비자만 낮은 가격의 이득을 보는 이런 곤란한 싸움을 멈추려" 한 것은 당연하다. "그들은 이윤을 얻기 위한 그런 절망적 싸움을 벌이지 않으면서 더 많은 이윤을 얻기를 원했다"(Sklar 1988: 56에서 재인용).

처음에, 미국 내에서 경쟁적 싸움을 멈추려 한 시도는 독일과 같은 방향, 즉 경쟁을 제약하는 수평적 조합을 형성하는 방향, 그리고 철도 회사와 또 그와 연관된 산업 기업에 대한 투자를 통해 성장해 온 소수 집단의 사적 금융기구의 지배가 증가하는 방향의 사업 재편으로 귀결되었다. 그러나 미국에서 이런 제조업자들의 전국적 연합은 대체로 1890년 셔먼 반트러스트법에 의해 불법으로 선포되기 훨씬 이전에 그 목표 달성에 실패하였다. 그리고 금융기구의 지배는 결코 철도체계의 구성과 작동을 넘어서 더 진척된 적이 없었다(Chandler 1977: 317, 335, 187).

그리고 1880년대와 1890년대에 변화를 겪던 독일과 미국 사업의 구조는 근본적으로 분기하기 시작했다. 두 나라 모두에서 자본의 집중화는 추동력을 얻었다. 독일에서 수직적 통합(즉 그 공급자 및 구매자들과 기업 운영을 통합하는 것)의 추구는 급속하게 사라졌고, 주된 자본 집중화의 추동력은 수평적 통합(즉 경쟁 기업들을 통합하는 것)이 되었다(Landes 1966: 109~10). 이에 비해서 미국에서는 수직적 통합이 주된 자본 집중화의 추동력이 되었다. 챈들러가 강조했듯이(Chandler 1977; 1978; 1990), 효과 없고, 인기 없고, 사실상 불법적인 수평적 조합은 포기되었고, 담배와 통조림에서 사무와 농업 기계까지 미국 국내경제의 한 부문 한 부문씩, 선별된 기업들이 그 조직 영역 내에서 1차 투입물의 획득과 최종 산출물의 처분을 연결하는 생산과 교환의 연속된 하위공정을 통합하는 방향으로 옮겨갔다. 이런 하위공정의 연쇄를 통해서 투입물/산출물을 옮겨가는 데 결부된 거래비용, 위험, 불확실성은 이렇게 단일한 다단위 기업 내에 내부화되었고, 관리 행위와 장기 기업 계획화의 경비절감 논리에 종속되었다.

널리 퍼진 견해와 반대로, 1873~96년 대공황 중에 미국에서 등장한 법인자본주의의 변종은 거의 같은 시기 독일에서 등장한 변종보다 지배적인 영국 시장자본주의체제와 훨씬 더 효과적이고 급진적으로 결별한 것이었다. 두 종류의 법인자본주의 모두 영국 중심의 세계시장 형성과정에 수반된 "과도한" 경쟁과 교란에 대한 대응으로 전개되었다. 그러나 독일식 변종이 단지 이 과정을 **중단**시켰을 뿐이라면, 미국식 변종은 진정으로 그것을 **지양**했다.

세계시장 형성과정의 진정한 지양과 단순한 중단 사이의 차이는 존 K. 갤브레이스의 주장을 세계체계의 시각에서 다시 검토함으로써 제시될 수 있다. 갤브레이스는 관료적으로 관리된 대규모 산업조직들(그가 말하는 "기술구조들")이 가격형성시장의 교란으로부터 스스로를 보호할 수 있는 다양한 방식에 대해 이야기하였다. 베블런처럼 갤브레이스는 자기조정적 시장의 이윤 극대화에 연루된 금전적 합리성과 값비싸고 특화된 산업 설비 및 인력을 사용하는 데 연루된 기술적 합리성 사이의 근본적 모순을 추적하고 있다.

> 시장은 기업에 단 하나의 메시지만을 보낸다. 바로 더 많은 돈에 대한 약속이다. 만일 기업이 그 가격에 대해 영향력을 갖지 않는다면 ……그가 추구하는 목표에 다른 대안은 없다. 기업은 돈을 벌기 위해 노력해야 하며, 현실적으로 가능한 많은 돈을 벌기 위해 노력해야 한다. 다른 기업들도 그런다. 순응하지 못하면 사업에 손실, 실패, 퇴출을 불러온다. (Galbraith 1985: 116)

그러나 전문 기술과 그에 동반한 자본 및 시간의 몰입이 있는 근대 사업은 사업을 강제하여 그 자신이 시장의 불확실성에서 해방되도록 하였다. 가격과 그 가격에 사고 팔리는 물건량은 기업 계획화의 권위 하에 다소 종속되어야 한다. 그렇지 않으면,

> 통제되지 않은 가격 운동으로부터 손실이 발생할 위험이 있고, 소득과 매출 계획을 세우기 위해서 제품과 투입물 단위들을 배가할 때 기준으로 삼을 신뢰성 있는 수치가 없다. 만일 신뢰할 만한 형태로 이런 추정치가 가용하지 않다면, 무엇을 생산하고 어떤 수단을 가지고 어떤 수단에 의해 생산할지에 대해 수많은 자의적 결정 요소가 생기며, 결과에 대한 전적인 불확실성이 발생한다——이윤 또는 손실이 있건, 그리고 어떤 차원에서건 간에. (Galbraith 1985: 206)

가격과 그 가격에 사고 팔 물량을 권위적으로 결정하는 일은 산업 계획화에 핵심적인데, 이는 세 가지 방식으로 시장을 대체할 수 있다. 시장의 "통제", "중단", "지양"이다. 계획 단위가 판매하는 대상 또는 구매하는 대상의 행위 독립성이 줄어들거나 제거될 때 시장은 통제된다. 형식적으로 판매와 구매과정은 그대로 있지만, 특정 단위 또는 단위들의 집단이 높은 시장 지분을 갖게 되면, 공급자들 그리고/또는 고객들의 측면에서 매우 협력적 자세를 보이게 된다. "시장을 제거한다는 선택지는 시장을 통제하기 위한 중요한 권력 원천이다"(Galbraith 1985: 29~30).

계획 단위가 가격과 장기간 사고 팔 물건량을 특정화하는 계약에 돌입할 때 시장은 중단된다. 이렇듯 계약들의 매트릭스가 존재하게 되고, "이에 의해 각 기업은 다른 기업들을 위해 시장 불확실성을 제거하고, 다시 이들에게 그 불확실성의 일부를 돌려준다." 비록 언제 어디서나 기업들은 공개적이거나 암묵적으로 이런 종류의 협약들을 맺지만, 시장 중단

의 주된 행위자는 전쟁형성과 국가형성의 수단을 획득하고 발전시키는 데 종사하는 정부들이었다. "여기서 국가는 충분한 가격을 보장하여, 적절한 마진을 제공하고 비용을 보전할 수 있게 한다. 그리고 국가는 계약 취소, 기술적 실패, 또는 수요 부재의 경우에는 생산된 것들을 사들이거나 전부 보상하는 일을 떠맡는다. 이렇듯 국가는 모든 불확실성과 연관된 시장을 효과적으로 중단시킨다"(Galbraith 1985: 31~2).

마지막으로, 시장은 수직적 통합에 의해 지양될 수 있다. "계획 단위가 공급원 또는 배출원을 장악한다. 이렇듯 가격과 물량에 대한 협상에 종속된 거래가 계획 단위 내부의 이전으로 대체된다." 이처럼 앞서 시장에서 수행된 거래들을 계획 단위 내로 내부화한다고 시장 불확실성이 완전히 제거되지는 않는데, 왜냐하면 계획 단위가 여전히 그 자신이 생산할 수 없는 1차 투입품을 위해 경쟁하고 또 최종 소비자의 구매력을 위해 경쟁해야 하기 때문이다. 그럼에도 이는 생산의 연쇄적 하위공정들의 시장 조절과 연관된 크고 처리불가능한 불확실성을 1차 투입품의 획득 및 최종 산출물의 처분과 연관된 작고 다소 처리가능한 불확실성으로 대체한다(Galbraith 1985: 28~9).

갤브레이스의 구도에서, 시장의 통제, 중단, 지양은 근대 법인기업들의 생존과 확대재생산에 필수적인 시장 불확실성으로부터의 보호를 이 근대 법인기업들의 기술구조에 제공하면서 서로를 강화한다. 우리가 보게 되듯이, 실로 미국 스타일의 법인자본주의가 세계적 지배로 떠오르는 뿌리에는 이런 종류의 상호 강화가 놓여 있었다. 그럼에도 세계체계의 시각에서 볼 때 미국 법인자본주의의 종차는 시장의 통제도 중단도 아니고, 그 지양이었다.

세계시장에 대한 **통제**는 영국 자본주의의 종별성이었다. 19세기 세계시장은 영국의 창조물이었는데, 나폴레옹전쟁 중과 직후의 그 형성 순간부터 제1차세계대전 중과 그 직후의 해체 순간까지 영국 사업계와 영국 정부는 이를 함께 통제했다. 최종 심급에서, 영국 자본주의가 독일이나 미국 변종의 기업 개편을 추진하지 않았던 이유는 그것이 가능하지도 바람직하지도 않았기 때문이었다. 왜냐하면 영국 자본의 자기 팽창은 항상 세계시장 형성과정에 구현되어 있고, 이는 그 모든 중요한 부문들을 해외의 그리고 식민지의 공급 그리고/또는 판로에 의존하게 만들었기 때문이다. 그런 공급과 판로로부터 이탈해 국내의 수평적 또는 수직적 통합을 선호하는 것은, 그것이 가능하다 해도, 영국 사업계의 주 수익원을 박탈하는 일이고 영국 정부의 주 권력원을 박탈하는 일이었을 것이다.

19세기 세계시장에 대한 영국의 관계를 규정할 때, 통제는 너무 어감이 강한 단어는 아니다. 실로, 우리가 시장을 수요와 공급이 만나는 장소로 이해한다면, 영국은 그 정부와 경제 제도가 세계의 생산자들과 소비자들 사이의 주된 중개자였기 때문에 세계시장**이었다**. 세계의 생산자들(소비자들)이 시장(공급)을 둘러싸고 더 첨예한 경쟁을 벌일수록 한 공급(시장)원을 다른 공급원으로 대체할 수 있도록 영국 사업계에 열려진 선택지는 더 커졌고, 따라서 세계시장을 통제하는 영국의 힘은 더욱 커졌다. 영국의 사업계는 미국 제조업자들과 달리 결코 "공중을 위해 일하느라 지치지" 않았는데, 왜냐하면 전세계가 영국 사업계를 위해 일했기 때문이다.

말할 필요도 없지만, 세계시장을 통제하는 영국의 힘은 무제한이 아니었다. 그 힘은 세계시장의 작동을 **중단**시키려는 일부 국가들의 대항력에 의해 가장 직접적으로 제한받았다. 세계시장의 중단은 실로 독일 스타일의 법인자본주의가 지닌 종별성이었다. 독일의 민족 산업들의 수평적 통합과, 기술구조의 응집·근대화·팽창을 지지하는 중앙 정부의 적극적인 개입의 결과, 독일 제국은 중앙 계획("조직된")자본주의 패러다임으로 변환되었다. 그러나 힐퍼딩 자신이 주의 깊게 지적했듯이, 이런 독일 사업의 재편은 시장 경쟁을 지양한 것이 아니라 단지 중단했을 뿐이었다.

"약자의 방어 무기"였던 관세가 신속하게 "강자의 공격 무기"로 전환되어, 국내시장에서 해외 덤핑을 보조하는 초과 이윤 실현 수단이 되거나, 강자의 위치에서 해외시장을 개방하도록 협상하는 수단이 되었다. 국내시장에서 경쟁의 지양으로 보이는 것과 세계시장에서 경쟁의 격화는 동전의 양면이었다. "자본은 …… 경쟁의 아나키 상태를 혐오했고 조직을 원했다. 비록 …… 더 높은 수준에서 경쟁이 재개되기는 했지만"(Hilferding 1981 : 310, 334).

이처럼 더 높은 수준에서의 경쟁은 구분되는 영토적 영역들로 세계시장을 훨씬 더 심하게 분할하는 경향이 있었고, 따라서 경쟁적 투쟁의 결과를 결정할 때 각 영역이 차지한 경제 공간의 규모의 중요성이 증가하는 경향이 있었다.

> 경제 영토가 더 크고 인구가 더 많을수록, (다른 조건이 같다면) 개별 공장은 더 커질 수 있고, 생산비용은 더 낮아질 수 있고, 공장 내 전문화 정도는 더 커질 수 있는데, 이 또한 생산비용을 경감시킨다. 경제 영토가 더 클수록, 자연 조건이 가장 유리하고 생산성이 가장 높은 곳에 산업이 쉽게 자리잡을 수 있다. 영토가 더 광대할수록, 생산은 더 다양화되고 다양한 생산 부문이 서로 보완적이 될 것이며, 해외에서의 수송비용은 절약될 수 있을 것이다. (Hilferding 1981 : 311)

달리 말하자면, 크고 다각화한 영토를 통제하는 국가 영역 내에서 활동하는 기업은 영토적으로 더 작고 덜 다각화한 국가 영역 내에서 활동하는 기업보다 내부 경제의 성과를 거두어들이거나(즉 기업들 자체 내의 "기술적" 분업에 기인하는 경제) 보잘것없는 내부 경제를 외부 경제로 보완할(즉 기업들 사이의 "사회적" 분업에 기인하는 경제) 더 좋은 기회를 지녔다. 이는 실로 왜 영국 시장자본주의를 지양한 것이 사실 독일이 아니라 미국 법인자본주의의 변종이었는지 설명해 주는 가장 중요한 하나의 이유이다. 아무리 독일 자본이 집중화하고 "조직화"하였더라도, 이는 영국의 공식적·비공식적 제국이 포괄하는 광범하고 다양한 영토 영역 덕에 영국 자본이 누린 더욱 거대한 외부 경제를 보완할 수는 없었다.

독일이 "단일 대공장"으로 변환되었다 해서 영국 자본이 누린 외부 경제를 보완할 수는 없었지만, 그럼에도 그 경제들이 의지하고 있던 세계 제국의 방위비용은 엄청나게 증가했다. 독일이 생활권(Lebensraum)을 요구하며 강력한 군-산 장치를 동원하자, 영국 축적체제의 생존력은 치유불가능할 정도로 손상되었다. 제1차세계대전이 무엇보다 증명한 것은 영국 자본에게는 어느 때보다 영토 제국이 필요했지만, 이는 더 이상 불가능한 일이었다는 것이었다.

이와 대조적으로, 증폭되는 경쟁적 투쟁에서 승리하기 위해 미국 자본에게 그런 제국이 필요하지는 않았다. 1803년에서 1853년 사이 구입과 정복으로 미국 영토는 두 배 이상 늘어나, 대륙적 범위를 갖게 되었다. 그 직후 남북전쟁(1860~5)은 남부 주들(카리브 해 지역의 영토를 지속적으로 팽창해 갈 것을 선호했고, 또 영국 세계시장체계 내에 미국을 더 긴밀하게 통합할 것을 선호하였다)과 북부 주들(외적 영토 팽창에서 벗어나, 획득한 영토를 응집력 있는 민족 경제로 통합하는 쪽으로 미국의 전략적 관심을 전환할 것을 선호하였다) 사이의 분쟁을 종결시켰다. 북부 주들이 승리하자 후자의 방향으로 빠른 변화가 나타났다. 정부의 주된 군사 목표는 벤저민 프랭클린의 오래된 처방에 따라 원주민 인디언 주민들로부터 대륙을 빼앗는 것이 된 한편, 남북전쟁 중 또는 그 직후 통과된 법안들은 은행 집중화, 관세 대폭 인상을 통한 국내 산업 보호, 토지의 정착과 경작, 전 대륙 철도와 전신체계의 건립, 그리고 유럽으로부터의 이민 유입을 촉진시켰다(cf. Williams 1969: 185~93).

그 결과 남북전쟁에 뒤이은 30년 동안 그에 앞선 3세기에 비해 더 많은 토지가 농부, 축산농가, 그리고 투기꾼들에 의해 장악되었다. 이어서 1차 생산이 급속히 팽창하자, 다시 더 크고 다각화한 민족적 산업 장치의 보완적 형성을 위한 수요와 공급 조건들이 만들어졌다. 비록 미국에서는 고도로 보호되고 급속히 팽창하는 국내시장을 위해 생산하는 산업들이 자본축적의 핵심 장소가 되었지만, 시장의 이런 지속적 팽창은 늘어나는 거대한 잉여 농산물의 해외 판매에 결정적으로 의존하였다.

1870년이 되면 미국 경제는 잉여 농산물 처리를 해외시장에 엄청나게 의존하게 되어서, 그 후 30년간 상승과 하강은 매년 밀과 목화 수확의 판매에 성공했는지 실패했는지에 따라 추적될 수 있다. 아무리 많은 시장을 찾아내더라도, 늘 더 많은 시장이 필요해 보였다. (LaFeber 1963: 9~10; Williams 1969: 201도 보라.)

1873~96년 대불황 전야에 영국 세계시장체계에 대한 미국 국내경제의 관계는 이렇듯 그에 대한 독일 국내경제의 관계와 다소 유사하였는데, 왜냐하면 독일 경제 팽창 또한 그때까지는 핵심적으로 잉여 농산물

수출에 의존했기 때문이다. 그러나 대불황 시기에 두 관계들은 급격히 분기하기 시작했다. 왜냐하면 미국 국가가 독일 제국이 차지한 경제 공간보다 더 크고 더 다각화되었을 뿐 아니라, 훨씬 더 신축성 있는 경제 공간을 차지했기 때문이었다. 미국이 차지한 경제 공간은, 크기는 더 작으면서 인구는 더 많은 독일 경제 공간이 할 수 있던 것보다 고기술 농업 생산의 요구에 맞추어 훨씬 쉽게 인구를 줄이거나 늘릴 수 있는 공간이었다. 대불황 과정에서의 이런 경쟁우위 때문에 세계시장에서 미국 잉여 농산물이 점진적으로 독일 잉여 농산물을 대체하게 되어서, 이미 크기가 더 컸던 미국 국내시장은 독일 국내시장보다 훨씬 더 빠르게 성장하였다.

다른 상황이 동일하다면, 경쟁의 통제와 중단은 작고 덜 역동적인 시장에서보다 크고 역동적인 시장에서 훨씬 더 많은 문제를 일으킨다. 그러나 소비자의 욕구를 만족시키기 위해 필요한 천연자원을 모두 갖춘 크고 역동적인 시장은 더 작고 덜 역동적이며 천혜적 조건이 좋지 않은 시장보다 수직적 통합을 통해 경쟁을 지양할 훨씬 더 큰 기회를 제공한다. 사실 몇몇 미국 산업들에서 시장의 지양에 성공했던 것은 경쟁을 통제하거나 중단시키는 것이 어려웠던 직접적 결과였다. 세 개의 지역적 합병을 통해 만들어진 한 회사(NABISCO)의 연례 보고서에 따르자면,

이 회사를 시작했을 때, 우리는 경쟁을 통제해야 하고, 그러려면 경쟁과 싸우거나 그것을 매수해야 한다고 믿었다. 첫번째는 파멸적인 가격전쟁과 거대한 이윤손실을 뜻했다. 두번째는 자산을 끊임없이 늘리는 것이었다. 경험이 곧 우리에게 증명해 준 것은, 만일 이 두 과정 중 어떤 것이든 계속 버텨 간다면 성공 대신 재난을 가져올 것이 틀림없다는 것이었다. 그래서 우리는 경쟁을 통제하는 것이 필요한지 숙고하게 되

었다. …… 우리는 곧 회사 자체 내에서 성공을 찾아내야 한다는 결론에 만족했다. (Chandler 1977: 335에서 재인용)

회사 자체 내에서 성공을 찾는다는 것은 무엇보다 1차 투입물의 구매에서 최종 산출물의 판매까지 상품들의 실물적 흐름의 통합과 조정을 시장에서 넘겨 받는다는 뜻이었다. 이는 나비스코와 막강한 스탠다드 오일처럼 수평적 결합으로 성장한 사업에 타당했을 뿐 아니라, 수평적 조합이 결코 크게 진행된 적이 없던 산업들에서 활동하는 수많은 개별기업들에도 타당했다. 이번 장 맨 앞에 인용한 구절에서 앨프리드 챈들러가 강조했듯이, 특정 1차 투입물을 특정 최종 산출물과 연결시키는 생산의 연쇄적 하위공정들을 이처럼 단일 조직 영역 내에 내부화한 것은 상당한 "속도의 경제"를 탄생시켰고, 이는 다시 수직적으로 통합된 개척자적인 다단위 기업에 충분하고 지속적인 현금 자금을 공급해 주었다. 이런 현금 자금이 전문화한 고위 관리자와 중간 관리자의 계서제를 형성하는 데 재투자됨에 따라, 미국 국내경제의 한 부문씩 새로운 경쟁자에 대한 조직적 진입장벽이 수립되었다. 그 결과, 수직적 통합을 통해 시장의 지양을 개척한 기업들은 1차 투입물의 획득과 최종 산출물의 처분에서, 다시 말해 수익성이 없거나 내부화하기 전혀 불가능한 시장에서 경쟁을 통제하거나 중단시킬 수 있는 권력 또한 획득했다.

힐퍼딩의 예측과 달리, 미국에서 이런 종류의 기업구조의 등장─독일 스타일의 국가독점자본주의의 등장이 아니라─은 세계적 규모에서 새로운 단계의 자본주의의 효과적 토대가 되었다. 확실히, 미국 법인자본주의가 세계적 우세의 지위로 떠오른 것은 힐퍼딩이 이론화한 자본간 경쟁의 전화과정의 필수적 측면이었다. 특히 미국 정부와 미국 사업계는 첫 출발부터 사실상 영국 세계시장체계를 파괴하고 세계자본주의를 민족경제들과 또 이와 관련된 제국들의 "이글루"로 후퇴시킨 보호주의 운동의 전위였다. 남북전쟁 중에 통과된 미국 관세의 대폭 인상은 1883, 1890, 1894, 1897년의 더 큰 증가로 이어졌다. 1913년 윌슨 대통령이 관세를 다소 삭감하였지만, 의회는 전쟁이 해외 수입으로부터 경쟁을 줄이고 미국 수출을 활성화하는 한에서만 이를 받아들였을 뿐이다. 그러나 전쟁이 끝나고 경기후퇴의 지표들이 출현하자마자, 미국의 보호주의적 전통은 본격적으로 이어졌다. 1920년대 초에는 상업적 곤란에 대한 대응으로 두드러진 관세 인상이 시행되었는데, 이는 1930년의 천문학적인 스무트-할리 관세를 예견하는 것이었다. 더욱이 힐퍼딩이 이론화했듯이, 이 시기 미국 보호주의는 점점 더 국내 초과이윤으로 해외 저가 판매를 보완하고, 또 무엇보다 강자의 위치에서 미국 수출과 투자에 해외시장—무엇보다 라틴아메리카시장—을 개방하도록 협상하는 수단이 되었다.

그러나 힐퍼딩의 일반화와 반대로, 미국의 금융자본은 미국 보호주의를 강화하는 어떤 역할도 맡지 않았다. 특히 뉴욕 금융계는 일관되게 자유무역의 미덕을 설파했고, 힘닿는 범위 내의 모든 일을 다해 미국 정부가 지도력과 책임감을 가지고 세계시장의 파괴에 맞서도록 촉구했다. "경제 활동에서 세계가 너무 상호의존적이 되어, 한 민족이 택한 조치들이 다른 민족들의 번영에 영향을 준다"고 1929년 대폭락 전야에 월가의 은행가이자 전 국무부 차관보 노먼 데이비스가 썼다. 그는 "세계경제의 단위들은 함께 일하거나, 아니면 각각 썩어 가거나 해야 한다"고 덧붙였다(Frieden 1987: 50).

이념적으로나 실천적으로나 미국 금융자본은 이렇듯 무너져 가는 영국 세계시장체계를 끝까지 옹호했고, 결코 힐퍼딩이 제기했듯 그 체계를 지양하는 행위자가 되지는 않았다. 그것을 지양한 선도적이고 지배적인 행위자는 어떤 금융자본주의도 아니라, 수직적으로 통합되고, 관료제적으로 관리되는 다단위 기업체의 형성을 통해 미국에서 등장한 법인자본주의였다. 일단 이런 기업들이 미국 국가가 에워싼, 거대하고, 다각화하고, 자급자족적이고, 역동적이고, 잘 보호된 경제 공간 내에서 공고화되자, 이 기업들은 세계경제 전반에서 영국 스타일의 시장경제나 독일 스타일의 법인자본주의 모두에 비해 결정적인 경쟁우위를 누리게 되었다.

민족 전체로서, 미국 법인기업들은 광범한 노동의 "기술적" 분업(내부 경제)의 우위와 광범한 "사회적" 분업(외부 경제)의 우위를 단일 단위의 영국 사업이나 수평적으로 통합된 독일 사업보다 훨씬 더 거대하게 결합시켰다. 독일 제국이 에워싼 경제 공간은 더 거대한 내부 경제(경비절감)를 지닌 영국 사업이 누린 더 거대한 외부 경제를 보완할 만큼 독일 사업에게 충분히 크거나 다각화되었거나 역동적이지 않았다. 그러나 미국 사업은 미국이 에워싼 경제 공간 덕에 계획화와 시장 조절을 매우 효과적으로 종합할 수 있었다.

더욱이 미국 법인기업들은 국내의 대륙적 통합을 달성하자마자 초민족적으로 팽창하여, 다른 국가들의 국내시장에서 수많은 "트로이 목마"가 되었고, 해외 자원과 구매력을 동원하여 그 자신의 관료적 팽창에 도움을 주었다. 이렇듯 미국 법인자본은 서로 연관되고 상호 강화하는 두 가지 방식으로, 영국 세계시장을 찢어 놓은 보호주의 운동으로부터 득을 입었다. 미국 법인자본은 세계시장이 민족경제들로 분할되는 와중에, 이들 민족경제들 중 가장 크고, 가장 역동적이고, 가장 보호받는 경제에 대한 통제권을 획득해 이득을 얻었다. 그리고 미국 법인자본은 해외 직접투자라는 수단에 의해 다른 국가들의 보호주의를 무력화시키고 그것을 자기 자신의 우위로 전환할 수 있는 우월한 능력을 획득해 이득을 얻었다.

이 모든 것에 비추어 볼 때, 미국 정부가 미국의 보호주의 전통을 반전시키려는 뉴욕 금융계의 요구에 관심을 거의 기울이지 않은 점은 놀라운 일이 아니다. 물론 해체되고 있는 세계시장 안에서 민족들이 "함께 일하기를" 꺼려한다는 것이 이 나라들이 곧 "각각 썩어 갈" 것임을 뜻한다고 예견했을 때, 노먼 데이비스와 월가의 다른 대변인들은 매우 선견지명이 있었다. 그렇지만 이런 진단의 귀결이 19세기 세계시장체계의 최종적 쇠락을 반전시키고 세계의 민족들이 각기 썩어 가지 않도록 하는 것이 미국의 힘이 되거나 실로 미국의 이익이 된다는 것은 아니었다. 세계시장체계는 자신의 모순의 무게—금 본위제에 대한 런던과 뉴욕 금융계의 한결같은 지지를 포함해—에 눌려 붕괴해 가고 있었다. 미국이나 어떤 다른 정부가 이 체계를 자기 파괴로부터 구원할 수 있었을지 매우 의문스럽다. 그러나 미국이 무언가 할 수 있었다고 가정해 보더라도, 낡은 축적체제가 지속되었을 때, 실제 그 축적체제의 최종적 붕괴에 이어 일어난 정도로 미국의 부와 힘의 대약진을 낳을 수 있었을지 훨씬 더 의문스럽다.

이렇듯 미국 법인자본주의는 영국 시장자본주의의 축적구조를 파괴하는 강력한 행위자이자, 세계경제의 유동성·구매력·생산성을 미국으로 집중시키는 강력한 행위자였고, 또 계속 그런 상태로 남았다. 그러나 일단 가능한 최대한의 파괴력과 집중화가 진척되자, 미국 법인 사업은 카오스적 세계에서 자신의 자기 팽창 조건들을 창출해 내기에 무력했다. 어떤 세금 보조, 보험 제도, 또는 외환 지급보증도 미국 국내시장의 응집성과 부 그리고 해외시장의 파편성과 빈곤 사이의 근본적 비대칭성을 충분히 극복할 수 없었다.

이것이 제2차세계대전 이후, 유동성을 세계무역과 생산의 팽창으로 재순환시키지 못하게 된 곤경의 구조적 뿌리였다. 결국 곤경을 깨뜨린 것은 냉전의 "발명"이었다. 비용-수익 계산이 달성할 수 없었고 달성하지 못한 것을 공포가 달성해 냈다. 잉여자본이 미국과 그 지역적 배후지(캐나다와 라틴아메리카)에 정체되어 있는 한, 유라시아의 카오스는 계속 증폭되어, 혁명세력들이 국가권력을 장악하게 되는 비옥한 토양을 만들어 냈다. 트루먼과 그의 자문역들의 천재성을 보여 준 것은, 특정 행위자가 만들어 내거나 통제한 것이 아닌 체계 상황의 결과를 다른 군사 강국인 소련의 전복적 성향이라 주장되는 것 탓으로 돌린 것이었다. 트루먼은 그렇게 함으로써, 글로벌 뉴딜이라는 루스벨트의 비전을 실로 아주 초라한 현실로 축소시켰지만, 적어도 그것을 작동할 수 있게끔 하였다.

서유럽과 일본을 자유세계의 요새이자 전시품으로 건설하는 일은 전 세계를 미국의 이미지대로 재형성하는 것보다 더 구체적이고 더 달성하기 쉬운 목표였다. 더욱이 트루먼 대통령과 애치슨 국무부 차관보는 세계적 사안에 대한 관심보다 재정적 검약에 더 친숙한 국회의원들의 행동을 촉구하기 위해서는, 국가이성이나 비용-수익 계산에 호소하기보다 전지구적 공산주의 위협에 대한 공포가 훨씬 더 효과적이라는 것을 잘 알고 있었다.

국무부 직원들이 준비한 트루먼 메시지의 앞선 초고들은 분명하게 경제적 요인들을 강조하였다. 첫 초고는 이렇게 시작한다. "양대 전쟁과 그 사이의 세계 대불황 때문에 미국을 제외한 거의 모든 곳에서 [자본주의] 체계가 약화되었다. …… 우리가 만일 손놓고서 세계 다른 나라들에서 자유 기업이 사라지도록 놓아 둔다면, 우리 민주주의의 존속 자체가 크게 위협받을 것이다." 트루먼 대통령과 애치슨 국무부 차관보 모두 이 초고는 "모든 일을 투자 안내서처럼 들리게 만들었다"고 언급했다. 따라서 그들은 이 문건을 재작성하여 훨씬 강렬한 톤을 입혔다. …… 국무부 장관 마셜이 최종 메시지를 전보로 받았을 때, 그조차 이 연설이 "그 사례를 너무 과도하게 말하고 있는" 것은 아닌지 의아해 했다. 대통령 답변은 국내 전선에서의 위기관리에 관해 무수히 많이 언급했다. "이 방법을 써야만 그 조치가 통과될 수 있다는 것이 분명했다." 아서 반덴버그의 유명한 자문을 따라서 대통령은 "미국 국민에게 겁을 주었다". 트루먼 독트린에 유용한 것이 마셜 플랜에도 재활용될 수 있음이 입증될 것이었다. (McCormick 1989: 77~8)

마셜 플랜은 직접적으로나 간접적으로나 서유럽을 미국 이미지에 따라 재형성하기 시작하였고, 1950년대와 1960년대 세계무역과 생산 팽창의 "이륙"에 결정적으로 기여하였다. 그러나 1940년대 말 전체에 걸쳐 계속되는 달러 부족 때문에, 유럽에서 미국의 기반을 강화한다는 그 목표 자체는 심각하게 방해받았다. 국제수지의 어려움이 민족들의 시기심을 부추겨, 일반적으로 유럽경제협력기구(OEEC) 내의, 그리고 특수하게는 유럽 국가 간 화폐 협력의 진전을 가로막았다(Bullock 1983: 532~41, 659~61, 705~9, 720~3).

유럽 통합과 세계경제 팽창을 위해서는 마셜 플랜이나 다른 원조 계획에 연관된 것보다 훨씬 더 포괄적으로 세계 유동성을 재순환시켜야 했다. 결국 이런 더욱 포괄적 재순환을 실현시킨 것은 세계역사상 가장 대대적으로 평화시에 무장을 추진하려 한 노력이었다. 그 입안자인 국무부 장관 애치슨과 정책기획위원회 위원장 폴 니츠는 이런 노력이 있어야만 마셜 플랜의 한계를 극복할 수 있다는 것을 깨달았다.

〔애치슨과 니츠는〕 유럽 통합도 통화 재동맹도 마셜 플랜 종료 이후 상당한 수출 잉여를 유지하거나 미국-유럽 경제 유대를 지속시키는 데 적절하지 않다고 보았다. 그들이 제안한 새로운 정책 노선──미국과 유럽의 대대적인 재무장──은 미국 경제 정책의 주요 문제에 대해 뛰어난 해결책을 제공했다. 국내 재무장은 수요를 지탱해 주는 새로운 수단을 제공하여, 국내경제가 더 이상 해외 잉여 유지에 의존하지 않을 수 있게 해줄 것이다. 유럽에 대한 군사원조는 마셜 플랜 만료 후 유럽에 대해 계속 원조를 제공하는 수단이 될 것이다. 그리고 유럽과 미국 군사력을 긴밀하게 통합하면 하나의 경제 지역으로서 유럽이 미국으로부터 떨어져 나가지 못하도록 막아 줄 것이다. (Block 1977: 103~4)

이런 새로운 정책 노선이 1950년 초 국가안전보장위원회에 제안되었고, 4월에 트루먼 대통령은 그 입장을 보여 주는 보고서(NSC-68)를 검토하여 원칙적으로 승인하였다. 이 문서는 관련 비용에 대한 정확한 자료를 제공하지는 않지만, 참모들이 추계한 것은 연 지출 기준으로 1950년 국방부가 처음 요구한 총액의 세 배에 이르렀다.

반공주의라는 명목을 내걸더라도, 재정적으로 보수적인 의회에서 어떻게 그런 돈을 타낼 수 있는가는 행정부에게 작지 않은 고민거리였다. 무언가 국제적인 긴급사태가 필요했고, 1949년 11월부터 애치슨 장관은 조만간 1950년에 아시아 주변지역에서 그런 사태가 일어날 것이라고 예견하고 있었는데, 그 지역은 한국, 베트남, 타이완 중 하나 또는 그 셋 모두였다. 대통령이 NSC-68을 검토한 두 달 후 위기가 발발했다. 애치슨은 나중에 이렇게 말했다. "한국이 와서 우리를 구원해 주었

다." (McCormick 1989 : 98)

한국전쟁 중, 그리고 그 후의 대대적인 재무장이 전후 세계경제의 유동성 문제를 영구히 해결해 주었다. 외국 정부에 대한 군사원조와 해외에서 미국의 군사비 직접 지출──둘 다 1950년에서 1958년 사이와 또다시 1964년에서 1973년 사이에 꾸준히 늘어났다──이 세계경제 팽창에 필요한 모든 유동성을 제공해 주었다. 그리고 매우 관대한 세계 중앙은행으로 작동하는 미국 정부와 더불어 세계무역과 생산은 전례 없는 속도로 팽창했다(cf. Calleo 1970: 86~7; Gilpin 1987: 133~4).

매코믹에 따르면(McCormick 1989: 99), 한국전쟁에서 출발해 베트남전쟁을 사실상 종식시킨 1973년 초 파리 평화조약에 이르기까지의 23년은 "세계자본주의 역사에서 가장 지속적이고 수익성 있는 경제성장의 시기였다." 바로 이 시기는 다른 누구보다 스티븐 마그린과 줄리엣 쇼가 "자본주의 황금기"라고 부른 시기이다(Marglin and Schor 1991).

제2차세계대전 재건에 뒤이은 사반세기가 전례 없는 세계경제의 번영과 팽창의 시기였다는 것은 의심의 여지가 없다. 1950년에서 1975년 사이 발전도상국에서 개인 소득은 매년 평균 3퍼센트 증가했는데, 그 증가속도는 1950년대의 2퍼센트에서 점점 빨라져 1960년대에는 3.4퍼센트가 되었다. 이런 성장률은 이들 나라에서 역사상 전례 없는 일이었고, 선진국들이 산업화 기간에 달성한 수준을 넘어서는 것이었다. …… 선진국 자체에서 …… GDP와 일인당 GDP는 1820년 이래의 어떤 앞선 시기보다도 거의 두 배 빠르게 증가하였다. 노동생산성은 전보다 두 배 증가했고, 자본 스톡의 성장률 또한 대대적으로 가속되었다.

자본 스톡의 증가는 역사적으로 전례 없는 활력을 가지고 오래 지속된 투자 붐을 보여 주는 것이었다. (Glyn et al. 1991: 41~2)

역사적 기준으로 보자면, 이 시기 자본주의 세계경제 전체의 팽창률이 예외적이었다는 것은 의심의 여지가 없다. **유일한** 자본주의 황금기로 규정할 수 있을 만큼 그 시기가 역사적 자본주의에도 좋았던 시기였는지는 또 다른 문제이다. 예를 들어, 19세기 관찰자들이 대발견의 시대 이후 전례 없는 시기라고 생각했던, 에릭 홉스봄이 말하는 "자본의 시대"(1848~75)보다 이 시기가 더 나았는지는 불분명하다(3장을 보라). 우리가 만일 앤드류 글린과 공저자들이 했듯이, 1950~75년까지 25년 동안의 연평균 GDP 성장률 또는 그보다 더 포착하기 힘든 실체인 "자본 스톡"의 수치를 뽑아서 이를 1820~70년의 50년 기간과 비교해 본다면, 아마도 그렇게 보일 것이다. 그러나 이 수치들은 좁은 의미의 생산을 높게 평가하고 무역을 낮게 평가한다는 점에서 편향되어 있다. 만일 우리가 반대 편향의 수치들을 선택해 1950~75년의 시기와 같은 길이의 시기인 1848~73년의 시기를 비교해 보면, 두 "황금기"의 성과는 그다지 달라 보이지 않을 것이다.

어쨌건 본 연구가 채택한 시각에서 보자면, 1950년대와 1960년대는 1850년대와 1860년대처럼 자본주의 세계경제의 또 하나의 실물적 팽창(MC) 국면이 된다. 즉 이 시기에는 잉여자본이 충분히 거대한 규모로 상품 교역과 생산에 다시 되돌아와서, 자본주의 세계경제의 개별 정부 조직 및 기업 조직들 사이에 새로운 협력과 분업의 조건들을 만들어 낸다. 확실히 잉여자본이 상품으로 전환되는 속도, 규모, 범위는 앞선 순환보다 미국 순환에서 더 거대했다. 그럼에도, 1950년대와 1960년대의 실물적 팽창 국면은 하나의 결정적 측면에서 앞선 실물적 팽창들과 유사했는데, 바로 그런 실물적 팽창의 전개 자체가 각 개별 정부 조직과 기업 조직에 두드러지게 경쟁 압력을 격화시켜, 그 결과 화폐자본이 대규모로 교역과 생산에서 철수하였다는 점이다.

교체가 발생한 것은 결정적 시기인 1968~73년이었다. 바로 이 시기에 이른바 유로달러 또는 유로통화시장의 예치금이 급격히 늘어나, 그 후 20년간 폭발적으로 성장하게 되었다. 그리고 바로 이 6년의 시기에, 실물적 팽창 국면 전체에 힘을 발휘한 바 있던 주요 국가 통화들과 미국 달러 사이의, 그리고 미국 달러와 금 사이의 고정비율체계가 폐기되고 신축적 환율체계 또는 변동환율체계가 등장하였다. 이렇게 등장한 체계를 어떤 이들은 체계로 보지 않고, 앞서 존재하던 체계의 위기 때문에 채택된 형태로 간주한다(예를 들어 Aglietta 1979b: 831).

이는 서로 구분되지만 상호 강제하는 발전들이었다. 한편에서 점점 더 많은 세계 유동성이 어떤 정부의 통제도 받지 않는 예금으로 축적되자, 정부들은 국내경제의 결핍이나 범람에 대처해 역외시장의 유동성을 끌어들이거나 배출할 수 있도록 자국 통화와 이자율을 조종하라는 압력을 받았다. 다른 한편 주요 국가 통화들 사이에서 환율이 계속 변동하고 이자율 격차가 지속적으로 변동하자, 통화 거래와 투기를 통해 역외 화폐시장의 자본이 팽창할 수 있는 기회가 증폭되었다.

이렇게 상호 강제하는 발전들의 결과, 1970년대 중반이 되면 역외 화폐시장에서 이루어지는 순 화폐 거래의 총량이 이미 세계무역액을 여러 배 초과하였다. 그 후 금융적 팽창은 중단시킬 수 없는 것이 되었다. 한 추계에 따르면, 1979년에 외환 거래액은 17조 5천억 달러에 이르러, 세계무역 총액(1조 5천억 달러)의 11배 이상이 되었다. 5년 후에는 외환 거래액이 35조 달러로 눈덩이처럼 불어나, 세계무역 총액의 거의 20배에 이르렀는데, 후자는 늘어나기는 했어도 겨우 20% 증가했을 뿐이었다(Gilpin 1987: 144). 또 다른 추계에 따르면, 런던 유로달러시장의 거래액만도 1979년에 세계무역 총액의 6배였는데, 7년 후에는 25배까지 늘어났다(Walter 1991: 196~7).

길핀이 주장하듯(Gilpin 1987: 144), "혁명"은 이런 세계적 경제 환경의 변화를 특징짓는 용어로 너무 어감이 강하지는 않을 것이다. 앤드루 월터는 이것이 실로 특징을 보여 주는 가장 적절한 표현이라는 데 전혀 이견이 없었다(Walter 1991: 200). 그의 견해에 따르면,

> 지난 수십 년의 가장 놀라운 점은 주요 국가들 사이의 자본 흐름의 자유화와 유로시장의 놀라운 성장인데, 유로시장은 1960년대 이래 매년 30% 이상씩 성장하였다. 이것이 전지구적 무역과 산출물 성장을 너무나 앞질러서, 금융적 흐름은 이제 양적인 측면에서 국가들 사이의 실질적 흐름을 그야말로 지배하고 있다.

이런 변화를 그는 "전지구적 금융혁명"이라고 부른다.

전지구적 위기의 동역학

이렇게 우리는 1970년경부터 세계자본주의에 의해 추진된 혁명적으로 보이는 변환으로 돌아왔다. 본 연구가 채택한 관점에 따르자면, 1970년대와 1980년대의 금융적 팽창은 세계적 규모에서 자본축적과정의 실로 지배적 경향으로 보인다. 그러나 이는 결코 "혁명적" 경향으로 보이지는

않는다. 이런 종류의 금융적 팽창은 14세기 이래 모든 주요한 세계적 무역과 생산의 팽창들이 다양하게 수반한 경쟁 압력의 첨예화에 대한 자본의 특징적 대응으로서 되풀이되어 왔다. 물론 현재 금융적 팽창의 규모와 범위, 그리고 그 기술적 복잡성은 앞서의 금융적 팽창에 비해 훨씬 거대하다. 그러나 규모와 범위, 그리고 기술적 복잡성이 더 거대하다는 것은 세계적 규모의 자본축적의 주도적 수행자로서 정부 조직과 기업 조직들이 훨씬 더 강력한 블록 형성을 향해 나아간다는, 역사적 자본주의의 장기 지속의 잘 수립된 경향이 지속됨을 보여 줄 따름이다.

이처럼 더욱 강력한 블록이 형성되는 것은 늘 앞선 지배적 블록의 위기와 모순의 필수적 측면이었다. 따라서 우리는 현재 진행되고 있는 세계 자본주의 변환의 논리를 파악하기 위해 현재 해체되고 있는 미국체제의 위기와 모순에 초점을 맞춰야 한다. 이는 최근 소련 공산주의에 대한 미국 자본주의의 승리가 함의하는 것보다 훨씬 더 나아간 것이다. 이런 승리는 점점 더 모든 지배적 축적체제의 신호적 위기와 최종적 위기 사이에 통상 개입되어 온 또 한 번의 "경이적 순간"처럼 보인다. 미국체제의 벨에포크——레이건 시대——는 앞선 어떤 체제보다 더욱 신속하게 왔다가 물러갔고, 앞선 신호적 위기에 깔려 있던 모순을 해소하기보다 심화시켰다.

미국체제의 위기가 도래했음을 알린 것은 1968년과 1973년 사이 서로 구분되면서도 밀접하게 연관된 세 개의 영역이었다. 군사적으로, 미군은 베트남에서 훨씬 더 심각한 곤경에 처했다. 금융적으로, 미국 연방준비제도는 브레턴우즈에서 수립된 세계화폐의 생산 및 조절 양식을 유지하기가 어렵고 나아가 그 유지가 불가능함을 깨닫게 되었다. 이데올로기적으로, 미국 정부의 반공십자군은 국내와 해외 모두에서 정당성을 상실하기 시작하였다. 위기는 급속히 악화되었고, 1973년에는 모든 전선에서 미국 정부가 퇴각하였다.

　1970년대의 나머지 시기에 미국 국가 전략의 특징은 세계정부 기능을 기본적으로 무시하는 것이 되었다. 마치 미국 내 통치집단들이 세계가 미국에 의해 지배될 수 없기 때문에 스스로 관리되도록 내버려 두려고 결심한 것 같았다. 그 결과 이란혁명과 1980년 인질 위기를 겪으면서, 전후 세계질서를 통해 형성된 상태가 불안정해졌고, 미국의 권력과 위신이 급속히 쇠퇴하였다.

　미국 중심의 자본주의 세계경제가 현 국면에서 금융적 팽창의 이륙을 한 것은 이런 위기의 필수적이자 초기적 측면이었다. 그 이륙은 1968년 시작되었는데, 이는 런던 중심의 유로달러시장에 확보된 유동성 기금이 급격히 폭발적인 가속도를 붙이며 성장을 경험한 때였다. 이런 폭발적 성장의 결과, 1971년이 되면 미국 정부는 금-달러 교환 본위의 신화를 포기해야 했고, 1973년이 되면, 1950년대와 1960년대의 실물적 팽창 국면 중에 고도금융을 지배해 온 고정환율제 체제에 대항해 고조되고 있던 투기 물결을 억제하는 싸움에서 미국 연방준비제도 및 그와 연합한 중앙은행들이 패배했음을 인정하지 않을 수 없게 되었다. 그 후로 시장──즉 주로 유로달러시장──이 각국 통화 간의 그리고 각국 통화와 금 사이의 가격을 고정시키는 과정의 집행자가 되었다.

　유로달러 또는 유로통화시장의 형성은 미국 축적체제 팽창의 의도하지 않은 산물이었다. 맹아적인 "달러 예치시장"은 처음에 냉전의 직접적 결과로 1950년대에 등장하였다. 공산주의 국가들은 서방과의 무역을 위한 달러수지 계정을 유지해야 했으나, 미국 정부의 동결을 감수하면서 이 예치금을 미국에 맡겨 두는 모험을 감행할 수는 없었다. 이 수지계정은 이렇게 주로 런던에 있는 유럽 은행들에 예치되었고, 처음에 이 기금은 다시 미국 은행들에 재예치되었다. 그러나 곧이어 영국 은행들은 이 기금을 유로통화라고 알려진 형태——즉 "법화(法貨)의 지위를 갖는 국가 밖에서 보유되고 사용되는" 통화——로 보유하는 이점을 깨닫게 되었다 (Versluysen 1981: 16, 22).

미국 법인자본이 1950년대 말 1960년대 초 대량으로 유럽으로 옮겨가지 않았더라면 공산주의의 달러 수지계정은 매우 적었을 것이고 유로통화시장은 세계금융에서 지배적 요인이 되지 못했을 것이다. 대형 미국 초국적체들은 뉴욕 화폐시장의 가장 중요한 예치자에 속했다. 따라서 역외 금융이 제공하는 저비용과 더 큰 행동의 자유를 이용할 뿐 아니라, 예치의 큰 손실을 회피하기 위해서라도 뉴욕의 최대 은행들이 즉각 유로달러시장에 뛰어든 것은 매우 당연한 일이었다. 이 은행들은 그렇게 행동했고, 1961년이 되면 유로달러 사업의 50%의 지분을 차지했다(de Cecco 1982: 11).

이렇듯, 브레턴우즈에서 수립된 고정환율제에 맞추어 세계화폐의 공급을 조절하는 중앙은행들 체계의 통제권을 넘어서는 조직구조가 실제 전개되었다. 거대한 미국의 금 보유와 상당한 규모의 미국 국제수지 흑자가 이 고정환율제를 지탱해 주는 한, 유로달러시장의 발전은 미국 정부의 대내외적 권력추구를 가로막기보다 오히려 도왔다. 이는 세계화폐로서 달러의 역할을 강화시켰고, 미국 법인자본의 전지구적 팽창을 쉽게 해주었으며, 또한 유럽 내 차입을 통해 이런 팽창이 금융적으로 자족적이 될 수 있도록 해주었다.

그러나 조만간 해외에서 미국 기업 활동과 유로통화시장이 결합해 팽창하자, 이는 미국 권력의 국가적 기틀과 모순 관계에 들어서지 않을 수 없게 되었다.

도표 18. 미국 금 보유량과 단기 부채, 1950~72(단위 : 십억 달러)

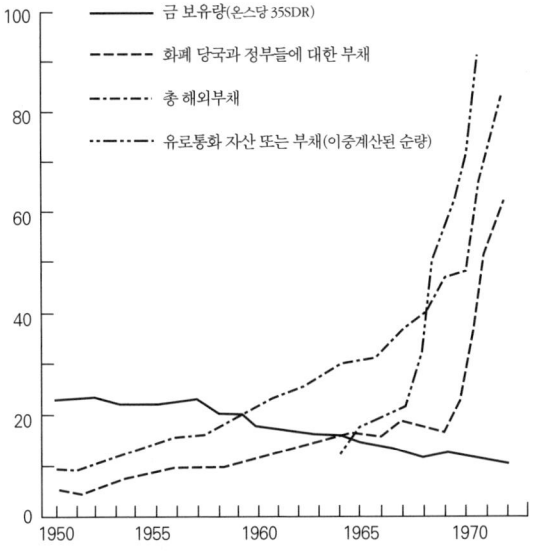

출처 : Walter(1991 : 167, 182)

미국 국제금융의 재활성화는 이를 가능하게 해준 정치적 협약을 침식하는 위협이 되었다. 제2차세계대전 이후 국제경제 통합에 대한 국내 정치 세력의 반발은 두 가지 이유에서 거부된 바 있다. 첫째로, 경제적 국제주의가 국가 안보에 핵심적이라고 제시되었다. 둘째로, 경제적 국제주의가 국내 번영에 필수적이라고 제시되었다. 1960년대 초에 국제금융 통합은 국가 안보와 국내 번영 모두와 갈등을 일으키기 시작하였다. (Frieden 1987 : 83)

갈등이 처음 출현한 것은 1963년으로, 이 해에 케네디 정부는 해외 공공기관과 사적기관에 대한 미국의 부채가 미국 금 보유 감소에 미치는 압력을 해소하기 위해, 미국의 해외 대출과 투자를 제한하였다. "외국인"—확실히 그 중 알려지지 않았지만 무시할 수 없는 비중이 해외 은행과 역외 은행들에 보유하고 있는 미국 기업들의 달러 수지계정으로 구성되어 있었다—에 대한 미국의 부채 총액은 이미 1950년대 말부터 미국 금 보유고를 넘어서기 시작하였다. 그러나 〈도표 18〉에서 보듯이, 1963년경에 미국의 금 보유고는 심지어 해외 화폐 당국들과 정부들에게 진 부채에도 훨씬 미달하기 시작하였다. 이는 즉각 정부 간 권력관계에 영향을 주기 때문에, 훨씬 심각한 일이었다.

미국의 사적인 해외 대출과 투자를 엄격하게 관리하여 문제를 해결하려 한 케네디 정부의 시도는 역습을 맞았다. 체이스맨해튼은행의 유진 번바움이 설명했듯이,

국제 달러 조달시장은 뉴욕에서 유럽으로 이동하였다. 앞서 미국 정부기구가 관리하는 규제 가이드라인 하에 있던 해외 달러 대출이 간단하게 그 지배권역에서 벗어났다. 그 결과 **어떤** 국가나 행위자의 규제 권위에서도 벗어난 엄청난 유동성 기금과 시장—유로달러 금융의 세계—이 형성되었다.(Frieden 1987 : 85에서 인용; 강조는 원문)

〈도표 18〉에서 보듯이, 이처럼 유로달러시장에 유동성 기금이 엄청나게 몰려들어 참으로 폭발적이 된 것은 겨우 1968년부터였다. 그렇다면 연이어 제기되는 질문은, 전후 세계화폐질서를 급격히 불안정하게 만들고 결국 붕괴에 이르게 한 단일의 가장 중요한 요인이 된, 이런 급속한 폭발은 왜 일어났는가 하는 것이다. 이 시기 미국의 초국적기업들이 아마도 유로달러시장의 가장 중요한 예치자였기 때문에, 그 폭발은 그 기업들의

자기 팽창 조건들의 변화로 추적해 가야만 한다.

1968년경 이런 조건들은 사실 매우 급격히 바뀌었다. 10년 이상 동안 미국의 해외 직접투자는 매우 빠르게 성장하여, 1950년대 중반을 1960년대 중반과 비교해 보면 두 배 이상 증가하였는데, 반면 이와 더불어 유럽의 해외 직접투자가 성장하여, 그 규모는 보잘것없던 수준에서 벗어나 엄청나게 커졌다(〈도표 19〉). 이런 급성장은 미국 이미지에 따른 유럽의 재구성과 또 이와 동반한 아시아와 아프리카의 탈식민화를 통해, 미국 법인자본의 초민족적 팽창을 위해 새로운 경계들이 개방되었음을 드러내 주었다. 그러나 이런 급성장은 또한 이런 새로운 경계들을 점진적으로 봉쇄시킨 요인이기도 했다.

19세기 세계시장경제의 붕괴로부터 출현한 가족·국가 자본주의 혼합물이 서유럽 국가들과 그 구식민지들의 무역과 생산을 조직하는 한, 미국 법인자본은 직접투자와 생산 및 교환의 매개적 하위공정들에 대한 수직적 통합을 통해 최종 산출물을 위한 시장과 1차 투입물 원천을 장악하는 데서 결정적인 경쟁우위를 확보하고 있었다. 그러나 유럽과 구식민지의 무역과 생산의 점점 더 많은 부분이 그렇게 정복되고 재편되자, 미국 법인기업들이 서로에 대해 만들어 낸 조직적 진입장벽들 때문에 이들의 더 한층의 팽창은 훨씬 더 심하게 제약받게 되었다. 설상가상으로, 적극적인 정부 지원을 받는 유럽 사업체들은 이런 제2차 "미국 침공"(제1차 침공은 반세기 전에 일어났다고 기억될 것이다)이 부과한 도전에 열성적으로 대응하여, 미국의 노선에 따라 사업 방식을 재편하고 점점 더 대규모로 해외 직접투자를 수행하였다.

생산과 무역에 대한 투자의 기하급수적인 성장은 앞선 모든 자본주의 세계경제의 실물적 팽창 국면들보다 훨씬 더 빠르게 그 팽창을 주도한

도표 19. 기원지 지역별 배분으로 본 선진 시장경제 국가들의 해외 직접투자 유출액, 1950~83(단위 : 1975년 가격과 미국 환율 기준 십억 달러)

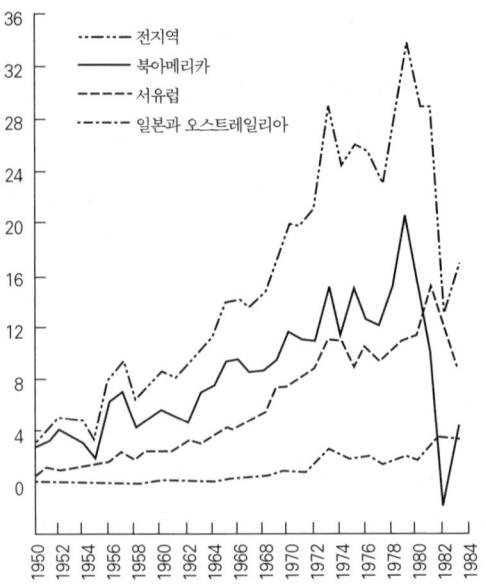

출처 : Dunning(1988: 91)

사업 수행자들에 대한 경쟁 압력의 강화로 귀결되었다. 앨프리드 챈들러가 지적하듯이(Chandler 1990: 615~6), 세르방-슈레베르가 "미국의 도전"이라는 유령 —금융적 또는 기술적 도전이 아니라 조직적 도전으로, "우리에게 아직도 수수께끼인 **조직**이 유럽으로 확장된 것"(Servan-Schreiber 1968: 10~1) —을 환기시킨 시기가 되면, 점점 더 많은 수의 다양한 유럽 회사들이 오래 기득권을 지녔던 미국 법인기업들의 도전에 효과적으로 대응하고, 또 심지어 미국 국내시장에서조차 스스로 그 법인기업들에 대한 영향력 있는 도전자가 될 수단과 방법들을 찾아내었다. 한동안 미국 시장에서 미국 법인자본에 대한 유럽의 도전은 여전히 직접투자보다는 주로 상품 수출에 기반하고 있었다. 그러나 〈도표 19〉에서 보듯이, 1967년과 1974년 사이에 전체 해외 직접투자에서 차지하는 미국의 비중은 급격히 줄어들었다.

미국 법인기업들은 유럽 법인기업들이 전세계적인 자원과 시장의 지배에서 직접투자를 통해 그들을 앞서 가도록 허용하면서 가만히 서서 기다릴 수는 없었다. 스티븐 하이머와 로버트 로손은 "따라서 우리는 미국 법인기업과 비미국 법인기업들이 세계적인 시장지위를 확립하고 자신을 상대로부터 보호하기 위해서 노력함에 따라, 다가오는 10년에 격렬한 다민족화(거의 자본도피에 해당하는)의 시기가 올 것임을 예측할 수 있을 것이다"라고 썼다(Hymer and Rowthorn 1970: 81). 하이머와 로손의 예측은 1970년대에 완전히 실현되었다. 확실히 1979년 이후에 해외 직접투자 붐은 붕괴했는데, 이는 우리가 앞으로 살펴보겠지만 매우 중요한 사건이었다. 그러나 이 붕괴는 미국의 해외 직접투자가 다시 크게 부흥한 직후에 발생했는데, 이로써 1960년대 말 1970년대 초 미국의 비중 침식은 일시적으로 반전되었다(〈도표 19〉). 전반적으로 1970년과 1978년 사이에 미국의 해외 직접투자 **누적**액은 두 배 이상 증가한 반면(780억 달러에서 1,680억 달러로), 비미국(주로 유럽)의 해외 직접투자 누적액은 세 배 이상으로 늘어(720억 달러에서 2,320억 달러로), 전체에서 차지하는 비미국의 비중이 48%에서 58%로 증가했다(Kirby 1983: 23에서 계산).

이런 미국과 비미국 자본의 격화된 초민족화는 1차 투입물 구매가격에 대한 강한 인상 입력이 작동하는 맥락에서 발생하였다. 1968년에서 1973년 사이 이런 인상 압력의 주된 표현은 E. H. 펠프스 브라운이 적절하게 불렀듯이 "급여 폭등"(Phelps Brown 1975)이었다. 서유럽과 북아메리카에서 실질임금은 1950년대와 1960년대에 걸쳐 계속 상승해 왔다.

그러나 1968년 이전에 실질임금은 노동생산성보다 더 천천히 오르거나 (서유럽) 거기에 맞추어서 오른(미국) 반면, 1968년에서 1973년 사이에는 실질임금 인상이 더 빨라서, 무역과 생산에 투자된 자본 수익이 크게 줄어들었다(Itoh 1990: 50~3; Armstrong, Glyn, and Harrison 1984: 269~76; Armstrong and Glyn 1986).

1973년 말 첫번째 "오일 쇼크"에서 마찬가지로 특정 1차 산품 구매 가격에 대해 강력한 인상 압력이 실현되었을 때, 급여 폭등은 아직도 한참 진행 중이었다. 1970년과 1973년 사이 이런 인상 압력은 이미 OECD 국가들이 수입하는 원유 가격을 두 배나 올려 놓았다. 그러나 1974년 한 해에만 원유 가격이 세 배 뛰어, 수익성의 위기를 더욱 심화시켰다(Itoh 1990: 53~4, 60~8, and 표 3.3).

증거들을 검토한 후 이토 마코토는 다음과 같이 결론내렸다(Itoh 1990: 116). "거시경제 정책의 잘못된 관리보다는, …… 노동인구와 1차 산품 양자의 비탄력적 공급 대비 자본의 과잉축적이 …… 현재의 대불황을 촉발시킨 훨씬 더 근본적 이유였다." 사실 1960년대 말 1970년대 초 미국 축적체제의 신호적 위기가 정부 자체의 지출을 통해 사적 투자 부족분을 보충하려 한 각국 정부들 — 특히 미국 정부 — 의 실패 때문이라기보다는 주로 상품에 투자하려는 자본의 과잉 때문이었다는 것은 의심할 여지가 없다. 그 신호적 위기가 촉발되었을 때, 미국 정부의 군사 케인스주의와 비군사 케인스주의 모두 국내외에서 제대로 작동하고 있었고, 자본주의 세계경제를 지속시키는 실물적 팽창을 유지하는 데 필요한 모든 유효수요를 창출해 내고 있었다.

이 모든 것을 인정하더라도, 그럼에도 1968년부터 세계경제에 주입된 구매력이 1950년대와 1960년대 초에 그랬듯이 세계무역과 생산의 성장으로 귀결된 것이 아니라, 세계적 규모의 비용 인플레이션과 역외 화폐시장으로의 대대적 자본 도피로 귀결되었다는 점을 강조해 두어야 한다. 정부가 주도한 세계 구매력 팽창의 이런 "도착적" 효과는 거시 경제 정책을 잘못 관리해서가 아니라 미국 법인자본의 초민족적 팽창과 미국 세계권력의 민족적 기반 사이의 기본 모순이 출현했기 때문이었다.

앞서 살펴보았듯이, 미국 법인자본은 자본주의 세계경제의 실물적 팽창의 전후 국면을 이끌어 가지 않았다. 그것을 이끈 것은 미국 정부의 전지구적 군사 케인스주의였다. 그렇지만 미국 법인자본의 초민족적 팽창은 미국 정부의 세계권력 추구에서 결정적 수단이자 매우 중요한 산물이기도 했다.

> 달러의 국제적 지위, 그리고 핵 우위와 더불어 초국적기업은 미국 헤게모니의 초석이 되었다. 미국 권력의 이 세 요소들은 서로 상호작용하면서 서로를 강화시켰다. …… 제2차세계대전 이후 부상한 미국의 정치적·군사적 우월성은 미국 초국적기업이 세계경제에서 지배적 지위를 차지하기 위한 필수적 전제 조건이었다. 그러나 그 반대도 사실이어서, 기업의 팽창은 다시 미국의 국제 정치적·군사적 지위에 대한 지지물이 되었다. (Gilpin 1975: 140)

미국 정부 권력망의 전지구적인 팽창을 미국 법인기업 축적망의 초민족적인 팽창과 연결짓는 상보성의 관계가 이해관계의 갈등과 모순을 배제한 것은 아니었다. 길핀이 지적하듯이(Gilpin 1975: 145), 이해관계의 최대 갈등은 1950년대와 1960년대를 통해 미국 정부의 대일본정책에서 발견된다. 국가 안보의 이해관계 때문에, 미국 정부는 일본이 자국 국내시장에 수출하도록 촉진하였고, 더욱이 대 일본 투자에서 미국을 배제―이 배제 때문에 일본시장에 접근하려는 미국 법인기업들은 일본 법인기업들에게 자기 기술의 라이센스를 주어야만 했다―하도록 용인하였다. 미국 정부는 베트남 철수와 중국과의 해빙 이후에 비로소 일본의 무역과 투자 정책에 대한 미국 법인기업들의 불평에 좀더 반응을 보이게 되었다.

그러나 아이러니하게도, 미국 정부의 권력추구와 미국 법인 사업의 초민족적 팽창 사이의 가장 심각한 모순이 전개된 곳은 그 상보성의 최약지점(동아시아)이 아니라 그 최강지점(서유럽)이었다. 여기서 미국 정부는 마셜 플랜과 재무장이라는 수단을 활용하여 유럽 국가 각각의 국내경제들을 단일시장으로 통합하였고, 형성되고 있던 공동시장에서 미국 자회사들이 "유럽" 법인기업들로 대우받을 수 있도록 요구했다. 이런 정책들 덕에 유럽은 신속하게 미국 초국적기업의 초민족적 팽창을 위한 가장 비옥한 토양이 되었고, 이런 팽창은 이어서 서유럽을 미국의 통치·축적 체제 속에 더욱 공고하게 통합시켰다.

길핀의 관점에서 보자면(Gilpin 1975: 141), 미국 정부 기구와 기업체 사이의 이런 상보적 관계는 "17세기와 18세기 세계경제를 지배한 영국 정부와 상업기업들 사이의 관계와 다르지 않다." 이런 유사성을 관찰하고서 길핀은 다음과 같은 카리 레빗의 주장을 긍정적으로 인용한다.

원료 채취와 제조업 제품 공급 조직 분야에서 미국에 기반을 둔 거대 다국적기업 자회사와 지사들이 앞선 시기 유럽에 기반을 둔 상인 모험 기업들의 활동을 대체하였다. 새로운 중상주의에서는 옛 중상주의에서처럼, 거대도시에 기반한 법인기업이 직접 기업가 역할을 수행하여 그 투자로부터 "모험사업 이윤"을 획득한다. 이 법인기업은 거대도시에 필요한 원료를 수집하고 채취하는 일을 조직하며, 배후지에 제조업 제품 — 국내에서 생산된 것이건 투자국 "현지"에서 생산된 것이건 — 을 공급하는 일을 맡는다.(Levitt 1970 : 23~4)

앞서 주장했듯이, 20세기 초국적기업과 앞선 세기들의 공인합자회사 사이의 유비는 중요하지만 이를 과장해서는 안 된다. 현재의 목적에서 살펴본다면, 두 종류의 기업 조직 사이의 차이는, 공인합자회사가 국가 권력의 매우 순응적 팽창수단이었던 데 비해, 20세기 초국적기업은 그렇지 않다는 점이다. 국가 권력의 순응적 수단이기는커녕, 초국적기업은 곧바로 그 권력의 가장 근본적 한계로 전환되었다.

이런 차이를 더 잘 살펴보려면, 제2차세계대전 후 서유럽이 미국 권력망 속에 편입된 것과 18세기 말 19세기 초 인도 아대륙이 영국의 권력망 속에 편입된 것을 비교해 보는 것보다 더 나은 것은 없다. 후자의 편입은 남부 아시아를 영국의 상업적·영토적 팽창에 개방시키기 위해 영국 정부가 허가한, 부분적으로 정부 기업이자 부분적으로 사업 기업인 단일 기업(동인도회사)의 과업이었다. 그 기업은 대가로 무역 특권을 받았지만, 이는 영국 정부가 필요하다고 생각할 때는 언제든 철회될 수 있는 것이었다. 동인도회사는 그 제도적 임무를 훌륭하게 완수했지만, 그 임무를 완수하자마자 그 무역 특권은 하나씩 철회되어 마침내 존재가 사라져 버렸다. 이렇게 영국 정부는 영토 제국과 공납원을 물려받았으며, 그것이 없었다면 런던은 세계금융 우월성을 그토록 절대적으로 그리고 그렇게 오래 재생산할 수 있는 위치에 서지 못했을 것이다.

이에 비해 제2차세계대전 후 미국 국가의 권력망 속에 서유럽을 편입시킨 것은 미국 정부 자신이었다. 일단 정부의 행위가 미국 법인기업을 수익성 있게 이식하기 위한 기반을 마련해 주자 미국 법인기업들이 대대적으로 유럽을 침공하였지만, 미국의 우위를 공고화하는 역할은 유럽 시장과 노동력의 핵심 구성요소를 그 기술구조 속에 내부화하는 것으로 국한되었다. 비록 미국 정부가 미국 법인기업들의 해외 자회사를 미국 무역법들 아래 복속시키고 미국 자본의 유출을 규제하는 발걸음을 걸어, 미국 사업의 이런 유럽 토양으로의 이식에 대해 다소 통제권을 확보하려 했지만, 그 이식은 거의 즉각적으로 고유의 동학을 발생시켰는데, 미국 정부는 혼자 또는 유럽 정부들의 협조를 얻더라도 이를 통제할 수 없었다. 설상가상으로, 이 동학이 자율적이 될수록, 세계화폐에 대한 조절과 생산에서 차지하는 워싱턴의 중심성은 더욱 침식되었다.

세계 유동성에 대한 통제권을 사적 수중에서 공적 수중으로 이전한 것, 그리고 그 통제권을 런던과 뉴욕에서 워싱턴으로 이전한 것은 루스벨트 대통령과 헨리 모겐소 하에서 실현되었는데, 이는 이어서 전개된 전지구적 케인스주의를 위한 필수 조건이었으며, 이 전지구적 케인스주의를 통해서 미국 정부는 1930년대와 1940년대의 체계의 카오스를 1950년대와 1960년대의 미소 공동의 질서 잡힌 세계권력 지배로 전환시켰다. 그러나 미국 법인자본이 이런 변환을 통해 개방된 새로운 경계들을 점령하는 데로 나아가자, 세계 유동성에 대한 통제권은 다시 공적 수중에서 사적 수중으로, 워싱턴에서 런던과 뉴욕으로 되돌아가기 시작했다. 앤드루 월터가 지적하듯이(Walter 1991: 182), "런던은 국제 금융 사업 중심지의 위치를 되찾았지만, 이 사업은 달러를 중심으로 했고, 주요 선수들은 미국 은행과 그 고객들이었다."

세계화폐의 생산과 조절에서 사적 고도금융이 부흥한 데 대한 미국 정부의 즉각적 반응은 세계 유동성의 공급에서 워싱턴의 중심성을 대대적으로 재확인한 것이었다. 주요 국제 보유통화이자 교환의 매개로서 달러를 대체할 가용한 대안이 없었기 때문에, 금-달러 본위제의 폐기는 순수한 달러 본위제의 수립으로 귀결되었다. 세계화폐로서 미국 달러의 중요성은 줄어들기보다 늘어났고, 예전에 비공식적으로 존재했던 것이 이제는 공식적으로 수립되었다(Cohen 1977: 232~8).

1973년에서 1978년까지 5년여 동안, 이런 순수 달러 본위제는 미국 정부에게 세계화폐의 생산에서 전례 없는 행동의 자유를 부여해 준 것처럼 보였다.

> 변동환율제는 …… 그 원천이 무엇이건 간에 미국 정부에게 국제수지 적자를 통제할 필요성을 없애 주었다. 왜냐하면 미국은 이제 비태환 달러를 국제 유통에 무제한 배출할 수 있었기 때문이다. 따라서 미국은 재화 생산의 경쟁력을 회복하기 위해 계속해서 달러를 평가절하하는 반면, 더 이상 자본수지 적자를 벌충하기 위해 경상수지 흑자를 유지해야 하는 문제에 빠져들지 않게 되었다. …… 실제적으로, 미국의 국제수지 결제 문제는 간단하게 사라져 버렸다. (Parboni 1981: 89~90)

물론 계속되는 유로달러시장의 팽창은 추가적인 세계화폐의 원천을 창출해 냈는데, 미국 정부는 이를 통제하지 못했지만 다른 정부들은 이를 타진해 볼 수 있었다. 그럼에도 유로달러시장에서의 치입은 신용도라는 조건들에 종속되었는데, 이 조건들에는 보통 국제수지 적자가 나지 않도록 제약하는 것과 가능한 건전화폐를 고수하지 않는 것 등이 포함되었다. 미국만이 "단순히 그 자신의 통화를 발행함으로써, 나머지 세계의 자원들을 제약 없이 타진해 볼 수" 있었다(Parboni 1981 : 47).

곧 보게 되겠지만, 미국의 발권 특권은 1970년대에 생각한 것만큼 무제한적인 것은 아니었다. 그러나 이 특권은 세계시장과 1차 산품 원천을 놓고 벌어진 격화된 자본 간 투쟁에서 미국 정부와 미국 사업에게 몇 년간 주요한 경쟁우위를 제공해 주었다. 느슨한 미국 화폐 정책 덕에 해외 에너지원이 미국시장으로 방향 전환될 수 있어 미국 생산품에게 국내외의 출구를 만들어 준 반면, 유럽과 일본의 경쟁자들은 희생되었다. 게다가 미국시장은 직접투자와 해외 대출을 통해, 미국 사업이 그 초민족적 팽창의 계기를 지속해 가는 데 필요한 모든 유동성을 제공하였다.

첫번째 우위는 서유럽과 일본 경제의 외향성에 비해 미국 국내 경제가 자기중심성을 갖는다는 점과 밀접한 연관성이 있었다. 수출입 총액을 국민소득으로 나눈 것으로 측정한 이들 주자들의 해외무역에 대한 의존도는 미국보다 세 배 이상 컸다. 미국 자신이 주요 산유국인 데 비해 일본과 서유럽 나라들(나중에는 노르웨이와 영국은 예외가 되었다)은 그렇지 않았기 때문에, 물론 해외 에너지원에 대한 의존도의 차이는 훨씬 컸다. 석유와 석유 산품에 대한 미국의 순수입이 1960~9년의 일일 210만 배럴에서 1973~8년 690만 배럴로 크게 팽창하도록 자극받은 결과, 느슨한 미국의 화폐 정책은 공급처를 미국 경제로 전환하고 그에 의해 서유럽과 일본 경제에 대한 경쟁 압력을 격화시키는 경향이 있었다. 이런 경향은 "이중 가격" 정책에 의해 강화되었는데, 이 정책으로 미국 정부는 1972년에 이미 가동 중이던 유정에서 추출되는 국내 석유 가격에 상한선을 부과하였다. 그 결과, 1979년 전반부가 되면 미국에서 평균 석유 비용은 세계시장 가격 수준의 40%에 훨씬 못미쳤다(Parboni 1981: 34~5, 53~4).

이런 비용우위는 미국 화폐 정책의 자유주의적 팽창이 만들어 낸 달러의 연이은 평가절하라는 수익우위와 혼합되었다. 이런 평가절하 덕에, 해외시장에서 미국 제품 가격이 싸지고 미국시장에서 외국산 제품이 더 비싸져, 미국의 수출과 소득이 증가했다. 미국보다 더 외향적인 경제 — 19세기 영국처럼 — 에서라면, 국가 통화의 평가절하에 함축된 수입 가격의 증가가 국내 생산비용 따라서 수출 가격을 인상시키게 되어 평가절하에 함축된 가격 인하를 상쇄하게 될 것이다. 그러나 미국 국내경제의 자기중심성 때문에, 다른 통화에 대한 달러의 평가절하는 미국 생산과 부가가치에 끼치는 일시적이나마 강력한 긍정적 영향력이 보증해 주었다. 그 결과 1973~9년 시기에, 서유럽 대비, 그리고 그보다 덜하지만 일본 대비 미국경제의 상대적 성과는 상당히 개선되었다(Parboni 1981: 3~4장; Calleo 1982: 139; Strange and Tooze 1982; Boltho 1993).

이런 개선된 성과가 미국 축적망의 전지구적 범위의 수축과 결합되지는 않았다. 반대로, 앞서 지적했듯이, 외국인 직접투자 총액에서 미국 비중이 감소되던 추세는 1974년에서 1979년 사이에 반전되었다. 여기에 우리는 산술 불가능하긴 하지만 이 시기 역외시장에서 미국 은행들의 팽창이 아마도 엄청났을 것이라는 점을 덧붙여야 한다. 1974년 1월에 해외 자본 이동에 대한 모든 통제가 완전히 폐지된 데 힘입어, 미국 화폐 당국이 방출한 달러의 과잉공급은 국내에서뿐 아니라 해외에서도 미국 자본의 자기 팽창수단을 제공해 주었다.

미국 정부의 행동의 지유기 무제힌적인 것은 아니었다. **변동환율제**로 이동하자 미국 정부는 앞서 고정환율에 대한 몰입에 내재적이던 국제수지 제약에서 풀려났다. 그렇지만 이 때문에 새로운 제약이 부과되었는데, 미국 정부는 세계화폐체계에서 차지하는 특권적 지위를 심각하게 손상시키지 않고서 오랫동안 이 제약을 무시할 수는 없었다.

우선, 고정환율제의 붕괴는 법인자본의 상업-산업 활동들의 위험성과 불확실성을 증가시켜, 금융적 팽창에 새로운 계기를 추가시켰다. 고정환율제 하에서 법인자본은 이미 통화 거래와 투기에 종사하고 있었다. "그러나 대부분 중앙은행이 떠맡은 환율 고정 임무 덕에 기업 재무관리자가 일상적 변동에 대해 걱정할 필요는 없었다"(Strange 1986: 11). 이와 대조적으로 변동환율제 하에서는 법인자본 자신이 일상적인 환율 변화에 대처해야 했다. 기업의 은행 계좌에 상이한 통화의 화폐가 드나들기 때문에, 법인기업들은 그들이 수령하고 지불할 것으로 예상되는 통화의 환율 변화 때문에 발생할 손실로부터 스스로를 보호하기 위해 통화 선물거래에 종사해야 했다. 더욱이, 상이한 나라들과 상이한 통화들에서 환율 변동이 기업의 현금 자금 잔고, 판매, 이윤, 그리고 자산의 변화폭을 결정하는 주요인이 되었다. 이런 변화폭의 위험을 분산시키기 위해, 법인기업들은 그들의 사업 활동을 더욱 지정학적으로 다각화하지 않을 수 없었다. 이렇게 해서 하나의 원환이 만들어졌는데,

> 변동하는 휘발성 있는 환율 때문에 다국적기업들의 위험부담이 커져, 이들은 그에 대응하여 훨씬 더 "다국적"이 되었다. 그러나 이러한 결과적인 장기 전략은 다시 환율 위험에 대한 위험분산의 단기적 필요를 늘리는 (경향이 있어서), 금융 카지노에서의 거래량을 훨씬 더 늘렸다. (Strange 1986: 12~3)

유로통화시장의 성장을 촉진하는 데서 이런 순환과정이 중요하긴 했지만, 변동환율제 하에서는 훨씬 더 강력한 원동력이 작동하게 되었다.

환율의 휘발성은 초국적기업의 금융뿐 아니라 정부——특히 매우 외향적 국내 경제를 통치하는 정부——의 금융에도 위험과 불확실성을 늘렸다. 다른 어느 정부보다 제3세계 정부들이 새로운 화폐체제 때문에 심각한 타격을 입었다. 수전 스트레인지가 주장하듯이(Strange 1986: 13), 휘발성 있는 환율은 "이동성이 큰 초국적기업보다 이들에게" 훨씬 더 위험과 불확실성을 증가시켰다. "적어도 초국적기업들은 다양한 제품, 다양한 나라라는 활동무대, 그리고 문제를 풀 고소득의 잘 훈련된 조세전문가와 재무관리자들이라는 군대를 갖추고 있다."

미국 달러(그들 수출 대부분의 가격이 매겨지는), 다른 주요 통화들(그들 수입 대부분의 가격이 매겨지는), 그리고 자국 통화들 사이의 환율 변동과 더불어, 제3세계 나라들의 수출 대금, 수입 지급액, 국민소득, 그리고 정부수입의 가치들이 모두 크게 요동쳤다. 사실, 1970년대 초 이래 이런 환율 변동은 자본주의 세계경제의 부가가치 계서제에서 제3세계 나라들의 위상을 결정하는 단일의 가장 중요한 요인이었다. 그러나 이들 대부분 나라들은 그런 부침의 위험을 분산시키는 데 필요한 금융 자원을 확보하지 못하였다. 따라서 그들이 유로통화시장의 "금융 카지노" 성장에 주로 기여한 것은 방정식의 공급항이 아니라 수요항이었다. 즉, 금융 위기를 선점하거나 활용할 목적으로 예치를 늘려서가 아니라, 금융 위기의 황폐화 효과를 상쇄할 기금을 요구함으로써였다.

1970년대 자본가 간 경쟁이 격화되자, 그럼에도 일군의 제3세계 국가들이 예탁지로 전환되었을 뿐 아니라 유로통화시장의 주 예탁자로도 전환되었다. 세계 에너지 공급을 둘러싼 싸움이 증폭되자, 미국·서유럽·일본의 정부 및 사업 기구들의 수중으로부터 마침 그들 지배권역 내에 대량의 경제성 있는 원유를 보유하고 있던 국가들로 잉여자본이 훨씬 더 대대적으로 이전되었다. 이런 거대하게 늘어난 "석유 지대"(oil rent)의 일부만이 그 수혜자에 의해 곧바로 생산적이거나 유용한 사업에 재투자될 수 있었기 때문에, 그 지대의 상당 부분은 상대적으로 고수익과 행동의 자유를 누릴 수 있던 유로통화시장에 "눌러 앉"거나 투자되었다. 이런 경향은 1970년대 초에 전개되기 시작했으며, 이 무렵 원유 가격은 몇 년만에 두 배로 뛰었다. 그러나 몇 달만에 원유 가격을 네 배로 뛰게 만든 1973년 말의 첫번째 오일쇼크는,

> 800억 달러의 "석유달러" 잉여를 은행이 재순환시키도록 하여, 금융시장의 중요성과 그 안에서 활동하는 기관들의 중요성을 증가시켰을 뿐 아니라, 이는 또한 소비국, 그리고 결국 생산국 양자 모두의 국제수지 잔고에 영향을 주는 새롭고 다소 결정적이며 통상 매우 예상할 수 없는 요인을 도입했다.(Strange 1986: 18)

물론 최대 석유 소비국은 주요 자본주의 국가들 자신이었다. 이 국가들이 국제수지 무역 흑자를 목표로 한 디플레이션 정책을 통하거나 또는 유로통화시장에서의 차입을 통해, 커지는 에너지 불확실성으로부터 그들 자신의 국내경제를 보호하려 한 것이 자본 간 경쟁을 더욱 격화시켰고, 진행 중인 금융적 팽창에 새로 기름을 부었다. 더욱이, 마르첼로 드 체코가 지적했듯이(de Cecco 1982: 12), 유로통화의 예탁자들의 성격이 주요 자본주의 국가들의 사적·공적 기관들에서 산유국의 사적·공적 기관들로 바뀜에 따라, 유로통화시장의 외향적 운동은 더욱 커졌다. 일단 고정환율제가 변동환율제로 대체되자, G10(가장 중요한 10대 자본주의 국가들)의 정부와 중앙은행들은 유로통화시장에 대한 다소 느슨한 통제를 수

립하려 하거나 적어도 이를 감시하려 했다. 이 목적을 달성하기 위해, 그들은 예전에 그랬듯이 그들의 공식 통화보유고의 원치 않는 잉여를 유로통화시장에 "눌러 앉히지" 않도록 하는데 동의했고, 그들의 지지 하에 영국은행에게 유로달러시장에 종사하는 은행들의 최종 대부자로서 활동할 권한을 부여했다. 영국은행이 이런 역량을 갖고 활동하려면, 사적 은행업에 대한 일정한 정부 규제가 도입되어야 했다. 그러나 바로 10년 전 뉴욕 은행들이 그들의 해외 활동을 규제하려는 케네디 정부에 대응해 규제 없는 런던 중심의 유로달러시장으로 활동을 옮겼던 것과 마찬가지로, 런던에 기반을 둔 확대된 유로달러시장을 좌지우지하는 미국 주도의 은행결사체는 1970년대 중반에 훨씬 더 관대한 G10의 규제 조치에 대응해, 대부분의 사업을 구 영국령에 자리잡고 있는 진정한 역외 화폐시장으로 이전시켰다.

다시 말하자면, 변동환율제가 고정환율제를 지양한 것은 세계화폐의 생산과 조절에 대한 최강 자본주의 국가들의 통제권 상실 경향을 견제하기보다 이를 가속화하는 결과를 낳았다. 이런 상황 하에 국내외에서 미국 자본의 자기 팽창을 지지하기 위해 순수한 달러 본위제의 출현을 활용하려던 미국 정부의 시도는 고도금융에서 워싱턴의 우월성을 되살리는 데 기여하지 못했다. 반대로, 이는 그런 우월성의 지지기반인 국가 중앙은행들 전체의 권력을 더욱 침식시켰다.

이렇듯, 1970년대의 느슨한 미국 화폐 정책은 미국 국내시장에서 원유 이중 가격제와 결합하고, 또 해외에서 미국의 사적 대출과 투지의 완전한 자유화와 결합하여, 역외 화폐시장의 폭발적 성장을 촉진시키는 경향을 강화하였다. 이 정책들은 미국 사업에게, 세계 에너지 공급의 확보 및 생산과 교환 과정의 초민족화에서 경쟁자를 압도할 수 있게 해줄 추가적인 금전적 수단과 유인을 제공함으로써, 유가 지대와 법인 현금 자금을 부풀려 유로통화 사업 팽창을 촉진시켰다. 그리고 이런 팽창이 이번에는 세계 인플레이션의 새로운 주요 원천이 되었다.

앞서 미국 이외의 나라들은 국제수지를 다소 균형 상태로 유지했어야 했다. 그들이 해외에서 지출하기를 원하면, 돈을 "벌어들여야" 했다. 이제 그들은 그것을 빌릴 수 있게 되었다. 유동성이 명백하게 무한히 팽창될 수 있게 되자, 지불능력이 있는 나라들로서는 더 이상 해외 지출에 대한 어떤 외적 제약도 없어졌다. …… 그런 상황에서 국제수지 적자는 더 이상 그 자체로 국내 인플레이션에 대한 자동 제어장치가 되지는 못했다. 적자 국가들은 마술적인 유동성 기계로부터 무한히 차입할 수 있었다. 많은 나라들이 …… 이렇게 미국과 함께 서서, 고유가에 대한 실질적 조정을 회피하였다. 놀라운 일이 아닌 것이, 그 십 년간 세계 인플레이션은 줄곧 가속되었고, 사금융체계 붕괴의 두려움이 점점 더 분명해졌다. 더 많은 부채가 "재연장되었고," 많은 빈곤국들이 점점 더 악명 높은 파산 상태에 처했다. (Calleo 1982: 137~8)

우리는 1970년대의 가속화하는 인플레이션과 점증하는 화폐적 무질서 아래에서, 모든 앞선 체계적 축적 순환의 신호적 위기들에 전형적인 동학이 새롭고 더 복잡한 형태로 나타남을 발견할 수 있다. 그런 모든 순환들에서처럼, 세계 교역과 생산의 급속한 팽창은 주도적 팽창 수행자들에 대한 경쟁 압력의 격화로, 그리고 결과적으로 자본 수익의 하락으로 귀결되었다. 그리고 힉스의 경구가 말해 주듯이, 앞선 모든 수익체감 국면들에서처럼, 교역과 생산의 더 한층의 팽창에 수익을 재투자하지 **말**

아야 할 것인가를 결정하는 것은 고수익을 회복하거나 유지시키는 조건이다.

1970년대 미국 화폐 정책은 그러는 대신 자본을 끌어들여 미국 중심의 자본주의 세계경제의 실물적 팽창을 지속시키려고 시도했다. 비록 그런 팽창이 일반적으로 법인자본에게, 그리고 특히 미국 법인자본에게 비용, 위험부담, 불확실성 증가의 주된 요인이 되었음에도 말이다. 놀라운 일이 아닌 것이, 미국 화폐 당국이 만들어 낸 유동성의 일부만이 새로운 교역과 생산 설비에서 출로를 찾아냈다. 대부분은 석유달러와 유로달러로 전환되었고, 이는 은행 간 사적 화폐 창출 기제를 통해서 여러 배로 재생산되어, 미국 정부가 발행한 달러의 경쟁자로 세계경제에 즉각 재등장했다.

최종적으로, 이처럼 사적 화폐와 공적 화폐 사이의 경쟁이 커지자 미국 정부나 미국 사업 모두 혜택을 입지 못했다. 한편에서 달러의 사적 공급이 팽창하자, 세계시장과 자원을 둘러싼 경쟁적 투쟁에서 점점 더 많은 국가군이 국제수지 제약으로부터 풀려났고, 따라서 미국 정부의 화폐 발행 특권이 침식되었다. 다른 한편, 달러의 공적 공급이 팽창하자, 안전하고 수익성 있게 재순환될 수 있는 것보다 훨씬 많은 유동성이 역외 화폐시장에 쏟아져 들어왔다. 따라서 이 때문에 유로통화 사업을 통제하는 미국 주도의 은행 결사체 구성원들은 서로 치열한 경쟁을 벌여, 신용이 있다고 보이는 나라들로 화폐를 쏟아부었고, 또 신용이 있는 나라로 판단하는 기준을 실로 낮추려 했다. 만일 너무 과도하게 쏟아부었다면, 이런 경쟁은 쉽사리 미국 정부와 미국 사업의 동반적 금융 붕괴로 귀결될 수도 있는 것이었다.

1978년이 되면, 미국 정부는 느슨한 화폐정책을 지속하여 유로통화시장을 통제하는 세계시민주의적 금융 공동체와의 대립을 파국으로 몰아갈지, 아니면 그 대신 건전화폐의 원리 및 실천을 더 엄격히 고수함으로써 그 공동체와 화해를 추구할지 선택의 기로에 직면했다. 결국, 자본주의적 합리성이 우위를 차지했다. 카터 대통령 재임기의 마지막 해에 시작하여 레이건 재임기에 더욱 단호하게, 미국 정부는 두번째 행동 노선을 택했다. 그리고 국가권력과 자본권력 사이의 새로운 "기억할 만한 동맹"이 형성되어, 전체 냉전 시기의 특징이던 미국의 느슨한 화폐 정책이 전례 없는 긴축적인 화폐 정책에 길을 내주었다.

그 결과는 레이건 시대의 벨에포크였다. 케빈 필립스는 브로델 (Braudel 1984), 홉스봄(Hobsbawm 1968), 그리고 우리의 연구가 기반한 다른 출처들에 준거해, 1980년대의 미국에 대해, 에드워드 시기의 영국에 대해, 가발 시기의 홀란트에 대해, 그리고 제노바 시대의 에스파냐에 대해 끼친 금융의 누적적 영향력 사이에서 발견되는 놀라운 유사성을 강조했다(Phillips 1993: 8장). "금융에 대한 과도한 몰입과 부채에 대한 관용은 거대 경제 열강들의 최종 단계에 아주 전형적이다. 이는 경제적 쇠퇴의 전조이다"(Phillips 1993: 194).

필립스는 성숙 단계에 들어선 경제 열강의 중하위 사회층에 대해 "금융화"가 어떤 비용을 초래하는지에 초점을 맞춘다.

> 금융은 [대규모 중간] 계급을 육성할 수는 없는데, 왜냐하면 전체—네덜란드, 영국, 또는 미국—주민 중 일부 엘리트만이 거래소, 상인 은행, 그리고 회계사무소의 이윤을 공유할 수 있기 때문이다. 이에 비해 제조업, 수송과 교역의 우월성은 더 광범한 전국적 번영을 제공하고, 여기서는 보통 사람도 생산라인, 광산, 공장, 기계, 범선, 그물을 맡을

수 있다. 이런 경제 발전 단계가 다음 단계에 자리를 내주게 되면, 자본, 기술, 교육으로부터 확연한 단절이 발생하여, 거대한 중간계급 사회는 생동력과 독특성을 잃는데, 이것이 바로 근심가들이 20세기 말 또다시 미국에서 벌어지고 있다고 믿는 것이다.(Phillips 1993: 197)

필립스는 앞서 합스부르크 에스파냐에서도 유사한 경향이 관찰될 수 있다고 강조한다. 미래의 에스파냐 수입의 거대한 부분을 독일과 제노바 상인 은행가들에게 저당잡힌 일은 에스파냐 사회 자체의 "금융화"에 동반되었거나, 그에 뒤이었다. "협소한 화폐적 부, 무책임한 금융, 그리고 나태한 금리생활자 계급은, 콜럼버스 항해로부터 백 년에서 백오십 년 후 에스파냐에 쇠퇴가 뿌리내리는 데 중요하게 작용했다"(Phillips 1993: 205). 1600년대 초에 곤살레스 셀로리고는 이렇게 탄식했다.

[에스파냐는] 부와 빈곤이 너무 극단적으로 대조되어, 서로 조정할 수 단이 없었다. 우리가 처한 조건은, 부자는 쉽게 빈둥거리나 빈자는 구걸을 하고 있고, 자연법으로 향유되는 정당한 사업추구를 방해받을 정도로 부유하거나 빈곤하지 않은 중간 부류의 사람들이 없다는 것이다.(Elliott 1970a: 310에서 재인용)

우리 조사에 따르면, 16세기 말의 에스파냐보다 훨씬 앞서서 금융적 팽창의 누적적 충격 아래 사회 양극화가 선개된 역사적 선례가 있다. 사실 모든 선례들 중 가장 뚜렷한 것은 르네상스 피렌체이다. 다른 어느 시대 어느 곳에서도 그곳만큼 "금융화"의 사회적 양극화 효과가 뚜렷했던 적은 없다(2장을 보라). 이런 관점에서 보자면, 이후의 모든 금융적 팽창은 토스카나 도시국가에서 처음 상연된 대본의 변주일 뿐이다.

그러나 우리의 조사가 또한 보여 주는 것은, 금융적 팽창 중에 전개된 국내의 사회적 양극화는 공통의 하나의 중심지로 모인다는 의미와 또한 힘, 밀도, 또는 강도가 증가한다는 이중의 의미에서, 세계적 차원에서 진행 중인 자본 집적과정의 필수적 측면이라는 것이었다. 그리고 3장에서 강조했듯이, 모든 앞선 자본주의 세계경제의 금융적 팽창 국면에서는 두 가지 상이한 종류의 자본집적이 동시에 일어났다. 한 종류는 종료로 치닫고 있던 축적 순환의 조직적 구조 내에서 발생하였고, 다른 한 종류는 새로운 축적체제와 축적 순환의 출현을 미리 그려 보여 주었다.

두번째 종류의 집적이 현 정세에서 발견될 수 있을까라는 쟁점을 일단 미루어 두면——우리는 에필로그에서 이 쟁점으로 되돌아올 것이다——, 첫번째 종류의 집적은 실로 레이건 시대의 가장 뚜렷한 특징 중 하나였다. 왜냐하면 카터 행정부 후기에 폴 볼커가 맡고 있던 미국 연방준비제도는 극히 느슨한 화폐 정책에서 극히 긴축적인 화폐 정책으로 급속한 전환을 주도하였는데, 이는 미국 달러에 대한 신뢰성을 회복시킬 목적뿐 아니라, 사적으로 통제되는 세계화폐를 미국 내로 재집중시킬 것을 목적으로 하는 일련의 전체 조치들의 전문(前文)일 뿐이었기 때문이다. 이 목적을 위해서, 미국 화폐 공급의 긴축은 네 가지 다른 조치들과 결합해 추진되었다.

첫째, 미국 정부는 현행 인플레이션을 훨씬 상회하는 수준으로 이자율을 인상하여, 세계적으로 이동자본을 둘러싼 공세적 경쟁을 개시하였다. 〈도표 20〉이 보여 주듯이, 미국의 장기 **명목** 이자율은 1960년대 중후반부터 상승하고 있었다. 그럼에도, 1970년대 전체에 걸쳐 인플레이션 때문에 **실질** 이자율은 매우 일정하게 아주 낮은 수준으로 유지되었고,

도표 20. 미국 장기 이자율, 1965~84(사분기 평균 자료, 단위 : %)

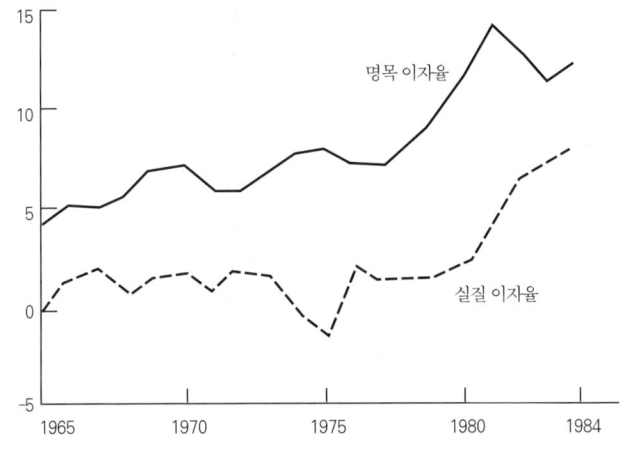

출처 : World Bank(1985: 5)

1970년대 중반에는 심지어 영(0) 이하로까지 억제되었다. 이에 비해 1980년대 초에는 긴축 화폐 정책이 낳은 디플레이션 경향 때문에 높은 명목 이자율이 형성되었고, 이는 새롭게 실질 이자율을 대폭 상승 도약시켰다.

둘째, 미국에 이동자본을 재집중시키려는 금전적 유인책을 보완한 것은 "탈규제"라는 주요한 대세였는데, 이는 미국·비미국 법인기업들과 금융기관들에게 미국 내에서 사실상 무제약의 행동자유를 부여하였다. 이런 측면에서 특히 의미심장한 것은 미국에서 은행업의 탈규제화였다. 뉴욕 금융엘리트의 사업 활동은 1960년대에 뉴욕에서 런던으로 "이주" 했고, 1970년대에는 거기서 전세계의 "진정한" 역외 화폐시장으로 이주한 바 있었다. 이는 다시 1980년대에 최종적으로 고향으로 집중될 수 있었으며, 여기서 세계 다른 지역들만큼의 최대의 자유를 향유하게 되었으며, 더욱이 다른 어떤 지역도 제공할 수 없는 결정적 우위 — 세계권력의 중심지로 아직 가장 두드러지게 남아 있는 곳에 사회적·정치적으로 근접해 있다는 점 — 를 향유하게 되었다.

셋째, 균형예산을 내걸고 선거에 승리한 레이건 행정부는 세계역사상 가장 놀라운 국가 부채의 팽창을 추동하였다. 1981년 레이건이 백악관에 들어섰을 때, 연방 예산적자가 740억 달러, 국가 총부채가 1조 달러였다. 1991년이 되면, 예산적자는 네 배로 증가해 연간 3천억 달러 이상이 되었고, 국가 부채도 네 배 증가하여 거의 4조 달러가 되었다. 그 결과 1992년에 연방 순 이자지급액은 연간 1,950억 달러로 전체 예산의 15%를 차지했는데, 1973년에 그 수준은 170억 달러로 예산의 7% 수준에 불과했다(Phillips 1993: 210; Kennedy 1993: 297). "앞서 세계의 선도적 채권자인 미국은 이제 세계의 선도적 채무자가 될 만큼의 돈을 해외에서 차입 — 1914~45년의 영국의 망령 — 하였다"(Phillips 1993: 220).

넷째, 이런 미국 국가 부채의 놀라운 증가는 소련과의 냉전의 격화(전적이지는 않더라도 주로 전략방위계획SDI을 통해서)와 일련의 선별된 비우호적 제3세계 정권들에게 징벌적으로 군사적 완력을 보여 주는 것(1983년 그레나다, 1986년 리비아, 1989년 파나마, 1990~1년 이라크)과 결합되었다. 모든 앞선 금융적 팽창에서와 마찬가지로, 생산 수행과 뗄 수 없는 난관이나 위험성에 노출될 필요 없이 불모의 화폐에 생기를 불어넣는 힘을 준 그 "마법사의 지팡이"의 동원은, 마르크스가 국채를 통한 "국가의 양도"를 묘사한 것처럼(이 책의 서론을 보라), 이렇듯 또다시 국가 간 권력투쟁의 증폭과 결합되었다. 그리고 베버의 말을 이용하여 말하자면, 서구 자본주의가 또 한번의 전례 없는 부와 권력의 "경이적 순간"을 향유토록 거대한 기회를 또다시 만들어 준 것은 바로 이동자본을 둘러싼 경쟁이었으며, 이는 이런 최근의 국가 간 권력투쟁의 증폭 때문에 야기된 것이었다.

우리가 에필로그에서 보게 되듯이, 1980년대 자본주의의 승리에 대한 비판자들은 그 한계와 모순에 주목한다. 그렇지만, 이런 한계와 모순을 제대로 평가하려면, 그 승리 자체의 속성과 정도를 우선 평가해야 한다. 그리고 이런 사전적 평가를 시작하기 위해서는 1970년대 말 1980년대 초 미국이 주도하는 자본의 반격을 촉발시킨 곤경 상태를 인식해야만 한다.

우리는 우선 1970년대 화폐 위기가 얼마나 심각해졌는지 염두에 두어야 한다. 급속하게 감소하는 자본 수익에 직면해 미국 중심의 자본주의 세계경제를 재팽창시키려 한 지속적 노력은, 통용되는 세계화폐로서 미국 달러에 대한 주요한 신뢰성 위기를 촉발시킬 수 있는 위협이 되었다. 1978년이 되면, 이런 종류의 위기가 막 실현되리라는 분명한 신호가 있었다. 그런 위기가 실제 그랬던 것보다 더 진척되었더라면, 미국 정부와 미국 사업이 미국의 발권 특권으로부터 얻는 모든 경쟁우위는 사라졌을 것이다. 설상가상으로, 이는 미국 전체 신용구조를 붕괴시키고 미국의 부와 권력이 전보다 더욱 의존하게 된 세계적 자본축적망을 붕괴시켰을 것이다(cf. Aglietta 1979b: 831f; Aglietta and Orléan 1982: 310~2).

말할 필요도 없이, 미국 달러의 주요한 신뢰성 위기의 참화를 버텨내는 것은 미국보다 서유럽 국가들의 경우에 더욱 힘들었다. 그들의 국내 경제가 더 외향적이고 규모는 더 작았기 때문에, 이들은 교환과 지불 수단으로서의 국제적 매개물로 미국 달러를 사용하는 데서 기인한 환율 변동에 미국보다 훨씬 더 취약했다(Cohen 1977: 182; Aglietta 1979b;

833). 이러한 취약성을 줄이기 위해서, 유럽공동체 구성국들의 중앙은행들이 1972년 4월에 그들 통화 간의 변동폭을 제한하는 데 동의하여, 이로써 이른바 공동변동환율제(the Snake)가 만들어졌다. 이후 6년간 계속 달러가 평가절하되자, 유럽공동체 구성국들은 유럽화폐제도(EMS)와 유럽통화단위(ECU)를 탄생시킨 1978년 12월의 유럽회의(Council of Europe)의 결의에 기반한 조정을 강화할 필요를 확신하게 되었으며, 이 두 기구는 그 다음 해 3월부터 활동하게 되었다. 유럽통화단위는 진정한 통화는 아니고 주로 회계의 단위였지만, 미국 달러에 대한 신뢰성 위기가 더 악화된다면 통용되는 대안적 세계화폐가 될 잠재력을 지니고 있었다(cf. Parboni 1981 : 4~5장).

세계화폐로서 미국 달러가 쇠락할 위협(미국 국내와 전지구적 신용체계의 파국적 붕괴를 통해서나 아니면 유럽통화단위처럼 대안적인 보유통화의 등장을 통해서)이 있다는 바로 그 이유 때문에, 미국 정부는 1970년대에 그랬거나 실로 F. D. 루스벨트가 "국제은행가들이라고 부르는 자들의 오래된 물신"을 맹렬히 비난한 이후 그랬던 것보다 훨씬 더 크게 드러내놓고 건전화폐라는 규범을 존중해야 할 충분한 이유를 지녔다. 그럼에도 유로통화시장을 통제하는 미국 주도의 세계시민주의적 은행가들의 공동체와 타협을 추구해야 할 다른 긴박한 이유들이 있었다.

한 가지 이유는 1950년대 이후 발생한 생산과 교환과정의 대대적인 초민족화였다. 스티븐 하이머와 로버트 로손은 1970년대에 미국 법인자본과 비미국 법인자본의 격렬한 초민족화의 시기가 도래할 것을 예견하고는, 이어서 이런 경향은 그 과정이 지금까지 뿌리내린 민족국가들의 체계에 좋지 않은 징조라고 주장했다.

다국적기업들은 그 **국제적 유연성** 때문에, 많은 전통적인 정책도구들, 과세 역량, 신용제약 역량, 투자계획 역량 등등을 효과없게 만들어 버렸다. …… 정치 단위들에 의한 민족적 계획화와 직접 투자의 증가에 따라 주요 부분을 차지할 법인기업들에 의한 **국제적 계획화** 사이에 근본적 수준에서 갈등이 있다. …… 어디서나 정착해 어디서나 연계를 수립하려는 다국적기업들의 성향은 경제에 새로운 세계시민주의적 성격을 부여해 주고 있고, 이에 대처하는 정책들은 그런 토대에서 출발해야 할 것이다.(Hymer and Rowthorn 1970: 88~91; 강조는 추가됨)

1968년 이후 유로통화시장의 폭발적 성장은 이처럼 자본주의 세계경제에서 세계시민주의적 구조가 출현하는 데 필수적 측면이었다. 이는 법인자본이 그 전지구적 활동 범위를 더욱 활용하고 공고화하고 확대하기 위해 정치 권역들을 넘나들 수 있는 유연성을 표현해 준 것이자 그것을 가능하게 하는 한 요인이었다. 그러나 이는 또한 국가 경제정책들이 초민족화한 기업들의 체계에 대처하기에 점점 더 부적절하다는 것을 표현해 준 것이자 그렇게 만든 한 요인이었다. 이런 측면에서 미국 화폐 정책의 부적절성은 가장 중요했다.

초민족화한 미국 자본에 대한 통제력을 확보하려고 법적 수단과 느슨한 화폐 정책을 동원한 미국 정부의 시도는 기껏해야 비효율적이었고 최악의 경우에는 반생산적이었다. 동시에, 초민족화한 자본의 금융 및 비금융 분야에서 미국 사업이 계속 우세를 유지하자, 미국 정부는 "자기조정적" 유로통화시장을 국내적 및 전지구적 권력추구에 사용할 "보이지 않"지만 끔찍한 무기로 전환할 수 있는 독특한 기회를 얻었다. 초민족화한 미국 자본 권력과 서로 엇나가지 않고 손잡고 갈 수 있는 수단과 방법을 찾아낼 수 있다면, 미국 정부로서는 더 이상 바랄 것이 없었다.

물론 문제는 이런 수단과 방법을 찾는 일이 단순히 화폐 정책을 바꾸는 정도로는 불가능했다는 점이다. 미국이 루스벨트와 트루먼 이래 건전화폐의 원칙을 무시한 것은 사회적 목적 때문이었는데, 처음에 그 목적은 국내적 뉴딜이었고 그 다음에는 국제적 뉴딜이었다. 사적 고도금융과 손잡고 간다는 것은 적어도 거의 반세기 동안 화폐 문제에서뿐 아니라 사회적 문제에서도 미국 정부가 지켜 온 거의 모든 것을 포기함을 뜻하는 것이었다.

전통과의 이런 단절의 발걸음을 쉽게 내딛을 수는 없었다. 1978년에서 1982년 사이에 그랬듯이 이 발걸음을 신속하고 단호하게 내딛었다면, 그 이유는 단지 미국 달러 신뢰성에 주요한 위기가 형성되고 있고, 사적 고도금융과 동맹을 맺으면 미국의 무기고에 엄청나고 새로운 세계권력의 수단이 더해질 것으로 기대되었기 때문만은 아니었다. 십중팔구 가장 중요한 이유는 다른 수단에 의한 미국 정부의 권력추구가 급속히 수익체감으로 나타나고 있었기 때문이었다.

1979년 10월 6일 폴 볼커가 달러 공급을 제한하고 세계금융시장의 이자율을 올리려는 강제적 조치를 채택하기 시작했을 때, 그는 주로 달러 신뢰성 위기에 대응하고 있었다.

> 핵심적 문제는 일 년 중 두번째로 법인기업, 은행, 중앙은행, 다른 투자가들이 …… 달러를 보편적 통화로 인수하기를 중단했다는 점이었다. …… 볼커 보기에, 달러가 붕괴하면, 아마도 금융 위기로 이어져 금을 재화폐화하는 길로 나아갈 가능성이 매우 현실적이었는데, 미국은 지난 10여 년간 이에 대해 끈질기게 싸우고 있었다. (Moffitt 1983: 196)

그러나 5개월 후 그가 미국과 세계의 화폐 공급 증가를 중단시키기 위해 더욱 강력한 조치에 의존하게 되었을 때, 그는 주로 이란 인질 위기와 소련의 아프가니스탄 침공의 파고 속에서 "아랍 핫머니가 금으로 도피"하는 것에 대해 대응하고 있었다. "이란과 아프가니스탄 이후 금 가격은 또다시 뛰어올랐다. …… 1월 21일에 금은 최고가인 875달러에 이르렀다. …… 『비즈니스위크』는 단호하게 아프가니스탄과 이란에 대한 아랍의 두려움이 금값 인상의 배후에 있었다고 말했다"(Moffitt 1983: 178).

앞서 말했듯이, 전후 미국 세계화폐질서의 위기는 처음부터 군사적·이데올로기적 영역에서 미국 세계헤게모니의 위기와 더불어 전개되었다. 고정환율제의 와해는 1968년 초 구정공세로부터 1973년 평화조약 후 미군 철수 개시에 이르기까지 베트남에서 미군의 곤경이 커지고 있는 것과 시기적으로 일치했다. 동시에 미국 국가 안보에 분명한 직접적 도움을 주지 못하는, 지고 있는 전쟁을 진행하기 위해 부과된 피와 돈의 부담이 늘어난다는 것은 냉전 이데올로기의 주요한 정당성 위기를 촉진시켰다. T. R. 거에 따르면(Gurr 1989: II, 109), 1960년대가 "미국 역사상 가장 격동기"였다고 말하기는 어렵다. 십중팔구 그렇지는 않다. 그렇지만 남북전쟁 이래 미국 정부가 1960년대 말 1970년대 초 베트남에 점점 더 얽혀 들어갔던 시기보다 더 심각한 정당성 위기를 겪은 시기는 없었다.

미국 세계권력의 군사적 위기와 정당성 위기는 동전의 양면이었다. 부분적으로 이 위기들은 미국의 재무장과 냉전 이데올로기가 1930년대와 1940년대의 체계의 카오스를 세계권력의 미-소 공동지배 ─ 쿠바 미사일 위기에서 보이듯, 미국 정부는 이 공동지배에서 분명히 상위에 있었다 ─ 에 기반한 새로운 세계질서로 전환시키는 데 성공했다는 표현이었다. 1960년대 중반이 되면, 이 방향에서의 성공은 가능한 최대치를 달성했다. 그러나 바로 그렇게 성공을 거두었기 때문에, 미국 정부가 미국 국민을 위협해 반공십자군에 돈을 쏟아붓도록—피를 흘리는 것은 말할 것도 없고—하거나, 또는 해외 동맹국들에게 그들의 국가 이익을 지키는 가장 좋은 길은 미국의 세계권력을 공고화하고 더욱 팽창시키는 것이라고 설득하기는 더욱 어려워졌다.

그러나 부분적으로, 미국 세계권력의 군사적 위기와 정당성 위기의 결합은 세계적인 탈식민화가 제기한 문제들에 대처하는 미국 군-산 장치의 실패를 표현한 것이었다. 수십 개의 신생독립국들을 냉전 세계질서의 견고한 권력구조 속에 순응시키려는 것은 처음부터 문제임이 드러났다. 1955년 반둥에서 출현한 비동맹운동은 미국이 지원한 국제연합 헌장에 성문화된 자결권을 재확인한 것에 다름 아니었다. 그러나 미국 정부는 반둥정신을 냉전 세계질서에 대한 위협이나, 최악의 경우에는 "공산주의 연막"일 뿐이라고 여겼다(cf. Schurmann 1974: 296; McCormick 1989: 118~9).

제3세계의 형성에 대처할 때 생겨난 이런 난점은 소련권력의 순치 및 반공주의 열정의 냉각과 더불어 줄어든 것이 아니라 오히려 늘어났다. 주된 이유는 제3세계 국가들의 온전한 주권이 미국 세계권력에 대한 잠복되어 있으면서 점증하는 도전이었기 때문인데, 이는 잠재적으로 소련권력 그 자체보다 훨씬 더 심각한 것이었다. 이 도전은 경제적인 동시에 정치적인 것이었다. 경제적으로, 서구와 일본을 미국 이미지에 따라서 재형성한 것—즉, 주로 로스토의 "고도 대량 소비"(Rostow 1960)나 아글리에타의 "포드주의적 소비 규범"(Aglietta 1979a)의 노동계급에게로 확대—은 영구적인 미소 군비경쟁과 결합하여, 세계 1차 투입물의 공급에 엄청난 압박으로 작용하였다. 이러한 결합은 또한 제1세계 경제들의 현재 욕구와 향후의 욕구를 만족시키기 위한 천연자원과 인적자원의 저수지로서 제3세계의 전략적인 중요성을 높여 주었다. 제3세계에서 미국과 서유럽 초국적기업들의 활동이 확장되고 공고화되자, 제3세계의 1차 투입물과 제1세계의 구매력 사이에 매우 효과적이고 효율적인 조직적 연계가 만들어졌다. 그러나 이는 또한 제1세계 국가들에 이득이 되도록, 현재와 미래에 최대의 유연성을 확보하여 제3세계 자원을 사용하도록 하는 강력한 부가적 기득권 — 법인기업들 그 자체의 이익 — 을 만들어 내기도 했다.

제3세계 국가들이 주권을 온전하게 행사하면, 이런 유연성이 감소하고, 결국 그것이 완전히 제거되기 마련이었다. 이런 국가들이 그들이 적합하다고 생각하는 대로 자유롭게 그들의 천연자원과 인적자원을 사용한다면 — 주권국가들이 늘 자유롭게 할 수 있다고 여기듯이, 국내적·지역적 또는 세계적 권력 추구에서 그것을 축장하거나 동원하는 것을 포함해 —, 미국 축적체제의 팽창 때문에 만들어진 공급물에 대한 압력은 불가피하게 "과다" 경쟁 형태로 제1세계 국가들 내부에서 그리고 그들 사이에서 내파될 것이었다.

1970년대에 실제로 이런 일이 일어났다. 베트남전쟁이 세계역사상 가장 고가의, 기술적으로 선진적이고, 파괴적인 군사장치가 지구상 가장 빈곤한 인민 중 하나의 의지를 막는 데 무력하다는 것을 드러낸 후, 자유세계의 경찰로서 미국 정부의 신뢰성이 모두 사라지지는 않았다 할지라도, 그 상당 부분이 일시적으로 상실되었다. 그 결과 권력 공백이 발생했고, 소련 및 그 동맹국들과 공개적 또는 암묵적으로 결탁한 국지적 세력들이 즉각 이를 다양한 방식으로 활용하였다. 유럽 식민주의의 마지막 잔재를 덜어 내고 민족해방과정을 완수하는 것(아프리카의 포르투갈 식민지와 짐바브웨처럼), 인근 지역에 대한 정치적 공간을 재편하려고 서로 간의 전쟁을 일으키는 것(동아프리카, 남아시아, 인도차이나처럼), 그리고 미국의 피후견 국가를 권력에서 몰아내는 것(니카라과와 이란처럼) 등이 그것이었다. 소련의 지배집단들은 그들이 만들어 내거나 통제한 것은 아니었지만 그 때문에 냉전 질서의 지명된 적대자로서의 위신과 권력이 드높아진, 이런 교란의 상승 파도에 올라타고서는, 기저에 놓인 권력 형세를 보지 못하고서 그들보다 더 강력한 미군이 베트남에서 달성 못한 것을 달성하겠다고 아프가니스탄에 군대를 파견했다.

이처럼 제3세계와 제2세계 ─ "남"과 "동" ─ 에 유리한 방향으로 세계체계의 권력관계가 급격하게 반전된 것은 그 자체로 일반적으로 서구의 부르주아지에게 그리고 특히 미국에게 매우 침울한 경험이었다. 그러나 그 반전이 훨씬 더 침울했던 이유는, 이와 결합하여 자본의 실질 수익을 "불합리한" 수준으로 떨어뜨리는 자본 간 경쟁이 마찬가지로 급격히 증폭되었기 때문이었다. 이런 결합이 우연은 아니었다. 원유 가격은 이미 1973년 "쇼크" 이전에 오르기 시작했다. 그러나 OPEC이 활성화되어 효과적으로 그 구성원들을 달러의 평가절하로부터 보호하고 제1세계에 상당한 석유 지대를 부과하게 된 계기는, 욤키푸르 전쟁에서[4] 이스라엘 불패의 신화가 무너진 직후 미국 정부가 베트남에서 사실상의 패배를 인정한 것이었다.

---

4) 1973년 10월 6일부터 10월 26일까지 일어났던 이스라엘과 아랍 연합군(이집트와 시리아가 주축이 된) 간의 전쟁으로, 제4차 중동전쟁이라고도 한다. 욤키푸르의 날에 이집트군과 시리아군이 시나이 반도와 골란 고원을 기습하면서 시작되었다. 초반 수에즈 운하에서의 전투에서 아랍 진영이 큰 승리를 거뒀지만 이후 전세가 역전되고 미·소 양국의 제안으로 정전되었다.

앞선 급여 폭등과 결합한 유가 폭등 때문에, 제1세계 기업들은 고가의 원유 가격과 다른 원료 가격 형태로 제3세계로 흘러 들어가고 있는 구매력을 얻기 위해서뿐 아니라, 제3세계의 노동과 에너지 공급을 얻기 위해서도, 이미 그랬던 것보다 훨씬 더 격렬히 경쟁해야 했다. 머지않아 선별된 제3(제2)세계 국가들을 위해 석유달러가 규제되지 않고 사실상 무제한의 대출로 재순환되자, 이러한 물방울의 흐름은 홍수로 바뀌었다. 몇 년간 자본은 너무나 풍부해져서 마치 무상재처럼 보였다. 세계 구매력에 대한 통제 — 자본주의적 자본축적의 시작이자 끝 — 는 제1세계의 수중에서 벗어나 직간접적으로 제3세계와 제2세계 국가들의 권력추구를 지원하게 되었다.

지역 세력균형을 조작해 이 상황에 대처하려던 미국 정부의 시도는 아마 어떤 방면에서는 도움이 되었겠지만, 가장 성공적이라던 곳 — 중동 — 에서 재난으로 종결되었다. 우호적인 샤체제가 비우호적인 아야톨라체제로 교체되자, 이란을 그 지역에서 미국권력의 주된 지지축으로 만들기 위해 돈과 명망을 대량으로 쏟아부은 투자는 물거품이 되었다. 이렇게 미국 세계권력에 역류가 발생하자 — 이는 우연치 않게 그 열차에 미국 달러 위기, 2차 유가파동, 그리고 소련의 아프가니스탄 침공을 태웠다 —, 마침내 미국 정부는 사적 고도금융과 대립하는 뉴딜의 전통을 포기하고, 대신 전지구적 권력투쟁에서 상석을 확보하기 위해 모든 가용한 수단을 활용해 사적 고도금융의 지원을 획득하려 노력할 시기가 되었다고 확신하게 되었다.

그 결과 형성된 "동맹"은 최고의 장밋빛 예상을 넘어서는 수익을 가져왔다. 구매력을 미국 수중에 재집중시키자, 미국 군사력만으로는 달성할 수 없을 것을 거의 즉각적으로 달성해 냈다. 미국의 긴축 화폐 정책,

높은 실질 이자율, 그리고 탈규제가 제3세계 국가들에 파괴적 효과를 미치자, 이들 국가들은 신속히 무릎을 꿇었다.

미국 화폐 정책의 긴축은 제3세계 공급물에 대한 수요를 극적으로 삭감했다. 그 결과 1980년과 1988년 사이에 남(南)의 실질 상품수출 가격은 거의 40% 하락했고, 유가는 50% 하락했다(United Nations 1990). 그리고 유로달러에 대한 런던의 은행 간 이자율(LIBOR)이 1977년 중반 11% 이하에서 1981년 초 20% 이상으로 뛰어올랐고, 부채 이자 지급액은 폭등했다. 예를 들어 라틴아메리카의 부채 이자 지급액은 1977년의 수출의 1/3 이하에서 1982년에 거의 2/3로 증가했다. 이어진 사실상의 전면적 파산 상태는 세계 금융시장에서 제3세계 국가들의 운명을 완전히 반전시켰다(Frieden 1987: 142~3).

제프리 프리던은 멕시코 펀드 관리자를 방문한 이야기를 자세히 하면서, 우리에게 그 반전을 생생하게 그려서 보여 준다(Frieden 1987: 143). "내가 1982년 9월 그를 방문했을 때, 그는 절망스럽게 텅 빈 자기 대기실을 보여 주었다. 그는 이렇게 말했다. '6개월 전에는 여기에 너무나 많은 은행가들이 있어서 방에 들어설 수도 없었어요. 이제 그들은 내 전화를 받으려고도 하지 않아요.'"

마치 마술처럼 방향이 전환되었다. 그 이후로 제1세계 은행가들은 더 이상 제3세계 국가들에게 자신들의 과잉자본을 빌려 가라고 구걸하지 않았다. 이제는 점점 더 통합되고 경쟁적이고 위축되고 있는 세계시장에서 살아남기 위해, 필요한 신용을 공여해 달라고 제3세계 국가들이 제1세계 정부와 은행가들에게 구걸하게 되었다. 이동자본을 둘러싸고 제3세계 국가들이 벌이는 목숨을 건 경쟁에 머지않아 제2세계 국가들이 뛰어들었는데, 이는 남(南)에는 더 나쁜 일이고 서구에는 더 좋은 일이었다.

이들 중 일부 국가들은 1970년대의 자본 과잉의 이점을 활용해 세계 최대로 금융부채를 짐으로써, 전지구적 자본 순환의 고리에 빠르게 얽혀 들었다(Zloch-Christy 1987). 자본이 다시 희소해지자, 소련 블록 전체가 갑자기 경쟁의 찬바람을 느끼게 되었다. 자기 자신의 베트남에 발목잡히고, 미국과의 새로운 군비경쟁 고조에 도전을 받자, 경화된 소련 국가구조는 무너지기 시작했다.

이렇듯 제3세계와 제2세계를 위한 파티는 끝난 반면, 서구의 부르주아지는 여러 가지 면에서 80년 전 유럽 부르주아지의 "경이적 순간"을 연상시키는 벨에포크를 즐기게 되었다. 두 벨에포크 사이의 가장 두드러진 유사점은, 그 수혜자들로서는 그들이 즐기게 된 급작스럽고 전례 없는 번영이 그 경이적 순간에 앞선 축적 위기의 해소에 기반한 것이 아니라는 것을 거의 완전히 깨닫지 못했다는 점이었다. 반대로, 새롭게 발견된 번영은 일군의 관계들의 위기에서 다른 일군의 관계들의 위기로의 교체에 기대고 있었다. 다시 위기가 더욱 곤란한 형태로 재출현하는 것은 단지 시간 문제일 뿐이었다.

장기
20
세기

에필로그

자본주의는 성공적으로
살아남을 수 있을까?

대공황 시기 미국의 거리
우리가 현재와 미래에 대한 이런 역사적 조사에 관심을 갖는 주된 이유는 두 가지 서로 긴밀히 연관된 질문에 그럴 법한 대답을 주기 위해서일 것이다. (1) 어떤 힘들이 미국 축적체제의 최종적 위기를 촉진시키고 있으며, 우리는 얼마나 빨리 이 최종적 위기가 발발하여 장기 20세기가 끝날 것이라고 예상할 수 있는가? (2) 장기 20세기가 종료되면 자본주의 세계경제에 어떤 대안적 발전 경로가 열릴 것인가?

50여 년 전 조지프 슘페터는 이중의 테제를 제기한 바 있는데, 그에 따르면 "자본주의체계의 실제 성과와 기대되는 성과를 보면, 자본주의가 경제적 실패의 무게를 견디지 못하고 붕괴한다는 사고를 부정하기에 충분"하지만, "그 성공 자체가 그것을 보호하는 사회 제도들을 침식하여, '불가피하게' 더 이상이 그것이 생존할 수 없는 조건을 만들어 낸다"(Schumpeter 1954: 61). 오늘날에는 이상해 보이겠지만, 이 이중의 테제가 제기되었을 때, 두 가지 주장 중 가능성이 더 적어 보였던 것은 후자가 아니라 전자였다. 세계체계로서 자본주의는 역사상 가장 심각한 위기의 와중에 있었고, 자본주의가 생존할지 여부가 아니라 개혁과 혁명의 어떤 결합에 의해 자본주의가 사망할 것인가가 적합한 질문으로 보였다(Arrighi 1990b: 72).

어쨌건 1928년에는, 자본주의가 그에 앞선 반세기에 달성한 전반적 경제 성장률을 동일하게 보이면서 또 다른 반세기나 그 이상의 시기의 성장을 지속해 갈 충분한 생동력이 남아 있다는 쪽—슘페터의 관점에 따르자면 분명한 하나의 역사적 가능성—에 기꺼이 손들 사람은 거의 없었다. 본 연구가 바탕에 깔고 있는 테제는 역사가 입증해 주는 바에 따르면 슘페터가 한 번도 아니고 두 번 옳았다는 것이다. 역사적 자본주의 범위 안에서 당연히 다시 한번 성공적으로 운영될 것이라는 그의 주장은 물론 옳다고 입증되었다. 그러나 아마 다음 반세기나 그 이상의 시기에 역사는 자본주의의 성공적 운영이 그 자본주의가 살아남기 점점 더 힘들어지는 조건들을 만들어 낸다는 그의 주장 또한 옳았음을 입증해 줄 것이다.

슘페터의 주장이 주요한 비판의 대상으로 삼은 것은, 거대사업의 "독점적 관행"이 "완전 경쟁"을 대체—또는 마르크스주의자들이 주장하듯 "독점"자본주의가 "경쟁"자본주의를 내체—하게 되면, 재발되는 위기들을 극복하고 시간이 지나면서 총소득과 일인당 소득을 크게 늘리는 자본주의의 이전의 역량이 근본적으로 약화된다는 당시의 지배적 관점이었다. 슘페터는 이런 관점을 반박하며, 역사적으로 "완전 경쟁"이란 거의 존재한 적이 없었고, 어쨌건 이는 장기적 경제성장을 추진하는 효율적 모델로 제기될 자격이 없다고 주장하였다. 그와 반대로 거대하고 강력한 통제 단위들을 갖춘 기업체계가 열위 없는, "완전 경쟁"의 우위라 할 만한 모든 것을 가지고 있었다.

한편에서, 장기적 성장 촉진에서 실제 문제가 되는 경쟁 —— "신상품, 신기술, 신공급원, 신조직형태"에서 나오는 경쟁 —— 은 대사업 단위가 없을 때보다는 그것이 존재할 때 더 격심했다. 다른 한편 소사업에 비해 거대사업이 더 쉽게 빈번히 의존할 수 있었고 또 의존한 제한관행은 "원대한 계획화를 위한……공간"을 획득하고 "시장의 일시적 붕괴로부터" 사업을 보호하기 위해서 필요한 장치들이라는 속성을 지니고 있었다. "'교역 제한'은……파국으로 치닫지 않을 수 없는, 전혀 통제받지 않는 앞만 보는 질주가 얻어 낼 수 있는 것보다 종국적으로 더욱 지속적이고 더 거대한 총산출 팽창을 낳을 수 있을 것이다"(Schumpeter 1954: 84~95; 98~103).

달리 말해서, 슘페터에게 "경쟁"과 "제한"의 관행은 서로 완전히 배타적인 대립적 시장구조들의 특징이 아니라, 창조적 파괴라는 동일한 과정의 양면이었을 뿐이고, 그의 구도에서 이는 자본주의의 핵심적 사실이었다.

여기서 자동차에는 브레이크가 있기 **때문에** 그렇지 않았을 때보다 더 빨리 달린다는 말보다 더 역설적인 것은 없다. …… 새로운 상품이나 공정을 도입하거나 아니면 한 산업의 일부나 전체를 개편하려는 관심은 …… 본성상 공격자적이고, 경쟁이라는 참으로 효과적인 무기를 꺼내 든다. 그들의 침투가 총산출물을 양적이나 질적으로 개선하는 데 실패하는 경우는 아주 드물며, 두 가지 어느 경우든 새로운 방법 자체를 통해서(그 이점을 충분히 숙지하지 못했더라도) 그리고 기존 기업들에 압력 행사를 통해서 그렇게 개선한다. 그러나 이런 공격자들은 공격과 방어를 위해서 그들 생산물(더욱이 어떤 시점이든 그 공격자들이 그저 그들의 산출품을 제한하고 가격을 높게 유지하는 일만 하고 있는 듯 보이도록, 이 생산물은 줄곧 전략적으로 조종되어야 한다)의 가격과 품질 이외의 갑옷도 요구되는 상황에 처해 있다(Schumpeter 1954: 88~9; 강조는 원문).

슘페터가 대사업 자본주의에 대해 내재적인 성장 잠재력을 강조한다고 해서, 그런 잠재력이 필연적으로 실현될 것이라고 주장하고 있는 것은 아니다. 그는 "30년대는 아마도 자본주의의 임종기로 판명났을 수도 있다"라고 썼다. 슘페터가 보기에, 그가 이 글을 쓰고 있던 제2차세계대전 시기에는 사회주의로의 이행 속에서 이러한 가능성이 실제로 실현되거나, 또는 그가 주장하듯이 그런 인류애가 "사회주의 지하감옥(또는 낙원)에서 질식(또는 만개)당하기" 전에 "제국주의 전쟁의 공포(또는 영광) 속에서 불타 없어질" 가능성이 크게 늘어났다. 슘페터가 주장하고 싶어 했던 모든 것은 "자본주의가 다시 한 번의 성공적 운영을 하지 말아야 할 어떤 **순전히 경제적** 이유도 없다"는 것이었다(Schumpeter 1954: 163, 강조는 원문).

우리가 슘페터 주장의 세부적 부분 또는 심지어 핵심 요지에 동의하건 않건 간에, 대사업 자본주의가 그 모든 제한 관행에도 불구하고, 지난 50년간 다른 어떤 앞선 기존의 자본주의만큼 다시 한번 성공적으로 운영되었다는 것에는 의심의 여지가 없다. 그러나 슘페터의 예상과 반대로, 대사업 자본주의는 바로 제2차세계대전의 공포와 영광 때문에 그 모든 성장 잠재력을 드러낼 기회를 얻었다. 대사업이 그 기회를 포착했으나, 기회 자체는 (미국) 거대정부가 만든 것이었다. 이 정부는 전쟁을 거치며 그리고 전쟁 때문에 크게 성장하였고, 유라시아에서 공산주의 혁명이 제기한 도전에 대응해 더욱 크게 성장하였다.

슘페터와 같은 시기에 칼 폴라니는 사업보다는 정부에 더 관심을 기울여, 슘페터 테제를 아주 잘 보완해 주는 테제를 제출하였다. 슘페터가 비판한 대상이 신비에 싸인 자본주의 경쟁 시대가 우월성을 지니고 있다는 주장이었다면, 폴라니가 비판한 대상은 자기조정적인 시장이라는 19세기의 사고였다. 그는 이 사고가 "적나라한 유토피아"를 함의한다고 주장하였다.

> 그런 제도는 사회의 인간적·자연적 실체를 없애 버리지 않고서는 조금도 지속될 수 없다. 그것은 인간을 물리적으로 파괴하고 인간 환경을 황무지로 바꾸어 놓을 것이다. 불가피하게 사회는 자신을 보호할 조치를 취했지만, 사회가 취한 조치들은 모두 시장의 자기조정을 손상시키고, 산업 생활을 해체하고, 사회를 그렇듯 또 다른 방식으로 위험에 빠뜨렸다. 시장체계의 발전을 결정적 쾌조로 나아가게 해, 마침내 거기서 있는 사회조직을 붕괴시켜 버린 것은 바로 이 딜레마였다.(Polanyi 1957: 3~4)

1930년대에 폴라니는 19세기 세계질서의 최종적 청산이 수반한 사회적 파국에 대해 논평하면서, 계속해서 다음과 같이 주장한다(Polanyi 1957: 22).

이런 재앙적 상황에 대한 유일한 대안은 민족 주권을 넘어설 조직된 권력을 부여 받은 국제질서를 수립하는 것이다. 그러나 그런 과정은 완전히 시대의 지평을 넘어선 것이었다. 미국은 말할 것도 없고 유럽 어떤 나라도 그런 체계에 복종하지 않았을 것이다.

폴라니가 쓰고 있듯이, 루스벨트 정부는 이미 그런 질서의 조짐을 보이는 국가 간 조직을 형성하기 위해 지원하고 있었다. 알다시피, 1940년대 중반에 수립된 브레턴우즈나 국제연합 어느 것도 루스벨트의 전후 세계질서 전망에서 구상된 세계 정부적 기능을 행사할 힘을 실제로 갖추지는 못했다. 그렇지만, 제2차세계대전 종료기 미국이 지닌 예외적인 세계적 권력 덕에 미국 정부 자체가 20여 년간 매우 효과적으로 그런 기능들을 수행할 수 있었다.

이 시기 동안 미국 정부는 시장의 자기조정이라는 사고를 원칙적·실천적으로 거부하였고, 미국 정부의 권력 전략은 아주 상이한 전제 위에 서 있었다. 그런 전제 중 하나는 정부와 대기업 조직들의 의식적 관리에 의해서만 세계시장이 재수립되고 팽창할 수 있다는 것이었다. 게다가 미국은 미국의 국가안보와 번영뿐 아니라 이런 세계시장의 재수립과 팽창을 위해서도 유동성을 미국 국내경제에서 여타 세계로 대대적으로 재분배할 필요가 있다는 분명한 이해를 전제로 하여 행동하였다. 루스벨트는 처음에 그의 국내 뉴딜을 전세계로 확장하는 것으로 그런 재분배를 구상했다. 그런 생각은 시대의 지평을 넘어서는 것임이 드러났다. 그럼에도 그 재분배는 트루먼과 그를 승계한 정부들 하에서, 화폐 영역과 군사 영역 모두에서 세계정부 기능을 수행하기 위해 미국 의회의 합의를 얻어 내는 가장 효과적인 수단으로서 냉전을 발명하고, 이를 기술적으로 관리함으로써 실현되었다.

트루먼의 냉전 세계질서가 굳건하게 자리잡고 있던 1950년경에서 1970년경까지 자본주의 세계경제 전체가 경험한 무역과 생산의 거대한 팽창은 대사업 자본주의의 성장 잠재력이 어디에도 뒤지지 않는다는 슘페터의 주장을 지지하는 강력한 증거가 된다. 그러나 이는 또한 세계시장은 관리될 때만 재앙적인 부정적 결과 대신 긍정적 결과를 낳을 수 있으며, 일정 기간이라도 세계시장이 존재하려면 어떤 종류의 세계 거버넌스가 필요하다는 폴라니의 주장을 지지하는 강력한 반대 증거가 되기도 한다. 이런 강력한 증거에 비추어 보면, 1980년대에 갑자기 자기조정시장에 대한 19세기 믿음이 부활하고, 이와 동시에 "유연 전문화"와 "비공식화" 이론가들이 소사업의 미덕을 재발견한 것은 놀라워 보인다. 그러나 이런 경향은 처음 보기처럼 괴상하거나 시대착오적인 것은 아니다. 사실 이는 피렌이 처음 관찰했듯이, "경제 자유"와 "경제 규제" 국면들이 교대되는, 장기적으로 수립된 양상에 잘 들어맞는다(4장을 보라).

1980년대에 전형적인, 앞서 지양된 자유시장과 개인주의에 대한 믿음이 부활한 것은 피렌의 시계추가 "경제 자유"를 향해 나아가는 또 한 번의 진동의 조짐일 가능성이 높다. 1950년대와 1960년대 경제 팽창을 촉진한 관리된 시장의 성공 자체가 "경제 규제"의 조건들을 해체시키고, 동시에 16세기와 19세기에 전형적이던 "비공식" 자본주의가 확대재생산될 조건들을 만들어 냈다. 앞선 모든 시계추 이동에서처럼, 한 방향으로 나아가는 조직적 추동력은 반대 방향으로 움직이는 조직적 추동력을 불러일으켰다.

라리사 롬니츠가 민족경제에 준거해 주장했듯이, "한 사회체계가 더욱 관료적으로 공식화되고, 규제되고, 계획되어, 사회적 요구를 충분히 만족시킬 수 없을수록, 그 체계의 통제를 벗어나는 비공식 기제를 만들어 내는 경향이 있다."(Lomnitz 1988: 43, 54) 이런 비공식 기제들은 "공식 체계의 틈새에서 자라나, 그 비효율성 위에서 번성하며, 또한 단점을 보완하고 체계의 분파와 이익집단을 형성시켜 그 비효율성을 영속화하는 경향이 있다." 공식 경제는 그 자신의 비공식성을 만들어 내는데, 리처드 애덤스의 말을 빌리자면(Adams 1975: 60), 무엇보다 "우리가 사회를 더욱 조직하려고 하면, 사회는 사회를 조직하는 우리의 능력에 더욱 저항하게" 되기 때문이다.

민족경제에 타당한 것은 세계경제에는 더욱 타당한데, 세계경제는 그 정의상 복수의 정치권역들을 포괄하며, 따라서 이를 관료적으로 조직하고, 규제하고, 계획하는 것은 더욱 어렵다. 그러나 그렇게 하려는 시도들은 "비공식화"로 나아가는 반대 경향들에서만큼이나 자본주의 세계경제의 형성과 팽창에서도 핵심적 역할을 해왔다. 공식적으로 조직되고 규제된 베네치아 자본주의의 성공적 발전은 비공식적으로 조직되고 규제된 제노바 디아스포라 자본주의의 형성을 반경향으로 초래했다. 이번에 제노바 자본주의의 완전한 팽창은 강력한 공인합자회사의 형성을 통해, 공식적으로 조직되고 규제되는 자본주의의 네덜란드식 부활을 초래했다. 그리고 이런 공인합자회사들의 팽창이 그 한계에 도달하자, 영국 자유무역 제국주의 아래에서 비공식 자본주의가 다시 한 번 승리를 구가했고, 이번에는 미국 거대정부와 거대사업의 공식 자본주의가 이를 지양했을 뿐이다.

각각의 시계추 운동은 그 시계추 운동의 개시기를 마침 지배하던 조직적 추동력 — 공식적 또는 비공식적 — 의 역기능에서 기원했다. 미국 체제의 "규제적" 추동력은 영국체제의 "탈규제" 추동력의 역기능에 대한 반응으로 전개되었다. 그리고 80년 전에 피렌이 암묵적으로 예측했듯이, 오늘날의 "탈규제" 추동력은 자본주의 세계경제의 새로운 시계추 운동이 "경제 자유" 방향으로 움직이는 지표일 수도 있을 것이다.

그러나 또한 "경제 자유"를 향해 나아가는 이런 새로운 시계추 운동은 그 규모, 강도, 속도가 초래하는 반경향 때문에 싹이 꺾일 수도 있을 것이다. 우리의 조사가 보여 주었듯이, 피렌의 시계추의 각 운동은 자본주의 세계경제의 조직구조를 그에 앞선 시계추 운동이 있던 자리로 되돌려 놓지는 않았다. 오히려 연이은 시계추 운동에서 출현한 구조들은 앞선 것들보다 더 크고 더 복잡했다. 그들 각각은 그것이 지양한 구조들의 특징들과 그것이 부활시킨 구조들의 특징들을 결합시켰다. 더욱이, 각 체제가 형성되어 지배적이 되고 그 한계에 도달하기까지의 시간대로 측정한 각 시계추 운동의 속도는 체계적 축적 순환의 주도적 행위자들의 규모와 범위와 더불어 점점 더 빨라졌다.

3장 결론 부분에서 우리는 이런 양상을 추적해, 자본주의적 자본축적이 그 내재적 조직장벽을 넘어서는 수단을 찾아내지만, 마르크스의 말을 빌리자면, 이 수단이 "또다시 더 엄청난 규모로 그 길을 막는 장벽을 세우게 되는" 경향을 발견하였다. 역사적으로, 한 조직구조에서 다른 조직구조로 이행의 선을 그어 주는 과잉축적의 위기는 또한 더욱 크고 더욱 포괄적인 기반 위에서 자본주의 세계경제를 재형성함으로써 위기를 해결하는, 더욱 강력한 정부 행위자와 사업 행위자들을 출현시킬 조건을 만들어 내기도 한다. 그러나 서론에서 예견했듯이, 이런 과정은 필연적으로 시간 제약적이다. 조만간 이 과정은 과잉축적의 위기 때문에, 더 크고 더 포괄적인 기반 위에서 이 체계를 재형성할 수 있을 강력한 행위자가 존재할 수 없게 되는 단계에 이르지 않을 수 없다. 또는 그렇게 된다면, 이 위기로부터 등장한 행위자는 아주 강력해서, 베버의 말대로, 15세기 이래 "근대 서구 자본주의를 위한 최대의 기회들을 탄생시킨" 이동자본을 둘러싼 국가 간 경쟁을 종료시킬 수도 있을 것이다.

실로 우리가 그런 단계에 돌입했을지도 모른다는 신호들이 있다. 현재 자기조정적 세계시장의 부활이 실제로는 부분적이라 하더라도, 이미 감당하기 힘든 판결을 부과했다. 전체 공동체들, 전체 국가들, 그리고 사하라 이남 아프리카의 경우처럼 심지어 전체 대륙이, 변동 중인 세계적 규모의 자본축적의 경제에 불필요한 "잉여"로 선언되었다. 세계권력이자 영토 제국인 소련의 붕괴와 결합해, 세계 공급체계로부터 이런 "잉여" 공동체 및 지방들이 제거되자, "누가 누구보다 더 불필요한지"를 둘러싼 또는 더 단순히 이런 제거 때문에 절대적으로 희소해진 자원들을 영유하기 위해 벌어지는, 대부분 폭력적인 수없이 많은 다툼들이 촉발되었다. 일반적으로 말해서 이런 다툼들은 세계시장 경쟁 격화의 충격 아래 ─ 이는 대부분 사실이다 ─ 기존의 생활 방식의 파괴에 대항하는 사회의 자기보호의 표현으로 진단되거나 취급되지는 않았다. 오히려 이는 국지적 "동네 깡패들" 사이에서 벌어진 격세유전적 증오나 권력투쟁의 표현으로 진단되고 취급되었으며, 둘 다 기껏해야 부차적 역할을 할 뿐으로 간주되었다. 이런 종류의 신단과 처방이 지배하는 한, 세계체계 전체에서 폭력은 그 이전보다 더욱 통제를 벗어나, 사미르 아민의 『카오스의 제국』에서처럼(Amin 1992) 세계적 규모의 자본축적에 대해 관리불가능한 법질서 문제를 만들어 낼 가능성이 있다.

현대 세계에서 폭력의 봉쇄 불가능성은 세계권력의 주된 장소로서 영토주의 국가들의 근대세계체계가 소멸해 가고 있다는 점과 밀접한 연관성을 갖는다. 1장에서 논의했듯이, 아시아와 아프리카 인민들에게 자결권을 허여하는 것은 이에 수반해 민족국가의 실제 주권에 전례 없는 제약이 가해지고, 마찬가지로 주권에 부과되는 국내외의 의무에 대해 전례 없는 기대가 형성되는 것이기도 했다. 세계적 규모의 생산 및 교환 과정이 초국적기업의 조직적 영역 내로 내부화되는 것, 그리고 국가이상적(suprastatal) 세계금융시장이 부활한 것과 결합해, 이런 전례 없는 제약과 기대는 민족국가들의 권위를 상방과 하방으로 이전하도록 하는 강력한 압력으로 작용했다.

최근 들어 권위를 상방으로 이전하려는 가장 의미심장한 압력은 체계의 카오스의 증폭에 대항해 세계정부를 구성하려는 과정이 진행되는 경향이었다. 전혀 무계획적으로 그리고 사태의 압력 때문에, 제2차세계대전 종전기에 루스벨트 정부가 창설하였지만 잠자고 있던 국가이상적 조직들이 급격히 재활성화되어 미국이 무시할 수도 혼자서 수행할 수도 없는 세계 통치의 가장 급박한 기능들을 수행하였다. 이미 레이건의 두번째 임기 때, 그리고 그 최초의 의도에 반해서, 국제통화기금은 세계금융부의 역할을 수행할 힘을 얻었다. 부시 정부〔아버지 부시〕 아래서 이런 역할은 강화되었고, 더욱 중요하게는, 국제연합 안전보장이사회가 세계경찰청 역할을 수행할 힘을 획득했다. 그리고 두 정부 모두에서 G7의 정례적 모임은 이 조직을 점점 더 세계 부르주아지 공통사를 관리하는 위원회처럼 보이게 만들었다.

이런 국가이상적 세계 통치조직들이 재활성화되자, 부시 정부는 효력 잃은 전후 미국질서를 대체할 새로운 세계질서를 만들어 낼 필요가 있음을 더욱더 끈질기게 주장하였다. 그러나 세계질서는 만들어 내기보다 무너지기가 더 쉽다. 사실로 드러났듯이, 자기조정시장에 대한 부시 정부의 단호해 보이는 믿음과, 지속되는 경기침체 속에서 결과적으로 미국 국내경제를 무시한 것은 1992년 대통령 선거의 패배로 이어졌다. 그러나 부시 정부가 세계 통치의 국가들 간 형태를 찾아 나서도록 만든 문제들은 남겨져 있었다. 아마 현재와 이후 정권들의 정치적 지향과 관계없이 이 문제들은 미국을 계속해서 같은 방향으로 밀고 나갈 것이다.

이 추동력이 목표 달성에 성공할 것인지는 전혀 다른 문제이다. 현재 과잉축적 위기의 정도와 심각성, 그리고 그것이 전개되는 속도를 보면 최소한도의 효과를 갖는 세계정부의 구조를 만드는 일이 미국과 그 동맹국들의 한정된 역량을 뛰어넘게 되는 상황이 쉽게 벌어질 것으로 보인다. 그 위기가 체계적 자본축적과정 진원지의 근본적인 공간적 교체를 수반한다는 사실에서 보면, 이 결과는 훨씬 더 가능성이 커 보인다. 이런 종류의 교체는 하나의 체계적 축적 순환에서 또 다른 것으로의 이행을 구획짓는 모든 금융적 팽창의 위기마다 벌어졌다. 피렌이 주장했듯, 새로운 자본주의 발전 단계로의 이행 때는 세계적 규모의 자본축적과정의 주도권의 변화가 나타났다. 그리고 브로델이 주장했듯, 자본주의 세계경제 감제고지의 경비병이 바뀔 때마다, "구"지역에 대한 "신"지역의 "승리"가 나타났다. 우리가 지금 자본주의 세계경제 감제고지의 경비병 교체와 새로운 자본주의 발전 단계의 개시를 목격하고 있는 것인지는 불분명하다. 그러니 세계적 규모에서 자본축적과정의 가장 역동적 중심으로서 "구"지역(북아메리카)을 "신"지역(동아시아)이 대체하고 있는 것은 이미 현실이다.

첫번째 근사값으로, 자본축적과정에서 동아시아가 어느 정도 약진하고 있는지는 〈도표 21〉에서 묘사된 추세로 측정될 수 있다. 이 그림은

도표 21. 비교의 관점에서 본 동아시아의 부상(유기적 중심이 100일 때의 1인당 GNP)

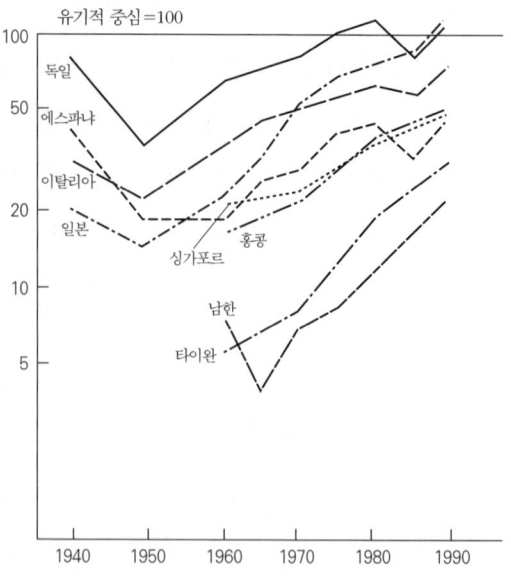

출처: Woytinsky and Woytinsky(1988: 91); World Bank(various years);
Economic Planning Council(1977, 1982, 1988).

제2차세계대전 이후 가장 두드러진, 자본주의 세계경제의 "유기적" 중심의 일인당 소득 수준 "따라잡기"의 사례를 보여 준다. 다른 곳에서 정의했듯이, 유기적 중심이란 지난 반세기 또는 그 이상의 시기 동안 꾸준히 전지구적 부가가치 계서제의 상위를 차지하였고, 그 지위 덕에 그들의 정부가 유지하려 해왔고 다른 모든 정부들이 그 수준을 달성하고자 한 (개인적이고 집합적인) 부의 기준을 설정한 모든 국가들로 구성되어 있다. 넓게 보자면, 미국 순환 시기에 유기적 중심은 북아메리카, 서유럽, 그리고 오스트레일리아였다(Arrighi 1990a; Arrighi 1991: 41~2).

일본의 "따라잡기"는 분명 가장 지속적이고 두드러졌다. 확실히 1940년대와 1950년대 일본의 궤적은 놀라울 정도로 독일과 이탈리아의 궤적과 유사했다──그들 모두는 다소간 그들이 1940년대에 상실한 것을 1950년대에 되찾았다. 그렇지만 1960년대부터 일본의 따라잡기 성과는 구 추축국들보다 훨씬 빨랐다. 1970년에는 일본이 일인당 GNP에서 이탈리아를 앞질렀다. 1985년에는 독일을 앞질렀다. 그리고 곧이어 일본은 유기적 중심 전체의 일인당 GNP를 앞질렀다.

〈도표 21〉은 이 지역(동아시아)의 "경제 기적"이 실제로 1970년대가 되어서야 시작되었다는 것을, 즉 미국 축적체제의 신호적 위기 이후에야 시작되었다는 것을 보여 준다. 1960년대에 남한은 국제개발기구 사람들이 1960년대 중반 내내 줄곧 그렇게 불렀듯이, 저소득 국가들 중에서 아직도 "사지절단된 환자"였다(Cumings 1993: 24). 비록 1960년대 후반에 남한의 일인당 GNP가 급속히 늘어났지만, 앞선 다섯 해의 손실(유기적 중심에 대비할 때)을 만회하지 못했다. 두 도시국가인 홍콩과 싱가포르의 사정은 더 나았지만, 에스파냐처럼 규모가 더 큰 비동아시아권 중간소득 국가보다 더 낫지는 않았다. 이후의 네 마리 호랑이 또는 4인방 중 타이완이 1960년대에 사정이 제일 나았지만, 여전히 세계경제의 저소득 층위의 경계 내에 있었다. 대체로 1960년대 전체에 걸쳐 오직 일본의 성과만이 세계적 기준에서 볼 때 이례적이었다. 아카마츠 카나메의 "날아가는 기러기" 모델에서처럼(Kojima 1977: 150~1), 일본 대약진의 이륙이 이 지역의 이륙에 앞섰고 이를 주도했다. 동아시아의 "이례성"이 뚜렷하게 드러나기 시작한 것은 겨우 1970년대, 그리고 무엇보다 1980년대에 세계 다른 모든 곳에서 발전주의적 노력의 위기가 나타났을 때였다(Arrighi 1991; Arrighi, Ikeda, and Irwan 1993).

브루스 커밍스가 강조했듯이(Cumings 1987: 46), 일본, 남한, 타이완의 경제 기적은 "금세기 이 지역이 기울인 근본적인 통일과 완결성"에 적절한 주의를 기울일 때만 이해될 수 있다. 산업 팽창에 주목하는 브루스 커밍스는 1955년 이후 일본 산업 성장의 "긴 시계추 진동"이 일본 식민지의 최초의 대대적인 산업화를 촉진시킨, 그에 앞선 1930년대의 "긴 시계추 진동"보다 단지 조금 더 성공적이었을 뿐이라고 본다.

일본은 그 식민지 내에 근대 중공업을 설립한 매우 드문 제국 권력 중 하나였다. 조선과 만주에는 철강·화학·수력발전 설비가, 한동안 만주에는 자동차 생산이 …… 1941년에는 광산을 포함해 공장 피고용자수가 타이완에서 181,000명이나 되었다. 1930년대에 제조업 연평균 성장률은 8% 정도였다. 산업 발전은 조선에서 훨씬 두드러졌다. …… 1940년이 되면 213,000명의 조선인들이 광업 이외의 공업에서 일하고 있었으며, 여기에는 일본 본토와 만주로 이주해 공장이나 광산에서 일하는 수십만의 조선인들은 포함되지 않았다. 광공업 순가치는 1929년에서 1941년 사이에 266% 성장했다. 1945년이 되면, 심각하게 식민 모국의 이해관계로 왜곡되어 있기는 했지만, 조선은 제3세계에서 가장 발전한 산업 기반을 가지고 있었다.(Cumings 1987 : 55~6)

우리가 이 책 전체에서 주장해 왔듯이, 산업 팽창률이나 그와 관련해 더 협소한 의미의 산업 생산률은 자본주의 세계경제의 경쟁우위를 둘러싼 싸움에서 국가들의 성공이나 실패를 측정하는 지표로서 매우 신뢰성이 떨어진다. 에드워드 3세의 잉글랜드에서 비스마르크의 독일, 또는 실로 스탈린의 러시아까지 아무리 그 속도가 빠르다 해도, 산업 팽창 그 자체는 자본주의 세계경제의 부가가치 계서제를 올라서는 데 그다지 도움이 된 적이 없었다. 역사적으로 볼 때, 다른 더 핵심적인 요소가 없이 급속한 산업화만으로는 그만큼 현존 부가가치 격차를 좁히지는 못했다. 설상가상으로, 그것이 지독한 민족 재난으로 전환된 것은 한 번만이 아니었다.

우리가 주장했듯이, 19세기 말 20세기 초 독일 제국의 놀라운 산업 팽창이 그런 경우였다. 그리고 우리가 여기에 추가할 것으로, 그보다 덜 두드러지지만 그럼에도 아주 의미심장한 1930년대 일본과 그 식민지 배후지의 산업 팽창이 그런 경우였다. 그 산업화에도 불구하고, 제2차세계대전 발발기에 일본은 유기적 중심의 일인당 GNP의 1/5 수준인 중간소득 국가로 머물러 있었다——그 경제 지위는 1930년대 산업화 노력 이전에 이미 달성한 수준과 그다지 다르지 않았다. 가용한 빈약한 자료들이 우리에게 알려 주는 바로는, 조선과 타이완도 더 낫지 않았고, 아마 더 나빴을 것이다. 급속한 산업화와 더욱 거대한 착취로 두 식민지 모두 저소득 층위에 옭매여 있었으며, 일인당 GNP는 유기적 중심의 10% 훨씬 밑이었다(Zimmerman 1962; Bairoch 1976b; Maddison 1983에서 제공한 자료에 기초).

물론 급속한 산업화 덕에 일본은 상당한 군사권력 이상의 것으로 전환되었으며, 이는 산업화 추진의 실제 목적이었다. 그러나 또다시 독일 제국과 그에 이은 나치 독일의 경우처럼, 일본이 급속한 산업화 덕에 획득한 세계 군사 및 정치권력상의 모든 점증적 이득은 그들이 쇠퇴하는 (영국) 헤게모니와 상승하는 (미국) 헤게모니의 권력추구에 개입하기 시작하자마자 거대한 손실로 전환되었다. 커밍스 자신이 언급하듯이(Cumings 1987: 82), 양차 대전 사이 시기에 "중심부 권력 지위로 뛰어드는 〔일본의〕 모습은 날아가는 기러기보다는 불에 뛰어드는 나방을 더 닮았다."

전전과 전시 팽창의 파국적인 실패와 비교할 때, 지난 20~30년의 동아시아의 경제 팽창을 진정한 자본주의적 성공으로 만든 것은 급속한

도표 22. 소득 격차 대 산업화 격차

표 A : 일인당 GNP 추세(국가군별 가중 평균치와 범위)

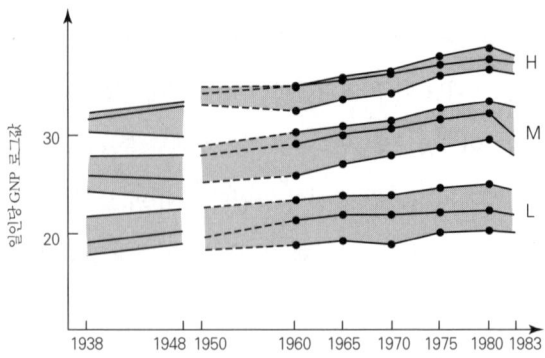

표 B : 산업화 정도 추세

(a) 공업 부문에 고용된 노동력 비율의 단순 평균

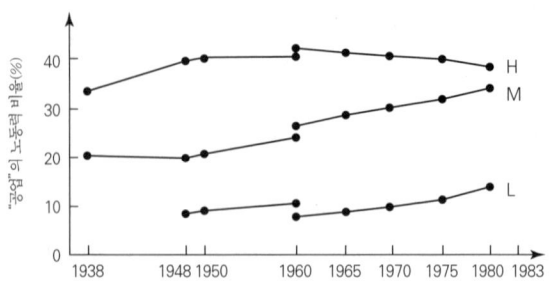

(b) GDP에서 차지하는 제조업 비중의 단순 평균

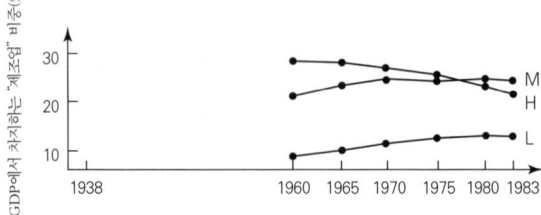

H=고소득 국가, M=중간소득 국가, L=저소득 국가
출처 : Arrighi and Drangel(1960: 50, 54)

산업화 자체가 아니다. 한편에 고소득 국가들(우리의 "유기적 중심")과 다른 한편에 저소득 및 중간소득 국가들 사이의 산업화 정도의 격차가 축소된 것은 1960년대 이후 자본주의 세계경제 전체의 특징이었다. 그러나〈도표 22〉가 보여 주듯이, 산업화 격차가 이처럼 축소된 것 ─ 그리고 중간소득 집단에 관한 한 그 수렴 ─ 은 소득 격차의 축소와 결합되지는 않았다. 반대로, 산업화를 향한 경주는 1980년대 초 특히 중간소득 집단의 소득 격차를 크게 증가시키며 종료되었다.

만일 우리가 어쨌건 동아시아의 경제 기적 또는 대약진에 대해서 이야기하고 있다면, 이는 바로 이 지역의 일부 정치권역들이 이런 덫을 피해 갔다는 바로 그 이유 때문이다. 이런 드문 사례에서 급속한 산업 팽창은 자본주의 세계경제의 부가가치와 잉여자본 계서제에서 상승이동을 수반했다. 이런 두 가지 관점 모두에서 일본의 위업은 동아시아 내 또는 동아시아 외부의 모든 다른 이들을 훨씬 앞섰다. 세계 소득과 유동성에서 차지하는 비중이 커지는 속도와 정도에서 동시대 세계경제의 어느 누구도 일본을 따라올 수 없다. 이 때문에 일본 자본가계급은 각기 체계적 자본축적과정의 새로운 주도자로서 대약진했던 시기의 제노바, 네덜란드, 영국, 미국 자본가계급의 진정한 계승자로서 그 자신이 한 범주를 구성하였다.

뒤에서 살펴보겠지만, 부상하고 있는 일본의 주도력이 실제로 다섯 번째 체계적 축적 순환으로 전환될지는 분명치 않다. 그러나 그렇건 아니건 간에, 미국체제의 신호적 위기 이후 일본이 체계적 자본축적과정에서 뻗어 나가고 있는 정도는〈도표 21〉에서 묘사된 궤적들이 이미 함축하고 있는 것보다 훨씬 크다. 우선, 그 궤적들은 일인당 자료만 보여 준다. 그러나 평균적으로 일본은 구 서독(독일 추세는 여기에 준거한다)이나 이탈리아 인구의 대략 두 배, 에스파냐나 남한 인구의 3~4배, 그리고 타이완

인구나 싱가포르와 홍콩을 합한 인구의 대략 10배의 인구를 가지고 있다. 따라서 다른 상승이동 국가들에 비해 일본이 세계 부가가치에서 차지하는 비중 증가는 그 상대적인 일인당 소득의 가파른 증가가 이미 지시해 준 것보다 훨씬 엄청나다.

더욱 중요한 점은, 자본주의 세계경제의 성층화된 구조에서 이런 상당한 인구 대중의 놀라운 상승이 고도금융 세계에서 마찬가지로 놀라운 진전을 동반했다는 것이다. 1970년에 『포춘』의 상위 50개 은행 중 11개가 이미 일본 은행이었다는 것을 말하는 것으로 충분하다. 1980년에 그 수는 14개로, 1990년에는 22개로 증가한다. 더욱 놀라운 것은 상위 50개 은행의 총자산에서 차지하는 일본인 비중의 증가인데, 1970년 18%에서 1980년에는 27%로, 1990년에는 48%로 증가했다(Ikeda 1993: 표 12와 13). 게다가, 1980년대 말이 되면 일본 4대 증권사가 유로채권 상위 인수업자로 전환되었고, 도쿄의 채권, 외환, 주식(equities) 시장이 모두 그 규모에서 뉴욕과 맞먹는 수준이 되기 시작했다(Helleiner 1992: 426~7).

일본의 상승보다는 덜 극적이긴 하지만, 남한과 타이완의 상승, 그리고 도시국가 싱가포르와 홍콩의 상승 자체도 현대 세계경제의 기준에서 보면 매우 인상적이다. 남한과 타이완은 미국 축적체제 아래에서 저소득 국가군에서 중간소득 국가군으로 이동하는 데 성공한 유일한 두 국가이다. 그리고 싱가포르와 홍콩은 에스파냐와 더불어 저소득군에서 중상위 소득군으로 안정적으로 올라선 유일한 사례이다(Arrighi, Ikeda, and Irwan 1993; 그리고 이 책 〈도표 21〉을 보라).

반복하지만, 이는 "산업화" 그 자체의 문제는 아니었다. 1980년대에 이 지역의 다른 국가들도 급속한 산업화를 경험했지만, 자본주의 세계경제의 부가가치 계서제에서 상승이동을 하지는 않았다. 동남아시아에서 제조업 성장률은 세계 최고에 속했다——1980년과 1988년 사이 타이의 연평균 성장률은 6.8%, 말레이시아는 7.3%, 인도네시아 13.1%로, 이는 세계은행에 보고된 모든 국가들의 연평균 성장률 3.8%와 모든 고소득 국가들의 3.2%와는 매우 대비되었다(World Bank 1990: 180~1). 그러나 세계은행 자료는 같은 시기에 세 나라 모두 일인당 소득에 관해서는 유기적 중심(일본과 네 마리 호랑이는 말할 것도 없고)에 비해 뒤처졌다는 것을 보여 준다——유기적 중심의 일인당 GNP에 대한 그들의 일인당 GNP 비율은 타이의 경우가 7%, 말레이시아가 23%, 인도네시아의 경우는 34% **하락하였다**(Arrighi, Ikeda, and Irwan 1993: 65 and table 3.1).

더욱이, 네 마리 호랑이의 경우에 또한 1970년 이후 그들의 경제 팽창에서 가장 인상적인 것은 그들이 어느 정도 금융적 팽창의 능동적 참여자이자 주된 수혜자가 되었는가 하는 것이다. 1960년대 말 이후 싱가포르는 아시아 달러시장의 탄생과 유로통화 은행망을 위한 역외 활동 기지의 제공에 긴밀하게 연루되어 있었다. 곧이어 홍콩이 뒤따라, 1982년에는 외국계 주재 은행의 측면에서 런던과 뉴욕에 이어 세계 세번째 금융 중심지가 되었다(Thrift 1986; Haggard and Cheng 1987: 121~2). 타이완으로 말하자면, 현금 외환보유고를 축적하는 데 "특화했다." 1992년 3월에는 타이완의 공식 보유고가 825억 달러로, 2위인 일본의 709억 달러를 훨씬 앞서 1위 자리를 차지했다(*The Washington Post*, 1992년 6월 29일자: A1). 남한——넷 중에서 1970년대에 유일하게 부채를 지게 된 곳——은 1980년대에 계속해서 충분한 신용을 누릴 수 있었다(Haggard and Cheng 1987: 94). 그리고 남한은 외국인 직접투자 유입의 폭발적 성장을 경험하기까지 했는데, 그 연평균액은 1970년대의 1억 달러에서 1984년에 1억 7천만 달러로, 1987년에 6억 2천 5백만 달러로 늘어났다

(Ogle 1990: 37). 더욱이 더 작은 세 마리 "호랑이"와 마찬가지로, 남한 자신이 동아시아와 동남아시아 지역에서 최대의 외국인 직접투자가의 하나가 되었다. 1980년대가 되면 하나의 집단으로서 네 마리 호랑이는 ASEAN 나라들에 대한 주도적 투자가가 되어 미국과 일본 모두를 앞질렀는데, 1988년에 외국인 직접투자 총유입액의 35.6%를 차지했고 1989년에는 26.3%를 차지했다(Ozawa 1993: 130).

간단히 말해서, 계속 지속되는 이 지역의 산업 팽창을 기준삼아 미국 축적체제의 위기와 금융적 팽창 중의 일본과 동아시아의 "이례성"을 측정하는 것은 적절하지도 신뢰성이 있지도 않다. 동아시아가 체계적 자본축적과정의 새로운 진원지로 부상한 가장 중요한 신호는 그 지배권역들 중 여러 곳이 자본주의 세계경제의 부가가치 및 세계화폐의 계서제에서 주요한 진전을 이루었다는 점이다. 확실히, 동아시아 자본주의 "군도"의 부가가치 비중은 아직도 전통적인 자본주의 권력의 소재지들(북아메리카와 서유럽)보다 훨씬 작다. 그리고 이런 전통적 소재지들의 사적·공적 금융 기구들은 아직도 세계화폐의 생산과 규제를 통제하고 있다. G7의 6:1 대표비율이 보여 주듯이, 북아메리카와 서유럽 국가들은 집합적으로 아직도 자본주의 세계경제의 감제고지를 좌우하고 있다.

그래도 자본주의 세계경제의 **실물적** 팽창에 관해서 보자면, 동아시아 자본주의는 이미 주도적 지위를 차지하게 되었다. 1980년에 범태평양 무역은 가치액에서 범대서양 무역을 넘어서기 시작했다. 1980년대 말이 되면, 전자가 한 배 더 많았다. 동시에 환태평양의 아시아 측 국가들 사이의 무역은 태평양 간 무역액을 넘어서려 하고 있었다(Ozawa 1993: 129~30).

이처럼 자본의 실물적 팽창의 주된 소재지가 북아메리카에서 동아시아로 교체된 것은 미국이 국가이상적 세계정부 구조의 형성을 향해서 나아가는 경향을 지원할 추가적인 강력한 자극이 되었다. 그러나 이는 또한 동일한 경향의 실현에 엄청난 장애가 되기도 했다. 그것이 강력한 자극이 된 이유는, 국가이상적 세계정부 구조의 형성이 미국과 그 유럽 동맹국들에게 동아시아 자본주의의 생동력을 잠재우고 현대 세계에서 서구 헤게모니를 연장시키는 목적을 달성할 기회를 주기 때문이다. 그러나 그것이 엄청난 장애가 되는 이유는, 동아시아 자본주의의 생동성이 붕괴하고 있는 미국헤게모니 구조의 주요한 한계이자 불안전성의 요소가 되었기 때문이다.

떠오르는 자본주의 행위자의 생동성과 아직 지배적인 자본주의 질서 사이의 모순적 관계는 하나의 체계적 축적 순환에서 다른 것으로 넘어가는 모든 이행들의 특징이었다. 과거에 이 모순은 지배적 질서의 붕괴와 자본주의 세계경제 감제고지의 경비병의 교체를 통해 해결되었다. 우리가 막 다시금 목도하게 될 기회를 평가해 보려면, 우리는 구 (미국) 체제의 모순의 핵심 측면으로서 떠오르는 자본주의의 생동성의 원천을 간단히 조사해 보아야만 한다.

제2차세계대전 이후 일본 제국주의의 잿더미에서 부활한 일본 자본주의 불사조의 등장은 미국 정부와 일본 통치집단 사이의 정치적 교환 관계의 수립에 기원하였다. 이런 관계 덕에 일본 자본가계급은 4세기 전 제노바 자본가계급과 마찬가지로 보호비용을 외부화하고 일방적으로 이윤 추구에 특화할 수 있는 위치에 놓였다. 프란츠 셔먼이 자유민주당(자민당)체제의 전성기에 언급했듯이(Schurmann 1974: 142), "1920년대 쿨리지[1923~9년에 재임한 미국 30대 대통령]의 미국처럼, 자민당이 지배하는 일본 정부의 사업은[사업 목표는] 사업이다."

일본의 민족주의, 군사주의, 그리고 제국주의에 결정타를 입힌 제2차세계대전의 패배와 미국의 진주는 서독에서 그랬던 것과 다른 방식으로, 일본에서 전후 자본주의의 이례적 승리의 핵심 구성요소였다. 제2차 세계대전의 패전은 그 자체로 일본 제국주의의 붕괴로 이어졌고, 미국의 진주는 민족주의와 군사주의의 조직구조를 파괴함으로써 이 일을 완성시켰다. 이것이 전후 새로운 일본 정치체계를 위한 필요조건이었는데, "그러나 그 완전한 승리를 최종적으로 가져다 준 맥락은 미국에 의한 세계경제의 복구였다"(Schurmann 1974: 142~5).

방위비용 부담을 벗어난 일본 정부는 모든 자원과 에너지를 경제 팽창에 쏟아부어, 일본의 부를 일구고, 그 사업을 지구 먼 곳까지 확장시켰다. 전쟁은 오직 인민들과 보수적 정부가 한국전쟁과 베트남전쟁 같은 외국 전쟁에 연루되기를 거부할 때만 문제가 되었다. 미국과의 방위조약에서 필요한 양보를 할 때, 정부는 일본 기업에 경제 이윤을 가져다줄 내용에만 발을 담그려 했다. (Schurmann 1974: 143)

미국의 후견 자체가 처음에 일본 기업 이윤의 주원천이었다. 애치슨의 유명한 말은 계속된다(4장을 보라). "한국이 나타나 우리를 구해 주었"을 때, "이 **우리**에는 일본이 포함된다"(Cumings 1987: 63). "한국전쟁은 1980년대까지 태평양 자본주의의 북동부 경계를 구획한 반면, '일본의 마셜 플랜'으로 작동한 …… 전쟁 조달은 일본이 세계 제패의 산업적 길을 따라 가도록 추동시켰다"(Cumings 1993: 31; Cohen 1958: 85~91; Itoh 1990: 142도 보라).

냉전이 내습하기 이전에 미국이 일본에서 추구한 주된 목표는 일본

경제의 재생을 크게 고려하지 않고서, 일본의 군사적 역량을 파괴하는 것이었다. 재건은 일본과 일본이 침공한 나라들 모두에게 긴급한 필요로 인식되었다. 그렇지만, 1946년 전쟁배상금에 관한 미국 보고서가 퉁명스럽게 말하고 있듯이, "요구들을 전반적으로 비교해 볼 때, 일본은 최후 순위에 놓여야 한다"(Calleo and Rowland 1973: 198~9). 그러나 한 해도 안 되어 냉전이 시작되자 이런 날선 비난은 완전히 반전되었다.

조지 케넌의 봉쇄 정책은 항상 한계가 있고 인색했는데, 이는 세계에 4~5개의 산업구조만 존재한다는 생각 위에 서 있었다. 소련이 그 중 하나를 가지고 있고, 미국이 넷을 가지고 있는데 사태는 이대로 지속되어야 했다. 아시아에서는 일본만이 그의 관심이었다. 나머지는 오줌 지리는 정권들이었는데, 어떻게 이렇게 오줌 지리는 자들을 봉쇄할 수 있었겠는가? 케넌과 그의 정책입안팀은 일본에서 "역과정"(reverse course)을 밀고가는 데 핵심적 역할을 했다. (Cumings 1987: 60)

한국에서 "열"전이 터지고 냉전이 미국과 서유럽에서 재무장의 발걸음을 촉진하자, 곧 모든 체제 중 미국이야말로 가장 "오줌 지리는" 나라가 되었다. 1964년에는 일본 한 곳에서만, 미국 정부는 역외 조달과 기타 군비 지출로 72억 달러를 썼다. 총괄해서 1950~70년의 20년간 일본에 대한 미국의 원조는 매년 평균 5억 달러였다(Borden 1984: 220). 남한과 타이완에 대한 군사 및 경제 원조를 합하면 훨씬 더 많았다. 1946~78년 시기에 남한에 대한 원조액은 130억 달러(일인당 600달러)에 이르렀고, 타이완에 대한 원조액은 56억 달러(일인당 425달러)에 이르렀다(Cumings 1987: 67).

미국의 "오줌 지림"은 미국 세계 정치권력의 수단으로 일본의 지역적 경제 권력을 지탱해야 할 미국의 이해관계를 약화하기는커녕 오히려 강화했다. 이미 1949년에 미국 정부는 "여러 상품들에 특정한 생산비용 우위를" 가져다 주는 미국, 일본, 동남아시아 사이의 "삼각" 무역의 장점을 다소 알고 있었음을 보여 주었다(NSC 48/1 첫 초고; Cumings 1987: 62에서 재인용). 그렇지만, 1950년대에 미국 정부에게는 비용 절감보다 더욱 급한 우선순위가 있었다. 그런 우선순위 중 하나는 일본의 산업 능력을 부활시키는 것이었는데, 설사 감제고지를 차지한 바 있던 대은행을 포함해 1930년대의 중앙집중적 정부구조와 기업구조를 다소 개혁하여 재확립하는 대가를 치르더라도 그렇게 하려 하였다(Allen 1980: 108~9; Johnson 1982: 305~24). 또 다른 우선순위는 거리낌을 갖고 있던 유럽 파트너 특히 영국을 강제해 일본을 GATT에 받아들이도록 하는 것이었다(Calleo and Rowland 1973: 200~4).

그러나 일본 국내 경제 회복이 제자리를 잡고 미국의 금융적 지원이 그 한계에 달하자, 비용 절감이 관심사가 되었고, 동아시아 지역 경제 내에서 일본의 역할은 완전히 재정의되었다. 월트 W. 로스토가 1961년 처음 케네디 정부에 합류했을 때 그의 첫 프로젝트 중 하나는

> 남한과 타이완을 수출지향 정책의 방향으로 이끌어 이들을 번성하고 있던 일본 경제와 재통합시키는 것이었다. 미국의 첫 무역 적자에 직면해, 케네디 정부는 비용이 많이 들고 소모적인 아이젠하워 시대의 안보 계획에서 벗어나, 1950년대의 대량 원조를 끝내고 한국과 타이완 같은 동맹국들을 좀더 자립적으로 만들려는 지역적 펌프물 붓기의 방향으로 나아가려 했다.(Cumings 1993: 25)

1950년대에 미국은 일본과 그 구식민지들을 그 자신의 무역, 권력, 후원망 속에 **각개적으로** 통합하려 추진했다. 1960년대에 긴축적인 금융적 제약의 충격 아래, 미국은 이들을 일본 중심의 지역적 무역망으로 **상호적으로** 통합하려 추진하기 시작했다. 이 목적을 위해서 미국 정부는 남한과 타이완을 적극적으로 고무해, 일본 식민지였던 과거에 대한 그들의 민족주의 감정을 극복하고 일본의 무역과 투자에 문호를 개방하도록 했다. 미국 헤게모니 하에서 이렇듯 일본은 자신이 20세기 전반기에 영토 확장을 통해 그토록 얻어 내려 했다가 결국 제2차세계대전의 참화 속에서 실패했던 그런 경제적 배후지를 아무 비용도 들이지 않고 얻어 냈다.

실제 일본은 동아시아 경제 배후지 훨씬 이상의 것을 얻어 냈다. 미국 정부의 개입을 통해서 일본은 GATT 가입과 미국 시장에 대한 특권적 접근, 그리고 미국 해외 군사지출에 대한 특권적 접근을 얻어 냈다. 더욱이 미국 정부는 외국 사적 기업에 대한 일본 경제의 행정적 폐쇄를 용인했는데, 냉전 십자군 상황에서 거의 대부분의 다른 정부들의 경우에 이렇게 하면 자유세계의 적들이 될 수도 있는 일이었다.

미국 정부의 동기가 자비심이 아니었다는 것은 말할 필요도 없다. 정치뿐 아니라 병참술 또한 공산주의 세계에 대결하는 자유세계의 우월한 능력이 기댈 산업생산과 자본축적의 몇몇 해외 중심지들을 미국 정부가 지탱해 줄 것 — 필요하다면 미국 대기업들의 경쟁으로부터 보호하여 — 을 요구했다. 그리고 마침 일본은 이런 중심지들 중의 최약의 곳이사, 계속되는 아시아와 미국의 전쟁 — 처음에는 한국에서, 다음에는 베트남에서, 그리고 중국의 "봉쇄" 내내 — 의 시연장에 근접해 있기 때문에 최대의 전략적 가치를 지닌 곳들 중 하나이기도 했다.

또한 일본은 마침 제임스 오쿠너가(O'Connor 1973: 6장) 미국 "전쟁-복지" 국가(warfare-welfare state)라고 부른 것을 위한 매우 효과적이고 효율적인 "종복"이기도 했다. NSC 48/1 첫 초고에서 윤곽이 드러났듯이, 일본 재계를 미국 구매력과 값싼 아시아 노동 사이의 중개자로 편입함으로써 생기는 비용 이득은 긴축적인 금융제약이 미국 재정 위기의 위협이 되기 시작한 1960년대에 특히 유용해졌다. 무엇보다 바로 이런 임박한 위기 때문에 1964년에서 1970년 사이에 일본으로부터 들어오는 미국의 수입이 세 배로 증가할 정도로 폭발적으로 성장하여, 그 결과 그 이전의 미국의 대일 무역 흑자가 이제 14억 달러 적자로 변환되는 환경이 마련되었다.

일본의 무역 흑자뿐 아니라 이처럼 부유한 미국시장을 향한 일본 수출의 폭발적 성장이 세계적 규모의 자본축적과정에서 이와 동시에 일본이 대약진의 이륙을 할 수 있었던 핵심적 구성요소였다. 그렇지만, 어찌 보건 이것이 공세적인 일본의 신중상주의적 입장 때문은 아니었다. 그보다 이는 미국이 점점 더 국내외에서 자신의 권력을 추구하기 위해서는 핵심적 공급물의 **가격을 낮출** 필요가 있었기 때문이었다. 미국이나 다른 지역에서 얻을 수 있던 것보다 훨씬 낮은 비용으로 전쟁과 생계 수단을 일본에서 대량으로 획득하지 못한다면, 1960년대 미국의 국내 복지 지출과 해외 전쟁 지출의 동시적 증가는 실제 그랬던 것보다 훨씬 더 재정적으로 타격을 입었을 것이다. 일본의 무역 흑자는 미국 정부의 재정적 곤경의 원인은 아니었다. 그 원인은 점점 더 커진 미국 전쟁-복지 국가의 재정적 무절제함이었다. 일본 자본가계급은 전쟁과 생계 수단 조달비용을 절감해야 한다는 미국의 요구로부터 이윤을 획득할 수 있는 기회를 즉각 장악했다. 그러나 그렇게 함으로써, 일본은 자유세계의 여타 자본가계급들과 마찬가지로, 미국 정부의 권력추구에 효과적으로 봉사하고 있었다.

간단히 말해서, 일본은 미국 축적체제의 신호적 위기 때까지는 미국의 초청을 받아 부유하고 힘 있는 서구 민족들로 이루어진 배타적인 집단에 들어온 손님으로 남아 있었다. 이는 이매뉴얼 월러스틴이 말하는 (Wallerstein 1979: 4장) "초청에 의한 발전"의 완벽한 사례였다. 전반적으로 일본은 또한 매우 신중한 손님이었다. 그 대미수출의 팽창은 처음부터 매우 행정적으로 규제되어, 1971년에 대미무역의 34%는 제한적인 "자발적" 협약에 의한 것이었다(Calleo and Rowland 1973: 209~10). 마찬가지로 중요한 점은, 이 책의 〈도표 19〉가 보여 주듯이, 급증하는 해외 직접투자를 통한 경쟁적 투쟁의 격화는 1970년대 초까지 엄밀하게 미국-유럽 사업의 문제였다.

1960년대 말 1970년대 초의 과잉축적 위기는 모든 것을 바꾸어 놓았다. 미국은 유럽 파트너들과 동아시아 고객들의 팔을 비틀어 일본의 자본 팽창을 위한 공간을 만들어 내는 일을 그만두었다. 대신 미국은 일본 정부의 팔을 비틀어 엔화를 평가절상하고, 일본 경제를 해외자본과 무역에 개방하도록 하였다. 중국과의 해빙, 그리고 1973년 파리 평화조약으로 아시아에서 미국의 전쟁이 종료되자, 일본의 경제 팽창의 이익을 재분배하도록 하는 미국의 압력이 강화되었다. 미국 정부가 마구간 문을 닫아 걸었지만, 말은 이미 뛰어 달아나고 있었다. 또는 오히려 기러기는 날아가 버리고 있었다. 과잉축적 위기는 일본 자본이 초민족적 팽창의 길로 나아가도록 추동했고, 이는 곧 전 아시아 지역을 혁명화하게 될 것이었고, 아마도 결국 미국 축적체제의 지양의 조짐이 될 것이었다.

이런 팽창에서 핵심적 사실은 이 팽창이 주로 일본 기업의 다층적 하청체계의 확대재생산으로 구성되었다는 점이었다. "비공식화"와 "유연전문화" 이론가들이 강조했듯이, 다양한 종류의 하청체계가 1970년경부터 전세계에 번성했다. 그렇지만 다른 곳에서 더 자세하게 주장했듯이 (Arrighi, Ikeda, and Irwan 1993), 1970년대와 1980년대 초민족적으로 팽창한 일본 하청체계는 핵심적 측면에서 다른 모든 종류의 하청체계와 다르다.

첫째로, 일본체계는 다른 중심부 자본주의 국가들의 대기업의 하청 관행보다 훨씬 더 탈중심적 생산활동 구조에 의존하고, 그것을 재생산하는 경향이 있다. 이는 1차 하청(직접 최상층에서 하청을 받는다), 2차 하청(2차 하청자에게 하청을 받는다), 3차 하청 등등으로 다층으로 매우 층화되어, 마침내 단순 활동을 하청받는 수많은 가계들로 구성된 최하층에까지 그 사슬이 이른다. 일본무역협회(JETRO)가 강조하듯이, 공식적으로는 독립적인 이런 종속적 하청자 층들의 지원이 없다면, "일본 대기업은 허우적대다 침몰해 버릴 것이다"(Okomoto and Rohlen 1988: 83~8). 일본 대기업의 이런 외주는 미국과 서유럽에 비해 훨씬 더 많다. 예를 들어, 1973년 대형 자동차 조립업체 중에서 완성차 총부가가치는 일본에서 18%였고, 미국의 "빅3"는 43%, 독일의 폭스바겐과 벤츠는 44%였다 (Odaka 1985: 391). 다시 외주에 대한 높은 의존은 1981년 GM이 462만 대 생산을 위해서 75만 8천 명의 직공이 필요했던 데 비해, 도요타 자동차 회사가 겨우 4만 8천 명의 직공으로 322만 대의 사륜 자동차를 생산해 낼 수 있던 가장 중요한 단일 요인이었다.

둘째, 일본의 하청망은 미국과 서유럽의 하청망보다 훨씬 더 안정적이고 효과적인 수직적·수평적 기업 간 협조의 도구였는데, 미국과 서유럽에서는 하청자들이 일본에 비해 훨씬 더 자주 그리고 다른 하청자들의 훨씬 더 큰 경쟁 압력 속에서 재협상을 해야 했다. 그 결과, 하청망에 통합된 기업들의 조직권역을 넘어서 하청 사슬의 최종 산출물의 고품질 또는 저가격 같은 공동 목표 달성을 목적으로 하여 협조를 만들어 내는 일은 일본보다 훨씬 더 어려웠다. "모회사"와 "자하청회사" 사이의 "가족" 관계로 이상화된 일본체계에서 소기업과 대기업 사이의 협조는 매우 긴밀해서, "일부 공급 업체들이 모기업 공장 내에서 자리잡고 있음을 발견하거나, 이전 대기업 출신 직공이 소기업을 경영하고 있는 것을 발견하거나, 또는 대량의 소기업 기계들이 주 구매자의 2차 판매를 통해 이전되는 것을 발견하면, 기업들 사이의 분명하고 손쉬운 구분은 매우 흐려진다." 이런 모기업들과 하청자들 사이의 협조 배치는 반영구적 교역 협약과 그룹 간 주식 보유 형태에 의한 모기업 자신들 사이의 협조 배치로 지탱된다. 최상층에서의 이런 수평적 협조는 각 하청망 내에서 투입물의 획득과 산출물의 처리를 쉽게 해준다. 이는 원하지 않는 인수 시도를 막아 준다. 그리고 이는 경영진이 단기적 수익성보다 장기적 성과에 더 집중하도록 해준다. "이런 장기적 관점은 일본 기업의 특징이고, 은행 신용이 제약된 시기에조차 쉽게 대출해 주는 계열 그룹들 내의 주거래 은행의 도움을 크게 받는다"(Eccleston 1989: 31~4; Smitka 1991도 보라).

대형·중형·소형 기업들 사이의 장기적 협조 배치는 강력한 무역회사, 즉 총합상사의 활동에 의해 더욱 증진되었다. 철강, 화학, 석유화학, 종합섬유 같은 늘어나는 흐름 가공의 산출물들을 위한 출구를 개척하면서, 총합상사는 그 자신의 중소기업들의 망을 건립하여, 여기에 하류 가공과 유통을 위한 원료를 공급하고, 또한 여기에 금융·경영·마케팅 지원을 확대하였다. 대형 제조업체가 통제하는 상류망과 마찬가지로, 이런 하류망은 대기업의 시장과 금융력을 중소기업의 유연성, 특화된 지식, 그리고 저임금과 결합시켰다(Yoshino and Lifson 1986: 29).

셋째로, 그리고 위의 것과 긴밀히 결합해, 일본의 대기업들은 일본의 다층적 하청체계 덕에 상이한 분파와 계층의 노동력들 사이의 노력을 보상할 때, 임금 차별과 여타 차별을 이용하고 재생산할 우월한 능력을 갖추게 되었다. 이런 관점에서, 일본의 다층적 하청체계는 노동시장에서 소기업과 대기업 사이의 경쟁 최소화를 목적으로 하는 기업 간 협조라는 더욱 일반적 경영 전략의 한 부분일 뿐이다. 긴밀하게 연관된 또 다른 측면은 하청체계 최상층에서 여성 고용에 대한 차별 관행——이 체계 하위층에서의 초착취를 위해서 가용한 여성 노동자들의 대규모 저수지를 재생산하는 도구가 된 관행——이었다. 물론 이런 관행은 북아메리카와 서유럽에도 광범하게 퍼져 있다. 그러나 어디서도 일본처럼 하청, 다른 기업으로부터의 피고용자 모집 금지, 그리고 여성 차별이 일관성 있고 체계적으로 추진된 곳은 없었다. 리처드 힐의 말을 빌리자면(Hill 1989: 466), 거의 규칙이 되다시피, "부가가치 사슬을 더 올라갈수록, 기업이 더 클수록, 기업의 이윤이 더 많을수록, 노동과 급여 조건은 더 특권적이고, 노동력에서는 더욱더 남성이 압도적이다."

마지막으로, 그리고 우리 목적에서 가장 중요한 점은, 일본의 다층적 하청체계가 동아시아와 동남아시아 지역의 풍부하고 매우 경쟁적인 노동 공급과의 긴밀한 공생 관계 속에서 국내적으로 발전하고 초민족적으로 팽창하였다는 점이다. 그처럼 일본에서 자본축적의 공생 관계가 없었다면, 일본이 1960년대 이래 기업들 사이의 협조적 배치——일본 다층적 하청체계의 국내적 생동력과 세계적 경쟁력이 기대고 있는——를 침식하여 결국 무너뜨리지 않고 그렇게 빨리 발걸음을 내딛을 수 있었을 것이라고 생각하기 어렵다. 무역과 생산 팽창에서 형성된 계속 증가하는 이윤량이 일본 국내기업들에 재투자되었다면, 개별 기업들이나 기업 가문들(계열사)은 불가피하게 서로의 네트워크와 시장 틈새에 침입해 들어가, 판매 가격에 대한 인하 압력 그리고/또는 구매 가격에 대한 인상 압력에 대응하도록 추동되었을 것이다. 이런 상호 침입은 다시 일본 기업의 협조적 결사를 해체해, 이를 심각하게 경쟁하는 분파들로 이루어진 카오스적 집합체로 바꾸어 놓았을 것이다.

실제로 이런 종류의 경향이 1960년대 중반에 대중적으로 "과도한 경쟁"이라 부르는 것이 재생하는 형태로 출현하는 듯 보였다──흥미롭게도, 동일한 표현이 세기 전환기에 미국 재계에서도 유행했다(cf. Veblen 1978: 216). 이런 재생은 토지와 노동의 부족, 그리고 경쟁에 종사하는 산업집단들의 구매 가격에 비해서 그 가격(특히 젊은 공장 노동자들의 임금)이 절대적으로나 상대적으로 상승하기 시작한 것과 관련이 있었다. 처음에 이윤 마진의 하락은 생산성 증가의 대대적 상승으로 훨씬 더 보완되었다. 그러나 1960년대 말이 되면, 생산성 상승은 더 이상 이윤율 하락 경향을 상쇄할 만큼 충분히 크지 않게 되었다(Ozawa 1979: 66~7).

그러나 경쟁 압력의 격화에 수반된 수익성 위기는 다층적 하청체계가 기대고 있던 협조적 배치를 붕괴시키지는 않았다. 이는 또한 일본 경제 팽창을 종료시키지도 않았다. 반대로, 다층적 하청체계는 선별된 동아시아 지역으로 유출(spillover)되면서 규모와 범위가 계속 증가해 갔다. 이 유출은 결정적으로 **이 지역의** 경제 기적의 이륙에 공헌했다. 그러나 이 유출은, 과잉생산 위기를 극복할 뿐 아니라, 그 망 속에 인근 지역의 노동과 기업 자원을 편입함으로써 세계경제 전체에서 그 경쟁력을 강화하기도 하는 일본 다층적 하청체계의 경향에 훨씬 더 결정적으로 공헌하였다(Arrighi, Ikeda, and Irwan 1993: 55ff).

누적된 일본의 해외 직접투자는 1960년대 중반부터 급속히 증가하기 시작했다. 그러나 1967년 이후, 그리고 무엇보다 1971년 엔화 평가절

도표 23. 일본 해외 직접투자 누적 증가율

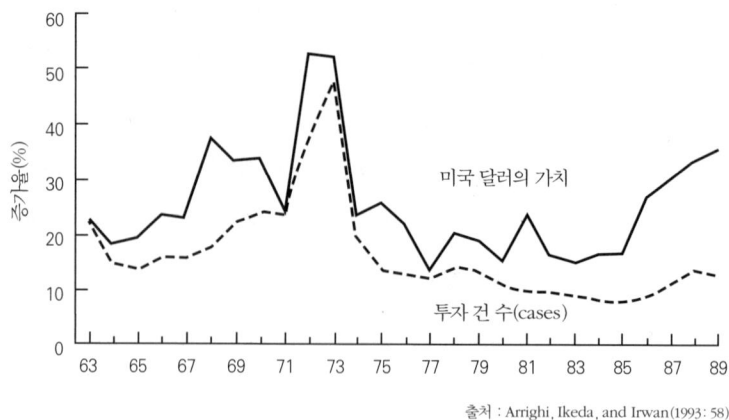

출처 : Arrighi, Ikeda, and Irwan(1993: 58).

상 이후, 그 증가는 참으로 폭발적이 되었다(〈도표 23〉). 이런 폭발적 증가는 일본 노동시장의 긴축과 엔화 평가절상 때문에 입은 비용우위의 손실을 만회할 목적으로 다층적 하청체계를 초국경적으로 확장한 데 주로 기인하였다. 이 초국경적 확장은 일본 생산 장치의 저부가가치 말단을 대량 이식한 것이었다. 이런 이식에 주로 포함된 것은 방직, 철강생산, 그리고 전자기계 같은 노동집약적 산업들이었다. 대기업이나 소기업 모두 똑같이 여기에 종사했다. 그리고 그 방향은 압도적으로 아시아, 그리고 아시아 내에서는 떠오르는 네 마리 호랑이로 향했다(Yoshihara 1978: 18; Woronoff 1984: 56~8; Ozawa 1985: 166~7; Steven 1990: 표 III.3).

대형 "모" 제조업 기업을 뒤따라 적어도 그들의 몇몇 하청 "가족"들의 몇몇 구성원들이 해외로 나갔다. 그러나 해외에서 소형 일본 기업들을 이끄는 핵심 역할을 맡은 것은 총합상사였다. 그들은 필요한 다소의 자금을 제공했다. 그들은 그 지방 파트너와 합자회사를 주선했다. 그리고 그들은 원료와 기계의 수입과 최종 산출물의 수출 대리인으로 활동했다. 그들은 소수 지분을 확보함으로써 스스로 합자회사에서 종종 지속적인 역할을 수행했다(Woronoff 1984: 56~8). 일반적으로 말해서, 일본 사업의 해외 팽창은 미국이나 서유럽 사업에 비해 다수 지분 소유에 훨씬 덜 집착하고 덜 의존했다. 이렇듯 1971년에 일본 기업의 해외 제조업 자회사의 80%가 소수 지분 소유와 합자회사였던 데 반해서, 프랑스 기업은 그 수치가 47%, 이탈리아 기업은 35%, 벨기에와 독일 기업은 30%, 그리고 미국, 영국, 네덜란드, 스웨덴, 그리고 스위스 기업은 20%였다(Franko 1976: 121).

다시 말해서, 일본의 무역·생산망의 해외 확장이 해외 직접투자 자료에서는 총량적으로 저평가되어 있는데, 왜냐하면 일본 사업은 미국이나 서유럽의 사업에 비해서 해외 설비의 인수나 수립에 훨씬 적은 자본을 쏟아붓기 때문이다. 그런데 세계 비용의 전반적 인플레이션의 시기에 일본 자본의 세계적인 경쟁력이 증대된 이유는 정확히 바로 이런 주변 저소득 지역에서 일본 자본의 초국경적 팽창이 "비공식적"이고 "유연한" 속성을 지녔기 때문이었다. 이런 자본축적전략과 구조의 경쟁우위는 1970년대 중반 미국과 서유럽의 해외 직접투자가 증가하자, 빛을 잃었다. 이른바 선진 시장경제로부터의 해외 직접투자에서 차지하는 일본의 비중은 1970~1년 3%에서 1973~4년 8% 이상으로 뛰어오른 다음, 1979~80년 다시 6% 아래로 떨어졌다(United Nations Center on Transnational Corporations 1983에서 계산). 더욱이, 원유와 기타 원료 가격의 상승과 불확실성 증가 때문에 그런 공급물들을 얻는 것이 일본 기업의 해외 팽창에서 최우선성을 차지하게 되었다. 이 목적을 위해서, 일본 자본은 생산국들과의 부실한 관계를 보완하는 평형추로서 다수의 원천들에 위험을 분산시켰다 이 전략 덕에 일본은 유가 위기를 벗어날 수 있었다. 그러나 이 지형에서 일본 기업의 더 느슨한 수직적 통합은 경쟁우위이기보다는 더 큰 경쟁열위가 되었다(cf. Hill and Johns 1985: 377~8; Bunker and O'Hearn 1993).

이런 상황에서 일본 해외 직접투자의 조직적·장소적 특이성은 근본적인 경쟁우위의 원천이기보다는 "약자의 무기"인 것처럼 보인다——그리고 상당 정도 실제로 그랬다. 이렇듯, 오자와 데루토모는(Ozawa 1979: 225~9) 그가 "다국적주의, 일본 스타일"이라 부른 것의 주된 특징을 그려 보이면서, 해외에 투자하고 있는 일본 제조업자들 대부분이 서구 기준에서 보면 얼마나 "미숙"한지, 일본 기업의 외적 팽창이 얼마나 선택이 아닌 필연성의 결과였는지——즉, 협소한 국내경제 공간 내에서 급속한 산업화의 덫을 피하기 위한 투쟁의 결과였다——, 그리고 일본 초국적체들이 피투자국들의 요구에 기꺼이 타협했던 것(소수 지분 소유의 수용처럼)이 부분적으로는 얼마나 피투자국 정부들에 대해서 그리고 또한 북아메리카와 서유럽 경쟁자들에 비해서 취약한 협상 위치 때문이었는지를 지적하였다.

그런데, 1980년대에는 이런 약자의 무기가 세계의 자원과 시장을 통제하기 위한 계속되는 투쟁에서 근본적 경쟁우위의 원천임이 드러났다. 세계경제의 부가가치와 잉여자본 계서제에서 일본의 상승은 둔화하지 않고 계속되었다. 그러나 해외 직접투자에서 차지하는 일본의 비중조차——이는 총량상에서 일본 기업망의 초민족적 팽창을 과소평가한다——1979~80년과 1987~8년 사이에 세 배 이상 증가했다(Arrighi, Ikeda, and Irwan 1993: 62). 1989년이 되면, 투자 흐름으로 볼 때 일본이 (441억 달러) 미국을(317억 달러) 크게 제치고 해외 직접투자의 국제 순위에서 1위를 차지한 데서 이런 이례적 팽창이 정점에 이르렀다(Ozawa

1993: 130).

앞서 지적했듯이, 1980년대 말이 되면, 일본의 외적 산업 팽창의 첫 라운드의 수용자들(네 마리 호랑이 또는 4인방) 자신이 하나의 집단으로서 ASEAN 나라들의 주요한 외국인 직접투자가가 되었다. 산업생산의 저부가가치 말단에서 임금상승이 네 마리 호랑이의 경쟁우위를 침식하자, 이들 국가의 기업들은 일본 기업에 동참해, 이웃 나라(대부분 ASEAN 나라들)의 더 가난하고 더 인구가 많은 집단의 아직도 풍부하고 값싼 노동 자원을 두드렸다. 그 결과 외적인 지역적 산업 팽창의 두번째 라운드가 발생했고, 이를 통해서 훨씬 더 많은 값싼 노동이 편입되었다. 이런 값싼 노동의 확대된 편입은 동아시아 자본주의 군도의 생동력을 증폭시켰다. 그러나 이는 또한 그것이 기대고 선 노동 자원의 경쟁력을 침식하였다. 최근에 그랬듯이, 이런 일이 발생하자마자, 세번째 라운드가 이륙했다. 일본과 네 마리 호랑이 기업들에 두번째 라운드의 지역적 산업 팽창의 수용자들(가장 두드러지게 타이)이 결합해, 맨 아래층의 노동집약적 활동들을 훨씬 더 가난하고 인구가 더 많은 나라들로 이식시켰는데(가장 두드러진 곳이 중국과 베트남), 이곳은 아직도 거대하고 경쟁력 있는 값싼 노동의 저수지를 보유하고 있었다(cf. Ozawa 1993: 142~3).

오자와는 동아시아와 동남아시아 지역에서 노동을 찾아 움직이는 연쇄적인 투자 흐름의 라운드들이 보여 주는 이런 "눈 굴리기" 현상을 도표를 이용해 정리해 주고 있다(〈도표 24〉에서 용어를 다소 바꾸어 다시 그려 보았다). 본 연구가 채택한 세계역사적 접근법으로 다시 보자면, 〈도표 24〉에서 묘사된 흐름의 공간은 떠오르고 있는 축적체제를 구성하는 것으로 해석될 수 있다. 새로운 자본주의 세계경제의 실물적 팽창을 실제로 만들어 낸 모든 떠오르는 축적체제들과 마찬가지로, 이런 최근의 떠오르

도표 24. 동아시아 흐름의 공간, 20세기 말

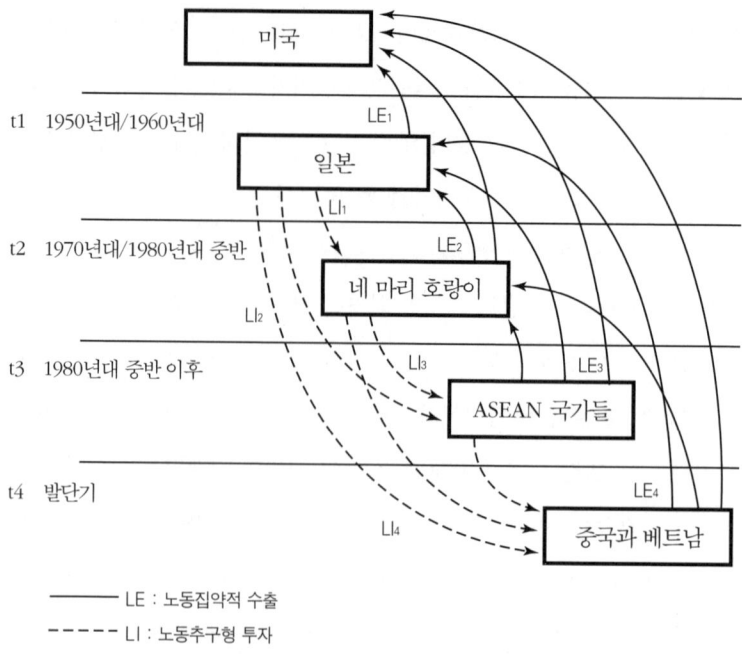

출처: Ozawa(1993: 143).

는 체제는 앞선 체제의 생성물이다.

오자와가 주장하듯(Ozawa 1993: 130~1), 노동추구적 투자와 노동집약적 수출의 동아시아 공간은 "전후 초기 …… '관대한' 팍스아메리카나 무역체제"에 기인하였다. "제2차세계대전 종료 이후 …… 일본 경제의 경이적 구조 변환과 승격"을 가능하게 한 것은 바로 이런 "관대한" 체제였다. 그리고 바로 이런 일본 경제의 경이적 승격이 전체 동아시아 지역의 산업 팽창과 경제 통합의 주된 요인이 되었다.

동아시아 자본주의 군도가 계속해서 구 미국체제에 의존하고 있다는 것은, 〈도표 24〉에서 볼 때 연이은 지역적 산업 팽창의 라운드들을 겪은 지역들을 유기적 중심부의 시장—특히 미국 시장—에 연결시키는 노동집약적 수출의 "상승" 흐름에서 드러난다. 일본이 자본주의 세계경제의 부가가치 계서제에서 승격한 덕에, 일본 자신은 지역 산업 팽창의 산출물을 흡수하기 위한 의미 있는 중심부 시장으로 전환되었다. 그리고 네 마리 호랑이가 그보다 덜하지만 승격한 결과, 이들은 덜 중요하기는 하지만 수익성 있는 출구로 전환되었다. 그렇지만, 그 자본주의 "섬들"의 번영뿐 아니라 지역적 산업 팽창의 전 과정은 계속해서 부유한 "구" 중심부 시장의 구매력에 대한 접근에 기반하고 있었다. 일본의 "민족" 경제가 1950년대와 1960년대에 수립한 그 팽창의 양상은 1970년대와 1980년대에 확대된 (지역적) 규모로 재생산된다. 떠오르는 체제의 주된 구조적 특징은 여전히 빈국의 값싼 노동을 구현한 제품을 부유한 시장에 제공하는 것에 머물고 있다는 것이다.

그런데 바로 이런 구조적 특징이 구체제를 부정하고, 그 틈새에서 떠오르는 체제가 형성되고, 떠오르는 체제는 그 비효율성 위에서 번성한다. 떠오르는 체제의 이런 측면은 〈도표 24〉에서 각 라운드의 지역적 산업 팽창의 장소들을 뒤이은 라운드의 장소들과 연결짓는 노동 추구 투자의 "하강" 흐름에서 드러난다. 더 부유한 나라에서 더 빈곤한 나라로 노동을 찾아가는 투자는 물론 새로운 것이 아니고, 이는 또한 특히 미국체제의 신호적 위기 이래 미국과 서유럽의 해외 직접투자의 특징이기도 하다. 그렇지만, 일본의 다층적 하청체계의 "비공식성"과 "유연성"은 동아시아 지역의 검약하고 부지런한 노동의 풍성함과 결합하여, 전지구적으로 벌어지는 노동비용 삭감 경쟁의 증폭에서 일본과 동아시아 자본에게 뚜렷한 우위를 부여해 주었다. 떠오르는 동아시아 축적체제가 구 미국체제의 부정인 것은 정확히 이런 의미에서이다.

왜냐하면 미국체제는 미국 노동력의 "소비 규범"의 인플레이션과 미국 정부 및 기업 조직들의 조직 영역 내로 세계 구매력의 내부화를 통해 지배적이 되었기 때문이다. 미국체제는 이런 구매력을 선별된 동맹국들과 피후견 국가들의 집단에게 재배분함으로써, 그리고 이런 동일한 국가들이 부풀려진 미국 소비규범을 채택하도록 함으로써, 세계무역 팽창을 촉진시켰다. 그 팽창은 다국적기업들이 제3세계에서 제1세계로 1차 투입물(특히 원유)의 이전 속도를 증가시킴으로써 지속되었다. 그리고 이 체제는 1960년대 말 1970년대 초 보호비용과 생산비용의 거대한 인플레이션에서 그 한계에 도달했다.

이것이 바로 동아시아 자본주의 군도의 부상을 이끌어 냈고, 이 군도의 주요 "섬들"을 그보다 작은 "섬들"에 연결시키고, 또 모든 "섬들"을 그 전지역의 "물속에 잠긴" 노동대중들과 연결시키는 노동추구 투자 흐름의 증식을 이끌어 냈다. 이런 대중들은 미국 체제의 낭비적 소비규범 ─ 그것이 세계 노동력의 10~5%로 일반화되는 순간 지속될 수 없게 되어 버린 규범 ─ 에서 배제되었고 대부분 배제되어 있다. 노동대중의 이런 검약함과 부지런함이 떠오르는 동아시아 축적체제의 단일한 가장 중요한 기반을 구성한다. 미국체제가 재생산비용의 근본적인 인플레이션을 통해서 부각되었다면, 동아시아체제는 이 동일한 비용의 근본적인 디플레이션을 통해서 떠올랐다.

미국체제 아래서 보호비용은 재생산비용의 주요 구성요소였다. 여기에 동아시아체제의 또 다른 힘이 있다. 우리는 역사적으로 볼 때, 일본 경제가 자본주의 세계경제의 부가가치 계서제에서 상승이동한 것은, 일본 자본가들이 보호비용을 외부화하고 미국 전쟁-복지 국가에 값싼 제조업 제품을 공급함으로써 이윤추구에 특화할 수 있도록 해준, 정치적 교환 관계에 기반하였기 때문이라고 주장했다. 미국이 부여한 우호적 조건들 덕에 일본은 국내에서 보호비용을 외부화할 수 있었고 미국 구매력에 대한 특권적 접근이 가능했는데, 이 우호적 조건들은 미국과 아시아의 전쟁이 지속되는 한에서만 "관대하게" 유지되었다. 미국이 베트남에서 철수하고 중국과의 해빙에 노력하기로 결정하자마자, 일본에 대한 미국의 보호 공급 "가격"은 오르고 그 다음에는 폭증하기 시작했다.

레이건 시대 대부분에 일본은 전체적으로 미국의 요구를 추종했다. 이렇듯, 1980년대 초중반 제2차 냉전 시기에 일본은 미국의 대외 경상적자와 내부적 재정 불균형을 지원하기 위해 엄청난 자본을 투여했다. 게다가 일본은 미국의 전략적 필요상 중요하다고 간주된 나라인 터키, 파키스탄, 수단, 이집트 등에 점점 더 많은 양의 쌍무적 원조를 제공했다. 동시에 일본은 고도금융에서 미국 지배를 흔들지 않았다. 세계금융시장에서 대출가능한 자금을 놓고 벌어진 미국의 경쟁 때문에 몇몇 라틴아메리카 나라들에서 거의 파산상태가 초래되었을 때, 일본은행들은 B. 스톨링스의 말을 빌리자면(Stallings 1990: 19), "미국은행들 자신보다 더욱 긴밀하게" 잇따른 외채 위기를 관리하기 위한 미국의 지침을 따랐다. 그리고 미국 정부가 이 위기를 다루기 위해 IMF와 세계은행을 강화하기로 결정하였을 때, 일본은 그 투표 구조를 크게 바꾸지 않으면서도 이들 조직에 대한 공여금을 늘리는 데 기꺼이 동의했다(Helleiner 1992: 425, 432~4).

일본이 미국의 요구를 추종한 것은 일본이 아직도 미국의 군사적 보호가 아니라—그 한계는 베트남에서 명백하게 드러났다—그 사업의 수익성을 위해서 미국 및 여타 중심부 시장에 근본적으로 의존하고 있다는 점에 비추어 보면, 전적으로 이해가능한 일이다. 구체제가 일본의 금융적 지원 부족 때문에 붕괴한다면, 일본 사업이 가장 먼저 고통을 겪을 것이다. 1987년 대폭락 전야에 발표된 글에서 일본은행의 요시오 스즈키가 이런 두려움을 드러내 보이고 있었다. 거기에서 드러난 감정은 여러 가지 면에서 1929년 대폭락 전야의 노먼 데이비스의 국제주의적 훈계를 연상시킨다(4장을 보라).

> 역사가 우리에게 가르쳐 주는 바로는, 언제나 새롭게 등장하는 풍부한 자산을 지닌 민족이 그 시장을 다른 나라에 개방할 것을 거절하거나, 또는 그 금융 자원을 세계경제 발전에 효과적으로 유입시키는 데 실패할 때마다, 그 결과 구질서와 신질서 사이의 갈등은 커졌다. 과거에 이런 갈등은 전쟁으로 치달았고, 그리고 세계경제를 보호주의에 의해 구획된 블록들로 분할하는 것으로 치달았다. 오늘날 격화되는 국제적 경제 마찰과 미국 보호주의의 극성은 둘 다 세계가 또다시 그런 위기에 직면해 있다는 경고 신호이다.(Johnson 1988: 90에서 재인용)

그러나 역사적 의미를 갖는 위기가 촉발될 수 있다는 두려움은 어느 정도까지만 일본이 미국체제를 지탱하도록 해주었다. 서론에서 예상했듯이, 10월 대폭락 전후인 1987년에 미국 달러의 대폭 평가절하 때문에 일본 자본이 입은 거대한 손실은 미국으로 향한 일본 투자의 흐름을 반전시켰다. 그런 반전에 이어 1988년에는 제3세계 외채 문제를 둘러싸고 미국과 일본 사이에 신랄한 논쟁이 증가했다. 더 중요한 것은, 1989년에 새로운 일본은행 총재인 미에노 야스시가 1985년 이래 추구해 온 느슨한 화폐 정책을 반전시켰고, 이로써 미국으로부터 일본 자본을 철수하는 계속적인 경향을 강화시켰는데, 직접적으로는 일본에서 이자율을 인상함으로써, 그리고 간접적으로는 일본 자체의 금융 거품을 꺼뜨려 일본 금융기구들로 하여금 그들의 국내 보유잔액을 늘리도록 함으로써 그렇게 하였다. 이듬해에는 미국의 최초의 반대에 맞서, 자신의 IMF 투표 지분을 두번째 지위로 올리도록 성공적으로 밀어붙였다. 그리고 1980년대 초에 일본이 미국의 전략적 필요상 중요하다고 여기는 나라들에 쌍무적 원조를 하도록 요구하는 미국의 압력에 굴복했던 반면, 1991년에 일본은 폴란드와 이집트 같은 나라들에 대한 미국 지원의 전략적인 부채 삭감을 반대하는 강력한 공식 입장을 견지했다(Helleiner 1992: 435-7).

　　일본의 비판에 대한 미국의 대응은 분노에 찬 거부였으며, 그에 이어 레이건 시대 벨에포크 뒤에 남겨진 전지구적 혼란의 처리비용을 일본에게 지불하라는 과도한 요구였다. 레이건 하에서는 미국 정부의 권력추구를 위한 일본 자본의 지원이 미국 자산과 미래 소득의 차입과 양도를 통해서 이루어졌다면, 부시 하에서는 걸프전 중에 그리고 그 후에 그랬듯이 직접적 증여(진정한 "보호 지불")를 통해서 이루어졌다. 동시에 부시 정부는 더 이상 일본의 대미 수출에 대한 "자발적" 제한에 만족하지 않고서 ─ 그리고 미국이 전세계에 설파한 자유방임 독트린이라는 자유무역과 두드러지게 모순되게 ─, 일본 정부를 압박하여 행정적으로 일본의 대미 무역 흑자를 줄일 것을 촉구하기 시작했다.

　　그런데, 친미적인 자민당 정권 하에서조차, 일본은 미국의 명령에 고분고분해야 할 이유를 점점 찾기 어려워졌다. 일본이 고분고분했을 때조차, 1987년 이후 미-일 관계의 본질은 일본의 투자가 점점 더 미국으로부터 아시아로 방향을 전환했다는 점이었다. 미국에서 엄청난 돈을 잃고 나서 일본 자본은 마침내 최대 이윤은 미국의 기술과 문화를 장악하려는 무익한 시도나 점점 더 무책임한 미국의 군사 케인스주의에 자금을 대는 데서 만들어지지는 않을 것이라는 점을 깨달았다. 오히려, 최대 이윤은 아시아 노동 자원을 전적으로 그리고 폭넓게 착취함으로써 만들어 질 수 있을 것이었다. 1985년 G7의 플라자 회의에서 일본에 강제된 미국 달러에 대한 엔화의 상대적 평가절상은 미국 달러에 투자한 일본 자본에 엄청난 손실을 안겨 주었다. 그러나 의식하지 못한 것이지만, 이는 또한 동아시아와 동남아시아에 심층적으로 그리고 광범하게 뿌리를 뻗어 나가는 일본 자본의 힘을 강화시켰다. 〈도표 23〉과 〈도표 24〉가 보여 주듯이, 일본의 해외 직접투자가 새로운 고조를 경험하고 지역적 산업 팽창의 제2라운드가 시작된 것은 바로 1985년 이후였다.

일본 자본이 이 방향을 향해서 더 나아갈수록, 일본 자본은 미국의 보호력과 구매력에 대한 집착에서 자유로워졌다. 앞서 지적했듯이, 전반적으로 정체 상태에 있고 점점 더 침체되는 세계경제 속에서 동아시아 시장은 가장 역동적인 팽창 지대가 되었다. 더욱 중요한 점은, 일본 자본의 초민족적 팽창이 더욱 자국 가까이로 방향 전환함에 따라 등장한 새로운 두 번의 지역적 산업 팽창 라운드는 냉전 시대의 오래된 적들을 상호의존적인 두텁고 넓은 상업망 속으로 끌어들였다. 그 결과, 이 지역의 보호비용은 크게 줄어들었고, 그에 상응해 세계의 새로운 작업장으로서 동아시아의 경쟁우위는 증가했다.

이런 떠오르는 동아시아 축적체제가 구(미국)체제로부터 해방되는 과정의 최종 결과가 어떻게 될지 아직 말하기에 너무 이르다. 미국 적자 지출에 대한 일본의 재정적 지원의 철회는 1970년대의 과잉축적 위기를 과잉생산 위기로 전환시키는 경향을 강화시켰다. 1970년대의 이윤 하락은 주로 무역과 생산에 재투자되기를 원하는 대량의 잉여자본의 증가 때문이었다. 1980년대의 이윤 하락은 주로 세계적인 정부와 사업의 지출 삭감 때문이었다. 이런 삭감 때문에 유통 중인 구매력에 비해 점점 더 많은 수와 종류의 생산과 무역 시설이 과잉이 되었고, 이로써 지출 삭감의 새로운 라운드가 촉발되어 "끝없는" 하향 나선을 그렸다. 1993년이 되면, 이런 하향 나선은 일본 또한 사로잡은 것 같았다. 그렇지만, 아직 요시오 스즈키가 1987년 대폭락 전야에 그려 보인 것 같은 열강 갈등의 증폭이 나타나거나 보호주의 블록들로 세계경제의 분할이 나타난다는 증거는 별로 없었다.

열전은 실로 1987년부터 확산되었다. 그 열전은 대부분 실물적·화폐적 희소성 증가를 둘러싼 국지적 다툼이라는 형태를 띠었다. 더욱이 이런 폭력의 증폭은 지배적 자본주의 국가들을 적대적 블록들로 찢어 놓기보다는 오히려 공통 경찰 및 토벌 행동으로 이들을 군사적으로 결합시키는 경향이 있었다. 보호주의 감정에 대해서 말하자면, 미국 의회의 북미자유무역협정(NAFTA) 비준과 GATT 협상의 우루과이라운드의 성공적 타결에서 볼 수 있듯이, 미국과 서유럽에서 보호주의 감정의 부상은 더 한층의 해외무역자유화를 향한 정부들의 지속적 행진을 중단시키기에는 놀라울 정도로 무기력했다.

요시오 스즈키가 그린 시나리오가 현실화되지 않았고 그렇게 되지 않을 것 같은 중요한 이유는, 그가 준거한 역사의 교훈이 영국 축적체제에서 미국 축적제제로의 이행의 교훈이었기 때문인데, 그 이행에서 앞 체제는 주로 부유한 자산을 지닌 민족(영국)이 국내시장을 개방한 것에 기반한 데 비해, 이행 후의 새로운 체제는 주로 새롭게 부상한 부유한 자산을 지닌 민족(미국)의 금융자원을 선별된 민족경제들을 승격시키기 위해 유입하는 데 기반하였다. 그러나 오늘날 지양되고 있는 것은 미국체제 자체이며, 새롭게 부상하는 자산이 풍부한 민족(일본)과 구질서의 지배적 민족(미국) 사이의 관계는 20세기 전반기 미-영 관계와 근본적으로 다르다. 프레드 버그스텐이 질문하듯이(Bergsten 1987: 771), "세계 최대 채무국이 세계의 주도적 권력으로 남아 있을 수 있을까? 현재 군사적으로 중요하지 않고 전통적 권력 중심들로부터 대단히 배제되어 있던 작은 섬 국가가 필요한 전지구적 지도력을 적어도 일부라도 제공할 수 있을까?"

이 두 가지 질문은 미국의 체계적 축적 순환 종료기에 등장한 세계권력의 특이한 형세를 지적하고 있다. 한편에서, 미국은 세계적 규모에서 폭력의 정당한 사용을 거의 독점 ― 소련의 붕괴와 더불어 1987년 이후 강화된 거의 독점 상태 ― 하고 있다. 그러나 그 금융적 부채가 거대하기 때문에, 미국은 세계 유동성을 통제하는 조직들의 용인이 있을 때에만 계속 그럴 수 있을 뿐이다. 다른 한편에서, 일본과 동아시아 자본주의 군도의 더 작은 "섬들"은 세계 유동성을 거의 독점 ― 이 또한 동독 통합 이후 서독의 금융력의 쇠잔과 더불어 1987년 이후 강화된 거의 독점 상태 ― 하게 되었다. 그러나 이들의 군사적 방어능력이 엄청나게 결여되어 있기 때문에, 이들은 세계적 규모에서 폭력의 정당한 사용을 통제하는 조직들의 용인이 있을 때에만 계속 그러한 거의 독점적 상태를 행사할 수 있을 뿐이다.

세계권력의 이런 특이한 형세는 15세기 후반 자본주의 세계경제를 촉진하여 시공간상 전진시킨 바 있는 총의 권력과 화폐 권력 사이의 또 하나의 "기념비적 동맹" 형성에 두드러지게 들어맞는 것 같다. 이 모든 기념비적 동맹들은 첫번째 것(제노바-이베리아)을 빼면 모두 동일한 국가(연합주, 연합왕국, 합중국)에 속한 정부집단들과 사업집단들 사이의 동맹이었다. 앞서 지적했듯이, 미국 축적 순환 전(全)시기에 일본의 이윤추구를 미국의 권력추구와 연결시키는 정치적 교환관계는 이미 16세기의 제노바-이베리아 관계를 닮아 있었다. 이제 미국체제가 그 최종적 위기에 접근해 가고 있거나, 또는 아마도 그 위기에 들어섰다면, 자본주의 세계경제의 새로운 실물적 팽창을 촉진하고 조직하기 위해서 이러한 관계가 쇄신되는 것을 가로막는 것은 무엇일까?

이 질문에 대한 대답은 일본이 "전통적 권력 중심들로부터 대단히 배제되어 있다"고 한 버그스텐의 관찰에 우리가 얼마나 무게를 실어 줄 것인가에 달려 있다. 이는 실로 현재 세계권력 형세와 앞선 이행들——영국에서 미국체제로의 이행뿐 아니라, 제노바에서 네덜란드로, 그리고 네덜란드에서 영국으로의 이행도——에서 획득된 형세 사이의 근본적 차이이다. 자본주의 세계경제의 최초 기원 이래 처음으로 화폐의 권력이 서구의 수중에서 벗어나고 있거나 벗어난 것처럼 보인다.

확실히 일본은 서구의 "명예 회원"이었다. 그러나 이런 명예 회원 지위는 항상 "진정한" 서구 국가들의 권력추구에서 종속적 역할을 한다는 조건부였다. 커밍스가 지적하듯, 20세기로 넘어가는 시기에 일본은 영국에게는 신동이었지만, 독일에게는 "황화"(黃禍)였다. 1930년대에 일본은 독일과 이탈리아에게는 신동이었지만 영국에게는 산업괴물이었다. 그리고 1980년대에 일본은 미국 국제주의자들에게는 신동이 되었지만, 미국 보호주의자들에게는 괴물이 되었다. 일반적으로 말하자면, 서구인들이 일본을 초청했을 때 그들은 일본이 열심히는 하지만 그들을 위협할 정도로 잘 하지는 않을 것을 바랐는데, "왜냐하면 이 순간이 되면 당신은 기적에서 위협으로 바뀌기 때문이다"(Cumings 1993: 32).

현재의 권력 형세에서 새로운 점은, 일본은 자신이 동아시아 지역에서 이윤추구에 특화하고 미국이 세계권력의 추구에 특화하도록 함으로써 (제2차세계대전의 승전국 편에 "서게 된" 다른 국가들과 협조하고 경쟁하여), 지난 5백 년 동안 서구 운세의 가장 중요한 두 가지 구성요소 중 하나——잉여자본에 대한 통제권——를 서구로부터 빼앗아 올 정도로 아주 일을 잘 해왔다는 점이다. 왜냐하면 서구의 운세를 만들어 낸 각각의 연이은 체계적 축적 순환은 정부 조직과 사업 조직들의 훨씬 더 강력한 영토주의-자본주의 블록들의 형성에 기반해 왔고, 이들은 앞선 블록들보다 자본주의 세계경제의 공간적·기능적 범위를 넓히고 심화시킬 더 큰 역량을 부여받았기 때문이다. 오늘날 상황은 이러한 진화과정이 그 한계에 도달했거나, 또는 도달하려 하고 있는 것처럼 보인다.

한편에서, 자본주의 서구의 전통적 권력 중심지의 국가형성과 전쟁형성 역량은 너무나 성장하여, 그것을 더 확대할 수 있는 유일한 길은 진정으로 전지구적인 세계제국을 형성하는 것뿐이다. 소련의 붕괴와 더불어, 그리고 더욱 늘어난 체계의 카오스에 대응하여 정당한 폭력 사용의 전지구적 "독점체"로서 국제연합 안보리가 재활성되는 것과 더불어, 향후 반세기나 그 이상 동안 그런 세계제국이 실제로 실현될 수도 있을 것이다. 이런 세계제국의 본질적 성격이 무엇이 될지——지구를 생태적 자기파괴에서 구하고, 세계의 빈곤층이 자신들의 삶을 유지하도록 관리하고, 세계 자원을 활용할 더 평등한 조건을 만들어 내는 일——는 본 연구의 조사 안건들에 비추어 어떤 의미 있는 해답을 내놓을 수 없는 질문이다. 그러나 그 세계제국의 본질적 성격이 어떻게 되건, 그것이 실현되려면 세계 잉여자본의 가장 다산성 있는 자원을 통제하는 것이 필요한데, 현재 그 자원은 동아시아에 있다.

다른 한편, 서구의 전통적 권력 중심지들이 어떤 수단을 가지고 이런 통제권을 획득하고 유지할 수 있을지는 분명하지 않다. 물론 그들은 동아시아 자본주의의 발전 경로를 따라서 그런 잉여자본에 대한 통제권을 재확립하려 시도할 수도 있을 것이다. 그들은 이미 그들 자신의 동아시아 투자를 늘림으로써, 그리고 미국과 캐나다가 NAFTA로 시도하려고 하는 것처럼 자기 나라에서 가까운 곳에 있는 값싼 노동의 저수지를 더욱 철저하고 폭넓게 편입하려 함으로써 이 일을 수행하였다. 그렇지만, 이런 시도는 서구의 앞선 지리와 역사의 선물이 절대적으로 그리고 무엇보다 동아시아에 대해 상대적으로 장애가 된 시기에, 전지구적 자본가 간 투쟁을 더욱 격화시켰다. 더욱 강화된 이런 전지구적 경쟁 압력은 북아메리카(서유럽은 말할 것도 없고) 자본의 수익성과 유동성을 증진시키지는 못하고, 기껏해야 동아시아 자본의 수익성과 유동성을 침식할 것이다. 최악의 경우에 이는 전통적인 서구 권력 중심지들의 국가형성과 전쟁형성 역량이 발 딛고 서 있게 되었던 사회적 응집력을 무너뜨림으로써, 이들 중심지에 남아 있던 최대의 힘의 원천을 파괴할 수도 있을 것이다.

왜 냉전 시기 내내 동아시아 자본주의를 미국의 전지구적 군사 케인스주의에 연결시키던 정치적 교환의 조건들을 재협상함으로써 이런 자기 파괴적 경쟁 투쟁으로부터 벗어나지 못하는가? 왜 체계적 자본축적과정의 진원지가 동아시아로 이동하는 것이, 아무리 이런 역량이 전례 없고 유례 없어 보이고 또 실제로 그렇다 하더라도, 서구의 국가형성과 전쟁형성 역량에 근본적인 한계를 안겨 준다는 것을 인정하지 못하는가? 달리 말하자면, 왜 동아시아 자본이 서구를 도와 권력으로 가는 길의 조건들을 좌지우지하도록 허용하지 못하는가? 이는 역사적 자본주의가 해냈던 그런 거래기 아닌가?

또다시 본 연구의 조사 과제가 한정되어 우리는 이런 질문들을 제기할 수 있을 뿐, 그에 대한 의미 있는 대답을 할 수는 없다. 그런 질문에 대한 대답은 우리 조사에서 배제된 시장경제와 물질생활의 이면 구조 수준에서 찾아야만 한다. 그럼에도 우리는 미국 축적체제의 계속되는 위기의 세 가지 가능한 결과가 세계체계로서 자본주의에 주는 함의가 무엇인지를 지적함으로써 우리 이야기의 결론에 도달할 수 있을 것이다.

첫째, 구중심지들이 자본주의 역사과정을 중단시키는 데 성공할 수 있을지도 모른다. 지난 5백 년의 자본주의 역사과정은 금융적 팽창들의 계기(繼起)였고, 그 시기에 자본주의 세계경제 감제고지의 경비병이 교체되었다. 현 금융적 팽창에서도 이런 귀추가 경향 수준에서 나타난다. 그러나 구경비병의 국가형성과 전쟁형성 역량이 크다면 이 경향은 상쇄되며, 구경비병은 새로운 중심지에 축적된 잉여자본을 힘, 잔꾀, 또는 설득을 통해서 영유하는 지위에 올라설 수도 있을 것이고, 그렇게 함으로써 진정한 전지구적 세계제국을 형성하여 자본주의 역사를 종식시킬 수도 있다.

둘째, 구경비병은 자본주의 역사과정을 중단시키지 못하고, 동아시아 자본이 체계적 자본주의 축적과정에서 감제고지를 차지하게 될 수도 있다. 그럼 자본주의 역사는 지속될 것이지만, 이는 근대 국가간체계 형성 이래 그것이 지속되어 온 것과는 완전히 다른 조건들 아래서 그럴 것이다. 자본주의 세계경제 감제고지의 새로운 경비병은 국가형성과 전쟁형성 역량을 결여할 것인데, 역사적으로 보면 이런 역량은 세계경제의 시장 층위 상부에서 자본주의 층위의 확대재생산과 결합되어 있던 것이다. 자본주의가 그런 분리에서 살아남을 수 없다는 애덤 스미스와 페르낭 브로델의 주장이 옳다면, 자본주의 역사는 첫번째 결과에서처럼 특별한 행위자의 의식적 행동에 의해 **종식되지는**(be brought to an end) 않을 것이지만, 세계시장 형성과정의 의도하지 않은 결과로 **종료될**(come to an end) 수도 있을 것이다. 자본주의("반시장")는 근대 시기에 그 재운를 가져다 준 국가권력과 더불어 소멸할 것이고, 시장경제라는 하위층이 다소 아나키적 질서로 복귀할 수 있을 것이다.

마지막으로, 슘페터의 구절을 다소 바꾸어 말하자면, 인류애가 포스트 자본주의 세계제국 또는 포스트 자본주의 세계시장사회의 지하감옥(또는 낙원)에서 질식당하기(또는 만개되기) 전에, 냉전 세계질서의 청산에 동반한 폭력의 증폭이라는 공포(또는 영광) 속에서 불타 없어질 수도 있을 것이다. 이 경우에, 자본주의 역사는 또한 종료될 수 있겠지만, 그 역사는 6백 년 전 그로부터 자본주의 역사가 시작했고 각 이행마다 더욱 확대된 규모로 재생산되어 온 체계의 카오스로 영구적으로 복귀함으로써 종료될 수 있을 것이다. 이것이 단지 자본주의 역사의 종료를 의미할지 아니면 모든 인류 역사의 종료를 의미할지, 말하는 것은 불가능하다.

개정판 후기*

1994년에 출판된 『장기 20세기』 초판은 세 가지 주요한 명제를 제시하였다. 이 후기의 목적은 이 세 명제의 의미를 분명히 하고, 또 15년이 지난 후에도 이 명제들이 전지구 정치경제의 상황 전개를 살펴보는 데 얼마나 유용한지 검토해 보려는 것이다.

첫번째 명제는 20세기 마지막 수십 년간 전지구 경제의 특징이 된 금융적 팽창이 새로운 현상이 아니라 역사적 자본주의 개시기부터 반복된 경향이었다는 것이다. 과거의 경향들이 현재와 미래를 살펴보는 지침이 될 수 있다면, 우리는 금융적 팽창 덕에 이 시대 주도적인 자본주의 수행주체인 미국의 운세가 일시 회복될지 모르지만, 결국 그 때문에 세계적

---

* 이 후기에 대한 포괄적인 제안과 논평에 대해 비벌리 실버(Beverly J. Silver)에게 감사드리고, 또 2008~09년 존스홉킨스대학원 세미나에서 이 후기의 초고를 읽고 토론한 학생들에게도 감사드리고 싶다. 〔『장기 20세기』 개정판은 초판의 오탈자를 수정하고, 본문 부록에 실린 표와 그래프를 본문으로 옮겼으며, 이 후기를 추가하고, 참고문헌을 보충하여 Verso에서 2010년 출판되었다. 조반니 아리기는 암으로 2009년 사망해, 이 개정판이 최종판으로 남게 되었다. 이 개정판 후기 내용의 일부는 『장기 20세기』 한국어판 서문과 중복되며, 또 『베이징의 애덤 스미스』에서도 논의된 바 있다. 국역 개정판은 초판 번역의 일부 오류들을 바로잡고, 개정판 후기를 번역해 수록하였다. 한국어판 서문과 중복되지만 약간 문장이 바뀐 경우는 통일시키지 않고 차이를 그대로 살렸다.—옮긴이〕

규모의 자본축적 중심지의 주도권 변화가 발생할 것이라고 예측할 수 있을 것이다. 게르하르트 멘쉬의 표현을 빌려(Mensch 1979: 73) 나는 각 금융적 팽창의 개시를 지배적 축적체제의 "신호적 위기"로, 각 금융적 팽창의 종료를 지배적 축적체제의 "최종적 위기"로 규정하였다. 이 표현에서 신호적 위기―교역과 생산으로부터 금융적 중개와 투기로 이동―란 세계경제의 실물적 팽창에서 자본 재투자를 통해 벌어들이는 이윤의 지속가능성이 한계에 봉착했다는 신호이다. 금융화가 전개되면 그 추진자와 조직자들은 세계경제에서 그들의 지도력을 연장시킬 수 있지만, 역사적으로 이는 항상 지배적 축적체제의 최종적 위기, 즉 그 붕괴와 새로운 축적체제에 의한 지양의 서막이었다.

두번째 명제는 금융적 팽창이 단지 반복적(순환적) 현상일 뿐 아니라, 축적체제의 근본적 재편의 계기이기도 하다는 것이다. 이런 종류의 연이은 재편을 거치면서, 자본주의는 전지구적 지배력을 획득했고 침투 범위를 점점 더 넓혀 갔다. 다시 말해, 금융적 팽창에 동반해 앞선 수행주체들보다 금융적으로나 군사적으로 더욱 강력한 세계적 규모의 자본축적의 수행주체들이 출현하였다.

세번째 명제는, 세계 자본주의의 동학은 장기적으로 바뀌었을 뿐 아니라, 핵심적 측면에서 20세기 말 금융적 팽창을 변칙적인 것으로 만들었다는 것이다. 핵심적인 변칙성은 전례 없이 금융력과 군사력이 분기한 것인데, 나는 그 결과가 세계제국의 형성이나, 비자본주의 세계경제의 형성, 아니면 끝없는 체계의 카오스 상황 중 한 방향으로 전개될 수 있다고 주장하였다.

금융적 팽창의 논리

『장기 20세기』에서 제시된 금융적 팽창의 개념화에 따르면, 실물적 팽창은 결국 자본의 과잉축적을 낳게 되고, 그 결과 이제 자본주의 조직들이 서로의 활동 영역을 침투해 들어가게 된다. 앞서 그들을 상호 협력의 틀로 묶어 준 분업은 파괴되고, 경쟁은 점점 더 포지티브-섬에서 제로-섬(심지어 네거티브-섬)으로 바뀐다. 교역과 생산에서 전반적으로 이윤 마진이 하락하는 경향이 심해지면, 죽기살기 경쟁이 촉발되어 자본주의적 수행주체들이 그들 소득 현금 흐름 중 더 많은 부분을 유동적 형태로 보유하려는 성향이 강해진다. 그러면 우리가 금융적 팽창의 "공급" 조건이라 부를 만한 것이 공고해진다. 그레타 크리프너가 보여 주었듯이(Krippner 2005), 미국 기업총이윤에서 금융·보험·부동산업이 차지하는 비중은 1980년대에 제조업 비중을 거의 따라잡았고, 1990년대에는 제조업 비중을 추월하였다. 더욱 중요한 것은, **비금융기업들 자체**가 공장과 설비에 대한 투자보다 금융 자산에 대한 투자를 더 급격히 증가시켰다는 점이다.

지속적인 금융적 팽창은 더 많은 유동성을 원하는 자본주의 수행주체들의 선호도가 적절한 "수요" 조건을 만날 때만 실현될 수 있다. 역사적으로, 금융적 팽창의 수요 조건을 창출한 결정적 요인은 이동자본을 둘러싼 국가 간 경쟁의 첨예화였다. 막스 베버는 이 경쟁을 "[근대]의 세계-역사적 특징"이라고 불렀다(Weber 1978: 354; 또한 1961: 249). 금융적 팽창이 이동자본을 둘러싼 국가 간 경쟁이 특별히 첨예한 시기에 발생한 것은 역사적 우연이 아니다. 오히려 이는 교역과 생산의 팽창이 둔화한 결과 예산제약이 더 심각해진 데 대응하여, 영토 조직들이 금융시장에서 축적된 자본을 둘러싸고 상호 간 더 첨예한 투쟁을 벌이는 경향으로 설명될 수 있다. 이 경향은 체계 전반적으로 모든 공동체들로부터 이동자본을 통제하는 수행주체들에게 대대적으로 소득과 부를 재분배하도록 촉발하였으며, 이로써 교역과 생산으로부터 크게 유리된 금융 거래의 수익성이 증폭되고 유지된다. 금융 자본주의의 모든 벨에포크——르네상스 피렌체에서 레이건과 클린턴 시기까지——의 특징은 이런 종류의 재분배였다(이 책 pp.12~3, 325~6[국역 47~9, 526~9쪽]; 또한 Arrighi and Silver 1999: 특히 3장; Silver 2003: 4장).

『장기 20세기』에서 발전시킨 금융적 팽창이란 개념은 금융적 팽창을 특정 자본주의 발전 국면의 성숙성 신호로 본 브로델의 관찰 위에서 만들어진 것이다. 브로델은 네덜란드인들이 1740년경에 상업에서 철수하여 "유럽의 은행가들"이 된 것을 논하면서 이런 철수가 세계체계의 반복적 경향이라고 주장한다. 동일한 경향이 이미 분명히 15세기 이탈리아에서 나타났고, 1560년경에 또다시 나타났는데, 이 시기에는 제노바 재계 디아스포라의 주도적 집단들이 점차 상업에서 철수하여 유럽 금융에 대해 70년간 지배를 행사했지만, "그 방식이 너무나 신중하고 복잡해서 오랫동안 역사가들이 이를 알아채지 못했다". 네덜란드인들 이후에는 영국인들이 1873~96년 대불황 기간과 그후 이 경향을 반복했는데, 이 시기에는 "산업혁명이라는 환상적 모험"이 끝나고 화폐자본이 과잉되었다 (Braudel 1984: 157, 164, 242~3, 246). 나는 20세기 말 금융자본의 '부활'——마찬가지로 이른바 포드주의-케인스주의의 "환상적 모험"에 뒤이은——은 그렇게 '절충성'으로 다시 반전되는 또 한 사례이며, 과거에 이런 '절충성'은 주요 자본주의 발전의 성숙과 결합된 바 있었다고 주장했다.

나는 금융적 팽창에 대한 브로델의 관찰을 마르크스의 관찰과 결합시켰는데, 마르크스는 신용체계가 핵심 수단이 되어 잉여자본을 자본주의적 교역과 생산의 쇠퇴하는 중심지로부터 상승하는 중심지로 이전시켰다고 말했다. 『자본』에서 마르크스의 핵심 주장은 자본축적 과정에서 국가의 역할을 배제하고 있기 때문에, 국채나 국가의 자산·미래 수입의 양도는 "원시적 축적"의 제목 아래, 즉 "자본주의 생산양식의 결과는 아니지만 그 출발점인 축적"의 제목 아래 다루어진다(Marx 1959: 713, 754~5). 이런 개념화 때문에 마르크스는 베버가 그랬듯이 이동자본을 둘러싸고 서로 지속적으로 투쟁하는 국가들에 뿌리박은 자본주의 체계에서 국채가 지속적으로 중요하다는 점을 알아채지 못했다. 그럼에도 마르크스는 자본주의의 출현부터 그 자신의 시대까지 세계자본주의의 시공간을 가로질러 국채가 반복해서 행사하는 역할은 알고 있었다. 그래서 마르크스는 베네치아에서 시작하는 역사적 순서를 찾아냈다. "쇠퇴해 가는" 베네치아는 거액의 화폐를 홀란트에게 빌려 주었다. 이어 홀란트는 "거대한 자본을 특히 강대한 경쟁자였던 잉글랜드에 대출"해 주었다. 마지막으로 잉글랜드는 마르크스 자신의 시대에 같은 일을 미국에 대해서 하고 있었다(Marx 1959: 755~6[국역: 『자본 I-2』, 강신준 옮김, 길, 2008, 1013쪽]).

마르크스가 이런 역사적 관찰의 이론적 함의를 발전시킨 적은 없다. 『자본』 제3권에서 상당한 분량을 "화폐거래 자본"에 헌정했음에도 불구하고, 그가 국채와 국가의 양도를 "자본주의 생산양식의 결과가 아닌 그 출발점"인 축적기제라는 한계에서 구해 낸 적은 없다. 그렇지만 그 자신의 역사적 관찰에서는 한 중심지(홀란트, 잉글랜드, 미국)의 "출발점"으로 보이는 것이 동시에 앞서 형성된 중심지(베네치아, 홀란트, 잉글랜드)의 장기간 자본축적의 "종점"이기도 하다. 브로델의 이미지를 활용하자면,

각각의 그리고 모든 금융적 팽창은 동시에 한 장소에서 그 한계에 이른, 세계-역사적 중요성을 지니는 자본주의적 발전의 "가을"이기도 하며, 또한 다른 장소에서 개시되고 있는, 훨씬 더 큰 중요성을 지니는 발전의 "봄"이기도 하다.

유사한 경향이 지난 15년간 분명해졌다. 그러나 내가 「서론」에서 조엘 코트킨과 요리코 키시모토를 인용해 언급했듯이(Kotkin and Kishimoto 1988: 123), "마르크스의 경구와 놀랍게 반대로, 미국은 여타 자본수출 제국들(베네치아, 홀란트, 영국)의 양상을 따르지 않고 있으며, 이제 새로운 해외 투자의 물결을 끌어들이고 있다." 1990년대와 2000년대에 중국이 동아시아 경제 팽창의 지도자로서 일본을 대체하자 반전은 덜 두드러졌는데, 왜냐하면 미국 법인기업들은 일본에서 그랬던 것보다 훨씬 많이 중국에 투자하였기 때문이다. 그럼에도 지속적으로 떠오르는 중심지(동아시아)에서 쇠퇴하는 중심지(미국)로 향하는 자본유출이 그 반대의 자본유입을 넘어선다는 것—최근 금융팽창의 변칙이며, 우리는 뒤에서 이 문제로 되돌아 올 것이다—은 여전히 사실이다.

역사적 자본주의의 순환적·진화적 양상

체계적 축적 순환들 사이의 유사성—각기 낡은 체제의 금융적 팽창 과정에서 새로운 체제를 등장시킨다—때문에 일부 독자들은 『장기 20세기』가 바로 순환적 주장을 펴고 있다고 여기게 되었다. 마이클 하트와 안토니오 네그리의 말을 빌리자면(Hardt and Negri 2000: 239), 이런 주장으로는 "체계의 단절, 패러다임 교체, 사건 등을 인식하는 것이 불가능하다. 대신 만물은 항상 회귀해야 하고, 자본주의 역사는 이렇게 해서 동일물의 영원회귀가 된다"(Detti 2003: 551~2도 보라). 사실 이 책이 금융적 팽창의 반복을 강조한다고 해서, 체계의 단절들과 패러다임의 교체들을 인식하지 못하는 것도 아니고, 이것이 자본주의 역사를 동일물의 영원회귀로 그려 보이는 것도 아니다. 반대로 이는 정확히 "동일물"(반복되는 금융적 팽창들의 형태로)의 회귀인 듯 보이는 바로 그 시점에 체계의 근본적 재편이 발생함을 보여 주려는 것이다.

실로, 이 책은 연이은 체계적 축적 순환들을 비교함으로써 연이은 순환들의 수행주체, 전략, 그리고 구조가 상이하다는 것을 보여 줄 수 있었다. 더욱이 그 순서는 체계의 크기, 범위, 복잡성이 증가하는 방향으로 나아가는 진화의 양상을 묘사해 준다. 〈도표〉는 이런 역사적 진화 양상을 요약해 보여 주며, 그 초점은 연이은 체제들의 주도적 자본주의 수행주체들의 "사령부" 공간이 된 "권력의 용기(container)"에 맞춰져 있는데, 이는 바로 제노바 공화국, 연합주(United Provinces), 연합왕국(UK), 미합중국(US)이다.

제노바 체제가 등장하여 전면적으로 팽창했을 때 제노바 공화국은 도시국가였다. 그 규모는 작고, 조직은 단순하고, 사회적으로는 심각하게 분열되어 있어, 군사적으로 상당히 방어능력이 떨어졌고, 모든 기준에서 당시 열강들에 비해 약한 국가였다(이 책 pp.111~29, 148~55, 223을 보라[국역 201~29, 258~70, 375~6쪽]). 제노바 공화국에 비해 볼 때, 연합주는 더 크고 훨씬 복잡한 조직이었다. 네덜란드 축적체제가 등장하여 전면적으로 팽창했을 때, 이 체제는 에스파냐 제국으로부터 독립을 쟁취하였고, 매우 수익성 높은 상업 전초기지 제국을 건립하였으며, 잉글랜드와 프랑스의 도전을 저지할 만한 강력한 힘을 지녔다. 그에 앞선 제노바 자본가 계급처럼 네덜란드 자본가 계급은 이동자본을 둘러싼 국가 간 경쟁

도표. 세계 자본주의의 진화 양상

주도적 정부 조직	체제 유형/순환		내부화된 비용			
	외연적	내포적	보호	생산	거래	재생산
세계국가 ↑ 민족국가 ↑ 도시국가	영국 제노바	미국 ↗ ↖ 네덜란드 ↗	그렇다 그렇다 그렇다 ↑ 아니다	그렇다 그렇다 ↑ 아니다 아니다	그렇다 ↑ 아니다 아니다 아니다	아니다 아니다 아니다 아니다

을 전환시켜 자신을 자본의 팽창을 위한 엔진으로 만들 수 있었다. 그러나 네덜란드인들은 영토국가로부터 보호를 '구입' 하지 않고서도 이런 일들을 할 수 있었는데, 이는 제노바인들이 이베리아 통치자들과 정치적 교환 관계를 통해 그래야 했던 것과 달랐다. 달리 말하자면, 〈도표〉가 보여주듯이 네덜란드 체제는 제노바가 '외부화' 한 보호비용을 '내부화' 했다(이 책 pp.37~48, 129~62, 223을 보라[국역 87~104, 229~80, 376쪽]).

영국 축적체제가 등장하여 전면적으로 팽창했을 때, 연합왕국(UK)은 세계를 포괄하는 상업·영토제국을 지닌 완전히 발전한 민족국가였으며, 이에 힘입어 그 통치집단과 자본가 계급은 세계의 인적 자원과 천연자원에 대해 전례 없는 지배력을 행사하였다. 네덜란드 자본가 계급처럼 영국 자본가 계급도 해외 세력에 보호를 의존할 필요는 없었다. 이들은 또한 그들 상업 활동의 수익성 원천인 농·공업 생산의 대부분을 타인에게 의존할 필요도 없었다. 제노바 체제에 비교해 네덜란드 체제가 보호비용을 내부화했다면, 네덜란드 체제에 비교해 영국 체제는 생산비용 또한 내부화했다(이 책 pp.48~59, 179~218, 223~4를 보라〔국역 104~22, 307~69, 376~7쪽〕).

마지막으로 미합중국은 대륙 규모의 군산복합체로, 자기 자신과 동맹국들에게 유효한 보호를 제공하면서 또한 그 적들에 대해서는 경제의 목줄을 죄고 군사적으로 초토화하겠다는 위협을 그럴 법하게 던질 만한 힘을 지녔다. 미국의 규모, 격리성, 천연자원과 이 힘이 결합했기 때문에 미국 자본가 계급은 보호비용과 생산비용을 내부화할—영국 자본가 계급이 이미 그랬듯이—뿐 아니라 거래비용도 내부화할 수 있었는데, 다시 말하자면, 자본의 자기팽창이 의존하는 시장을 내부화할 수 있었다(이 책 pp.59~75, 224, 그리고 4장을 보라〔국역 122~45, 377쪽, 그리고 4장〕).

이처럼 연이은 세계적 규모의 자본축적 체제들의 규모, 범위, 복잡성이 지속적으로 증대한다는 사실은 이 체제들의 역사적 순서의 또 다른 특징 때문에 흐려진다. 〈도표〉에서 보았듯이, '외연적' 축적체제와 '내포적' 축적체제 사이에 시계추 같은 전진과 후진이 있었으며, 그에 상응해 '세계시민주의적-제국적' 조직구조와 '기업적-민족적' 조직구조 사이의 교체가 발생했다. 새로운 축적체제에 의한 비용 내부화 과정에서의 일보 전진은 바로 앞선 체제에 의해 지양된 정부 및 기업의 전략과 구조들의 부활을 필요로 했다(이 책 pp.58~9, 71~2, 224~5, 251~77, 339~41〔국역 120~22, 139~41, 377~79, 418~57, 549~53쪽〕).

이렇듯 제노바 체제와 비교했을 때 네덜란드 체제에 의한 보호비용의 내부화는 제노바 체제가 지양했던 베네치아 국가독점자본주의의 전략과 구조의 부활을 통해 진행되었다. 마찬가지로 네덜란드 체제와 비교했을 때 영국 체제에 의한 생산비용의 내부화는 제노바의 세계시민주의적 자본주의와 이베리아 전지구적 영토주의의 전략과 구조가 새롭고 더 복잡한 형태로 부활하면서 진행되었다. 그리고 동일한 양상이 미국 체제의 등장과 전면적 팽창에서 또다시 반복되었는데, 미국 체제는 네덜란드 기업 자본주의의 전략과 구조를 새롭고 더 복잡한 형태로 부활하면서 거래 비용을 내부화하였다.

『장기 20세기』에서 찾아 낸 세번째 진화 양상은 각 체계적 축적 순환의 지속기간이 연이어 짧아진다는 점이다. 각 순환을 이끈 정부 조직과 기업 조직이 더 강력해지고 복잡해진 반면, 축적체제들의 생애 주기는 더 짧아졌다. 앞선 지배적 체제의 위기로부터 각 체제가 출현해 지배적이 되고 그 한계에 도달하는(새로운 금융적 팽창의 개시로 신호를 알린) 데 걸린 시간은, 제노바 체제에 대한 영국 체제의 경우나 네덜란드 체제에 대한 미국 체제의 경우 모두 절반 이하였다(이 책 pp.225~6을 보라〔국역 379쪽〕).

축적체제의 힘이 그 지속기간을 단축시키는 방식으로 전개된다는 이런 자본주의 발전 양상은 "자본주의적 생산의 **진정한 장애물은 자본 그 자체**"이며 자본주의적 생산은 계속해서 그 내적 장애물을 극복하지만 "단지 그 장애물을 더 거대한 규모로 만들어 낼 뿐"이라고 말하는 마르크스의 주장을 연상시킨다(Marx 1962: 244~5. 강조는 원문). 나는 이 모순을 더 일반적 용법으로 정식화해야 한다고 주장했다. 왜냐하면 마르크스는 이를 "생산양식으로서"의 자본주의, 즉 영국 발전 단계에서 생산비용의 내부화를 동반한 자본주의에만 적용했기 때문이다. 그러나 자본주의 발전의 진정한 장애물이 자본 그 자체라는 원리는 제노바나 네덜란드 발전 단계에서도 이미 분명히 작동하고 있었다.

제노바 단계와 네덜란드 단계 어디서나, 세계 무역과 생산의 개시점과 종료점은 모두 목적으로서 이윤 추구 그 자체였으며, 이는 특정 자본주의 수행주체들에 의해 진행되었다. 첫번째 단계에서, '대발견', 광대한 이베리아 제국(들) 내부에서 그리고 그 경계를 넘어서 진행된 원거리 무역의 조직, 그리고 안트베르펜·리옹·세비야에서 맹아적인 '세계시장'의 창출은 제노바 자본에게는 그저 자기팽창을 위한 수단일 따름이었다. 그러나 1560년경 이런 수단이 더 이상 이 목적 달성에 기여하지 못하자, 제노바 자본은 곧바로 교역에서 철수하여 고도 금융에 특화했다. 마찬가지로, 분리된 그리고 종종 멀리 떨어진 정치 권역들 사이에서 교역을 수행하는 것, 암스테르담에 집산지 무역을 집중하고 홀란트에 고부가가치 산업을 집중시킨 것, 세계적인 상업 전초기지망과 교환망을 만들어 낸 것, 그리고 이 모든 활동을 위한 보호를 '생산'한 것은 네덜란드 자본에게는 그저 자기 팽창을 위한 수단일 따름이었다. 그리고 또 1740년경 이런 수단이 더 이상 이 목적 달성에 기여하지 못하자, 네덜란드 자본은 이를 포기하고 고도 금융에 대한 더 전면적 특화에 나섰다.

이런 시각에서 보자면, 19세기 영국 자본은 축적양식으로서 역사적 자본주의가 생산양식으로도 형성되기 훨씬 전에 수립된 바 있던 양상을 단순히 반복한 것이었다. 유일한 차이점은, 운반, 집산지, 그리고 다른 종류의 원거리 및 단거리 교역과 그와 연관된 보호 및 생산 활동 외에, 영국 순환에서는 채굴 및 제조 활동—즉, 우리가 좁은 의미에서 생산이라고 부를 수 있는 것—이 자본의 자기 팽창의 핵심 수단이 되었다는 것이다. 그러나 1879년경에 생산 및 연관 교역 활동이 더 이상 이 목적 달성에 기여하지 못하자, 네덜란드 자본이 130년 전에 그랬고 제노바 자본이 310년 전에 그랬으며 미국 자본이 100년 후에 그렇게 될 것만큼 신속하게 영국 자본은 금융 투기와 중개에 대한 특화로 옮겨 갔다(이 책 pp.225~7을 보라〔국역 378~82쪽〕).

어떤 경우에도 세계적 교역과 생산의 팽창은 무엇보다 자본의 가치를 증진시키려는 수단일 뿐이지만, 시간이 지나면서 이는 이윤율을 하락시키고 따라서 자본의 가치를 삭감하는 경향이 있다는 것이 모순의 본질이다. 기성의 조직 중심지들은 그들 고도금융망의 지속적 중심성에 힘입어, 이동자본을 둘러싼 격화하는 경쟁을 그들에 유리하게 전환시켜 체계의 나머지를 희생시키는 대가로 그들의 이윤과 권력을 회복할 최적의 위치에 놓인다. 이런 관점에서, 1990년대 미국의 이윤과 권력의 회복은 세계 자본주의 최초 개시기부터의 전형적 양상을 따른다. 이제 이런 회복에 뒤이어 과거처럼 또 다른 체제가 현재 지배적인 (미국) 체제를 대체할 것인가 하는 것은 열린 질문이다.

금융력과 군사력의 분기

앞선 설명에서 요약한 양상 속에 세계 자본주의의 미래가 완전히 각인되어 있다면, 앞으로 예측될 일들을 이야기하는 것은 단순할 것이다. 첫째, 1970년대 초의 신호적 위기로부터 반세기 이내 또는 그 후에 미국 체제는 최종적 위기를 겪을 것이다. 둘째, 시간이 흐르면(즉, 20년이나 30년이 지나면), 세계경제의 새로운 실물적 팽창을 지속시킬 새로운 체제가 형성되어 이 위기를 지양할 것이다. 셋째, 새로운 체제의 주도적 정부조직은 이미 미국이 그랬던 것보다 훨씬 더 세계국가(world-state)에 근접할 것이다. 넷째, 미국 체제와 달리, 새로운 체제는 내포적(기업-민족적) 변종보다는 외연적(세계시민주의적-제국적) 변종일 것이다. 마지막으로, 그리고 가장 중요한 점으로, 새로운 체제는 미국 체제가 외부화한 경향이 있던 인간 생명과 자연 양자의 재생산 비용을 내부화할 것이다.

우리는 이런 예측의 일부가 실제로 실현될 것이라는 점을 배제할 수 없다. 실로 『베이징의 애덤 스미스』에서 나는 첫째가 이미 구체화하였고 둘째도 그렇게 되는 과정인 것 같다고 주장했다. 신보수주의적인 "새로운 미국 세기를 위한 프로젝트"의 전개는 그 모든 실천적 목적에도 불구하고, 미국 헤게모니의 최종적 위기—단순한 지배로의 변환—로 귀결되었다. 동시에 이라크 모험의 가장 의도치 않은 결과는 전지구 경제의 중심점이 동아시아, 그리고 동아시아 내에서는 중국으로 이동하는 경향을 공고화시켰다는 점이었다. 이런 지리적 교체는 세계경제의 새로운 실물적 팽창을 위한 조건을 만들어 내야 하는데, 조만간 그렇게 될 가능성을 우리는 배제할 수 없다(Arrighi 2007: 7장).

그러나 한 체제에서 다른 체제로의 이행은 앞서 수립된 양상 속에 완전히 각인되어 있지 않다. 반복과 진화가 수립된 양상을 보면, 여러 세기에 걸쳐 세계자본주의를 오늘날까지 팽창시켜서 전면적으로 포괄적인 전지구적 차원을 형성한 발전 경로의 순서가 자의적 과정은 아니었음을 알게 된다. 그러나 각각 모든 이행 과정에서 새로운 발전 경로가 출현하는 것은 그 자체 금융적 팽창의 저변에 깔린 경쟁과 투쟁에 의해 변환되고 재조합된 다양한 역사적·지리적 요인들에 의존했다.

다시 말하면, 우리가 사후적으로 관찰하는 양상들은 그것이 역사적 필연성의 결과물인 만큼 마찬가지로 지리적·역사적 우연성의 산물이다. 현재 이행의 미래 결과물에 대해 사전에 추측해 보려면, 우리는 반복과 진화의 과거 양상에 들어맞는 현상과 함께 거기에 들어맞지 않는 현상—즉, 미래의 결과물을 과거 양상으로부터 일탈하도록 만들 것으로 예상되는 중대한 변칙—에도 똑같이 주의를 기울여야 한다. 현 정세의 핵심적 변칙은 금융력과 군사력이 전례 없이 분기한다는 점이다.

내가 「에필로그」에서 주장했듯이, 소련이 붕괴하자 미국은 유일한 군사적 초강대국이 되었지만, 소련의 퇴조에 동반해 브루스 커밍스가 동아시아 "자본주의 군도"라고 부른 곳들이 부상했다(Cumings 1993: 25~6). 이 군도의 "섬들" 중 가장 큰 섬은 일본이었다. 다른 섬들 중 가장 중요한 곳은 도시국가인 싱가포르와 홍콩, 요새국가인 타이완, 그리고 반(半)민족국가인 남한이었다. 통상적 기준으로 볼 때 이 중 어떤 국가도 강력하지 않았다. 홍콩과 타이완은 주권국도 아니었고, 두 개의 더 큰 국가인 일본과 남한은 군사적 보호뿐 아니라 대부분의 에너지와 식량 공급, 그리고 그 제조품의 수익성 있는 처분까지 모두 전적으로 미국에 의존하였다. 몇몇 서평의 주장과 반대로, 나는 이들 중 어떤 나라도(일본을 포함해) 헤게모니 국가로서 미국을 대체할 위치에 있다고 주장하지는 않았다. 그러나 세계의 새로운 "작업장"이자 "금고"로서 군도의 **집합적** 경제력이 커졌기 때문에 자본주의 권력의 전통적 중심지들—서유럽과 북아메리카—은 그들 자신의 산업, 경제, 생활방식을 재조정하고 재편해야 했다.

이 책의 초판을 쓰던 당시 나는 동아시아 정치경제의 중심지에서 중국의 재기가 어느 정도이고 그 함의가 무엇인지 충분히 인식하지 못했다. 나는 이 재기 때문에 (미국) 군사력과 (동아시아) 금융력 사이의 분기가 사라지지는 않았을지라도 줄어들었음을 확실하게 깨달았다(실로, 바로 이런 주요한 이유에서 나는 1990년대에 나의 연구 초점을 동아시아의 "자본주의 군도"에서 중국으로 옮겼던 것이다. Arrighi et. al. 2003; Arrighi 2007을 보라). 그렇지만 나는 우리가 1980년대부터 관찰할 수 있는 (미국) 군사력과 (동아시아) 경제력 사이의 이런 분기가 자본주의 연대기에 전례가 없는 일이라고 당시 주장했고 오늘도 그렇게 생각하고 있다. 이 때문에 서구는 앞선 5백 년간의 그 운세를 구성한 두 가지 핵심적으로 중요한 요소 중 하나를 박탈당했는데, 그것은 바로 잉여자본에 대한 통제력이었다. 마찬가지로 중요한 점은, 만일 중국이나 동아시아가 미래에 헤게모니적이 된다면, 이는 지난 5백 년간 서구 유형의 헤게모니와는 아주 다른 유형이 될 것이다.

잇따른 각각의 체계적 축적순환들의 전제는, 앞선 블록들보다 세계자본주의 체계의 공간적·기능적 범위를 증대시킬 수 있도록 더 큰 역량이 부여된 훨씬 강력한 정부·기업 조직 블록을 형성한다는 것이었다. 내가 「에필로그」에서 주장했듯이 이런 진화 과정은 한계에 도달했는데, 그 이유는 "자본주의 서구의 전통적 권력 중심지들의 국가형성-전쟁형성 역량이 너무 확대되어 이제는 진정으로 전지구적 세계제국을 형성해야만 그 역량을 확대할 수 있게 되었기 때문"이다. 그러나 "[그런 제국을] 실현하려면, 세계 잉여자본의 가장 비옥한 원천을 통제할 수 있어야 하는데, 그 원천은 현재 바로 동아시아에 자리 잡고 있다". 내가 보기에 어떤 수단을 동원해 서구의 전통적 권력 중심지들이 이런 통제력을 확보해 유지할 수 있을지 분명치 않았다(그리고 지금도 마찬가지이다).

따라서 나는 이 책 초판을 끝맺으면서 진행 중인 미국 축적체제의 위기의 가능한 결과물로 한 개 대신 세 개의 매우 상이한 시나리오를 제시했다. 미국과 유럽 동맹국들이 군사적 우월성을 활용해 동아시아의 떠오르는 자본주의 중심지들로부터 "보호에 대한 보상금"을 뽑아내려 시도할 수도 있을 것이다. 그 시도가 성공한다면, 세계역사상 처음으로 진정 전지구적 제국이 존재하게 될 수도 있을 것이다. 그런 시도를 아예 하지 못하거나 아니면 그런 시도가 성공하지 못한다면, 시간이 지나면서 동아시아는 세계시장 사회의 중심지가 될 수도 있으며, 과거처럼 우월한 군사력이 이를 지탱하는 것이 아니라 세계 문화와 문명들의 상호 존중이 이를 뒷받침할 것이다. 그렇다 해도 분기가 끝없는 세계적 수준의 카오스로 귀결될 수도 있을 것이다. 당시 내가 조지프 슘페터의 말을 이용해 말했듯이, 인류애는 서구 중심적 전지구 제국이나 동아시아 중심의 세계시장사회의 지하감옥(또는 낙원)에서 질식당하기(또는 만개되기) 전에, "냉전 세계질서의 청산에 동반된 폭력의 확대라는 공포(또는 영광) 속에서 불타 없어질 수도 있을 것이다".

미국 헤게모니의 위기와 중국의 부상

「에필로그」에서 묘사한 세 가지 시나리오는 여전히 미국 헤게모니의 최종적 위기에 대한 가능한 대안적 역사적 결과물들이다. 군사력과 금융력의 전지구적인 분기, 그리고 동아시아의 경제적 부상은 모두 빠르게 지속되고 있다. 1999년 출판된 『근대세계체계의 카오스와 거버넌스』라는 제목의 공동저작에서 비벌리 실버와 나는 1990~92년의 폭락에서 일본 경제가 회복할 능력이 없는 것과 1997~98년 동아시아에서 금융위기가 발생한 것 같은 일들 자체가 동아시아의 부상이 신기루였다는 결론을 지지하지는 않는다고 주장했다. 우리는 앞선 헤게모니 이행들에서 세계적 규모의 자본축적의 새롭게 떠오르는 중심지들이 바로 금융위기를 가장 심각하게 겪은 곳이었다고 주장했는데, 그 이유는 그들의 금융기량이 그들의 지배권역을 드나드는 거대한 양의 이동자본을 규제할 수 있는 제도적 역량을 능가했기 때문이었다. 18세기 말 잉글랜드가 그랬고 1930년대 미국이 훨씬 더 그랬다. 1929~31년의 월가 폭락 및 그에 뒤이은 대불황을 이유로 20세기 전반기에 전지구적 자본축적 과정의 진원지가 영국에서 미국으로 교체되고 있지 않았다고 주장할 사람은 없을 것이다. 1990년대 동아시아 금융위기로부터도 그와 유사한 결론을 이끌어 내서는 안 된다 (Arrighi and Silver 1999: 특히 1장과 결론).

물론 그렇다고 현존 금융 중심지들 그 자체가 금융위기를 겪을 수 없다는 것은 아니다. 이 점에서 일반화는 불가능하다. 영국 헤게모니에서 미국 헤게모니로 이행하면서 영국은 미국과 같은 금융위기를 겪지는 않았다. 대조적으로, 현재의 이행에서, 2000~01년에 그리고 또다시 2008~09년에 미국은 적어도 1990년대 동아시아 위기만큼 심각한 위기를 겪었다.

1990년대와 2000년대 초의 위기 속에서 어쨌건 중국은 비슷한 인구 규모를 보유한 영토에서는 비근한 사례도 없고 전례도 없는 속도로 경제 팽창을 지속했다. 『베이징의 애덤 스미스』에서 나는 중국의 급속한 상승을 가능케 한 뿌리가 냉전 시기 공산주의하 중국의 사회적·정치적 재구성에 닿아 있을 뿐 아니라, 중국이 유럽 중심의 국가 간 체계에 종속적으로 편입되기 이전 중국 제국의 국가형성과 민족경제 형성의 성과에도 닿아 있다고 주장했다. 더 구체적으로, 나는 중국과 중국 화교 디아스포라가 이 지역의 경제 통합과 팽창 증진에 중심축 역할을 했다고 주장했다. 이는 제국 시절로 회귀하는 오랜 동아시아 관행 위에서 구축된 것이었다— 즉, 군주들 사이의 그리고 군주와 신민 사이의 관계를 조절하는 교역과 시장에 크게 의존하였다. 19세기 중엽이 되면(아편 전쟁과 더불어), 이런 오랜 관행은 중국 중심의 지역 체계를 유럽 중심의 체계 속에 강제적으로 복속시키는 것을 막는 데 무력하다는 것이 분명해졌다. 그러나 20세기 말에 이런 교역과 시장에 대한 역사적 의존은 미국 헤게모니하에서 등장한 매우 통합된 전지구적 시장에서 경쟁력을 재생시키는 기반이 되었다 (Arrighi 2007: 1장과 12장; Arrighi and Silver 1999: 특히 4장).

전지구 경제 내에서 중국 중심성의 증가는 진행 중인 미국 헤게모니 위기의 예상되는 결과와 관련해 두 가지 중대한 함의를 던져 준다. 첫째, 이렇게 성장하는 중심성이 이 지역의 역사적 유산에 뿌리박고 있는 만큼, 그 중심성은 세계경제 다른 지역들에서도 복제될 수 있는 정책들과 행위들의 주된 귀결이었을 때보다도 줄곧 훨씬 더 강렬하고 배타적일 것이라고 예상될 수 있다. 둘째, 중국의 인구 규모를 고려하면, 그 경제적 팽창은 앞선 동아시아 경제 '기적들'을 모두 합한 것보다도 전지구적 부의 계서제에 훨씬 더 전복적이다. 왜냐하면 이 모든 기적들(일본의 경우를 포함해)은 근본적으로 안정적인 계서제 내에서의 상승 이동의 사례였기 때문이다. 이 계서제는 세계 인구의 대략 1/20인 한 줌의 동아시아 국가들(그 중 둘은 도시국가)의 상승 이동을 수용할 수 있었고, 실제 수용해 냈다. 그러나 그 자체로 대략 세계 인구의 1/5을 차지하는 한 국가의 상승 이동을 수용하는 것은 전혀 다른 문제이다. 이는 바로 그 계서제의 피라미드적 구조를 근본적으로 전복시킴을 뜻한다. 실로, 세계 소득 불평등에 대한 최근 조사는 국가 간 불평등이 1980년 이래 감소하는 추세를 보여 주는데, 이는 전적으로 중국의 급속한 경제 성장 때문이다(무엇보다 Berry 2005를 보라).

중국의 지속적 경제 팽창이 지니는 구조적으로 전복적인 속성을 강조한 다음, 우리는 『근대세계체계의 카오스와 거버넌스』에서 더 공평한 세계질서로 비-파국적으로 이행하는 데서 부딪히는 두 가지 주요한 장애물을 지적했다. 첫번째 장애물은 적응과 수용을 거부하는 미국의 저항이었다. 데이비드 칼레오의 말을 활용해(Calleo 1987: 142), 우리는 네덜란드 중심의 세계체계와 영국 중심의 세계체계가 두 가지 경향들의 충격 아래 무너졌다고 지적하였다. 그 두 경향은 공세적인 새로운 국가의 등장,

그리고 쇠퇴하는 헤게모니국이 적응과 수용을 회피하려 시도하면서 그 자신의 약화되는 우월성을 착취적 지배로 바꾸어 공고화시킨 것이었다. 1999년에 우리는 이렇게 주장하였다.

> 미국 중심의 세계체계의 붕괴에 도발할 그럴 법한 새로운 공세적 국가는 없지만, 미국은 한 세기 전 영국이 그랬던 것보다 쇠퇴하는 헤게모니를 착취적 지배로 개조할 수 있는 훨씬 더 거대한 역량을 보유하고 있다. 결국 이 체계가 붕괴한다면, 이는 무엇보다 적응과 수용을 거부하는 미국의 저항 때문일 것이다. 그리고 반대로, 떠오르는 동아시아 지역의 경제력에 미국이 적응하고 이를 수용하는 것은 새로운 세계질서로 비-파국적으로 이행하기 위한 필수 조건이다. (Arrighi and Silver 1999: 288~9)

아래에서 지적하듯이, 오바마의 미국 대통령 당선과 그에 수반한 미국 외교 정책의 전환은 비-파국적 이행에 대한 이런 첫번째 장애물의 중대성을 감소시켜 줄 수 있을 것이다. 그러나 덜 즉각적이지만 못지않게 중요한 것이 두번째 장애물이다. 이는 "지금 궁지에 몰린 발전 경로를 근본적으로 벗어나, 동아시아 자신과 세계를 위한 새로운 발전 경로를 열어줄" 동아시아 경제 팽창 수행주체들의 미확인 역량이다. 이는 세계 인구 대다수를 경제 발전의 혜택에서 심각하게 배제하고 인간과 자연의 재생산 비용을 거의 "외부화"했던(〈도표〉를 보라) 사회적으로나 생태적으로 지속불가능한 서구 발전 경로로부터 근본적으로 벗어날 것을 요구할 것이다. 이는 긴박한 과제로, 아래로부터의 저항운동과 자기보호 운동의 압력에 의해 그 궤적이 대략 형성될 것이다.

과거의 헤게모니 이행들에서는 지배적 집단들이 아래로부터 저항운동과 자기보호 운동의 첨예한 압력이 나타난 후에야 비로소 새로운 세계질서를 주조해 내는 과제를 성공적으로 맡았다. 이런 아래로부터의 압력은 한 이행에서 다른 이행으로 가면서 확대되었고, 각각의 새로운 헤게모니에서 더 확대된 사회 블록을 이끌어 냈다. 이렇듯, 우리는 사회적 모순들이 현재 전개 중인 이행을 형성해 내고 또 임박한 체계의 카오스로부터 벗어나 결국 출현할 어떤 새로운 세계질서를 형성해 내는 데 그 어느 때보다 훨씬 더 결정적 역할을 수행할 것이라고 예측할 수 있다. (Arrighi and Silver 1999 : 289)

이 글을 쓰고 일 년 후 미국 중심의 '신경제'의 거품이 꺼졌다. 그 직후에는 2001년 9.11의 충격이 다가왔다. 잠시 동안 미국은 테러와의 전쟁에서 다양한 정부와 비정부 세력을 동원해 자신의 헤게모니 역할을 유지할 수 있던 것처럼 보였다. 그러나 곧 미국은 이라크 전쟁을 수행하는 데서 거의 완전히 고립되었음이 드러났는데, 이라크 전쟁은 테러와의 전쟁과 무관하며 또한 일반적으로 합의된 국가 간 관계의 규칙과 규범을 위반하였다고 널리 인식되었다. 『장기 20세기』와 『근대세계체계의 카오스와 거버넌스』에서 예견했듯이, 미국의 벨에포크는 종식되었고, 미국 세계 헤게모니는 십중팔구 그 최종적 위기라 할 만한 시기에 진입하였다. 미국은 단연코 세계 최강국으로 남아 있지만, 이제 나머지 세계에 대한 미국의 관계를 가장 잘 보여 주는 말은 "헤게모니 없는 지배"이다(Arrighi 2007 : 150~1 ; Guha 1992을 보라).

이런 변형은 새로운 공세적인 국가의 등장 때문이 아니라 적응과 수용을 거부하는 미국의 저항 때문에 발생하였다. 사담 후세인의 이라크를 새로운 공세적 국가로 그리려는 미국의 시도는 그다지 신뢰를 얻지 못한 반면, 9.11에 대응해 부시 행정부가 채택한 국가적 안보 전략은 『장기 20세기』와 『근대세계체계의 카오스와 거버넌스』에서 파악한 어느 것보다 훨씬 더 극단적인 형태로 미국이 적응과 수용에 저항한 것이었다. 실로, 앞선 헤게모니 이행들보다 훨씬 더 심하게, 미국 헤게모니의 최종적 위기―이것이 만일 우리가 목도하고 있는 것이라면―는 강대국 "자살"의 경우에 해당했다(Arrighi 2007: 161~5, 178~210).

이미 2008년 금융적 대붕괴 이전에, 이렇듯 나는 2000~01년 '신경제' 거품이 꺼진 것을 9.11에 대한 신보수주의적 대응의 실패와 결합해 미국 헤게모니의 최종적 위기를 보여 주는 것으로 해석하였다. 2008년의 대붕괴는 단지 이런 해석의 정당성을 확인해 주었을 따름이다. 오바마 행정부가 이 위기를 완화하거나 심지어 반전시키기 위해 무엇을 할 수 있을지는 불명확하다. 오바마가 프랭클린 루스벨트만큼 유능할지라도, 두 행정부가 직면한 상황은 근본적으로 다르다. 루스벨트하에서 미국은 세계 최대 채권국이 되었던 데 반해, 오바마는 미국이 세계 최대 채무국이 된 상황을 물려받았다. 이런 차이 때문에 오바마 행정부가 국내에서 케인스주의 정책을 추구하고 해외에서 헤게모니 정책을 추구하는 역량에 큰 제약이 생겼으며, 이들 정책은 루스벨트 행정부가 경험한 것보다 훨씬 더 심한 자금 부족에 처했다.

이런 전개에도 불구하고, 이 책 「에필로그」에서 그려 본 포스트-미국 헤게모니의 세 가지 시나리오는 여전히 모두 역사적으로 가능하다. 부시 정부가 채택한 〈새로운 미국 세기를 위한 프로젝트〉가 완전히 실패했지만, 그렇다고 『장기 20세기』에서 파악한 세계제국 프로젝트가 실패한 것은 아니다. 『장기 20세기』에서 가능한 포스트-미국 헤게모니 시나리오라고 파악한 세계제국은 서구의 집단적 프로젝트였다. 미국 혼자서 사실상 그런 세계제국 프로젝트에 착수할 것이라는 생각은 고려할 가치도 없는 바보 같은 생각이었다. 물론 이런 방책이 실패했다고 해서, 재건된 서구 동맹이 더 현실적인 다자적 제국 프로젝트에 종사할 가능성이 사라지는 것은 아니다. 실로, 미국의 일방적 프로젝트의 실패 자체가 집단적 서구 프로젝트의 출현을 위한 더 유리한 조건을 만들어 낼 수 있을 것이다.

서구가 지배하는 보편적 제국이 가능성으로 남아 있는 동시에, 오늘날 전지구적 정치경제의 변환의 결과로 동아시아 중심의 세계시장 사회는 15년 전보다 훨씬 더 큰 가능성을 가지고 있는 것 같다. 내가 『베이징의 애덤 스미스』에서 주장한 것처럼, 중국은 점점 더 동아시아 지역과 그 너머까지 미국 지도력에 대한 믿을 만한 대안으로 부각되고 있다. 미국이 이라크에서 수렁에 빠진 사이, 중국은 계속해서 빠른 속도로 성장했고, 금융 보유고를 늘렸으며, 전세계에서 미국이 잃은 친구들을 재빠르게 자기 친구로 끌어들였다. 중국경제의 핵심 부분들이 아직 미국시장에 대한 수출에 크게 의존하고 있지만, 중국산 저가 상품 수입과 중국의 미국 국채 매입에 대한 미국의 부와 권력의 의존은 그보다 크지는 않더라도 비등한 수준이다. 더 중요한 점은, 중국이 동아시아와 그 너머 지역에서 미국을 대체해 상업적 팽창과 경제 팽창의 핵심 동력이 되기 시작했다는 점이다(Arrighi 2007: 특히 7, 10, 12장).

전지구적 정치경제에서 중국의 경제적 위상이 높아진다고 해서 그 자체로 세계 문화와 문명들을 상호 존중하는 기반 위에서 동아시아 중심의 세계시장 사회의 등장이 보증되는 것은 아니다. 위에서 지적했듯이, 그런 결과물은 근본적으로 상이한 발전 모델을 전제로 하며, 이 발전모델은 무엇보다도 사회적으로나 생태적으로 지속 가능하며 또한 전지구

(南)의 세계에 대해 지속되는 서구 지배를 넘어서는 더 공평한 대안을 제공해야 한다. 앞서의 모든 헤게모니 이행은 장기간의 체계의 카오스를 특징으로 했으며, 이는 여전히 가능성 있는 또 다른 귀결점으로 남아 있다. 『장기 20세기』에서 제시한 미래 시나리오 중 어떤 것이 현실이 될지는 우리 집합적 인간 행위자들에 의해 결정될 것이다.

2009년 3월
조반니 아리기

참고문헌

Abu-Lughod, Janet. 1989. *Before European Hegemony: The World System A.D. 1250~1350*, New York: Oxford University Press.〔이은정 옮김, 『유럽 패권 이전 : 13세기 세계체제』, 까치, 2006.〕

Adams, Richard. 1975. "Harnessing Technological Development," in J. Poggie and R.N. Lynch, eds., *Rethinking Modernization: Anthropological Perspectives*, Westport, CT: Greenwood Press, pp. 37~68.

Aglietta, Michel. 1979a. *A Theory of Capitalist Regulation: The US Experience*, London: New Left Books.

_____ 1979b. "La notion de monnaie internationale et les problèmes monétaires européens dans une perspective historique," *Revue Economique*, 30, 5, pp. 808~44.

Aglietta, Michel and Andrè Orléan. 1982. *La Violence de la monnaie*, Paries: Presses Universitaires de France.

Auilar, Alonso. 1968. *Pan-Americanism from Monroe to the Present: A View from the Other Side*, New York: Monthly Review Press.

Allen, G. C.. 1980. *Japan's Economic Policy*, London: Macmillan.

Amin, Samir. 1974. *The Accumulation of Capital on a World Scale*, New York: Monthly Review Press.

_____ 1992. *Empire of Chaos*, New York: Monthly Review Press.

Anderson, Perry. 1974. *Lineages of the Absolutist State*, London: New Left Books. 〔김현일 외 옮김, 『절대주의 국가의 역사』, 소나무, 1993.〕

_____ 1987. "The Figures of Descent," *New Left Review*, 161, pp. 20~77.

Aoki, Masahiko. 1984. "Aspects of the Japanese Firm," in M. Aoki, ed., *The Economic Analysis of the Japanese Firm*, Amsterdam: North-Holland, pp. 3~43.

Armstrong, Philip and Andrew Glyn. 1986. *Accumulation, Profits, State Spending: Data for Advanced Capitalist Countries 1952~1983*, Oxford: Oxford Institute of Economics and Statistics.

Armstrong, Philip, Andrew Glyn, and John Harrison. 1984. *Capitalism since World War II. The Making and Breakup of the Great Boom*, London: Fontana

Arndt, H.W.. 1963. *The Economic Lessons of the Nineteen-Thirties*, London: Frank Cass.

Arrighi, Giovanni. 1979. "Imperialismo," *Enciclopedia* VII, Turin: Einaudi pp. 157~98.

_____ 1982. "A Crisis of Hegemony," in S. Amin, G. Arrighi, A.G. Frank, and I. Wallerstein, *Dynamics of Global Crisis*, New York: Monthly Review Press, pp. 55~108.

_____ 1983. *The Geometry of Imperialism*, London: Verso.

_____ 1990a. "The Developmentalist Illusion: A Reconceptualization of the Semiperiphery," in W.G. Martin, ed., *Semiperipheral States in the World-Economy*, Westprot, CT: Greenwood Press, pp. 11~47.

_____ 1990b. "Marxist Century-American Century: The Making and Remaking of the World Labor Movement," in S. Amin, G. Arrighi, A.G. Frank, and I. Wallerstein, *Transforming the Revolution: Social Movements and the World System*, New York: Monthly Review Press, pp. 54~95.

_____ 1991. "World Income Inequalities and the Future of Socialism," *New Left Review*, 189, pp. 39~64.

Arrighi, Giovanni, Kenneth Barr, and Shuji Hisaeda. 1993. "The Transformation of Business Enterprise," Binghamton, NY: Fernand Braudel Center, State University of New York.

Arrighi, Giovanni and Jessica Drangel. 1986. "The Stratification of the World-Economy: An Exploration of the Semiperipheral Zone," *Review*, 10, 1, pp.

9~74.

Arrighi, Giovanni, Satoshi Ikeda, and Alex Irwan. 1993. "The Rise of East Asia: One Miracle or Many?" in R.A. Palat, ed., *Pacific-Asia and the Future of the World-System*, Westport, CT: Greenwood Press, pp. 41~65.

Auerbach, Paul, Meghnad Desai, and Ali Shamsavari. 1988. "The Transition from Actually Existing Capitalism," *New Left Review* 170, pp. 61~78.

Bagchi, Amiya Kumar. 1982. *The Political Economy of Underdevelopment*, Cambridge: Cambridge University Press.

Bairoch, Paul. 1976a. *Commerce extérieur et développement économique de l'Europe au XIXe siècle*, Paris and The Hague: Mouton.

_____ 1976b. "Europe's Gross National Product: 1800~1975," *Journal of Economic History*, 5, 2, pp. 273~340.

Balibar, Etienne. 1990. "The Nation Form: History and Ideology," *Review*, 13, 3, pp. 329~61.

Barbour, Violet. 1950. *Capitalism in Amsterdam in the Seventeenth Century*, Baltimore, MD: Johns Hopkins University Press.

Barfield, Thomas J.. 1989. *The Perilous Frontier: Nomadic Empires and China*, Oxford: Oxford University Press.

Barnet, Richard J. and Ronald E. Müller. 1974. *Global Reach. The Power of the Multinational Corporations*, New York: Simon & Schuster.

Baron, H.. 1955. *The Crisis of the Early Italian Renaissance*, Princeton, NJ: Princeton University Press.

Barr, Kenneth. 1979. "Long Waves: A Selective Annotated Bibliography," *Review*, 2, 4, pp. 675~718.

_____ 1999. "The Metamorphosis of Business Enterprise," PhD dissertation, Department of Sociology, State University of New York at Binghamton.

Barraclough, Geoffrey. 1967. *An Introduction to Contemporary History*, Harmondsworth: Penguin Books.

Barrat Brown, Michael. 1974. *The Economics of Imperialism*, Harmond-sworth: Penguin Books.

_____ 1988. "Away with all the Great Arches: Anderson's History of British Capitalism," *New Left Review*, 167, pp. 22~51.

Bayly, C.A.. 1988. *Indian Society and the Making of the British Empire*, Cambridge: Cambridge University Press.

Becattini, Giacomo. 1979. "Dal 'settore' industriale al 'distretto' industriale: alcune considerazioni sull'unità di indagine dell'economia industriale," *Rivista di economia e politica industriale*, 1, pp. 7~21.

_____ 1990. "The Marshallian Industrial District as a Socio-Economic Notion," in F. Pyke, ed., *Industrial Districts and Inter-Firm Cooperation in Italy*, pp. 37~51.

Bergesen, Albert. 1983. "Modeling Long Waves of Crises in the World-System," in A. Bergesen, ed., *Crises in the World-System*, Beverly Hills, CA: Sage, pp. 73~92.

Bergesen, Albert and Ronald Schoenberg. 1980. "Long Waves of Colonial Expansion and Contraction, 1415~1969," in A. Bergesen, ed., *Studies of the Modern World-System*, New York: Academic Press.

Bergsten, Fred, C.. 1987. "Economic Imbalances and World Politics," *Foreign Affairs*, 65, 4, pp. 770~94.

Blackburn, Robin. 1988. *The Overthrow of Colonial Slavery, 1776~1848*, London: Verso.

Bloch, Marc. 1955. *Esquisse d'une historie monétaire de l'Europe. Cahier des Annales*, 9, Paris: Colin.

Block, Fred. 1977. *The Origins of International Economic Disorder: A Study of United States Monetary Policy from World War II to the Present*, Berkeley, CA: University of California Press.

Bluestone, Barry and Bennett Harrison. 1982. *The Deindustrialization of America: Plant Closings, Community Abandonment, and the Dismantling of Basic Industry*, New York: Basic Books.

Boli, John. 1993. "Sovereignty from a World Polity Perspective," paper presented at the Annual Meeting of the American Sociological Association, Miami, FL.

Boltho, Andrea. 1993. "Western Europe's Economic Stagnation," *New Left Review*, 201, pp. 60~75.

Borden, William S.. 1984. *The Pacific Alliance: United States Foreign Economic*

Policy and Japanese Trade Recovery 1947~1955, Madison, WI: University of Wisconsin Press.

Bousquet Nicole. 1979. "Esquisse d'une théorie de l'alternance de périodes de concurrence et d'hégémonie au centre de l'économie-monde capitaliste," *Review*, 2, 4, pp. 501~18.

_____ 1980. "From Hegemony to Competition: Cycles of the Core?" in T.K. Hopkins and I. Wallerstein, eds., *Processes of the World-System*, Beverly Hills, CA: Sage, pp. 46~83.

Boxer, Charles R.. 1957. *The Dutch in Brazil 1624~1654*, Oxford: Clarendon Press.

_____ 1965. *The Dutch Seaborne Empire 1600~1800*, New York: Knopf.

_____ 1973. *The Portuguese Seaborne Empire 1415~1825*, Harmondsworth: Penguin Books.

Boyer, Robert. 1990. *The Regulation School: A Critical Introduction*, New York: Columbia University Press.

Boyer-Xambeau, M.T., G. Deleplace, and L. Gillard. 1991. *Banchieri e Principi: Moneta e Credito nell'Europa del Cinquecento*, Turin: Einaudi.

Braudel, Fernand. 1976. *The Mediterranean and the Mediterranean World in the Age of Philip II*, 2 vols, New York: Harper & Row.

_____ 1977. *Afterthoughts on Material Civilization and Capitalism*, Baltimore, MD: Johns Hopkins University Press.

_____ 1981. *The Structures of Everyday Life*, New York: Harper & Row.〔주경철 옮김,『물질문명과 자본주의 I: 일상생활의 구조』, 까치, 1995.〕

_____ 1982. *The Wheels of Commerce*, New York: Harper & Row.〔주경철 옮김,『물질문명과 자본주의 II : 교환의 세계』, 까치, 1996.〕

_____ 1984. *The Perspective of the World*, New York: Harper & Row. 〔주경철 옮김,『물질문명과 자본주의 III: 세계의 시간』, 까치, 1997.〕

Braudel, Fernand and Frank Spooner. 1967. "Prices in Europe from 1450 to 1750," in E.E. Rich and C.H. Wilson, eds., *The Cambridge Economic History of Europe*, IV, London: Cambridge University Press, pp. 374~486.

Brewer, John. 1989. *The Sinews of Power: War, Money and the English State, 1688~1783*, London: Unwin.

Bullock, Alan. 1983. *Ernst Bevin: Foreign Secretary*, Oxford: Oxford University Press.

Bunker, Stephen G. and Denis O' Hearn. 1993. "Strategies of Economic Ascendants for Access to Raw Materials: A Comparison of the United States and Japan," in R.A. Palat, ed., *Pacific-Asia and the Future of the World-System*, Westport, CT: Greenwood Press, pp. 83~102.

Burckhardt, Jacob. 1945. *The Civilization of the Renaissance in Italy*, Oxford: Phaidon Press.

Burke, Peter. 1986. *The Italian Renaissance: Culture and Society in Italy*, Princeton, NJ: Princeton University Press.

Cain, P.J. and A.G. Hopkins. 1980. "The Political Economy of British Expansion Overseas 1750~1914," *Economic History Review*, 2nd ser., 33, 4, pp. 463~90.

_____ 1986. "Gentlemanly Capitalism and British Expansion Overseas. I. The Old Colonial Systems, 1688~1850," *Economic History Review*, 2nd ser., 39, 4, pp. 501~25.

Calleo, David P.. 1970. *The Atlantic Fantasy*, Baltimore, MD: Johns Hopkins University Press.

_____ 1982. *The Imperious Economy*, Cambridge, MA: Harvard University Press.

Calleo, David. 1987. *Beyond American Hegemony: The Future of the Western Alliance*, New York: Basic Books.

Calleo, David P. and Benjamin M. Rowland. 1973. *America and the World Political Economy. Atlantic Dreams and National Realities*, Bloomington and London: Indiana University Press.

Cameron, Rondo. 1967. "England, 1750~1844," in R. Cameron, ed., *Banking in the Early Stages of Industrialization: A Study in Comparative Economic History*, New York: Oxford University Press, pp. 15~59.

Carr, Edward. 1945. *Nationalism and After*, London: Macmillan.

Carter, Alice C.. 1975. *Getting, Spending, and Investing in Early Modern Times*, Assen: Van Gorcum.

Chandler, Alfred. 1977. *The Visible Hand: The Managerial Revolution in*

American Business, Cambridge, MA: The Belknap Press.

_____ 1978. "The United States: Evolution of Enterprise," in P. Mathias and M.M. Postan, eds., *The Cambridge Economic History of Europe*, vol. VII, part 2, Cambridge: Cambridge University Press.

_____ 1990. *Scale and Scope: The Dynamics of Industrial Capitalism*, Cambridge, MA: The Belknap Press.

Chapman, Stanley. 1972. *The Cotton Industry in the Industrial Revolution*, London: Macmillan.

_____ 1984. *The Rise of Merchant Banking*, London: Unwin Hyman.

Chase-Dunn, Christopher. 1989. *Global Formation: Structures of the World-Economy*, Oxford: Basil Blackwell.

Chaudhuri, K.N.. 1965. *The English East India Company: The Study of an Early Joint-Stock Company 1600~1640*, London: Frank Cass.

Chaunu, Huguette and Pierre Chaunu. 1956. *Seville et l'Atlantique 1504~1650*, vol. 6, Paris: Armand Colin.

Cipolla, Carlo M.. 1952. "The Decline of Italy," *Economic History Review*, 5, 2, pp. 178~87.

_____ 1965. *Guns and Sails in the Early Phase of European Expansion 1400~1700*, London: Collins.

_____ 1980. *Before the Industrial Revolution: European Society and Economy, 1000~1700*, New York: Norton.

Coase, Richard. 1937. "The Nature of the Firm," *Economica* (n.s.) 4, 15, pp. 386~405.

Cohen, Benjamin J.. 1977. *Organizing the World's Money*, New York: Basic Books.

Cohen, Jerome B.. 1958. *Japan's Postwar Economy*, Bloomington, IN: Indiana University Press.

Copeland, Melvin Thomas. 1966. *The Cotton Manufacturing Industry of the United States*, New York: Augustus M. Kelley.

Coplin W.D.. 1968. "International Law and Assumptions about the State System," in R.A. Falk and W.F. Henrieder, eds., *International Law and Organization*, Philadelphia: Lippincott.

Cox, Oliver. 1959. *Foundations of Capitalism*, New York: Philosophical Library.

Cox, Robert. 1983. "Gramsci, Hegemony, and International Relations: An Essay in Method," *Millennium: Journal of International Studies*, 12, 2, pp. 162~75.

_____ 1987. *Production, Power, and World Order: Social Forces in the Making of History*, New York: Columbia University Press.

Crouzet, François. 1982. *The Victorian Economy*, London: Methuen.

Cumings, Bruce. 1987. "The Origins and Development of the Northeast Asian Political Economy: Industrial Sectors, Product Cycles, and Political Consequences," in F.C. Deyo, ed., *The Political Economy of New Asian Industrialism*, Ithaca, NY: Cornell University Press, pp. 44~83.

_____ 1993. "The Political Economy of the Pacific Rim," in R.A. Palat, ed., *Pacific-Asia and the Future of the World-System*, Westport, CT: Greenwood Press, pp. 21~37.

Davies, K.G.. 1957. *The Royal African Company*, London: Longmans.

_____ 1974. *The North Atlantic World in the Seventeenth Century*, Minneapolis: University of Minnesota Press.

Davis, Ralph. 1954. "English Foreign Trade, 1660~1700," *Economic History Review*, 7, 2, pp. 150~66.

_____ 1962. "English Foreign Trade, 1700~1774," *Economic History Review*, 15, 2, pp. 285~303.

_____ 1979. *The Industrial Revolution and British Overseas Trade*, Leicester: Leicester University Press.

de Cecco, Marcello. 1982. "Inflation and Structural Change in the Euro-Dollar Market," *EUI Working Papers*, 23, Florence: European University Institute.

_____ 1984. *The International Gold Standard: Money and Empire*, New York: St Martin's Press.

Dehio, Ludwig. 1962. *The Precarious Balance: Four Centuries of the European Power Struggle*, New York: Vantage.

de Roover, Raymond. 1963. *The Rise and Decline of the Medici Bank, 1397~1494*, Cambridge, MA: Harvard University Press.

Detti, Tommaso. 2003. "L'avventura di ripensare il passato", Contemporanea, 6(3), pp. 549~53.

De Vroey, Michel. 1984. "A Regulation Approach Interpretation of the Contemporary Crisis," *Capital and Class*, 23, pp. 45~66.

Dickson, P.G.M.. 1967. *The Financial Revolution in England: A Study in the Development of Public Credit*, London: Macmillan.

Dietz, F.. 1964. *English Government Finance 1485~1558*, New York: Barnes & Noble.

Dobb, Maurice. 1963. *Studies in the Development of Capitalism*, London: Routledge & Kegan Paul.

Dockés, Pierre. 1969. *L'Espace dans la pensée économique de XVIe au XVIIIe siècle*, Paris: Flammarion.

Drucker, Peter F.. 1993. *Post-Capitalist Society*, New York: Harper & Row.

Dunning, John H.. 1988. "International Business, the Recession and Economic Restructuring," in N. Hood and J. E. Vahlne, eds., *Strategies in Global Competition*, London: Croom Helm, pp. 84~103.

Eccleston, Bernard. 1989. *State and Society in Post-War Japan*, Cambridge: Polity Press.

Economic Planning Council. 1977; 1982; 1988. *Taiwan Statistical Yearbook*, Taipei: Economic Planning Council.

Ehrenberg, Richard. 1985. *Capital & Finance in the Age of the Renaissance: A Study of the Fuggers and Their Connections*, Fairfield, NJ: Augustus M. Kelly.

Eichengreen, Barry. 1992. "International Monetary Instability Between the Wars: Structural Flaws or Misguided Policies?" in B. Eichengreen, ed., *Monetary Regime Transformation*, Aldershot: Edward Elgar, pp. 355~400.

Eichengreen, Barry and Richard Portes. 1986. "Debt and Default in the 1930s. Causes and Consequences," *European Economic Review*, 30, pp. 599~640.

Elliott, J.H.. 1970a. *Imperial Spain: 1469~1716*, Harmondsworth: Penguin Books.

_____ 1970b. *The Old World and the New 1492~1650*, Cambridge: Cambridge University Press.

Elliott, William Y., ed.. 1955. *The Political Economy of American Foreign*

Policy: Its Concepts, Strategy, and Limits, New York: Henry Holt & Co..

Emmer, P.C.. 1981. "The West India Company, 1621~1791: Dutch or Atlantic?" in L. Blussé and F. Gastra, eds., *Companies and Trade*, Leiden: Leiden University Press, pp. 71~95.

_____ 1991. "The Two Expansion Systems in the Atlantic," *Itinerario*, 15, 1, pp. 21~7.

Emmott, Bill. 1993. *Japanophobia: The Myth of the Invincible Japanese*, New York: Random House.

Engels, Frederic. 1958. *Socialism: Utopian and Scientific*, Moscow: Foreign Languages Publishing House.

Evans-Pritchard, Edward. 1940. *The Nuer: A Description of the Models of Livelihood and Political Institutions of the Nilotic People*, Oxford: Clarendon Press.

Farnie, D.A.. 1979. *The English Cotton Industry and the World Market, 1815~1896*, Oxford: Clarendon Press.

Favier, Jean. 1966. *Les Finances pontificales à l'époque du grand schisme d'Occident, 1378~1409*, Paris: Boccard.

Feige, Edgar. 1990. "Defining and Estimating Underground and Informal Economies: The New Institutional Economic Approach," *World Development*, 18, 7, pp. 989~1002.

Fieldhouse, D.K.. 1967. *The Colonial Empires: A Comparative Survey from the Eighteenth Century*, New York: Delacorte.

Fishlow, Albert. 1986. "Lessons from the Past: Capital Markets During the 19th Century and the Interwar Period," in M. Kahler, ed., *The Politics of International Debt*, Ithaca, NY: Cornell University Press, pp. 37~93.

Franko, Lawrence G.. 1976. *The European Multinationals*, New York: Harper & Row.

Frieden, Jeffry A.. 1987. *Banking on the World: The Politics of American International Finance*, New York: Harper & Row.

Fröbel, Folker, Jürgen Heinrichs, and Otto Kreye. 1980. *The New International Division of Labour: Structural Unemployment in Industrialized Countries and Industrialization in Developing Countries*, Cambridge: Cambridge

University Press.

Galbraith, John. 1985. *The New Industrial State*, Boston, MA: Houghton Mifflin.

Gallagher, John and Ronald Robinson. 1953. "The Imperialism of Free Trade," *Economic History Review*, 6, 1, pp. 1~15.

Gardner, Edmund G.. 1953. *Florence and its History*, London: Dent & Sons.

Gardner, Richard. 1986. *Sterling-Dollar Diplomacy in Current Perspective*, New York: Columbia University Press.

Gattrell, V.A.C.. 1997. "Labour, Power, and The Size of Firms in Lancashire Cotton in the Second Quarter of the Nineteenth Century," *Economic History Review*, 2nd set., 30, 1, pp 95~139.

Giddens, Anthony. 1987. *The Nation-State and Violence*, Berkely, CA: California University Press.

Gilbert, Felix. 1980. *The Pope, his Bankers, and Venice*, Cambridge, MA: Harvard University Press.

Gill, Stephen. 1986. "Hegemony, Consensus and Trilateralism," *Review of International Studies*, 12, pp. 205~21.

_____, ed.. 1993. *Gramsci, Historical Materialism and International Relations*, Cambridge: Cambridge University Press.

Gill, Stephen and David Law. 1988. *The Global Political Economy: Perspectives, Problems and Policies*, Baltimore, MD: The Johns Hopkins University Press.

Gills, Barry and André G. Frank. 1992. "World System Cycles, Crises, and Hegemonic Shifts, 1700 BC to 1700 AD," *Review*, 15, 4, pp. 621~87.

Gilpin, Robert. 1975. *U.S. Power and the Multinational Corporation*, New York: Basic Books.

_____ 1987. *The Political Economy of International Relations,* Princeton, NJ: Princeton University Press.

Gluckman, Max. 1963. *Custom and Conflict in Africa*, Oxford: Basil Blackwell.

Glyn, Andrew, Alan Hughes, Alain Lipietz, and Ajit Singh. 1991. "The Rise and Fall of the Golden Age," in S.A. Marglin and J.B. Schor, eds., *The Golden Age of Capitalism. Reinterpreting the Postwar Experience*, Oxford: Clarendon Press, pp. 39~125.

Goldstein, Joshua S.. 1988. *Long Cycles: Prosperity and War in the Modern Age*,

New Haven, CT: Yale University Press.

Goldstein, Joshua S. and David P. Rapkin. 1991. "After Insularity: Hegemony and the Future World Order," *Futures*, 23, pp. 935~59.

Goldstone, Jack A.. 1991. *Revolution and Rebellion in the Early Modern World*, Berkeley, CA: University of California Press.

Gordon, David. 1980. "Stages of Accumulation and Long Economic Swings," in T. Hopkins and I. Wallerstein, eds., *Processes of the World System*, Beverly Hills, CA: Sage, pp. 9~45.

_____ 1988. "The Global Economy: New Edifice or Crumbling Foundations?," *New Left Review*, 168, pp. 24~64.

Gramsci, Antonio. 1971. *Selections from the Prison Notebooks*, New York: International Publishers.

Greenberg, Michael. 1979. *British Trade and the Opening of China 1800~1842*, New York: Monthly Review Press.

Gross, Leo. 1968. "The Peace of Westphalia, 1648~1948," in R.A. Falk and W.H. Hanrieder, eds., *International Law and Organization*, Philadelphia: Lippincott, pp. 45~67.

Guha, Ranajit. 1992. "Dominance Without Hegemony and Its Historiography," in R. Gupta, ed., Sublatern Studies, IV, New York: Oxford University Press, pp. 210~305.

Gurr, T.R.. 1989. "Historical Trends in Violent Crime: Europe and the United States," in T.R. Gurr, ed., *Violence in America*, vol. II, Beverly Hills, CA: Sage, pp. 21~54.

Gush, G.. 1975. *Renaissance Armies 1480~1650*, Cambridge: Stephens.

Haggard, Stephen and Tun-jen Cheng. 1987. "State and Foreign Capital in the East Asian NICs," in F.C. Deyo, ed., *The Political Economy of New Asian Industrialism*, Ithaca, NY: Cornell University Press, pp. 84~135.

Halliday, Fred. 1986. *The Making of the Second Cold War*, London: Verso.

Harrod, Roy. 1969. *Money*, London: Macmillan.

Hartwell, R.M.. 1982. "Demographic, Political and Social Transformations of China 750~1550," *Harvard Journal of Asiatic Studies*, 42, 2, pp. 365~422.

Harvey, David. 1985. "The Geopolitics of Capitalism," in D. Gregory and J.

Urry, eds., *Social Relations and Spatial Structures*, New York: St Martin's Press.

_____ 1989. *The Condition of Postmodernity: An Enquiry into the Origins of Cultural Change*, Oxford: Basil Blackwell.

Heers, Jacques. 1961. *Gênes au XVe Siècle*, Paris: Sevpen.

_____ 1979. *Société et économie à Gênes (XIVe~XVe siécles)*, London: Variorum Reprints.

Helleiner, Eric. 1992. "Japan and the Changing Global Financial Order," *International Journal*, 47, pp. 420~44.

Henderson, W.O.. 1975. *The Rise of German Industrial Power 1834~1914*, Berkeley, CA: California University Press.

Herz, J.H.. 1959. *International Politics in the Atomic Age*, New York: Columbia University Press.

Hicks, John. 1969. *A Theory of Economic History*, Oxford: Clarendon Press.

Hilferding, Rudolf. 1981. *Finance Capital: A Study of the Latest Phase of Capitalist Development*, London: Routledge & Kegan Paul.

Hill, Christopher. 1958. *Puritanism and Revolution*, New York: Schocken Books.

_____ 1967. *Reformation to Industrial Revolution: A Social and Economic History of Britain, 1530~1780*, London: Weidenfeld & Nicolson.

Hill, Hal and Brian Johns. 1985. "The Role of Direct Foreign Investment in Developing East Asian Countries," *Weltwirtshaftliches Archiv*, 129, pp. 355~81.

Hill, Richard C.. 1989. "Comparing Transnational Production Systems: The Automobile Industry in the USA and Japan," *International Journal of Urban and Regional Research*, 13, 2, pp. 462~80.

Hirschman, Albert. 1958. *The Strategy of Economic Development*, New Haven, CT: Yale University Press.

Hirst, Paul and Jonathan Zeitlin. 1991. "Flexible Specialization versus Post-Fordism: Theory, Evidence and Policy Implications," *Economy and Society*, 20, 1, pp. 1~56.

Hobsbawm, Eric. 1962. *The Age of Revolution 1789~1848*, New York: New

American Library.

_____ 1968. *Industry and Empire: An Economic History of Britain since 1750*, London: Weidenfeld & Nicolson.

_____ 1979. *The Age of Capital 1848~1875*, New York: New American Library.

_____ 1987. *The Age of Empire 1875~1914*, New York: Pantheon Books.

_____ 1991. *Nations and Nationalism since 1780: Programme, Myth, Reality*, Cambridge: Cambridge University Press.

Hobson, John. 1938. *Imperialism: A Study*, London: George Allen & Unwin.

Hopkins, Terence K.. 1990. "Note on the Concept of Hegemony," *Review*, 13, 3, pp. 409~11.

Hopkins, Terence K. and Immanuel Wallerstein (with the Research Working Group on Cyclical Rhythms and Secular Trends). 1979. "Cyclical Rhythms and Secular Trends of the Capitalist World-Economy: Some Premises, Hypotheses and Questions," *Review*, 2, 4, pp. 483~500.

Hugill, Peter J.. 1993. *World Trade since 1431: Geography, Technology, and Capitalism*, Baltimore, MD: The Johns Hopkins University Press.

Hymer, Stephen. 1972. "The Multinational Corporation and the Law of Uneven Development," in J.N. Bhagwati, ed., *Economics and World Order*, New York: Macmillan, pp. 113~40.

Hymer, Stephen and Robert Rowthorn. 1970. "Multinational Corporations and International Oligopoly: The Non-American Challenge," in C.P. Kindelberger, ed., *The International Corporation: A Symposium*, Cambridge, MA: The MIT Press, pp. 57~91.

Ikeda, Satoshi. 1993. "Structure of the World-Economy 1945~1990," Binghamton, NY: Fernand Braudel Center, State University of New York.

Ikenberry, John G.. 1989. "Rethinking the Origins of American Hegemony," *Political Science Quarterly*, 104, 3, pp. 375~400.

Ingham, Geoffrey. 1984. *Capitalism Divided?: The City and Industry in British Social Development*, London: Macmillan.

_____ 1988. "Commercial Capital and British Development," *New Left Review*, 172, pp. 45~65.

_____ 1989. "The Production of World Money: A Comparison of Sterling and the Dollar," paper presented at the Second ESRC Conference on Structural Change in the West, Emmanuel College, Cambridge.

Israel, Jonathan. 1989. *Dutch Primacy in World Trade, 1585~1740*, Oxford: Clarendon Press.

Itoh, Makoto. 1990. *The World Economic Crisis and Japanese Capitalism*, New York: St Martin's Press.

Jackson, Robert. 1990. *Quasi-States: Sovereignty, International Relations and the Third World*, Cambridge: Cambridge University Press.

Jameson, Frederic. 1984. "Postmodernism, or the Cultural Logic of Late Capitalism," *New Left Review*, 146, pp. 53~92.

Jenkins, Brian. 1983. *New Modes of Conflict*, Santa Monica, CA: RAND Corporation.

Jenks, Leland H.. 1938. *The Migration of British Capital to 1875*, New York and London: Knopf.

Jeremy, David J.. 1977. "Damming the Flood: British Government Efforts to Check the Outflow of Technicians and Machinery, 1780~1843," *Business History Review*, 51, 1, pp. 1~34.

Jessop, Bob. 1990. "Regulation Theories in Retrospect and Prospect," *Economy and Society*, 19, 2, pp. 153~216.

Johnson, Chalmers. 1982. *MITI and the Japanese Miracle*, Stanford, CA: Stanford University Press.

_____ 1988. "The Japanese Political Economy: A Crisis in Theory," *Ethics and International Affairs*, 2, pp. 79~97.

Kasaba, Reşat. 1992. "'By Compass and Sword!' The Meaning of 1492," *Middle East Report*, Sept.~Oct. pp. 6~10.

Kennedy, Paul. 1976. *The Rise and Fall of British Naval Mastery*, London: Scribner.

_____ 1987. *The Rise and Fall of the Great Powers: Economic Change and Military Conflict from 1500 to 2000*, New York: Random House.

_____ 1993. *Preparing for the Twenty-First Century*, New York: Random House.

Keohane, Robert. 1984a. *After Hegemony: Cooperation and Discord in the World Political Economy*, Princeton, NJ: Princeton University Press.

_____ 1984b. "The World Political Economy and the Crisis of Political Liberalism," in J.H. Goldthorpe, ed., *Order and Conflict in Contemporary Capitalism*, New York: Oxford University Press, pp. 15~38.

Keynes, John Maynard. 1930. *A Treatise on Money*, vol.II, London: Macmillan.

Kindleberger, Charles. 1973. *The World in Depression 1929~1939*, Berkeley, CA: University of California Press.

_____ 1975. "The Rise of Free Trade in Western Europe, 1820 to 1875," *Journal of Economic History*, 35, 1, pp. 20~55.

_____ 1978. *Economic Response. Comparative Studies in Trade, Finance, and Growth*, Cambridge: Cambridge University Press.

Kirby, S.. 1983. *Towards the Pacific Century: Economic Development in the Pacific Basin*, Economist Intelligence Unit Special Report 137, London: The Economist Intelligence Unit.

Knapp, J.A.. 1957. "Capital Exports and Growth," *Economic Journal*, 67, 267, pp. 432~44.

Knowles, L.C.A.. 1928. *Economic Development of the Overseas Empire*, vol.I, London: Routledge & Kegan Paul.

Kojima, Kiyoshi. 1977. *Japan and a New World Economic Order*, Boulder, Colo: Westview.

Kotkin, Joel and Yoriko Kishimoto. 1988. *The Third Century America's Resurgence in the Asian Era*, New York: Ivy Books.

Krasner, Stephen. 1979. "The Tokyo Round: Particularistic Interests and Prospects for Stability in the Global Trading System," *International Studies Quarterly*, 23, 4, pp. 491~531.

_____ 1988. "A Trade Strategy for the United States," *Ethics and International Affairs*, 2, pp. 17~35.

Kriedte, Peter. 1983. *Peasants, Landlords, and Merchant Capitalists: Europe and the World Economy, 1500~1800*, Cambridge: Cambridge University Press.

Krippner, Greta R.. 2005. "The Financialization of the American Economy,"

Socio-Economic Review, 3, pp. 173~208.

LaFeber, Walter. 1963. *The New Empire: An Interpretation of American Expansion, 1860~1898*, Ithaca, NY: Cornell University Press.

Landes, David S. 1966. "The Structure of Enterprise in the Nineteenth Century," in D. Landes, ed., *The Rise of Capitalism*, New York: Macmillan.

_____ 1969. *The Unbound Prometheus: Technological Change and Industrial Development in Western Europe from 1750 to the Present*, Cambridge: Cambridge University Press.

Lane, Frederic. 1966. *Venice and History*, Baltimore, MD: The Johns Hopkins University Press.

_____ 1979. *Profits from Power: Reading in Protection Rent and Violence-Controlling Enterprise*, Albany, NY: State University of New York Press.

Lash, Scott and John Urry. 1987. *The End of Organized Capitalism*, Madison: University of Wisconsin Press.

Lenin, Vladimir. 1952. "Imperialism, the Highest Stage of Capitalism," in *Selected Works*, vol. I, Moscow: Foreign Languages Publishing House.

Levitt, Kari. 1970. *Silent Surrender: The American Economic Empire in Canada*, New York: Liveright Press.

Lewis, M.. 1960. *The Spanish Armada*, London: Batsford.

Lichteim, George. 1974. *Imperialism*, Harmondsworth: Penguin Books.

Lipietz, Alain. 1987. *Mirages and Miracles: The Crisis of Global Fordism*, London: Verso.

_____ 1988. "Reflection on a Tale: The Marxist Foundations of the Concepts of Regulation and Accumulation." *Studies in Political Economy*, 26, pp. 7~36.

Lipson, Charles. 1982. "The Transformation of Trade," *International Organization*, 36, 2, pp. 417~55.

Lomnitz, Larissa Adler. 1988. "Informal Exchange Networks in Formal Systems: A Theoretical Model," *American Anthropologist*, 90, 1, pp. 42~55.

Lopez, Robert S.. 1962. "Hard Times and Investment in Culture," in W.K. Ferguson et al., *The Renaissance*, New York: Harper & Row, pp. 29~54.

_____ 1963. "Quattrocento genovese," *Rivista Storica Italiana*, 75, pp.

709~27.

_____ 1976. *The Commercial Revolution of the Middle Ages, 950~1350*, Cambridge: Cambridge University Press.

Lopez, Robert S. and Irving Raymond, eds.. 1955. *Medieval Trade in the Mediterranean World: Illustrative Documents*, New York: Columbia University Press.

Luzzatto, Gino. 1961. *An Economic History of Italy: from the Fall of the Roman Empire to the Beginning of the Sixteenth Century*, New York: Barnes & Noble.

McCormick, Thomas J.. 1989. *America's Half Century. United States Foreign Policy in the Cold War*, Baltimore, MD: Johns Hopkins University Press.

McIver, R.M.. 1932. *The Modern State*, London: Oxford University Press.

McMichael, Philip. 1990. "Incorporating Comparison within a World-Historical Perspective: An Alternative Comparative Method," *American Sociological Review*, 55, pp. 385~97.

McNeil, William. 1984. *The Pursuit of Power: Technology, Armed Force, and Society since A.D. 1000*, Chicago: University of Chicago Press. [신미원 옮김, 『전쟁의 세계사』, 이산, 2005.]

Maddison, Angus. 1983. "A Comparison of the Levels of GDP per capita in Developed and Developing Countries," *Journal of Economic History*, 43, 1, pp. 277~41.

Magdoff, Harry. 1978. *Imperialism: From the Colonial Age to the Present*, New York: Monthly Review.

Maland, D.. 1966. *Europe in the Seventeenth Century*, London: Macmillan.

Mann, Michael. 1986. *The Sources of Social Power*, Vol. I. *A History of Power from the Beginning to A.D. 1760*, Cambridge: Cambridge University Press.

Mantoux, Paul. 1961. *The Industrial Revolution in the Eighteenth Century*, London: Methuen.

Marcus, G.J.. 1961. *A Naval History of England*: V. I. *The Formative Centuries*, Boston: Little Brown.

Marglin, Stephen A. and Juliet B. Schor, eds.. 1991. *The Golden Age of Capitalism. Reinterpreting the Postwar Experience*, Oxford: Clarendon Press.

Marshall, Alfred. 1919. *Industry and Trade*, London: Macmillan.
_____ 1949. *Principles of Economics*, London: Macmillan.
Marshall, P.J.. 1987. *Bengal: The British Bridgehead: Eastern India 1740~1828*, Cambridge: Cambridge University Press.
Martines, Lauro. 1988. *Power and Imagination. City-States in Renaissance Italy*, Baltimore, MD: The Johns Hopkins University Press.
Marx, Karl. 1959. *Capital*, Vol. I, Moscow: Foreign Language Publishing House. [김수행 옮김,『자본론』I, 비봉출판사, 2001.]
_____ 1962. *Capital*, Vol. III, Moscow: Foreign Languages Publishing House. [김수행 옮김,『자본론』III, 비봉출판사, 2004.]
Marx, Karl and Friedrich Engels. 1967. *The Communist Manifesto*, Harmondsworth: Penguin Books. [최인호 옮김,「공산주의당 선언」, 김세균 감수,『칼 맑스 프리드리히 엥겔스 저작선집』1권, 박종철출판사, 1991.]
Massey, Doreen. 1984. *Spatial Divisions of Labour: Social Structures and the Geography of Production*, London: Macmillan.
Mathias, Peter. 1969. *The First Industrial Nation: An Economic History of Britain 1700~1914*, London: Methuen.
Mattingly, Garrett. 1959. *The Armada*, Boston, MA: Houghton Mifflin.
_____ 1988. *Renaissance Diplomacy*, New York: Dover.
Mayer, Arno. 1959. *Political Origins of the New Diplomacy, 1917~1918*, New Haven, CT: Yale University Press.
_____ 1971. *Dynamics of Counterrevolution in Europe, 1870~1956: An Analytics Framework*, New York: Harper & Row.
_____ 1981. *The Persistence of the Old Regime: Europe to the Great War*, New York: Pantheon.
Mensch, Gerhard. 1979. *Stalemate in Technology*, Cambridge, MA: Ballinger.
Milward, Alan S.. 1970. *The Economic Effects of the Two World Wars on Britain*, London: Macmillan.
Miskimin, Harry A.. 1969. *The Economy of Early Renaissance Europe 1300~1460*, Englewood Cliffs, NJ: Prentice-Hall.
Mitchell, B.R.. 1973. "Statistical Appendix 1700~1914," in C.M. Cipolla, ed., *The Fontana Economic History of Europe: Vol. IV, Part 2. The Emergence of*

Industrial Societies, London: Collins/Fontana, pp. 738~820.

_____ 1980. *European Historical Statistics 1750~1975*, London: Macmillan.

Mjoset, Lars. 1990. "The Turn of Two Centuries: A Comparison of British and US Hegemonies," in D.P. Rapkin, ed., *World Leadership and Hegemony*, Boulder, CO: Lynne Reiner, pp. 21~47.

Modelski, George. 1978. "The Long Cycle of Global Politics and the Nation-State," *Comparative Studies in Society and History*, 20, 2, pp. 214~38.

_____ 1981. "Long Cycles, Kondratieffs and Alternating Innovations: Implications for U.S. Foreign Policy," in C.W. Kegley and P. McGowan, eds., *The Political Economy of Foreign Policy Behavior*, Beverly Hills, CA: Sage, pp. 63~83.

_____ 1987. *Long Cycles in World Politics*, Seattle, WA: University of Washington Press.

Modelski, George and Sylvia Modelski, eds.. 1988. *Documenting Global Leadership*, Seattle, WA: University of Washington Press.

Modelski, Geroge and William R. Thompson. 1988. *Seapower and Global Politics, 1494~1993*, Seattle, WA: University of Washington Press.

Moffitt, Michael. 1983. *The World's Money. International Banking from Bretton Woods to the Brink of Insolvency*, New York: Simon & Schuster.

Moore, Barrington. 1966. *Social Origins of Dictatorship and Democracy: Lord and Peasant in the Making of the Modern World*, Boston: Beacon Press.

Moss, D.J.. 1976. "Birmingham and the Campaigns against the Orders-in-Council and East India Company Charter, 1812~13," *Canadian Journal of History. Annales Canadiennes d'Histoire*, 11, 2, pp. 173~88.

Nadel, George and Perry Curtis, eds.. 1964. *Imperialism and Colonialism*, New York: Macmillan.

Nef, John U. 1934. "The Progress of Technology and the Growth of Large-Scale Industry in Great Britain, 1540~1640," *The Economic History Review*, 5, 1, pp. 3~24.

_____ 1968. *War and Human Progress*, New York: Norton.

Neumann, Franz. 1942. *Behemoth: The Structure and Practice of National Socialism*, London: Gollancz.

Nussbaum, Arthur. 1950. *A Concise History of the Law of Nations*, New York: Macmillan.

O' Connor, James. 1973. *The Fiscal Crisis of the State*, New York: St Martin's Press.

Odaka, Konsuke. 1985. "Is the Division of Labor Limited by the Extent of the Market? A Study of Automobile Parts Production in East and Southeast Asia," in K. Ohkawa, G. Ranis, and L. Meissner, eds., *Japan and the Developing Countries: A Comparative Analysis*, Oxford: Basil Blackwell, pp. 389~425.

Offe, Claus. 1985. *Disorganized Capitalism. Contemporary Transformations of Work and Politics*, Cambridge, MA: MIT University Press.

Ogle, George E.. 1990. *South Korea: Dissent within the Economic Miracle*, London: Zed Books.

Okimoto, Daniel I. and Rohlen Thomas P. . 1988. *Inside the Japanese System: Readings on Contemporary Society and Political Economy*, Stanford, CA: Stanford University Press.

Ozawa, Terutomo. 1979. *Multinationalism, Japanese Style: The Political Economy of Outward Dependency*, Princeton, NJ: Princeton University Press.

_____ 1985. "Japan," in J.H. Dunning, ed., *Multinational Enterprises, Economic Structure and International Competitiveness*, Chichester: John Wiley, pp. 155~85.

_____ 1993. "Foreign Direct Investment and Structural Transformation: Japan as a Recycler of Market and Industry," *Business & the Contemporary World*, 5, 2, pp. 129~50.

Palat, Ravi. 1988. *From World-Empire to World-Economy: Southeastern India and the Emergence of the Indian Ocean World-Economy, 1350~1650*, Ann Arbor, MI: UMI.

Pannikar, Kavalam M 1953. *Asia and Western Dominance: A Survey of the Vasco Da Gama Epoch of Asian History 1498~1945*, London: Allen & Unwin.

Parboni, Riccardo. 1981. *The Dollar and its Rivals*, London: Verso.

Parker, Geoffrey. 1977. *The Dutch Revolt*, Ithaca, NY: Cornell University Press.

Parker, Geoffrey and Lesley Smith, eds.. 1985. *The General Crisis of the Seventeenth Century*, London: Routledge & Kegan Paul.

Parry, J.H.. 1981. *The Age of the Reconnaissance: Discovery, Exploration and Settlement*, Berkeley, CA: California University Press.

Payne, P.L.. 1974. *British Entrepreneurship in the Nineteenth Century*, London: Macmillan.

Perez, Carlota. 1983. "Structural Change and the Assimilation of New Technologies in the Economic and Social Systems," *Futures*, 15, 5, pp. 357~75.

Phelps Brown, E.H.. 1975. "A Non-Monetarist View of the Pay Explosion," *Three Banks Review*, 105, pp. 3~24.

Phillips, Kevin. 1993. *Boiling Point: Republicans, Democrats, and the Decline of Middle-class Prosperity*, New York: Random House.

Piore, Michael J. and Charles F. Sable. 1984. *The Second Industrial Divide: Possibilities for Prosperity*, New York: Basic Books.

Pirenne, Henri. 1953. "Stages in the Social History of Capitalism," in R. Bendix and S. Lipset, eds., *Class, Status and Power: A Reader in Social Stratification*, Glencoe, IL: The Free Press, pp. 501~17.

Platt, D.C.M.. 1980. "British Portfolio Investment Overseas before 1820: Some Doubts," *Economic History Review*, 33, 1, pp. 1~16.

Polany, Karl. 1957. *The Great Transformation: The Political and Economic Origins of Our Time*, Boston, MA: Beacon Press.

Pollard, Sidney. 1964. "Fixed Capital and the Industrial Revolution in Britain," *Journal of Economic History*, 24, pp. 299~314.

_____ 1985. "Capital Exports, 1870~1914: Harmful or Beneficial?" *Economic History Review*, 2nd ser., 38, pp. 489~514.

Portes, Alejandro. 1994. "Paradoxes of the Informal Economy: The Social Basis of Unregulated Entrepreneurship," in N.J. Smelser and R. Swedlberg, eds., *Handbook of Economic Sociology*, Princeton, NJ: Princeton University Press, in press.

Portes, Alejandro, Manuel Castells and Lauren A. Benton, eds.. 1989. *The Informal Economy: Studies in Advanced and Less Developed Countries*,

Baltimore, MD: The Johns Hopkins University Press.

Postma, Johannes Menne. 1990. *The Dutch in the Atlantic Slave Trade, 1600~1815*, Cambridge: Cambridge University Press.

Rapkin, David P.. 1990. "The Contested Concept of Hegemonic Leadership," in D.P. Rapkin ed., *World Leadership and Hegemony*, Boulder, CO: Lynne Reiner, pp. 1~19.

Reich, Robert. 1992. *The Work of Nations. Preparing Ourselves for 21st-Century Capitalism*, New York: Random House.

Riley, James C.. 1980. *International Government Finance and the Amsterdam Capital Market 1740~1815*, Cambridge: Cambridge University Press.

Romano, Ruggiero. 1985. "Between the Sixteenth and the Seventeenth Centuries: The Economic Crisis of 1619~22," in G. Parker and L.M. Smith, eds., *The General Crisis of the Seventeenth Century*, London: Routledge & Kegan Paul, pp. 165~225.

Rosenau, James N.. 1990. *Turbulence in World Politics: A Theory of Change and Continuity*, Princeton, NJ: Princeton University Press.

Rosenberg, Hans. 1943. "Political and Social Consequences of the Great Depression of 1873~1896 in Central Europe," *Economic History Review*, 13, pp. 58~73.

Rostow, Walt W.. 1960. *The Stages of Economic Growth: A Non-Communist Manifesto*, Cambridge: Cambridge University Press.

Rubinstein, W.D.. 1977. "Wealth, Elites, and the Class Structure of Modern Britain," *Past and Present*, 76, pp. 99~126.

Ruggie, John G.. 1982. "International Regimes, Transactions, and Change: Embedded Liberalism in the Postwar Economic Order," *International Organization*, 36, 2, pp. 379~415.

_____ 1983. "Continuity and Transformation in the World Polity: Toward a Neorealist Synthesis," *World Politics*, 35, 2, pp. 261~85.

_____ 1993. "Territoriality and Beyond: Problematizing Modernity in International Relations," *International Organization*, 47, 1, pp. 139~74.

Sable, Charles and Jonathan Zeitlin. 1985. "Historical Alternatives to Mass Production: Politics, Markets and Technology in Nineteenth-Century

Industrialization," *Past and Present*, 108, pp. 133~76.

Said, Edward W.. 1978. *Orientalism*, New York: Pantheon.

_____ 1993. *Culture and Imperialism*, New York: Knopf.

Sassen, Saskia. 1988. *The Mobility of Labor and Capital: A Study in International Investment and Labor Flow*, Cambridge: Cambridge University Press.

Saul, S.B.. 1960. *Studies in British Overseas Trade, 1870~1914*, Liverpool: Liverpool University Press.

_____ 1968. "The Engineering Industry," in D.H. Aldcorft, ed., *The Development of British Industry and Foreign Competition 1875~1914: Studies in Industrial Enterprise*, London: Allen & Unwin, pp. 186~237.

_____ 1969. *The Myth of the Great Depression, 1873~1896*, London: Macmillan.

Sayers, R.S.. 1957. *Lloyds Bank in the History of English Banking*, Oxford: Claredon Press.

Schama, Simon. 1988. *The Embarrassment of Riches: In Interpretation of Dutch Culture in the Golden Age*, Berkeley, CA: University of California Press.

_____ 1989. *Citizens: A Chronicle of the French Revolution*, New York: Knopf.

Schevill, Ferdinand. 1936. *History of Florence: from the Founding of the City through the Renaissance*, New York: Harcourt, Brace & Co..

Schumpeter, Joseph. 1954. *Capitalism, Socialism, and Democracy*, London: George Allen & Unwin.

_____ 1955. *Imperialism-Social Classes*, New York: Meridian.

_____ 1963. *The Theory of Economic Development*, New York: Oxford University Press.

Schumpeter, Joseph. 1954. *Capitalism, Socialism, and Democracy*, London: George Allen & Unwin.

Schurmann, Franz. 1974. *The Logic of World Power: An Inquiry into the Origins, Currents, and Contradictions of World Politics*, New York: Pantheon.

Scott, A.J.. 1988. *New Industrial Spaces: Flexible Production Organization and Regional Development in North America and Western Europe*, London: Pion.

Semmel, Bernard. 1970. *The Rise of Free Trade Imperialism*, Cambridge: Cambridge University Press.

Sereni, A.P.. 1943. *The Italian Conception of International Law*, New York: Columbia University Press.

Servan-Schreiber, J.-J.. 1968. *The American Challenge*, New York: Athaeneum

Shaw, W.A.. 1896. *The History of Currency 1252 to 1894*, New York: Putnam's.

Silver, Beverly J.. 1992. "Class Struggle and Kondratieff Waves, 1870 to the Present," in A. Kleinknecht, E. Mandel, and I. Wallerstein, eds., *New Findings in Long Wave Research*, New York: St Martin's Press, pp. 279~96.

_____ 1995. "World-Scale Patterns of Labor-Capital Conflict: Labor Unrest, Long Waves and Cycles of Hegemony," *Review*, 18, 1, in press.

_____ 2003. *Forces of Labor: Workers' Movements and Globalization since 1870*, Cambridge: Cambridge University Press.

Skinner, W.G.. 1985. "The Structure of Chinese History," *Journal of Asian Studies*, 44, 2, pp. 271~92.

Sklar, Martin J.. 1988. *The Corporate Reconstruction of American Capitalism, 1890~1916: The Market, the Law, and Politics*, Cambridge: Cambridge University Press.

Smith, Adam. 1961. *An Inquiry into the Nature and Causes of the Wealth of Nations*, 2 vols, London: Methuen. [김수행 옮김, 『국부론』, 비봉출판사, 2007.]

Smitka, Michael J.. 1991. *Competitive Ties: Subcontracting in the Japanese Automotive Industry*, New York: Columbia University Press.

Stallings, B.. 1990. "The Reluctant Giant: Japan and the Latin American Debt Crisis," *Journal of Latin American Studies*, 22, pp. 1~30.

Stedman Jones, Gareth. 1972. "The History of US Imperialism," in R. Blackburn, ed., *Ideology in Social Science*, New York: Vintage, pp. 207~37.

Steensgaard, Niels. 1974. *The Asian Trade Revolution of the Seventeenth Century: The East Indian Companies and the Decline of the Caravan Trade*, Chicago: The University of Chicago Press.

_____ 1981. "Violence and the Rise of Capitalism: Frederic C. Lane's Theory of Protection and Tribute," *Review*, 5, 2, pp. 247~73.

_____ 1985. "The Seventeenth-century Crisis," in G. Parker and L.M. Smith, eds., *The General Crisis of the Seventeenth Century*, London: Routledge & Kegan Paul, pp. 26~56.

Steven, Rob. 1990. *Japan's New Imperialism*, Armonk, NY: Sharpe.

Stopford, John M. and John H. Dunning. 1983. *Multinationals: Company Performance and Global Trends*, London: Macmillan.

Storper, Michael and Richard Walker. 1989. *The Capitalist Imperative: Territory, Technology, and Industrial Growth*, Oxford: Basil Blackwell.

Strange, Susan. 1979. "The Management of Surplus Capacity: How Does Theory Stand up to Protectionism 1970s Style?" *International Organization*, 33, 3, pp. 303~34.

_____ 1986. *Casino Capitalism*, Oxford: Basil Blackwell.

Strange, Susan and R. Tooze, eds.. 1982. *The International Management of Surplus Capacity*, London: Allen & Unwin.

Supple, Barry E.. 1959. *Commercial Crisis and Change in England 1600~42*, Cambridge: Cambridge University Press.

Sylos-Labini, Paolo. 1976. "Competition: The Product Markets," in T. Wilson and A.S. Skinner, eds., *The Market and the State: Essays in Honor of Adam Smith*, Oxford: Clarendon Press, pp. 200~32.

Taylor, Peter. 1991. "Territoriality and Hegemony, Spatiality and the Modern World-System," Newcastle upon Tyne: Department of Geography, University of Newcastle upon Tyne.

_____ 1992. " 'Ten Years That Shook the World' ? The United Provinces as the First Hegemonic State," Newcastle upon Tyne: Department of Geography, University of Newcastle upon Tyne.

Thompson, William R.. 1988. *On Global War: Historical-Structural Approaches to World Politics*, Columbia, SC: University of South Carolina Press.

_____ 1992. "Dehio, Long Cycles, and the Geohistorical Context of Structural Transition," *World Politics*, 45, pp. 127~52.

Thrift, Nigel. 1986. "The Internationalization of Producer Services and the Integration of the Pacific Basin Property Market," in M. Taylor and N. Thrift, eds., *Multinationals and the Restructuring of the World Economy: The*

Geography of Multinationals, Vol. 2, London: Croom Helm, pp. 142~92.

Tickell, Adam and Jamie A. Peck. 1992. "Accumulation, Regulation and the Geographies of Post-Fordism: Missing Links in Regulationist Research," *Progress in Human Geography*, 16, 2, pp. 190~218.

Tilly, Charles. 1975. "Reflections on the History of European State Making," in C. Tilly, ed., *The Formation of National States in Western Europe*, Princeton, NJ: Princeton University Press, pp. 3~83.

_____ 1984. *Big Structures, Large Processes, Huge Comparison*, New York: Russell Sage.

_____ 1990. *Coercion, Capital, and European States, AD 990~1990*, Oxford: Basil Balckwell.

Tilly, Richard. 1967. "Germany, 1815~1870," in R. Cameron, ed., *Banking in the Early Stages of Industrialization: A Study in Comparative Economic History*, New York: Oxford University Press, pp. 151~82.

Tomlinson, B.R.. 1975. "India and the British Empire, 1880~1935," *The Indian Economic and Social History Review*, 12, 4, pp. 337~80."

Tracy, James D.. 1985. *A Financial Revolution in the Habsburg Netherlands. Renten and Rentiers in the Country of Holland*, Berkeley, CA: University of California Press.

Trevor-Roper, H.R.. 1967. "The General Crisis of the Seventeenth Century," in T. Aston, ed., *Crisis in Europe, 1560~1660*, Garden City, NY: Doubleday Anchor.

United Nations. 1990. *World Economic Survey*, New York: United Nations.

United Nations Center on Transnational Corporations. 1983. *Transnational Corporations in World Development: Third Survey*, New York: United Nations.

Van Alstyne, Richard W.. 1960. *The Rising American Empire*, New York: Norton.

_____ 1961. "Woodrow Wilson and the Idea of the Nation State," *International Affairs*, 37, pp. 293~308.

vanDoorn, Jacques, ed.. 1975. *Armed Forces and Society*, The Hague: Mouton.

Van Dormael, Armand. 1978. *Bretton Woods: Birth of a Monetary System*,

London: Macmillan.

van Leur, Jacob C.. 1955. *Indonesian Trade and Society: Essays in Asian Social and Economic History*, The Hague and Bandung: W. van Hoewe.

Veblen, Thorstein. 1978. *The Theory of Business Enterprise*, New Brunswick, NJ: Transaction Books.

Versluysen, Eugène L.. 1981. *The Political Economy of International Finance*, New York: St Martin's Press.

Vilar, Pierre. 1976. *A History of Gold and Money 1450~1920*, London: Verso.

Wakeman, Frederic. 1975. *The Fall of Imperial China*, New York: Free Press.

Wallerstein, Immanuel. 1974a. *The Modern World System I: Capitalist Agriculture and the Origins of the European World-Economy in the Sixteenth Century*, New York: Academic Press.

_____ 1974b. "The Rise and Future Demise of the World Capitalist System: Concepts for Comparative Analysis," *Comparative Studies in Society and History*, 16, 4, pp. 387~415.

_____ 1979. *The Capitalist World-Economy*, Cambridge: Cambridge University Press.

_____ 1980. *The Modern World System II: Mercantilism and the Consolidation of the European World-Economy, 1600~1750*, New York: Academic Press.

_____ 1983. *Historical Capitalism*, London: Verso.

_____ 1984. "The Three Instances of Hegemony in the History of the Capitalist World-Economy," *International Journal of Comparative Sociology*, 24, 1~2, pp. 100~8.

_____ 1988. *The Modern World-System III: The Second Era of Great Expansion of the Capitalist World-Economy, 1730~1840s*, New York: Academic Press.

_____ 1991. *Unthinking Social Science: The Limits of Nineteenth-Century Paradigms*, Cambridge: Polity Press.

Walter, Andrew. 1991. *World Power and World Money: The Role of Hegemony and International Monetary Order*, New York: St Martin's Press.

Walton, John. 1985. "The Third 'New' International Division of Labor," in J. Walton, ed., *Capital and Labor in the Urbanized World*, Beverly Hills, CA:

Sage, pp. 3~16.
Waltz, Kenneth N.. 1979. *The Theory of International Politics*, Reading, MA: Addison-Wesley.
Washbrook, David. 1990. "South Asia, the World System, and World Capitalism," *The Journal of Asian Studies*, 49, 3, pp. 479~508.
Weber, Max. 1930. *The Protestant Ethic and the Spirit of Capitalism*, London: Unwin.
_____ 1961. *General Economic History*, New York: Collier.
_____ 1978. *Economy and Society*, Berkeley, CA: California University Press.
Wilkins, Mira. 1970. *The Emergence of Multinational Enterprise*, Cambridge: Cambridge University Press.
Williams, Eric. 1964. *Capitalism and Slavery*, London: André Deutsch.
Williams, William A.. 1969. *The Roots of the Modern American Empire: A Study of the Growth and Shaping of Social Consciousness in a Marketplace Society*, New York: Random House.
Williamson, Jeffrey G.. 1964. *American Growth and the Balance of Payments 1820~1913: A Study of the Long Swing*, Chapel Hill, NC: The University of North Carolina Press.
Williamson, Oliver. 1970. *Corporate Control and Business Behavior*, Englewood Cliffs, NJ: Prentice Hall.
Wilson, Charles. 1958. *Mercantilism*, London: Routledge & Kegan Paul.
_____ 1966. *Anglo-Dutch Commerce and Finance in the Eighteenth Century*, Cambridge: Cambridge University Press.
_____ 1968. *The Dutch Republic and the Civilization of the Seventeenth Century*, New York: McGraw-Hill.
Wolf, Eric. 1982. *Europe and the People without History*, Berkeley, CA: University of California Press.
Wood, George Henry. 1910. "The Statistics of Wages in the Nineteenth Century. Part XIX. The Cotton Industry," *Journal of the Royal Statistical Society*, n.s., 73, part 6, pp. 585~626.
World Bank. various years. *World Development Report*, New York: Oxford University Press.

Woronoff, Jon. 1984. *Japan's Commercial Empire*, Armonk, NY: M.E. Sharp.

Woytinsky, W.S. and E.S. Woytinsky. 1953. *World Population and Production: Trends and Outlook*, New York: The Twentieth Century Fund.

Yoshihara, Kunio. 1978. *Japanese Investment in Southeast Asia*, Honolulu: University of Hawaii Press.

Yoshino, M.Y. and Thomas B. Lifson. 1986. *The Invisible Link: Sogo Shosha and the Organization of Trade*, Cambridge, MA: MIT Press.

Zimmerman, L.J.. 1962. "The Distribution of World Income 1860~1960," in E. de Vries, ed., *Essays in Unbalanced Growth*, The Hague: Mouton, pp. 28~55.

Zloch-Christy, Iliana. 1987. *Debt Problems of Eastern Europe*, New York: Cambridge University Press.

한국어판 서문 참고문헌

Arrighi, Giovanni. 1994. *The Long Twentieth Century: Money, Power and the Origins of Our Times*, London: Verso.

_____ 2007. *Adam Smith in Beijing: Lineages of the Twenty-first Century*, London: Verso.

Arrighi, Giovanni, Takeshi Hamashita and Mark Selden, eds.. 2003. *The Resurgence of East Asia. 500, 150 and 50 Year Perspectives*, London and New York: Routledge.

Arrighi, Giovanni and Beverly J. Silver. 1999. *Chaos and Governance in the Modern World System*, Minneapolis, MN: University of Minnesota Press.

Benigno, Francesco. 2003. "Braudel in America ovvero le radici lunghe del presente," *Contemporanea* 6 (3), pp. 554~8.

Berry, Albert. 2005. "Methodological and Data Challenges to Identifying the Impacts of Globalization and Liberalization on Inequality," United Nations Research Institute for Social Development Overarching Concerns Programme, Paper # 5.

Calleo, David. 1987. *Beyond American Hegemony: The Future of the Western*

Alliance, New York: Basic Books.

Cumings, Bruce. 1993. "The Political Economy of the Pacific Rim." in R.A. Palat, ed., *Pacific-Asia and the Future of the World-System*, Westport, CT: Greenwood Press, pp. 21~37.

Detti, Tommaso. 2003. "L'avventura di ripensare il passato," *Contemporanea* 6 (3), pp. 549~53.

Guha, Ranajit. 1992. "Dominance Without Hegemony and Its Historio-graphy." in R. Gupta, ed., *Subaltern Studies IV*, New York: Oxford University Press, pp. 210~305.

Hardt, Michael and Antonio Negri. 2000. *Empire*, Cambridge, MA: Harvard University Press.〔윤수종 옮김, 『제국』, 이학사, 2002.〕

Maione, Giuseppe. 2003. "Fragilita' dei modelli e profezie smentite," *Contemporanea* 6 (3), pp. 562~7.

Schumpeter, Joseph. 1954. *Capitalism, Socialism, and Democracy*, London: George Allen & Unwin.

옮긴이 해제

1. 미국발 전지구적 금융위기

2007년 미국 서브프라임 모기지 위기에서 시작된 금융위기는 전지구적으로 빠르게 확산되었다. 이미 그에 앞서 1980년대부터 이례적으로 미국으로 금융자본이 집중되는 동시에 전지구적으로 미국의 군사적 개입이 확대되는 현상이 출현하면서, 이것이 미국 헤게모니의 강화를 의미하는지 아니면 그 쇠퇴의 이면을 보여주는지에 대한 논쟁은 끊이지 않았다. 2007년 이후 미국발 세계 금융위기의 전개과정을 보면, 미국은 위기의 진원지인 동시에 위기의 부담을 여타 지역으로 끊임없이 이전시킬 수 있는 역량을 보이고 있다는 점에서, 세계에서 미국이 보이는 지위의 특이성은 여전히 쟁점이 되고 있다.

미국발 위기는 더 이상 우연적인 것으로 이해될 수 없고, 그 구조적 특징은 점점 더 분명해지고 있다. 이 시대의 위기의 뿌리는 신자유주의라 부르는 전환에서 시작되었고, 신자유주의의 핵심은 금융세계화라 할 수 있다. 1980년대부터 본격적으로 시작된 이 전지구적 변화는 자본수익성에 대한 위기를 배경으로 하고 있었으며, 그 출발은 미국을 중심으로 시작되었지만, 그 영향력은 전지구적으로 확산되어 갔다. 물론 고유한 의미에서 금융화는 미국에 고유한 것이거나 영-미적(또는 유럽 일부를 포함) 현상으로 한정될 수 있겠지만, 그 영향력의 전지구적 확산으로서 금융세계화는 반드시 모든 지역에서 금융 부문의 비중이 비약적으로 증대하는 것을 의미하는 것이 아니라, 금융 우위의 축적구조에 맞추어 나머지 모든 세계의 사회구조가 새롭게 조정되어 가는 것을 의미하는 것이기도 하다.

왜 금융이 세계화를 주도하는지, 그리고 그 금융화는 왜 전지구적 위기를 초래하는지, 그리고 그 과정에서 기존의 국가구조와 고용구조, 그리고 더 넓은 수준에서 세계질서에는 왜 근본적 변화가 발생하는지, 그 어느 때보다 이 문제들에 대한 대답이 요구되고 있지만, 그에 대한 대답을 일국적 틀에서 찾기 어려워지고, 전지구적인 동시에 역사적이고 구조적인 답변이 요구되고 있다.

좀더 나아가 현재의 금융위기의 국면을 살펴보면 우리는 더욱 복잡한 고려가 필요함을 알 수 있다. 그것은 금융세계화가 서로 다른 국면을 거치며 진행되어 왔다는 점에서도 확인된다. 1990년대의 미국은 '신경제'라는 이름 하에 금융세계화의 1국면을 거쳤는데, 이를 2000년대에 '서브프라임 위기'로 치달은 금융세계화의 2국면과 비교해 보면 두드러진 차이점을 발견하게 된다. 1990년대의 금융세계화를 추동한 것은 미국 주식시장의 대대적 팽창이었고, 여기에 유입된 자본 중 주로 초국경적인 수합병을 목적으로 한 유럽의 자본의 비중이 컸다. 주식시장 붐과 연관된 IT 붐 또한 이 시기의 주요한 특징이었다. 그러나 1998년을 정점으로 미국 주식시장의 거품이 꺼지면서 그 이후 금융세계화는 전혀 다른 특징을 보여 준다. 특히 2001~4년 초저금리에 동반해서 이 두번째 국면을 주도한 것은 주식시장 붐이 아니라, 부동산시장 붐이었고, 이와 더불어 두드러진 것이 채권시장에서 파생상품시장의 대대적인 팽창이었다. 위험부담이 커진 모기지 채권의 유동화(MBS)와 부실성 채권들의 유동화(ABS), 그리고 이런 모기지 증권과 자산유동화증권의 재차가공(CDO)과 부채 자체의 상품화(CDS)로 이어지는 일련의 자산유동화 과정은 가공자본의 대대적 팽창과 위험평가의 불가능성을 초래하면서 해결불가능한 수준으로 금융위기의 가능성을 증폭시켰고, 서브프라임 모기지 위기에서 시작된 금융위기는 프라임 모기지로, 이어서 투자은행으로, 그리고 경제 전반으로 확산되었다. 1930년대 대공황 시절 고도금융의 자유로운 활동을 제약하는 출발점의 상징이던 글래스-스티걸 법이 1999년에 폐기되면서 금융위기의 가속화는 어느 정도 예상되어 왔던 과정이긴 하지만, 자본의 수익성 하락을 금융적으로 돌파하려는 시도가 금융위기 가능성을 높이고 그것을 막기 위한 목적에서 새로운 금융적 혁신이 출현하면서 그것이 다시 금융위기의 가능성과 심도를 더 크게 만드는 악순환이 계속 반복되고 있다.

그럼에도 2007~8년의 미국 금융위기는 아직 이 과정의 마지막으로 보이지는 않고, 미국은 여전히 몇 가지 통로를 통해 그 경제적 부담을 다른 지역으로 이전시킬 수 있는 역량을 발휘하고 있는 것으로 보인다. 특히 이는 미국의 대대적인 국가개입을 통해 실현된다. 몇 가지 중요한 측면을 살펴보자.

첫째로 미국은 기축통화인 달러 발권특권을 유지하고 있다. 달러가 기축통화의 지위를 잃고 있는 것은 아니기 때문에, 미국은 이 특권을 활용해, 엄청난 무역적자와 대폭 증가하는 재정적자가 있음에도 통화 인플레이션 없이 경화부족 문제를 해결할 수 있는데, 특히 해외로부터 달러를 대대적으로 흡수해 위기를 극복하는 것이 그 주요한 메커니즘이 된다.

둘째로 여타 통화에 대한 달러의 신뢰가 근본적으로 손상된 것은 아니기 때문에 위기에도 불구하고 대대적인 자본 이탈이나 달러로부터 금으로의 투자 이탈이 발생하고 있지는 않다. 이것이 유로에 대한 달러의 상대적 우위가 관철되고 있는 현 상황이 보여 주고 있는 바이며, 미국의 국가개입을 통한 위기해소 메커니즘이 아직도 작동하게 되는 배경이다.

셋째로, 특히 2000년대 들어서 미국의 이중 적자를 메워 주고 있는 것으로서 동아시아 외환보유고 증가에 기반한 달러환류 메커니즘의 중요성이 커지고 있는데, 이 또한 미국의 경제적 부담을 타지역으로 이전시키는 중요한 메커니즘이 되고 있다.

그러나 이 메커니즘이 어느 정도 지속될 수 있는지에 대해 의문이 제기되지 않을 수 없으며, 이 세 가지 메커니즘이 더 이상 지속되지 못하는 상황이 초래될 때 세계체계 전반에 어떤 상황이 초래될지 아직 불확실하다. 그리고 이런 특이한 현재적 조건과 향후 미래의 궤적에 대한 판단을 위해서는 좀더 긴 역사적이고 구조적인 관점이 요구된다.

2. 위기 이론과 마르크스의 동역학

경제위기에 대한 역사적이고 구조적 접근의 필요성이 어느 때보다 커지면서 마르크스에 대한 관심이 다시 중요해지고 있다. 그 이유는 사실상 자본주의의 구조적 위기에 대한 이론은 마르크스와 더불어 출발하였고, 마르크스 이외의 경우에는 체계화된 경우가 없기 때문이라고 할 수 있다. 아리기의 『장기 20세기』 또한 이런 맥락에서 이해될 수 있다.

주류경제학에는 경기 순환에 대한 논의가 있기는 하지만 사실 진정한 의미의 위기 이론은 존재하지 않는다. 경제학에서 말하는 경기후퇴

(recession)나 불황(depression)은 경기 변동의 특정 국면에 대한 지칭이지 위기에 대한 이론이라고 볼 수는 없다. 언론매체에서 '위기'는 늘 다소 저널리즘적 색채를 띠면서 논의되지만, 주식시장 대폭락(crash)이나 심리적 공황(panic) 같은 이례적 사건들의 연쇄를 통해서 '의외의 일'로만 설명될 수 있을 뿐이었다.

이런 점에서 마르크스 이외의 경우에 위기란 이례적인 것으로, 즉 좀 더 분명히 말하자면 살면서 피해 갈 수도 있지만 확률적으로 발생할 수도 있는 '위험'(risk)으로 이해되고, 그것은 예방을 잘 하면 피해 갈 수도 있는 것으로 이해된다고 할 수 있다. 이런 점에서 우리는 이를 '위기의 우연적 생성'이라는 관점으로 지칭할 수 있다. 반면 마르크스에게서 위기는 '위기의 필연적 생성'으로 이해된다. 그것은 그 위기가 발생하는 것이 구조의 문제, 즉 바로 '내적 모순'의 문제이기 때문에, 그 구조의 존재 자체로부터 위기의 필연적 생성의 논리가 해명되는 것이다. 여기서 필연적이라 함은 예정된 길이라는 의미가 아니라, 그것이 구조적이라는 뜻이다. 그런 점에서 이는 파국론이나 붕괴론은 아니며, 자본은 자기부정으로서 위기를 통해서만 지속될 수 있음을 의미하는 것이다. 그리고 이를 더 밀고 나가서 말하면, 마르크스에 따르면 위기가 예외적이고 균형이 정상태가 아니라, 오히려 균형이 예외적인 조건이 된다.

이로부터 우리는 마르크스가 '정치경제학 비판'을 통해 이야기하고자 했던 바를 좀 더 분명히 이해할 수 있게 된다.

『자본』에서 위기는 무엇보다 단절로 규정된다. 위기(공황)는 "노동과정의 강제적 중단"이다. 이는 순환 속에서 변화하는 한 국면이 아니라, 한 상태에서 다른 상태로 나아갈 수 없는 단절이다. 이 단절을 잇기 위해서는 그 이전 상태를 그대로 연장하는 것으로 불가능하고, 그 상태에 근본적으로 어떤 변화가 발생해서, 그 '모순의 폭발'이 해소되어야 한다. 따라서 위기는 구조의 질적인 도약의 계기여야 하고, 그럼으로써 위기는 그 다음 과정으로 나아갈 수 있다.

여기서 위기에 대한 마르크스의 여러 가지 설명법을 떠올려 볼 수 있다. 첫째로, 구매와 판매가 분리되기 때문에 발생하는 실현의 위기로서 과잉생산 공황의 가능성. 둘째로, I부문과 II부문 사이의 불비례 때문에 발생할 수 있는 공황의 가능성. 셋째로, 노동력을 자본주의적 방식으로 재생산하는 것이 (늘) 불가능하기 때문에 발생할 수 있는 정치적/이데올로기적 재생산 중단의 가능성. 그리고 넷째로 이윤율의 경향적 저하 '법칙'. 마르크스는 서로 다른 곳에서 이 네 가지 위기의 가능성과 현실성에 대해 언급한 바 있고, 각각은 이후 논쟁에서도 계속 제기되는 중요한 쟁점들이다.

그런데 이 넷은 엄밀히 말해서 동등한 지위를 차지하고 있는 것은 아니다. 여기서 우리는 두 가지 차원을 구분해 볼 수 있다. 우선 첫째로 자본의 존재형태 자체로부터 발생하는 위기의 형식적/잠재적 가능성을 이야기할 수 있는데, 여기에는 처음 세 가지가 모두 포함된다. 반면 이와 다른 위기의 실제 동역학(dynamics)를 구분해 볼 수 있다. 여기서 우리는 이윤율의 경향적 저하의 역사적 궤적을 논의할 수 있으며, 또한 여기에는 다시 노동분할의 역사적 형태와 그것을 가능케 하는 국가와 지배이데올로기의 역사적 형태라는 문제가 더불어 제기됨을 알 수 있다.

왜 그런가 하면, 마르크스의 이윤율의 경향적 저하 '법칙'은 '위기의 필연적 생성'의 핵심적 주장이 되기 때문인데, 그 이유는 '경향적 법칙'의 주장에서 중요한 점은 경향과 경향에 반대로 작용하는 요소들이 같은 원인(뿌리)에서 나온다고 주장하기 때문이다. 즉 그것은 원인(내적 모순)

으로서의 위기를 극복하기 위한 '반대로 작용하는 요인들'을 구체적인 제도로서 작동시킴으로써 그 모순이 위기로 발현되지 않도록 할 수 있음을 보여 주며, 이런 점 때문에 법칙은 직접적으로 나타나지 않고 경향적으로 나타나지만 그럼에도 경향 자체를 해소할 수는 없음을, 그리고 위기의 현실화 가능성을 제거할 수 없음을 강조한다. 이 때문에 구체적 궤적과 역사가 문제가 되는 것이다.

이런 이유 때문에 자본주의 위기의 동역학에서 이윤율의 동역학은 위기의 경향성이라는 측면에서 매우 핵심적 위치를 차지하게 되는데, 이와 대비해 별도의 고유한 자율적인 국가 위기의 동역학이나 이데올로기 위기의 동역학을 상정할 수는 없는 것이고, 그 때문에 마르크스의 자본주의 비판이 '반(反)경제학'이 아니라 '정치경제학 비판'이 되는 것이다.

여기서 우리는 더 나아가 다시 위기의 유형학을 구분해 볼 필요가 있을 것이다. 우선 위기의 시간대와 공간적 범위는 상이하게 나타날 것이다. 그리고 위기는 부분적 수선으로 단절을 이어갈 수 있을 짧은 순환적인 것과, 그렇지 않고 이윤율의 경향적 저하 자체를 되돌릴 수 없을 정도로 구조적인 것으로 구분될 수 있을 것이다. 그리고 이 후자의 경우 이 이윤율 저하 경향을 되돌리려는 시도가 위기를 감소시키기는커녕 오히려 위기를 증폭시킬 수 있을 것임을 예측할 수 있을 것이다.

그렇다면 구조적 위기란 하나의 이윤율의 경향적 저하의 궤적이 더 이상 반전이 불가능한 상태로 종료되면서 이를 대체하는 새로운 이윤율의 경향적 저하의 궤적이 새롭게 출발하는 과정임을 예측할 수 있게 된다. 왜냐하면 경향 및 이와 맞물려서 동시에 작동하는 반대로 작용하는 요인은 산 노동을 포섭해서 살아 움직이는 자본의 '역사적 형태'로서 존재하게 되는데, 더 이상 이를 가능하게 해온 역사적·제도적 형태가 지속될 수 없는 상황이 초래되는 경우, 이는 더 이상 부분적 수선으로 돌파될 수 없는 한계를 보이게 되기 때문이다.

정세와 역사와, 역사적 제도들과 계급구성과 국가구성의 역사적 형태들이 모두 문제가 되는 이유가 바로 여기에 있다.

3. 역사적 자본주의라는 관점의 등장

바로 이런 마르크스적 의미의 '위기' 이론으로부터 우리는 역사적 자본주의라는 접근의 필요성을 직접적으로 이끌어 내게 된다. 자본주의의 위기의 '형식적/잠재적 가능성'으로부터 자본주의의 구체적 역사과정이 설명될 수는 없다. 그것이 구체적 위기로 발현되는 것은 역사적인 구체적 맥락 속에서의 위기의 동역학을 통해서일 뿐인데, 그것은 그 역사특수적인 방식으로 이윤율의 경향적 저하를 예방하고 차단하기 위한 역사 제도들을 개발하여 배치하고, 또 그 진전과정에서 스스로를 변신하여 재적응시키는 과정을 반복하며, 또한 자본의 특정 분파는 이 과정에서 나타나는 위기에 대응해 신속하게 자기변신하는 속성을 더욱 두드러지게 보일 것이기 때문이다. 자본주의의 변화의 역사는 출발점에서 필연적으로 예정되어 있던 것이 아니며, 이전 시기의 자본주의 속에서 그 다음 시기의 자본주의의 특징들이 연역적으로 도출되는 것도 아니다. 오히려 그 역사는 자본주의의 고유한 모순을 해결하기 위해 각 시기마다 나타난 역사적 요인들의 작용과 반작용 속에서 자본주의가 새로운 형태로 전환되어 지속되어 온 역사로 파악될 수 있다. 이는 월러스틴에서 아리기까지 세계체계 분석이 공유하고 있는 역사적 자본주의라는 관점이다.

아리기는 특히 세계경제와 국가간체계의 결합으로서 근대세계체계라는 월러스틴의 테제를 체계적 축적 순환과 국가간체계의 모순적 결합이라는 테제로 좀더 발전시킨다. 아리기가 세계경제를 체계적 축적 순환이라는 방식으로 좀더 구체화하는 이유는 자본주의의 동역학의 역사적 궤적을 그리기 위해서 자본주의에 고유한 순환의 동학을 파악해야 할 필요를 느끼기 때문이다. 이 책의 서론에서 강조하고 있듯이, 아리기가 브로델과 월러스틴을 일정 정도 따르면서도 자신이 근본적으로 달라지는 점으로 지적하고 있는 것이 바로 장기추세나 콘드라티에프 같은 '비과학적'이고 자본주의에 고유한 동학이 아닌 것으로 자본주의적 순환을 설명할 수 없다는 점이다. 그에 비해서 체계적 축적 순환이라는 개념은 '위기의 필연적 생성'을 설명할 수 있는 내적 논리를 지니고 있기 때문에, '따라잡기에 의한 외적 경쟁'이나 '이윤압박' 같은 부가적인 위기 증폭 요인을 가지고 위기의 출현을 설명하는 난점을 피해갈 수 있게 하는 장점이 있다. 그리고 또한 이런 체계적 축적 순환은 이것이 국가간체계의 위기와 어떻게 맞물리고 이것을 어떻게 강화하는지를 함께 설명해 줄 수도 있는 장점을 지닌다.

자본주의를 단순한 개별적으로 분산된 자본 간의 경쟁이 아니라 세계시장에서 비교적 안정적으로 유지되는 독점적 지위를 확보하려는 거대 자본들의 경쟁으로 이해할 경우, 새로운 축적체제는 특정 지역이나 국가의 자본이 세계경제에서 상대적으로 독점적 우위를 확보할 수 있는 물질적 토대로 이해된다. 그런데 자본주의는 원리상 국가를 초월하는 팽창적 경향을 가지고 있으나, 현실의 자본주의의 역사에서 독점을 행한 대자본들의 경쟁은 이런 경쟁을 지원하는 정치적 틀로서 민족국가에 기반해 있기 때문에 여기서 독특한 역사적 특성이 발생하게 된다. 어떤 한 국가도 이런 민족국가들 사이에서 절대적 우위에 설 수 없도록 하는 상호 제약의 틀인 국가간체계가 형성된 것이다. 이 양자가 맞물린 것으로 그 동학을 설명할 때, 이를 앞에서 우리가 언급한 마르크스가 말하는 자본주의 동역학으로서 이윤율의 경향적 저하라는 맥락에서 이해할 수 있는 틀로 아리기가 제시하는 것은 하나의 체계적 축적 순환을 두 국면으로 구분하여 실물적 팽창과 금융적 팽창으로 나누는 것이다.

4. 역사적 자본주의의 구체화로서 세계헤게모니 교체, 그리고 체계적 축적 순환[1]

체계적 축적 순환은 국가간체계와 결합됨으로써 본격적으로 근대자본주의의 역사를 만들어 왔다. 근대자본주의의 역사에서 특정 시기 강력한 국가를 배경으로 한 자본은 상대적으로 세계시장에서 우위를 점하는 축적체제를 수립하는 동시에, 강력한 군사·정치·이데올로기적 우위를 바탕으로 국가간체계에 자국 중심의 새로운 질서를 부여함으로써 상대적으로 오랜 기간 고이윤 부문을 독점할 수 있게 되는데, 이런 국가를 우리는 세계헤게모니라고 부른다. 헤게모니 국가에서 중요한 것은 새로운 세계적 축적체제를 주도하여 이윤율 동학의 새로운 궤적을 주도할 수 있는 '경제적' 역량과, 체계의 카오스에 빠져 있는 세계질서를 헤게모니 국가의 축적에 유리한 방향으로 이끌어 갈 수 있는 새로운 '보편성'에 기반한 국가간체계를 수립해 내는 역량이다. 전자가 형성된다고 해서 후자가 보장되는 것은 아닌 만큼, 자본주의 역사에서 이 과정은 지난한 과정이었고, 전

---

1) 아리기의 『장기 20세기』에 대한 더 자세한 소개로는 백승욱, 『자본주의 역사 강의』(그린비, 2006), 5~6강; 윤소영, 『일반화된 마르크스주의와 역사적 자본주의 분석』(공감, 1998)을 참고하라.

쟁과 폐허, 대대적인 파괴를 동반해 온 과정이기도 했다. 이렇게 해서 근대자본주의 역사는 이런 헤게모니의 등장과 쇠퇴, 그리고 새로운 헤게모니로의 교체의 역사로 파악된다.

헤게모니는 실물적 팽창과 더불어 성장하지만 그 새로운 실물적 팽창을 가능하게 했던 새로운 축적체제의 내적인 모순 때문에 이윤율이 더 이상 높은 수준을 유지하지 못하고 서서히 하락하는 국면이 발생한다. 게다가 헤게모니체계의 정치적·사회적 유지비용이 증가하고 후발 헤게모니 경합 국가들이 저비용의 우위를 기반으로 헤게모니 국가의 축적체제를 모방하기 시작하면서 헤게모니 국가의 생산비용 우위의 토대는 약화된다.

이윤율이 하락하여 실물 투자의 이윤율이 금융적 수익률보다 하락하는 수준에 이르면, 이윤율이 하락하는 헤게모니 국가의 자본은 곤경에서 벗어나기 위해 변신을 모색하게 된다. 이제 실물 부문의 신규 투자를 점차 중단하게 되고, 생산상의 우위를 금융상의 우위로 전환해 금융 부문을 주도 산업으로 삼아 하락하는 수익성을 만회하기 위한 전환이 두드러진다. 금융 부문은 헤게모니 국가의 특권적 우위가 있는 부문인데, 이러한 금융적 팽창은 헤게모니의 쇠퇴 국면에 반작용하는 요인으로 작용하기 때문에 헤게모니의 쇠퇴는 단선적으로 진행되지 않고, 다시 한 번 반전하여 자본의 수익성이 상승하여 호황을 누리는 국면이 나타나게 되며, 이를 아리기는 벨에포크(la belle époque; 경이적 순간)라고 부른다.

그러나 벨에포크는 축적체제의 근본적 전환이 아닌 단순한 자본수익성 하락에 대한 반작용일 뿐이기 때문에 헤게모니의 전성기에 비해 그 지속 기간이 매우 짧다. 벨에포크 시기는 세계체계를 거대한 불안정으로 이끌면서 오래지 않아 종료된다. 벨에포크 시기는 전지구적으로 금융적 팽창이 진행되면서 자본 간 경쟁과 국가 간 (군사적) 경쟁이 첨예하게 폭발하는 시기이며, 이는 금융화된 자본에 새로운 수익성의 돌파구를 마련해 주는 동시에 세계체계 자체를 구조적인 위기로 몰아가는 동학이 본격화되는 시기이다.

이런 벨에포크의 출현은 이를 전후한 두 가지 위기를 통해 확인된다. 먼저 실물적 팽창이 금융적 팽창으로 전환되는 시점에 신호적 위기가 발생하며, 이는 과잉축적된 자본 때문에 발생하는 금융위기 형태로 나타나게 된다. 이어 벨에포크를 거치면서 금융위기가 전세계적으로 확대되고 결국 세계경제의 통일성을 파괴하고 자본이 새롭게 집중되며, 자본을 유치하기 위한 경쟁이 치열해지고 쇠퇴하는 헤게모니를 계승하려는 경합이 벌어짐에 따라 국가간체계에서 죽기살기식의 투쟁이 격화된다. 이는 결국 헤게모니 하에서 유지되어 온 국가간체계의 질서 자체를 붕괴시키는 체계의 카오스로 귀결되게 된다. 이 위기가 최종적 위기이며, 자본주의 역사에서 이 과정은 자본주의 세계체계의 지속 자체를 곤경에 빠뜨리는 여러 차례의 세계전쟁으로 반복되어 왔다.

5. 미국헤게모니 위기의 역사적 맥락

아리기는 이 책의 제목을 『장기 20세기』라고 붙였지만, 정작 장기 20세기에 대한 논의는 4장부터 시작하고 있을 뿐이며, 책 전체의 2/3 이상을 장기 20세기 이전의 역사적 자본주의의 전개과정에 대한 논의에 할애하고 있다. 그만큼 장기 20세기, 즉 미국 주도의 세계자본주의의 시대를 이해하기 위해서는 근대자본주의 시기 전체의 역사에 대한 이해가 선결조건이 된다는 주장이다.

장기 20세기는 그에 앞선 시기와 연관성 없이 불쑥 출현한 것은 아니었다. 장기 20세기의 자본주의의 동학을 이해하기 위해서는 그에 앞서 출현한 여러 차례의 체계적 축적 순환의 전개와 그와 맞물려 전화되어 온 국가간체계의 변화의 역사를 살펴보아야 한다. 자본주의 이전의 시대를 자본주의 시대와 연결하는 계기가 된 첫번째 제노바 축적 순환에서 우리는 고도금융의 부상과 국가형성을 통해 나타나는 국가 간 군사적 경합이 자본주의 세계체계를 수립하는 데 어떤 기본 틀을 만들어 냈는지 확인할 수 있다. 그리고 두번째 네덜란드 축적체제에서 본격적으로 세계경제로 자리 잡은 새로운 축적체제가 '보호비용 내부화'를 통해 어떻게 세계상업의 집산지이자 대양의 제패자로서 '전지구적'으로 축적을 확대해 갔는지, 그리고 여기서 왜 공업보다 상업이 우위에 있는 자본주의가 형성되었는지를, 그리고 자본주의의 출현에서 자유경쟁이 아니라 오히려 국가독점적 경향이 어떻게 이 네덜란드 주도의 자본주의를 주도했는지를 발견하게 된다.

이어 영국 헤게모니의 시기에는 자본주의가 생산을 장악함으로써 비로소 우리에게 익숙한 전지구적 자본주의가 등장하게 됨을 보게 된다. 여기서 중요한 것은 '생산비용의 내부화'를 달성한 영국 헤게모니 하의 세계자본주의의 핵심이 산업주의에 있기보다는, 세계의 공장으로서 영국의 산업주의의 융성을 가능하게 하기 위해 전지구적인 상업적 네트워크의 형성과 자유무역 제국주의라는 틀을 형성하는 것이 핵심적이었고, 이를 위해서 해군력과 중상주의적 국가개입, 그리고 영토제국주의가 얼마나 중요한 핵심요소가 되는지를 확인하게 된다. 기계에 인간이 종속되고 노동력이 상품화됨으로써 '마르크스의 동역학'이 본격적으로 검토될 수 있는 시기의 자본주의는 바로 이런 영국 헤게모니 하의 자본주의였다.

미국 헤게모니 하의 세계자본주의는 이런 앞선 모델의 일정한 계승인 동시에 그에 추가한 새로운 변신과 일정한 지양으로 이해될 수 있다. 미국 헤게모니는 네 가지 위기의 동시적 작용에 대한 극복과정으로서 형성되었다. 첫째로 자유무역 제국주의라는 영국의 축적체제가 갖는 한계를 극복하고, 특히 19세기 말 영국의 금융적 팽창과 더불어 진행된 바 있듯이, 고도금융의 파괴적 영향으로 붕괴한 국제금융체계를 복구하고 자유무역체계를 재수립해야 하는 요구가 있었다. 법인자본주의와 뉴딜은 이런 미국체계 복구의 출발점이 되었고, 그 세계적 수준에서 최종적 기틀은 제2차세계대전 이후 브레턴우즈 체제를 통해 마련되었다. 둘째로, 영토제국주의 때문에 촉발된 중심부 국가들 사이의 전쟁은 두 차례의 세계대전으로 체계의 카오스를 낳았으며, 이를 관리하기 위해 미국은 절대적인 군사적 우위를 추구하였고, 핵우위 하의 군사기지 방식의 새로운 세계질서 관리 방식을 추진하였다. 그리고 이는 냉전에 의해 현실적으로 뒷받침되었고, 이 냉전은 새로운 세계적 축적체계도 동시에 지탱할 수 있는 논리로 작동하였다. 셋째로, 앞선 시기 생산비용의 내부화는 비록 내적으로 분할되어 있긴 했지만 거대한 규모의 노동자군을 등장시켰으며, 이들에 대한 통제 문제가 점점 더 중요한 쟁점으로 등장하였다. 이런 새로운 '위험계급'을 일정하게 포섭하지 않고서는 체계 자체의 위기의 촉발을 막기가 어려워졌다. 20세기가 다양한 코포라티즘의 방식으로 노동자계급을 포섭해 온 것은 이런 변화를 보여 주는 것이고, 미국의 경제적 조합주의는 그 최전선에 있다. 넷째로 영토제국주의는 피식민화된 지역의 인민들의 저항을 촉발하였으며, 식민지의 저항이 커질수록 식민지의 유지비용 또한 높아졌다. 미국 헤게모니 하의 탈식민화와 국제연합을 기반으로 하는 독립국가 민족공동체 형성 정책은 기존 영토제국주의 국가의 식민지들을 독립시킴으로서 이들 유럽의 영토제국주의 국가들의 영향력을 약화시키는 동시에 국가간체계의 새로운 질서 하에서 주변부 세계에 대한 관리비용을 감소시키고 그 관리책임을 신생 독립 국가들의 정부에 이월하는 효과를 거둘 수 있었다.

제2차세계대전 후 브레턴우즈와 발전주의 정책, 초국적기업망, 냉전과 핵우위, 코포라티즘적 노사관계, 국제연합이라는 틀을 가지고 본격적으로 전개된 미국의 세계헤게모니는 앞선 세계헤게모니들이 그 정점에 머문 기간에 비하면 그 지속기간이 상대적으로 매우 짧았다. 1960년대 후반이 되면 미국 헤게모니 쇠퇴의 조짐들이 등장하기 시작하는데, 이는 베트남전쟁을 전후한 시기에 두드러지게 나타났다. 미국의 수익성 하락은 경상수지 적자와 재정적자라는 이중의 적자로 두드러지게 나타났고, 1971년부터 일련의 조치를 통해 미국은 브레턴우즈 체제를 포기하고 금융화를 위한 기반을 마련하는 정책들을 추진하기 시작했다. 그러나 1970년대는 아직 본격적으로 금융화가 시작된 시기는 아니었다. 미국은 기존의 틀 속에서 문제를 해결하기 위한 시도를 진행하였고, 이는 인플레이션과 경기침체가 동시에 출현하는 결과를 초래하였고, 1970년대 말에는 자본의 수익성이 급락하고 달러의 신뢰성이 하락하는 심각한 자본의 위기가 초래되었다.

1980년부터 시작된 신자유주의의 출발은 이런 자본의 위기에 대한 전면적 전환의 시도였다. 앞선 세계헤게모니의 쇠퇴 국면과 마찬가지로 미국의 경우도 자본의 핵심 사업은 점차 금융으로 전환되었고, 이런 금융으로의 전환은 한편에서 세계적인 금융적 위기를 전파시키는 동시에, 하락하던 자본의 수익성을 반전시키는 효과를 동반하였다. 1980년대 이런 신자유주의적 전환의 효과는 1990년대 '신경제'라는 특징으로 나타났다. 그러나 이런 20세기 말 금융적 팽창은 앞서와는 다른 특징들 또한 보여 주었다. 이것이 기존의 자본주의 위기와는 다른 미국 헤게모니 위기의 특징을 보여 준다.

첫째로, 금융화한 세계의 이동자본이 새로운 축적의 중심지로 집중되기보다 기존의 쇠퇴하는 헤게모니 국가로 집중되고 있다. 둘째, 미국의 헤게모니는 약화되고 있을지라도, 미국의 군사력에 대해서 도전할 수 있을 나라가 없을 만큼 미국의 군사적 우위는 오히려 강화되고 있다. 셋째, 동아시아가 새로운 축적의 중심지로 등장하고 있지만 아직 새로운 체계적 축적 순환을 구성한다고 볼 수 있을 만큼의 전면적 변신을 보여 주고 있는 것은 아니다. 넷째, 미국에 대한 도전 국가가 등장하지 않는다고 해서 국가간체계의 질서가 안정적으로 유지되고 있는 것은 아니다. 오히려 주변부로부터 위기가 확대되면서 두드러진 도전자 없이 국가간체계의 위기가 수시로 출현하며, 이를 관리하기 위한 미국의 직접적 군사개입은 더 두드러지면서도 효과는 급격히 감소하는 모습을 보여 준다. 금융세계화에 동반한 무장한 세계화라 부를 수 있는 이런 현상은 전쟁의 새로운 형태 전환과 그에 결합된 통치불가능성의 문제를 드러내고 있다. 다섯째, 기존의 세계질서에 도전하는 사회 운동의 조직적 저항은 지난 몇 세기에 비해 현저하게 그 힘이 약화되었다. 이런 이례적 상황은 미국이 쇠퇴하는 헤게모니를 반전시키기 위해 앞선 헤게모니 국가들보다 훨씬 많은 자원과 노력을 쏟아붓게 되는 배경으로 작용하고 있는데, 이런 미국의 노력이 체계의 주소적 위기를 감소시키기보다 오히려 그 구조적 위기를 심화시키게 되는 것이 이라크전쟁의 실패와 미국발 금융위기를 통해 현재 확인되고 있다.

6. 동아시아와 아리기의 편향

미국 헤게모니 이후의 세계는 한편에서는 과거 체계적 축적 순환의 금융적 팽창 국면과 유사한 특징들을 보이고 있다. 세계적인 금융적 교란, 과잉축적의 위기, 이동자본을 둘러싼 투쟁의 증가, 자본의 집중의 증가와 빈곤의 동시적 증가 등의 현상이 그것이다. 그러나 앞선 헤게모니 쇠퇴의 국면과 달리 현재 국면에는 미국 헤게모니를 대체할 두드러진 새로운 경합지역들이 부상하고 있는 것은 아니며, 또한 자본주의를 새롭게 재생산할 것으로 보이는 새로운 비용의 내부화 기제가 출현하고 있는 것으로 보기도 어렵다는 특징이 부각되고 있다. 이런 점에서 미국 헤게모니의 쇠퇴가 가져올 향후 체계의 카오스의 예상되는 상황은 어떤 것일지, 그리고 새로운 생산의 중심지로 형성되어 온 동아시아가 헤게모니 경합과 관련해 던져 주는 함의는 무엇인지가 중요한 쟁점으로 남게 된다.

예상되는 향후의 체계의 카오스에 대해 아리기는 이 책 마지막 부분에서 세 가지 예상되는 시나리오를 제기했고, 한국어판 서문에서 다시 강조했듯이 현재도 그 시나리오에는 변함이 없다고 생각하고 있다. 세 가지 시나리오란 미국을 중심으로 하지만 대서양 공동지배 방식으로 진정한 세계제국이 형성되고 공납추출에 의존해 새롭게 지배를 전환하는 첫번째 길, 동아시아가 세계 시장사회의 중심지로 등장하여 비교적 형평성 있는 관계를 형성하는 두번째 길, 그리고 끝없는 세계적 수준의 카오스가 지속되는 세번째 길을 말한다. 세 가지 시나리오가 모두 지금까지의 역사적 자본주의의 구조가 자본주의 틀 내에서의 수선을 통해서 지속되기 불가능한 한계에 이르렀음을 지적하고 있으며, 그런 점에서 현재의 체계의 카오스는 진정한 구조적 위기에 이른 것임을 강조하고 있다.

아리기는 이 책을 시작하면서 중심-주변 문제와 계급이나 이데올로기 문제를 논의에서 배제하고 있는 것이 한계임을 지적하는데, 이는 이러한 방식의 세계헤게모니 교체의 역사를 서술하기 위해 불가피한 전략이었음을 인정할 수 있다. 그렇지만 이 책이 이런 중심-주변 문제나 계급과 이데올로기의 문제에 대한 중요한 논의의 단서들을 제공하고 있지 않은 것은 아니며, 직접 그런 주제를 다루고 있는 책들보다 오히려 훨씬 더 풍부한 통찰력을 제시하고 있는 것도 사실이다. 그럼에도, 이런 내용들이 상당히 빠져 있기 때문에 『장기 20세기』의 이야기에서 곧바로 향후 예상되는 체계의 카오스에 대한 전망의 분석으로 나아가기에는 어려움이 있는 것도 사실이다.

아리기는 향후 세계체계의 전망이라는 이 책 마지막 부분의 질문에 스스로 답하기 위해 그 이후의 연구를 진행시켰는데, 그 작업의 결과가 『장기 20세기』의 함의를 좀더 발전시키는 방향으로 전개되었다기보다는 문제설정 자체를 변형시킴으로써 새로운 문제를 낳고 있는 것으로 보인다. 한 가지 작업은 이 책이 놓치고 있는 헤게모니 교체에서 나타나는 '사회적' 측면을 비벌리 실버와 함께 작업한 『근대세계체계의 카오스와 거버넌스』(1999)〔국역은 『체계론으로 보는 세계사』, 모티브북, 2008〕 및 몇 편의 논문에서 규명하려 한 것이고, 다른 하나의 작업은 동아시아의 부상의 의미를 이번에는 일본보다 중국을 더 중심에 놓고서 본격적으로 논의해보려는 시도를 전개한 것이다. 후자의 결과가 『베이징의 애덤 스미스』(2007)와 마크 셀딘, 하마시타 다케시 등과 함께 작업한 『동아시아의 재부상: 500년, 150년, 50년의 시야』(2003) 등이다. 『장기 20세기』의 중요성은 자본주의의 경향적 법칙을 역사적 자본주의라는 문제의식과 결합함으로써 자본주의의 역사적 구조를 설명해 낸 데 있었다고 할 수 있는데,

이 후속작업으로 오면 『장기 20세기』의 중요한 기여점들이 오히려 흐려지고 손상되는 느낌을 받지 않을 수 없다.

그 이유는 미국 헤게모니 이후의 세계의 전망이 자본주의 자체의 문제를 넘어서기 때문일 것이고, 문명이라는 쟁점이 부상하기 때문일 것이고, 또한 우리가 이에 접근하기에는 이론적인 준비가 결여되어 있기 때문일 것이다.

아리기는 후속작업에서 헤게모니 교체의 사회적 측면에 대한 분석에서는 다소 과도하게 폴라니적 경향으로 넘어가고 있음을 알 수 있으며, 반면 중국에 대한 분석을 진행하면서는 '자본주의적 장기지속' 과는 다른 동아시아의 고유한 문명적 장기지속이라는 그림을 그리면서 자본주의 대신 '세계지역' 이라는 관점을 끌어들이고 있다. 그런 배경 때문에 아리기는 중국의 부상에 대해 다소 과도할 만큼의 낙관과 기대를 걸고 있는 것으로 보인다.[2] 그렇지만 중국에 대한 이런 분석의 시야는 이미『장기 20세기』의 지평을 넘어서고 있으며, 그것을 하나의 가설이나 역사철학이 아닌 적절한 이론적 작업으로 볼 수 있는지에 대해서는 여전히 논란의 여지가 많고, 많은 반론들이 제기되고 있는 것도 사실이다. 그러나 쟁점이 있다는 것은 미해결의 영역이 있다는 것이고, 결국 지나온 역사들의 분석을 통해 살펴볼 수 있는 경계를 넘어서 미사고의 영역을 사고하기 위한 어떤 노력들이 필요하다는 점을 부정할 수는 없다.

미국발 금융위기는 몇 년간 지금처럼 부담을 계속해서 여타 지역으로 이전시킴으로써 그 위기의 진정한 폭발을 지연시킬 것으로 보이지만,

---

2) 이런 문제점에 대해서는 백승욱, 『자본주의 역사 강의』(그린비, 2006) 8강을 보고, 중국의 현실에 대해서는 백승욱, 『세계화의 경계에 선 중국』(창비, 2008)을 보라.

몇 년간의 지연 이후 그 기제가 더 이상 작동하기 어려워질 때 세계는 지금까지 겪은 것보다 훨씬 암울한 시대를 맞이하게 될 수도 있다. 자본주의를 역사적 자본주의라는 시각에서 살펴보고, 이를 통해 지나온 자본주의의 역사를 살펴보는 작업은 단지 지나간 시절에 대한 다소의 지식을 쌓기 위한 것은 아니다. 그것은 현재 진행되고 있는 자본주의의 역사와 구조에 대한 분석과 그로부터 형성되는 정세에 대한 구체적 분석과 대응의 출발점을 제공해 줄 수 있는 길이고, 지금처럼 역사적 분기가 발생하는 시기에 역사를 더 나쁜 쪽으로 진척되지 않도록 하는 집단적인 인간의 노력이 집중되어야 할 고리를 찾아내는 노력의 지적 기반을 형성하는 데 기여할 수 있는 길이다. 아리기의 지적처럼 역사적 자본주의의 '순환'을 강조하는 것은 동일물의 영원회귀를 강조하기 위한 것이 아니라, 그 순환이 어떤 동일한 기제를 재생시키면서도 어떤 새로움을 만들어 내어 어떤 역사적 변화를 초래하고 있는가를 정확히 추적해 내려는 것이다. 역사적으로 자본주의의 축적체제도 전화되어 왔고, 국가간체계도 전화되어 왔고, 자유주의 이데올로기의 역사에서 보듯이 지배적 이데올로기 또한 전화되어 왔으며, 계급관계 또한 전화되어 왔다. 그렇다면 그에 대응하는 사회운동 또한 새로운 방식으로 전화되지 않고서는 문제를 문제로 인식조차 못할 수도 있을 것이며, 문제의 해결은 더욱 요원해질 것이다.

이론이 세계에 대해 낙관주의를 갖는 순간 이론의 필요성은 더 이상 없을 것이다. 그런 점에서 이론은 늘 비관주의적일 수밖에 없고, 의지의 낙관주의 대신 의지의 비관주의와 지성의 명철함을 내세우며 사태를 정확히 돌파하려 노력하는 시도가 끊임없이 요구되지 않을 수 없다. 금융세계화가 초래한 전지구적 자본주의 위기는 바로 그렇게 의지의 낙관주의로 돌파하기에는 너무 거대한 붕괴의 시기가 될 수 있을 것이며, 어둠 속에서 희미한 불빛을 잃지 않기 위한 이론적 시좌의 필요성은 앞으로 더 커지지 않을 수 없다.

이 책의 번역에는 우여곡절이 많았다. 1998년 처음으로 아리기를 만났을 때 내가 그에게 제시한 생각은 이 책을 번역하겠다는 것이 아니라, 그의 글들을 모아 편역서를 하나 만들어 보겠다는 것이었고, 이에 대해서 아리기는 흔쾌히 동의했다. 당시 이미 이 『장기 20세기』의 번역은 한국 내에서 추진되고 있었다. 그러나 결국 『장기 20세기』의 번역 출판은 번역자를 찾지 못해 중단되었고, 내 자신도 아리기의 글을 모은 책을 내는 대신 다른 방식으로 그의 생각들을 소개하는 책들을 내게 되었다. 다시 한참을 지나 결국 이 책의 번역 작업은 그린비 출판사가 다시 처음부터 시작하게 되었고, 이 책의 번역 소개의 필요성을 절감한 내가 덜컥 나서게 되었다. 그 이전에 번역 일들을 마친 후, 번역 일이 너무 힘들다고 느껴서 더 이상 번역은 않겠다고 다짐한 지 얼마 되지 않았는데, 역시 다시 번역을 시작하고 보니 만만한 작업은 아니었다. 많은 개념들과 수많은 역사적 사실들, 유럽 대륙 전체와 세계 전역에 걸친 논의들을 번역으로 옮기다 보니 어려움이 한둘이 아니었다. 한두 해 안에 끝날 것으로 생각한 작업은 그 후 여러 해로 지연되었다. 많은 분들이 책의 출판에 관심이 있었는데, 이렇게 늦어진 데 대해 미안함이 앞선다. 계속 기다리면서도 적절한 재촉을 잊지 않은 그린비 출판사 덕에 또 한 해를 넘기지 않고 출판할 수 있게 되었다. 출판의 시기가 세계자본주의의 변동에 관심이 커지는 시기인 만큼 이 책의 출판이 논의의 수준을 더욱 높이고 곤경으로부터 벗어나는 대안의 모색에 도움을 줄 수 있는 계기가 되기를 바라마지 않는다.

책의 번역을 마무리하고 나서, 이 책의 영어 개정판이 조만간 출판될 것이라는 소식을 들었다. 개정판 출판을 기다려 다시 번역 작업을 대조해 개정판에 맞는 번역본을 출판하는 것이 좋을지, 아니면 지금대로 번역판을 출판하는 것이 좋을지 고민이 생겼고 주변에도 의견을 구하였다. 그렇지만 이미 1994년에 발간된 책 자체의 역사가 있으며, 개정판이 시기적 변화의 보충뿐 아니라 아리기 자신의 생각 변화를 반영할 것으로 예상된다면, 개정판과 다른 처음의 사고를 담은 번역판을 내는 것이 충분히 의미가 있는 일이라는 결론을 얻게 되었다. 또한 다른 어느 때보다도 이 책의 출판 필요성이 커지고 있다는 점도 출판을 미룰 수 없는 중요한 고려의 요소가 되었다. 향후 영어 개정판이 출판되면, 바뀐 내용들을 한국의 독자들에게 적절한 방식으로 전달할 수 있도록 노력을 기울일 것이다. 이 책의 번역 출판을 기다려 준 분들과 관심을 기울여 준 분들, 그리고 번역 작업에 여러 가지로 도움을 준 모든 분들께 감사드린다.

2008년 12월

백승욱

찾아보기

ㄱ

가격 로지스틱스 39~42, 300
가격혁명 299
가발 시대(periwig period) 306, 409
갤러거(Gallagher, John) 113, 115
갤리선체계 261, 263
갤브레이스(Galbraith, John K.) 485, 487
거(Gurr, Ted Robert) 535
경이적 순간 257, 302, 372, 407~408, 541
경제 민족주의 107~108
고도금융 92, 115, 118, 134, 141, 157, 180, 193, 212, 237, 254, 283, 295, 312, 333, 372, 381, 402, 505, 516, 562, 583
고든(Gordon, David) 42
고정환율제 505, 519~520, 523
골드스틴(Goldstein, Joshua) 40
공동변동환율제(the Snake) 531
공인합자회사 250, 378, 392, 407, 418, 420, 422~423, 429, 477, 515, 551
과시적 소비 178, 191, 243
관세 489, 493~494

관세와 무역에 관한 일반 협정(GATT) 142, 471, 568~569, 587
교황분열(Schism) 183, 197
국가간체계 65, 73, 77, 80~81, 87~88, 97~98, 104, 113, 118, 130~131, 144, 146, 150, 418, 466
국가이상적(suprastatal) 세계금융시장 554
국가이상적(suprastatal) 조직체 145
국가형성 44, 83, 90, 94, 103, 109, 130, 149~150, 203, 218, 242, 244, 452, 486
국제무역기구(ITO) 470~471
국제연맹 135, 472
국제연합 133, 135~137, 146~147, 466, 549, 554, 590
국제통화기금(IMF) 137, 472, 554, 583, 585
그람시(Gramsci, Antonio) 74~76
그레셤(Greshem, Thomas) 237, 332, 334, 365
근대 국가간체계의 소멸 145
    부족주의 145
    지역주의 145

초민족주의 145
근대세계체계 82, 147, 554
글래스-스티걸 법 473
글린(Glyn, Andrew) 501
금리생활자 199~200, 242, 306
금 본위제 116, 142, 307, 359, 365, 439, 460, 462~463, 471, 474
금융자본 287~288
금융화 526~527
기시모토 요리코(Kishimoto, Yoriko) 53~56
길스(Gills, Barry) 41, 45
길핀(Gilpin, Robert) 143, 503, 514

ㄴ

나폴레옹전쟁 105, 119~120, 132, 365~67, 442~445
남한 64, 150, 557, 562, 564, 569
내포적 체제 378, 386
냉전 138, 147, 496, 530, 536, 550, 567
　제2차 ~ 55, 63, 583
네덜란드↔연합주 99, 238, 311, 417
　~ 독립전쟁 230, 237
　~ 헤게모니 129, 139, 145~146, 153
네이션 157, 232~235, 237, 265, 318~319, 332, 376, 389, 392, 420
　제노바 ~ 157, 160, 234~236, 250, 366, 407
　피렌체 ~ 234~236
네프(Nef, John) 329, 338, 362
노먼 데이비스(Davis, Norman) 494, 584
뉴딜 136, 469, 472, 533
니츠(Nitze, Paul) 498

ㄷ

달러 본위제 517
대불황(1873~96년) 290~291, 305, 430, 457, 482, 484, 491
대발견 200~201, 287, 381, 431
대서양 삼각무역 346~347, 349, 423
대폭락(1929년) 494
도리아(Doria, Andrea) 202
도시국가 하위체계 88
독일 125~127, 457
　기술적 합리성 436, 455, 480
　생활공간(Lebensraum) 127, 490
　~ 종교전쟁 230
돕(Dobb, Maurice) 249
동아시아 557, 561, 564, 569, 579~580, 588, 590
　네 마리 호랑이 563, 576, 579~580
　~의 이례성 557, 564
동인도회사 251, 271, 274, 278, 351, 418
　네덜란드 ~ 242, 250, 259, 271, 274, 279, 350, 352, 357, 421
　영국의 ~ 327, 392, 423~428, 446, 448, 515
　~ 이사회(Heeren XVII) 279
드러커(Drucker, Peter Ferdinand) 145
드레이크(Drake, Francis) 326~327
드 루버(de Roover, Raymond) 194
드 체코(de Cecco, Marcello) 458, 522

ㄹ

라이시(Reich, Robert) 143, 145
래시(Lash, Scott) 33

랜디스(Landes, David) 455~456, 479
러기(Ruggie, John) 79, 88, 149, 153~155, 157
러시아혁명 62, 131
레닌(Lenin, Vladimir Ilyich) 133, 138, 288
레반트 무역 317, 346
레반트회사 326, 364
레빗(Levitt, Kari) 514
레이건(Reagan, Ronald Wilson) 504, 526, 530, 583
레인(Lane, Frederic) 90, 163
로디 평화조약 92, 172, 180, 230, 231
로빈슨(Robinson, Ronald) 113, 115
로손(Rowthorn, Robert) 511, 532
로스노(Rosenau, James) 152
로스차일드 가문 295~299, 302, 369
로스토(Rostow, Walt W.) 536, 568
로페즈(Lopez, Robert) 88
롬니츠(Lomnitz, Larissa A.) 551
루스벨트(Roosevelt, Franklin Delano) 135~136, 138, 466, 469~470, 472~473, 516, 532~533, 549, 554
　단일세계주의 136, 147
루에프(Rueff, Jacques) 463
리카도(Ricardo, David) 383, 439, 442

ㅁ

마그린(Marglin, Stephen) 500
마르크스(Marx, Karl) 37~38, 41~42, 49, 52, 67, 82, 170, 176, 380, 382~383, 389~390, 394~395, 404~405, 430~431, 448, 454, 530, 552

『공산당 선언』 89, 219
『자본』 49, 405
　자본의 일반 정식 37~38, 41, 82, 394
마셜(Marshall, Alfred) 168, 432, 434, 479~480
　~ 플랜 498~499, 514
마우리츠(Mauritz van Nassau) 102~103, 106
만(Mann, Michael) 54, 292
매코믹(McCormick, Thomas J.) 500
매킨더(Mackinder, Halford) 482
매팅리(Mattingly, Garrett) 195
맥마이클(McMichael, Philip) 65
메디치(Medici) 가 174, 192~195, 196~200, 223, 226, 333
　로렌초 드 메디치(Lorenzo di Piero de' Medici) 194
메수엔 조약 356
메이어(Mayer, Arno) 153
멘쉬(Mensch, Gerhard) 42~43, 371
　변형 모델 42~43
명예혁명 423
모겐소(Morgenthau, Henry) 472, 516
모델스키(Modelski, George) 73
모(母)무역(moeder commercie) 239~240, 346
몽골 제국 167, 209
무면허 상인들(interlopers) 422~423
무어(Moore, Barrington) 183
뮌스터 조약 354
뮐러(Müller, Ronald) 156
미국 122~123, 125~127, 132~133, 136~137, 140, 142, 147, 475, 569, 588
　고도금융과의 결별 473

국내 영토주의 124, 140
남북전쟁 476, 490~491, 493, 535
독립전쟁 112, 136, 255, 283
미-일 관계의 변칙성 53~58
법인기업 416, 476
자유세계주의 137~138, 147
정치적 고립주의 468~469
헤게모니 132~138, 140~144, 146, 153, 513
미스키민(Miskimin, Harry A.) 186
미켈레 디 란도(di Rando, Michele) 189~190, 192
민족경제 108, 253, 475
민족국가 150, 218
민족주의 335
밀라노 88, 168, 316~317

ㅂ

바넷(Barnet, Richard) 156
바르디(Bardi) 188~189, 196, 226
바타비아 혁명 257
박서(Boxer, Charles) 306
반(反)곡물법 439
발리바르(Balibar, Étienne) 80
발트 무역 143, 238~241, 245, 251, 346
배럿 브라운(Barrat Brown, Micheal) 309
백년 평화(1815~1914) 300, 368
버그스텐(Bergsten, Fred) 588~589
버지슨(Bergesen, Albert) 41
번바움(Birnbaum, Eugene) 508
베네치아 49~51, 84, 88~89, 94, 100, 120, 168, 173, 199~200, 204, 210, 231, 244, 262, 318~320

본토지대(Terraferma) 204
베버(Weber, Max) 47~49, 51, 54, 64, 124, 333, 350, 394, 530, 553
『경제와 사회』 48
『일반경제사』 47
베블런(Veblen, Thorstein) 302, 434, 437
베스트팔렌 조약 98, 114, 152, 238, 354
베스트팔렌 체계 65, 103~104, 112, 116, 120, 129, 132, 134, 139, 144, 146, 345
베트남전쟁 62, 500, 504, 537, 566
벨에포크(la belle époque) 303, 307, 409, 457, 526, 541, 585
벨저 가(Welsers) 223
변동환율제 502, 517, 519~520, 523
보호주의 117, 441, 451, 494~495
볼리(Boli, John) 149
볼커(Volker, Paul) 528, 534
부르크하르트(Burckhardt, Jacob) 173
부스켓(Bousquet, Nicole) 41
부시(G. H. W. Bush) 정부 554~555, 585
북미자유무역협정(NAFTA) 145, 587, 591
브레턴우즈 137, 146~147, 466, 471~474, 504, 506, 549
브로델(Braudel, Fernand) 36~41, 44, 52, 66, 68, 159~160, 164, 172, 178, 201, 226, 283, 288, 297, 312~313, 315~318, 321, 328, 330, 332, 334, 336, 348, 350, 357, 374, 391, 393, 401, 555
『물질문명과 자본주의』 38
~의 자본주의 44~45
블랙번(Blackburn, Robin) 108
블로흐(Bloch, Marc) 95
비동맹 운동 536
비스마르크(Bismarck, Otto von) 451~453

비용 81, 90, 96, 233, 258, 413
　거래~의 내부화 413~414
　보호~ 90~91, 96, 108, 267~268, 458, 582
　보호~의 내부화 258, 271, 377, 413
　보호~의 외부화 268, 271, 565, 583
　생산~ 450, 582
　생산~의 내부화 311, 378, 413
　생산~의 외부화 316
빈 강화조약 112, 114, 134, 320
빌라니(Villani, Giovanni) 181~182, 187

ㅅ

사미르 아민(Amin, Samir) 475, 553
　『카오스의 제국』 553
사이드(Said, Edward) 114
산업 팽창 315, 558
산업혁명 38, 119, 308, 329, 336, 347, 362, 420, 439, 445, 477
30년전쟁 97~98, 238, 353
상주외교망 91
샌프란시스코 회의 136
서인도회사 271, 349, 351~353, 421
석유 518, 521~522
석유수출국기구(OPEC) 538
세력균형 89, 92, 134
세르방-슈레베르(Servan-Schreiber, Jean-Jacques) 509
세포이 반란(Great Mutiny) 292, 429
셔만(Schurmann, Franz) 132, 566
셔먼 반트러스트 법 484
소련 63, 538, 541
　아프가니스탄 침공 534, 538~539

속도의 경제 413~414, 493
쇼(Schor, Juliet) 500
쉐빌(Schevill, Ferdinand) 190
슘페터(Schumpeter, Joseph) 76, 86, 218, 369, 383, 402, 545~547, 550, 593
스미스(Smith, Adam) 50, 58~62, 64, 382~384, 397, 483
　『국부론』 420
스테드먼 존스(Stedman Jones, Gareth) 123
스텐스고르(Steensgaard, Niels) 258~259
스톨링스(Stallings, Barbara) 583
스트레인지(Strange, Susan) 521
시뇨리아(Signoria) 190
시장공간 231, 235, 292, 420
신(新)구민법 439
실로스-라비니(Sylos-Labini, Paolo) 62, 383
싱가포르 64, 150~151, 557, 562~563

ㅇ

아글리에타(Aglietta, Michel) 536
아나키적 질서 99
아데어(Adair, Serjeant) 444
아부-루고드(Abu-Lughod, Janet) 45, 84, 166, 210, 213
아카마츠 카나메(Akamatsu, Kaname) 557
아크라이트(Arkwright, Richard) 444
아편 무역 427~428
안트베르펜 157, 236, 332
암스테르담 거래소 248~249, 251, 280
애덤스(Adams, Richard) 551
애치슨(Acheson, Dean) 473, 497~499

앤더슨(Anderson, Perry) 88, 309, 344
어리(Urry, John) 33
에드워드 3세(Edward III) 185~186, 188~189, 196~197, 336, 363
에드워드 6세(Edward VI) 323
에드워드 시기 303~306, 409, 457
에렌버그(Ehrenberg, Richard) 198, 222, 228
에스파냐 94~95, 98, 213
에어(Heers, Jacques) 202, 209, 221
엑스라-샤펠 회의 112
엔리케(Henrique) 84, 216
엔화 평가절상 576, 586
엘리어트(Elliott, John H.) 212
엘리어트(Elliott, William Y.) 474
엘리자베스 1세(Elizabeth I) 237, 324~325, 330~331, 338~339, 343, 360, 363~365, 441
엥겔스(Engels, Frederic) 454
연방준비제도 137, 141, 462, 472, 504~505, 528
연합주↔네덜란드 51, 93, 97, 103~105, 150, 243, 348
영국 38, 51, 109~110, 112~122, 125, 136, 139, 142, 285, 320, 475, 488
　금전적 합리성 436, 455, 480
　시티 116, 289, 293~294, 298, 366, 368, 424, 449
　영국·네덜란드 전쟁 105
　왕립거래소 333, 335
　왕립아프리카회사 327, 421, 423, 428
　자유무역 제국주의 111, 113, 115~116, 119~120, 129~130, 134, 138, 407~408, 430, 457

허드스만 회사 327
~ 헤게모니 115, 118, 121, 129~130, 134, 139~140, 142~143, 146, 153
영불 백년전쟁 183, 197~198, 229~230, 339, 374
영토주의 54, 82~83, 86~87, 91, 93~95, 105, 115, 123, 125~126, 150, 196, 200~201, 219~210, 222, 227, 238, 319~320, 324, 554
오라녜(Oranje) 가 243, 256, 257
오라녜의 빌럼↔윌리엄 3세 358, 364
오리엔탈리즘 130
오스트리아 계승전쟁 255
오자와(Ozawa, Terutomo) 578, 580
오코너(O'Connor, James) 570
오페(Offe, Claus) 33
외연적 체제 378, 386
요시오(Yoshio, Suzuki) 584, 587
울프(Wolf, Eric) 85
워버그(Warburg, James) 473
원거리 무역 92, 101, 157, 210, 221, 312~313, 381
월러스틴(Wallerstein, Immanuel) 80, 369, 374, 571
월츠(Waltz, Kenneth) 156
월터(Walter, Andrew) 503, 516
위트레흐트 조약 356
윌리엄 3세(William III)↔오라녜의 빌럼 358, 364
윌리엄스(Williams, Eric) 346
윌리엄슨(Williamson, Oliver) 413
윌슨(Wilson, Thomas Woodrow) 133, 138, 494
유기적 중심 556~557, 559, 563

유라시아 교역체계 209
유럽경제공동체 142
유럽경제협력기구(OEEC) 498
유럽연합(EU) 145
유럽협조체제 114, 134
유럽회의(Council of Europe) 531
유로통화시장 502, 505, 506, 521~522, 532~533
은행 298
 대은행들(Grossbanken) 453~454
 메디치 ~ 195
 암스테르담 ~ 248
 잉글랜드 ~ 202, 359, 366
 지방~ 293
 피렌체 ~ 182
이사벨 여왕(Isabel I) 216
이윤율 저하 경향 382~383
이중 운동 259, 266, 377, 437~439
이탈리아 도시국가 90~94, 100, 166, 168~169
이탈리아 백년전쟁 172, 174, 183, 229, 317, 374, 391
이토(Itoh, Makoto) 512
일본 53, 64, 150, 558, 561, 564~565, 567, 569~571, 574, 581, 589~590
 다층적 하청체계 572, 574~576
 따라잡기 556~557
 미-일 관계의 변칙성 53~58
 일본무역협회(JETRO) 572
 총합상사 573, 577
잉글랜드 105, 185, 330, 337, 358, 365
 잉글랜드-네덜란드 무역분쟁 341~342
 ~ 내전 345
잉엄(Ingham, Geoffrey) 307, 309, 462

ㅈ

자본 32, 47, 190, 204, 304, 398
 이동성 32, 190
 이동~ 47~48, 51, 54, 58, 63, 83, 398
 잉여~ 51, 174, 191, 200, 204, 241, 289, 304
자본의 집중화 484
 수직적 통합 484, 487, 493, 578
 수평적 통합 484
자본주의 44, 46, 60, 66, 80~83, 91, 95, 123, 126, 129, 196, 379, 592
 가족~ 454
 국가독점~ 266~267, 276~277, 288
 법인~ 153, 457, 482, 484~485, 487~488, 490, 493, 496
 세계시민주의적 금융~ 266~267, 277, 287
 역사적 ~ 35~36, 44, 46, 379, 380, 418, 504
 ~적 노예제 107~108
장기 세기 370~374
 네덜란드체제 376, 378
 네덜란드체제의 신호적 위기 374
 네덜란드체제의 최종적 위기 374
 미국체제 377~378, 408~409, 476, 571~572, 581~582, 588
 미국체제의 신호적 위기 373, 375, 512, 571, 582
 미국체제의 최종적 위기 373
 신호적 위기 372, 374
 영국체제 311, 376, 378, 409, 457~458, 476, 480
 영국체제의 신호적 위기 373

영국체제의 최종적 위기 373~374
장기 16세기 101~102, 105, 370, 374
장기 19세기 370
장기 20세기 370, 373, 375, 408
제노바체제 375, 378
제노바체제의 신호적 위기 374
최종적 위기 372, 374
장기 순환 300
장미전쟁 321
잭슨(Jackson, Robert) 148~149, 151
전쟁형성 83, 90, 94, 102, 109, 130, 150, 218, 242, 486
정기시(trade fairs) 155, 157, 235
    리옹 ~ 235~236, 406
    비센초네 ~ 157, 236~237, 299, 368
    장소 없는 ~ 157
    제노바 ~ 248
    피아첸차 ~ 157, 226, 237, 319, 368, 406
정착자 식민지 107~108
정허(鄭和) 84, 86
제1세계 62, 537
제1차세계대전 125, 131, 456, 458~459, 490
제2세계 62~63, 151, 538~539
제2차세계대전 61~62, 127, 132~133, 307, 466~468, 496, 515, 548~549, 559, 566
제3세계 62~63, 148, 151, 536~540
제4차 영란전쟁 257
제노바 37~38, 49, 88, 94, 158, 168, 172~174, 201~205, 208~211, 225
    계약(asientos) 236~237, 319
    노빌리 베키(nobili vecchi) 38, 226, 296~297, 302
    디아스포라 자본가계급 157
    마오네(maone) 249~250, 260, 326
    토지귀족 204~206, 211, 215~216
    ~의 시대(1557~1627년) 226, 298, 330
제임스 1세(James I) 330
제임슨(Jameson, Fredric) 154
젠크스(Jenks, Leland Hamilton) 289, 367
준국가 148~151, 458
중국 84~87
중상주의 107~108, 140, 242, 252~254, 384, 419, 514

ㅊ

찰스 2세(Charles II) 346
채프먼(Chapman, Stanley) 298, 369
챈들러(Chandler, Alfred) 413, 417, 484, 493, 509
체계의 카오스 77~78, 95, 97, 99~100, 111, 129, 148, 152, 468, 516, 535, 554, 590
체계적 축적 순환 38~39, 41, 65~67, 164~167, 201, 229, 369, 377, 389, 404, 406, 408~409, 555, 565, 590
    금융적 팽창 37~40, 42~43, 48, 52, 69, 164, 166~167, 174, 228~229, 287~288, 301~302, 357, 362, 371, 379, 393, 400, 406~408, 502, 505, 527, 555
    네덜란드 순환 39, 66, 229, 306, 312
    네번째 (미국) ~ 371, 413, 457
    다섯번째 ~ 561

미국 순환 39, 53, 66
세번째 (영국) ~ 289, 292, 310
실물적 팽창 38, 43, 48~49, 164, 228~229, 286~287, 357, 371~372, 375, 381~382, 386~387, 389, 393, 404, 408, 501, 524, 564
영국 순환 39, 66
장기 순환(secular cycles)과의 차이 39~42
제노바 순환 39, 66, 229, 312
첫번째 (제노바) ~ 219
초국적기업 143~144, 155~156, 378, 417~418, 514~515, 520, 554
　공인합자회사와의 차이 143~144
축적체제 32~35
　유연적 축적 33~35
　포드주의-케인스주의 32~34, 38
치옴피 반란 189, 191~192, 316
7년전쟁 110, 124, 255, 360

ㅋ

카를 5세(Karl V) 222, 225
카사 디 산 조르조(Casa di San Giorgio) 174, 202, 205~206, 260, 366
커밍스(Cumings, Bruce) 53, 63, 557~559, 589
케넌(Kennan, George) 567
케네디(Kennedy, Paul) 84, 87, 120, 507~508, 568
케인(Cain, Peter) 361
케인스(Keynes, John Maynard) 326~327
　군사 ~주의 91, 512~513, 586, 591
　~주의 516

코브던(Cobden, Richard) 440
코스(Coase, Richard) 413
코트긴(Kotkin, Joel) 53~56
콘드라티에프 순환 39~40, 42
콤페레(compere) 260
쿠아트로첸토(quattrocento) 202, 208
크래스너(Krasner, Stephen) 57, 61, 142
크리미아 전쟁 292
키오지아 전쟁 209~210

ㅌ · ㅍ

타이완 64, 150, 562~563, 569
투린 강화조약 172, 210, 317
트루먼(Truman, Harry Shippe) 147, 466, 470, 497, 499, 533, 550
트루먼 독트린 136, 470, 498
틸리(Tilly, Charles) 83, 149
파리 평화조약 255, 500, 571
팍스브리태니카 116
팍스아메리카나 136, 580
페레즈(Perez, Carlota) 42
페루치(Peruzzi) 188~189, 196, 226
페인(Payne, Peter Lester) 477
펠리페 2세(Philip II) 228, 324, 367
펠프스 브라운(Phelps Brown, Ernest H.) 511
포르투갈 94, 272~274
폴라니(Polanyi, Karl) 141, 295~296, 307, 436~437, 439~441, 465, 548~550
푸거(Fugger) 가 222~226
프랑수아 1세(François I) 222
프랑스 105, 149~150
　나폴레옹 112, 320

~혁명 112, 119
프랑크(Frank, André Gunder) 41, 45
프랭클린(Franklin, Benjamin) 124~125
프리던(Frieden, Jeffry A.) 540
플래시 전승 361~362, 364~365, 426
피렌(Pirenne, Henri) 165, 200, 217, 240, 418, 430, 552
피렌체 88, 168, 180~181, 187, 190~192, 200~201, 204, 210, 316~317, 527
필립스(Phillips, Kevin) 526~527

ㅎ

하비(Harvey, David) 33~35, 389
하이머(Hymer, Stephen) 511, 532
한국전쟁 137, 500, 566
한자동맹 183, 241
할러데이(Halliday, Fred) 54
해로드(Harrod, Roy) 157
허쉬만(Hirschman, Albert) 253
헌팅턴(Huntington, Samuel) 53
헤게모니 73~76, 127, 219
  강제 74~75
  네덜란드 113
  동의 74~75
  영국 113
헤인(Heyn, Piet) 351
헨리 7세 322
헨리 8세 322, 324
홉스봄(Hobsbawm, Eric) 303, 370, 449, 451, 501
홉슨(Hobson, John) 289, 294~295
홉킨스(Hopkins, Anthony. G.) 361
홉킨스(Hopkins, Terence K.) 145
홍콩 64, 150~151, 557, 562~563
화폐 82, 180, 207, 208, 230, 248, 249, 332, 441, 506, 525
  건전~ 328, 358, 364, 473, 517, 525
  계산~ 208
  교환~ 207, 232
  양화(良貨) 206~207, 238
  ~ 스톡 395
환어음 232, 237
흐름의 공간 580
힉스(Hicks, John) 168~169, 175, 177, 384~385, 387~388, 390~391, 397, 401, 524
힐(Hill, Richard) 574
힐퍼딩(Hilferding, Rudolf) 287~288, 454, 478, 488, 493~494